全—本—全—注—全—译

管子

（上）

〔春秋〕管仲 著

谦德书院 译注

团结出版社

图书在版编目（CIP）数据

管子 / (春秋) 管仲著；谦德书院译注.
-- 北京：团结出版社，2023.8
（谦德国学文库）
ISBN 978-7-5126-9626-6

Ⅰ.①管… Ⅱ.①管… ②谦… Ⅲ.①法家②《管子》
—译文③《管子》—注释 Ⅳ.①B226.1

中国版本图书馆CIP数据核字(2022)第164374号

出版： 团结出版社
　　　　（北京市东城区东皇城根南街84号 邮编：100006）
电话： (010) 65228880　　65244790 （传真）
网址： www.tjpress.com
Email： 65244790@163.com
经销： 全国新华书店
印刷： 北京天宇万达印刷有限公司

开本： 145×210　1/32
印张： 28.5
字数： 542千字
版次： 2023年8月　第1版
印次： 2023年8月　第1次印刷

书号： 978-7-5126-9626-6
定价： 88.00元 (全二册)

《谦德国学文库》出版说明

　　人类进入二十一世纪以来，经济与科技超速发展，人们在体验经济繁荣和科技成果的同时，欲望的膨胀和内心的焦虑也日益放大。如何在物质繁荣的时代，让我们获得内心的满足和安详，从经典中获取智慧和慰藉，或许是我们不二的选择。

　　之所以要读经典，根本在于，我们应当更好地认识我们自己从何而来，去往何处。一个人如此，一个民族亦如此。一个爱读经典的人，其内心世界必定是丰富深邃的。而一个被经典浸润的民族，必定是一个思想丰赡、文化深厚的民族。因为，文化是民族之灵魂，一个民族如果不能认识其民族发展的精神源泉，必定就会失去其未来的生机。而一个民族的精神源泉，就保藏在经典之中。

　　今日，我们提倡复兴中华优秀传统文化，当自提倡重读经典始。然而，读经典之目的，绝不仅在徒增知识而已，应是古人所说的"变化气质"，进一步，是要引领我们进德修业。《易》曰："君子以多识前言往行，以畜其德。"实乃读经典之要旨所在。

基于此理念，我们决定出版此套《谦德国学文库》，"谦德"，即本《周易》谦卦之精神。正如谦卦初六爻所言："谦谦君子，用涉大川"，我们期冀以谦虚恭敬之心，用今注今译的方式，让古圣先贤的教诲能够普及到每一个人。引导有心的读者，透过扫除古老经典的文字障碍，从而进入经典的智慧之海。

　　作为一套普及型的国学丛书，我们选择经典，不仅广泛选录以儒家文化为主的经、史、子、集，也将视野开拓到释、道的各种经典。一些大家所熟知的经典，基本全部收录。同时，有一些不太为人熟知，但有当代价值的经典，我们也选择性收录。整个丛书几乎囊括中国历史上哲学、史学、文学、宗教、科学、艺术等各领域的基本经典。

　　在注译工作方面，版本上我们主要以主流学界公认的权威版本为底本，在此基础上参考古今学者的研究成果，使整套丛书的注译既能博采众长而又独具一格。今文白话不求字字对应，只在保证文意准确的基础上进行了梳理，使译文更加通俗晓畅，更能贴合现代读者的阅读习惯。

　　古籍的注译，固然是现代读者进入经典的一条方便门径，然而这也仅仅是阅读经典的一个开端。要真正领悟经典的微言大义，我们提倡最好还是研读原本，因为再完美的白话语译，也不可能完全表达出文言经典的原有内涵，而这也正是中国经典的魅力所在吧。我们所做的工作，不过是打开阅读经典的一扇门而已。期望藉由此门，让更多读者能够领略经典的风采，走上领悟古人思想之路。进而在生活中体证，方能直趋圣贤之境，真得圣贤典籍之大用。

经典，是古圣先贤留给我们的恩泽与财富，是前辈先人的智慧精华。今日我们在享用这一份恩泽与财富时，更应对古人心存无尽的崇敬与感恩。我们虽恭敬从事，求备求全，然因学养所限、才力不及，舛误难免，恳请先贤原谅，读者海涵。期望这一套国学经典文库，能够为更多人打开博大精深之中华文化的大门。同时也期望得到各界人士的襄助和博雅君子的指正，让我们的工作能够做得更好！

团结出版社

2017年1月

前　言

　　当历史进入春秋战国时期，伴随着社会经济的发展、体制的变革，文化领域呈现出"百家争鸣"的空前活跃状态，儒、道、墨、法、阴阳、兵、农等学派，相互激荡，异彩纷呈。这是中国古代思想史上第一个大解放、大创造的时期，他们活跃又充满创造力的智慧之泉，成就了中华文化最具原创性的万古江河。在众多的原典中，《管子》以其包罗万象、宏博精微的特点，闪耀着奇异的光彩。它不仅是一部中国先秦时期政治家治国、平天下的大术大法，对于今人，更是治国理政、农业生产、军事指挥、为人处世等方面的指导性全书。

　　管仲，名夷吾，颖上（今安徽颍上）人，春秋时期辅佐齐桓公成就霸业的著名政治家、改革家、经济学家。其父管庄是齐国的大夫，后来家道中衰，导致管仲生活很贫困。为了谋生，他曾与好友鲍叔牙合伙从商。失利后又游历许多地方，接触各式各样的人，见过许多世面，从而积累了丰富的社会经验。当兵的时候，临阵脱逃。几次想当官，但都没有成功。唯鲍叔牙知他胸有大志、腹有良谋。后辅佐公子纠，在与公子小白的争位中被俘，因鲍叔牙的劝说被赦免并担任齐国国相。他实行对内"大兴改革、富国强兵"，对外"尊王攘夷、九合诸侯、一匡天下"的治国主张，被齐桓公尊称为"仲父"，最终辅佐齐桓公成为春秋五霸之首。

《管子》一书旧题为管仲所撰。早在《韩非子·五蠹》中有载："今境内之民皆言治，藏商、管之法者家有之。"西汉时期，贾谊、晁错、桑弘羊等都读过《管子》，司马迁在《史记·管晏列传》中载："吾读管氏《牧民》《山高》《乘马》《轻重》《九府》……详哉其言之也。"可见在战国末期至西汉初期，《管子》已为广泛流传。《管子》究竟是何人于何时所著呢？南宋叶适认为"非一人之笔，亦非一时之书"。至于具体作者和成书时间争议颇大，纵观全书，有《牧民》《形势》《权修》等管仲思想的记录；又有《大匡》《中匡》《小匡》关于管仲事迹的记述，但始终贯穿着"礼"和"法"并重的思想。

战国时期，田氏代齐后，设立稷下学宫，广罗天下贤才。思想家与游说之士各逞才辩，其中不乏对管仲"一匡天下，九合诸侯"功烈的追忆与梳理，并以此来激发齐王的信心与斗志，在回溯与继承中实现齐国的再次复兴。纵观全书架构，也可以看出书中除少数篇章产生于战国初期外，其主体部分应是战国中、后期稷下学宫兴盛时的作品，也有一部分晚于秦汉之际。冯友兰先生认为《管子》一书是"齐国稷下学者的著作总集"。

直至西汉成帝时期，刘向受命主持勘校天禄阁、石渠阁等国家藏书，其中便包含《管子》，他广泛搜罗各类藏书中的《管子》共计五百六十四篇，经过校勘文字、审定篇第、删其重累，定著为八十六篇，并撰成《管子叙录》上呈汉成帝，这便是流传后世的《管子》母本。另据其子刘歆《七略》载："《管子》十八篇，在法家。"可见当时应有一种十八篇的别行本在流通。刘向所定的《管子》八十六篇，现仅存七十六篇，内容分为八类：《经言》九篇，《外言》八篇，《内言》七篇,《短语》十七篇,《区言》五篇,《杂篇》十篇,《管子解》四篇,《管子轻重》十六篇。

《管子》作为先秦各学派的著作汇编,其内容包罗万象自然不言而喻,如诠释道家思想的《心术》《内业》《白心》;遵从儒家的《牧民》《权修》《五辅》;研究法理的《法法》《明法》;阐述阴阳的《四时》《五行》;探索军事的《制分》《兵法》;详述经济的《乘马》《国蓄》等。这部综合性的巨制,哲学、政治、法律、经济、军事、地理等学科知识无不涉猎,其中哲、政、军、经的思想表达尤为丰富,构成了《管子》全书思想的主体框架。正是因为它承认各家学说对成就霸业的不同用途,因而可以融百家之长,开文化奇葩。

《管子》的哲学思想以道家思想为核心,继承和发展了"黄老道家"的学说,并继续推进。老子提出"道"为"万物之宗"及"道生万物"的宇宙观,《管子》中的《宙合》"道也者,通乎无上,详乎无穷,运乎诸生",异曲同工地将"道"奉为无上无穷的最高境界。但《管子》又认为"道"本身并非抽象的"无",而是物质的"气"。进而又提出"精气"化生万物,《内业》中"凡物之精,化则为生。下生五谷,上为列星;流于天地之间,谓之鬼神;藏之胸中,谓之圣人。"旨在说,一切物质和现象都是"精气"的产物。这一观点在哲学史上有着重要意义。

《管子》的哲学思想的另一大贡献是推演了"五行相生"的学说,在《幼官》《四时》《五行》《轻重己》等篇目中将阴阳与五行相结合,以五行配四时,将时令、方物以及治国、用兵之道都与四时、五行关联,阐述"阴阳至运""五行相生""天人感应"的思想。与稷下学者邹衍提出的"五行相克"学说相表里,二者合流形成解释社会历史变化规律的"五德终始论"。"五行相生相克"的理论,对后世政治、思想、文化均产生了深远的影响。

从政治思想角度看，《管子》又经常被学者们认为是独具特色的"齐法家"一派。《法法》《明法》《任法》《重令》等篇章中都论述了"以法治国"的主张。《任法》篇中提出："法者，存亡治乱之所从出"。但《管子》又不是单纯的强调"法治"，它的"法治"思想中融合了儒家"德治"的内容，譬如《牧民》篇中以"礼义廉耻"为"国之四维"，强调"四维张则君令行""政之所兴，在顺民心；政之所废，在逆民心。"将国家兴亡与民心联系一起，正是儒家"德政"思想的体现。这种"法""礼"并重的独特思想，为后世的政治思想发展提供了重要思路。

《管子》一书中包含着丰富的军事思想，集中体现在《七法》《兵法》《幼官》《参患》《制分》《地图》《势》等篇章中。在《参患》中提出："君之所以卑尊，国之所以安危者，莫要于兵。"在《法法》中提出："贫民伤财莫大于兵，危国忧主莫速于兵。"体现了既重视又不肯轻用的原则。在《重令》中说："国富者兵强，兵强者战胜"，首次提出"富国强兵"的理论；在《七法》中提出："不能强其兵，而能必胜敌国者未之有也"的强军思想。在《幼官》还特别强调士兵的挑选与训练方法，在《重令》中提出用功劳、赏罚激励士兵的作战勇气，在《霸言》中提出："释实而攻虚，释坚而攻脆，释难而攻易"的攻击策略。

在《管子》诸多思想的表述中，最具有特色的就是它全面而独特的经济思想，这在先秦诸子中是非常罕见的。在经济目标论方面，提出"富国富民"主张。民富是国富的根本和前提，《治国》中阐述："凡富国之道，必先富民""民事农则田垦，田垦则粟多，粟多则国富"。如何做到民富，首要是国家要轻征薄敛，减轻赋税，保证百姓有剩余产品。

《乘马》还主张"均分地力",与民"分货",减轻税率,综合土地肥沃贫瘠。同时鼓励"绩多食多",避免"贫富无度"。在《牧民》中率先提出"过多财则远者来,地辟举则民留处,仓廪实而知礼节,衣食足而知荣辱"的总目标。在生产论方面提出:"务本饬末则富"的发展纲领;在分配论方面提出"绩多食多""均齐贫富"的主张,兼顾效率与公平;在消费论方面提出"俭则伤事,侈则伤货"的主张,即在节俭与适度消费之间保持平衡。

《管子》经济思想中最独特的部分要数"轻重论",集中体现在《轻重》的诸篇中,概括地说,就是利用市场的供求关系、物价波动的规则,达到富国强兵的目标。以简单的"粮食与货币"关系为例,粮食丰收时,同样的钱能买更多粮食,此时粮食为"轻",货币为"重";相反,粮食歉收,则货币就"轻",粮食就"重",轻重变动之间,国家的统治者应当顺时而动,把握时机,垄断重要产业和货币流通,依靠物价变动取得丰厚利润,以充盈国家财政,在变化中成为最大的获利者。具体表述体现在《国蓄》篇中:"夫物多则贱,寡则贵,散则轻,聚则重。""夫民有余则轻之,故人君敛之以轻;民不足则重之,故人君散之以众。敛积之以轻,散行之重,故君必有十倍之利,而财之横可得而平也。"这一经济竞争中的谋略思想,极大推动了古代经济思想的发展,并类推到政治、军事、外交等相关领域。《管子》一书所体现的融会道、法、儒、阴阳、名、兵、农等诸家,深入探讨社会经济问题倾向,向世人展现了齐文化开放、务实的鲜明特色。

刘向定著的《管子》自问世至六朝时期,《管子》一书因其与主流思想的差异,一直处于边缘地位。到了唐代,《管子》逐渐受到重视,出现了魏徵《管子治要》、杜佑《管子指略》等著作,更是有国子博士尹知章注《管子》三十卷。目前保存的最早刊行本为"大宋甲申"杨忱本。明刻本以刘绩《管子补注》、赵用贤《管韩合刊》为代表，清代以王念孙《管子杂志》、戴望《管子校正》为代表。近代以来，随着《管子》蕴藏价值逐渐被重视，出现了罗根泽的《管子探源》，对书中各篇作者和时代逐一考究，建立了《管子》研究的新开端。20世纪50年代闻一多、许维遹发凡起例，郭沫若汇集前人成果，成《管子集校》一书，为后世深入学习奠定了基础。马非百《管子轻重篇新诠》、黎翔凤《管子校注》等著作也为后世研究提供了便利。

本书在参酌前贤校释基础上，采取注释、译文相结合的方式，力争为广大国学爱好者提供一个简易、可靠的全注全译本，注释力求简洁明了，译文力求明白易晓，为读者深入研读《管子》一书提供参考。由于才疏学浅，其中不妥之处，敬请诸位读者指正。

总　目

上　册

下　册

目 录

经 言

外 言

内 言

短 语

经 言

牧民第一

扫码听谦德
君为您导读

【题解】《牧民》是九篇"经言"的第一篇，同时本篇也是全书的纲领性篇章。有学者认为《牧民》《形势》《权修》《乘马》等篇是管仲本人思想的记录，保存了管仲的遗说，这几篇产生于春秋时期。所谓牧民即治民，本篇阐述了治理国家、统治百姓的理论和相应原则，包括国颂、四维、四顺、士经和六亲五法等五项。"国颂"阐明了治国的原则在于"张四维"，即国家强大的基础在于提倡礼、义、廉、耻的道德。而"张四维"的前提在于"仓廪实""衣食足"，即推行道德的基础在于满足百姓的基本生活需要。"四维"主要阐述了四维的含义及其重要性。推行德政的内涵主要在于四维，如果四维倾覆，国家就不能得到有效管治。"四顺"则主要阐明了治民的原则在于"顺民心"，并肯定了百姓有"四欲"和"四恶"，统治者治理国家时必须予以重视。"士经"应作"十一经"，主要阐述治国理政所需要的十一项经常性措施。最后的"六亲五法"阐明了君主治国的一系列具体准则，认为君主治国需要广开言路，开诚布公。

尤其值得注意的是本篇强调治民的首要任务在于发展生

产，在此基础上建立维系国家安危的礼、义、廉、耻。治民应当顺应民心，为此必须满足民众的物质、精神两个方面的要求，行政不可欺骗民众，不可为一时苟安而心存侥幸。这与后世儒家动辄高弹仁义道德有明显差距，许多思想至今仍然颇具价值。

·

凡有地牧民者①，务在四时，守在仓廪②。国多财则远者来，地辟举则民留处，仓廪实则知礼节，衣食足则知荣辱，上服度则六亲固③，四维张则君令行④。故省刑之要，在禁文巧；守国之度，在饰四维；顺民之经，在明鬼神，祇山川，敬宗庙，恭祖旧。不务天时则财不生，不务地利则仓廪不盈。野芜旷则民乃菅，上无量则民乃妄，文巧不禁则民乃淫，不璋两原则刑乃繁⑤。不明鬼神则陋民不悟⑥，不祇山川则威令不闻，不敬宗庙则民乃上校，不恭祖旧则孝悌不备。四维不张，国乃灭亡。

右国颂⑦。

【注释】①牧民：管理国家、治理民众。②仓廪：泛指储藏粮食的仓库。粮仓一般有两种说法，一是按照储藏种类不同分类，储藏谷物的称为"仓"，储藏稻米的称为"廪"；一是按照仓库的形状分类，方形称为"仓"，圆形称为"廪"。③六亲：指父、母、兄、弟、妻、子，这里主要指的是统治者的六亲，而非百姓的六亲。④四维：指礼、义、廉、耻，是四种维护国家稳定、统治民众的重要纲领。维：本意指绳索，后引申为纲领、纲纪。⑤两原：两种罪恶的根源，此处指上面提到的"无量"和"文巧"。⑥陋民：粗鄙之民，即尚未开化、未受尊卑礼乐教育的普通民众。⑦右：古书是从右到左的，所以这里的"右"相当于"以上"的意思。

【译文】大凡是拥有封地、统治管理百姓的君主，都必须致力于农事以及注重四时耕种，掌管好粮食贮藏事宜。国家富裕、财力充足，远方的人们就自动前来归顺，大量开辟荒地并充分种植，广大百姓自然会安心并且长久留下来居住；粮仓充实了，百姓自然就懂得要遵守礼节制度；丰衣足食了，百姓自然就懂得珍惜荣誉、厌恶耻辱。君主个人遵守、服从礼法，六亲宗族之间就可以团结一心，和睦稳固；礼、义、廉、耻这四维得到广泛发扬，君主的法令就可以顺利贯彻、令行禁止。因此，精简刑罚的关键在于禁止奢侈、减少挥霍浪费；巩固国家的原则在于整顿礼、义、廉、耻这四维；训导百姓的要旨在于尊崇鬼神，祭祀山川，敬重祖先，尊重宗亲故旧。不重视遵从天时，就不能增加、累积财富；不重视善用地利，粮仓就不会充实、丰盈。田野荒芜、耕地废弃，百姓就会怠惰荒疏；君主不懂节制、肆意挥霍，百姓就胡作妄为、不守法度。君主不禁止奢侈之风，百姓就会放纵私欲；君主不堵塞奢侈、挥霍这两个祸乱之源，百姓的犯罪行为就会大量增多，刑罚也会变得繁多。君主不重视尊敬鬼神之礼，小民就不会懂得信从、尊卑；君主不祭祀山川，其威令就不能远播、传之四海；君主不敬重宗庙祖先，百姓就会犯上作乱；君主不尊重宗亲故旧，孝悌之德就无法完备。总之，不去推行礼、义、廉、耻这四维，国家就会陷入灭亡。

以上是"国颂"部分的内容。

国有四维，一维绝则倾，二维绝则危，三维绝则覆，四维绝则灭。倾可正也，危可安也、覆可起也，灭不可复错也①。何谓四维？一曰礼，二曰义，三曰廉，四曰耻。礼不逾节②，义不自进③，廉不蔽恶、耻不从枉④。故不逾节则上位安，不自进则民无巧诈，不蔽恶则行自全，不从枉则邪事不生。

　　右四维。

　　【注释】①复错：恢复。有一种说法认为错通"措"，另有一种说法认为此处的"错"为衍文。②节：规范、标准、节度。③自进：自行钻营。④蔽恶：掩饰自己的过错。从枉：追随、趋从邪恶。

　　【译文】一个国家立国的根本在于有四维的维系，如果其中一条折断，国家就会倾斜、失去平衡；如果两条折断，国家就面临危险；如果三条折断，国家就将颠覆；倘若四条都折断，国家就会灭亡。倾斜了还可以扶正，危险了还可以挽救，颠覆了仍可以再起，但如果彻底灭亡了，那就不可能再恢复了。什么是四维呢？一称为礼，二称作义，三称为廉，四称作耻。百姓都遵守礼，就不会超越法度规范，去突破应守的规矩原则；百姓都讲求义，就不会自行钻营，不遵循正规的荐举之路；百姓能做到廉，就不会刻意掩饰过错，贪慕虚名浮利；百姓能懂得耻，就不会追随坏人，与邪恶同流合污。因此，只要百姓能安分守己，不突破应守的规范，君主的地位就能确保稳固；百姓不自行钻营，就不会滋生浮巧奸诈，也就没有投机取巧之事；不掩饰过错，品行就自然端正起来，节操就完美保全；不同流合污、趋从邪恶，也就不会产生恶行、发生坏事。

　　以上是"四维"部分的内容。

　　政之所兴①，在顺民心；政之所废，在逆民心。民恶忧劳，我佚乐之②；民恶贫贱，我富贵之；民恶危坠③，我存安之；民恶灭绝，我生育之。能佚乐之，则民为之忧劳；能富贵之，则民为之贫贱；能存安之，则民为之危坠；能生育之，则民为之灭绝。

故刑罚不足以畏其意，杀戮不足以服其心。故刑罚繁而意不恐，则令不行矣；杀戮众而心不服，则上位危矣。故从其四欲④，则远者自亲；行其四恶⑤，则近者叛之。故知予之为取者，政之宝也。

右四顺。

【注释】①兴：兴盛、兴起；还有一种说法是《群书治要》《艺文类聚》等书中引用此句，并作"行"使用，即推行的意思。②佚乐：指老百姓安逸快乐。③危坠：危险、灾祸、危难。④四欲：即上述"佚乐""富贵""存安""生育"四种百姓美好的愿望。⑤四恶：即上述"忧劳""贫贱""危坠""灭绝"四种百姓厌恶的处境。

【译文】政令之所以能够推行，在于该政令顺应民心；政令之所以废弛，在于该政令违背民心。老百姓厌恶劳苦忧患，我就要想办法使他们安逸快乐；老百姓厌恶贫困低贱，我就要想办法使他们富足显贵；老百姓厌恶危险灾祸，我就要想办法使他们生活安定；老百姓厌恶灭种绝后，我就要想办法使他们生息繁衍。能够使百姓得到安乐的人，百姓必然愿为他任劳任怨；能够使百姓富足显贵的人，百姓就愿意为其暂时忍受贫贱；能够使得百姓生活安稳的人，百姓也愿意为其赴汤蹈火；能够保证百姓生养繁育的人，百姓也甘愿为其牺牲性命。所以，单靠刑罚不足以使百姓真正感到畏惧，仅凭杀戮也不足以使民众心悦诚服。因此刑罚繁重、过于泛滥，人心反而不知所惧，法令就更加不能有效推行；杀戮过多使得人心不服，君主的地位就变得危险了。因此，能够顺从和满足百姓上述所说的四种愿望，疏远的人也会亲近归附；如果强加推行上述所说的四种使百姓厌恶的政令，亲近的人也会背离叛逃。由此可见，明白"予之于民就是取之于民"这个原则,这是治理国家的法宝啊。

以上是"四顺"部分的内容。

错国于不倾之地①,积于不涸之仓②,藏于不竭之府,下令于流水之原③,使民于不争之官。明必死之路,开必得之门。不为不可成,不求不可得,不处不可久,不行不可复。错国于不倾之地者,授有德也;积于不涸之仓者,务五谷也;藏于不竭之府者,养桑麻育六畜也;下令于流水之原者,令顺民心也;使民于不争之官者,使各为其所长也;明必死之路者,严刑罚也;开必得之门者,信庆赏也;不为不可成者,量民力也;不求不可得者,不强民以其所恶也;不处不可久者,不偷取一世也④;不行不可复者,不欺其民也。故授有德,则国安;务五谷,则食足;养桑麻育六畜,则民富;令顺民心,则威令行;使民各为其所长,则用备;严刑罚,则民远邪;信庆赏,则民轻难⑤;量民力,则事无不成;不强民以其所恶;则诈伪不生;不偷取一世,则民无怨心;不欺其民,则下亲其上。

右士经⑥。

【注释】①错国:这里指建立国家。错:同"措",处置、安放。②积于不涸之仓:涸,干涸、枯竭。仓,仓库、粮仓。另外郭沫若认为此句及下句应为"积食于不涸之仓,藏富于不竭之府",原句分别遗漏"食""富"二字。③下令:实行政令、命令;此处以水自源头顺流而下比喻国君所下政令顺应民心,容易推行。④偷取一世也:偷取,苟且、苟安;一世,一时、短期,另外学者何如璋认为这里的"一世"可能是"一时"的误写，原文应为"偷取一时也"，译文从之。⑤民轻难：百姓不怕赴死就难。⑥右士经：士经，据顾广圻说这里的"士"应该是"十一"两个字并写之误，所谓"十一经"是指上文所说的十一条治国理政的政策。

【译文】将国家建立在稳固的基础之上，将粮食储存在取之不尽的粮仓中，把财富贮藏在用之不竭的府库里，将政令下达在顺应民心的水流之源上，将百姓安置于其各有所长的行业而不互相争斗，要向百姓指明犯罪为必死的道路，同时也要敞开有功必赏的大门。不要强干那些不可能成功的事情，不要去追求不应得的利益，不要留恋不能长久的地位，不要做那些不可重复的事情。所谓将国家建立在公正稳固的基础上，就是授政于具备仁义道德的人；所谓把粮食储存在取之不尽的粮仓中，就是要鼓励百姓致力于勤奋地种植五谷，努力从事粮食生产；所谓把财货贮藏在用之不竭的府库里，就是要鼓励百姓努力发展农副产业，栽桑种麻，繁殖六畜；所谓把政令下达在顺应民心的源头上，就是要使推行的政令顺应民心，符合民意；所谓把民众安置在互不相争的行业里，就是要让他们发挥各自的特长，各尽其能；所谓向百姓指明犯罪为必死之路，就是保证刑罚严格且行之有效；所谓向民众敞开有功必赏的大门，就是要及时兑现奖赏，言出必行；所谓不强干不可能成功的事情，就是要度量百姓的承受能力，不可过分强行；所谓不追求得不到的利益，就是不强迫民众去做他们厌恶的事情，来满足不应有的欲求；所谓不留恋不能长久的利益，就是不贪图一时侥幸而贸然进取，不顾将来；所谓不去做不可重复的事情，就是不要欺骗民众，强逞一时之能。因此，让那些具备仁义道德之人治理国家，国家就能长治久安；致力于从事粮食生产，百姓衣食就会充足；栽桑种麻，繁殖六畜，百姓就可以生活富裕；平时发布的政令顺应民心，君主的威信命令就可以贯彻执行;使百姓发挥各自特长自由生产,日常用品就能齐备;严格执行刑罚,百姓就会避开坏事;及时兑现奖赏守信用,百姓就不怕赴死救难;度量民力而行事,事业就没有不能成功的;不勉强百姓去做他们所厌恶的事情,欺诈虚伪的行为就不会发生;不贪图一时侥幸之功,百姓就不会产生怨恨之心;不欺骗自己的民众,民众就信赖并拥戴君主。

以上是"十一经"部分的内容。

以家为乡,乡不可为也;以乡为国,国不可为也;以国为天下,天下不可为也。以家为家,以乡为乡,以国为国,以天下为天下。毋曰不同生①,远者不听;毋曰不同乡,远者不行;毋曰不同国,远者不从。如地如天,何私何亲? 如月如日,唯君之节。

【注释】①不同生:指不同姓,非同一个族姓。

【译文】如果按照治理家族的方法来治理整个乡里,乡里是不可能被治理好的;如果按照治理乡里的办法去治理诸侯国,诸侯国也是没法被治理好的;如果按照治理诸侯国的方法去治理天下,天下也不可能被治理好。正确的做法应该是,按照管理家族的方法去治理家,按照治乡的办法去治乡,按照治国的要求去治国,按照治理天下的办法去治理天下。不要因为不同姓、不同族,就不听取关系疏远者的意见;不要因为不同乡,就不采纳关系疏远者的建议、办法;诸侯国不要因为不同国,就不采纳疏远者的主张、良策。君主要广开言路、远近皆听,就像天地覆载万物般不分亲疏,哪里有任何偏私偏爱?要像日月普照宇宙般光明磊落,恩德遍及一切,这才是君主治理天下应有的原则、气度。

御民之辔①，在上之所贵；道民之门②，在上之所先；召民之路③，在上之所好恶。故君求之则臣得之，君嗜之则臣食之，君好之则臣服之，君恶之则臣匿之。毋蔽汝恶，毋异汝度，贤者将不汝助。言室满室，言堂满堂④，是谓圣王。城郭沟渠不足以固守，兵甲强力不足以应敌，博地多财不足以有众，惟有道者能备患于未形也，故祸不萌。天下不患无臣，患无君以使之；天下不患无财，患无人以分之⑤。故知时者可立以为长，无私者可置以为政，审于时而察于用，而能备官者⑥，可奉以为君也。缓者后于事，吝于财者失所亲，信小人者失士。

右六亲五法⑦。

【注释】①辔：指驭马的缰绳，此指关键、治理百姓的要旨。②道：同"导"，此处指引导之意。③召：通"诏"，即号召之意。④言室满室，言堂满堂：指君主说话、施政要开诚布公，不应有所隐瞒。闻一多曾说"满谓声满。言于室而声满于室，令一室之人皆闻之。言于堂亦然。"⑤分之：指分配合理。⑥备官：任用官吏。⑦右六亲五法：之前学者注解中大多认为"六亲"与"五法"应分章，但无论"六亲"还是"五法"，在文中均未出现明确所指，难以诠释。另闻一多曾认为此处可能为"四观"的误写。

【译文】驾驭、统率百姓的关键，在于君主重视什么；引导、号召民众的法门，在于君主提倡什么；引导百姓走什么样的路途，在于君主喜爱什么、厌恶什么。因此，君主想要的东西，臣下就会想尽办法去得到；君主喜欢吃的食物，臣下就想去尝试；君主爱做的事情，臣下就想去宣扬、实践；君主所厌恶的东西，臣下就极力去隐藏、规避。因此，作为君主不要掩饰、遮盖你的过错，不要擅自更改你的法度；否则有才德的人就不会帮助你。君主如果在室内讲话，就要使整个室内的人都听到；如果在堂上讲话，就要使满堂的人都听见。这样凡事开诚布公，才能称得上是圣明的君主。要知道坚固的防御工事，不足以能保证固守城池；光凭强大的武力装备，也不一定足以抵御敌人；光凭广博的土地、丰饶的财富，不足以拥有百姓。只有真正掌握了治国理政法则的君主，才能在祸患发生之前就加以防止，才可以避免灾祸的发生。天下不怕没有贤能之臣，怕的是没有圣明的君主去任用他们；天下不怕没有财富，怕的是没有精通理财等人去合理地管理、分配它们。因此通晓天时、善于把握时势的人可以任用为官长；没有私心、不营私利的人可以安排做官吏；既能通晓天时，善于公平用财，而又善于任用贤才为官吏的人，才可以尽力拥戴、奉其为君主。处事迟钝的人往往落后于形势；吝啬财物的人，往往失去亲信；偏信谗言、任用小人的人，也往往失掉贤能之士的辅佐和支持。

　　以上是"六亲五法"部分的内容。

形势第二

扫码听谦德
君为您导读

【题解】所谓形势，就是指事物存在的形态和发展的趋势。此篇为《管子》一书的第二篇，也是"经言"的第二篇，同《牧民》一样，此篇也被认为是管仲本人的思想记录，主要内容也是谈治国理政之道。有学者认为形，即山高、渊深，指事物存在的外部形态；势，即羊至、玉极，指事物发展的内部趋向。本篇又名"山高"，是取文章开篇"山高而不崩"一句首二字为题。《史记集解》中引刘向《别录》指出："《山高》一名《形势》。"刘向《别录》又言："《九府》书，民间无有；《山高》，亦名《形势》。"

本篇通过广泛列举事物变化得出事物产生、发展的形态和趋势之间存在着因果关系，从哲学的角度阐明治国理政的规律性，其核心思想是"道"。从内容结构上本篇可分为六章：第一章讨论寿夭祸福皆非偶然，万事万物产生、发展各有其规律性；第二章讨论治国者必须察纳雅言，不可自以为是；第三章讨论治国者应当厚施薄取，恩威并重；第四章讨论治国理政者必须具备宏观视野，懂得天道；第五章讨论顺应天道，则可望成功，违背天道，则无法挽救；第六章总结"道"之运用，贵在慎重。综观全文，重点在于"天道"二字，所谓"天道"又分两个层次：就自然观而言，是指自然界的客观规律；就社会观而言，则是指治国理民的基本法则。

尤其需要关注的是本文从"天道"过渡至"君道"，而重点无疑在于后者，也就是注重探讨君主治国应遵行的法则。正如本文开头所说：山形只要高，自然就可招来敬供的羊，"山高"即是"形"，能招敬供之羊，就是"势"。篇名为"形势"，其宗旨就在于说明君主如何利用自己独有的权势，巧妙而"自然"地驾驭群臣，统治百姓。从学术源流上来说，本篇深受《老子》哲学影响，应当属于战国中后期的黄老之学。本篇文字简明扼要，议论富于哲理趣味而又精微奥妙。本书第六十四篇《形势解》，是对本篇的逐句诠解，可参照阅读。

山高而不崩，则祈羊至矣；渊深而不涸，则沉玉极矣①。天不变其常，地不易其则，春秋冬夏不更其节，古今一也。蛟龙得水，而神可立也；虎豹得幽，而威可载也②。风雨无乡，而怨怒不及也。贵有以行令，贱有以忘卑，寿夭贫富，无徒归也③。衔命者君之尊也，受辞者名之运也④。上无事则民自试，抱蜀不言而庙堂既修⑤。鸿鹄锵锵，唯民歌之；济济多士，殷民化之⑥。纣之失也，飞蓬之问，不在所宾；燕雀之集，道行不顾。牺牷圭璧，不足以飨鬼神⑦。主功有素，宝币奚为⑧？羿之道，非射也；造父之术，非驭也；奚仲之巧，非斫削也。召远者使无为焉，亲近者言无事焉，唯夜行者独有也⑨。

【注释】①祈羊：指祭祀所用之羊，尹知章曰："烹羊以祭，故曰祈羊"，我国古代将用于祭祀的动物之血涂于祭祀之器上用于祭祀山林称为"祈"。沉玉：指祭祀河川所用的玉器，古代礼仪中将祭品投入河水之中祭祀河川之神称为"沉"。极：指至、到。②得：在宋本及本书第六十四篇《形势解》中均为"托"字，译文按"托"字解释。"幽"指幽深，此处是指深山丛林。载：学者安井衡云认为读作"戴"，指尊奉之意。③徒归：徒，指凭空；归，指归向、形成。④此句：衔命，指百姓奉君主的命令。日本学者猪饲彦博认为："衔者奉而守之也，言民奉命则君尊"。本书第六十四篇《形势解》作"衔令"。受辞：君主的指示。⑤抱蜀：用手端着祭祀祖先的祭器。蜀，指祭祀之器。庙堂：此代指国家。修：治理。⑥锵锵：指美的意思，本书第六十四篇《形势解》中作"将将"，孙蜀丞认为锵锵应该作"将将"。济济：指数量众多的样子。⑦飞蓬：指轻飘飘的样子。道行：行道之人，闻一多认为此处的"道行"应该是"行道"。牺牷：即牺牲，祭祀用的牛羊等动物。圭璧：指祭祀所用的珍贵玉器，《形势解》中作"珪璧"。⑧主功：君主所作的功业。⑨奚仲：传说中夏禹时期的能工巧匠，善于制造车辆。斲（zhuó）：砍、削。夜行者：指诚心推行大道的君主。夜行，指暗行、阴行，即下文出现的"心行"，此处指内心行德。

【译文】山势高峻而久不崩溃，人们就会到那里烹羊作为祭品去祭祀山神；水潭幽深而久不干枯，人们就会到那里投石沉玉作为祭品去祭祀水神以求神佑。天不改变其常规，地不变更其法则，春秋冬夏四季不变更它们对万物的调节，从古到今都是相同的。蛟龙依靠秘潭深渊，它的神威才得以显示；虎豹凭借深山丛林，它的威力才得以施展；自然界的风吹雨打，从没有固定的方向，任何人都不会去怨恨它。高高在上的君主能发号施令，底层的百姓能忘掉卑贱屈辱；人们有的长寿、有的短命，有的贫穷、有的富贵，凡此种种，都不是无缘无故形成的。百姓能尊奉命令，是君主尊严地位的体现；

百姓能接受指示，是由于君臣名分的作用。君主能做到无为而治，百姓就可以自由从事生产；君主用手端着祭器即便不说话，国家政治也会清静修明。优雅的天鹅发出美妙的锵锵鸣叫，百姓会齐声赞美它；周文王时朝堂上人才济济，殷遗民也被感化，这就是商纣王失去天下的原因。如果礼品微不足道，是不会受到贵宾的礼遇的；对于像燕雀聚集之类的小事，连行道者也不屑一顾。用牛羊玉器来敬献给鬼神，不一定得到鬼神的保佑；君主的功业靠平时积累才有根基，使用珍贵的祭品又有什么用呢？后羿善于射箭，在于掌握要领而不是拉弓发箭的表面动作；造父善于驾车，在于掌握方法而不在操纵缰绳的表面动作；奚仲善于造车，也不在运斧用刀对木材的砍削上。要想招徕远方的百姓，单靠使者是没有用的；要先亲近国内的百姓，光说空话是无济于事的；只有内心诚心认真实行大道的君主，才能够真正拥有天下的百姓。

　　平原之隰^①，奚有于高？大山之隈，奚有于深？訾讆之人^②，勿与任大。谟臣者可以远举^③，顾忧者可与致道。其计也速而忧在近者，往而勿召也。举长者可远见也，裁大者众之所比也；美人之怀，定服而勿厌也。必得之事，不足赖也。必诺之言，不足信也。小谨者不大立，訾食者不肥体^④。有无弃之言者。必参于天地也。坠岸三仞，人之所大难也，而猿猱饮焉。故曰：伐矜好专^⑤，举事之祸也。不行其野，不违其马。能予而无取者，天地之配也。

【注释】①隰：低湿之地。②訾讆之人：訾：毁贤，指诽谤贤人；讆：誉恶，指吹捧恶人。③谟臣：谟，古"谟"字，指谋虑；臣，应作"巨"

字，远大，谋臣即谋虑远大之人。④訾食者：指厌食、挑食之人。⑤伐矜好专：伐矜，自以为是、自负贤能、好夸耀。好专：独断专行。另外有一种说法认为此处的"故曰"二字为衍文。

【译文】平原上的小土丘，怎么能够称得上高？大山上的沟渠，怎么能够算作深？称赞那些有过错的人，这样的人不可委以大任。谋虑远大、见识高超的人，可以同他共图大事；思虑民生、忧心国事的人，可以同他共行治国之道。对于那种贪图速效而只顾眼前利益的人，让他走开了就不要再召他回来；所举之物长大，远处也能见到；裁断器度伟大的人，信服依赖他的人就多；人格美好的人，永远受到人们的怀念。容易得到的东西，是靠不住的；轻易的承诺，是信不得的。过于谨小慎微、拘泥于小节，不能成就大事；就好比挑食的人，不能使身体肥壮一样。能言永远有价值之言的人，能与天地并立。从三仞高的崖岸上跳下来，人是很难做到的，但猿猴却能毫不在乎地跳下来喝水。所以说，骄傲自大、独断专行，乃是行事的祸患。人们不会因为一时不走路，就把马丢掉，谁能够做到只给人们好处而不向人们索取，他就能与天地一样伟大无私了。

　　怠倦者不及，无广者疑神①；神者在内，不及者在门②；在内者将假，在门者将待。曙戒勿怠，后稚逢殃③。朝忘其事，夕失其功。邪气入内，正色乃衰。君不君则臣不臣，父不父则子不子。上失其位则下逾其节。上下不和，令乃不行。衣冠不正则宾者不肃，进退无仪则政令不行。且怀且威，则君道备矣。莫乐之则莫哀之，莫生之则莫死之。往者不至，来者不极④。

　　【注释】①不及：指落后。无广者：即不分心、专心一致的人。另外有说法认为广是"旷"之意，无旷指珍惜时光。②此句中："在内"与"在门"相对。在内：指神凝于内，超出感官耳目而进入其内。在门：指停留于耳目感官表面，未深入内里。③曙戒：指天刚亮时要重视时间。勿：应为"忽"，即荒废忽怠之意。稚：骄狂，另外有说法认为此处读作"迟"，也就是晚上就会遭殃之意。④往者：指君主的恩德。来者：指百姓的报答。

【译文】懒惰拖沓的人做事情总是拖延、落后，勤奋努力的人才能集中精气。能够凝神的人精气聚积于内，懒散的人气散于耳目感官等外在表面。能够内聚的人悠然自得，而流于感官者则疲惫不堪。所以，黎明时要珍惜时间，不能放纵荒忽，之后的时间一旦放纵自己而骄狂者必定遭殃。每天的早晨就忘记当天该做的事，晚上就不会见到什么功效。邪气侵袭到一个人体内，端庄之色就会衰退。君主不像君主的样子，臣子当然就没有臣子的样子；父亲不像父亲的样子，儿子当然也就没有儿子该有的样子。在高位者不按照他的身份职责办事，下级就会超越他们应守的规范；上下不和睦，政令就难以施行。主人衣冠不端正，宾客就不会严肃；为政者的举动行为不合乎法度，政策法令就不能得到贯彻推行。一方面亲和臣民，另一方面要有威严，这才算具备了为君之道。君主不能让百姓安乐，百姓也就不会为君主分忧；君主不能使百姓生长繁育，百姓也就不会为君主做出牺牲。君主给予百姓的恩德不能实际兑现，百姓也就不会全力以赴地回报君主。

道之所言者一也，而用之者异。有闻道而好为家者，一家之人也；有闻道而好为乡者，一乡之人也；有闻道而好为国者，一国之人也；有闻道而好为天下者，天下之人也；有闻道而好定万物者，天下之配也①。道往者其人莫来，道来者其人莫往②。

道之所设, 身之化也③。持满者与天, 安危者与人。失天之度, 虽满必涸; 上下不和, 虽安必危。欲王天下而失天之道, 天下不可得而王也。得天之道, 其事若自然; 失天之道, 虽立不安。其道既得, 莫知其为之, 其功既成; 莫知其释之, 藏之无形。天之道也, 疑今者察之古, 不知来者视之往④。万事之生也, 异趣而同归⑤, 古今一也。

【注释】①天下之配也: 指治理、统率天下之人。另外有一种说法认为此处的"天下"应作"天地"。②道往: 指失道, 即违背了道, 百姓将离君主而去; 道来: 指得道, 即遵道行事, 百姓就不会离去。③身之化也: 指自身与道完全融合, 另外有种说法认为此处的"身之化也"应作"身与之化也"。④察之古: 考察古人的经验。视之往: 查阅历史记录、回看过去, 从往事中推测未来。⑤异趣: 指万物生长发展变化各有不同。趣: 即"趋", 指趋向、方向。

【译文】道所包含的基本内容是一样的, 只是运用起来却各不相同, 能成就的事情也就不一样。有的人认识了道并能以此道用来管理家庭, 他就是治家的人才; 有的人认识了道并以此道用来治理乡里, 他就是治乡的人才; 有的人认识了道并且运用此道来治理国家, 他就是治国的人才; 有的人认识了道并且能够运用此道来治理天下, 他就是治理天下的人才; 有的人认识了道并且能够用来使万物各得其所, 那他便经天纬地般伟大了。道如果决定前往, 没人可以回返; 道如果要前来, 没有什么可舍其离去。一旦一个人掌握了道, 自身的言行就与之同化融合在一起。凡是能够始终保持强盛就是因为顺从了天道; 凡是能够使危亡者转危为安就是因为顺从了人心。一旦违背了天的法则, 即使暂时充盈圆满, 但最终都必然枯竭; 上下不和，即使暂时能够安定，最终也必然走向危亡。想要称王于天下却违背天道而行，就不可能一统天下而得王道。把握而遵行天道，凡事就会自然而然、水到渠成地成功；违犯或背弃了天道，即使暂时能取得成功，最终也必然会归于失败。已经符合天道而成就其事的，往往是不知不觉但却水到渠成；已经成功但又不居其功，往往又能自然而然地轻易放下。大而化之，运于无形，这就是所谓的天之道。对于当今之世有所疑虑的人，可以通过考察古人的经验来消除这种疑虑；对于未来不甚了解的人，可以通过查阅历史记录来加以了解。万事万物的产生、发展千变万化，虽然内容各有不同，但根本的规律却是相同的，古往今来都是一样的。

生栋覆屋①，怨怒不及。弱子下瓦，慈母操箠②。天道之极③，远者自亲。人事之起④，近亲造怨。万物之于人也，无私近也，无私远也。巧者有余，而拙者不足。其功顺天者天助之，其功逆天者天违之。天之所助，虽小必大；天之所违，虽成必败。顺天者有其功，逆天者怀其凶，不可复振也⑤。

【注释】①生栋：指以尚未长成的木料作为房梁；覆屋：指屋子倒塌。②弱子下瓦：弱子，指小孩子；下瓦，指从房顶上拆瓦。箠：指用竹条制作的鞭子，另有一种说法认为"箠"指木棍，一种专门用来惩罚人的木制器具。③天道之极：指彻底、完全地尊奉天道行为处事。④人事之起：人事，指违背天道的私心；起，产生这种私心的念头。⑤复振：复振，再次挽救、挽回。

【译文】用新砍伐的木材做屋子的房梁和支柱导致房子屋梁弯曲而倒塌，这是由于自己的过失所造成的后果，谁也不会因此去抱怨木材；小孩子因为顽皮上房揭瓦来玩耍，就算是慈母也忍不住要用鞭子去打他。能够做到彻底、完全顺应天道做事，疏远的人也会来亲近；但违背自然之道以私心去行为处事，哪怕是原来亲近的人也难免会产生怨恨。万物对待人们一视同仁，是没有远近亲疏之分的。高明灵巧的人用起来就绰绰有余，而愚昧笨拙的人用起来就总是显得捉襟见肘。人有功德且顺应天道去做事，天就会来帮助他；反之，人虽建立了功勋但违背天道行为处事，天也会违背他的意愿。能获得天的帮助，即使原来弱小的也可以变得强大；然而遭到上天遗弃的人，就算本来取得成功但最终仍可能变为失败。顺应天道的人可以实现他想要的功业，违背天道的人就要招致祸患，而且无法再次得到挽救。

乌鸟之狡①，虽善不亲；不重之结②，虽固必解。道之用也，贵其重也。毋与不可，毋强不能，毋告不知。与不可，强不能，告不知，谓之劳而无功。见与之交，几于不亲；见哀之役③，几于不结；见施之德，几于不报。四方所归，心行者也。独王之国，劳而多祸；独国之君，卑而不威；自媒之女④，丑而不信。未之见而亲焉，可以往矣；久而不忘焉，可以来矣。

【注释】①乌鸟之狡：本书第六十四篇《形势解》作"乌集之交"。狡：同"交"，指交往。此处指乌鸦聚集交往，时合时离，不可信赖。②不重之结：没有重复再打结的绳子。另有一种说法认为此处的"不重"指不慎重、轻率。不重之结：也比喻不慎重、轻率地与人结交。③见哀之役：指非常轻易地喜爱某人而为之做某事，本书《形势解》中作"见爱之交"，哀：同"爱"。役：使得某人为自己做事。④自媒之女：此处指自己给自己做媒的女子。

【译文】乌鸦聚集式的交往，虽然看上去很好，但不会真的亲密；没有重复打一次的绳结，看上去似乎很坚固，但其实一定会松脱散裂。所以，道在实际的运用中，最重要的是在于稳固。不要去结交不可信赖的人，不要勉强能力不够的人去做办不到的事，不要与不明事理的人谈论道。与不可信赖的人交往，勉强能力不足的人去做办不到的事，与不明事理的人讲道理，这些都叫作劳而无功、白费力气。很容易得来的交情，几乎等于不亲；轻易地喜爱下帮忙做点事，那关系也基本不会很牢固；顺手的施舍积的那点德，几乎不会得到回报。只有在内心里真心实意实行大道的君主，四面八方的人才会真心归附。君主自以为是、独断专横，这样的国家必然疲于奔命而祸患不断；而独断专横的国家，其君主也必然是地位卑下也没有威望。这就像自己为自己做媒而主动去议婚的女子，必然会丢丑而且也没人信任。尚未谋面但却已经想去亲近的君主可以去投奔，能够长久不被遗忘的君主，才值得去投奔。

日月不明，天不易也。山高而不见，地不易也。言而不可复者①，君不言也。行而不可再者②，君不行也。凡言而不可复，行而不可再者，有国者之大禁也。

【注释】①言而不可复者：指不可能兑现、落实的诺言。另有一种说法认为是不可重复之言、背离大道之言。②行而不可再者：指只做一次再不可重复之事，另有一种说法认为是指背离大道的行为。

【译文】太阳和月亮也有不明亮的时候，那是因为天上有云彩而从不改变的缘故；高山有隐没而看不见的时候，那是因为大地多有险阻而从不改变的缘故。那些说出来却没法兑现的诺言，君主就不应该说。那些只能做一次而不可再做的事，君主就不应该做。凡是不可兑现的诺言，不可重复的行为，都是君主最大的禁忌。

权修第三

【题解】权修即"修权",指加强中央集权、强化君主权力的方法和策略。全篇开宗明义,提出了"万乘之国,兵不可无主",围绕加强君主权力这一中心,提出并全面阐述了一系列重要策略:一方面在政治上,主张加强君权并且强化中央集权,将国家实力与君主权力紧密联系起来,认为国家实力不强则君主权力必弱,其政权也难以得到巩固,突出了"权修"这一本章之主题。另一方面在经济上,"操民之命,朝不可以无政",作者认为国家应该轻徭薄赋,主张重农抑商,即重视农业生产,反对工商业发展与农业"争民""争货""争贵",确保农业生产、农业发展得到保证。第三方面在法制上,主张按照功劳大小,由君主来决定赏罚,确定"察能授官,班禄赐予"的用人原则,同时君主要严格实行法治,只有"申之以宪令,劝之以庆赏,振之以刑罚"才能预防"暴乱之行"的发生。第四方面在社会教化方面,强调国家要重视民众的教育,尤其要注重推行礼义廉耻,禁止邪行,强调从小事做起,防微杜渐,并强调了培育人才的重要性及意义。

围绕这四大主题,文中提出了许多有益的思想观念,直至现在仍具有借鉴意义。比如按劳分配的思想原则、人才培养的思想原则等都极富哲理意味。本篇文辞浅显而流利,与《战国策》相近,可能是战国晚期或秦汉之际的士人所作,对于治国理政、统治百姓之道论述极为精妙,值得后人反复揣摩、研读。

万乘之国^①,兵不可以无主;土地博大,野不可以无吏;百姓殷众^②,官不可以无长;操民之命^③,朝不可以无政。

【注释】①万乘:指一万辆战车。春秋、战国时期以能出万辆战车之国为大国。②殷众:指人口众多。③操民之命:指掌握百姓的命运。

【译文】拥有万辆兵车的军事大国,军队不可以没有主帅;领土广袤,郊野不可以没有管理的官吏;国家人口众多,各级官府不可以没有首长;掌握着广大老百姓的命运,朝廷不可以没有政令。

地博而国贫者,野不辟也;民众而兵弱者,民无取也^①。故末产不禁则野不辟^②,赏罚不信则民无取。野不辟,民无取,外不可以应敌,内不可以固守。故曰,有万乘之号而无千乘之用,而求权之无轻^③,不可得也。

【注释】①民无取也:士兵、百姓没有得到督促。取:读为“趣”,指督促的意思。②末产:指工商业。③求权之无轻:此处指君主的权力不被削弱。轻:指削弱。

【译文】虽然土地广袤但国家却很贫穷,那是因为土地没有得到充分开垦的缘故;国家人口众多而军事战斗力却很薄弱,那是因为百姓没有得到充分的动员和督促。因此,如果不禁止工商业过分发达,土地就得不到广泛而充分的开垦;不能使赏罚得到严格兑现，就无法使得百姓得到充分的督促。土地没有得到开垦，民众缺乏督促，对外就不能抵御敌人，对内就不能固守国土。所以说：空有万辆兵车大国的虚名，却没有千辆兵车的实力，这样的国家还想君主的权力不被看轻或削弱，那是不可能的。

地辟而国贫者，舟舆饰，台榭广也[1]；赏罚信而兵弱者，轻用众[2]，使民劳也。舟车饰，台榭广，则赋敛厚矣；轻用众，使民劳，则民力竭矣。赋敛厚，则下怨上矣；民力竭，则令不行矣，下怨上，令不行，而求敌之勿谋己，不可得也。

【注释】①舟舆饰：指车船装饰过于豪华奢侈。台榭广：指修建了太多的亭台楼阁。②轻用众：指轻率地、轻易地役使百姓。

【译文】土地得到开垦了，但是国家依然贫穷，那是因为达官显贵阶层的车船都装饰的过于豪华、建造了太多的亭台楼阁而导致浪费了太多的民脂民膏的缘故；赏罚制度得到了严格的兑现和实施，但是国家军队的战斗力依然很薄弱，那是因为君主轻易就兴师动众、使百姓过度劳累的缘故。车船装饰的太过豪华，楼榭亭台建造的过多，就必然使得赋税繁重；轻易就去兴师动众，使得百姓过度劳累，这样必然造成民力衰竭。赋税繁重必然导致百姓怨恨朝廷，民力衰竭会导致政令无法推行。百姓怨恨自己的君主，君主所发出的政令不可能得到很好地执行，到如此境地而想要祈求敌国不来侵犯那是不可能的。

欲为天下者，必重用其国[1]；欲为其国者，必重用其民；欲为其民者，必重尽其民力。无以畜之[2]，则往而不可止也；无以牧之，则处而不可使也。远人至而不去，则有以畜之也；民众而可一，则有以牧之也。

【注释】①重用其国：指慎重地、非常珍惜地运用国力。②畜：指容留、留住。另外有一种说法为饲养、养活。

【译文】要想治理好天下，就必须慎重地使用、发挥国力；要想治理好国家，就必须慎重保存、对待国内的百姓；要想治理好百姓，就必须做到不轻易使用民力而使其虚耗殆尽。君主没有办法养活自己的百姓，广大老百姓就会逃离本国而无法阻止；君主没有办法管理好百姓，即使他们留下来也不能很好的为国效力。远方的百姓来投奔而不离去，是因为君主能有效地养育他们；人口众多又齐心协力就能够统一号令，那是因为君主有效地管理了民众。

见其可也，喜之有征；见其不可也，恶之有刑。赏罚信于其所见，虽其所不见，其敢为之乎？见其可也，喜之无征；见其不可也，恶之无刑。赏罚不信于其所见，而求其所不见之为之化①，不可得也。厚爱利足以亲之②，明智礼足以教之③。上身服以先之，审度量以闲之④，乡置师以道之。然后申之以宪令、劝之以庆赏，振之以刑罚。故百姓皆说为善，则暴乱之行无由至矣。

【注释】①化：感化。②厚爱利：指君主多向百姓施恩。爱：仁爱。利：利益、恩惠。③明智礼：即君主向百姓明确说明是非、礼节。④审：指明确。闲：预防、防止。

【译文】君主见到百姓做了合乎政令的，为了表示喜欢，就要及时加以奖赏；见到百姓做了不合乎政令之事，为了表示厌恶，就及时加以具体的惩罚。君主对于他所看得见的喜欢或厌恶之事, 能够真正做到赏功罚过, 那些见过赏罚的民众知道该做什么, 不该做什么; 那么即使对于君主未曾见过的好事和坏事, 人们又怎敢去肆意妄为呢? 如果君主见到民众做了合乎政令之事, 虽然喜欢但却没有及时予以实际的奖赏; 见到人们做不合政令之事, 虽然厌恶但却未能及时给予具体的惩罚。君主所亲眼见到的事都不能做到及时的赏功罚过, 那么想要民众去做那些君主自己喜欢的事、要民众不去做那些君主自己厌恶的事, 这是不可能的。君主能够给予百姓更多的关怀和恩惠, 百姓就会亲近君主; 君主明确了是非和礼节的标准, 民众就能得到教化。统治者能够以身作则起到表率作用来引导民众, 制定法规制度来预防民众的违法行为, 设置乡师官吏对民众加以教导, 然后再申明法度加以约束, 实施奖赏针对善举加以鼓励, 使用刑罚针对恶行加以威慑, 如此一来, 百姓就愿意做合乎政令之事, 暴力动乱的行为也就不会发生了。

地之生财有时①, 民之用力有倦, 而人君之欲无穷。以有时与有倦养无穷之君, 而度量不生于其间, 则上下相疾也。是以臣有杀其君, 子有杀其父者矣。故取于民有度, 用之有止, 国虽小必安; 取于民无度, 用之不止, 国虽大必危。

【注释】①生财: 指土地里生产、生长出的农作物等财物。有时: 指天时、季节。

【译文】土地生产农作物等这些财富受到季节时令的限制, 百姓付出劳动力有疲倦的时候, 然而人君的欲望却是无穷无尽的。以有季节时令限制的土地和气力有限的百姓, 去供养欲望无穷无尽的君主，如若这中间没有一个合理的节制和限度，那么在君主和百姓之间就会彼此怨恨。于是出现了臣子杀死其君主、儿子杀死其父亲的现象。因此，君主对民众征收赋役要有限度，使用耗费民力也必须有所节制，这样一来即使国家很弱小也必然能得到安宁；相反，如果君主对百姓征收赋税毫无限制，耗费民力又没有止境，这样的做法下，即使国家很强大也必然会面临危亡。

地之不辟者^①，非吾地也；民之不牧者，非吾民也。凡牧民者，以其所积者食之^②，不可不审也。其积多者其食多，其积寡者其食寡，无积者不食。或有积而不食者，则民离上；有积多而食寡者，则民不力；有积寡而食多者，则民多诈；有无积而徒食者，则民偷幸。故离上、不力、多诈、偷幸，举事不成，应敌不用。故曰，察能授官，班禄赐予，使民之机也^③。

【注释】①地之不辟者：指没有经过开垦的土地。②以其所积者食之：根据功劳、功绩的大小给予俸禄奖赏。积，同"绩"，指功劳。③使民之机也：用人、治理百姓的关键所在。使：治理。机：指枢机、关键。

【译文】没有得到开垦的土地，相当于那不是自己的土地；未能得到有效管理的民众，相当于那不是自己的民众。凡是君主治理百姓，要做到根据功劳业绩给予俸禄奖赏，这样的事情不能不审慎对待、认真处理。功劳大的得到的俸禄奖赏就应该多一些，功劳小的得到的俸禄奖赏就应该少一些，没有功劳的就不应该给予俸禄奖赏。如果做出功绩而没有得到俸禄奖赏，百姓与君主就会离心背德；如果功绩多而得到的俸禄奖赏少，百姓就不愿意尽心尽力努力工作；功劳小但得到的俸禄奖赏反而多，百姓就会想法子钻空子弄虚作

假；没有任何功劳但却能够无功受禄，百姓就会贪图侥幸而苟且偷
生。如果存在离心背德、不尽心尽力、使劲钻营弄虚作假、贪图侥幸
及苟且偷生这几种情况，那么办事就不会成功，对敌作战也无法取
得胜利。所以说，考察每个人的能力，然后再按照能力授予其官职，
按照功劳的等级赐予其俸禄奖赏，这才是治理百姓的关键。

野与市争民①，家与府争货②，金与粟争贵，乡与朝争治。故
野不积草，农事先也；府不积货，藏于民也；市不成肆③，家用足
也；朝不合众，乡分治也。故野不积草、府不积货、市不成肆、
朝不合众，治之至也。

【注释】①野：此处指农业。市：此处代指工商业。②家：私人之
家、民家。府：国库、府库。③市不成肆：市场上没有货物摆放、排列。
肆：本意指排列、展开。此处指小摊、商铺。

【译文】农业（农田）与工商业（集市）往往会争夺劳动力，私
人之家与官府国库往往会争夺财物，黄金与粮食往往会争夺贵贱，
地方上与朝廷之间往往争夺治理权限。因此，要想让农田不积满杂
草，就应该把农业放在首位；要想让官府不积累大量财货，就应把
财富藏于民间，让私家农户的积累占先；市场上没有店铺林立、货物
成行排列，就需要做到让百姓的私家用度可以自给自足；想使朝廷
上不必召集众人议事，就需要做到分乡治理、各司其职。因此田野
无杂草，官府无积货，市场没有店铺林立，朝廷不必时常召集百官议
事，这些都是治理国家的最高境界。

人情不二，故民情可得而御也。审其所好恶，则其长短可

知也；观其交游，则其贤不肖可察也。二者不失，则民能可得而官也^①。

【注释】①官：同"管"，指管理、驾驭、利用、使用。

【译文】人的本性并没有什么不同，因而人性民情以及老百姓的想法都是可以被了解和掌握的。了解、考察到百姓喜欢什么和厌恶什么，就可以知道他们的长处和短处；观察到他们的交往对象，就能判断他们是好人还是坏人。把握住以上这两点，就可以掌握人们的才干并能够为我所用，也就能够做到对民众进行有效管理了。

地之守在城，城之守在兵，兵之守在人，人之守在粟。故地不辟则城不固，有身不治，奚待于人？有人不治，奚待于家？有家不治，奚待于乡？有乡不治，奚待于国？有国不治，奚待于天下？天下者，国之本也；国者，乡之本也；乡者，家之本也；家者，人之本也；人者，身之本也；身者，治之本也，故上不好本事，则末产不禁；末产不禁，则民缓于时事而轻地利。轻地利而求田野之辟，仓廪之实，不可得也。

【译文】守卫国土的关键在于城池，守卫城池的关键在于军队，使用军队的关键在于人，而养活人的关键在于粮食。因此，土地没有得到开垦，就会造成城池不牢固。君主若不能治理自身，又怎么能治理别人？一人不能治理，又怎么能治理一家？一家不能治理，又怎么能治理一乡？不能治理一乡，又怎么能治理一国？不能治理一国，又怎么能治理天下？而天下是以国为根本，国又以乡为根本，乡以家为根本，家以人为根本，人以自身为根本，自身又以顺应万物修身养性之大道为其根本。因而君主如果不重视农业，就无法禁止以奢侈为务的工商业；不禁止制造奢侈品的工商业，百姓就会延误农时、怠慢农事而轻视土地的收益；在轻视土地收益的情况下，还想让田野得到开垦、粮仓得以充实，那是不可能的。

商贾在朝，则货财上流；妇言人事，则赏罚不信；男女无别，则民无廉耻。货财上流，赏罚不信，民无廉耻，而求百姓之安难，兵士之死节，不可得也，朝廷不肃，贵贱不明，长幼不分，度量不审，衣服无等，上下凌节，而求百姓之尊主政令，不可得也。上好诈谋间欺，臣下赋敛竞得，使民偷一①，则百姓疾怨，而求下之亲上，不可得也。有地不务本事，君国不能一民，而求宗庙社稷之无危，不可得也。上恃龟筮，好用巫医，则鬼神骤祟，故功之不立，名之不章，为之患者三：有独王者②，有贫贱者③，有日不足者④。

【注释】①使民偷一：偷一，指苟且享受一时的快乐而不去从长远角度作打算。②独王：指自以为是、独断专行的君主。另有一种说法认为此处的"独王"指少数人财富旺盛、集中财富于少数人之手。王，同"旺"。③贫贱：此指国家贫穷、地位卑贱的君主。另一说法认为指普遍贫穷。④日不足：指每况愈下的君主。另一说法指因为穷困连一天日子也过不下去的人。

【译文】做买卖的商贾在朝中掌权，就会将行贿受贿之风带入到上层；妇女参与政事，赏功罚过就毫无信用可言；男女不加区别，百姓就不懂得廉耻。在朝廷内部贿赂风行而使得财富只集中在少数人手中，赏罚不守信用，老百姓又不懂得廉耻的情况下，而希望百姓能为国家忍受困苦、甘冒危难，军队士兵能够为国捐躯，那是不可能的。朝廷不加以整肃，贵贱不加以区别，长幼不加以区分，制度规矩不加以明确，服饰佩戴不区分等级，君臣上下都超越应守的规范，如果这样的情况下，还指望百姓遵从君主，安守法令，那是不可能的。君主好搞阴谋诡诈之事，臣下和百官就会横征暴敛、役使民众只贪图眼前利益或偷取一时之快慰，致使百姓怨恨愤怒，在这种情况下，还要求民众亲近君主，那是不可能的。拥有土地却不重视农业生产，治理国家却不能使民心一统和服从，在这种情况下，还指望国家不发生危难、不走向灭亡是不可能的。君主行事若依靠求神问卜，喜好巫医，这样鬼神反而会经常地作怪。总之，身为一国之君却如此治理国家，功业不成，名声不显，将造成以下三种祸患：一是将成为自以为是、独断专行的君主；二是将成为国贫民穷、地位卑贱的君主；三是将成为每况愈下、最后一天也没法生活下去的君主。

　　一年之计，莫如树谷^①；十年之计，莫如树木；终身之计，莫如树人。一树一获者，谷也；一树十获者，木也；一树百获者，人也。我苟种之^②，如神用之，举事如神，唯王之门^③。

　　【注释】①树谷：种植谷物。②苟：指假如、假若、如果。种之：培育、培养人才。③唯王之门：指这正是称王天下的必经之法、必经之门。王，用作动词，代指称王、治理天下。
　　【译文】如果要做一年的打算，没有比种植五谷更好的事了；如果要做十年的打算，没有比种植树木更好的事了；如果要做终身的打算，再没有比教育培养人才更好的事了。种植谷物是种植一次就有一次收获的事；种植树木是培植一次就有十次收获的事；而培育人才，则是培育一次而有百次收获之事。如果我们能够注重培育人才，巧妙如神地任用人才，培养出自己的人才使用起来就得心应手，举办大事也就能迅速成功，若想迅速成就帝王之业，这是必需的治国之策，也是称王天下的必经之门。

凡牧民者，使士无邪行，女无淫事。士无邪行，教也；女无淫事，训也。教训成俗而刑罚省，数也。凡牧民者，欲民之正也。欲民之正，则微邪不可不禁也。微邪者，大邪之所生也。微邪不禁，而求大邪之无伤国，不可得也。凡牧民者，欲民之有礼也。欲民之有礼，则小礼不可不谨。小礼不谨于国，而求百姓之行大礼，不可得也。凡牧民者，欲民之有义也。欲民之有义，则小义不可不行。小义不行于国，而求百姓之行大义，不可得也。凡牧民者，欲民之有廉也。欲民之有廉，则小廉不可不修也。小廉不修于国，而求百姓之行大廉，不可得也。凡牧民者，欲民之有耻也。欲民之有耻，则小耻不可不饰也。小耻不饰于国，而求百姓之行大耻，不可得也。凡牧民者，欲民之修小礼、行小义、饰小廉、谨小耻、禁微邪，此厉民之道也，民之修小礼、行小义、饰小廉、谨小耻、禁微邪，治之本也。

【译文】凡是治理民众的人，应该使男子没有邪僻的行为，使女子没有淫乱的行为。使男子杜绝邪僻的行为，要靠教育；使女子避免淫乱的行为，要靠训诫。一旦教育训导成为普遍的社会风气和习俗,使用刑罚的情况就会减少,这是自然的规律。凡是治理民众的人,都想要百姓走正道。既然要想使百姓走正道,就不能不禁止微小的恶行。这是因为小的恶行是大的恶行产生的根源。不去禁止微小的恶行,而想要大的恶行不去危害国家,那是不可能的。凡是治理民众的人,都想要使得民众遵守礼节;既然要使得百姓遵守礼节,人君就不能不重视从小的礼节开始推行。因为在国内不重视推行小的礼节,而要求百姓能遵行大的礼节,那是不可能的。凡是治理民众的人,都想使民众遵行仁义。既然要使百姓遵行仁义,人君就不能不鼓励小的善行义举。因为在国内不鼓励小的善行义举,而要求百姓能遵行大的道义,那是不可能的。凡是治理民众的人,都想要使民众做到重视廉洁。既然要求百姓重视廉洁,人君就不可不去重视日常生活中微小的廉洁之事。因为在国内不重视日常生活中微小的廉洁,而要求百姓能够遵守大的廉洁,那是不可能做到的。凡是治理民众的人,都想使百姓懂得羞耻。既然要求百姓懂得羞耻,人君就不能不整顿小的无耻行径。因为在国内若不从整顿小耻开始,而要求百姓能够信守道德从而避免遭受大的耻辱,那是根本不可能的。总之,但凡人君治理民众,就必须要求百姓谨守小礼、遵行小义、勤修小廉、整饬小耻、禁绝小恶,这些都是教育百姓的方法。而百姓能够做到谨小礼、行小义、修小廉、饬小耻并能禁绝小恶,这些又正是治理国家的根本所在。

凡牧民者,欲民之可御也。欲民之可御,则法不可不审①。法者,将立朝廷者也。将立朝廷者,则爵服不可不贵也。爵服加于不义,则民贱其爵服;民贱其爵服,则人主不尊;人主不尊;则令不行矣。法者,将用民力者也。将用民力者,则禄赏不可不重也。禄赏加于无功，则民轻其禄赏；民轻其禄赏，则上无以劝民②；上无以劝民，则令不行矣。法者，将用民能者也。将用民能者，则授官不可不审也。授官不审，则民间其治③；民间其治，则理不上通；理不上通，则下怨其上；下怨其上，则令不行矣。法者，将用民之死命者也。用民之死命者，则刑罚不可不审。刑罚不审，则有辟就；有辟就则杀不辜而赦有罪；杀不辜而赦有罪，则国不免于贼臣矣。故夫爵服贱、禄赏轻、民间其治、贼臣首难，此谓败国之教也。

【注释】①此处的"法不可不审"应作"法不可不重"，根据《太平御览》，此处"审"应作"重"，即指慎重、重视之意。②劝民：激励、劝勉百姓。③民间其治：百姓就会背离朝廷的管制。间：指间隔、隔阂。

【译文】凡是治理百姓的人，都希望百姓能够服从统治、听从差遣；既然要想使得百姓服从管制，就不能不重视法令的作用。法制律令是用来树立和保障朝廷权威的。要树立朝廷的权威，就不能不重视爵位和服饰这些等级制度。如果把爵位服饰授给不义之人，百姓就会鄙视爵位服饰；百姓如果轻视爵位服饰，君主就没有威信、地位就不尊贵；君主得不到应有的尊重，那么他发出的政令就无法得到推行，百姓也不愿去执行。法规律令是用来驾驭民众使其为朝廷出力的。要想驱使百姓付出劳动和努力，就不能不重视俸禄和奖赏的作用。如果把俸禄赏赐授给了无功之人，百姓就会轻视这些俸禄和奖赏；百姓如果轻视朝廷颁发的俸禄和奖赏，君主就无法激励和劝勉民众付出努力、做出贡献；君主无法激励劝勉民众，那他发出的号召、命令就没人响应了。法制律令是用来发挥百姓的才能的。要想使用发挥民众的才智，就不能不慎重地授予官位、委派官吏。如果委派官吏不够慎重，百姓就会背离朝廷的管治、阻碍行政的推行；民众如果反对朝廷的统治，则下层国情、正当民意就无法上达；国情民意不能上达至朝廷，百姓就会怨恨君主；百姓如果怨恨自己的君主，那么国君发出的行政命令也就没人愿意执行和实施了。法规律令是用来决定黎民百姓的生死的；要想决定百姓的生死，就不能不认真审慎地实施刑罚；如果刑罚使用不慎，就会使坏人逃脱罪罚而使好人蒙受冤屈；使坏人逃罪或好人蒙冤，就会出现错杀无辜或包庇坏人的事情；如果错杀无辜而包庇有罪，国家政权就难免被乱臣贼子伺机窃取或谋逆篡夺了。因此，一旦百姓轻视爵位服饰，鄙视俸禄赏赐，百姓被迫逃离统治，那些奸臣乱党就会趁机首先带头作乱，这些都是导致败政亡国的教训。

立政第四

【题解】"立政",按照闻一多的说法即"莅政",指君主临政治国,即人君所立的良善之政。《群书治要》中又引作"立君",即所谓"人君所以自立"的意思。主要阐述了与治国理政相关的问题,共分为九节:第一是"三本",即用人方面的三项原则,它决定着国家的治乱。第二是"四固",即鉴别人才的四大政策,它决定着国家的安危。第三是"五事",即组织经济活动方面要注意的五项措施,它决定着国家的贫富。"三本""四固""五事"三项合称"三经",是治国的总纲领。第四为"首宪",阐述了国家行政组织结构以及法令颁布、传达和执行的程序。第五为"首事",阐述了具体办事的规则。第六为"省官",作为考察官吏职事的标准,明确区分清楚各类官吏职责。第七是"服制",说明君主与臣民服饰应有的相关制度。第八是"九败",揭示出导致国家政治败亡的九种原因。第九是"七观",应作"七期",阐述了从教化到施政七个方面所期望达到的效果,这也是作者撰写此文的目的所在。这九方面政策措施构成了一套完整的治国理政策略,我们认为本篇应属经解合编,内容全面且详细,是一篇较为完整的执政纲领。本书第六十五篇《立政九败解》是对本篇"九败"

一节的逐句诠解，二者可参照阅读。

国之所以治乱者三，杀戮刑罚，不足用也。国之所以安危者四，城郭险阻，不足守也。国之所以富贫者五，轻税租，薄赋敛，不足恃也。治国有三本，而安国有四固，而富国有五事；五事，五经也①。

【注释】①五事：应该是治、安、富三者并重，不应该独以五事为"五经"，有学者认为原文本可能是"三者，三经也"。

【译文】决定国家是治理还是混乱的关键因素包含三个方面，仅仅依靠杀戮或刑罚是无法实现国家治理的。决定国家是安全的还是危险的关键因素包含四个方面，一味依靠厚墙高城和险要的地势，是无法保障国家安全的。决定国家是贫弱的还是富强的关键因素包含五个条件，仅仅依靠采用减轻租税、少收赋敛的办法是无法做到国家富强的。因此说要使得国家得到大治有"三本"，使得国家安定有"四固"，而使得国家富国强兵则有"五事"。治乱、安危、富贫是治理国家的三项纲领性措施。

君之所审者三：一曰德不当其位①，二曰功不当其禄，三曰能不当其官。此三本者，治乱之原也。故国有德义未明于朝者，则不可加于尊位；功力未见于国者，则不可授以重禄；临事不信于民者，则不可使任大官。故德厚而位卑者谓之过，德薄而位尊者谓之失。宁过于君子，而毋失于小人。过于君子，其为怨浅；失于小人，其为祸深。是故国有德义未明于朝而处尊位者，则良臣不进；有功力未见于国而有重禄者，则劳臣不劝；有临事不信于民而任大官者，则材臣不用。三本者审，则下不敢求。三本者不审，则邪臣上通，而便辟制威。如此则明塞于上，而治壅于下，正道捐弃，而邪事日长。三本者审，则便辟无威于国，道途无行禽，疏远无蔽狱，孤寡无隐治。故曰刑省治寡，朝不合众。

右三本。

【注释】①德不当其位："不"，有学者认为此处应当作"必"，即"德必当其位"，下皆同。

【译文】君主选任官员、委派官吏必须慎重对待三个问题：一是所任官员的德行与官位必须相称，二是所任官员的功劳与俸禄必须相称，三是所任官员的才能与官职必须相称。以上这三个根本问题可说是国家治与乱的根源所在。因此对于国家而言，一个没能在朝廷里显示其高尚品德的人，不能授予尊贵的爵位；对于一个功劳能力没有在国内表现出来的人，不能给予其优厚的俸禄；对于一个治理政事没却没能取得百姓信服的人，就不能任命其担任重要官职。因此说，具备高尚德行但所授爵位低微，这叫作用人不当；德行浅薄而所授爵位尊崇高贵，这叫作用人失误。宁可对君子的安排有过错，也不可错误地安排小人。因为即便对君子的安排有过错，招致的怨恨也会较浅；而一旦对小人安排有所失误，则会招来很深的祸患。因此在一个国家里，如果有这种高尚品德未能彰显于朝廷但却能身居高位的人，那么贤良的大臣就不会得到引荐或重用；如果有功劳能力没有在国内表现出来但却享有优厚俸禄的人，那么勤奋的大臣就得不到鼓舞和激励；如果朝廷内部有治理政事未能取得百姓信服但却担任重要官职的人，那么真正有才能的大臣就不会得到重用。只有把这三个根本问题都慎重妥善处理了，小人才不敢妄自谋求高官厚禄；如果对这三个根本问题不做谨慎处理，那些阿谀奉承奸佞弄权的小人就会争相与君主亲近，受到君主宠幸的小人就会专制权力滥发淫威。如果这样一来，就会导致在上层的君主受到蒙蔽；在下层的政令就会无法推行，治国理政的正道被抛弃，社会上的坏事邪行却会一天天地多起来。但是，如果能审慎处理好这三个根本问题，那些受到君主宠幸的奸佞小人就不敢专权过甚滥施淫威，道路上也就不会看到被胡乱抓捕的囚犯了，边远地区的普通百姓、卑微小民也不会遭受冤狱，孤儿寡母们也都不会蒙受不白之冤而无处申诉。只有这样才可以说：刑事处罚少用了，政务精简了，朝廷也不需要经常召集群臣议论政事了。

　　以上就是"三本"部分的内容。

　　君之所慎者四：一曰大德不至仁，不可以授国柄^①；二曰见贤不能让，不可与尊位；三曰罚避亲贵，不可使主兵；四曰不好本事，不务地利，而轻赋敛，不可与都邑。此四务者，安危之本也。故曰卿相不得众，国之危也；大臣不和同，国之危也；兵主不足畏，国之危也；民不怀其产，国之危也。故大德至仁，则操国得众^②；见贤能让，则大臣和同；罚不避亲贵，则威行于邻敌；好本事，务地利，重赋敛，则民怀其产。

　　右四固。

　　【注释】①国柄：指国家大权。②操国：指掌握国家大权。
　　【译文】君主必须谨慎地对待四种人：第一种是那些标榜道德但却不能真正做到仁的人，不可以授予国家大权；第二种是那些见到贤能之人但却不愿意让位的人，不可以授予其尊贵的爵位；第三种是那些对于自己家族的亲戚、权贵本该惩罚却不加以惩罚的人，不能让他们统帅军队去带兵作战；第四种是那些对于不重视农业，不注重开发地利，而又轻率地向百姓征收赋税的人，这样的人不能被任命为地方长官。这四项巩固国家安危的原则是维系国之安定的根本。因此才说，掌握国家大权的王公大臣们如果得不到百姓的支持，国家就会变得危险；位高权重的大臣之间不能齐心协力，国家就会变得危险；统帅国家军队的将领们没有威信而不能使人感到畏惧，国家就会变得危险；百姓不能安心农事并怀恋自己的土地产业，国家就会变得危险。因此，只有那些既提倡道德而又能真正做到仁义的人，才可以胜任国事而得到众人的支持；只有那些见到贤能者能够推举礼让的人，大臣们才能做到同心协力；只有那些掌握刑责之权并且在执法时不避亲贵的人，才能够使国家的威严遍及四海而威慑敌国；只有那些重视农业、注重开发地利，同时又不轻率随意地向百姓收取赋税的人，才能使百姓安心农事并且爱惜自己的土地产业。

以上就是"四固"部分的内容。

君之所务者五：一曰山泽不救于火，草木不植成[①]，国之贫也；二曰沟渎不遂于隘，鄣水不安其藏，国之贫也；三曰桑麻不植于野，五谷不宜其地，国之贫也；四曰六畜不育于家，瓜瓠荤菜百果不备具，国之贫也；五曰工事竞于刻镂，女事繁于文章，国之贫也。故曰山泽救于火，草木殖成，国之富也；沟渎遂于隘，障水安其藏，国之富也；桑麻植于野，五谷宜其地，国之富也；六畜育于家，瓜瓠荤菜百果备具，国之富也；工事无刻镂,女事无文章,国之富也。

右五事。

【注释】①植成:植,同"殖",即繁殖之意。

【译文】君主必须注意处理的事情有五件:第一件事是山林川泽如果无法防止火灾,因火灾导致草木不能繁殖生长,国家就陷入贫穷;第二件事是沟渠水利如果有所堵塞不通畅,导致堤坝中的水泛滥成灾,国家就会陷入贫穷;第三件事是如果田野里没有种植桑麻,五谷杂粮的种植没有做到因地制宜,国家就会陷入贫穷;第四件事是如果农民家里没有饲养六畜,各类蔬菜瓜果种植不齐备,国家就会陷入贫穷;第五件事是如果工匠争相刻意追求雕木镂金,妇女刺绣也只追求花彩文饰之美,国家就会陷入贫穷。因此说,山林川泽能够防止火灾,草木能够繁殖成长,国家就会变得富庶;使沟渠水利全线通畅,堤坝中的水安稳而没有泛滥,国家就会变得富裕;发展桑麻使其遍布田野,五谷种植也都能够因地制宜,国家就会变得富足;各户农家都饲养六畜,蔬菜瓜果能种植齐备,国家就会变得富足;工匠制造不过分讲究雕琢,妇女刺绣也不过分苛求彩饰,国家就会变得富足。

以上就是"五事"部分的内容。

分国以为五乡,乡为之师。分乡以为五州,州为之长。分州以为十里,里为之尉。分里以为十游,游为之宗。十家为什,五家为伍,什伍皆有长焉。筑障塞匿①,一道路,博出入。审闾闬②,慎管键③,管藏于里尉。置闾有司④,以时开闭。闾有司观出入者,以复于里尉。凡出入不时,衣服不中,圈属群徒不顺于常者,间有司见之，复无时。若在长家子弟、臣妾、属役、宾客，则里尉以谯于游宗，游宗以谯于什伍，什伍以谯于长家⑤。谯敬而勿复。一再则宥，三则不赦。凡孝悌、忠信、贤良、俊材，若在长家子弟、臣妾、属役、宾客，则什伍以复于游宗，游宗以复于里尉，里尉以复于州长，州长以计于乡师，乡师以著于士师。凡过党。其在家属，及于长家；其在长家，及于什伍之长；其在什伍之长，及于游宗；其在游宗，及于里尉；其在里尉，及于州长；其在州长，及于乡师；其在乡师，及于士师。三月一复，六月一计，十二月一著。凡上贤不过等，使能不兼官；罚有罪不独及，赏有功不专与。

【注释】①匦：有学者认为是衍字，应当删掉。②审：仔细查看。闾闬：里门。③管键：门锁和钥匙。④置间有司：此句指专设一名看门小吏。间有司：看门里门的小吏，即门卫。⑤谯于长家：责备大户家族的族长、家长。谯：同"诮"，责备。

【译文】将都城地区划分为五个乡，每乡各设一个乡师；将每个乡划分为五个州，每州各设一个州长；将每个州划分成十个里，每里各设一个里尉；将每个里划分为十个游，每游各设一个游宗；将每个游划十家组成一个什，五家组成一个伍，每个什和伍也都各设一个什长和一个伍长。修筑好围墙，堵住缺口漏洞，统一管理道路。小心看管里门，注意管理好门锁，钥匙由里尉收藏保管。每个间专门设置一名"间有司"作为看门小吏，任命其按时开闭里门。此外门卫还要负责监督出入里门的行人，向里尉报告情况。凡是不按时进出、衣服穿戴不合规定、里内的居民以及外来客人中有行迹异常的，间有司一旦发现就要随时上报。如果问题出在本里大户家族的子弟、奴仆、雇工或宾客身上，那么，里尉要责备游宗，游宗要责备什长或伍长，什长或伍长则要责备大户家族的家长，警戒和警告之后就不必向上报告了。犯第一次、再犯第二次可以宽恕，犯第三次就不能原谅了。凡是发现有孝亲敬长、忠诚守信、品德贤良、才能出众的人才，如果是出在本里大户家族的子弟、奴仆、雇工和宾客，那么，就要逐级由什长或伍长上报游宗，游宗上报里尉，里尉上报州长，州长再汇总上报于乡师，最后由乡师登记上报到士师那里。凡是责罚与犯罪有牵连的人，问题若出在家族内部的，则应连带追究家长之罪责；若问题出在家长的，应连带追究什长或伍长之罪责；若出在什长或伍长的，则连带追究游宗之罪责；若出在游宗的，则连带追究里尉之罪责；若出在里尉的，则连带追究州长之罪责；若出在州长的，则连带追究乡师之罪责；若出在乡师的，也要连带追究士师之罪责。三个月上报一次，六个月汇总一次，十二个月来登记举报一次。凡是推举贤才的都不能越级，使用能臣也都不能兼职；处罚罪犯，也不单单处罚犯罪者本人，必须彻查其上司或犯罪同党；赏赐有功之人，也不仅仅赏给立功者本人，而是也要顾及其上司或左右随从。

孟春之朝①，君自听朝，论爵赏校官，终五日。季冬之夕②，君自听朝，论罚罪刑杀，亦终五日。正月之朔③，百吏在朝，君乃出令，布宪于国。五乡之师，五属大夫，皆受宪于太史。大朝之日，五乡之师，五属大夫，皆身习宪于君前。太史既布宪，入籍于太府，宪籍分于君前。五乡之师出朝，遂于乡官，致于乡属，及于游宗，皆受宪。宪既布，乃反致令焉，然后敢就舍。宪未布，令未致，不敢就舍；就舍谓之留令，罪死不赦。五属大夫，皆以行车朝，出朝不敢就舍，遂行。至都之日，遂于庙，致属吏，皆受宪。宪既布，乃发使者致令，以布宪之日，蚤晏之时。宪既布，使者以发，然后敢就舍；宪未布，使者未发，不敢就舍；就舍谓之留令，罪死不赦。宪既布，有不行宪者，谓之不从令，罪死不赦。考宪而有不合于太府之籍者，侈曰专制，不足曰亏令，罪死不赦。首宪既布，然后可以布宪。

右首宪。

【注释】①孟春之朝：正月月初。②季冬之夕：每年十二月底。③正月之朔：此处指正月初一。朔：初一。

【译文】正月月初，君主要亲自处理朝政，评定爵位赏赐，考核官吏政绩，一共要用五天时间。十二月月底，君主也要亲临朝政，审议论定对罪犯的量刑、定罪、执行等事，也需要连用五天时间。正月初一这一天，百官聚首在朝庭，君主向全国颁布法令制度。五乡乡师和五属大夫都要去太史那里领受法令典册，都要在国君面前学习法令熟悉条文。太史颁布法令之后，把法令的底本存放在太府，副本交给国君以便查核。五乡乡师离开朝廷以后，就直接到乡的办公地点召集本乡官吏，直到游宗，都必须一起来领受法令。法令公布完毕后，要及时返回朝廷作回报，然后才能回到住处休息。法令没有公布，回复报告没有上报，不敢回住处休息；否则就叫作"滞留君令"，罪当处死，并且不得赦免。五属的大夫，都是乘车入朝的，但离开朝廷以后也不能直接回住处休息，而是要立即出发。回到所属治所的当天，就在祖庙里召集所有下属官员，一同来领受法令。法令公布传达后，马上就要派遣使者向君主回报，且使者要在法令发布的当天不论早晚立即出发。法令已经公布完毕，使者也已经派遣出去，然后才能回到住所休息；法令没有公布完毕，或者使者没有派出去，不能回到住所休息；否则也叫"滞留君令"，罪当处死，不得宽赦。法令既已公布，如果有不遵照执行法令的，叫"不从君令"，罪当处死，不得赦免。考核法令的实施执行情况，如果有与太府所存法令底本不相符的地方，多出来的部分就叫专断独行，属妄添君令，缺少了的部分叫作削减法令，属擅减君令，都是罪当处死，不得宽赦。君主这个年初颁布的法令在公布以后，各地就可以遵照执行了。

以上就是"首宪"部分的内容。

凡将举事，令必先出。曰事将为，其赏罚之数，必先明之。立事者谨守令以行赏罚①，计事致令②，复赏罚之所加。有不合于令之所谓者，虽有功利，则谓之专制，罪死不赦。首事既布③，然后可以举事。

右首事。

【注释】①立事：同"莅事"，指具体办事。②计事：总结工作。③首事：君主最初发布的准备办理大事的法令。

【译文】凡是国家准备兴办大事，必须先行出台赏罚的相关法令。这就是说，将要做某件事情，必须首先明确有关赏罚的办法和规定。主持具体办事的人，必须要严格遵照法令以施行赏罚，在检查工作和总结办事情况向君主上报的时候，也必须报告执行赏罚法令的实际情况。如果办事有不符合法令规定的地方，即使做事取得一定成效，也叫做专断独行，属妄改君令，罪当处死，不得赦免。这个君主关于举事的赏罚律令公布之后，就可以遵照该法令办事了。

以上就是"首事"部分的内容。

修火宪①，敬山泽林薮积草②；夫财之所出，以时禁发焉，使民于宫室之用，薪蒸之所积，虞师之事也③。决水潦，通沟渎，修障防，安水藏，使时水虽过度，无害于五谷；岁虽凶旱，有所秒获④，司空之事也。相高下，视肥硗，观地宜，明诏期，前后农夫，以时均修焉；使五谷桑麻皆安其处，由田之事也。行乡里，视宫室，观树艺，简六畜，以时钧修焉；劝勉百姓，使力作毋偷，怀乐家室，重去乡里，乡师之事也。论百工，审时事，辨功苦，上完利，监一五乡，以时钧修焉⑤；使刻镂文采，毋敢造于乡，工师之事也。

右省官。

【注释】①修火宪：指制定预防火灾的法令。②敬：同"儆"，警戒。薮：水浅草茂的沼泽。积草：指草甸子。③虞师：指主管山泽的官吏。④秒获：收获、收成。⑤以时钧修焉：按照季节进行调节。钧修：同上的"均修"，指调节、治理之意。

【译文】制定防火的律令法规，要注意山林和水草茂盛的湖泊沼泽草甸这些地方，以防火灾；对出产自然资源的地区，要按季节封禁和开放，使百姓有充足的建造房屋的建筑用材和贮备足够的柴草，这是虞师的职责。排除积水，疏通沟渠，修筑堤防，加固水库以保障安全，做到即使雨水过多也不会损害五谷庄稼；即使遇上旱灾，土地也有收成，这是司空的职责。测量地势高低，观察和分析土质肥瘠，调查土地适宜种植的农作物种类，明确农民应召服役的日期，安排好农民生产、服役的先后顺序，按时令季节做好全面安排；使五谷、桑麻等农作物得到合理的种植，这是司田的职责。巡视乡里, 察看住房, 观察树木、庄稼的生长情形, 检查六畜的饲养状况, 并能按照季节做出全面合理的安排; 做到勉励百姓, 使他们努力耕作而不偷懒, 关心家园田产, 安居乐业而不轻易离乡背井、弃别故土, 这是乡师的职责。考核和评定各种工匠的技术优劣, 审查和明确一年四季的生产任务, 分辨产品质量的好坏, 提倡产品的完备和质量, 统一监督管理五乡的制造业, 按照四季做出全面安排; 使那种刻木、镂金、竞逐文采之类的奢侈品工艺, 不敢在各乡生产制造, 这是工师的职责。

以上就是"省官"部分的内容。

度爵而制服, 量禄而用财①。饮食有量, 衣服有制, 宫室有度, 六畜人徒有数, 舟车陈器有禁。修生则有轩冕、服位、谷禄、田宅之分, 死则有棺椁、绞衾、圹垄之度。虽有贤身贵体, 毋其爵不敢服其服; 虽有富家多资, 毋其禄不敢用其财。天子服文有章, 而夫人不敢以燕以飨庙; 将军大夫以朝, 官吏以命; 士止于带缘②。散民不敢服杂采, 百工商贾, 不得服长鬈貂。刑余戮民, 不敢服絻, 不敢畜连乘车。

右服制。

【注释】①度爵: 根据爵位高低。量禄: 按照俸禄多少。②士止于带缘: 士只能在衣带和衣服的边缘作标记以表示自己的身份。带缘: 指衣带和衣服的边缘, 此处指最低等的贵族"士"。

【译文】根据爵位的高低制定所穿服饰的等级标准, 按照俸禄的多少规定花费的数量标准。饮食有一定的标准, 衣着有一定的规定, 所住房屋等级有一定的限度, 六畜和仆役有一定的数量限制, 乘坐的车船和陈设的器物也都有一定的限制。在世的时候, 在车马、衣帽、职位、俸禄、田宅等方面, 都有相应的级别待遇; 去世的时候, 在棺木、衣被、坟墓等方面也都有相应的制度规定。即使有尊贵的身份地位, 如果没有特定的爵位, 也不敢穿戴与特定爵位对应的服饰; 即使有万贯家财, 如果没有特定的俸禄, 也不能做与俸禄相对应的花费。天子的衣服有明确规定的花纹样式, 夫人不能穿着日常居家的服饰祭祀宗庙。将军大夫穿朝服上朝, 普通官吏穿命服, 而作为最低等贵族的普通士人, 只能在衣带和衣服的缘边上做出标志来标记身份。平民百姓不敢穿杂有纹彩的衣服, 工匠、商贩等百工不能穿羔羊皮和貂皮制成的衣服。服过刑罚和正在服刑的人不能穿丝质的衣服, 不能戴冠冕, 也不能备辇和坐车。

以上就是"服制"部分的内容。

寝兵之说胜①, 则险阻不守; 兼爱之说胜, 则士卒不战; 全生之说胜, 则廉耻不立; 私议自贵之说胜②, 则上令不行; 群徒比周之说胜③, 则贤不肖不分; 金玉货财之说胜, 则爵服下流; 观乐玩好之说胜, 则奸民在上位; 请谒任举之说胜④, 则绳墨不正; 谄谀饰过之说胜, 则巧佞者用。

右九败。

【注释】①寝兵: 息兵, 废止战备。②私议自贵: 自命不凡, 私人著书立说。③群徒比周: 结党营私、培植私党。④请谒任举: 请托、拜见、私人保举、走门路。

【译文】如果那些提倡废止军需战备的观点占据主导地位, 那么国内即便有险要的地势也无法固守了；如果那些倡导彼此相亲相爱的观点占据主流地位，那么士兵们也不肯再去勇猛作战了。如果那些主张要保全自身和珍爱生命的主张占据优势地位，那么舍生取义、杀身成仁的廉洁知耻的风尚就无法再建立了。如果那些私人著书立说、清高自负、自命不凡的主张占取上风，那么君主的政令就无法得到有效的推行。如果那些结党营私、倾向拉帮结派的观念占据主流地位，那么贤良、不才就不很难分辨清楚了。如果那些倡导追求财富的观点占据了优势地位，那么可能会出现官爵被随意贩卖入下层，上位者私自赏赐官职给出身卑微之人。如果那些提倡追求享受、寻欢作乐的观念占据优势，那么阴险小人、欺世盗名之辈就会攀附权贵、窃居高位。如果那些凭借人情往来、私人保举就可以求得官职的情形占据上风，那用人标准就会遭到曲解。如果那些逢迎谄媚、文过饰非之人的主张占据优势，那么花言巧语、阿谀奉承的奸佞之徒就会得到任用。

以上就是"九败"部分的内容。

期而致，使而往①，百姓舍己以上为心者，教之所期也。始于不足见，终于不可及，一人服之，万人从之，训之所期也。未之令而为，未之使而往，上不加勉，而民自尽竭，俗之所期也。好恶形于心，百姓化于下，罚未行而民畏恐，赏未加而民劝勉，诚信之所期也。为而无害，成而不议，得而莫之能争，天道之所期也。为之而成，求之而得，上之所欲，小大必举②，事之所期也。令则行，禁则止，宪之所及，俗之所被，如百体之从心，政之所期也。

右七观。

【注释】①未之令：并未向他们发出命令。②小大必举：指无论大事小事都能办成功。

【译文】听到征召就即刻前来集合，受到派遣就立即前往，百姓抛舍自我意愿而把君主心中所想的作为自己的主宰，这是实施教化所期望达到的效果。刚开始时还看不出迹象，最后则出现了意想不到的成效，君主能够身体力行，臣民万人相随，这是进行训导所期望达到的成效。君主还没下命令而民众就主动去做，君主还没派遣而臣下自觉前往，不需要君主在上面激励劝勉，而民众自己就能主动尽心竭力，这是树立风俗所期望达到的效果。君主的爱憎好恶还只在心里蕴蓄，百姓就已经自觉地化为实际行动；刑罚还没有施行，而百姓已感到惊恐畏惧；奖励赏赐还没有颁发，而百姓已受到勉励和鼓舞，这是倡导诚信所期望达到的效果。做任何事不产生恶果而妨害他人，事情结束之后不会遭到失败，而取得的成果也没有人相互争夺，这是遵行自然法则和天道规律所期望能达到的效果。做事必定能够成功，有求必得，君主所希望和要求的事，不论大小都能实现，这是办事所期望达到的效果。有令就能够得到推行，有禁就能止息，凡是律法威令所能达到和风尚习俗所能影响到的地方，百姓服从君主，就像人道四肢百骸以及身体各部分器官服从内心的支配一样，这是上位者治国理政所期望达到的效果。

以上就是"七观"部分的内容。

乘马第五

扫码听谦德
君为您导读

【题解】与前几篇相比,本篇主要讨论经济。乘马指计算筹划。乘即加减乘除类的计算,马即"算数之筹",也即今天的砝码、筹码。因此,可以说"乘马"即用运算的筹码进行经济方面的计算筹划。

本篇分为立国、大数、阴阳、爵位、务市事、士农工商、圣人、失时、地里九节,论述了治理国家在经济方面的一系列原则和具体措施,。"立国"阐述营建首都选择地势的原则。"大数"概述帝业、王业、霸业的为政方针和君道、臣道的重要原则。"阴阳""爵位""务市事""士农工商"等四节内容与标题不完全相符,主要围绕土地、市场、货币、军赋等经济制度展开论述,主张整顿土地制度,作为治国的根本;改革赋税制度,保证国家收入;改革生产关系,促进生产发展。具体措施有:开放山林河泽,扩大赋税来源;根据土质、面积、销售确定征税标准;建立耕战相结合的组织体制;采用"均地分力"的个体生产方式,实行"与民分贷"提高劳动者积极性等。"圣人"指出"托业于民"乃"圣"之所在。"失时"强调不失农时。"地里"计算土地等级及其负担能力。总之,本篇为治理国家勾勒出一个较为系统的经济纲领。

凡立国都①，非于大山之下，必于广川之上。高毋近旱而水用足，下毋近水而沟防省。因天材②，就地利，故城郭不必中规矩，道路不必中准绳③。

右立国。

【注释】①沟防：堤防，排水渠、排水系统。②天材：即自然资源。③准绳：水平仪及墨斗，此处指平直的标准。

【译文】凡是准备建造都城和大城镇，即便不建在大山脚下，也必须建在大河的旁边。地势高的，不能靠近干旱地区，以便保证水源的充足；地势低的，不能靠近水涝洼地，以便省去修筑堤防和渠道的功夫。要依靠自然资源，要凭借地理环境，因此城郭的构筑和建造不必拘泥于规矩，完全合乎方圆的要求。修建道路也不一定非要拘泥于准绳完全合乎平直的要求。

以上是"立国"方面的内容。

无为者帝①，为而无以为者王②，为而不贵者霸③。不自以为所贵，则君道也；贵而不过度④，则臣道也。

右大数。

【注释】①帝：指成就帝业。②无以为：无为而治，没什么可做的。③不贵：不自以为贵。④度：等级名分。

【译文】凡是能做到"无为而治"的君主，可以成就帝业。施政有道而无须自己亲自过度操劳和事事干预的君主可以成就王业。治国理政尽心竭力，谦虚而不妄自尊大的君主可以成就霸业。不自视尊贵、妄自尊大，是作君主的准则；不因位高权重、身份尊贵而超越应守的名分规矩和等级法度，则是作臣子的准则。

以上是"大数"部分的内容。

地者政之本也，朝者义之理也^①，市者货之准也^②，黄金者用之量也^③，诸侯之地千乘之国者器之制也^④。五者其理可知也，为之有道^⑤。

【注释】①义之理：等级名分的体现。②货之准：物资流通标准。③用之量：财用计算的尺度。④器之制：规定军赋的标准。⑤为：谓。

【译文】土地是治理国家政事的根本，朝廷是等级名分和礼仪法则的体现，市场是物资供求和商品流通的标志，黄金是财政用于计算的尺度，一个诸侯国所拥有的土地和兵车数辆，是军事储备的制度规定。只要懂得了这五个方面的道理，就可以说掌握了治国理政的道理和原则。

地者政之本也，是故地可以正政也。地不平均和调^①，则政不可正也；政不正，则事不可理也。春秋冬夏，阴阳之推移也^②；时之短长，阴阳之利用也；日夜之易，阴阳之化也。然则阴阳正矣，虽不正，有余不可损，不足不可益也。天地，莫之能损益也。然则可以正政者，地也；故不可不正也。正地者，其实必正。长亦正，短亦正，小亦正，大亦正，长短大小尽正。正不正则官不理^③，官不理则事不治，事不治则货不多。是故何以知货之多也？曰事治。何以知事之治也？曰货多。货多事治，则所求于天下者寡矣。为之有道。

右阴阳。

【注释】①平均和调：土地分配合理、管理完善。②推移：相互作用。③正不正：应作"地不正"，指土地制度不整顿。

【译文】土地是治理国家的根本，因此利用土地可以用来调整国家政事。土地的分配不合理、管理不能协调一致，政策措施就会出错，国家政事就无法公正合理。没有公正的政策措施，生产活动就不能得到有效管理。春秋冬夏是阴阳运动的结果，昼夜长短是阴阳相互作用的结果，日夜更替是阴阳变化的结果。一般情况下阴阳的运动是正常的，即使偶尔失常，多的不能减少，少的也无法增加。自然规律不是人力所能改变的。然而可以用来调整政事的只有土地，因此对土地不可不加以整顿。整顿土地，其实际收益必须要加以整顿。长的要核正，短的要核正；小块土地要核正，大块土地也要核正；长短小大都要核正准确。土地不加以整顿，官府就无法治理；官府无法治理，农业生产就搞不好；农业生产搞不好，物资就不会丰富。那怎样才能知道物资是否丰富呢？回答是：农业生产搞得好。怎样看出农业生产搞得好呢？回答是：物资丰富。一旦物资丰富了，农业生产搞好了，就可以少求助于天时了，这样就可以说掌握了治国理政的原则。

以上就是"阴阳"部分的内容。

朝者义之理也。是故爵位正而民不怨；民不怨则不乱，然后义可理。理不正则不可以治而不可不理也。故一国之人不可以皆贵，皆贵则事不成而国不利也。为事之不成国之不利也，使无贵者则民不能自理也。是故辨于爵列之尊卑，则知先后之序，贵贱之义矣。为之有道。

右爵位。

【译文】朝廷是等级制度和礼仪法规的体现。因此朝廷官职爵位设置合理，百姓才不会产生怨恨；百姓不产生怨恨，就不会犯上作乱，如此一来体现着公正的等级制度和礼仪法规才可以建立。如果爵位制度安排的不合理，国家就无法治理，等级名分也不能得到体现。所以，一国之内的所有人不可能都身份尊贵；如果都尊贵，就没人进行生产活动了，对国家也不利。正因为无人进行生产，对国家也不利，所以假使没有少数人地位尊贵，百姓是不能靠自己管理自己的。因此，分清明辨爵位的高低，人们就可以明确先后次序和尊贵卑贱的等级制度，这样就可以说是掌握了治国理政的原则了。

以上就是"爵位"部分的内容。

市者货之准也。是故百货贱则百利不得①，百利不得则百事治，百事治则百用节矣。是故事者生于虑，成于务，失于傲。不虑则不生，不务则不成，不傲则不失，故曰，市者可以知治乱，可以知多寡，而不能为多寡。为之有道。

右务市事。

【注释】①百利不得：指得不到各种利益。
【译文】市场是货物流通的地方，因此，如果各种物资价格低廉，商人们就不能获得超常的高利。商人们无法牟取暴利，各项生产事业就都能够得到发展；各项生产得到发展，各项物资需求就都能得到均衡的调节，百业并兴，各种社会需求也就可以调节了。因此，各项事业的成功总是产生于谋划和周密考虑，以及尽心竭力的付出，失败于轻忽怠慢和骄傲。不事先周密计划就不能产生，不努力则不能成功，不骄傲懈怠就不会失败。因此说，通过市场，可以了解国家的治乱兴亡，可以了解物资和财富的多寡，只是不能生产出物资本身而已，了解了这些事就可以说掌握了治国理政的原则。

以上就是"务市事"部分的内容。

黄金者用之量也。辨于黄金之理则知侈俭，知侈俭则百用节矣。故俭则伤事①，侈则伤货②。俭则金贱，金贱则事不成，故伤事。侈则金贵，金贵则货贱，故伤货。货尽而后知不足，是不知量也；事已而后知货之有余③，是不知节也。不知量，不知节，不可谓之有道。

【注释】①伤事：抑制生产。②伤货：浪费物资。③事已：这里指生产完成。

【译文】黄金是各种财政计量的尺度。懂得了黄金可以作为财用尺度的道理，就能够测知国家用度的奢侈和俭省了，懂得了奢侈和节俭，各项用度就能得到适度的调节。国家用度过于节俭，就会抑制生产。国家用度过于奢侈，就会浪费物资。因为，国家用度过于节俭，黄金价值就会被低估，金价过低就会抑制生产活动，则各项生产就因产品短缺不好办，对各项事业不利。国家用度过于奢侈则使黄金价格会被抬高，金价过高就会造成商品货物得到大量生产而造成物价下跌，因此就会造成浪费，所以对货物资源生产不利。等到各种物资消耗殆尽，才知道不足，这是不了解国家用度，需有一个适当用量的原故；等到生产完成后，才发现商品资源过剩，这是由于不懂得国家用度要有一个适度耗用限额的原故。不了解适当的数量，不懂得适度的调节，这都是不行的，掌握了这些道理，就可以说掌握了治国理政的原则。

天下乘马服牛^①，而任之轻重有制。有一宿之行，道之远近有数矣。是知诸侯之地千乘之国者，所以知地之小大也，所以知任之轻重也^②。重而后损之，是不知任也；轻而后益之，是不知器也。不知任，不知器，不可谓之有道。

【注释】①所以知地之小大也：应作"所以知器之小大也"。此处指军费多少，可根据兵车统计。②任之轻重：指百姓负担的轻重，可根据土地统计。

【译文】天下的事情，就像驾驭马车和牛车，马车和牛车的载重量都有一定的限度。知道了三十里的实际行程作为参照，一天可行的里程也就心中有数了。同样的道理，知道一个诸侯国拥有的土地和兵车的数量，就可以推算出其军备规模的大小，也可以用来计算其军需负担的轻重了。军需负担过重，然后再来削减，这是不了解民众的负担能力；军需负担轻了，然后再来加重征收，那是不了解国家实际的军备需要。不了解民众的承受及负担能力，不了解国家的军备需要，不能说是掌握了治国的原则。

地之不可食者^①，山之无木者，百而当一。涧泽，百而当一。地之无草木者，百而当一。樊棘杂处，民不得入焉，百而当一。薮，镰缠得入焉^②，九而当一。蔓山，其木可以为材，可以为轴，斤斧得入焉，九而当一。汎山，其木可以为棺，可以为车，斤斧得入焉，十而当一。流水^③，网罟得入焉^④，五而当一。林，其木可以为棺，可以为车，斤斧得入焉，五而当一。泽，网罟得入焉，五而当一。命之曰：地均，以实数。

【注释】①不可食:不生长五谷。②镰缠:镰刀绳索。镰:指割刈器。缠:绳索。③流水:江河。④网罟:渔网。

【译文】对于不生五谷的荒地和不长树木的秃山,将一百亩地折合成为一亩可以耕种的土地。对于干涸的沼泽,也是一百亩折合成一亩。对于寸草不生的平地,也是一百亩折合一亩。对于荆棘丛生、无法进入的荒地,也是一百亩折合为一亩。对于人们可以带上镰刀和绳索进去砍伐的沼泽地,九亩折合为一亩。对于丘陵山地,生长的树木可以当木料,可以做车轴,而且可以带上刀斧进去砍伐的,也是九亩折合为一亩。高山地区,生长的树木可以做棺椁,可以做大车,而且人们带上刀斧就可以进去采伐的,十亩折合成一亩。江河水流,百姓可以下网捕鱼的,五亩折合成一亩。森林地带,生长的树木可以做棺椁,可以做车辕,而且刀斧能进入采伐的,也是五亩当一亩。湖泊沼泽,可以下网捕鱼的,也是五亩折合成为一亩。这些方法就叫作:按照可耕面积的实数对土地进行公平折算。

方六里,命之曰暴①,五暴命之曰部,五部命之曰聚。聚者有市,无市则民乏。五聚命之曰某乡,四乡命之曰方,官制也。官成而立邑:五家而伍,十家而连,五连而暴,五暴而长,命之曰某乡;四乡命之曰都,邑制也。邑成而制事②:四聚为一离,五离为一制,五制为一田,二田为一夫,三夫为一家,事制也。事成而制器:方六里,为一乘之地也。一乘者,四马也。一马,其甲七,其蔽五③;四乘④,其甲二十有八,其蔽二十,白徒三十人奉车两⑤,器制也。

【注释】①暴:一种行政区划。②制事:确定生产活动。③蔽:盾牌兵, 防护车兵。④四乘: 应作 "一乘"。⑤白徒: 指不持兵器的后勤兵。

【译文】 方圆六里的区域称作暴, 五暴称为部, 五部称为聚。聚中要有集市, 没有集市则无法交易通有无, 百姓就会缺乏日常用品。五聚称作乡, 四乡称为方; 以上这些是行政组织制度。行政组织一经确立后, 就需要建立地方居民组织: 五家组成一伍, 十家编为一连, 五连编为一暴, 五暴编为一长, 称作乡; 四乡称为都, 以上这是居民组织制度。居民组织制度一经建立, 就需要确定生产管理组织: 四聚组成一离, 五离组成一制, 五制组成一田, 二田组成一夫, 三夫组成一家, 以上这是生产管理的组织制度。生产管理组织一经确立, 就需要组织军事装备: 方圆六里的地区需要承担一乘兵车的军需, 一乘配备四匹马, 一匹马配备穿戴铠甲的兵士七人、手持盾牌的兵士五人; 一乘则共有铠甲兵士二十八人、盾牌手二十人, 还配备民夫三十人, 负责兵车的供给, 以上就是军事装备的制度。

方六里, 一乘之地也; 方一里, 九夫之田也。黄金一镒①, 百乘一宿之尽也②。无金则用其绢, 季绢三十三制当一镒③。无绢则用其布, 经暴布百两当一镒④。一镒之金, 食百乘之一宿⑤。则所市之地六步一㪷⑥, 命之曰中岁⑦。

【注释】 ①镒: 重量单位, 二十四两为一镒。②百乘一宿之尽: 此处指黄金一镒是一百乘兵车所需的费用。尽: 费用, 军费。③季绢: 即繐绢, 一种轻细疏薄的绢。制: 一种长度单位, 布长一丈八尺为一制。④经暴布百两: 即苧葛织成的薄布。两: 匹。⑤食: 提供食物。⑥所市之地六步一㪷: 所市之地, 指承担军费的地区。㪷: 即斗。⑦中岁: 指中等年份的税率。

【译文】方圆六里的土地要承担一乘兵车的军需，方圆一里的土地是九个农夫能够耕种的田地标准。一镒黄金是供应百乘兵车的人马一夜的费用。如果没有黄金，也可以用丝绢代替，细绢三十三制折合为黄金一镒。如果没有丝绢可以用葛布代替，一百匹细薄葛布折合为黄金一镒，一镒的黄金可以供百乘兵车食用一夜的费用。这样，承担军需的地区，每六步土地就要征粮一斗，这是中等年成的税率。

有市无市①，则民不乏矣。方六里，名之曰社②，有邑焉，名之曰央。亦关市之赋。黄金百镒为一箧③、其货一谷笼为十箧，其商苟在市者三十人，其正月、十二月，黄金一镒，命之曰正分。春日书比，立夏日月程④，秋日大稽⑤；与民数得亡。

【注释】①有市无市，则民不乏矣：应作"有市无市，则民乏矣"，且应在下文的"名之曰央"下面。②社：指百姓活动区域。③箧：小箱子，此处指征税的数量单位。④立夏：应作"夏"，"立"字疑为衍文。⑤大稽：汇总统计征税数。

【译文】应该有集市，如果没有集市则百姓日用就会缺乏。方圆六里的地区称为社。有人居住的地方称为央。央要征收关税和市场税。按黄金百镒为一箧来算，货物一谷笼要交税十箧。集市的商人如果达到三十人，从正月到十二月年收黄金一镒，就是税率。每年的春分公布税率，立夏按月核实征税情况。秋天统计征税总额，还要统计经商人数的增减。

三岁修封①，五岁修界②，十岁更制③，经正也④。十仞见水不大潦⑤，五尺见水不大旱。十一仞见水轻征，十分去二三，二则去三四，四则去四，五则去半，比之于山。五尺见水，十分去一，四则去三，三则去二，二则去一，三尺而见水，比之于泽。

【注释】①修封：修整田埂。②修界：修整田界。③更制：更定田界。④经正：应作"经政"，即常例。⑤十仞：当作"一仞"，七尺为一仞。潦：涝。

【译文】每隔三年修整一次田埂，每隔五年修整一次田界，每隔十年重新规划一次田界，这些都应成为常规做法。一仞高的地方见了水，不会发生大涝；五尺高的地方见水，不会有大旱。一仞高的地方见了水，涝灾出现，就应减免原先税额的十分之二三。二仞见水，则减免十分之三四。四仞见水，则减免十分之四。五仞见水，则减免一半，相当于比照山地税额的做法。五尺见水的土地，也减轻赋税的十分之一；四尺见水的土地则减免十分之二，三尺见水的土地则减免十分之三，二尺见水的土地则减十分之四；而一尺见水的土地，就按照沼泽地的税率征税。

距国门以外，穷四竟之内①，丈夫二犁②，童五尺一犁，以为三日之功。正月令农始作，服于公田农耕。及雪释，耕始焉，芸卒焉。士，闻见、博学、意察③，而不为君臣者，与功而不与分焉。贾，知贾之贵贱、日至于市，而不为官贾者，与功而不与分焉。工，治容貌功能，日至于市，而不为官工者，与功而不与分焉。不可使而为工，则视贷离之实④，而出夫粟。

【注释】①竟：同"境"，边境。②丈夫二犁：丈夫，指成年男子。犁，指一人一天所能耕种的土地。③闻见：见多识广。意察：断事精明。④贷离：差别、差额。

【译文】从国都城门以外到国家边境以内的所有地区，成年男子按两犁耕地的定额，未成年男子按一犁耕地的定额，一律要为朝廷服劳役三天。正月就指令农民开始耕作，到公田服役从事耕种。从冰雪融化开始春耕时起，直到夏天锄草结束。士人中那些见多识广、学问渊博、断事精明的，但还没有成为国家官员的，都要去服役三天，而且还不能接受政府颁赐。商人中那些熟悉物价高低贵贱，并每天在集市上交易但不是官商的，也要服劳役三天，不能接受政府赏赐。工匠中那些讲求器物样式、功能，参加集市交易但不是官家工匠的，也要服劳役三天而不能接受朝廷赏赐。对于不能直接承担劳役而出工的人，按照他们所欠缺额度的实际数字，以交纳粮食来补偿。

是故智者知之，愚者不知，不可以教民；巧者能之，拙者不能，不可以教民。非一令而民服之也，不可以为大善①；非夫人能之也②，不可以为大功。是故非诚贾不得食于贾③，非诚工不得食于工，非诚农不得食于农，非信士不得立于朝。是故官虚而莫敢为之请④，君有珍车珍甲而莫之敢有，君举事臣不敢诬其所不能⑤。君知臣，臣亦知君知己也。故臣莫敢不竭力俱操其诚以来。

【注释】①为大善：使得国家得到大治。②夫人：指众人。③食于贾：依靠经商为生。④官虚：官缺。⑤诬：说谎。

【译文】只有聪明的人才明白、而愚蠢的人无法明白的事情，是不能够用来教育一般民众的。只有灵巧的人能做到、而笨拙的人做不到的事情，也是不能用来教育广大百姓的。不是一下达就可以使得人人都能遵照执行的命令，是不可能使国家获得最大的政治效果的；不能让百姓各自都能发挥出自身特长的君主，就不可能建立大功大业的。所以，不是诚实的商人，不得依靠经商为业；不是诚实的工匠，不得依靠做工为业；不是诚实的农民，不得依靠务农为生；不是真正诚信的士人，不得在朝中做官。这样一来，即使朝廷的官位有空缺，也没人敢自己贸然请求填补；即使君主有珍贵的车、甲，也没人敢于私自备置享有；即使君主要在国内举办大事，臣属也不敢谎报自己力所不能做到的事情。君主了解臣子，臣子也了解君主，所以，没有哪个臣子敢不尽心竭力、怀着真心实意、老老实实地来为君主效劳了。

道曰，均地分力^①，使民知时也。民乃知时日之蚤晏^②，日月之不足，饥寒之至于身也。是故夜寝蚤起，父子兄弟不忘其功，为而不倦，民不惮劳苦^③。故不均之为恶也，地利不可竭，民力不可殚^④。不告之以时而民不知，不道之以事而民不为。与之分货，则民知得正矣；审其分^⑤，则民尽力矣。是故不使而父子兄弟不忘其功。

右士农工商。

【注释】①均地：分配土地给百姓耕种。分力：实行一家一户的个体农业生产。②蚤晏：早晚。③不惮：不害怕。④殚：用尽，耗尽。⑤分：征税的标准、分配比例。

【译文】常言道：能做到公平分配土地、公平折算地租，就可以使百姓不耽误农时。这样百姓才会把握时令。百姓懂得了时令的早晚，便会珍惜时光的不足、了解饥寒的切身威胁。这样，他们就会晚睡早起，父子兄弟全家关心农事不忘劳动。每个人都能不知疲倦、不辞辛苦地干活。而不公平折算地租、不将土地公平地分配下去的害处，就是土地的收益不能充分被利用，百姓的劳力不能得到充分发挥。不把农时告知百姓，农民就不知道要掌握季节、抓紧农事；不告知百姓农事安排，农民干活就不会有成效。国家与农民分取土地的收获，明确征收标准和分配比例，农民就会尽心尽力了。如此一来，不必督促驱使，父子兄弟全家老小都会来关心生产、不忘劳动的。

以上就是"士农工商"部分的内容。

圣人之所以为圣人者，善分民也①。圣人不能分民，则犹百姓也，于己不足，安得名圣？是故有事则用②，无事则归之于民，唯圣人为善托业于民③。民之生也，辟则愚，闭则类④。上为一，下为二。

右圣人。

【注释】①分民：即分利于民。②用：征收，征用。③托业于民：将产业托付给百姓。④闭：应作"闲"。

【译文】圣人之所以成为圣人的原因，就在于圣人善于将利益分给百姓。圣人如果不擅长做到这一点，就与普通百姓没什么两样了。如果自己总是不满足，怎么能够算作圣人呢？因此当国家有需要时就向百姓征用财货以备使用，国家没有需要就将财货留在百姓那里，只有圣人才善于将产业寄托交付于百姓。老百姓的本性在于：一旦放纵就会使其走上邪道，约束、帮助百姓防范邪恶干扰，百姓就会善良正行。在上的君主做出好的榜样，下面的百姓就会加倍跟从仿效，你做出一分，他们就会以两倍作为回报。

以上就是"圣人"部分的内容。

时之处事精矣，不可藏而舍也①。故曰，今日不为，明日忘货②。昔之日已往而不来矣。

右失时。

【注释】①藏：留。舍：止。②忘货：即"亡货"，指没有收获。忘：通"亡"，失去。

【译文】农时对于农耕事业来说是十分宝贵的。人无法将它收藏贮存起来，使之停止。所以说：今天不抓紧进行生产，明天就没有收获。过去的时光一旦消逝就一去不复返了。

以上就是"失时"部分的内容。

上地方八十里①，万室之国一，千室之都四。中地方百里，万室之国一，千室之都四。下地方百二十里，万室之国一，千室之都四。以上地方八十里与下地方百二十里，通于中地方百里②。

右地里。

【注释】①上地：上等的土地，即最肥沃的土地。②通于：折合，相当于。

【译文】方圆八十里的上等土地，可以负担供给一座上万户人口的城市、四座上千户人口的城市的需要。方圆一百里的中等土地,可以负担供给一座上万户人口的城市、四座上千户人口的城市的需要。方圆一百二十里的下等土地,可以负担供给一座上万户人口的城市、四座上千户人口的城市的需要。因此,方圆八十里的上等土地与方圆一百二十里的下等土地的地区财政收入,都可以折合为方圆一百里的中等土地的地区收入。

　　以上就是"地里"部分的内容。

七法第六

扫码听谦德
君为您导读

【题解】七法指治国、治军的七项基本原则，包括：则（寻求规律）、象（了解情况）、法（掌握标准）、化（施行教化）、决塞（善于权衡）、心术（洞察心计）、计数（精于计算），以上这七项基本原则合称"七法"。本篇以兵法为核心，从分析政治和军事的关系入手，系统阐述了的军事思想，分为七法、四伤、为兵之数、选陈共四节。

"七法"提出七项治国治军的法则，"治民"是"为兵"的前提，"为兵"直接为"胜敌国""正天下"的政治目的服务；接着详述七法的具体内容和不明七法的后果，强调运用七法的重要意义。"四伤"节指出百匿、奸吏、奸民、盗贼四种人对国家的危害，主张君主实行法治，以为治军的根本。"为兵之数"提出了治军的八项具体方法，即聚财（积聚财富）、论工（选择工匠）、制器（制造兵器）、选士（选拔士兵）、政教（加强管教）、服习（抓紧训练）、遍知天下（掌握情报）、明于机数（懂得时机策略），讨论了军事与经济、政治的关系。"选陈"即选阵，阐述了出兵攻战、克敌制胜的一系列原则和军队主帅的职责。全篇以论兵为核心，是《管子》中一篇重要的军事论文。

言是而不能立，言非而不能废，有功而不能诛，若是而能治民者，未之有也。是必立，非必废，有功必赏，有罪必诛，若是安治矣①？未也。是何也？曰形势器械未具②，犹之不治也。形势器械具，四者备，治矣。不能治其民，而能强其兵者，未之有也。能治其民矣，而不明于为兵之数③，犹之不可。不能强其兵，而能必胜敌国者，未之有也。能强其兵，而不明于胜敌国之理，犹之不胜也。兵不必胜敌国，而能正天下者，未之有也。兵必胜敌国矣，而不明正天下之分，犹之不可。故曰：治民有器，为兵有数，胜敌国有理，正天下有分。

【注释】①安：则，就。②形势：治理百姓的客观形势。器械：此处指治理百姓的具体设施。③数：方法。

【译文】主张正确但不采用，主张错误却不废止，有功劳而不予赏赐，有罪过而不受惩罚，这样做却能治理好百姓的，从来没有过。正确的意见一定要采纳，错误的主张坚决废止，有功绩必须奖赏，有罪责必须惩处，这样就可以治理好百姓了吗？还不能。这是什么原因呢？因为客观形势条件和军事力量装备等具体设施还不具备，所以仍然不能治理好国家。等到客观条件及具体设施都具备后，而且采纳正确、废除错误、有功必赏、有罪必罚四方面都做到了，这就可以治理好百姓了。不能治理好百姓，却能使军队强大，这样的事情从来没有过。但是，即使能够治理好百姓却不懂得治军方法，仍然做不到强大。不能够使军队强大却能够每战必胜敌国，这样的事情从来没有过。但是，即使能够使军队强大而不懂得战胜敌国的方法和道理，仍然不能获得胜利。军队没有必胜敌国的把握，却能够征服天下，这样的事情，从来没有过。但是，即使军队有了必胜他国的把握, 却不懂得匡正天下的实力和名分, 仍然是做不到的。所以说: 治民要有条件和设施, 治军要有战略和方法, 战胜敌国要有道理和筹划, 匡正天下要有实力和名分。

则、象、法、化、决塞、心术、计数。根天地之气①, 寒暑之和, 水土之性, 人民鸟兽草木之生, 物虽不甚多; 皆均有焉②, 而未尝变也, 谓之则。义也、名也、时也、似也、类也、比也、状也, 谓之象。尺寸也、绳墨也、规矩也、衡石也、斗斛也、角量也, 谓之法。渐也、顺也、靡也, 久也、服也、习也, 谓之化。予夺也、险易也、利害也、难易也、开闭也、杀生也, 谓之决塞。实也、诚也、厚也、施也、度也、恕也, 谓之心术。刚柔也、轻重也、大小也、实虚也、远近也、多少也, 谓之计数。

【注释】①根: 探索, 探寻。②均有: 应作"有均", 即有法则。均: 引申为法则。

【译文】七法就是: 寻求规律、了解现象、掌握标准、施行教化、善于权衡、把握思想和精于计算。探索天地万物的元气, 寒暑的协调以及水土的性质, 人类、鸟兽及草木的生长繁衍, 万物虽然繁多, 却都拥有元气、寒暑和水土各自的内在规则, 这就叫作规律。事物的外形、名称、存在时间、彼此的相似性、类别、先后关系及存在状态等, 称为象状。度量衡中的尺寸、绳墨、规矩、衡石、斗斛、角量等, 称作标准。使百姓性情上有所渐进、随顺温和、逐渐浸润、持久培育、互相适应、养成习惯等等, 称作教化。斟酌给予与剥夺、危险与平易、有利与危害、困难与容易、开放与封闭、死亡与生存等, 称作权衡。培养百姓老实本分、诚恳、宽容厚道、博施助人、大度、谦让等, 称作心术。辨别运用刚与柔、轻与重、大与小、实与虚、远与近、多与少等计策, 称作计算。

　　不明于则, 而欲出号令①, 犹立朝夕于运均之上②, 檐竿而欲定其末。不明于象, 而欲论材审用③, 犹绝长以为短, 续短以为长。不明于法, 而欲治民一众, 犹左书而右息之。不明于化, 而欲变俗易教, 犹朝揉轮而夕欲乘车④。不明于决塞, 而欲驱众移民, 犹使水逆流。不明于心术, 而欲行令于人, 犹倍招而必拘之⑤。不明于计数, 而欲举大事, 犹无舟楫而欲经于水险也。故曰: 错仪画制, 不知则不可; 论材审用, 不知象不可; 和民一众⑥, 不知法不可; 变俗易教, 不知化不可; 驱众移民, 不知决塞不可; 布令必行, 不知心术不可; 举事必成, 不知计数不可。

　　右七法。

　　【注释】①不明于则, 而欲出号令: 应作"不明于则, 而欲错仪画制"。②朝夕: 指测量日影的标杆。均: 制作陶所用的轮。③论材审用: 量材适当用人。④揉轮: 使用弯木制造车轮。⑤倍: 同"背"。招: 射箭的靶子。⑥和民: 应作"治民"。

　　【译文】不寻求事物的规律, 却想要制定法令, 就好比把测定日影的标杆插在转动的陶轮上来确定方向, 又好像是摇动竹竿的根部却妄想固定它的末端一样。不了解事物的象状, 却想量才用人, 就好像把长材截短、短材接长一样。不掌握做事的法度、标准, 却想要治理好百姓、统一民众, 就好比用左手写字, 却用右手去阻止一样。不去施行教化之道, 却想要移风易俗, 就好像早上刚造好车轮，晚上就要乘车一样，只能是欲速不达。运用权力而不善于权衡，却想驱使百姓或调遣发动民众，就好像叫河水倒流一样。不明白应禁止什么、倡导什么，却想对百姓发号施令，就好比背对着靶子射箭却希望射中一样。不了解计算谋划，却想要办成大事，就好比没有船和桨却想渡过激流险滩一样。所以说：立法定制，不了解法则规律不行；量才用人，不了解具体情形不行；治理百姓、统一民众，不掌握标准不行；移风易俗、导民向善，不施行教化不行；指挥发动群众、驱使调遣民众，不善于权衡不行；发布的政令要贯彻执行，不了解民众的思想不行；举办大事想要成功，不精于计算谋划不行。

以上是"七法"部分的内容。

百匿伤上威①，奸吏伤官法②，奸民伤俗教，贼盗伤国众。威伤则重在下③，法伤则货上流④，教伤则从令者不辑⑤，众伤则百姓不安其居。重在下则令不行，货上流则官徒毁⑥，从令者不辑则百事无功，百姓不安其居则轻民处而重民散。轻民处，重民散，则地不辟；地不辟则六畜不育；六畜不育则国贫而用不足；国贫而用不足，则兵弱而士不厉；兵弱而士不厉，则战不胜而守不固；战不胜而守不固，则国不安矣。故曰：常令不审，则百匿胜；官爵不审，则奸吏胜；符籍不审⑦，则奸民胜；刑法不审，则盗贼胜，国之四经败，人君泄见危。人君泄，则言实之士不进；言实之士不进，则国之情伪不竭于上⑧。

【注释】①匿：邪恶。②官法：国家制定的公法。③重在下：权力下移。④货上流：即贿赂公行于官府。⑤辑：和睦，团结。⑥官徒毁：疑作

"官德毁"。⑦符籍：泛指各种凭证和登记册。⑧情伪：真假，国家的真实情况。

【译文】一旦朝廷中的各种恶势力当政，就会损害君主的权威；一旦贪官污吏掌权，就会破坏国家的法制律令；一旦百姓中的奸邪小人得势，就会败坏风俗和教化；一旦盗贼得以猖獗，就会伤害国内民众的生命及财产利益。如果君主的权威受到损害，朝中大权就会落入奸佞手中；如果国家的法制遭到破坏，用于贿赂的财物就会向上流入奸吏手中；如果风俗教化遭到败坏，臣民就不能和睦相处、团结一致；如果国内百姓被伤害，民众就不能安居乐业。君主权威下移，大权旁落，政令就无法推行；财富上流，贿赂横行，朝廷风尚就遭到败坏；臣民不能和睦相处、团结一致，任何事都做不成；百姓无法安居乐业，游走经商的人和无业游民就会增多，从事农业生产的人就会被迫离散；末业游民增多、务本农民离散，土地就无人耕种；土地无人耕种，六畜就无法繁育；六畜不得繁育，国家就会陷入贫困、财用不足；国家贫困、财用不足，兵力就会变得薄弱、士气不振导致军队衰弱；军队衰弱、将士不勇，就会战不能胜、守不能固；战不能胜、守不能固，国家就不能安定了。所以说，国家法令不严明，坏人就会当政、奸邪就会得势；官爵升降制度不严格，贪官污吏就会掌权；户籍制度不严格，奸邪小人就会得势；刑罚法律执行不严格，盗贼就会猖獗。国家的四种根本制度：常令、官爵、户籍、刑法都遭到破坏，君主的权力就会分散，若不加以重视，慎重处理，政权就危险了。君主权力的分散了，忠诚正直、敢说真话的人就无法进谏；忠诚正直的大臣以及敢说真话的人无法进谏，国家的真实情况君主就无法全面掌握。

世主所贵者^①，宝也；所亲者，戚也；所爱者，民也；所重者，爵禄也。亡君则不然。致所贵^②，非宝也；致所亲，非戚也；致所爱，非民也；致所重，非爵禄也。故不为重宝亏其命^③，故曰：令贵于宝。不为爱亲危其社稷^④，故曰：社稷戚于亲。不为爱人枉其法，故曰：法爱于人。不为重禄爵分其威，故曰：威重于爵禄。不通此四者，则反于无有。故曰：治人如治水潦，养人如养六畜，用人如用草木。居身论道行理^⑤，则群臣服教，百吏严断，莫敢开私焉。论功计劳，未尝失法律也。便辟、左右、大族、尊贵、大臣，不得增其功焉。疏远、卑贱、隐不知之人，不忘其劳。故有罪者不怨上，爱赏者无贪心，则列陈之士，皆轻其死而安难^⑥，以要上事；本兵之极也。

右四伤百匿^⑦。

【注释】①世主：泛指当代一般的国君。②致：最。③亏：损害。命：政令。④不为爱亲危其社稷：应作"不为亲戚危其社稷"。⑤居身论道行理：应作"君身论道行理"。⑥安难：不怕危难。⑦百匿：为"衍文"。

【译文】当代一般的君主珍视的是珍宝，所亲近的是自己的亲属，所爱惜的是百姓，所重视的是爵位俸禄。亡国的君主则不是这样，他最看重的不是珍宝；最亲近的不是自己的亲属；最爱惜的不是百姓；最重视的不是官爵俸禄。不要因为贵重珍宝而损害政令，所以说，命令比珍宝更贵重。不要因为亲属而危害国家，所以说，国家比亲属更值得亲近。不要为了爱惜百姓而违背法律，所以说，法律比百姓更值得爱惜。不因为珍视爵位俸禄而分散自己权威，所以说，权威比爵禄更为重要。如果不懂得这四个道理，权力就将丧失，最终一无所有。所以说：治理百姓如同治理水患，要防患于未然；养育百姓就像养育六畜；使用民众如同精心选用百草树木，要取其所长、避其所短。君主能以身作则、按理依道行事，那么群臣就会俯首受教、严格遵行政令；百官就会严格执行法律，没人敢徇私枉法。论功行赏的时候，不能违背法令的规定。君主的宠臣亲信、左右侍从、豪门大族、显赫权贵、朝廷大臣们，不因为位高权重而妄自增加功劳；关系疏远、地位低微、没有名望的人，不得因其位卑、名贱而埋没其功劳。这样，有罪的人也就不会怨恨君主；得到赏赐的人，也不会贪得无厌。如此一来临阵对敌的士兵，都会舍生忘死，不避危难，力争为国立功受奖。这就是治理军队的根本原则和统帅士兵的最重要的方法。

以上就是"四伤"部分的内容。

为兵之数：存乎聚财，而财无敌；存乎论工^①，而工无敌；存乎制器，而器无敌；存乎选士，而士无敌：存乎政教，而政教无敌；存乎服习^②，而服习无敌；存乎遍知天下，而遍知天下无敌；存乎明于机数，而明于机数无敌。故兵未出境，而无故者八。是以欲正天下，财不盖天下，不能正天下；财盖天下，而工不盖天下，不能正天下；工盖天下，而器不盖天下，不能正天下；器盖天下，而士不盖天下，不能正天下；士盖天下，而教不盖天下，不能正天下；教盖天下，而习不盖天下，不能正天下；习盖天下，而不遍知天下，不能正天下；遍知天下，而不明于机数；不能正天下。故明于机数者，用兵之势也。大者时也，小者计也。

王道非废也，而天下莫敢窥者，王者之正也。衡库者，天子之礼也。

【注释】①论工: 审查考核工匠的技艺。②服习: 军事训练。

【译文】治军用兵的方法在于: 注重积累财富, 使财富的数量可以天下无敌; 注重挑选工匠, 使工匠的技术天下无敌; 注重制造武器装备, 使兵器、军备天下无敌; 注重选拔士兵, 从而使士兵的素质天下无敌; 注重军队的管理教育, 使军队的管教水平天下无敌; 注重军事训练, 从而使训练工作天下无敌; 注重搜集各国军事情报, 使情报工作水平天下无敌; 注重把握作战时机和策略运用, 在出兵决策方面天下无敌。这就是说, 军队还未调出国境, 而保障国家天下无敌的这八个方面条件就已具备, 如此方能统一天下。要想征服天下, 如果财力方面不能领先于天下就无法征服天下; 财力数量能领先于天下, 但工匠技能不能领先于天下也不能征服天下; 工匠技能领先于天下, 但武器装备不能领先于天下也不能征服天下; 武器装备能领先于天下, 但士兵的素质不能领先于天下也不能征服天下; 士兵素质能领先于天下, 但军队的管教水平不能领先于天下也不能征服天下; 管教工作能领先于天下, 但军事训练水平不能领先于天下也不能征服天下; 训练水平可以领先于天下, 但不能掌握各国的军事情报也不能征服天下; 掌握了各国情报, 但不懂得把握战机和运用策略也不能征服天下。所以, 把握时机和运用策略是用兵作战的关键。建功立业、统一天下, 其首要之事就是把握作战时机; 其次就是有效运用作战计划和布阵策略。

王道之所以不废弃, 天下之所以不敢觊觎王位, 是因为君王行为代表着正义性。经常衡量天下的利弊得失, 是作为天子应该遵守的规制和礼数。

是故器成卒选，则士知胜矣。遍知天下，审御机数，则独行而无敌矣。所爱之国①，而独利之；所恶之国，而独害之，则令行禁止。是以圣王贵之②。胜一而服百，则天下畏之矣；立少而观多③，则天下怀之矣④；罚有罪、赏有功，则天下从之矣。故聚天下之精财⑤，论百工之锐器；春秋角试以练⑥，精锐为右。成器不课不用⑦，不试不藏。收天下之豪杰，有天下之骏雄。故举之如飞鸟，动之如雷电，发之如风雨，莫当其前，莫害其后，独出独入，莫敢禁圉⑧。成功立事，必顺于礼义；故不礼不胜天下，不义不胜人。故贤知之君，必立于胜地，故正天下而莫之敢御也。

右为兵之数。

【注释】①所爱之国：此处指友好国家。②圣王：英明的君主。贵之：指重视用兵。③观多：给多数示范。④怀：归附，亲附。⑤精财：应作"精材"。⑥角试：比较，检验。练：选择。⑦成器：制作的兵器。课：检查。⑧禁圉：同"禁御"，抵抗。

【译文】因此，兵器制作精良，士兵经过选拔，这样军队作战时就有了必胜的信心。掌握了各国军事情报，善于把握战机、精心运用策略，这样军队作战就可以所向无敌了。对于友好的国家，要给予专门的扶持；对于敌对的国家，要给予特别的打击，这样就能令行禁止、号令天下。因此，高明的君主都格外重视用兵策略。战胜一个国家，从而使更多的国家臣服，天下其余各国就会畏惧；扶植少数国家，从而为更多国家做一个示范，天下各国都会感怀归附；讨伐不义的诸侯小国，奖励有功的诸侯国家，天下各国也都跟着服从了。因此，要汇聚天下最精良的材料，考察挑选工匠制造的精锐兵器；

春秋两季进行比试检验，选择最精锐的列为上等。制成的武器，不经检查试用，不能使用，不经测试，不能入库。再大力网罗天下的英雄豪杰，拥有天下最勇猛的将士。这样，作战时就可以做到举兵矫捷如飞鸟突起，动兵迅猛如雷电疾驰，发兵狂放如风雨盖地，前方无人能阻挡，后面也无人能偷袭暗算，单独出击没有谁能抵抗，来去自如，如入无人之境，谁也不能加以限制。然而成就功绩、创立功业，一定要合乎天理与正义，不合天理的战争不能征服天下，不合正义的战争不能战胜敌人。因此贤明智慧的君主，总是立于不败之地才合乎情理地获取胜利，这样才能统一天下而无人敢加以阻挡。

以上就是"为兵之数"部分的内容。

若夫曲制时举①，不失天时，毋圹地利②。其数多少，其要必出于计数。故凡攻伐之为道也，计必先定于内，然后兵出乎境。计未定于内而兵出乎境，是则战之自胜，攻之自毁也，是故张军而不能战③，围邑而不能攻，得地而不能实，三者见一焉，则可破毁也。故不明于敌人之政，不能加也④；不明于敌人之情，不可约也；不明于敌人之将，不先军也；不明于敌人之士，不先陈也⑤。是故以众击寡，以治击乱，以富击贫，以能击不能，以教卒练士击驱众白徒⑥，故十战十胜，百战百胜。

【注释】①曲制：部曲之制，即军队建制，此指军队。时举：应时而举，利用有利时机发兵。②圹：同"旷"，废弃。③张军：摆开阵势。④加：出兵，增兵。⑤陈：同"阵"，列阵。⑥教卒练士：指经过训练的士兵。

【译文】至于军队利用时机出兵进攻，出战的原则应该是不丧失有利的季节气候，不放弃有利的地形、地物，需要的人员、装备、军需物资总数的多少, 关键在于要经过精确的计算。所以, 凡是出兵攻战的原则, 一定要先在未出兵前就在国内制定好周密的计划, 然后再派出军队。如果事前没有拟定好计划就大举派兵, 攻伐出战就必然自取失败。因此, 已摆开阵势却不能确定是否要交战, 已包围了城市却不能确定是否要进攻, 夺得了阵地却不能坚守巩固, 这三种情况中出现了任意一种, 就可能要招致军队的失败。因此, 事前不了解敌人的治军情况, 就不能贸然出兵; 不了解敌方的军事情报, 不能对敌宣战; 不了解敌人将帅的领兵才能, 就不能抢先采取军事行动; 不了解敌人士卒的军事素养, 不能率先列阵布兵。因此, 必须保证以大股部队去攻击小股兵力, 用安定的强国去攻击内乱的弱国, 用军需富足的军队去攻击军需匮乏的军队, 用善于用兵的将帅攻击不懂用兵的无能将帅, 以训练有素的精干士卒去攻打乌合之众, 才能十战十胜, 百战百胜。

故事无备, 兵无主, 则不蚤知^①; 野不辟, 地无吏^②, 则无蓄积; 官无常, 下怨上, 而器械不功^③; 朝无政, 则赏罚不明; 赏罚不明, 则民幸生^④。故蚤知敌人如独行^⑤, 有蓄积则久而不匮, 器械功则伐而不费^⑥, 赏罚明则人不幸, 人不幸则勇士劝之。故兵也者, 审于地图, 谋十官日^⑦, 量蓄积, 齐勇士^⑧, 遍知天下, 审御机数, 兵主之事也。

【注释】①则不蚤知: 应作"则不蚤知敌", 脱一"敌"字。②地无吏: 土地没有官员管理。③而器械不功: 应作"则器械不功"。功: 同"工", 精良。④幸生: 侥幸偷生。⑤故蚤知敌人如独行: 应作"蚤知敌则独行"。⑥费: 损坏。⑦谋十官日: 应作"谋于日官", 与上句"审于地图"相对。谋日官，察天时。⑧齐：统一。

【译文】如果战事没有准备，军队又没有的统帅，那就不能预先掌握敌情及早洞察先机；荒地没有开垦，土地没有专门的官吏管理，国家就没有积蓄粮草、贮备物资；官府没有固定的常规制度可依，工匠就会抱怨官吏管理不善，那么，造出来的武器就不会精良；朝廷政令不修，奖惩赏罚就不会分明；奖惩赏罚不分明，百姓就会存着侥幸偷生之心。因此，用兵就是要预先掌握敌情、洞察先机，才能够所向披靡；积蓄足够的粮草物资，才能够持久作战而不缺乏、疲弱；武器装备精良，作战过程中才能连续进攻而不容易损坏、连续进攻最终才能取胜；赏罚分明，百姓才不会心存侥幸而偷生逃命；百姓不想着侥幸偷生，勇士也就得到激励、奋力向前。所以，用兵的规律，就是一定要了解战场的地形地利，要反复研究战场的天文气象，要准确计算物资和粮草贮备，要严格训练士兵，要全面掌握敌国情报努力了解局势，要谨慎地把握好战机、运用好策略，而这些正是军队主帅的职责。

故有风雨之行①，故能不远道里矣。有飞鸟之举，故能不险山河矣。有雷电之战，故能独行而无敌矣。有水旱之功②，故能攻国救邑③。有金城之守，故能定宗庙、育男女矣。有一体之治④，故能出号令、明宪法矣。风雨之行者，速也。飞鸟之举者，轻也。雷电之战者，士不齐也。水旱之功者，野不收、耕不获也。金城之守者，用货财，设耳目也。一体之治者，去奇说，禁雕俗也⑤。不远道里，故能威绝域之民。不险山河，故能服恃固之国。独行无敌，故令行而禁止，故攻国救邑，不恃权与之国，故所指必听。定宗庙，育男女，天下莫之能伤，然后可以有国。制仪法，出号令，莫不响应，然后可以治民一众矣。

右选陈。

【注释】①故有风雨之行：应作"有风雨之行"，"故"字为衍字。②有水旱之功：指就像水灾旱灾般的破坏力。③故能攻国救邑：应作"故能攻国拔邑矣"。④有一体之治：像一个人的身体一般协调统一。⑤雕俗：崇尚奢侈的风俗。

【译文】军队的出动，如同风雨席卷般，因此也就不怕路途的遥远；有飞鸟高翔般的轻灵，也就不怕山河险要的阻挡；有雷鸣电闪般的进攻，因此就能所向披靡；有水灾旱灾般的摧毁力量，因此就既可攻克敌国又能固守我方阵地；有金城铜墙铁壁般的防守设施和固若金汤的防御能力，因此就能够安定国家，繁育人口；有人身体般协调的政权体制，因此就能够发布号令，严明法制了。风雨席卷一般的行进，就速度飞快；飞鸟高翔般的灵活，就身体轻捷；雷鸣电闪般的进击，就使敌人来不及布阵就溃不成军；水灾旱灾般的摧毁效果，就使敌军的土地颗粒无收；固若金城般的固守，就是用财货收买间谍；身体般协调的政权体制，就是取缔异端邪说、禁止奢侈浮夸之风。而行军不怕路途遥远，因此就能够震慑偏僻遥远地区的百姓；行军不怕山河险阻，因而就能够征服依靠天险固守的敌国；所向披靡，因此就能够做到令行禁止。攻克敌国，防护我方城池，不依靠盟国的援助。军队的令旗指向哪里，哪里就得听从；安定国家，繁育后代，天下各国都不敢来伤害，然后就可以保有国家、巩固政权了；制定法律、建立体制，发号施令，天下就没人敢不来响应，然后就可以治理百姓和统一天下了。

以上就是"选陈"部分的内容。

版法第七

扫码听谦德
君为您导读

【题解】版指版牍，即古人书写用的木片和竹简。版法，书写在木板上的常规、法典。本篇主要阐述了君主临政的三项重大原则问题，要旨在于说明执政的关键在于正君心、顺天时、得人和。第一点，君主应当做到"无私"，即端正心态，不以个人好恶行事，要"法天""象地"。第二点，君主要做到"无违"。"无违"不仅指"不违农事""不违天时"，同时又借风雨之兴来喻指民怨之生、祸乱之始自有其内在因由。第三点是"合德"。即普施德泽，君主应有"悦众"之心胸，"兼爱无遗"，与民"同利"处理好各种人际关系，如此方能息民怨而绝祸乱。只有在理顺此"三经"之后，才能得民心、避祸乱，才能"有国""安高"，使君主地位得以巩固，长治久安。本篇体现了《管子》的重法思想，以管子治国理政经验之精华刻于木版，以供后人参考。

凡将立事^①，正彼天植^②，风雨无违，远近高下，各得其嗣^③。三经既饬^④，君乃有国。喜无以赏，怒无以杀。喜以赏，怒以杀，怨乃起，令乃废。骤令不行，民心乃外；外之有徒，祸乃始牙^⑤。众之所忿，置不能图。举所美，必观其所终；废所恶、必计其所穷。庆勉敦敬以显之⑥,富禄有功以劝之,爵贵有名以休之。兼爱无遗,是谓君心。必先顺教⑦,万民乡风;旦暮利之,众乃胜任。取人以己,成事以质。审用财,慎施报,察称量。故用财不可以啬,用力不可以苦。用财啬则费,用力苦则劳。民不足,令乃辱⑧;民苦殃,令不行。施报不得,祸乃始昌;祸昌不寤,民乃自图。正法直度,罪杀不赦;杀僇必信,民畏而惧。武威既明,令不再行。顿卒怠倦以辱之,罚罪宥过以惩之,杀僇犯禁以振之。植固不动,倚邪乃恐。倚革邪化,令往民移,法天合德,象法无亲,参于日月,佐于四时。悦在施,有众在废私,召远在修近,闭祸在除怨。修长在乎任贤,高安在乎同利。

【注释】①立事:君主临朝听事。②天植:君主的心志。③嗣:即"治",此处指远近高下,各得其治。④三经:即上文提到的天植、风雨、高下,三者得到整饬,则国君可治国。⑤牙:同"芽",萌发。⑥庆勉:奖赏勉励。敦敬:敦厚恭敬。⑦顺教:应作"教顺",即教训。⑧辱:同"缛",繁琐复杂之意。

【译文】凡是人君临政处理国家大事,首先要端正他的心志;其次是不违背风来雨到的自然天时,第三是使得远近高下的人们都能得到很好的管理,使其各得其所;这三个根本问题都解决了,国君便可以保有他的政权和国家。不能因个人喜好而随便行赏,也不能因一己之怒而滥杀。如果是因喜而赏,因怒而杀,百姓就会心生怨恨,政令就会废弛。如果政令屡次无法推行,民心就会向外背离。怀有背离之心的人,一旦结成党羽,祸乱就会开始萌生。一旦激起了百姓的公愤,少数人就会难以应付。推行自己所喜欢的事情,一定要预估到事情的结局；废止自己所厌恶的事情，一定要考虑到事情的后果。用赏赐嘉勉敦厚恭敬之人以进行表彰和赞扬；用优厚的俸禄增加有功之人的财富，以此进行鼓舞和激励；用尊贵的爵位提升有名望的贤才，以此使其获得更高的声望和荣誉，要做到广施仁爱，抚恤各地百姓而没有遗弃，这才能称得上是君主的胸怀。一定要先行教化，万民才能趋向好的风尚；要经常给予实惠利益加以引导，百姓才会积极担当起应尽的职责和义务。向百姓征取人力物力时要比照自己，设身处地来考虑；朝廷办事要根据实际力量来做。要详细斟酌国家的财政用度和民力，慎重处理施惠和报酬，明察事物的分量与劳力的使用限度，反复衡量轻重利害。所以，君主用财于民不可以吝啬，征用民力不可以过度。用财吝啬就会引起百姓的反抗；征用民力过度则百姓会过度疲劳。百姓困苦、无法生存下去时，政令就会遭到轻视而无效；百姓整日苦于劳役之灾，政令就无法贯彻实施。施予报酬不得当，祸乱就开始发生；祸患已发生而人君尚不觉悟，民众就将自谋生路、密谋造反了。法律公正，制度明确；有罪当杀者不予宽赦；执行杀戮必守信用，民众就会心生畏惧。权威明示于众，法令就不必一再重申。对于怠惰的人，要通过教育和训斥使其感到羞愧；对于有过错的人要进行处罚，要通过处罚予以警告；对于犯死罪的人，要通过杀戮予以震慑他人。君主执法之心坚定不动摇，乖戾邪僻的人们就自然会心生恐惧。乖戾邪僻的行为都有了改善和变化，一旦法令颁布下去，百姓就会遵照执行了。君主应该效法上天，对万事万物都普施恩德；效法大地，对万物没有偏私；要做到与日月同参、与四时并列。要想使得众人喜悦，君主须爱心与施惠同时施行；要想取得民众拥护爱戴，君主须破除偏私之心；要招揽远方诸侯各国的百姓归附，取决于修治好国内的政事；要避免祸乱的发生，取决于消除民怨。想要长治久安，准备有长远的计划，取决于任用贤能之人；想要巩固君主的地位，安享尊贵高位，取决于与民同享利益。

幼官第八

扫码听谦德
君为您导读

【题解】幼官，根据何如璋、闻一多、郭沫若所说，应作"玄宫"。所谓"玄宫"，一说指明堂，乃古代帝王处理国家大事、宣明政教的地方。也有另一种说法认为"幼官"及后面的《幼官图》首先保存的是一份古老的历法。然而借助这份古历法阐发战国时期的思想观念才是此篇目的所在，于是就有此文献将阴阳五行观念和政治及军事相联系，将其统辖在四时节令之下的奇特文字。本篇共分十节，按照五行、五方、四季排列，主要阐述君主在不同时节衣、食、住、行的行为规范和旗帜、兵器、刑法的使用规定，及治国、治兵之道。

本篇及其后的《幼官图》属经言一组最后两篇经文，学者普遍认为乃战国早中期作品，属《管子》中较早文献。

若因①，夜虚守静，人物人物则皇②。五和时节③，君服黄色，味甘味，听宫声④，治和气，用五数，饮于黄后之井⑤，以保兽之火爨⑥。藏温濡⑦，行驱养，坦气修通，凡物开静，形生理。

【注释】①若因：疑作"若图"，又作"右图"。②夜虚守静：应作

"处虚守静"。人物人物：应作"人人物物"，人与物各得其适。皇：指成就伟业。③五和时节：即五行中之土，土气和则君顺时节而布政。④宫声：五声之一，五声为宫、商、角、徵、羽。⑤黄后之井：中央之井。⑥倮（luǒ）兽：短毛野兽，如虎豹之类。倮兽之火：即中央之火。⑦藏温濡（rú）：藏，包于内心。君主所藏于心者，温和濡缓。

【译文】如果按照古代那样遵守虚灵之心安守清静大道，使得人和物都能气定神闲，这样就能成就大业。五行运转和顺时节，君主应当穿戴黄色服饰，品尝佳肴美味，欣赏宫廷音乐，调理和顺之气，按照五行变化的规律，数字用五，饮水用中央之井，炊煮用中央之火。保持恬静温和的心境，培养通达乐观的性情，身行乐养好施，使坦然平和之气循环流通以利休养生息。如此，则万物通达生息而随顺宁静，形成了养生的道理。

常至命①，尊贤授德则帝。身仁行义，服忠用信则王。审谋章礼②，选士利械则霸。定生处死③，谨贤修伍则众。信赏审罚，爵材禄能则强。计凡付终④，务本饬末则富。明法审数，立常备能则治。同异分官则安。

【注释】①常至命：此句之前应有"处虚守静，人人物物则皇"十字。②章：同"彰"，明。③定生处死：定、处二字义接近，此处指安定生者，安葬死者。处：安葬。④计凡付终：计算总数核验结果，此句指建立经济核算制度。付：同"符"，检验。终：结果。

【译文】君主遵循自然规律，不会因故短命，达于天命，尊重贤能，授官于有德之人，就能成就帝业。君主能亲自实行仁义，以身作则，选拔贤良，任用忠诚信实的臣子，就能成就王业。谨慎考虑战争谋略，彰明战争的原因和道理、表明攻伐之理，精选勇士，修利武器，如此，就能成就霸业。抚恤生者，安葬死者，敬重贤德，修睦百姓，就能赢得民心、使百姓衷心归附。赏功守信，处罚严明，把赏赐爵禄封给有功之贤才，就可以带来国家强盛。注重筹算统计，核实成效，检验结果，致力于从事农活本业生产，整顿好工商业经营，就能走向国富民足、经济繁荣。重视修明法度，详审政策，确立常规，配备能臣，就可以做到上下有序、国家大治。按照不同职务，实行分官而治、各司其职，就可以让百姓恪守本分、国家走向安定。

通之以道^①，畜之以惠，亲之以仁，养之以义，报之以德，结之以信，接之以礼，和之以乐，期之以事。攻之以官^②，发之以力，威之以诚^③。一举而上下得终^④，再举而民无不从，三举而地辟散成^⑤，四举而农佚粟十，五举而务轻金九，六举而絜知事变；七举而外内为用，八举而胜行威立，九举而帝事成形。

【注释】①通之以道：用道理开导百姓。②攻之以官：攻，疑作"考"。官，应作"言"，即"考之以言"。③诚：应作"诚"。④一举：即一年施行政策。举：行，即行政。⑤散成：应作"谷成"。

【译文】君主用道理来教化开导百姓，用恩惠感染百姓，用仁爱团结百姓，用道义培养百姓，用仁德回报百姓，用诚信结交百姓，用礼节接待百姓，用音乐和悦百姓，用期限考核百姓的工作效率，用官员治理政事，使用强力来激发推动百姓，用忠诚感化臣民。这样第一年施政的效果，君上臣下都取得了很好的政绩；第二年施政的效果，广大百姓没有不服从的；第三年施政的效果，土地得到开垦，五谷有了收成；第四年施政的效果，农民安乐而粮食充足；第五年施政的效果，徭役减轻而国库充足；第六年施政的效果，做到了事先已知国事的变化，事先掌握了规律；第七年施政的效果，做到了朝野内外都能为我所用，并全面发挥有利因素；第八年施政的效果是捷报频传，实现胜局，国威得到了确立；第九年施政的效果，帝业就算是初具规模了。

九本搏大①，人主之守也。八分有职②，卿相之守也。十官饰胜备威③，将军之守也。六纪审密④，贤人之守也。五纪不解⑤，庶人之守也。动而无不从，静而无不同。治乱之本三，卑尊之交四⑥，富贫之终五⑦，盛衰之纪六，安危之机七，强弱之应八，存亡之数九。练之以散群偩署⑧，凡数财署。杀僇以聚财，劝勉以选众，使二分具本。发善必审于密，执威必明于中。

此居图方中。

【注释】①九本搏大：九本即本书《九守》篇。即九种必须遵守的根本原则。搏，应作"博"，宏博宽大。②八分有职：指八中测度、衡量的依据各有职司。③十官饰胜备威：应作"十官七胜备威"，七胜见《枢言》篇，指七种必胜的规则。④六纪：指六条决定盛衰的纲纪。⑤五纪不解：指五条决定贫富的规则不可松懈。五纪：应作"五终"，终，即总、统。不解，当做"不懈"。⑥卑尊之交四：应作"安危之机四"，而"安危之机七"应作"卑尊之交七"。⑦富贫之终五：即《立政》篇所讲"国之所以富贫者五"。⑧署：即书社。偩：即"崩"，崩坏，此处指解散党徒。

【译文】有九项根本原则，内容宏博广大，关系重大，是人君必须遵守和掌握的，包含八个方面，各有值守，是卿相所必须掌握和做到的；有七条制胜之道，是将军所必须掌握和遵守的；有六条纲纪，决定盛衰，必须详审严密，是贤人所必须掌握和遵守的；有五条规则，是决定贫富的，不可懈怠，是普通百姓所必须遵守的。君主有什么行动，百姓都会跟从；君主想要清静无为，百姓便会争取与君主一致。决定国家治乱有三项根本原则，使国家安危有四个关键，决定国家贫富有五条总则，决定国家盛衰有六条纲纪，决定国家地位高低有效因素有七项，检查国家强弱的验证方法有八条，决定国家生死存亡的规律方略有九则。善用这些，使得百姓能够不营私结党而能够齐心协力、一体同心，大事要君主亲自裁度并加以记录；齐心协力减少开支以积聚财货，运用奖赏激励好人的方式以移风易俗，而且要使这两方面都必须成为根本措施。赏赐一定要周密地审核，刑罚一定要在国内公正申明。

以上就是"玄宫图"正中的内容。

春行冬政，肃；行秋政，雷；行夏政，阉①。十二地气发②，戒春事。十二小卯，出耕。十二天气下，赐与。十二义气至③，修门间。十二清明，发禁。十二始卯④，合男女。十二中卯，十二下卯，三卯同事⑤。八举时节，君服青色，味酸味，听角声，治燥气，用八数，饮于青后之井，以羽兽之火爨⑥。藏不忍，行驱养，坦气修通，凡物开静，形生理。

合内空周外，强国为圈⑦，弱国为属。动而无不从，静而无不同。举发以礼，时礼必得。和好不基，贵贱无司，事变日至。

此居于图东方方外。

【注释】①阉：掩蔽。②十二地气发：十二，指十二天。本篇中四时共三十个十二天, 恰为一年之天数, 因此十二可能为当时的一个节气周期。有学者认为"地气发"可能为当时节气名。③义气: 当为"和气"。④始卯: 应作"始毋"。⑤三卯: 小卯、中卯、下卯。同事: 指三个季气行事相同。⑥羽兽之火: 羽兽, 指南方朱鸟。用南方之火, 故曰"羽兽之火"。⑦圈: 亦作"眷"。

【译文】在春季时如果实行冬季时的政令, 草木便将肃杀; 如果实行秋季时的政令, 就会雷声阵阵; 如果实行夏季时的政令, 就会阳气遮蔽, 遭逢大旱。十二天, 地气上腾, 君主应颁布春耕政令, 适合准备耕种之事。又过十二天, 正值小卯节气, 举国上下都应该和农民一起出门耕种。又过十二天, 时值天气下节气, 适合君主进行赏赐之事。又过十二天, 时值和气至节气, 农作物开始自然生长, 百姓适宜修整大门和里巷。又过十二天, 时值清明节气, 适宜解除禁忌、开放封禁之令。又过十二天, 时值始卯节气, 适宜男女婚嫁、准许青年男女在城郊相会。又过十二天, 时值中卯节气, 再过十二天, 时值下卯节气; 三卯期间, 所适宜做的事相同。八个"十二"的时光里, 君主适宜穿戴青色服饰, 品尝酸味食物, 闻听角声乐曲, 调理燥热之气, 数字适宜取"八", 饮用东方青后之井的水, 用南方羽兽之火来烧火做饭, 以迎接夏气。心怀不忍之心保持言行和善, 心存仁爱且乐养好施, 使平和之气循环流通。地气通畅, 万物通达安静, 各得其所, 顺其理致, 自然生长, 合于天理。

天子所管理的普天之下, 合四方内外, 使强国作为天子的亲眷, 令弱国成为藩属。君主一旦行动, 列国无不宾从; 君主清静诸侯无不随同。兴事举业合乎礼法, 处事循礼必有成效。与邻国相处, 彼此和好, 而国内的官职又不分贵贱等级, 任何祸事变故都将得到及时处理归于安宁。

以上居于"玄宫图"的东方方外。

夏行春政，风；行冬政，落，重则雨雹；行秋政，水。十二小
郢，至德①。十二绝气下，下爵赏②。十二中郢，赐与。十二中绝，收
聚。十二大暑至，尽善。十二中暑，十二小暑终，三暑同事。七举
时节，君服赤色，味苦味，听羽声，治阳气，用七数，饮于赤后之
井③，以毛兽之火爨。藏薄纯，行笃厚，坦气修通，凡物开静，形
生理。

定府官④，明名分，而审责于群臣有司，则下不乘上，贱不
乘贵。法立数得，而无比周之民，则上尊而下卑，远近不乖⑤。
此居于图南方方外。

【注释】①至德：招致有德之人。郢，应作"盈"，满。②下爵赏：应
作"爵赏"，"下"字应为衍字。③赤后之井：指南方之井。④定官府：此处
指确定高低官阶。⑤乖：乖错，越轨行为。

【译文】夏季如果推行春季时的政令，就会常刮大风而造成
风灾；如果实行冬季时的政令，就会遇上寒气肃杀，轻则草木凋落，
重则出现冰雹；如果施行秋季时的政令，就会造成洪涝之灾。从初
夏开始，过十二天，值小郢节气到来，这时适宜选拔贤德之士、招纳
贤能之才。又过十二天，天气停止下降，适宜为百官加官进爵。又过
十二天，值中郢节气，当颁行赏赐。十二天，值中绝节气，适宜将成熟
的农作物收获聚敛。再过十二天，大暑节到来，适宜修善各种用器。
十二天中暑节气，又过十二天是大暑终节气，"三暑"期间，所行之事
相同。在"七举"时节，君主应当穿戴赤色服饰，品尝苦味食物，欣赏

羽声音乐，数字适宜取用七数，饮用南方赤后之井的水，取用西方白虎毛兽之火使用或炊煮。内心怀着纯素的心境，身行诚笃忠厚、保持言行敦厚诚实，平和之气循环流通。地气畅通，万物通达安静，各得其所，顺其理致，自然生长，合于天理。

确定高低官阶，明确定出官吏的上下名分，慎重审查核实、明察督导，群臣及官府就不敢凌驾于君主，下属也不敢凌驾于上级，位卑者就不敢逾越位尊者。礼仪法规得到确立，政策实施得当，百姓中就没有结党营私之人，如此一来位尊者居上，位卑者居下，亲疏远近不相违背，再无错乱现象。

以上处于"玄宫图"的南方方外。

秋行夏政，叶；行春政，华；行冬政，耗。十二期风至，戒秋事。十二小卯，薄百爵①。十二白露下，收聚。十二复理，赐与。十二始节，赋事。十二始卯，合男女。十二中卯，十二下卯②，三卯同事。九和时节③，君服白色，味辛味，听商声，治湿气，用九数，饮于白后之井，以介虫之火爨。藏恭敬，行搏锐④，坦气修通，凡物开静，形生理。

间男女之畜⑤，修乡间之什伍。量委积之多寡，定府官之计数。养老弱而勿通，信利周而无私⑥。

此居于图西方方外。

【注释】①薄：勉励。百爵：百官。②十二下卯：应同上作"中酉""下酉""三酉"。③九和：金成数九，金气合，君则顺时节而布政。④行搏锐：心地宽博而愉悦。搏：即"博"。锐：即"悦"。⑤间：通"简"，视察、审阅。⑥利周：《幼官图》作"利害"。

【译文】秋季如果推行夏季时的政令，就会遇上植物枝繁叶茂而不结籽实的现象；秋季如果推行春季时的政令，就会遇上植物只开花不结果的现象；若在秋季推行冬季时的政令，就会虚耗果实。立秋后第十二天，凉风如期而至，适宜告诫百姓准备秋收之事。再过十二天，值小酉节气，猛禽迫凌各种小雀。再过十二天，白露，适宜鼓励农民收获农作物。再过十二天，再次昼夜长短相同，适宜赏赐臣民。又过十二天，夜长昼短，着手军事训练。再过十二天，动物交媾，适合男婚女嫁，准许青年男女相会或婚配。又过十二天，值中酉节气，又十二天，下酉，三酉期间，行事相同，适宜男婚女嫁，举行婚事。秋凉值金气和顺时节，君主适宜穿戴白色服饰，品尝辛辣食物，欣赏商调音乐，调理寒湿之气，数字适宜用九。遵循九和时令要求，饮用西方白后之井的水，取用北方介虫之火炊煮或使用，以迎接寒冬之气。心怀恭敬谨慎，做好军事训练。行为胸怀宽广愉悦使平和之气循环畅通，地气通畅，万物安宁，按照各自生理自然长成，形体生成。

检阅视察百姓日常生活，检查人口增减情况；整治乡间什伍编制，整编乡间组织，加强军事训练，同时计算物资贮备的多少，确定官员名额的数量，有区别地奉养长者、体恤弱者，向百姓申明利害，无任何偏私。

此段文字居于"玄宫图"的西方方外。

冬行秋政，雾；行夏政，雷；行春政，烝泄^①。十二始寒，尽刑。十二小榆，赐予。十二中寒，收聚。十二中榆，大收。十二寒，至静^②。十二大寒之阴，十二大寒终，三寒同事。六行时节^③，君服黑色，味咸味，听徵声，治阴气，用六数，饮于黑后之井^④，以鳞兽之火爨。藏慈厚, 行薄纯, 坦气修通, 凡物开静, 形生理。

【注释】①烝泄: 应作"泄", "烝"字为衍字。②十二寒, 至静: 应作"十二大寒至静"。③六行: 水成数六, 水气行, 君则顺时节而布政。④黑后之井: 北方之井。

【译文】如果冬季实行秋季的政令, 就会阴雾弥漫; 如果推行夏季政令, 就会雷声阵阵; 如果推行春季时的政令, 就会地气蒸发泄漏。从立冬开始的节气来行事, 过十二天, 天气始寒, 适宜施行刑杀, 使死罪之人不羁在狱中。再过十二天, 是越冬的小榆节, 适合颁行赏赐。再过十二天, 是中寒节气, 适合收聚谷物、敛藏果实。又过十二天, 是中榆的节气, 适合全面地收藏。又十二天为大寒节气, 即冬至节到, 应当停止农事, 使农民得以休养生息。再十二天, 大寒至阴节气。又十二天, 大寒终节气。三寒期间, 行事相同。寒冬正值水气运行时节, 君主适合穿戴黑色服饰, 品尝咸味的食物, 静心欣赏微调音乐, 调理盛阴之气, 数字适合用六, 遵循六行时令要求, 饮用北方黑后之井的水, 取用东方鳞兽之火来使用或炊煮, 以迎接阳春之气到来。应当心怀仁慈淳厚, 身行省薄纯俭, 以保持言行纯朴仁厚, 使平和之气循环流通; 万物通达安宁, 顺其自然生理、自然生成形体, 顺乎自然天理。

器成于僇①, 教行于钞②。动静不记, 行止无量。戒审四时以别息, 异出入以两易, 明养生以解固③, 审取予以总之。一会诸侯, 令曰: 非玄帝之命, 毋有一日之师役。再会诸侯, 令曰: 养孤老、食常疾、收孤寡④。三会诸侯, 令曰: 田租百取五, 市赋百取二, 关赋百取一, 毋乏耕织之器。四会诸侯, 令曰: 修道路,偕度量，一称数；薮泽以时禁发之。五会诸侯，令曰：修春秋冬夏之常祭，食天壤山川之故祀⑤，必以时。六会诸侯，令曰：以尔壤生物共玄官⑥，请四辅，将以礼上帝。七会诸侯，令曰：官处四体而无礼者，流之焉莠命⑦。八会诸侯，令曰：立四义而毋议者，尚之于玄官，听于三公。九会诸侯，令曰：以尔封内之财物、国之所有为币。九会大命焉出，常至。千里之外，二千里之内，诸侯三年而朝，习命。二年，三卿使四辅。一年正月朔日，令大夫来修，受命三公。二千里之外，三千里之内，诸侯五年而会至，习命。三年，名卿请事。二年，大夫通吉凶。十年，重適入，正礼义。五年，大夫请受变。三千里之外，诸侯世一至。置大夫以为廷，安入，共受命焉。

此居于图北方方外。

【注释】①僇：同"缪"，即周到。②钞：同"妙"，指仔细。③固：应作"故"，凶灾之意。④孤寡：当做"鳏（guān）寡"。⑤食：应为"饬"，"修"与饬义近。⑥玄官：应作"玄宫"。⑦莠命：指秽乱教命，就像莠苗一样。

【译文】器物制作的好在于齐心协力，教化施行的好在于施教时的细致和认真。动与静没有约束，行和止就无法控制。因此要慎重根据四时来变化作息；根据财物出入变化，灵活安排收支；要明了修养生息之道可以消除灾害，认真对待财物的收入与支出，总体的把握就不会出问题。第一次召集诸侯会盟时命令：没有得到玄帝的命令，就不得发动战争。第二次召集诸侯会盟时命令：要奉养长者、抚育孤儿，供养身有残障者，收养孤儿寡妇等。第三次召集诸侯会盟时命令：田租只征收百分之五，市场税只收百分之二，关卡税只收百分之一。不要使百姓缺乏耕田和织布的生产工具。第四次召集诸侯会盟时命令：修筑道路，统一度量衡的标准，山林和湖泊要定期、按照时令封禁和开放。第五次召集诸侯会盟时命令：春秋冬夏的常规祭祀，天地山川的例行祭礼，一定要按时进行。第六次召集诸侯会盟时命令：把你们国土上出产的物品向玄宫进贡，并请四辅主持，敬奉天帝和五岳。第七次召集诸侯会盟时命令：为官者在视、言、貌、听这四方面有不合于礼法的，以秽乱教化的罪名流放。第八次召集诸侯会盟时命令：在视、言、貌、听四体方面能树立表率的，举荐于玄宫，予以赏赐，由三公决定其任用。第九次召集诸侯会盟时命令说：用你们封地的财物和特产作为贡品来朝贡。九次会盟诸侯之后，大政方针由此颁定，以后朝聘不断，诸侯奉命成为常规。距离在一千里之外、二千里以内的诸侯国，每隔三年国君前来朝会一次，学习命令、修习政教。每隔两年派遣三公出使，接受四辅命令。每年正月初一，要派大夫来朝修好兼学习政令，到三公处接受命令。距离在二千里以外、三千里以内的诸侯国，每隔五年国君来朝会一次，学习命令、修习政教。每隔三年，派遣三卿前来朝廷请求指示、接受命令。每隔两年，派遣大夫前来朝廷报告国情的吉凶。距离在三千里以外的诸侯国，君主三十年来齐朝见一次，每隔十年，派遣世子来朝廷，修正礼仪制度，以尽礼仪。每隔五年，派遣大夫来朝廷学习新变更的政策法令，请求接受治国的指示。还要委派大夫一人作为常驻朝廷的接待官，负责宴会款待，并负责交纳贡物、接受命令诸事。

以上处于"玄宫图"北方方外。

必得文威武①，官习胜之务②。时因，胜之终；无方，胜之几；行义，胜之理；名实，胜之急；时分，胜之事；察伐，胜之行；备具，胜之原；无象，胜之本。定独威，胜；定计财，胜；定闻知，胜；定选士，胜；定制禄，胜；定方用③，胜；定纶理④，胜；定死生，胜；定成败，胜；定依奇，胜；定实虚，胜；定盛衰，胜。举机诚要、则敌不量；用利至诚，则敌不校⑤。明名章实，则士死节；奇举发不意，则士欢用。交物因方⑥，则械器备；因能利备；则求必得。执务明本，则士不偷；备具无常，无方应也。

【注释】①必得文威武：得，应作"德"，指必须文有德、武有威。②官习胜之务：应作"官习胜务"，指习胜敌之术。③方用：指制造兵器时因方致用。④定纶理：纶理，即"伦理"，指用兵的条理。⑤校：抗拒、对抗。⑥交物因方：交应作"校"，谓考校其物，必因其方。

【译文】君主必须做到使文官有德、武官有威，各级官员应熟悉掌握克敌制胜的各种方法。因时而动，顺应天时是制胜的总则；用兵方略变化无常，是制胜的关键；师出有名、维护正义，是制胜的常理；奖惩得当，名副其实，是制胜克敌的当务之急；研讨进攻时机，是制胜的大事；兵器和战备齐全，是制胜的先决条件；行军隐蔽，使敌人无迹可寻，是制胜的根本。能够确定一个统一的权威可以制胜；能够计算其军费开支并确定其财物用度的，可以制胜；能够审定敌军情报真伪可以制胜；能确保将士获得精选的，可以制胜；能够确定奖赏制度的，可以制胜；能够审定军器制造方案的，可以制胜；能够确保上下长幼有序的，可以制胜；能够审定死生大义的，可以制胜；能够审定攻战具体策略的可以制胜；能够审定用兵正奇相依，可以制胜；能够审定敌军各方虚实的，可以制胜；能够审定用兵盛衰形势的，可以制胜。能把握时机，切中敌军要害，敌人就无法进行估量; 充分利用各种优势, 敌人就不能对抗。奖惩合乎实际, 将士就会舍生忘死; 适时运用奇兵险将, 出其不意, 攻其不备, 将士就乐于被军队所用。仔细根据需要考核军备, 军械兵器就能精良完备; 能依据自身能力和有利条件, 目标就能达到有求必得。按照将士各自职责明确各自责任, 将士就不会苟且敷衍; 做好各种防备, 以备突发状况, 这是应付意外的办法。

听于钞, 故能闻未极①; 视于新, 故能见未形; 思于浚, 故能知未始; 发于惊, 故能至无量; 动于昌, 故能得其宝; 立于谋, 故能实不可故也。器成教守, 则不远道里; 号审教施, 则不险山河; 博一纯固②, 则独行而无敌; 慎号审章, 则其攻不待权与。明必胜, 则慈者勇; 器无方, 则愚者智; 攻不守, 则拙者巧; 数也。动慎十号, 明审九章, 饰习十器, 善习五官, 谨修三官。必设常主, 计必先定。求天下之精材, 论百工之锐器, 器成, 角试否臧③。收天下之豪杰, 有天下之称材, 说行若风雨, 发如雷电。

此居于图方中。

【注释】①钞: 应作"眇(miǎo)", 细微。②博: 应作"搏", 即专, 专一与独行。③角试否(pǐ)臧(zāng): 指比试优劣。
【译文】听得到细微的声响, 就能听到还未到来的声音; 看得见现象的萌芽, 就能看到还未形成的事物; 深谋远虑, 就能预先想到还没有开始发生的事情; 行动迅速, 就能出其不意, 从而获得意想不到的效果; 能占得先机, 就能大有收获。立足于缜密的谋划, 就能做到兵力坚实, 不生变故。军备齐全、武器完好, 又严守训令, 就不怕长途跋涉、远道行军; 号令严明, 训练有素, 就不怕山河阻隔。目标专一，意志坚定就可以纵横天下、所向无敌；发号严谨而旗帜分明，就可以攻无不克、一举破敌，不必依靠外援。指明必胜的结局，即使心慈手软的人也会变得勇猛杀敌；兵器精良完备，握有无法防御的武器，愚蠢的人也会变得聪明非凡；攻打没有守备的故军，即使笨拙的人也会变得灵巧。这些都是自然的道理。要勤于审察十种号令，明确分辨九种旗章，督促操练十种兵器，还需善于演习五教要领，必须严格有效地训练士卒金鼓旗帜等各种号令。军中主帅一定要常设不缺，行军谋略、作战计划必须预先制定好。征集天下精良的器材，评审工匠制成的各种精锐武器；兵器制成后要进行比试较量以确定其优劣。招徕天下英雄、网罗各地豪杰，势必囊括天下的强将好手。一旦发生战争，行军就要像狂风骤雨般的迅捷，发兵要像雷电般的猛烈。

以上这段文字居于"玄宫图"之方中。

旗物尚青，兵尚矛，刑则交、寒、害、钛。

器成不守，经不知；教习不著，发不意。经不知，故莫之能围；发不意，故莫之能应。莫之能应，故全胜而无害；莫之能围，故必胜而无敌。四机不明，不过九日，而游兵惊军；障塞不审，不过八日，而外贼得间；由守不慎，不过七日，而内有谗谋；诡禁不修，不过六日，而窃盗者起；死亡不食，不过四日，而军财在敌。

此居于图东方方外。

【译文】旗帜、饰物崇尚青色，兵器宜用长矛，刑具多用木质的木枷脚铐之类。

　　兵器装备完好,过境敌国可令敌人不能察觉;教练士兵方法灵活,进攻就可以出其不意。入境而能使敌人不察觉,敌人就无法防御;发兵而能出敌不意,敌人就无法应付。敌人无法应付,我军就能大获全胜而没有损失;敌人无法防御,我军就能必胜而所向无敌。不了解用兵的这四项机要,不出九天,军心就会涣散;不注重加强防御工事,不出八天,敌人就会有机可乘;不谨慎地加强戒备和防守,不出七天,内部就会出现离间之计谋;不加强对于欺诈行为的防范和整顿,不出六天,就会出现偷盗窃取之徒到处作乱;不犒赏勇于作战的将士,不出四天,我军的财物就要落入敌军之手。

　　以上这段文字居于"玄宫图"之东方方外。

　　旗物尚赤,兵尚戟,刑则烧交疆郊①。

　　必明其一②,必明其将,必明其政,必明其士。四者备,则以治击乱,以成击败。数战则士疲,数胜则君骄。骄君使疲民,则国危。至善不战③,其次一之。大胜者,积众胜无非义者,焉可以为大胜。大胜无不胜也。

　　此居于图南方方外。

　　【注释】①交:借为"烄",同"烧"。疆郊:读作"僵槁",以火用事,故用火刑。②一:当作"情"。③不战:指不战而胜。

　　【译文】旗帜、饰品崇尚赤色,兵器宜用戟,刑具多用火刑。

　　出战前,必须掌握敌方军情,必须了解对方的将帅,必须了解对方的形势,必须了解对方士兵的战斗力,充分掌握这四个方面,才能克敌制胜,就能做到用治军击乱军、用必胜之军击必败之军了。连续出征、多次作战,士兵就会疲劳,屡获战绩、多次取胜,君主就会骄傲；骄傲的国君驱使疲劳的士兵去作战，国家就危险了。最高级的军事行动，是不战而胜，其次才是一战而能胜敌。所谓大胜，指的是积累多次胜利而没有非正义的战争，才能算得上大胜。取得大胜，那就能无战不胜。

以上这段文字居于"玄宫图"之南方方外。

旗物尚白，兵尚剑，刑则绍昧断绝①。

始乎无端，卒乎无穷。始乎无端，道也；卒乎无穷，德也。道不可量，德不可数。不可量，则众强不能图；不可数，则为诈不敢乡②。两者备施，动静有功。畜之以道，养之以德。畜之以道，则民和；养之以德，则民合。和合故能习，习故能偕，偕习以悉，莫之能伤也。

此居于图西方方外。

【注释】①绍昧：即断绝，皆谓斩断之刑。此以金用事，故用金刑。②为：读作"伪"。乡：同"向"。

【译文】旗帜、饰品崇尚白色，兵器宜用刀剑，所用刑具为金刑，即刀剑断斩之刑。

战争发生时要让人找不到它的开端，战争结束时要使人不知尽头。找不到开端就好比道，看不见尽头就好比德。道是不可度量的；德是不可计算的。无法度量，众多的强国也无法对我军有所图谋；不可计算，伪诈的敌军就不敢对抗我军。道和德两者兼而施之，我军无论动或静，都能各有其功，养兵的原则要合于道和德。合于道的养兵，百姓就和睦，合于德的养兵，百姓就团结。百姓和睦、团结一心就能使国家的力量凝聚起来，君臣上下都凝聚团结就能相互协调、尽心尽力，全国所有百姓的力量都能凝聚协调、万众一心，那就谁也无法来伤害了。

以上这段文字居于"玄宫图"之西方方外。

旗物尚黑，兵尚胁盾，刑则游仰灌流[1]。

察数而知治，审器而识胜，明谋而适胜[2]，通德而天下定。定宗庙，育男女，官四分，则可以立威行德，制法仪，出号令。至善之为兵也，非地是求也，罚人是君也[3]。立义而加之以胜，至威而实之以德，守之而后修胜[4]，心焚海内。民之所利立之，所害除之，则民人从。立为六千里之侯，则大人从。使国君得其治，则人君从。会请命于天地，知气和，则生物从。计缓急之事，则危危而无难。明于器械之利，则涉难而不变。察于先后之理，则兵出而不困。通于出入之度，则深入而不危。审于动静之务，则功得而无害。著于取与之分，则得地而不执[5]。慎于号令之官，则举事而有功。

此居于图北方方外。

【注释】①仰：疑为"伏（nì）"字之误，末。以水用事，故用水刑。②适胜：当作"胜适"，即胜敌。③罚人是君：应作"非人是君"。④守之而后修胜：应作"守之而后备胜"。⑤执：同"慹"，恐惧。

【译文】旗帜、饰品崇尚黑色，兵器宜用胁盾，所用刑具为水刑，即沉潭、溺水等水中之刑。

考察用兵之法，就可以了解治军水平；审查武器装备，就能预测战争胜败；精通谋略计算，就可以无往不胜；懂得施行德政，就可以使得天下安定。能够做到安定宗庙、繁育儿女，并能管理四民分业，各司其职，就可以逐步确立权威、制定法度了。最高级的用兵，最终目标不是为了占领别国的土地，也不是为了统治别国的君民；而是要树立正义，用战胜来保证、施行正义；树立威慑，以推广文教德化，用文教德化来保持胜利，最终就会使得国家长治久安，也才能征服四海、安定天下。兴百姓之所利，除百姓之所害；如此一来各国的百姓都会由衷的服从。在六千里范围之内封立侯爵，则各诸侯国的大臣就会服从。保障各诸侯国君主治理其内部人民的权限、并促使其治理好自己的国家，各国的君主就会服从。祭祀上天，祈求除病消灾、天地之气相和、水土合宜、风调雨顺，则普天之下的一切生物也都会服从了。谋划安排好事情的轻重缓急，即使遇到极度危险也不至于陷于灾难境地；重视武器的精良，遇到险境也不会惊慌失措。明察先后的道理，出兵就不会陷入困局。懂得对敌作战退守的适度，即使深入敌国之境也不会陷入绝境。懂得动静的利弊，便会取得成功而避免危害。明确获取和给予的尺度，即使占领别国土地，也没有忧惧和祸患。慎重地对待发号施令，一旦有所行动，举事便能达到预期成效。

以上这段文字居于"玄宫图"之北方方外。

幼官图第九

【题解】本文幼官图应作玄宫图, 本篇最初应该是图形与文字俱全, 后世流传过程中图像亡佚, 后世学者照抄第八篇以凑足数字, 因此与第八篇相比, 此篇名称不改, 文字相同, 仍旧以《幼官图》为题。需要指出的是, 本篇内容与第八篇《幼官》相比完全相同, 只是各节次序稍有不同, 本书第八篇《幼官》的次序是中、东、南、西的顺序, 先说"本图", 再说"副图", 本篇则是西、南、中、北的顺序。

本篇原文照常收录, 与第八篇《幼官》个别异处添加注释, 译文做省略处理, 可参看前篇。

若因, 处虚守静, 人物则皇。五和时节, 君服黄色, 味甘味, 听宫声, 治和气, 用五数, 饮于黄后之井, 以倮兽之火爨。藏温濡, 行驱养, 坦气修通, 凡物开静, 形生理。

常至命, 尊贤授德则帝。身仁行义, 服忠用信则王。审谋章礼, 选士利械则霸。定生处死, 谨贤修伍则众。信赏审罚, 爵材禄能则强。计凡付终, 务本饰末则富[①]。明法审数, 立常备能则治。同异分官则安。

【注释】①务本饰末：《幼官》篇作"务本饬末"。

通之以道，畜之以惠，亲之以仁，养之以义，报之以德，结之以信，接之以礼，和之以乐，期之以事，攻之以言①，发之以力，威之以诚。一举而上下得终，再举而民无不从，三举而地辟散成，四举而农佚粟十，五举而务轻金九，六举而絜知事变，七举而内外为用，八举而胜行威立，九举而帝事成形。

【注释】①攻之以言：攻，官员。言，政事。此处指以官员来管理政事。

九本搏大，人主之守也；八分有职，卿相之守也；七官饰胜备威①，将军之守也；六纪审密，贤人之守也；五纪不解，庶人之守也。动而无不从，静而无不同。治乱之本三，卑尊之交四，富贫之终五，盛衰之纪六，安危之机七，强弱之应八，存亡之数九，练之以散群傰，署凡数财署。杀僇以聚财，劝勉以选众，使二分具本。发善必审于密，执威必明于中。

此居图方中。

右中方本图。

【注释】①七官饰胜备威：应作"七胜"，参见《幼官》篇。

必得文威武，官习胜之务。时因，胜之终；无方，胜之几；行义, 胜之理; 名实, 胜之急; 时分, 胜之事; 察伐, 胜之行; 备具, 胜之原; 无象, 胜之本。定独威, 胜; 定计财, 胜; 定知闻, 胜; 定选士, 胜; 定制禄, 胜; 定方用, 胜; 定纶理, 胜; 定死生, 胜; 定成败, 胜; 定依奇, 胜; 定实虚, 胜; 定盛衰, 胜。举机诚要, 则敌不量; 用利至诚, 则敌不校。明名章实, 则士死节; 奇举发不意, 则士欢用。交物因方, 则械器备; 因能利备, 则求必得。执务明本, 则士不偷; 备具无常, 无方应也。

听于钞, 故能闻无极; 视于新, 故能见未形; 思于浚, 故能知未始; 发于惊, 故能至无量; 动于昌, 故能得其宝; 立于谋, 故能实不可故也。器成教守, 则不远道里; 号审教施, 则不险山河; 博一纯固, 则独行而无敌; 慎号审章, 则其攻不待权与。明必胜, 则慈者勇; 器无方, 则愚者智; 攻不守, 则拙者巧; 数也。动慎十号, 明审九章, 饰习十器, 善习五官, 谨修三官。必设常主, 计必先定。求天下之精材, 论百工之锐器, 器成, 角试否臧。收天下之豪杰, 有天下之称材, 说行若风雨, 发如雷电。

此居于图方中。

右中方副图。

春行冬政, 肃; 行秋政, 雷; 行夏政, 则阉[①]。十二地气发, 戒春事。十二小卯, 出耕。十二天气下, 赐与。十二义气至, 修门间。十二清明, 发禁。十二始卯, 合男女。十二中卯, 十二下卯, 三卯同事。八举时节, 君服青色, 味酸味, 听角声, 治燥气, 用八数,饮于青后之井,以羽兽之火爨。藏不忍,行驱养,坦气修通,凡物开静,形生理。

【注释】①行夏政,则阁:《幼官》篇无"则"字。

合内空周外,强国为圈,弱国为属。动而无不从,静而无不同。举发以礼,时礼必得。和好不基,贵贱无司,事变日至。

此居于图东方方外。

右东方本图。

旗物尚青,兵尚矛,刑则交、寒、害、钛。

器成不守,经不知;教习不著,发不意。经不知,故莫之能围;发不意,故莫之能应。莫之能应,故全胜而无害;莫之能围,故必胜而无敌。四机不明,不过九日,而游兵惊军;障塞不审,不过八日,而外贼得间;由守不慎,不过七日,而内有逸谋;诡禁不修、不过六日,而窃盗者起;死亡不食,不过四日,而军财在敌。

此居于图东方方外。

右东方副图。

夏行春政,风;行冬政,落,重则雨雹;行秋政,水。十二小郢,至德。十二绝气下,下爵赏。十二中郢,赐与。十二中绝,收聚。十二大暑至,尽善。十二中暑,十二小暑终,三暑同事。七举时节,君服赤色,味苦味,听羽声,治阳气,用七数,饮于赤后之井，以毛兽之火爨。藏薄纯，行笃厚，坦气修通，凡物开静，形生理。

定府官，明名分，而审责于群臣有司，则下不乘上，贱不乘贵。法立数得，而无比周之民，则上尊而下卑，远近不乘。

此居于图南方方外。

右南方本图。

旗物尚赤，兵尚戟，刑则烧交疆郊。

必明其一，必明其将，必明其政，必明其士。四者备，则以治击乱，以成击败。数战则士疲，数胜则君骄。骄君使疲民，则危国[①]。至善不战，其次一之。大胜者，积众胜而无非义者焉[②]，可以为大胜。大胜无不胜也。

此居于图南方方外。

右南方副图。

【注释】①危国：《幼官》篇作"国危"。②积众胜而无非义者焉：《幼官》篇无"而"字。

秋行夏政，叶；行春政，华；行冬政，耗。十二期风至，戒秋事。十二小卯，薄百爵。十二白露下，收聚。十二复理，赐予。十二始前节[①]，第赋事[②]。十二始卯，合男女。十二中卯，十二下卯，三卯同事。九和时节，君服白色，味辛味，听商声，治湿气，用九数，饮于白后之井，以介虫之火爨。藏恭敬，行搏锐，坦气修通，凡物开静，形生理。

间男女之畜，修乡里之什伍③。量委积之多寡，定府官之计数。养老弱而勿通，信利害而无私。

此居于图西方方外。

右西方本图。

【注释】①十二始前节：《幼官》篇作"始节"。②第赋事：《幼官》篇无"第"字。③修乡里之什伍：《幼官》篇作"修乡间之什伍"。

旗物尚白，兵尚剑，刑则绍昧断绝。

始乎无端，卒乎无穷。始乎无端，道也；卒乎无穷，德也。道不可量，德不可数。不可量，则众强不能图；不可数，则为诈不敢乡。两者备施，动静有功。畜之以道，养之以德。畜之以道，则民和；养之以德，则民合。和合故能习，习故能偕，偕习以悉，莫之能伤也。

此居于图西方方外。

右西方副图。

冬行秋政，雾；行夏政，雷；行春政，烝泄。十二始寒，尽刑。十二小榆，赐予。十二中寒，收聚。十二中榆，大收。十二大寒，至静。十二大寒之阴，十二大寒终，三寒同事。六行时节，君服黑色，味咸味，听徵声，治阴气，用六数，饮于黑后之井，以鳞兽之火爨。藏慈厚，行薄纯，坦气修通，凡物开静，形生理。

器成于僇，教行于钞。动静不记，行止无量。戒审四时以别息，异出入以两易，明养生以解固，审取予以总之。一会诸侯，令曰：非玄帝之命，毋有一日之师役。再会诸侯，令曰：养孤老、食常疾、收孤寡。三会诸侯，令曰；田租百取五，市赋百取二，关赋百取一，毋乏耕织之器。四会诸侯，令曰：修道路，偕度量，一称数；毋征薮泽①，以时禁发之。五会诸侯，令曰：修春秋冬夏之常祭，食天壤山川之故祀，必以时。六会诸侯，令曰：以尔壤生物共玄官，请四辅，将以祀上帝②。七会诸侯，令曰：官处四体而无礼者，流之焉莠命。八会诸侯，令曰：立四义而无议者③，尚之于玄官，听于三公。九会诸侯，令曰：以尔封内之财物、国之所有为币。九会大令焉出，常至。千里之外，二千里之内，诸侯三年而朝，习命。二年，三卿使四辅。一年正月朔日，令大夫来修，受命三公。二千里之外，三千里之内，诸侯五年而会至，习命。三年，名卿请事。二年，大夫通吉凶。七年④，重适人，正礼义。五年，大夫请变⑤。三千里之外，诸侯世一至，置大夫以为廷，安入，共受命焉。

此居于图北方方外。

右北方本图。

【注释】①毋征薮泽：《幼官》篇无"毋征"二字。②将以祀上帝：古本作"礼"。③立四义而无议者：无，《幼官》篇作"毋"。④七年：《幼官》篇作"十年"。⑤请变：古本"请"下有"受"字。

旗物尚黑，兵尚胁盾，刑则游仰灌流。

察数而知治，审器而识胜，明谋而适胜，通德而天下定。定宗庙,育男女,官四分,则可以立威行德,制法仪,出号令。至善之为兵也,非地是求也,罚人是君也。立义而加之以胜,至威而实之以德,守之而后修胜,心焚海内。民之所利立之,所害除之,则民人从。立为六千里之侯,则大人从。使国君得其治,则人君从。会请命于天地,知气和,则生物从。计缓急之事,则危危而无难,明于器械之利,则涉难而不变。察于先后之理,则兵出而不困。通于出入之度,则深入而不危。审于动静之务,则功得而无害也①。著于取与之分,则得地而不执。慎于号令之官,则举事而有功。

此居于图北方方外。

右北方副图。

【注释】①则功得而无害也:《幼官》篇无"也"字。

外　言

五辅第十

【题解】五辅指德、义、礼、法、权等五种治国理政的措施。郭沫若云：题名"五辅"者，"辅"乃"布"之假，即五种措施也。第一方面就是体现"德"的六项措施，改善民生、输导财货流通、改善交通、减税宽刑、救人之急、救济穷困之人，此谓"六兴"；第二方面是体现"义"的七项行为准则，即孝悌慈惠、恭敬忠信、公正友爱、端正克制、勤俭节约、敦厚朴实、和睦协调，此谓"七体"；第三方面是提倡有"礼"的八个方面，即上下有义、贵贱有分、长幼有等、贫富有度等；第四方面是强调君主、大夫、官长、士、平民各尽其职，即所谓的"五务"；第五方面是教导民众懂得从天时、地利、人和三方面权衡利害关系。此外本篇还阐述了除奸邪、禁淫巧和止奢侈浪费等施政措施。可知这五个方面实为一整套治国理政的施政纲领。

　　古之圣王，所以取明名广誉①，厚功大业，显于天下，不忘于后世，非得人者，未之尝闻。暴王之所以失国家，危社稷，覆宗庙，灭于天下②，非失人者，未之尝闻。今有土之君，皆处欲安,动欲威,战欲胜,守欲固,大者欲王天下,小者欲霸诸侯,而不务得人,是以小者兵挫而地削,大者身死而国亡。故曰:人不可不务也,此天下之极也③。

【注释】①明:盛,此处指盛名。②灭于天下:与上文的"显于天下"对应。灭:灭绝,不留痕迹。③天下之极:此处指最重要的。极:极度,最高。

【译文】古代圣明的君王,之所以能够获得盛大的名声,建立丰功伟业,扬名于天下,为后世所不忘,不是由于获得民心、受到百姓拥护的,还从来没有听说过。暴君之所以失去国家,危及社稷,倾覆宗庙,在天下声名狼藉,不是由于失去民心的,也从来没有听说过。如今拥有国土的君主,都希望平时能安定,一旦行动就有威势,出战即能取胜,防守能长久巩固。大国君主想要称王天下,小国君主也想要称霸诸侯,却都不去努力争取民心、获取拥护。因此祸小的弄得兵败地削,祸大的则身死国灭。所以说:民心这事不能不竭尽全力去做,这是普天之下最重要的治政准则。

曰:然则得人之道,莫如利之①;利之之道,莫如教之以政②。故善为政者,田畴垦而国邑实,朝廷闲而官府治,公法行而私曲止③,仓廪实而囹圄空,贤人进而奸民退。其君子,上中正而下诌谀;其士民,贵武勇而贱得利④;其庶人,好耕农而恶饮食,于是财用足而饮食薪菜饶。是故上必宽裕而有解舍⑤,下必听从而不疾怨,上下和同而有礼义,故处安而动威,战胜而守固,是以一战而正诸侯。不能为政者,田畴荒而国邑虚,朝廷凶而官府乱,公法废而私曲行,仓廪虚而囹圄实,贤人退而奸民进。其君子,上谄谀而下中正;其士民,贵得利而贱武勇;其庶人,好饮食而恶耕农,于是财用匮而食饮薪菜乏[6]。上弥残苟而无解舍,下愈覆鸷而不听从[7],上下交引而不和同,故处不安而动不威,战不胜而守不固。是以小者兵挫而地削,大者身死而国亡。故以此观之,则政不可不慎也。

【注释】①"曰:然则得人之道,莫如利之":许维遹认为此篇多自问自答之辞,此句应作"何以知其然也? 曰:得人之道,莫如利之",即在原句的"曰"字前加"何以知其然也",并删除"曰"字之后的"然则"二字。②莫如教之以政:应作"莫如教之",即"以政"二字为衍文。③私曲:歪曲公法的私人议论。"私议"往往与"公法"相对。④贱得利:指将私利看的很轻。⑤解舍:此处指宽免赋役。解:放。舍:免。⑥食饮:上文均作"饮食"。⑦鸷:一种猛禽,此处比喻凶狠。

【译文】管仲说:争取民心的方法,最好是让百姓得到利益;让百姓得到利益的方法,莫过于教导百姓。所以,善于管理政事、治理人民的君主,总是使田野得到开垦而且城邑富足,朝廷安闲而官府得治,公法通行而私议被禁止,粮仓充实而监狱空虚,贤人进用而奸邪遭到排斥。国内的官员都崇尚公平正直而鄙视谄媚阿谀;军队将士们都重视武艺勇气而鄙视贪财逐利;国内百姓都热爱耕种而痛恨大吃大喝,因此财用富足而食用物品如柴粮蔬果等充足。这样,在上位者宽厚又能放宽政策减免徭役,下面的百姓也必定乐于听从而没有怨恨。君民同心、上下协调,国家就有礼义纲纪,如此,平常生活安定,而一有行动就有威势,征战能取胜,防守也能长久稳固,因此一战就能使得诸侯得到匡正。不善于管理政事的君主,使得田野荒芜而国家贫困，朝廷纷扰而官府混乱。公法遭废弃而私议横行，粮仓空虚而监狱爆满，贤人遭到罢退而奸臣进用。统治国内官员崇尚谄媚阿谀而鄙视公平正直；军队将士们重贪财逐利而轻视武艺勇气；国内普通百姓喜好吃喝玩乐而厌恶勤劳务农；因此财用困乏而食用物品如柴粮蔬果等都很短缺。在上的君主十分残暴苛刻，不知放宽赋税、减免徭役，在下的百姓也就更加顽强凶猛而不肯听从。君民互相争利，上下不能调和，因此平时不安定，一旦行动也没有威势，出战不能取胜而防守也不得稳固。在这种情形之下，祸害小的国家兵败而削地割城，祸害大的则是君主身死而国家灭亡。由此看来，国家的政事不可不谨慎对待、慎重处理。

德有六兴，义有七体，礼有八经，法有五务，权有三度。

所谓六兴者何？曰：辟田畴，利坛宅①，修树艺，劝士民，勉稼穑②，修墙屋，此谓厚其生。发伏利③，输墆积，修道途，便关市，慎将宿④，此谓输之以财。导水潦，利陂沟，决潘渚⑤，溃泥滞，通郁闭，慎津梁⑥，此谓遗之以利。薄征敛，轻征赋，弛刑罚，赦罪戾，宥小过，此谓宽其政。养长老，慈幼孤，恤鳏寡，问疾病，吊祸丧，此谓匡其急。衣冻寒，食饥渴，匡贫窭⑦，振罢露⑧，资乏绝，此谓振其穷。凡此六者，德之兴也。六者既布，则民之所欲，无不得矣。夫民必得其所欲，然后听上；听上，然后政可善为也。故曰：德不可不兴也。

【注释】①利：应为"制"字之误也，即制造。②稼穑：播种和收获，此处指农业生产活动。③伏利：未经开发的财利。④将宿：迎送，指宾客往来。⑤潘渚：洪水泛滥。⑥慎：应读作"顺"。⑦匡贫窭：指贫寒。
⑧振：即赈，赈济、救济。罢：通"疲"，疲敝。露：衰败、败坏。

【译文】德有六个方面的事要兴办，义有七个方面的纲领要做
好，礼有八个方面的准则要规范，法有五个方面的事务要落实，权
有三个方面的向度要考察。

所谓六个方面的德政之事是指什么呢？即：开垦农田荒野，建
造民舍住宅，重视种植培育，赏赐勉励士民，鼓励耕作和收获，修
筑房屋墙院，这些都是丰富百姓的生活物资。开发潜在的资源，输
送积贮的物资，修筑道路，便利关市贸易，慎重对待商旅往来，这些
是为百姓促进财源流通。疏通滞留的积水，修通壅塞的水沟，排放
泛滥的洪水，清除淤积的泥沙，开通堵塞的河道，认真修筑渡口桥
梁，这些是给百姓提供福利。轻徭薄赋，减轻田租赋税，放宽刑罚、
赦免罪犯，宽恕小过失，这些是对百姓实行宽松政策。供养老人，
慈恤幼孤，救济无依无靠的寡妇和鳏夫，慰问疾病，吊唁丧祸，这些
是帮助百姓解救危急。送御寒的衣物给挨冻的人，送粮食饮品给忍
渴挨饿的人，救助贫寒的人家，赈济家业衰败的百姓，资助面临绝
境之人，这些是救济百姓的穷困。共计这六个方面的事情，都是兴
德政的大事。这六个方面的工作内容都能妥善落实，百姓所需要的
事，就没有做不到了。必须满足百姓的需求，然后他们才会心甘情愿
听从上面的指挥；百姓都能听从上位者的命令，国家的政事才能顺
利做好。所以说：德政是不可不兴办的。

曰：民知德矣，而未知义，然后明行以导之义。义有七体。
七体者何？曰：孝悌慈惠，以养亲戚①；恭敬忠信，以事君上；中
正比宜②，以行礼节；整齐撙诎，以辟刑僇③；纤啬省用，以备饥

懂；敦懞纯固④，以备祸乱；和协辑睦，以备寇戎。凡此七者，义之体也。夫民必知义然后中正，中正然后和调，和调乃能处安，处安然后动威，动威乃可以战胜而守固。故曰：义不可不行也。

【注释】①亲戚：指家族成员，如父子兄弟。②比宜：合适，合宜。③辟：通"避"，避免。④敦懞：忠厚老实，此处指敦厚朴实、专心一意。

【译文】管仲说：百姓虽然已经知道德，但是还未必懂得义，这样就应该公开推行义来引导百姓。义有七个方面的要领，这七个方面指的是什么呢？即：用孝敬父兄和慈爱和顺，来奉养亲属；用恭敬忠诚，来侍奉君主和上级；用公正合宜来实行礼节；用整肃谦让来避免犯罪；用精打细算的节俭，来防备饥荒；用纯朴专一来防备祸乱发生；用协调和睦来防止敌寇侵扰。共计这七个方面，是遵行义的体制。百姓必须懂得道义，然后行事上才会公正，公正合理然后才能和睦协调，协调才能生活安定，安定后一旦行动才有威势，行动有威势才可以出战必胜、防守稳固。所以说：义不可不推行。

曰：民知义矣，而未知礼，然后饰八经以导之礼。所谓八经者何？曰：上下有义，贵贱有分，长幼有等，贫富有度。凡此八者，礼之经也。故上下无义则乱，贵贱无分则争，长幼无等则倍①，贫富无度则失。上下乱，贵贱争，长幼倍，贫富失，而国不乱者，未之尝闻也。是故圣王饬此八礼以导其民。八者各得其义，则为人君者，中正而无私；为人臣者，忠信而不党；为人父者，慈惠以教；为人子者，孝悌以肃；为人兄者，宽裕以诲；为人弟者，比顺以敬;为人夫者,敦懞以固;为人妻者,劝勉以贞。夫然,则下不倍上,臣不杀君^②,贱不逾贵,少不陵长^③,远不间亲,新不间旧,小不加大,淫不破义。凡此八者,礼之经也。夫人必知礼然后恭敬,恭敬然后尊让,尊让然后少长贵贱不相逾越,少长贵贱不相逾越,故乱不生而患不作。故曰:礼不可不谨也。

【注释】①倍:通"背",背弃。②臣不杀君:古本作"弑"。③陵:欺辱。

【译文】管仲说:百姓虽已知道义了,然而还未必懂得礼,这样就应该整顿以下八条重要准则引导百姓懂得礼法。这八项原则指的是什么呢? 即:上下各有礼仪,贵贱各有本分,长幼各守等次,贫富各有限度。总计这八个方面,就是礼的重要准则。所以如果上下之间没有礼仪约束就会发生混乱,如果贵贱之间不守本分就会发生争执,长幼之间没有辈分等级就会发生悖乱,贫富之间没有限度行事就要失去节制。上下发生混乱,贵贱产生争执,长幼形成悖逆,贫富失去节制,而国家不陷于动乱的,还没有听说过。所以,圣明的君主总是整顿这八项原则来引导百姓。这八方面各得其宜,做君主的就能公平正直而没有偏私;做臣子的就会忠诚而不结党营私;做父母的就会以慈爱和顺的态度教育子女;做子女的就能以孝顺敬重的行为来奉养父母;做兄长的就能以宽厚忍让的态度来教诲弟妹;做弟妹的就能以和顺信从的态度来尊敬兄长;做丈夫的就能敦厚专一;做妻子的就能坚守贞节。能做到这样,下属就不会悖逆上司,臣子就不会去弑杀君王,低贱的就不会僭越尊贵的,年少的就不会欺侮年长的,疏远的就不会间隔亲近的,新朋友就不会间断旧交情,小的就不会凌驾大的,过度而没有节制的行为就不会破坏正直守道的风尚。以上这八个方面，都是礼的重要准则。所以，人们必先懂礼才能恭敬；恭敬然后才能尊重谦让；尊重谦让然后才能做到少长贵贱不相逾越；少长贵贱不相逾越，混乱的事就不会发生，而祸患也就不会发生了。因此说礼也是不可以不慎重施行的。

曰：民知礼矣，而未知务①，然后布法以任力。任力有五务，五务者何？曰：君择臣而任官，大夫任官辩事②，官长任事守职，士修身功材③，庶人耕农树艺。君择臣而任官，则事不烦乱；大夫任官辩事，则举措时；官长任事守职，则动作和；士修身功材，则贤良发；庶人耕农树艺，则财用足。故曰：凡此五者，力之务也④。夫民必知务然后心一，心一然后意专，心一而意专，然后功足观也。故曰：力不可不务也。

【注释】①而未知务：应作"而未知法"。②辩：治理。③功材：此处指学习才艺技能。功：通"工"，从事。材：通"才"。④力之务：应作"法之务"。

【译文】管仲说：百姓虽已知道礼了，然而还未必懂法，这就要颁布法令来安排好人力。安排人力有五个方面的要务要考虑，这五方面的事务指的是什么呢？君主选择臣子任命官职，大夫担任官职而治理政事，各级官员严守各自的职责，士子修养品德而学习才艺以备用，百姓则务农辛勤耕种。君主选择臣子任命官职，政事就不烦琐混乱；大夫担任官职而治理政事，各种举措就能及时恰当；官员承办事务而谨守职分，行动就可以相互协调；士子修养品德而学习才艺，贤将良材就可以随时出现；百姓辛勤从事农业生产，财源用度就可以富裕充足了。所以说以上这五方面，就是人力安排要做的事。百姓必须懂法，才能做到思想一致，思想一致然后才能意志专一，思想一致且意志专一，才能建立起足够可观的功业。所以说：不可以不注重法。

曰：民知务矣，而未知权，然后考三度以动之。所谓三度者何？曰：上度之天祥，下度之地宜，中度之人顺，此所谓三度。故曰：天时不祥，则有水旱；地道不宜，则有饥馑；人道不顺，则有祸乱。此三者之来也，政召之①。曰：审时以举事，以事动民，以民动国，以国动天下。天下动，然后功名可成也。故民必知权，然后举错得②；举错得，则民和辑；民和辑，则功名立矣。故曰：权不可不度也。

【注释】①召：导致，招致。②错：通"措"，措施。
【译文】管仲说：百姓虽已懂得法，却未必懂得权衡。君主就应该从三个方面的条件考虑来动员百姓。所谓三方面的条件是哪些呢？即：上要以考察天时是否吉祥，下要以考察地利是否合适，中要以考察百姓是否和顺，这就是君主所要考虑的三个方面的适度。所以说：天时不吉祥，就会有水旱灾害；地利不适宜，就会有饥荒出现；民心不和顺，就会有祸患动乱发生。水旱灾害、饥馑荒年、祸患动乱这三种情况的出现，都是由于君主施政不当而导致的。所以说：君主要审察时机来兴办事业，用兴办事业的名义来动员百姓，用百姓的热情来动员全国之力，用一国的统一行动来动员天下。天下都被动员起来了，君主的功业和名声就可以成就了。所以，百姓还必须懂得权衡三方面的利弊，然后举措才能合宜得当。君主举措合宜得当，百姓才能和顺；百姓和顺了，君主才能建立功业成就盛名。所以说权衡之道，不可以不审查度量。

故曰：五经既布①，然后逐奸民，诘诈伪，屏谗慝②，而毋听淫辞，毋作淫巧。若民有淫行邪性，树为淫辞，作为淫巧，以上诳君上而下惑百姓，移国动众，以害民务者，其刑死流③，故曰，凡人君之所以内失百姓，外失诸侯，兵挫而地削，名卑而国亏，社稷灭覆，身体危殆，非生于谄淫者，未之尝闻也。何以知其然也？曰：淫声谄耳，淫观谄目，耳目之所好谄心，心之所好伤民。民伤而身不危者，未之尝闻也。曰：实圹虚，垦田畴，修墙屋，则国家富；节饮食，撙衣服④，则财用足；举贤良，务功劳，布德惠，则贤人进；逐奸人，诘诈伪，去谗慝，则奸人止；修饥馑，救灾害，振罢露，则国家定。

【注释】①五经：指上文提到的"德有六兴""义有七体""礼有八经""法有五务""权有三度"。②屏：摒弃。谗慝：读"忒"，指邪恶。③其刑死流：指处死、流放。④撙：读作"尊"，节省，节制。

【译文】因此说：德、义、礼、法、权这五种措施既已推行实施，然后驱逐奸狡恶人，查究伪诈，摒弃谗毁邪恶，不听信夸大不实的谎言，不准制造过度奢侈的物品。如果有人行为放荡，性情邪恶，制造传播夸大不实的谎言，制作奢侈浪费的物品，对上用以欺骗君主，对下用来迷惑百姓，扰乱国家政权，动摇民心，改变风俗，以此有害于百姓的，要处以死刑或流放。所以说：大凡君主之所以在国内失掉百姓拥护，在国外失掉诸侯信任，兵败而地削，名望卑下而国家受害，乃至宗庙覆灭、自身陷入危险之境的，不是由于被夸大不实的谎言所迷惑而发生的,是从来没有听说过的事。怎么知道是这样的呢? 是因为放荡的声音迷惑了耳朵,放荡的观赏迷惑了眼睛;耳目所喜好的又迷惑了人心;心放任而被迷惑,就会做出伤害百姓利益之事;伤害百姓而君主自身能不危险的,也是从来没有听说过的事。所以说:移民以充实空旷的地区,开垦荒地,修筑房屋,那国家就能富裕;节约饮食,俭省衣服,财用就会充足;推举贤良,注重功劳,广施恩德,贤人就能得到进用;驱逐奸人,查究伪诈,摒弃谗毁邪恶之流,奸诈小人就能止住;防备饥荒,救济灾害,赈济衰败的人家,国家就能安定。

明王之务,在于强本事,去无用①,然后民可使富;论贤人,用有能,而民可使治;薄税敛,毋苟于民②,待以忠爱,而民可使亲。三者,霸王之事也。事有本,而仁义其要也。今工以巧矣,而民不足于备用者,其悦在玩好;农以劳矣,而天下饥者,其悦在珍怪;方丈陈于前③,女以巧矣,而天下寒者,其悦在文绣。是故博带梨,大袂列④,文绣染,刻镂削,雕琢采⑤。关几而不征,市鄽而不税⑥。古之良工,不劳其知巧以为玩好;是故无用之物,守法者不失。

【注释】①无用:指末用,即奢侈品生产。②苟:应作"苛"。③方丈陈于前:此五字疑为衍文,似为解文而误入正文。④列:通"裂",裂开,分裂,割裂。⑤雕琢采:应作"雕琢平",指将雕刻的花纹磨平。⑥市鄽而不税:只收铺面的租,而不对买卖的货物征税。鄽:市房。

【译文】圣明君主的要务,在于加强农业生产,舍弃过于奢侈物品的产业,然后才能使得百姓富裕起来;选拔贤良之才,任用有能力的臣子，而后百姓就可以得到治理；降低赋税，对百姓不苛刻，以忠诚爱护的态度对待他们，而后百姓才会来亲近归附。以上这三方面，都是关系到成就霸王之业的大事。凡事都有根本，而仁义是其中的关键。如今，工匠的技艺已经够巧妙了，然而百姓日常所需却仍然得不到满足，就是因为君主的兴趣在于那些精巧的器物；农民已经够勤劳辛苦的了，然而天下百姓仍然不免忍饥挨饿，是因为君主一心追求珍馐美味。女工的技艺也已经够灵巧了，然而天下人仍有挨冻的，就是因为君主过分喜好华丽的穿戴。因此应当把宽阔的带子裁成窄小的衣带，把宽大的袖子变成窄小的衣袖，把华丽的绘绣染成纯色，把刻镂的装饰削掉，把雕琢的花纹毁去。关卡只稽查而不征收捐税，市场上官府提供存放货物的房舍而不征税。古代的良工巧匠，不用他们的巧手来制作供人赏玩的器物。因此，那些奢侈之物，谨守法度之人是不生产的。

宙合第十一

扫码听谦德
君为您导读

【题解】"宙合"即天上地下、东南西北、古往今来无不囊括其中。宙,指时间,指古往今来;合,指空间,即六合,指上下前后左右六方。本篇文章内容十分广泛,就体例而言,第一段为经,是格言体,共提出十数条纲要;其余段落为传,即解文,分章详解第一段经文每个句子,即对十数条纲要逐一解说,次序井然。就内容而言,这是一篇哲理性强的政治论文。君臣之道、法制、理论、天地、人事等十多个方面的主题,本篇为论道之文,哲理性很强。

左操五音,右执五味。

【译文】君主在上发号施令就像是协调五音,臣子们在下出力就像是调和五味。

怀绳与准钩,多备规轴,减溜大成,是唯时德之节。

【译文】怀有准绳、平准器和圆规,齐备规具,使各种规具都发挥作用，就能取得完全的成功，这只是等待时机与德行相结合。

春采生，秋采蔌，夏处阴，冬处阳，大贤之德长。

【译文】春天采食萌芽，秋天采食瓜果，夏天在阴凉的地方居住，冬天在朝阳的地方居住，大贤的德行长久流传。

明乃哲，哲乃明，奋乃苓，明哲乃大行。

【译文】明智就会聪明，聪明就会明智，兴盛之后就会衰落，明智聪明就会有伟大的行为。

毒而无怒，怨而无言，欲而无谋。

【译文】有痛恨不要发怒，有怨气不要说出来，有计谋不要和别人议论。

大揆度仪，若觉卧，若晦明，若敖之在尧也。

【译文】圣明严肃思考的样子，就像睡觉都睁着眼，如同黑夜中也能看得清楚，就像傲慢的丹朱在尧的管教之下。

毋访于佞，毋蓄于谄；毋育于凶，毋监于谗。不正，广其荒。

【译文】不要寻访奸佞之人，不要听信奉承的话，不要主张暴力,不要听信谗言,治国方法不正,即使国家再大也是空的。

不用其区区。鸟飞准绳。

谻充末衡①,易政利民。

【注释】①谻(juàn):疑为"胸"字之误。指内心。

【译文】不用虚静的态度。圣人参与天地的变化,要像鸟在天空飞翔而有自己的准则。

内心充满诚恳,多听中正良言,认真改良政治,就会有利于百姓。

毋犯其凶,毋迩其求①,而远其忧。高为其居,危颠莫之救②。

【注释】①迩:近,眼前的。②危颠:一旦危险、颠覆。此言是在强调妄自尊大,自满自矜,一旦盛极而衰则必败无疑,且无人能救。

【译文】不要触犯凶险的事,不要追求眼前的享乐,而要有长远的忧虑。身居于极高的境地,一旦颠覆,危险就没人能相救。

可浅可深,可浮可沉,可曲可直,可言可默。天不一时,地不一利,人不一事。

【译文】可能浅可能深,可能浮可能沉,可能曲可能直,可能说话也可能沉默不语。天不只是一个时节,地不只是一种物利,人也不只是一件物事。

可正而视, 定而履, 深而迹。

【译文】要使你的看法正确, 使你的做法坚定, 使你的业绩加深。

夫天地一险一易险若鼓之有桴, 摘挡则击。
天地, 万物之橐, 宙合有橐天地①。

【注释】①橐: 袋子。有: 通“又”。
【译文】天地间总是有险地有平地, 就像鼓有鼓槌, 敲起来叮当作响。
天地是万物的托橐, 宙合又橐括着天地。

“左操五音, 右执五味①。”此言君臣之分也。君出令佚②, 故立于左; 臣任力劳, 故立于右。夫五音不同声而能调, 此言君之所出令无妄也③, 而无所不顺, 顺而令行政成。五味不同物而能和, 此言臣之所任力无妄也, 而无所不得, 得而力务财多。故君出令, 正其国而无齐其欲, 一其爱而无独与是④。王施而无私, 则海内来宾矣。臣任力, 同其忠而无争其利, 不失其事而无有其名。分敬而无妒⑤, 则夫妇和勉矣, 君失音则风律必流⑥, 流则乱败。臣离味则百姓不养, 百姓不养则众散亡。君臣各能其分则国宁矣, 故名之曰不德。

【注释】①由本节开始为说文、解文, 以上为经文。②佚: 通“逸”。③无妄: 胡乱, 毫无章法。④一其爱而无独与是: 应作“一其爱而无独其足"，指爱恶之情可一，而满足之道多方面。⑤分敬：相互尊敬。
分：交相。⑥风律：指音律，声律。

【译文】"左操五音，右执五味。"这是讲君主和臣子各自的职
分，君主的职责在于发号施令，是安逸的，所以位居于左；而臣子的
职责在于尽心竭力执行政令，在下边出力办事，是辛苦操劳的，所以
位居于右。五音虽不同声却可以协调成音律，这是说君主发出的政
令不是毫无准则的，因而没有不顺的。顺从实际，所以法令就畅通
无阻，政事也取得成功。五味虽不同而可以调和成美味，这是说臣
子出力办事不是毫无准则的，因而没有什么是不得其宜的。凡事能各
得其宜，财富就会增长。君主发布政令，是为了匡正国事而不是为满
足私欲，是为了统一百姓的喜好而不是用一种方法来达到目的。公
正施慧而毫无偏私，则天下的百姓就都来归顺了。臣子出力，是为了
给百姓谋福利而并非与民争利，是为了使百姓的事业不事物，而并非
为了谋取自己的声名；互相尊敬而不相互忌妒，如此一来天下的夫妻
都将和谐共勉。君主发布政令不协调，效果就必然不好，没有效果
国家就会混乱；臣子做事不协调，百姓的生活就得不到良好的管理。
得不到良好的管理，百姓就会四处离散逃亡。君臣各自尽其职分，国
家就会安宁。这就是"不德"的大智慧。

"怀绳与准钩，多备规轴，减溜大成，是唯时德之节。"夫
绳，扶拨以为正①；准，坏险以为平；钩，入枉而出直。此言圣君
贤佐之制举也。博而不失②，因以备能而无遗。国犹是国也，民
犹是民也，桀纣以乱亡，汤武以治昌。章道以教③，明法以期，民
之兴善也如此，汤武之功是也。多备规轴者，成轴也。夫成轴
之多也，其处大也不究④，其入小也不塞，犹迹求履之宪也⑤，

夫焉有不适？善适，善备也，仙也，是以无乏。故谕教者取辟焉。天渟阳，无计量；地化生，无法崖⑥。所谓是而无非，非而无是，是非有，必交来。苟信是，以有不可先规之，必有不可识虑之。然将卒而不戒。故圣人博闻多见，畜道以待物，物至而对形，曲均存矣⑦。减，尽也；溜，发也。言遍环毕，莫不备得。故曰：减溜大成。成功之术，必有巨获，必周于德，审于时。时德之遇，事之会也，若合符然。故曰：是唯时德之节。

【注释】①拨：不正。②博：多，全面。③章：彰明，明示。④其处大也不究：应作"其处大也不窕"。窕：不充满的意思。⑤迹：足迹。宪：指木制的鞋模子。⑥无法崖：法应作"泮"，即涯，边际的意思。⑦曲均存：即是非曲直。

【译文】"怀绳与准钩，多备规轴，减溜大成，是唯时德之节。"这是讲准绳可以用来校正偏斜使其端正，准尺可以破除险陡使之归为均平，钩规可以用于在弯曲中量出直线。这些都可用来说明圣君治理国政的法制完善。法制完善而无缺漏，能依靠法制的完善功能治国理政而没有遗漏。国家还是这个国家，百姓还是那些百姓，夏桀和商纣因荒淫无道的乱政而败亡，商汤和周武王却因政教清明而昌盛。宣传治国方略来教化百姓，公布法制与百姓相与为约，这样使得百姓齐心向善、使守法从善成为日常习俗和风尚，商汤和周武王以德治国所取得的功绩就是这样成就的。所谓"多备规轴"就是要多准备各种规格的工具，只有工具种类规格繁多，用在大地方不会有所空缺，放入小地方不会有堵塞。就像按照鞋样子找鞋檀子一样，按照模型去制鞋又怎么会不合适呢？之所以非常合适，是由于准备得十分齐全，可以挑选着来使用，所以没有缺乏而不够用的

情况。因此主持教化的人就应该取来作榜样而有所借鉴。上天养育
世间万物，多得无法估量；大地生长万物，多得没有边际。所谓"是"
就不能说成非，"非"不能说成"是"，然而"是""非"常有，必然交
织夹杂着同时来到。如果"是""非"出现如此复杂的情况，就必定不
能提前预料它们，就必定不能预先识别它们，这样突然到来，势必
使人们毫无准备。因此圣人总是要博闻多见，积累规律性的理论、
原则，以此增广见闻、积累辨识经验来认识新事物。新情况一经出
现，就与这些旧有的理论模式相参照比对，是非曲直就一目了然了。
减，是全的意思；溜，是发的意思。是说所有工具都起到了应有的作
用，就没有不成功的。所以说减溜大成。成功的秘诀在于，一定要有
规律法度可循，必须有完善的品德，必须能够看到客观时机，把客
观的时机和主观的品德相结合，就是事业成功的机会，像将两半兵
符合二为一那样密合无间。所以才说"是唯时德之节"，即把握时机
的品德大节。

"春采生，秋采蓏，夏处阴，冬处阳。"此言圣人之动静、
开阖、诎信、涅儒①、取与之必因于时也。时则动，不时则静。
是以古之士有意而未可阳也，故愁其治言，含愁而藏之也②。贤
人之处乱世也，知道之不可行，则沉抑以辟罚，静默以俟免。辟
之也，犹夏之就清，冬之就温焉；可以无及于寒暑之灾矣。非为
畏死而不忠也。夫强言以为僇③，而功泽不加，进伤为人君严之
义，退害为人臣者之生，其为不利弥甚。故退身不舍端，修业不
息版④，以待清明。故微子不与于纣之难，而封于宋，以为殷主。
先祖不灭，后世不绝。故曰：大贤之德长。

【注释】①开阖、诎信、涅儒：分别指开合、屈伸、盈缩。②含愁而藏之也：应作"阴愁而藏之也"。③僇：通"戮"，杀戮、刑戮。④修：疑为"休"。版：书写所用的木板。

【译文】"春采生，秋采蓏；夏处阴，冬处阳。"这是说圣人的动静、开合、屈伸、进退、取予都必定合于时宜。合于时宜就行动，不合时宜则静止。所以，古代贤士心存志向，虽有谋划却不大肆宣扬。隐藏其治国的意见，不宣扬而把自己的内心隐藏起来。贤人处于乱世，知道其治世之道无法施行，就蛰伏不动以躲避刑罚，以静默无言的方式求得免祸。其行为就像是夏天就到清凉的地方，冬天就到温暖的地方，就可以避开严寒酷暑的灾祸，这种逃避并不是因为怕死而不忠于国君，而是由于一旦强行谏言只会招致杀身之祸，却毫无功效，既伤害了君主尊严，又伤害了臣下的性命，这种不利太严重了。因此，隐退而不肯放弃笏板，停职也不放下书籍，为的是等待清明政治的到来。所以，微子并没有跟随商纣王去赴死，而是受封于宋国，成为主持祭祀殷商祖先的领袖。这样做，使祖先不被灭亡，后代也不曾断绝。所以说：大贤的德行长久流传。

"明乃哲，哲乃明，奋乃苓，明哲乃大行。"此言擅美主盛自奋也①，以琅汤凌轹人②。人之败也常自此。是故圣人著之简策，传以告后进曰：奋，盛；苓，落也。盛而不落者，未之有也。故有道者不平其称，不满其量，不依其乐，不致其度③。爵尊则肃士，禄丰则务施④，功大而不伐，业明而不矜。夫名实之相怨久矣，是故绝而无交，惠者知其不可两守，乃取一焉。故安而无忧。

【注释】①擅美主盛自奋：骄傲自大。②琅汤：即放荡、浪荡之意。

凌轹：即欺凌。③度：计量长度的单位如丈、尺、寸等。④施：施舍。

【译文】"明乃哲，哲乃明，奋乃苓，明哲乃大行。"这是说自以为独擅其美、自恃其盛、独自奋发，常以傲慢的姿态去欺凌、压迫他人，一个人的失败常常从这里开始。因此圣人把这个道理写入简册留存书中，传告给后来的读书人说：奋盛就意味着衰落。只有兴盛而不会衰落的事，是从来没有过的。所以真正有修养的人，不会自以为是地表现自己，不会自以为满足，不会高调自喜，不会自以为表现已经达到最好。职位高就恭敬地尊重贤士，俸禄丰厚就广施德泽，功劳大而不自夸，成就大而并不骄矜。名与实不符是由来已久的事了，所以名实互相排斥而不能交并共存。明智的人懂得名与实这两者不能兼得，于是只取其一，弃名而取实，所以能安然而无忧。

"毒而无怒"，此言止忿速济没法也①。"怨而无言"，言不可不慎也。言不周密，反伤其身。故曰"欲而无谋"，言谋不可以泄，谋泄灾极②。夫行忿速遂，没法贼发，言轻谋泄③，灾必及于身。故曰：毒而无怒，怨而无言，欲而无谋。

【注释】①此言止忿速济没法也：应作"此言止忿速济也"，"没法"二字疑为衍文。②极："亟"，急切、急迫的样子。③没法贼发，言轻谋泄：此句应作"没法发贼，言轻谋泄"。没法：即汉代的没命法，类似连坐法，有人造反但官吏无法逮捕归案者，官员与盗贼一起处死。

【译文】"毒而无怒"，这是说平息了愤怒，那么事情就会很快办成功。"怨而无言"，这是强调说话不可不谨慎；一旦说话不周，就会反过来伤害自身。"欲而无谋"，这是说计谋不可以外泄，计谋外泄就会招致灾祸降临。通过发泄愤怒而想要让事情速成，通过制定类似于《没命法》一样的法令来抓捕盗贼，且语言轻率而计谋外泄，灾祸必定会累及自身。所以说：即便痛恨也不要发怒，即便有所怨愤也不要轻易说出口，即便有了计谋也不要轻易与他人商议。

"大揆度仪，若觉卧，若晦明。"言渊色以自诘也①，静默以审虑②。依贤可，用也仁良，既明通于可不利害之理，循发蒙也③。故曰：若觉卧，若晦明，若敖之在尧也④。

【注释】①言渊色：应作"渊塞"，意为诚实深远。自诘：自问。②审虑：应作"审虑也"。③循：应作"犹"，即若、如的意思。④敖：丹朱，尧之子。

【译文】"大揆度仪，若觉卧，若晦明。"这是说君主应当沉潜处事、不露声色，要以平静沉默的态度来深思熟虑。要依靠贤能才俊的智慧，采纳良善的主张，在精通是非利害的道理后，便可晓悟一切、不受蒙蔽。所以说：君主要像睡觉都睁着眼睛，就像暗夜也能看得清楚，就像傲慢的丹朱处于尧的管理之下那样。

"毋访于佞"，言毋用佞人也，用佞人则私多行①，"毋蓄于谄"，言毋听谄，听谄则欺上。"毋育于凶"，言毋使暴，使暴则伤民。"毋监于谗"，言毋听谗，听谗则失士。夫行私、欺上、伤民、失士，此四者用，所以害君义失正也②。夫为君上者，既失其义正，而倚以为名誉；为臣者，不忠而邪，以趋爵禄，乱俗败世，以偷安怀乐，虽广其威，可损也。故曰：不正，广其荒。是以古之人，阻其路，塞其遂③，守而物修。故著之简策，传以告后世人曰：其为怨也深，是以威尽焉。

【注释】①私多行：应作"行私"。②所以害君义失正也：应作"所以害义失正也"，"君"字疑为衍字。③遂：道路、道。

【译文】"毋访于佞"，这是说不可任用奸佞小人当政，一旦任用了奸佞小人就会推行偏私之政。"毋蓄于谄"，这是说不要听取奉承的话，一旦听取奉承谄媚的话就会使君主受到欺瞒。"毋育于凶"，这是说不要助长暴力，一旦使用暴力就将伤害黎民百姓。"毋监于谗"，这是说不可听信谗言，听信谗言就将失去贤士。推行偏私之政、欺君瞒上、伤害民众、失去贤士，这四大弊端通行，就是损害法度、失去公正的原因所在。作为君主，既已失去法度和公正，却还想凭借它们来取得声望和名誉；作为臣子，不忠于君主却以邪僻的行为来追求爵位、逐取俸禄，扰乱习俗，败坏世风，以便于偷安享乐。这样下去，即使国家的威势再大，也难免要败坏。因此说"不正，广其荒"这句话是说，如果治国方阵不端正，即便国家再大也是空的。因此古代的人，阻塞这四种弊端的途径，堵住这些弊政的通道，努力坚守公正之道，并力求站得高、看得远，还把它们都写在书本上，流传下来告诫后代的人说：上述四种弊政所造成的怨恨极为深重，国威因此而丧失殆尽。

"不用其区"，区者，虚也。人而无良焉①，故曰虚也。凡坚解而不动，陼堤而不行②，其于时必失，失则废而不济。失植之正而不谬，不可贤也，植而无能，不可善也。所贤美于圣人者，以其与变随化也。渊泉而不尽，微约而流施③，是以德之流润泽均加于万物。故曰：圣人参于天地。"鸟飞准绳"，此言大人之义也。夫鸟之飞也，必还山集谷。不还山则困，不集谷则死。山与谷之处也，不必正直。而还山集谷，曲则曲矣，而名绳焉，以为鸟起于北，意南而至于南，起于南，意北而至于北。苟大意得，不以小缺为伤。故圣人美而著之曰④：千里之路，不可扶以绳；万家之都，不可平以准。言大人之行，不必以先帝常⑤，义立之谓贤。故为上者之论其下也，不可以失此术也。

【注释】①良：长久，很久，良久。②坚解：坚硬的意思。解：疑为结。陼堤：指河堤，堤坝。③约：绳子，此处指水流细微。④著：著书立说。⑤先帝常：王念孙认为帝字乃"常"字之误而衍。应作"先常"。即以祖先为常法。

【译文】"不用其区"，区，是虚的意思。人不可能长久不变，因此要虚静。凡是僵硬不灵活、停滞不发展、无所行动的人，必然会失去发展的时机，失时机就会坏事而无所成就。即便上天赋予的志向端正而并无谬误也不能算作贤人；为人正直而无才能，不能算作完美。圣人之所以被人们称赞贤美，是因为圣人参与并顺随天地万物的发展变化。这种参与像渊泉之水一样不会枯竭，如同涓涓细细一般而不断流施。因此，恩德流布，且普遍均匀地施加于万民和天地万物。所以说：圣人之恩德是与天地相配的。"鸟飞准绳"，这是说伟大人物们行为处事依"鸟飞准绳"的原则，应该取大方向不计小缺失。众鸟飞翔，最终一定要飞回到山林中，集合在山谷里。不飞回到山林则会疲困，不栖集到山谷中就会死亡。它们在山林与峡谷中所停留的位置，不一定平正笔直，而飞回到山林、齐集在山谷中的路线更是曲折又曲折，却仍可以说是像准绳一样直。这是因为众鸟从北方起飞，意向到南方就能齐飞到南方；或者从南方起飞，意向到北方就能到达北方。如果大的方向是正确的，便不必以小的缺陷为妨害。所以，圣人称赞此事并将其写成这样的文字：漫漫千里的长路，不能用绳子来拉成一条直线，拥有千家万户的大都市，不能用统一的水准器具来取正而拉成一个平面。这就是说，伟大人物的行为举止，不必以祖先的常法先例，只要能够确立适宜于当时的策略去行动，就可以称为贤。因此，作为君主在考评他的臣属时，是不可以丢掉这个衡人论事的法则的。

"谵充"，言心也，心欲忠。"末衡"，言耳目也，耳目欲端。中正者^①，治之本也。耳司听，听必顺闻，闻审谓之聪。目司视，视必顺见，见察谓之明。心司虑，虑必顺言，言得谓之知^②，聪明以知则博，博而不惛^③，所以易政也。政易民利，利乃劝，劝则告。听不顺不审不聪，不审不聪则缪。视不察不明，不察不明则过。虑不得不知，不得不知则昏。缪过以昏则忧，忧则所以伎苟^④，伎苟所以险政。政险民害，害乃怨，怨则凶。故曰：谵充末衡，言易政利民也。

【注释】①中正：应作"忠正"。②知：通"智"。③惛：糊涂，昏庸。④忧则所以伎苟：应作"忧则伎苟"，"所以"二字为衍字。

【译文】"谵充"，是说心，心要忠诚。"末衡"，是说耳目，耳目要端正。中平与端正，是治国的根本。耳朵管理听觉，听觉必慎重对待耳朵所听到的东西，所听到的东西精确详审就叫作聪；眼睛掌管视觉，视觉必慎重对待目之所见，所看见的东西精准确切才叫作明；心掌管思虑，思虑必慎重对待语言，语言合宜就叫作智。耳聪目明又充满智慧就能专一，既专一而又不糊涂昏乱，才能带来优良安定的政治。安定良好的政治对百姓有利；百姓就会受到鼓励，就会安心农事努力生产，百姓做事勤勉、尽心尽力，那国家就吉祥安泰。听得不精确、不详审就是耳不聪，听不详、耳不聪就会陷入谬误。看得不精确就是目不明，视不清、目不明就可能发生过错。思虑不得宜就不是明智，思不得宜、心不明智就会陷入昏乱。既有谬误，又有过错就会就会使人事纷扰昏乱，人事纷扰昏乱则会产生忧患，忧患就会固执己见、待人严苛，固执己见又待人严苛，就会造就险恶的政局。政治险恶就使百姓受害，百姓受害就会产生怨恨，百姓有怨恨国家就凶险。所以说：心胸要忠纯平实，耳目要端正清明；政治要平和安定，有利于百姓。

毋犯其凶，言中正以蓄慎也①。"毋迩其求"，言上之败，常贪于金玉马女，而吝爱于粟米货财也。厚藉敛于百姓，则万民怼怨②。"远其忧"，言上之亡其国也，常迩其乐。立优美③，而外淫于驰骋田猎，内纵于美色淫声，下乃解怠惰失，百吏皆失其端，则烦乱以亡其国家矣。"高为其居，危颠莫之救"，此言尊高满大，而好矜人以丽④，主盛处贤，而自予雄也。故盛必失而雄必败。夫上既主盛处贤，以操士民，国家烦乱，万民心怨，此其必亡也。犹自万仞之山，播而入深渊，其死而不振也必⑤。故曰：毋迩其求，而远其忧。高为其居，危颠莫之救也。

【注释】①蓄：应作"审"。②怼怨：怨恨。③优美：应作"优笑"，即倡优之类的人。④丽：美丽，光彩。⑤振：救援。

【译文】"毋犯其凶"，这是说作为君主立身持心要处于正中又要谨慎。"毋迩其求"，这是说君主之所以败亡，常常在于贪恋金玉宝器、骏马美色，又吝啬粮食财物，向百姓横征暴敛，还不肯贩济灾民、救助饥荒，因此引起万民的怨恨。"远其忧"，这是说君主之所以亡国，经常在于贪取眼前的淫乐。不离倡优，在外则沉溺于奔马驰骋、田猎射捕，在内则纵情于美色淫声；于是臣下都懈怠安逸，百官都因为贪图安逸而失去了正派的作风，于是就引起政治烦扰混乱，国家也就走向灭亡了。"高为其居，危颠莫之救"，这是说君主身居高位、威尊权重，喜欢在人们面前炫耀自己的尊贵，盛气凌人，自居贤明，自诩为英雄。所以，盛气必然丧失，英雄之位也必败。君主如果以自居其盛，自处其贤的态度来驾驭臣民，国事必然纷扰混乱，万民就会心生怨愤，于是国家也一定会走向灭亡的，正如从万仞的高山之上，因摇动颠倒而跌入万丈深渊，死而无法相救是必然的。所以说：君主不能只贪图眼前的安逸，而把忧患抛诸脑后，应当怀有长远的忧虑，身居极高的峰顶，一旦从此处跌下时就没有任何人能加以挽救了。

"可浅可深，可沉可浮，可曲可直，可言可默。"此言指意要功之谓也。天不一时，地不一利，人不一事。是以著业不得不多①，人之名位不得不殊方。明者察于事，故不官于物②，而旁通于道③。道也者，通乎无上，详乎无穷，运乎诸生。是故辩于一言，察于一治④，攻于一事者，可以曲说，而不可以广举。圣人由此知言之不可兼也，故博为之治，而计其意；知事之不可兼也，故名为之说，而况其功⑤。岁有春秋冬夏，月有上下中旬，日有朝暮，夜有昏晨，半星辰序，各有其司。故曰：天不一时。山陵岑岩⑥，渊泉闳流，泉逾瀷而不尽，薄承瀷而不满，高下肥硗⑦，物有所宜。故曰：地不一利。乡有俗，国有法，食饮不同味，衣服异采，世用器械，规矩绳准，称量数度，品有所成。故曰，人不一事。此各事之仪，其详不可尽也。

【注释】①不多：不多端。②官：局限。③旁通：广通。④治：即"辞"，古字"治""辞"为一字。⑤况：比况，与类似事物比照。⑥岑岩：小却很高的山。岩：此指山崖。⑦硗：土质坚硬贫瘠。

【译文】"可浅可深，可沉可浮，可曲可直，可言可默。"这些话是说君主决定行动前要考虑意图和功效，必须选择最佳方案，求得最佳效果。天不只一个时序，地不只一种物利，人的活动也不只限于一件事情。因此，事业要设置多种类别，功名地位的设置也要根据需要分多样而设。明智之士能看清这一事实，因此不只局限于某一种事物，而是广泛意识、了解到事物的共同规律，即"道"。道，能通达到无上的高度，详细到无穷的边缘，可以运用于各种事物。因此，仅仅明辨一句话，只能通晓一个词，只能适用于一种事的人，这只能算是片面的见解，而不能广泛地起作用。圣人由此了解到一种言辞不可能兼容多种含义，所以，广博地选取言辞来利于表达；又了解一种事物不能兼备通例去概括众多现象，所以，广泛设立名分来比较各种事业的功效。一年有春夏秋冬四季，一月有上中下三旬，一日有朝有暮，一夜有昏有晨，有中星在十二辰的次序；这些各有所主。所以说："天不只有一个时序。"大山小山、土山石山，深渊大河，泉水飞越小水流而永不会枯竭，湖泊承接着溪涧水源充沛但不会满溢。土地高下肥瘠，适宜作物也各有所宜。所以说："地不只有一种物利。"乡里有习俗，国家有法度，饮食有不同口味，衣服有不同色彩；世人所常用的器械，像圆规、矩尺、准器、墨绳，以及称量

轻重、大小、多少、长短的计算标准及数量刻度, 各有规定。所以说:
"人的活动, 不仅仅局限于一件事情。"天、地、人诸事, 各有其所
相宜。这里面详细的情况, 是无法叙述完全的。

"可正而视", 言察美恶, 审别良苦①, 不可以不审。操分不
杂②, 故政治不悔。"定而履", 言处其位, 行其路, 为其事, 则民
守其职而不乱, 故葆统而好终③。"深而迹", 言明墨章书④, 道
德有常, 则后世人人修理而不迷⑤, 故名声不息。

【注释】①苦: 粗劣。②操: 掌握。③葆: 保持。④书: 应作"画",
规划。⑤修: 应作"循"。

【译文】"可正而视", 这是说君主要分清美丑善恶, 要辨别
优劣好坏, 不能不谨慎对待。掌握标准, 分清美恶优劣不相混杂, 政
事的治理就不会出现悔恨的情况。"定而履", 这是说坐在自己的位
子, 走好自己的路, 做好自己的事, 这样, 百姓就会各守自己的职分而
不相混乱, 这样就能保持国家的正统纲纪, 赢得好的结果。"深而
迹", 这是说君主应该公开彰明行为准则和做事法度, 道德品格坚
持常规。如此一来后代的人就个个都能遵循常规而不陷于迷惑昏
乱, 因此, 贤明的美名也就会永远流传下去。

"夫天地一险一易, 若鼓之有楟, 擿挡则击。"言苟有唱
之, 必有和之, 和之不差, 因以尽天地之道。景不为曲物直①, 响
不为恶声美, 是以圣人明乎物之性者, 必以其类来也。故君子绳
绳乎慎其所先②。

【注释】①景：通"影"，即影子的意思。②绳绳乎慎其所先：谨慎、戒慎的样子。先：先行、先导。

【译文】"夫天地一险一易，若鼓之有桴，樾挡则击。"这是说如果前有所唱，后必有所和，和与唱不会有差错，因为这是反映天地规律的。就像是影子不可能为弯曲的物体而变直，回音也不可能将刺耳的声音变得动听。因此，圣人明白已经过去的事，必定还会以类似的方式再现，所以君子总是小心翼翼，谨慎自己先前的行为。

天地，万物之橐也①，宙合有橐天地，天地苴万物②，故曰万物之橐。宙合之意，上通于天之上，下泉于地之下，外出于四海之外，合络天地，以为一裹。散之至于无间，不可名而山③。是大之无外，小之无内，故曰有橐天地。其义不传，一典品之；不极一薄，然而典品无治也。多内则富，时出则当。而圣人之道，贵富以当。奚谓当？本乎无妄之治，运乎无方之事，应变不失之谓当。变无不至，无有应当④，本错不敢忿⑤。故言而名之曰宙合。

【注释】①万物之橐也：上述经文无"也"字。②苴：包藏。③不可名而山：应作"不可名而止"，"山"乃"止"之误。④无有应当：应作"无有不应当"。⑤本错：应作"本镖"，指始末。忿：应作"分心"，为二字之误合，分心，即离开中心。

【译文】"天地，万物之橐也，宙合有橐天地"，这是说天地包藏万物，所以说它是包裹着万物的口袋。宙合的意思，是向上通向苍天之上，向下及于大地之下，向外超出四海之外，合拢天地，把天地合起来包扎成一个包裹。把它散放开来可以达到无限之处，在天地间不留任何间隙，达到无可名状的地方而后止。它大到无外不到，小到无内不入。因而形容它是一个大口袋包裹天地。宙合的这个道理没有流传下来，然而一旦整理出来，内容还不到一版，但却没有人去做整理的工作。内容广博就十分丰富，在适宜的时代它才出现。圣人的主张，内涵丰富广博，更可贵之处就在于圣人看重用之得当。怎样才叫做得当呢？能根据没有错误的理论，可以运用到无法解决的事情上，能够适应变化而不会出现偏差失误，这就叫做得当。事物的变化无时无处不在发生，也没有不能适应得当的，万事万物的始末都不能离开得当的中心，因此可将这种理论称为宙合。

枢言第十二

扫码听谦德
君为您导读

【题解】枢言，即一种格言，指重要的话、精要之言。枢，本意指门户的转轴，引申为某物体的中心、关键。本文以治国治天下为中心，内容包括天道、君道、臣道三者，兼及国家政治、财用、外交等各个方面，其中间杂了道家、法家、阴阳家、儒家及兵家、农家、墨家、名家等各家之言，内涵丰富。总而言之，本篇包含四方面内容：一是重视百姓的民本思想；二是以道义治国理政的策略；三是先王治国理民的条件和原则；四是臣下辅佐君主的规范和原则。重视百姓，重视农业，提倡仁爱诚信，戒骄戒满，推崇先代圣王，这些是本篇的特色。

本篇论述每节文字不多，转换快，语言精辟，多用比喻，概括面广，含意深刻，富有哲理。作者篇末自云，怕多事，怕多言，"行年六十而老吃"，可以看出是一个阅历很深的长者所作。郭沫若疑此人即是宋轻，宋轻是齐稷下学宫的先辈，孟子曾称之为"先生"，荀子也尊称他为"子宋子"。

管子曰："道之在天者，日也；其在人者，心也。"故曰：有气则生，无气则死，生者以其气①；有名则治②，无名则乱，治者以其名。

【注释】①有气则生，无气则死，生者以其气：尹知章注曰：日与心以生成为功，而生成以气为主，此言气者道之用，尤宜重也。②名：指名分。

【译文】管子说："道在天上，就表现为太阳；道在人身，就表现为心脏。"所以说，有了元气就获得生命；失去元气，生命就会死亡，生命就是因为有了元气才能存在。因为有了名分的作用国家才能得到治理；一旦没有名分所产生的作用，国家就会陷入混乱；国家之所以得到良好治理就是因为名分所产生的作用才实现的。

枢言曰：爱之，利之，益之，安之，四者道之出。帝王者用之。而天下治矣。帝王者，审所先所后，先民与地则得矣，先贵与骄则失矣。是故先王慎贵在所先所后①。

【注释】①是故先王慎贵在所先所后：应作"是故先王慎所先所后"，"贵在"二字为衍字。

【译文】枢言指出：爱惜百姓，有利于百姓，使百姓得到利益，使百姓安全，这四者都是从道产生出来的。想要成就帝王事业的君主，如果能善于运用这四者，天下就能安定太平。想要成就帝王事业的君主，就要分清什么事情应当放在前面做，什么事情应当放在后面做，把百姓和土地放在首位就得天下；把高贵和骄矜的权力放在首位就会失天下。所以，先代圣王善于慎重地看待何者为先、何者为后的问题。

人主不可以不慎贵①，不可以不慎民②，不可以不慎富③。慎贵在举贤，慎民在置官，慎富在务地④。故人主之卑尊轻重在此三者，不可不慎。

【注释】①贵：使人变的尊贵。②民：使百姓安居乐业。③富：使百姓富裕。④务地：重视土地的耕作，重视农业。

【译文】君主不能不慎重地处理如何使人变得尊贵的问题；不能不慎重地对待如何使百姓安居乐业的问题；不能不慎重地对待如何使百姓富裕的问题。慎重处理使人尊贵之事，关键在于举用贤才；慎重地处理使百姓安定的关键在于如何设置官吏；慎重地使百姓富裕的关键在于注重开发地利、发展农业生产。因此君主威望的高低、地位的尊卑、权力的轻重，关键之处就在这三个方面，因此，不能不慎重对待。

国有宝，有器，有用。城郭、险阻、蓄藏，宝也；圣智，器也①；珠玉，末用也。先王重其宝器而轻其末用，故能为天下。

【注释】①圣智，器也：尹知章注曰：圣无不通，智无遗策，二者可操以成事，故曰器。圣，《尚书·洪范》孔传：于事无不通谓之圣。

【译文】一个国家，总会有宝物，有器具，有财用。内外城郭、险要的地势以及粮食贮备，都是国家的宝物；圣明贤才、智谋之策，是国家的器具；而珠宝玉器，仅居于末业，作为国家的财用。以往的历代圣王看重国家真正的宝物器具而看轻珠玉，所以能够把天下治理好。

生而不死者二①，立而不立者四②：喜也者、怒也者、恶也者、欲也者、天下之败也，而贤者宝之。

【注释】①生而不死者二：指上文的气与名。②立而不立者四：应作"亡而不死者四"。

【译文】国家存在而没有灭亡的因素有两个，就是上文提到的气与名；应该存立而不能存立的原因有以下四个：君主的喜悦、愤怒、憎恶与嗜好，这些都是可以导致天下败亡的原因，而贤明的君主都很少在这四件事上犯错误。

为善者①，非善也，故善无以为也。故先王贵善。

【注释】①为善者：应作"伪善者"。

【译文】造作的善，不是善，而是伪善；真正的善是无法造作出来的；因此历代的圣王看重真正的善。

王主积于民，霸主积于将战士，衰主积于贵人①，亡主积于妇女珠玉。故先王慎其所积。

【注释】①贵人：扩大的官僚阶层。

【译文】实行王道的君主尽力积聚增多百姓，实行霸道的君主积聚供养战士，衰落的君主扩大官僚阶层，亡国的君主重视积聚珠玉和美女。所以，历代圣王特别慎重对待的便是积聚增多的问题。

疾之，疾之①，万物之师也。为之，为之，万物之时也。强之，强之②，万物之指也③。

【注释】①疾之：迅速，快速，此处指抓紧时间。②强之：勉励。③指：通"旨"，意旨。

【译文】要抓紧时间、加快步伐啊，做好积累之事，因为事情太多了。干吧，干吧，因为万事都是有时机的。要努力啊，努力啊，因为万物的内涵意义非常深邃。

凡国有三制：有制人者，有为人之所制者，有不能制人、人亦不能制者。何以知其然？德盛义尊，而不好加名于人；人众兵强，而不以其国造难生患；天下有大事，而好以其国后。如此者，制人者也，德不盛，义不尊，而好加名于人；人不众，兵不强，而好以其国造难生患；恃与国①，幸名利②。如此者，人之所制也。人进亦进，人退亦退，人劳亦劳，人佚亦佚，进退劳佚，与人相胥③。如此者，不能制人，人亦不能制也④。

【注释】①恃：凭借。与国：同盟之国。②幸：欢喜，喜欢。③相胥：相从。④不能制：即不能控制。

【译文】就一个国家而言，一般有三种控制的情况：有控制他人的，有被他人所控制的，还有就是既不能控制他人，他人也不能控制自己的。为什么要知道有这三种情况呢？恩德盛大、道义高尚，却不喜好把自己的名分施加于他人头上；百姓众多、兵力强盛却不依仗强大实力去制造祸患；天下有了重大事件，却甘愿使自己的国家跟随在他国后面的。像这样的国家,是控制他人的国家。恩德不盛大,道义不高尚,却喜好把自己的名分强加于他人头上;人口不多,兵力不强,却喜好用凭借强大国力去挑起战乱制造祸患;凭仗同盟邻国,贪图名利;像这样的国家,必然是要被他人所控制。别人前进他也前进,别人后退他也后退,别人劳作他也劳作,别人安逸他也安逸;前进后退,劳累安逸,全都与众相从。像这样的国家,一定是既不能控制他人,他人也不能控制自己的。

爱人甚,而不能利也;憎人甚,而不能害也。故先王贵当,贵周①。周者,不出于口,不见于色;一龙一蛇。一日五化之谓周。故先王不以一过二。先王不独举②,不擅功。

【注释】①周:高度机密。②独举:独自行动。举:行动。
【译文】即使喜爱某人到极点,也不能因偏私而给予其私利;即使厌恶某人到了极点,也不能因偏私而加害于他。所以,先代圣王重视适当,重视机密。所谓机密,就是既不从嘴里出来,也不从外表流露出来;举措就像龙、蛇的行动一样,盈缩卷舒,与时变化,一天五变。这就称之为机密。所以,历代先王从不会把一说成超过二,不会夸大;历代先王从不会独自包办一切,不会独自居功。

先王不约束,不结纽①。约束则解,结纽则绝。故亲不在约束、结纽。先王不货交②,不列地,以为天下。天下不可改也,而可以鞭箠使也③。时也,利也,出为之也。余目不明,余耳不聪,是以能继天子之容④。官职亦然。时者得天,义者得人。既时且义,故能得天与人。

【注释】①约束、结纽：皆比喻结党同盟。②货交：以财物建立邦交，用利益收买他国。③鞭箠：鞭子，此处指武力。④天子之容：指天子不多作聪明，故能保持睿智之颂。容：颂，赞誉。

【译文】历代先王处理国家关系时，不与别国互相约束，不相互缠捆结盟。因为捆绑在一起的盟友，终会解散；相交结成绳扣的交好也会有断绝的时候。因此国家与国家之间的亲善不在于捆绑连接，也不在相交结盟。历代先王不用财货建立邦交，不用割让土地建立邦交，而能处理好与天下各国的关系。天下大势不能人为改变的，却可以凭借鞭子和武力加以统驭。只要合于天时，合于道义的原则，做事就会成功。除此之外，不需要多余的视力也不需要过度察看，如此一来就能够保持天子圣明的名誉。各级官员的职分做事也应该是如此。合乎天时掌握机遇的人，就能得到大自然的帮助；合于正道合乎道义的人，就能得到人心，受到百姓的拥护。既合乎天时，又能合乎道义，就能同时得到天、又得人，天人一并掌握。

先王不以勇猛为边竟，则边竟安；边竟安，则邻国亲；邻国亲，则举当矣。

【译文】历代圣王不凭借勇敢和武力来处理边境问题，这样边境就会安宁；边境安宁，邻国就会亲善；邻国能亲善归附，什么问题就都好办了。

人故相憎也①，人之心悍，故为之法。法出于礼，礼出于治。治、礼道也。万物待治礼而后定。

【注释】①故：通"固"。

【译文】人与人之间本来是相互憎恨的，人心凶悍，所以需要颁布法律来治理百姓。法律出于礼，礼出于合乎人情的道理。因此，道理和礼仪都是道的体现。万事都根据理和礼来确定相互关系。

凡万物，阴阳两生而参视①。先王因其参而慎所入所出。以卑为卑，卑不可得；以尊为尊，尊不可得。桀、舜是也。先王之所以最重也。

【注释】①参：同"叁"。视：事物。

【译文】万物都由阴阳两者交互作用而成为第三个事物。历代圣王依据阴、阳及其所成之物参合的道理，慎重地采取各种举措行动。以卑下比照卑下，卑下就无法凸显；以崇高比照崇高，崇高也永远无法凸显。夏桀、虞舜就是这样，他们俩相比较，差异就凸显了。这就是历代先王最重视正反两方面的原因。

得之必生失之必死者，何也？唯无①。得之，尧舜禹汤文武孝己，斯待以成，天下必待以生。故先王重之。

【注释】①无：没有实物，指气。

【译文】得到它必定能生存，失去它必定要死亡，它是指什么东西呢？唯有气。得到它的，有尧、舜、禹、汤、文、武和老子，全是依靠它而成就功业；天下的人也必须依靠它才能生存。所以，历代先王非常重视它。

　　一日不食，比岁歉；三日不食，比岁饥；五日不食，比岁荒；
七日不食，无国土；十日不食，无畴类①，尽死矣。

　　【注释】①畴：同"俦"，同类、同种，此处指所有人。
　　【译文】一天不吃饭，就好像粮食歉收之年；三天不吃饭，就
好像饥荒之年；五天不吃饭，就好像过大灾之年，七天不吃饭，就
没有所谓的国士了；十天断粮不吃饭，人就全都死了。

　　先王贵诚信。诚信者，天下之结也。贤大夫不恃宗至，士不
恃外权。坦坦之利不以功，坦坦之备不为用。故存国家，定社
稷，在卒谋之间耳。

　　【译文】历代先王最重视忠诚和守信用；因为忠诚和信用，是
用来固结天下人心的纽带。贤良有才的大夫不依靠自己的宗族门第，
最好的士人不凭借国外势力谋权。不把平常的小成就当做自己的大
功；不把平常的贮备的作用看成特别重大。保卫国家，安定社稷的
大事，只在顷刻之间的谋划而矣。

　　圣人用其心，沌沌乎博而圜①，豚豚乎莫得其门②，纷纷乎
若乱丝，遗遗乎若有从治③。故曰，欲知者知之，欲利者利之，
欲勇者勇之，欲贵者贵之。彼欲贵，我贵之，人谓我有礼；彼欲
勇，我勇之，人谓我恭；彼欲利，我利之，人谓我仁；彼欲知，我
知之，人谓我憨④。戒之，戒之，微而异之⑤，动作必思之，无令
人识之，卒来者必备之信之者，仁也。不可欺者，智也。既智且

仁, 是谓成人⑥。

【注释】①沌沌: 混沌无知。博: 应作"抟", 即圆。圜: 同"圆"。②豚豚: 隐隐。③遗遗: 即循循, 指有次序或退却的样子。④慇: 同"敏", 聪敏。⑤微而: 不能。⑥成人: 指人格上完美无缺的人。

【译文】圣人在用心思考虑问题时, 就好像混混沌沌地在原地打转; 隐隐约约使人找不到其门径; 纷纷扰扰混乱得像一团乱丝, 却又有序地好像可以理出头绪来。所以说, 人们想要获得知识的, 就让他们获得知识; 想要取得实际利益的, 就让他取得实际利益; 想要取得勇气武功的, 就让他取得勇气武功; 想要获得尊贵地位的, 就让他获得尊贵的地位。他想要尊贵的地位我就给他尊贵的地位, 人们就会说我懂礼节; 他想要勇武我就让他获得勇武, 人们就会说我恭敬谦和; 他想要利益我就让他得到利益, 人们就会说我仁爱; 他想要知识我就让他有知识, 人们就会说我聪敏。警惕, 要警惕啊! 要以小心细致的用心, 尽量不让自己与别人显得不同; 行动前必须要深思, 不要让人识破你的心思, 突然到来的事件必须要有办法防备。诚实守信叫作仁爱, 不被欺瞒叫作智慧; 既有智慧又有仁爱, 这就可以称之为完美无缺的人了。

贱固事贵①, 不肖固事贤。贵之所以能成其贵者, 以其贵而事贱也; 贤之所以能成其贤者, 以其贤而事不肖也。恶者, 美之充也。卑者, 尊之充也。贱者, 贵之充也。故先王贵之。

【注释】①固: 本来, 应该。事: 侍奉。
【译文】地位卑贱的人固然应该事奉地位尊贵之人; 不肖之人

固然应该侍奉贤良之人。高贵的人之所以能够成为高贵之人,是因为他们能够做到以高贵的身份去侍奉地位卑贱的人;贤良的人之所以能够成为贤良之人,是因为他们能够做到以贤良的身份去侍奉不肖之人。丑陋,可以使美丽得到充分显示;卑下,可以使崇高得到充分显示;低贱,可以使高贵得到充分显示。所以,先代的圣王们非常重视丑陋、卑下、低贱的人。

天以时使,地以材使,人以德使,鬼神以祥使,禽兽以力使。所谓德者,先之之谓也。故德莫如先,应適莫如后①。

【注释】①適:通"敌"。莫如后:以后发制人为上。

【译文】上天凭借时令发挥作用,大地凭借物质资源发挥作用,人凭借推行道德发挥作用,鬼神凭借预兆吉凶祸福对人发挥作用,禽兽凭借力量发挥其作用。所谓德行,就是说要率先示范。所以,施行德行以先行为好,而应敌打仗时以后发制人为好。

先王用一阴二阳者①,霸;尽以阳者,王;以一阳二阴者,削;尽以阴者,亡。量之不以少多,称之不以轻重,度之不以短长。不审此三者,不可举大事。能戒乎? 能敕乎②? 能隐而伏乎? 能而稷乎③? 能而麦乎? 春不生而夏无得乎? 众人之用其心也,爱者憎之始也,德者怨之本也。唯贤者不然。先王事以合交,德以合人。二者不合,则无成矣,无亲矣。

【注释】①先王用一阴二阳者:应作"用一阴二阳者",先王二字为衍文。阴阳：即正负，一阴二阳：即用正的手段比负的手段多。②敕：通"饬"，整饬，整顿。③稷：高粱。

【译文】历代先王们做事正多于负的，能够成就霸业；能完全按照正道做事的，能够成就王业；按照负多而正少原则行事的，国力必然要被削弱；全凭负行事的，国家就要走向灭亡。计量却不讲求多少，称量却不讲求轻重，衡度却不讲求长短，不明悉多少、轻重、长短这三件事情的人，是不可以举办大事的。能够保持警惕吗？能够施行整顿吗？能够注意隐伏自己而不锋芒外露吗？能像种高粱得高粱、种小麦得小麦那样自然吗？知道在春天不生长，到了夏天就无所收获吗？普通大众的心思想的是，爱到尽头就是憎恨的开始，而恩德用尽则成为怨恨的发端。只有贤良的人不是这样。历代的先王以做事情来争取团结他国，以德行来凝聚百姓，团结他国和凝聚百姓这两点做不好，就什么也做不成，也就没有亲近的人了。

凡国之亡也，以其长者也①；人之自失也，以其所长者也。故善游者死于梁池②，善射者死于中野。

【注释】①以其长者也：此句并下文"以"开头的几句，皆应作"所以其长者也"。②梁池：泽梁、水池。

【译文】凡是一个国家的败亡，往往是由于这个国家自恃的长处；凡是一个人的自失，也常常是因为他所具有的特长。所以，善于游泳的人常常死于梁池，善于射猎的人常常死在荒野之中。

命属于食，治属于事①。无善事而有善治者，自古及今，未尝之有也。

【注释】①治：假借为"辞"，言辞。

【译文】生命依靠食物才能延续，言辞要依靠事实才有意义。没有完善的事实而想要有好的言辞，古往今来都不曾有过。

众胜寡，疾胜徐，勇胜怯，智胜愚，善胜恶，有义胜无义，有天道胜无天道。凡此七胜者贵众，用之终身者众矣。

【译文】人多的能战胜人少的，快速的能战胜迟缓的，勇敢的能战胜怯懦的，智慧的能战胜愚蠢的，善良的能战胜邪恶的，有义的能战胜无义的，有天道的能战胜无天道的。一共这七个致胜条件，如果都具备了才算好，终身受用这七个条件好处的人很多。

人主好佚欲，亡其身失其国者①，殆；其德不足以怀其民者，殆；明其刑而贱其士者②，殆；诸侯假之威久而不知极已者③，殆；身弥老不知敬其适子者④，殆；蓄藏积，陈朽腐，不以与人者，殆。

【注释】①亡其身失其国者：此句作"忘其身及其国者"。亡：即忘。失：即"及"。②贱：古本作"残"。③极：同"亟"，急迫。④适子：适子，太子。适：同"嫡"。

【译文】君主喜好放荡纵欲，忘身逸乐而贻误国政，这是很危险的；君主的德行不足以使他的百姓感怀，这是很危险的；君主公开其刑罚而去残害其士民，这是很危险的；君主长期依靠诸侯给予的威势，而不懂得要赶紧停止，这是很危险的；君主自身已经渐渐衰老而不知尊重太子，这是很危险的；君主储藏了许多财务粮食，这些粮食已经腐烂变质，却不肯用来施与他人，这是很危险的。

凡人之名三：有治也者，有耻也者①，有事也者，事之名二：正之，察之。五者而，天下治矣。名正则治，名倚则乱②，无名则死，故先王贵名。

【注释】①有耻：使人感受到耻辱，指执法之人。②倚：偏私，不公正。

【译文】人的名分共有三种：有从正面治理的管理者，有从反面督促的执法者，还有专门做事的。事的名分又分为两种：有名副其实的，有等待查明的。这五方面都能完善，天下就得到治理而安定了。名正则天下得治而安定；名不正则天下得不到治理而混乱；没有名分的话国家就会灭亡。所以，历代先王都很重视名分。

先王取天下，远者以礼，近者以体①。体、礼者，所以取天下；远、近者，所以殊天下之际。

【注释】①体：亲近。

【译文】历代先王取得天下，对于远方的国家采用礼节的手段；对于近邻的国家则用亲近的办法。所谓亲近和礼节，都是用来谋取天下的手段；所谓远和近，是用来区分天下不同国家的边界而言的。

日益之而患少者，惟忠；日损之而患多者。惟欲。多忠少欲，智也，为人臣者之广道也。为人臣者，非有功劳于国也，家富而国贫，为人臣者之大罪也；为人臣者，非有功劳于国也，爵尊而主卑，为人臣者之大罪也。无功劳于国而贵富者；其唯尚贤乎①？

【注释】①唯：应读作"谁"。

【译文】日渐增多而忧虑会减少的，是忠心；日渐损耗而忧虑想要增多的，是私欲。增加忠心，减少私欲，是明智的表现，也是作为臣子的宽广大道。作为臣子，对于国家没有贡献功劳，却使自家富有而国家贫弱，这是臣子莫大的罪孽；作为臣子，对于国家没有功劳贡献，却使自己的爵位尊贵而君主的地位卑微，这也是臣子莫大的罪孽。对国家没有功劳，而为臣者却享受高官厚禄，那谁还会崇尚贤人呢？

众人之用其心也，爱者憎之始也，德者怨之本也。生其事亲也①，妻子具，则孝衰矣；其事君也，有好业，家室富足，则行衰矣；爵禄满，则忠衰矣。唯贤者不然；故先王不满也②。人主操逆，人臣操顺。

【注释】①生其事亲也：应作"其事亲也"，"生"疑为衍字。②故先王不满也：疑该句为衍文。

【译文】一般百姓的心思是，爱到尽头就是憎恨的开始，恩德用尽就是怨恨的开始。他们侍奉父母，等有了妻子儿女，对双亲的孝心就会衰减；他们侍奉君主，等有了美满的产业，家室富足，行动就衰退了；官爵俸禄达到满足，对君主的忠心就会衰减。只有贤良的人不会这样。所以，历代先王不让臣民的爵位俸禄一下达到满足。君主坚持不用爵尊禄厚的政策，臣子反而坚持忠心耿耿的态度。

先王重荣辱，荣辱在为。天下无私爱也^①，无私憎也，为善者有福，为不善者有祸、祸福在为。故先王重为。

【注释】①天下：疑为"天地"。

【译文】历代先王重视荣辱，荣辱取决于臣民的实际作为。先王对待臣民的态度既没有偏私之爱，也没有私心之恨；做善事之人就会得福，作恶之人就会招致祸患；是祸是福都取决于各自的实际作为。所以历代先王都重视实际作为。

明赏不费，明刑不暴。赏罚明，则德之至者也，故先王贵明。

【译文】公开进行赏赐不算是耗费，公开进行刑罚不算是残暴。赏罚公开是最高德政的体现，所以历代先王重视公开赏罚。

天道大而帝王者用，爱恶爱恶^①，天下可秘，爱恶重，闭必固^②。

【注释】①爱恶爱恶：应作"爱爱恶恶"。②闭必固：必然很牢固，形容如此做事，则天下可常保而不失。

【译文】天道伟大，能成就帝王事业的君主应当善用，爱天下人之所爱，恶天下人之所恶，天下就能够稳固。爱和恶都能与天下人相同就可以持续发展，并且非常牢固。

釜鼓满、则人概之^①；人满，则天概之，故先王不满也。

【注释】①釜鼓：春秋、战国时期齐国测量体积的单位。概：量米麦的一种器具，此处刮平、削平的意思。

【译文】釜、鼓装得太满，人们就要刮平它；人欲太满，上天就要来刮平他。所以历代先王不会自满。

先王之书，心之敬执也，而众人不知也。故有事，事也；毋事，亦事也。吾畏事，不欲为事；吾畏言，不欲为言，故行年六十而老吃也^①。

【注释】①老吃：指口吃。

【译文】对于历代先王留下的典籍，应该总是从内心深处保持着敬爱的，然而普通人并不知道敬重这些典籍。所以，有事发生的时候，要去敬读它们；无事的时候，也要去敬读它们。我害怕惹事，所以不敢去有心做成什么事；我害怕多讲话，所以也不敢多说。这就是我已经活了六十岁而又年老口吃的原因。

八观第十三

扫码听谦德
君为您导读

【题解】"八观"，就是对一个国家从八方面加以考察，本篇通过对农事、六畜桑麻、车马宫室、灾荒差役、习俗教化、朝臣百官、法令治民、盟国与敌国等八方面的考察进而了解一个国家的饥饱、贫富、奢俭、虚实、治乱、强弱、兴灭、存亡状况。这八条标准是作者为君主治国理政、强国富民提供的策略，体现了作者的现实精神和治国才能。以上这"八观"其实也是对君主治国、富国强兵的八项要求。一方面本篇是一篇含有远见卓识的调查研究型论文，另一方面本文也为君主治国理政提供了一些切实可行的策略，是一篇极有见地的政论类文章。

大城不可以不完①，郭周不可以外通②，里域不可以横通，闾闬不可以毋阖③，宫垣关闭不可以不修。故大城不完，则乱贼之人谋；郭周外通，则奸遁逾越者作；里域横通，则攘夺窃盗者不止；闾闬无阖，外内交通，则男女无别；宫垣不备，关闭不固，虽有良货，不能守也。故形势不得力非，则奸邪之人悫愿；禁罚威严，则简慢之人整齐④；宪令著明，则蛮夷之人不敢犯；赏庆信必，则有功者劝；教训习俗者众，则君民化变而不自知也。是

故明君在上位, 刑省罚寡, 非可刑而不刑, 非可罪而不罪也⑤;
明君者, 闭其门, 塞其涂⑥, 弇其迹⑦, 使民毋由接于淫非之地,
是以民之道正行善也若性然。故罪罚寡而民以治矣。

【注释】①大城: 指内城。完: 指坚固。②郭周: 应作"周郭", 指
外城。③闾闬: 里巷的大门。闬: 关闭。④简慢: 轻忽怠慢。整齐: 严肃,
守法, 认真。⑤罪: 此处应作"罚", 惩罚, 治罪。⑥涂: 通"途", 道路。
⑦弇: 掩盖, 遮蔽。

【译文】内城的城墙不可不坚固, 外城的城墙四周不可以有任
何缺口或空隙, 里巷的围墙不可以左右横通, 里巷的大门不可以整
日敞开而不注意关闭, 院墙与门栓不能不注意修整。一旦内城城墙
不坚固, 有心犯上作乱的人就会图谋不轨; 外城有缺口空隙, 那些
翻越城墙作恶的奸人就有机会作奸犯科; 里巷的围墙横通侧达,
抢夺盗窃的人就会作恶不止; 里巷的大门整日大开而不及时关闭,
内外随时相通, 男女之间就没有了界限; 院墙不备, 门门不牢, 虽有
宝贵的财物也是无法守护好的。所以, 只有环境和客观形势使百姓
无法为非作歹, 奸邪之徒才会变得老实安分, 遵纪守法; 只有禁律与
刑罚威严, 懈怠又无视法纪者才能够规规矩矩; 只有法令严明, 蛮
夷之人才不敢前来侵犯; 只有及时兑现奖赏, 信实可靠, 有功的人
才能受到鼓励; 只有受教育守习俗的人增多了, 百姓才可以在不知不
觉中潜移默化。因此, 圣明的君主执政, 动用刑罚总是很少, 这并不
是应该用刑的时候不用刑, 应该治罪的时候不治罪, 而是明君关闭了
犯罪的门户, 堵塞了犯罪的道路, 消灭了犯罪的影响, 使得百姓接触
不到为非作歹的环境从而不会去想作奸犯科。因此百姓走正道、做
好事, 就好像是出自他们的本性一样。所以很少动用刑罚而百姓已

经得到了治理。

行其田野，视其耕芸^①，计其农事，而饥饱之国可以知也。其耕之不深，芸之不谨，地宜不任，草田多秽，耕者不必肥，荒者不必硗，以人猥计其野，草田多而辟田少者，虽不水旱，饥国之野也。若是而民寡，则不足以守其地；若是而民众，则国贫民饥；以此遇水旱，则众散而不收。彼民不足以守者，其城不固；民饥者，不可以使战；众散而不收，则国为丘墟。故曰，有地君国而不务耕芸^②，寄生之君也^③。故曰：行其田野，视其耕芸，计其农事，而饥饱之国可知也。

【注释】①耕芸：即耕耘，除草。②君国：指统治国家。③寄生之君：依附别国生存的君主。

【译文】走在一个国家的田野上，看看它的耕耘情况，计算一下它的农业产量，这个国家的饥饱情况就可以了解了。耕地不深，锄草不勤，适宜种植的土地却没有种植任何作物，未开垦的土地里长满野草，已耕种的土地又不见得肥沃，荒芜的土地不见得贫瘠，按照人口的多少核算土地的总面积，荒地多而熟地少，即使没有水旱灾害，这也是一个有饥荒的国家。像这样的国家，人口稀少则不能保卫其国土；人口多，就会国贫民饥；一旦再遇上水旱灾害，老百姓就将流离失所、四散逃荒。百姓无力保卫国土，城防就无法巩固；百姓处于饥饿状态，就无法发动他们参加战争；百姓四散逃荒而不愿归乡，国家就要成为一片废墟了。所以说，拥有土地的君主治理国家，如果不注重农业生产，就是依附别国生存的寄生国君。所以说，走在一个国家的田野上，看看它的耕耘状况，计算它的农业产量，这个国家的温饱状况就可以大概了解了。

行其山泽，观其桑麻，计其六畜之产，而贫富之国可知也。夫山泽广大，则草木易多也；壤地肥饶，则桑麻易植也；荐草多衍①，则六畜易繁也。山泽虽广，草木毋禁；壤地虽肥，桑麻毋数；荐草虽多，六畜有征，闭货之门也。故曰，时货不遂②，金玉虽多，谓之贫国也。故曰：行其山泽，观其桑麻，计其六畜之产，而贫富之国可知也。

【注释】①荐草：即六畜所食用的料草。②时货：指按照时节出产的农副产品。

【译文】走在一个国家的山林湖泽，观察它的桑麻的种植生长情况，计算一下它的畜牧生产状况，这个国家的贫富状况就可以了解了。山林湖泽广阔，草木就容易繁殖；土地肥沃，桑麻就容易种植生长；牧草繁茂，六畜就容易兴旺。如果山林湖泽虽广，但却没有按时封禁期限使得草木被滥砍滥伐；土地虽然肥沃，但种植桑麻却不得其法；牧草虽然茂盛，但饲养六畜却要征收赋税，这都相当于堵塞了财货的门路。所以说，一个国家的日常农副业物产不充足，就算金玉宝物很多，也只能叫作贫穷的国家。所以说，走在一个国家的山林湖泽观察桑麻的生长情况，计算它的六畜生产，这个国家的贫富状况就可以了解了。

入国邑，视宫室，观车马衣服，而侈俭之国可知也。夫国城大而田野浅狭者，其野不足以养其民；城域大而人民寡者，其民不足以守其城; 宫营大而室屋寡者, 其室不足以实其宫; 室屋众而人徒寡者, 其人不足以处其室; 困仓寡而台榭繁者, 其藏不足以共其费。故曰, 主上无积而宫室美, 氓家无积而衣服修①, 乘车者饰观望, 步行者杂文采, 本资少而末用多者②, 侈国之俗也。国侈则用费, 用费则民贫, 民贫则奸智生, 奸智生则邪巧作。故奸邪之所生, 生于匮不足; 匮不足之所生, 生于侈; 侈之所生, 生于毋度。故曰, 审度量, 节衣服, 俭财用, 禁侈泰, 为国之急也。不通于若计者③, 不可使用国。故曰: 入国邑, 视宫室, 观车马衣服, 而侈俭之国可知也。

【注释】①氓家: 即民家。氓: 民。②本资少而末用多者: 指日常生活必需品。末用: 指奢侈品。③若: 这些。

【译文】进入一个国家的都城, 观察它的宫室房屋, 看看它的车马服饰, 这个国家的奢侈和节俭程度就可以大致了解了。城市面积广阔而农田面积狭小, 农田就养活不了那么多的人口; 城区大而居民少, 居民就不能防守那个城市; 院落规模过大而房屋稀少, 房屋就不能充实那个空旷的院落; 房屋多而居民少, 居民住不满那么多房屋; 储粮仓库少而亭台楼阁多, 粮食贮备就供应不了那么多的消费。所以说, 君主没有积蓄而宫室却很华丽, 百姓没有积蓄贮藏而衣着服饰却很讲究, 乘车的人讲究装饰车子外观, 步行的人讲究穿着艳丽多彩的衣服, 农业产品少而奢侈品却多, 生产少而消费巨大, 这是奢侈国家的风俗。国家奢侈则开支浪费, 开支耗费过大则百姓就会贫困, 百姓贫困则会产生作恶的念想, 一旦产生恶念则会出现奸诈欺瞒的行为。所以, 奸诈和邪恶的产生, 是由于贫困; 而贫困产生的

根源，则源自于奢侈之风；而奢侈之风的产生，则是由于没有节俭的
制度。所以说，明确节俭的制度和消费标准，节约衣着服饰，俭省财
用，禁止奢侈浪费，这是治理国家的紧要任务。不懂得这个俭省道
理的人，是不能让他管理国家的。所以说，进入一个国家的都城，观
察它的宫室房屋，看看它的车马和百姓的服饰，这个国家的奢侈或节
俭状况就可以了解了。

课凶饥，计师役①，观台榭，量国费，而实虚之国可知也。凡
田野万家之众，可食之地，方五十里，可以为足矣。万家以下，则
就山泽可矣；万家以上，则去山泽可矣。彼野悉辟而民无积者，
国地小而食地浅也②；田半垦而民有余食而粟米多者，国地大而
食地博也。国地大而野不辟者，君好货而臣好利者也；辟地广
而民不足者，上赋重，流其藏者也③。故曰，粟行于三百里，则
国毋一年之积；粟行于四百里，则国毋二年之积；粟行于五百
里，则众有饥色。其稼亡三之一者④，命曰小凶；小凶三年而大
凶，大凶则众有大遗苞矣⑤。什一之师，什三毋事，则稼亡三之
一。稼亡三之一，而非有故盖积也，则道有损瘠矣。什一之师，
三年不解，非有余食也，则民有鬻子矣。故曰：山林虽近，草木
虽美，宫室必有度，禁发必有时，是何也？曰：大木不可独伐
也，大木不可独举也，大木不可独运也，大木不可加之薄墙
之上。故曰，山林虽广，草木虽美，禁发必有时；国虽充盈，金
玉虽多，宫室必有度；江海虽广，池泽虽博，鱼鳖虽多，罔罟必
有正，船网不可一财而成也。非私草木爱鱼鳖也，恶废民于生
谷也。故曰，先王之禁山泽之作者，博民于生谷也。彼民非谷

不食，谷非地不生，地非民不动，民非作力，毋以致财。天下之所生，生于用力，用力之所生，生于劳身。是故主上用财毋已，是民用力毋休也，故曰，台榭相望者，其上下相怨也。民毋余积者，其禁不必止；众有遗苞者，其战不必胜；道有损瘠者，其守不必固。故令不必行，禁不必止，战不必胜，守不必固，则危亡随其后矣。故曰：课凶饥，计师役，观台榭，量国费，实虚之国可知也。

【注释】①师役：指服兵役。②食地浅：生产粮食的土地少。浅：狭小，指数量少。③流其藏：注家众说纷纭，一般认为是指赋税沉重，导致人民流散。亦有说法认为是指远地运输军粮。④三之一：即三分之一。⑤大：为衍字。遗苞：即饿莩，指饿死的人。

【译文】考察灾年饥荒的情况，计算服兵役的人数，观察楼台亭阁的建筑，核算财政开支的费用，一个国家的虚实状况就可以大致了解了。凡是拥有万户人口的农村，所需要种粮食的耕地，有方圆五十里就够了。万户人口以下的村庄，可以把山泽之地也算进去就够了；万户人口以上的村庄，则要把山泽的面积排除出去。那种土地均已得到开垦而百姓仍无积蓄的国家，是因为国土小而耕地少；而那种土地只开垦了一半而百姓却有余食、粟米丰富的国家，是因为国土大而耕地多。国土虽然广大而土地却没有得到开垦，是因为君主追求财货而臣民贪图利益的缘故；土地开垦虽然广阔，但百姓却仍然贫困、粮食依旧不充足，那是因为朝廷的赋税繁重，百姓要卖掉存粮才能上缴完赋税。所以说，粮食运到三百里外，这个国家的存粮就不够一年之用了；粮食运到四百里外，这个国家的存粮就不够半年之用了；粮食运到远达五百里外，这个国家的民众就要挨饿了。一个国家，庄稼歉收三分之一，这一年就叫作小灾年；连续三个小灾年就相当于一个大灾年，遇上大灾年不少百姓就要饿死在路上了。一个国家若有十分之一的人从军，就将有十分之三的人脱离农业生产，一年的庄稼也就要歉收三分之一。一年的庄稼歉收三分之一，而百姓又没有往年的存粮，路上就会有瘦弱的人了。若十分之一的人去从军，又连续三年不解除兵役，如果家中没有余粮，就会有卖儿卖女的了。所以说：山林虽然离京城很近，草木虽然繁茂，兴建宫室还必须有限度，采伐与封禁山林还必须要有定时，这是什么原因呢？是因为大木材不是只凭一人之力所能采伐的，大木材也不可凭一人之力就能扛举的，大木材更不能仅凭一人之力所能搬运的；大木材也不可能使用在小规模的建筑上。所以说，山林虽广，草木虽繁茂，封禁和开放必须要有定时；国库虽充裕，金玉虽富足，宫室兴建必须要有限度；江海虽宽，池泽虽大，鱼鳖虽多，捕鱼业必须要有管理；船网之民，不可只依靠单一的财路来生活。这不是偏爱草木、鱼鳖，而是怕百姓荒废了粮食的生产。所以说，先代圣王限制上山采伐、下水捕捞的活动，为的就是使得百姓专心从事粮食生产。百姓不种粮食没有饭吃、不能养活自己，粮食不靠土地不能生长，土地没有百姓则不能耕种，百姓不卖力气耕种，国家就得不到财富。财富的生长都是出于使用民力，民力的产生则是出于使用劳动者的身体。所以，君主耗用财力毫无限度，就等于使百姓用力而永无休止。所以说，楼台亭阁远近相望的国家，必然是君民之间彼此怨恨的。百姓手中没有储备的粮食，国家禁令就一定不能生效；百姓有饿死的，对外的战争就一定不能取胜；道路上有消瘦羸弱的人，城池的防守就一定不能坚固。而有令不一定能行，有禁不一定能止，出战不一定能取胜，防守不一定能牢固，那么，国家的危亡也就跟在后面了。所以说，考察灾年饥荒的情况，计算从军的人数，观察楼台亭阁的建造，计算财政开支的用度，一个国家的虚实就可以了解了。

入州里，观习俗，听民之所以化其上，而治乱之国可知也。州里不鬲①，闾闬不设，出入毋时，早晏不禁，则攘夺窃盗，攻击残贼之民②，毋自胜矣。食谷水，巷凿井，场圃接，树木茂，宫墙毁坏，门户不闭，外内交通，则男女之别，毋自正矣。乡毋长游，里毋士舍③，时无会同，丧烝不聚④，禁罚不严，则齿长辑睦，毋自生矣。故昏礼不谨，则民不修廉；论贤不乡举，则士不及行⑤；货财行于国，则法令毁于官；请谒得于上，则党与成于下；乡官毋法制，百姓群徒不从，此亡国弑君之所自生也。故曰：入州里，观习俗，听民之所以化其上者，而治乱之国可知也。

【注释】①鬲：通"隔"，阻隔。②贼：杀。③士舍：乡里学堂。④烝：指古代的冬祭。冬祭曰烝。⑤及：应作"反"，通"返"。

【译文】进入一个国家百姓聚居的州里，观察地方的风俗习惯，了解百姓是怎样接受朝廷的教化，这个国家的治乱情况就可以大概了解了。州里之间没有围墙加以间隔，里巷不设大门，出入没有定时，早晚也没有禁止出入的管理，对于抢劫、盗窃、斗殴、残害他人的作恶分子就无法加以管控了。吃同一条山谷里的水，在同一个巷子的井里打水，场院菜圃相连，房屋周围树木茂密，院墙破损，门户敞开，内外随便往来，那么，男女之间的界限也就无法规范了。乡没有官吏，里不设学堂，不按时举行集会，丧葬祭吉之礼人们也不相聚，禁令刑罚又不严格，那么，重贤敬长、尊老爱幼、团结友好的和睦风尚，也就无从产生。所以，婚礼制度不严肃，人们就不会注重廉耻；选贤不通过乡里举荐，士人就不注重品行修养；贿赂财货风行于国内，法律政令就败坏于官府；拜谒请托之风通行于上，那结党营私、拉帮结派之事就在下发展；乡里官长不推行法制，百姓就不会服从命令，这些就是亡国弑君现象发生的原因所在。所以说，进入一个国家百姓聚居的州里，观察当地的风俗习惯，了解百姓是怎样接受朝廷教化的，那么这个国家的治乱情况就可以大致了解了。

入朝廷，观左右本求朝之臣①，论上下之所贵贱者，而强弱之国可知也。功多为上，禄赏为下，则积劳之臣不务尽力；治行为上，爵列为下，则豪桀材臣不务竭能。便辟左右，不论功能而有爵禄，则百姓疾怨非上，贱爵轻禄；金玉货财商贾之人，不论志行而有爵禄也，则上令轻，法制毁。权重之人，不论才能而得尊位，则民倍本行而求外势。彼积劳之人不务尽力，则兵士不战矣；豪桀材人不务竭能，则内治不别矣；百姓疾怨非上，贱爵轻禄，则上毋以劝众矣；上令轻，法制毁，则君毋以使臣，臣毋以事君矣；民倍本行而求外势，则国之情伪竭在敌国矣②。故曰：入朝廷，观左右本求朝之臣，论上下之所贵贱者，而强弱之国可知也。

【注释】①本求：求为本之误。本朝：指朝廷。②情伪：真假，虚实。

【译文】走进一个国家的朝廷，观察君主的左右侍臣和聚集在朝廷的大臣，分析一下朝廷的君臣上下都重视什么和轻视什么，这个国家的强弱状况就可以大致了解。功劳多的，赏赐反而在众人之下，那功劳多的大臣就不肯尽心竭力；政绩好的大臣，官爵反而在众人之下，英雄豪杰和贤良能臣就不肯竭尽所能。善于逢迎君主的宠臣和侍从，不论他们的功劳能力却让他们享有爵禄，百姓就会怨恨朝廷、非议君主，从而轻贱爵禄；贩运金玉经营财货的商贾之流，不予以考察就授予他们爵禄，那么君主的政令就会受到百姓的轻视，法律制度就会败坏。握有大权的人，不论才能而窃居高位，那么本国老百姓就要背叛自己的国家而投靠外国势力去了。那些功高之臣不愿尽心竭力，士兵就不肯作战；豪杰能臣不竭尽所能，内政就不会清明；百姓怨恨朝廷非议君主而轻贱爵禄，君主就无法劝勉民众为国效力；君主下达的法令不被百姓重视，法律制度败坏，君主就无法命令臣下，臣下也无法效忠君主；百姓背叛自己的国家而投靠外国势力，国家的虚实情况就全被敌国掌握了。所以说，走进一个国家的朝廷，观察君主左右的侍从和大臣，分析朝廷上下百官爵禄的情况，观察一下这个国家的君臣上下都重视什么和轻视什么，国家的强弱情况就可以大致了解了。

　　置法出令，临众用民，计其威严宽惠行于其民与不行于其民；可知也。法虚立而害疏远①，令一布而不听者存，贱爵禄而毋功者富，然则众必轻令而上位危。故曰：良田不在战士，三年而兵弱②；赏罚不信，五年而破；上卖官爵，十年而亡③；倍人伦而禽兽行，十年而灭。战不胜，弱也；地四削，入诸侯，破也；离本国、徙都邑，亡也；有者异姓④，灭也。故曰：置法出令，临众用民，计威严宽惠而行于其民不行于其民，可知也。

【注释】①法虚：有学者认为虽已立法但却只害君主疏远之人，对君主亲近之人却不会产生任何威慑。因此说法是虚立。②兵弱：良天赏赐给战士，不赏赐则兵无斗志，因此说兵弱。③十年：疑为"七年"。④有者异姓，灭也：有学者认为有其国者异姓之人，则宗庙灭。

【译文】根据一个国家设置和公布的法令及其管理百姓的情况，考察其奖赏和刑罚的政策是否在百姓当中得到贯彻落实，这个国家的兴亡状况就可以大致了解了。法律形同虚设，而且只加害被君主疏远的人；国家虽已公布法令，然而不听令者却能毫发无损、安然无恙；随便封爵赐禄，反使没有功劳的人致富；那么，百姓一定轻视法令而君主地位也就危险了。所以说，良田不用来赏给战士，三年之后兵力就会衰弱；赏罚不能实际兑现，五年之后国家就会衰亡；君主贩卖官爵，七年之后国家就会危亡；悖逆人情伦理道德，做出禽兽之行，十年之后国家就会覆灭。出战不胜，是因为兵力衰弱；土地被瓜分，是因为国家衰亡；百姓逃离本国，国家要迁移国都，是因为国家面临危亡；政权被异姓人占有，是因为国家已经灭亡。所以说，根据一个国家设置和公布的法令及其管理百姓的情况，考察其刑罚奖赏政策是否在百姓当中得到贯彻落实，这个国家的兴衰状况就可以大致了解了。

计敌与，量上意，察国本，观民产之所有余不足，而存亡之国可知也。敌国强而与国弱，谏臣死而谀臣尊；私情行而公法毁，然则与国不恃其亲，而敌国不畏其强；豪杰不安其位，而积劳之人不怀其禄。悦商贩而不务本货，则民偷处而不事积聚。豪杰不安其位，则良臣出；积劳之人不怀其禄①，则兵士不用；民偷处而不事积聚，则囷仓空虚。如是而君不为变，然则攘夺、窃盗、残贼、进取之人起矣②。内者廷无良臣，兵士不用，困仓空虚，而外有强敌之忧，则国居而自毁矣。故曰：计敌与，量上意，察国本，观民产之所有余不足，而存亡之国可知也。

故以此八者，观人主之国，而人主毋所匿其情矣。

【注释】①怀：安心，满足。②进取：进攻。

【译文】估量一个国家的敌国和盟国的力量状况，了解君主的意图，考察这个国家的农业生产状况，观察百姓的财产是有余还是不足，这个国家的存亡状况就可以大致了解了。敌国强大而盟国衰弱，正直忠诚的净谏之臣被杀而阿谀逢迎的奸佞之臣得宠；私人请托盛行而公法败坏；盟国就将不再依靠与该国的同盟关系，敌国也不会畏惧它的强大；贤能有才的大臣将不安心于他的职位，多功的大臣也不再满足现有的爵禄赏赐了。君主喜欢商贾而不努力发展农业，百姓就苟且偷安而不致力于积蓄农产品了。贤能有才的大臣不安于其位，则国家的大将良臣就会出走；多功之臣、身经百战的猛将不满足于他们的爵禄赏赐，则国家的士兵不肯效力；百姓苟且偷安而不致力于积蓄粮食，则国家的粮仓就会空虚不实。即便如此，君主还不肯思过改革，那么，抢夺、盗窃、残害百姓、谋取政权的人就会起来作乱了。在国内，朝中没有良臣，士兵不肯效力，粮仓又空虚，加上国外又有强敌环伺之忧，那国家就只有坐而待亡了。所以说，估量一个国家敌国和盟国的状况，了解君主的意向，考察农业生产的状况，观察百姓财产是有余还是不足；国家存亡的状况就可以大致了解了。

因此，从这八个方面去考察一个国家的君主治理国家的状况，这个国家的君主就无法隐匿真实情况了。

法禁第十四

扫码听谦德
君为您导读

【题解】法禁，指需要依法禁止的。本篇强调君主需要维护法制，依法禁止违法行为。开篇提出维护统一法制的重要性，反复强调国家统一立法和执法对于治理国家的极端重要性。同时也列举了十八种应该依法禁止的违法行为，这十八种应该禁止的违法行为大到擅权专国，里通外国；小到沽名钓誉、奇谈怪论，表现各有不同。本文内容涉猎广泛，且都是根据政治生活中的实际经验总结而来。作者把权臣专政、结党营私，以及各种违法乱纪的险恶心理、行为手段进行了剖析，一针见血、入木三分，是一篇观点鲜明、论述精彩又带有浓厚法家色彩的政论类文章。

　　法制不议，则民不相私①；刑杀毋赦，则民不偷于为善；爵禄毋假②，则下不乱其上。三者藏于官则为法，施于国则成俗，其余不强而治矣。

【注释】①相私：相互包庇营私。②假：给予。
【译文】法制公正不准私自议论，百姓就不敢相互包庇营私；

刑罚杀戮不准宽恕，百姓就不敢对行善存轻视之心；不随便授爵赐禄，臣下就不敢犯上作乱扰乱纲纪。这三项权力都掌握在官府，成为公开的法律，再推行到全国各地就会形成风俗，那么，其他各方面的事不用费力就可以顺理成章地治理好了。

君一置其仪，则百官守其法；上明陈其制，则下皆会其度矣①。君之置其仪也不一，则下之倍法而立私理者必多矣。是以人用其私，废上之制而道其所闻。故下与官列法，而上与君分威，国家之危必自此始矣。昔者圣王之治其民也不然，废上之法制者，必负以耻；财厚博惠以私亲于民者，正经而自正矣。乱国之道，易国之常，赐赏恣于己者，圣王之禁也。圣王既殁，受之者衰。君人而不能知立君之道，以为国本，则大臣之赘下而射人心者必多矣②。君不能审立其法，以为下制，则百姓之立私理而径于利者必众矣。

【注释】①会：领会，理解。②赘：通"缀"，缀连。射人心：此处指收买人心。射：追求。

【译文】君主统一制定法度，百官就都能遵纪守法；君主把制度公开，臣民百姓行事就都能合于法度接受制约。如果君主立法不能统一，臣民百姓违背公法而另依私理的人就必然增多了。这样人人都行使私理，废弃君主的制度而各自宣传自己的主张。如此一来，百姓与朝廷争议法制，大臣与君主争权夺势，国家的危亡一定是从这里开始。从前，圣王治理百姓就不是这样，对于违背君主命令不执行公法的人，一定会对他们给予惩处；对于那些利用钱财广施恩惠、招揽人心的人，必定会通过整顿公法制度使其改正。扰乱国家的正统公法，变更国家的常规常法，肆意赏赐全凭私意，这是圣王绝对要禁止的。圣王谢世之后，其后继的君主德行不振作。治理百姓却不懂得为君之道，不能把法制作为治国的根本，强化君主权威，如此一来大臣们私下拉拢下级、收买人心的行为就必然会增多。作为君主不懂礼法来作为约束臣民百姓的规范，百姓中自依私理，追求私利的也必然会增多。

昔者圣王之治人也，不贵其人博学也，欲其人之和同以听令也。《泰誓》曰①："纣有臣亿万人，亦有亿万之心；武王有臣三千而一心。"故纣以亿万之心亡，武王以一心存。故有国之君，苟不能同人心，一国威，齐士义，通上之治以为下法，则虽有广地众民，犹不能以为安也，君失其道，则大臣比权重以相举于国，小臣必循利以相就也。故举国之士以为亡党②，行公道以为私惠，进则相推于君，退则相誉于民，各便其身，而忘社稷，以广其居；聚徒威群③，上以蔽君，下以索民，此皆弱君乱国之道也。故国之危也。

【注释】①《泰誓》：《尚书》中的一篇，该篇是记述周武王伐纣时对诸侯所作的出师誓言。②举国之士以为亡党：应作"举国之士以为己党"。③聚徒威群：应作"聚徒成群"。

【译文】从前，圣王在考察人才的时候，不看重他们有多么博学，而是希望他们能与君主协调一致听从君令。《泰誓上》说："殷纣王有臣民亿万人，但这些人却师心自用、各自用心；周武王只有臣民三千人，却是同心协力、团结一心。"所以，殷纣王因为臣民之间师心自用、各自用心而灭亡，周武王因为君臣团结一心而兴旺。因此，一个国家的君主，如果不能使得臣民百姓团结一心，不能统一国家权威，不能统一士气，不能把君主的治理措施贯彻落实到下面成为行为规范，那么，即使拥有广大的土地、众多的人口，还是不能使得国家安全稳定。如果君主不按照为君之道治国理政，位高权重的大臣们就会互相勾结、互相推举，而那些级别较低的小臣们也必然会为各自私利而趋炎附势。如此一来整个国家的官员就会各自结为私党，表面施行公法实际上却是为了谋求私人的利益；上朝时在君主面前互相推崇，退朝后就在民间向百姓卖好；各图己便，各私其利，忘掉国家社稷的利益；同时他们不断扩充自己的势力范围，集聚党徒以威服民众，对上蒙蔽君主，对下搜刮百姓，这些都是削弱君权、破坏国家安全稳定的做法，这都是国家所面临的危险。

擅国权以深索于民者，圣王之禁也。

【译文】一个国家的大臣擅国专权，大肆搜刮百姓，这是圣明的君王所要禁止的。

其身毋任于上者①，圣王之禁也。

【注释】①其身毋任于上者：指隐士、游民。
【译文】大臣不为君主尽心尽力任职做事，这是圣明的君王所要禁止的。

进则受禄于君,退则藏禄于室,毋事治职①,但力事属②,私王官,私君事,去非其人而人私行者③,圣王之禁也。

【注释】①毋事治职:应作"毋治职事"。②但力事属:应作"但力属事"。③去非其人而人私行者:应作"法非其人而人私行者"。

【译文】在朝廷领受君主的俸禄,退朝回家后就将俸禄藏于私室,不去做好自己分内的公事,只是拉拢下属,私自行使职权任免国家官吏,私下处理君主的政事,依法本不该他所做的事他却私自去做,这是圣王所要禁止的。

修行则不以亲为本,治事则不以官为主,举毋能、进毋功者,圣王之禁也。

【译文】修德行却不以事亲为根本,做事情却不以奉公为主旨,推举无能之人,提拔无功之人,这是圣王所要禁止的。

交人则以为己赐,举人则以为己劳,仕人则与分其禄者,圣王之禁也。

【译文】因为国家需要结交、提拔人才当作是自己的个人恩赐,把为国家推举贤才当做是自己的功劳,推举某人出任官职就要与他均分其俸禄,这是圣明的君王所要禁止的。

交于利通而获于贫穷①,轻取于其民而重致于其君,削上以附下, 枉法以求于民者^②, 圣王之禁也。

【注释】①利通: 指富贵。通: 达官。②求: 指贿赂。
【译文】既结交权贵, 又招揽贫民的人; 对百姓轻征赋税, 对君主重求财富; 削减国家利益来使自己亲附于百姓; 枉顾公法而收买人心, 这是圣明的君王所要禁止的。

用不称其人, 家富于其列^①, 其禄甚寡而资财甚多者, 圣王之禁也。

【注释】①列: 爵位、官位。
【译文】消费用度不符合其身份, 家庭曹辅超过其爵位等级, 俸禄很少而资财极多, 这是圣明的君王所要禁止的。

拂世以为行, 非上以为名。常反上之法制以成群于国者, 圣王之禁也。

【译文】做违背世俗的事情, 靠非议君主来猎取名声, 经常违背朝廷法制, 并以此聚集朋党, 这是圣明的君王所要禁止的。

饰于贫穷而发于勤劳、权于贫贱, 身无职事, 家无常姓^①, 列上下之间, 议言为民者, 圣王之禁也。

【注释】①常姓: 应作"常生", 即产业。此处指家物恒产。

【译文】故意装成贫穷的样子而放弃辛勤劳动，又在贫贱的下层百姓中树立权势；自身没有固定职业，家庭没有固定资产，却站在朝廷与百姓之间，声称是为民请命，这是圣明的君王所要禁止的。

壶士以为亡资①，修田以为亡本②，则生之养③，私不死，然后失矫以深④，与上为市者，圣王之禁也。

【注释】①壶士：指养士。亡：应作"己"，下一个"亡"同。②田：应作"甲"。③则生：应作"贼臣"。④失矫：强直不让。

【译文】供养私士作为自己的政治资本，修治武器作为自己的本钱，豢养乱臣贼子、亡命之徒以形成强大的力量，然后强直不让地深入要挟君主，与君主讨价还价地争权夺利，这是圣明的君王所要禁止的。

审饰小节以示民，时言大事以动上，远交以逾群，假爵以临朝者，圣王之禁也。

【译文】装模作样地向百姓展示自己注重小节，经常议论些大事来打动君主，广泛结交四邻来压服同僚异议，凭借自己位高权重来操纵朝政，这是圣明的君王所要禁止的。

卑身杂处，隐行辟倚，侧入迎远，遁上而遁民者，圣王之禁也。

【译文】屈身隐居在百姓之中，暗地里做不正当的事，潜入他国结交外奸，欺瞒君主又蒙骗百姓，这是圣明的君王所要禁止的。

诡俗异礼，大言法行，难其所为而高自错者，圣王之禁也。

【译文】行为举止违背习俗和礼节，言辞夸张而行为荒诞狂妄，把自己所做的事说的十分艰难，借此来抬高自己的地位，这是圣明的君王所要禁止的。

守委闲居，博分以致众，勤身遂行，说人以货财，济人以买誉，其身甚静，而使人求者，圣王之禁也。

【译文】拥有积蓄而生活安逸，广施财物收买人心，殷勤行事顺从人意，用财货来收买人心，接济他人来获得名誉，自己安然静守，而使人主动有求于己，这是圣明的君王所要禁止的。

行僻而坚，言诡而辩，术非而博，顺恶而泽者，圣王之禁也。

【译文】行为邪僻而态度顽固，言论虚假而伪言善辩，做法错误而运用广泛，支持邪恶而善于伪饰，这是圣明的君王所要禁止的。

以朋党为友，以蔽恶为仁，以数变为智，以重敛为忠，以遂忿为勇者，圣王之禁也。

【译文】以勾结私党为友爱，以包庇罪恶为仁慈，以诡诈善变为才智，以横征暴敛为忠君，以发泄私愤为勇敢，这是圣明的君王所要禁止的。

固国之本，其身务往于上，深附于诸侯者，圣王之禁也。

【译文】堵塞国家情报的来源，专做欺骗国君的事情，又暗自依附其他诸侯，这是圣明的君王所要禁止的。

圣王之身，治世之时，德行必有所是，道义必有所明，故士莫敢诡俗异礼，以自见于国①；莫敢布惠缓行，修上下之交，以和亲于民；故莫敢超等逾官②，渔利苏功③，以取顺其君。圣王之治民也，进则使无由得其所利，退则使无由避其所害，必使反乎安其位，乐其群，务其职，荣其名，而后止矣。故逾其官而离其群者，必使有害；不能其事而失其职者，必使有耻。是故圣王之教民也，以仁错之④，以耻使之，修其能、致其所成而止。故曰：绝而定，静而治，安而尊，举错而不变者，圣王之道也。

【注释】①自见：自我表现。见：通"现"。②故莫敢超等逾官：应作"莫敢超等逾官"。③苏：取。④错：此处通"措"。
【译文】作为圣明的君王，在治理世事时，树立德行必须确立正确的标准，推行道义也必须有明确的准则，这样，官员们就不敢以悖逆风俗、违反礼节在国内自我标榜宣扬；也不敢布施小惠，缓行刑罚，结好上下以收买人心；也不敢超越等级官职，谋取功利来讨好国君。圣明的君王治理民众，对于那些越权谋求私利一心向上爬的人，必须使他们无法得利；对于那些遇难而退、失职避过推卸责任的人，必须使他们无法逃避惩罚；必须使他们回到正确的道路上来，安心于自己的职位，乐于和人共事，努力做好自己的本职工作，珍惜自己的名誉，做到这样才算是达到了目的。所以，对于超越职权、脱离同事的人，应当使他受到一定的惩罚；对于不能胜任职务而玩忽职守的人，必须使他们受到一定的谴责。因此，圣明的君王教育百姓，是用仁爱来保护他们，用惩罚来激励驱使他们，促使他们提高能力有所成就而后止。所以说：绝不动摇以定国法，清除非分之念以治天下，安稳才会有尊严，各种施政措施方向坚定不朝令夕改，这才是圣明君王的治世之道。

重令第十五

【题解】重令，指治国理政要以法令为重。本篇强调法令是治国最重要的工具，治国理民必须要以法令为根本。作者认为凡是随意改动法令、违背法令、拒不执行法令的人都应该被处死而不能赦免，以此彰明法制，也就是本文提出的三个著名观点：一是法令不得增改和损害，二是法令一旦制定必须执行、没有讨论的余地，三是法令严禁被扣压和被违反。这就是优良政治的三原则。为保证法令的严格实施，作者提出"六攻"的问题，认为亲戚、权贵、财货、女色、巧佞之徒、玩好之物这六方面会对以上三原则产生破坏作用，君主应格外注意。本篇体现的管子学派的法治精神，应属于早期法家的言论。

凡君国之重器，莫重于令。令重则君尊，君尊则国安；令轻则君卑，君卑则国危。故安国在乎尊君，尊君在乎行令，行令在乎严罚。罚严令行，则百吏皆恐；罚不严，令不行，则百吏皆喜①。故明君察于治民之本，本莫要于令。故曰：亏令者死，益令者死，不行令者死，留令者死，不从令者死②。五者死而无赦，惟令是视。故曰：令重而下恐③。

【注释】①喜：轻慢，与下文"恐"相对。②亏、益、不行、留、不从：分别指减少、增添、不执行、扣留、不服从。③恐：即畏惧，重视、恭敬。与上文"喜"相对。

【译文】君主治理国家最重要的工具，莫过于施行法令。法令具有权威性，则君主就会有尊严，君主有尊严，国家才能长久安定；如果法令没有权威则君主的地位就卑微，君主地位卑微没有统治威信，国家就危险了。因此，要使国家安定，在于使君主有尊严，在于使得法令得到施行，要有效施行法令，在于严明刑罚。刑罚严明、严格施行，则百官都畏法而尽职；刑罚不严、法令不行，百官就都会玩忽懈怠。所以，圣明的君主都明察治理百姓的根本，没有比法令更要紧的了。所以说：有擅自删减法令者处死；有擅自增添法令者处死；有不执行法令者处死；有扣压法令者处死；有不服从法令者处死。以上这五种情况都是不应赦免的死罪，一切都只唯法令是从。所以说：法令严格有力，下面的百姓就会敬重畏惧了。

为上者不明，令出虽自上，而论可与不可者在下。夫倍上令以为威①，则行恣于己以为私②，百吏奚不喜之有？且夫令出虽自上，而论可与不可者在下，是威下系于民也。威下系于民，而求上之毋危，不可得也。令出而留者无罪，则是教民不敬也。令出而不行者毋罪，行之者有罪，是皆教民不听也。令出而论可与不可者在官，是威下分也。益损者毋罪，则是教民邪途也。如此，则巧佞之人，将以此成私为交；比周之人，将以此阿党取与；贪利之人，将以此收货聚财；懦弱之人，将以此阿贵事富便辟③；伐矜之人，将以此买誉成名。故令一出，示民邪途五衢④，而求上之毋危,下之毋乱,不可得也。

【注释】①倍:通"背",背叛,背弃。②恣:放肆,放纵,肆意妄为。③将以此阿贵事富便辟:应作"将以此阿贵富,事便辟"。便辟,指国君宠爱的小臣。④衢:道路。

【译文】如果作为君主却昏庸糊涂不贤明,法令虽然由上面的君主制定发出,而评定法令是否可行的权力就会旁落到下面臣民的手中了。如果违背君令而独自树立权威,就会放纵私欲以权谋私,百官哪有不欣喜懈怠的呢?况且法令虽然由上面君主制定发出,而评定其是否可行却取决于下面的臣民,这样一来君主的权力就被下面的臣民所牵制了。君的权威一旦被下面的臣民所牵制,还要期望君主没有危险,那是不可能的。法令已经发出,而扣留法令的人不会被判有罪,这就是在教唆臣民不尊重君权。法令已经发出,不执行法令的人毫无罪责,而执行法令的人反而获罪,这是在教唆臣民不听从君主的命令。法令已经发出,而评定其是否可行的权力却在百官手中,这就是君权下落。那些擅自增减法令的人毫无罪责,这是在教唆臣民去走上邪路。像这样发展下去,那些奸邪诡诈之人就会互相勾结谋取私利;结党营私拉帮结派的人就会党同伐异、排斥异己;贪图利益的人就会聚敛钱财;胆怯懦弱的人就会攀附权贵、阿谀奉承;骄矜自夸的人就会沽名钓誉以成其虚名。所以,法令一经发出,就相当于引导百姓走上五条邪路,如此还想要国家君主没有危险,而臣子百姓不犯上作乱,那是不可能的。

菽粟不足,末生不禁,民必有饥饿之色,而工以雕文刻镂相稚也,谓之逆。布帛不足,衣服毋度,民必有冻寒之伤,而女以美衣锦绣綦组相稚也①,谓之逆。万乘藏兵之国,卒不能野战应敌,社稷必有危亡之患,而士以毋分役相稚也,谓之逆。爵人不论能,禄人不论功,则士无为行制死节,而群臣必通外请谒,取权道,行事便辟,以贵富为荣华以相稚也,谓之逆。

【注释】①相稚: 骄傲的意思。

【译文】粮食不足,奢侈品的生产却不加以禁止,百姓必定会挨饿,而工匠们却仍然以雕镂的花纹来相互炫耀,这就叫作违背法令。布帛不足,衣服却毫无节制,百姓必定会受冻,而制作衣物的女工还在以华美的衣服和锦带相互炫耀,这就叫作违背法令。拥有万辆兵车的大国,兵士却不能上战场作战,国家必定会有生死存亡的危难,而武士们却还在以免服兵役互相炫耀,这就叫作违背法令。不按才能拜官授爵,不按功劳授予俸禄,武士们就不肯执行军令、为国牺牲,而朝廷大臣们还要私通外国、使用权术、趋奉君主亲近的小臣,以求升官发财为荣,并以此互相炫耀,这也叫作违背法令。

朝有经臣①,国有经俗,民有经产。何谓朝之经臣? 察身能而受官,不诬于上;谨于法令以治,不阿党;竭能尽力而不尚得,犯难离患而不辞死;受禄不过其功,服位不侈其能,不以毋实虚受者,朝之经臣也。何谓国之经俗? 所好恶不违于上,所贵贱不逆于令;毋上拂之事②,毋下比之说③,毋侈泰之养,毋逾等之服;谨于乡里之行,而不逆于本朝之事者,国之经俗也。何谓民之经产? 畜长树艺,务时殖谷,力农垦草,禁止末事者,民之经产也。故曰: 朝不贵经臣,则便辟得进,毋功虚取;奸邪得行,毋能上通。国不服经俗，则臣下不顺，而上令难行。民不务经产，则仓廪空虚，财用不足。便辟得进，毋功虚取，奸邪得行，毋能上通，则大臣不和。臣下不顺，上令难行，则应难不捷。仓廪空虚，财用不足，则国毋以固守。三者见一焉，则敌国制之矣。

【注释】①经：规范，正常。②上拂：违背君主。③下比：勾结党羽。

【译文】朝廷要有思想行为都端正的大臣，国家要有纯正良善的风俗，百姓要有正常可持续的产业。什么叫作朝廷的思想行为端正的大臣呢？按照自己的能力接受官职大小，不欺骗君主；严格谨慎地按照法律制度治理国家，不偏袒私党；竭尽所能处理政事，而不贪求私利；遇到国家有难，决不贪生怕死；接受俸禄赏赐不超过自己的功劳，接受官位不超过自己的能力，没有功德就不会平白领受君主的赏赐，这就是朝廷的思想行为都端正的大臣。什么叫作国家的纯正良善的风俗呢？百姓的喜好和厌恶，不违背君主的要求；百姓所重视和轻视的事情，不违反法令的规定；不做与君主意见相反的事情，不说结党营私的话语，不过奢侈的生活，也不穿越级的衣服；在乡里谨慎做事，不做背叛朝廷的事情，这就是国家的纯正良善的风俗。什么叫作百姓的正常可持续的产业呢？饲养牲畜，种植谷物，注意农时，努力增加粮食生产，以搞好农事为根本，开垦荒地，而且禁止奢侈品的生产，这就是百姓正常可持续的产业。所以说朝廷如果不重视任用思想行为都端正的大臣，那些善于逢迎的奸佞小人就会借机往上爬，没有功劳的人能够凭空领受官禄，奸邪的小人就会得志，无能之辈就能得到君主的重用。国家如果不确立和培养正经的风俗习惯，那么官员和百姓就都不会顺服君主，而朝廷的法令就难以施行。百姓如果不重视正常的生产，那么国家的粮仓就会空虚，财政用度就会不足。善于逢迎的奸佞小人能够往上爬，没有功劳的人能够白白地得到官爵俸禄，邪恶的奸臣小人能够为所欲为，无能之辈能得到君主的重用，这就会造成大臣之间的不和。官员百姓都不顺从君主，朝廷的法令难以施行，在国家应付危难局面时就很难取胜。国库粮仓空虚，财政用度不足，国家的安全就无法稳固保障。这三种情况只要出现一种，国家就会被敌国所控制。

故国不虚重，兵不虚胜，民不虚用，令不虚行。凡国之重也，必待兵之胜也，而国乃重。凡兵之胜也，必待民之用也，而兵乃胜；凡民之用也，必待令之行也，而民乃用。凡令之行也、必待近者之胜也①，而令乃行。故禁不胜于亲贵，罚不行于便辟，法禁不诛于严重，而害于疏远，庆赏不施于卑贱二三②，而求令之必行，不可得也。能不通于官，受禄赏不当于功，号令逆于民心，动静诡于时变③，有功不必赏，有罪不必诛，令焉不必行，禁焉不必止，在上位无以使下，而求民之必用，不可得也。将帅不严威，民心不专一，阵士不死制④，卒士不轻敌，而求兵之必胜，不可得也。内守不能完，外攻不能服，野战不能制敌，侵伐不能威四邻，而求国之重，不可得也。德不加于弱小，威不信于强大⑤，征伐不能服天下，而求霸诸侯，不可得也。威有与两立，兵有与分争，德不能怀远国，令不能一诸侯，而求王天下，不可得也。

【注释】①胜：制服。②卑贱二三：宋本无"二三"二字。③诡：违反。④阵：阵地。制：指军令。⑤信：通"伸"。

【译文】所以，国家不是凭空就能强大起来的，军队不是凭空就能打胜仗的，百姓不是凭空就能甘心被国家驱使起作用的，法令不是凭空就能施行的。只要是一个国家想变得强大，一定要依靠军队能够打胜仗，国家才能强大。凡是军队要打胜仗，一定要依靠百姓听从指挥而发挥作用，军队才能取得胜利。凡是百姓能服从调遣发挥作用，一定是法令能得到执行，然后百姓才能起到作用。凡是法令能够得到执行，必须使君主亲近的人也服从遵守，然后法令才能真正得到执行。所以，法令不能限制亲信、约束权贵，刑罚不能施加于君主宠幸的近臣身上，法律不能惩罚罪大恶极之人，而是损害了与君主关系疏远的无辜之人，赏赐不能给予那些出身卑微之人，这样，还指望法令得到执行，那是不可能的。真正有才能的人不能做官，受禄赏的人不符合本人的功绩，所发布的法令违背民心，各项政策措施不符合当时形势，对有功的人不坚决授予赏赐，对有罪的人不坚决予以惩办，出令不坚决执行，有禁不坚决停止，上位的君主无法役使臣属，还指望百姓一定服从驱策，那是不可能的。将帅没有治军的威严，军心不专一于抗敌，临阵对敌的将士不肯遵守军令誓死效命，士卒缺乏蔑视敌人的勇气，还指望军队一出战就能打胜仗，那是不可能的。对内无法保障国土完整，对外不能征服敌人，战场上不能战胜敌军，征伐不能威震四邻，还指望国家强大，那是不可能的。没有向弱小的国家施予恩惠，没能将威望强势伸展到强大的国家，征伐不能让天下各国顺服，还指望能称霸诸侯，那是不可能的。论国家威势，还有能与自己实力不相上下的对手并立；论军事武力，还有能与自己抗衡的他国大军；恩德不能安抚远方的国家，号令不能统一众多的诸侯，还指望能称王天下，那是不可能的。

地大国富，人众兵强，此霸王之本也，然而与危亡为邻矣。天道之数，人心之变。天道之数，至则反，盛则衰。人心之变，有余则骄，骄则缓怠。夫骄者，骄诸侯，骄诸侯者^①，诸侯失于外；缓怠者，民乱于内。诸侯失于外，民乱于内，天道也。此危亡之时也。若夫地虽大，而不并兼，不攘夺；人虽众，不缓怠，不傲下；国虽富，不侈泰，不纵欲；兵虽强，不轻侮诸侯，动众用兵必为天下政理^②，此正天下之本而霸王之主也。

【注释】①骄诸侯，骄诸侯者：这七字当为衍文。②天下政理：应作"天下政治"，之所以为"理"，应为唐人避讳，而后人未改。

【译文】土地广大而国家富强，人口众多而兵力强盛，这虽然是称霸诸侯的根本，然而也与危亡很接近。天道的规律和人心的变化往往就是这样。天道规律是，事物发展到极致就会走向反面，发展到极盛就会走向衰亡。人心的变化是，富有了就会骄横傲慢，骄横傲慢就会松懈怠惰。这里所指的骄横傲慢，指的是对各国诸侯王的骄横傲慢，对外就会失去各诸侯国的亲附和支持；而松懈怠惰的结果，又会在国内引起百姓的叛乱。在外失去了诸侯国的支持，在内引起了百姓的叛乱，这正是天道发展到极致就会走向反面的体现。也就是国家走到存亡继绝的重要时刻了。国土虽然广大却不继续进行兼并掠夺，人口虽然众多却从不松懈怠惰，不傲视大臣百姓；国家虽然富足却不会奢侈浪费，不会放纵私欲；兵力虽然强盛却不欺辱诸侯，即便要发兵征讨也都是为了伸张正义，这才是匡正天下的根本，是称霸诸侯的基础。

凡先王治国之器三，攻而毁之者六。明王能胜其攻，故不益于三者，而自有国、正天下。乱王不能胜其攻，故亦不损于三者，而自有天下而亡。三器者何也？曰：号令也，斧钺也①，禄赏也。六攻者何也？曰：亲也，贵也，货也，色也，巧佞也，玩好也。三器之用何也？曰：非号令毋以使下，非斧钺毋以威众，非禄赏毋以劝民。六攻之败何也？曰：虽不听，而可以得存者；虽犯禁，而可以得免者；虽毋功，而可以得富者。凡国有不听而可以得存者，则号令不足以使下；有犯禁而可以得免者，则斧钺不足以威众；有毋功而可以得富者，则禄赏不足以劝民。号令不足以使下，斧钺不足以威众，禄赏不足以劝民，若此，则民毋为自用。民毋为自用，则战不胜；战不胜，而守不固；守不固，则敌国制之矣。然则先王将若之何？曰，不为六者变更于号令，不为六者疑错于斧钺，不为六者益损于禄赏。若此，则远近一心；远近一心，则众寡同力；众寡同力，则战可以必胜，而守可以必固。非以并兼攘夺也②，以为天下政治也，此正天下之道也。

【注释】①斧钺：古代兵器，本意指一种大斧，此处指刑具。②并兼攘夺：兼并、掠夺土地财产。

【译文】历代先王治理国家的手段有三个，而遭遇破坏致使国家灭亡的因素则有六个。圣明的君主能够克服这六个破坏因素，因此治国手段虽然不超过三个，却能够保有国家并匡正天下。昏庸的君主不能克服这六个破坏因素，所以治国手段虽然不少于三个，却最终失去了天下而最终走向灭亡。这三种治国的手段是什么呢？那就是：号令、刑罚、禄赏。六种破坏的因素又是什么呢？那就是：亲戚、权贵、财货、美色、奸佞之臣和玩赏之物。三种治国手段的用途体现在哪里呢? 回答是: 不用号令就不能役使臣下, 不用刑罚就不能威慑众人, 不用禄赏就无法激励臣民。这六个破坏因素的作用又体现在哪里呢? 回答是: 即便不听君主的号令, 却仍可以平安无事; 即便触犯了律令, 却仍可以免于刑罚; 即便没有任何功绩, 却仍可以获得财富。凡是国家有不遵法令却依然平安无事的, 那号令就无法役使臣民; 凡有触犯法令却可以免于刑罚的, 那刑罚就无法再威慑众人; 凡是无功劳却能获财富的, 那么禄赏就不能再激励臣民了。号令不能驱使臣民, 刑罚不能威慑众人, 禄赏不能激励百姓, 如此一来, 百姓就不肯再为君主尽忠效力了。百姓不肯为君主尽忠效力, 作战就不能取得胜利; 作战不能取胜, 那么国防就无法巩固; 国防无法巩固, 那就会受制于敌国。那么, 历代圣王对这种情况又是怎样处理的呢? 答案就是: 不因为上述六项破坏因素而随意变更已发出的号令, 不因为上述六项因素而犹疑甚至废止应有的刑罚, 也不因为这六项因素增减已有的禄赏标准。做到这样, 就能使得国内百姓不分亲疏远近而团结一心; 做到远近团结一心, 也就能使得百姓齐心协力; 百姓齐心协力, 就可以做到每战必胜、防守必固了。所有这些都不是为了侵吞和掠夺别国, 而是为了把天下政事都治理好, 这就是匡正天下的准则和道理。

法法第十六

【题解】法法，即以法行法，以法执法，前一个"法"指法的手段，后一个"法"指法度本身。本篇强调立法的重要性，以及执法手段要合乎法度。作者特别强调统治者首先要守法，遵守行法的合法性。治国理政、行为举止一切以法为准，要以法行法来赢得民心，才能更好维护君主的尊严，法令才能真正得到执行。特别要注意的是后世法家集大成者韩非子提出的法、术、势三者正是本篇的核心内容，三者也是后世法家的核心概念。

不法法，则事毋常；法不法，则令不行。令而不行，则令不法也；法而不行，则修令者不审也；审而不行，则赏罚轻也；重而不行，则赏罚不信也；信而不行，则不以身先之也①。故曰：禁胜于身，则令行于民矣。

【注释】①信而不行，则不以身先之也：此句指"赏罚既信而犹不行，则以身不先自行其法也"。身：指君主。

【译文】不依照合法手段执法，国事就没有常规；执法而不以合法的手段，政令就得不到贯彻落实，法令下达却不能得到执行，是因为法令的手段不合法；法令按照合法的手段发出但却不能得到贯彻，是因为制定法令的人不够慎重周密；慎重周密但却不能贯彻执行，是因为赏罚太轻；赏罚重还不能得到贯彻，是因为赏罚还未确实兑现；严格兑现赏罚但法令却仍不能得到贯彻，是因为君主没有率先垂范。所以说：君主自身能做到以身作则遵守法令，那么法令就可以在百姓中施行了。

闻贤而不举，殆①；闻善而不索，殆；见能而不使，殆；亲人而不固，殆；同谋而离②，殆；危人而不能，殆；废人而复起，殆；可而不为，殆；足而不施，殆；几而不密③，殆。人主不周密，则正言直行之士危；正言直行之士危，则人主孤而毋内④；人主孤而毋内，则人臣党而成群。使人主孤而毋内，人臣党而成群者，此非人臣之罪也，人主之过也。

【注释】①殆：危险、险境。②同谋而离：此处指离心离德、不团结。③几：极其细微的征兆、迹象。此处指几事，即机密之要事。④内：指亲信。

【译文】明知有贤才而不选用，就会有危险；听到有好人好事而不去调查，就会有危险；发现能人却不任用，就会有危险；与人亲近却不坚定，就会有危险；共同谋事却不团结，就会有危险；想惩罚某人却做不到，就会有危险；已废黜人却要再用，就会有危险；可做之事不及时去做，就会有危险；富足却不取施舍救济，就会有危险；机密却不能保守，就会有危险。君主行事不周严，言行正直的人就会有危险，君主就会被孤立而失去亲信；君主孤立而失去亲信，臣子们就会结党营私。使君主孤立而失去亲信、臣子们结党营私，并非臣子之罪，而是君主自身的过错。

民毋重罪，过不大也，民毋大过，上毋赦也。上赦小过，则
民多重罪，积之所生也。故曰：赦出则民不敬，惠行则过日益。
惠赦加于民，而囹圄虽实，杀戮虽繁，奸不胜矣。故曰：邪莫如
蚤禁之。赦过遗善，则民不励。有过不赦，有善不遗，励民之道，
于此乎用之矣。故曰：明君者，事断者也。

【译文】百姓没有犯重大罪责，是因为他们过失不大；百姓不
犯大过，是因为君主不轻易赦免罪责。君主赦免小过，百姓就会多
犯重罪，这是日积月累逐渐形成的。所以说，赦免之令一旦发出，百
姓就不会敬畏；恩惠一旦经常施行，百姓的过失就会日益增多。对百
姓施行恩惠和宽赦，虽然监狱满，处决多，为非作歹的坏人也不能制
止。所以说，对邪恶的事，不如及早加以禁止。赦免了罪行却遗忘善
举，百姓就得不到正面的鼓励。有了罪责不轻易赦免，有了善举不随
意遗忘，鼓励百姓的政策就可以发挥作用了。所以说：圣明的君主，
就是善于决断政事的人。

君有三欲于民，三欲不节，则上位危。三欲者何也？一曰
求，二曰禁，三曰令。求必欲得，禁必欲止，令必欲行。求多者，
其得寡；禁多者，其止寡；令多者，其行寡。求而不得，则威日
损；禁而不止，则刑罚侮；令而不行，则下凌上。故未有能多
求而多得者也，未有能多禁而多止者也，未有能多令而多行者
也。故曰：上苛则下不听，下不听而强以刑罚，则为人上者众谋

矣。为人上而众谋之，虽欲毋危，不可得也。号令已出又易之，礼义已行又止之；度量已制又迁之，刑法已错又移之①。如是，则庆赏虽重，民不劝也；杀戮虽繁，民不畏也。故曰：上无固植，下有疑心。国无常经，民力必竭，数也。

【注释】①错：通"措"，即施行之意。

【译文】君主对百姓有三种要求，如果这三种要求不加以节制，君主的地位就危险了。这三种要求是什么呢？一是索取，二是禁令，三是命令。索取总是希望能得到，有禁令总是希望能制止，下命令总是希望能施行。但索取太多，所得到的反而更少；若禁令太多，所能制止的反而更少；下命令太多，所能实施的反而不多。索取而得不到，威信就会日益降低；有禁而不能制止，刑罚将受轻视；命令多却无法施行，下面的人就会欺凌君主。所以从来没有多求而多得，禁令越多而制止越多，命令越多而执行越多的事。所以说：上面过于苛刻，下面就不会服从；下面不听命而强加刑罚，君主就会被众人所图谋暗算。君主如果被众人图谋暗算，想要不发生危险，也不可能办到。法令已经发出却又改变，礼仪已经施行却又废止，度量衡器已经规定却又变换，刑法已经确立却又更改，像这样反复无常，即使赏赐重多，百姓也不肯努力；即使杀戮很重，百姓也不会畏惧。所以说：君主意志不坚定，下面就会有疑心。国家没有常法，百姓就不肯尽心尽力地效忠，这就是规律。

明君在上位，民毋敢立私议自贵者，国毋怪严，毋杂俗，毋异礼，士毋私议。倨傲易令①，错仪画制，作议者尽诛②。故强者折，锐者挫，坚者破。引之以绳墨③，绳之以诛僇，故万民之心皆服而从上，推之而往，引之而来。彼下有立其私议自贵，分争而退者，则令自此不行矣。故曰：私议立则主道卑矣。况主倨傲易令，错仪画制，变易风俗，诡服殊说犹立。上不行君令，下不合于乡里，变更自为，易国之成俗者，命之曰不牧之民。不牧之民，绳之外也；绳之外诛。使贤者食于能，斗士食于功。贤者食于能，则上尊而民从；斗士食于功，则卒轻患而傲敌。上尊而民从，卒轻患而傲敌。二者设于国④，则天下治而主安矣。

【注释】①倨傲：傲慢。②画：谋划，筹谋。作议：即上文所指的立私议。③绳墨：准则，法则，此处指法度。④设：完备。

【译文】圣明的君主处在高位上，百姓自然不敢私立异说，国家就没有荒诞骇俗的事情，没有不伦的习俗，也没有怪异的礼仪，士人们也就不敢私立异说。对于傲慢不恭、改变法令、擅自确立礼仪制度、制造异端邪说的人全都加以诛杀。那么，强横的就会屈服，尖锐的就会受挫，顽固的就会攻破。再用法度来引导他们，用杀戮来管制他们，如此一来百姓都会服从君主，就能做到推之即往，招之即来。如果百姓在下面私立异说、引发纷争却能不受惩处，那么君令就再也无法推行。所以说，异说一旦出现，君主的威信就会降低。何况还有那些傲慢不恭、改变法令、擅自确立礼仪制度、改变习俗、奇装异服、奇谈怪论的人存在呢？那些对上不执行君令，对下不合乎乡里的风俗，任意独行，改变国家既定习俗的人，称之为不服治理的人。不服从治理的人，是处于法度容许的范围以外；逍遥法外的人，就应诛杀。应当使贤能的人靠能力任职谋生，武士靠战功任官。贤能的人靠能力谋生，则君主尊崇而百姓顺从；勇士依靠战功升迁，则士卒不怕牺牲而蔑视敌人。君主受尊崇而百姓服从；士卒不怕牺牲而蔑视敌人。两者都具备于国内，天下就安定太平，君主也就安枕无忧了。

凡赦者，小利而大害者也，故久而不胜其祸。毋赦者，小害而大利者也，故久而不胜其福。故赦者，奔马之委辔①；毋赦者，痤雎之矿石也②。

【注释】①奔马之委辔：此处指正在骑马时却丢弃了缰绳。委：丢弃。②痤雎：即痈疽，今之痔疮。矿石：当做"砭石"，传统中医为人治疗时使用的尖石或石片。

【译文】凡是施行赦免，总会得小利而惹大害，所以长期施行就祸害无穷。不行赦免，却能惹小害而获大利，长期施行就得利无穷。所以施行赦免，就好比骑马时扔掉缰绳；不施行赦免，就好比治疗痔疮却用砭石。

爵不尊、禄不重者，不与图难犯危，以其道为未可以求之也。是故先王制轩冕①，所以著贵贱，不求其美；设爵禄，所以守其服，不求其观也。使君子食于道，小人食于力。君子食于道，则上尊而民顺；小人食于力，则财厚而养足。上尊而民顺，财厚而养足，四者备体，则胥足上尊时而王不难矣。

【注释】①轩：古代大夫及以上官员乘坐的车。冕：古代帝王、君主、诸侯及卿大夫所佩戴的礼帽。

【译文】爵位不尊、俸禄不重，就不会有人愿意赴难冒险，因为君主的恩惠还不足以调动人们这样做。因此，先代圣王规定车子礼帽的样式，是用来区别贵贱等级的，而不是为追求华美；设置爵禄的高低，是用来规定等级制度，而不是追求好看。使君子靠治国之道来生活，让百姓靠体力来生活。君子靠治国之道生活，则君主尊严而百姓顺从；百姓靠体力生活，则财物丰厚生活富裕。君主尊严，百姓顺从，财物丰厚，生活富足，这四个条件都具备了，君主抓住时机，成就事业也就不难了。

文有三侑①，武毋一赦。惠者，多赦者也，先易而后难，久而不胜其祸；法者，先难而后易，久而不胜其福。故惠者，民之仇雠也；法者，民之父母也。太上以制制度②，其次失而能追之，虽有过，亦不甚矣。

【注释】①侑：通"宥"，宽恕、原谅。②太上：即最上，始祖。

【译文】文官犯错可以宽容三次，而对武官的错误则一次赦免都不能有。所谓恩惠就是多次赦免，施行起来先易后难，长久施恩赦免贻害无穷；所谓实行法制就是施行起来先难后易，长久坚持实行法制就会获利不断。所以，经常施恩的人实际是百姓的仇敌；经常实行法制的人才是百姓的父母。最上等的是事先以法制规范人们的行为，其次是有失误而能补救，即使有过错也不至于十分严重。

明君制宗庙，足以设宾祀①，不求其美；为宫室台榭，足以避燥湿寒暑，不求其大；为雕文刻镂，足以辨贵贱，不求其观。故农夫不失其时②，百工不失其功，商无废利，民无游日③，财无砥。故曰：俭其道乎！

【注释】①宾祀：宾读作"殡"，即人去世后殓而未葬。②时：农时。③游：闲逛、无所事事、游荡。

【译文】圣明的君主建造宗庙，只要能敬事鬼神就可以了，不追求外观富丽；修筑宫室台榭，只要可以防燥湿、避寒暑就可以了，不追求高大；雕制花纹，刻镂金木，只要能分辨贵贱等级就可以了，不追求壮观。这样，农夫不会耽误农时，工匠能保证功效，商人不会无利可得，百姓不会游荡闲散，财货也没有积压。所以说：节俭才是治国之道呀！

令未布而民或为之，而赏从之，则是上妄予也。上妄予，则功臣怨；功臣怨，而愚民操事于妄作；愚民操事于妄作，则大乱之本也。令未布而罚及之，则是上妄诛也。上妄诛，则民轻生；民轻生，则暴人兴、曹党起而乱贼作矣①。令已布而赏不从，则是使民不劝勉、不行制、不死节。民不劝勉、不行制、不死节，则战不胜而守不固；战不胜而守不固，则国不安矣。令已布而罚不及，则是教民不听。民不听，则强者立；强者立，则主位危矣。故曰：宪律制度必法道，号令必著明，赏罚必信密②，此正民之经也。

【注释】①曹党：众党林立。②赏罚必信密：此处指赏罚必须严格执行。密：当作"必"，必行，信赏必罚。

【译文】法令没有正式公布，百姓偶然做到了，就予以赏赐，这是君主错误的赏赐。君主给予错误的赏赐，则功臣就会抱怨；功臣抱怨，则愚顽之民就敢胡作非为；愚顽之民胡作非为，这是国家大乱的根源。法令没有正式公布就给予惩罚，这是君主的错罚。君主错罚，百姓就会轻生；一旦百姓轻生，则残暴之人就会兴风作浪，帮派朋党就会出现，那么乱贼就要趁机造反了。法令已经公布，而不能依法施行赏赐，这就使百姓不能得到鼓励尽力做事，也不肯执行军令，不愿意为国死节。百姓不勉力从公，不肯执行军令，不为国牺牲，则战不能胜而守不能固；战不胜守不固，国家就不会安全。法令已经公布，而不能依法施行惩罚，这是叫老百姓不要服从法令。百姓不服从法令，强盗暴徒就要兴起作乱；强盗暴徒兴起，君主的地位就危险了。所以说：法律制度必须合乎治国之道，号令一定要严明，赏罚一定要坚决执行，这都是治理规正百姓的准则。

凡大国之君尊，小国之君卑。大国之君所以尊者，何也？曰：为之用者众也。小国之君所以卑者，何也？曰：为之用者寡也。然则为之用者众则尊，为之用者寡则卑，则人主安能不欲民之众为己用也？使民众为己用，奈何？曰：法立令行，则民之用者众矣；法不立，令不行，则民之用者寡矣。故法之所立、令之所行者多，而所废者寡，则民不诽议；民不诽议，则听从矣。法之所立，令之所行，与其所废者钧①，则国毋常经；国毋常经，则民妄行矣。法之所立、令之所行者寡，而所废者多，则民不听；民不听，则暴人起而奸邪作矣。

【注释】①钧：通“均”，均等，相同，相等的意思。

【译文】凡是大国的君主地位都高, 而小国的君主地位都低。大国的君主为何地位就高呢? 那是因为: 为其服务的人多。小国的君主为何地位就低呢? 那是因为: 为其服务的人少。既然为他服务的人多就地位高, 为他服务的人少就地位低, 那么, 君主怎么会不希望有更多百姓为自己服务呢? 要想使百姓多为自己所用, 怎么办呢? 答案是: 完善法制, 为君主服务的百姓就多了; 法制不完善, 为君主服务的百姓就少了。所以, 确立的法律和畅通的政令多了, 而被废弃的少了, 百姓就不会非议; 百姓不去非议就会听从了。确立的法律和通行的政令, 如果与被废弃者均等, 国家就没有正常的准则; 国家没有正常的准则, 百姓就会肆意妄为。确立的法律和通行的政令少了, 而被废弃者多了, 百姓就不肯服从; 百姓不服从法令, 暴民就会趁机兴起作乱, 奸邪之辈就要起来造反了。

计上之所以爱民者①, 为用之爱之也。为爱民之故, 不难毁法亏令, 则是失所谓爱民矣。夫以爱民用民, 则民之不用明矣。夫至用民者, 杀之危之, 劳之苦之, 饥之渴之; 用民者将致之此极也, 而民毋可与虑害己者, 明王在上, 道法行于国, 民皆舍所好而行所恶。故善用民者, 轩冕不下儗, 而斧钺不上因②。如是, 则贤者劝而暴人止。贤者劝而暴人止, 则功名立其后矣。蹈白刃, 受矢石, 入水火③, 以听上令; 上令尽行, 禁尽止。引而使之, 民不敢转其力; 推而战之, 民不敢爱其死。不敢转其力, 然后有功; 不敢爱其死, 然后无敌。进无敌, 退有功, 是以三军之众皆得保其首领, 父母妻子完安于内。故民未尝可与虑始, 而可与乐成功。是故仁者、知者、有道者, 不与大虑始④。

【注释】①计上：计算，此处指仔细观察。夫至用民者："至用民"应作"善用民"。②不下儗：指不下移，此处指不吝啬。不上因：即不向上发展，此处指不滥用。③蹈白刃，受矢石，入水火：比喻为君主赴汤蹈火、舍生忘死而在所不辞。④大：应作"人"，此处指百姓。

【译文】观察君主之所以爱民，是因为要使用他们才爱他们。为了爱民而不惜毁坏法度，削减法令，那就失去爱民的本意了。以破坏法令来役使百姓，则百姓不服役使，这是很明显的事。善于使用百姓的君主，可以依法来杀戮百姓、危害百姓，使他们服劳役、做苦工、忍饥受渴，使用百姓而使得百姓到了这般地步，而百姓并不以为这是害己，那是因为圣明君主在上，道德和法律通行于全国，百姓都能舍弃所喜欢的而尽力去做自己不愿意的。所以善于使用百姓的君主，总是不随意向下施行赏赐，也不随意滥施刑罚。如此一来，贤人受到勉力而暴徒得到制止。贤人受勉力而暴民被制止，则功业和名声也就随之而建立了。百姓可以踏白刃，冒矢石，赴汤蹈火来执行君令，君令可以尽行，禁律可以尽止。招来使用，百姓不敢回避使命；指挥百姓作战，他们不敢吝惜生命。不敢回避使命，然后可以立功；不敢吝惜生命，然后就能无敌。进无敌，退有功，于是三军将士都能够保全性命，使父母妻子安居于国内。因此对百姓不必同他们商量谋划事业的开始，而可以同他们欢庆事业的成功。因此，仁慈的、明智的、有道的君主，都不与百姓共同谋划事业的创始。

国无以小与不幸而削亡者，必主与大臣之德行失于身也，官职、法制、政教失于国也，诸侯之谋虑失于外也，故地削而国危矣①。国无以大与幸而有功名者，必主与大臣之德行得于身也。官职、法制、政教得于国也，诸侯之谋虑得于外也。然后功

立而名成。然则国何可无道? 人何可无求②? 得道而导之, 得贤
而使之, 将有所大期于兴利除害。期于兴利除害莫急于身, 而
君独甚。伤也, 必先令之失。人主失令而蔽, 已蔽而劫, 已劫而
弑。

【注释】①危: 应作"亡"。②求: 应作"贤"。

【译文】国家从来没有因为地域小和时运不济而被削弱危亡
的, 一定是因为君主和大臣自身失德, 国内的官职、政教法制有失,
国外针对诸侯国外交策略有失, 因此才致使国土被削减, 甚至于国
家被灭亡。国家也未有因为地域大和时运而成功立名的, 一定是因
为君主和大臣自身有德, 国内官职、政教、法制有成, 国外对诸侯国
外交策略得当, 才能成就功业的。既然如此, 治国怎么能不讲究政
策呢? 用人怎么能不讲才能呢? 有了正确的政策就要实施, 有了有才
能的人就要任用, 对于国家的兴利除害是大有希望的。希望兴利除
害, 没有比以身作则更急需的了, 而对于国君来说这尤为重要。如兴
利除害的事业受到损害, 那一定首先是法令有错误。君主将因法令
错误而受到蒙蔽, 因受蒙蔽而被威胁, 因受威胁而被杀。

凡人君之所以为君者, 势也。故人君失势, 则臣制之矣。势
在下, 则君制于臣矣; 势在上, 则臣制于君矣。故君臣之易位,
势在下也。在臣期年, 臣虽不忠, 君不能夺也; 在子期年, 子虽
不孝, 父不能服也①。故《春秋》之记, 臣有弑其君、子有弑其父
者矣。故曰: 堂上远于百里, 堂下远于千里, 门廷远于万里。今
步者一日, 百里之情通矣; 堂上有事, 十日而君不闻, 此所谓远

于百里也。步者十日,千里之情通矣;堂下有事,一月而君不闻,此所谓远于千里也。步者百日,万里之情通矣,门廷有事,期年而君不闻,此所谓远于万里也。故请入而不出谓之灭^②,出而不入谓之绝,入而不至谓之侵,出而道止谓之壅。灭绝侵壅之君者,非杜其门而守其户也、为政之有所不行也。故曰:令重于宝,社稷先于亲戚^③,法重于民,威权贵于爵禄。故不为重宝轻号令,不为亲戚后社稷,不为爱民枉法律,不为爵禄分威权。故曰:势非所以予人也。

【注释】①服:指控制,驾驭。②请:通"情","请""情"二者古字通,指情况、情形。③亲戚:此处指君主、统治者的家族成员,父子兄弟之类。

【译文】大凡君主之所以能成为君主,是因为他有权势。所以,君主一旦丧失权势,大臣们就能控制他了。权势在下面,君主就被臣下所控制;权势在上面,大臣就被君主控制。所以,君臣的地位颠倒,就是因为权势下移。大臣得势一整年,即使不忠,君主也不能夺其权;儿子得势一整年,即使不孝,父亲也无可奈何了。所以《春秋》记载,臣有杀君的,子有杀父的。所以说:堂上可以比百里还远,堂下可以比千里还远,宫廷可以比万里还远。如今一个人步行一天,百里地之内的事情就都知道了;堂上有事,过十天君主还不知道,这就叫作堂上比一百里还远了。一个人步行十天,可以了解一千里地的事情;而堂下有事情,过一个月君主还不知道,这就叫作堂下比一千里还远了。一个人步行一百天,可以了解到一万里地的事情;而宫廷有事情,过一年君主还不知道,这就叫作宫廷比一万里还远了。情报汇入朝廷而相应命令无法发出,称为灭;命令发出来而执行的

情况不能报入朝廷, 称作绝; 情报报入朝廷而不能到达君主手中,
称为侵; 命令下达而中途被扣留, 称作壅。有灭、绝、侵、壅这些问题
的国君, 并不是因为有人杜绝了他的门户、封锁了他的庭院, 而是因
为政令不能推进。所以说: 政令重于宝物, 政权重于至亲, 法度重于
百姓, 威权重于爵禄。所以, 不可因为重视珠宝而看轻政令, 不可为
至亲而把国家政权放在后面, 不能为爱惜百姓而歪曲法律, 不能为
爵禄而分让权威。所以说: 权势是不能给予别人的。

　　政者, 正也。正也者, 所以正定万物之命也。是故圣人精德
立中以生正, 明正以治国。故正者, 所以止过而逮不及也①。过与
不及也, 皆非正也; 非正, 则伤国一也。勇而不义伤兵, 仁而不
法伤正②。故军之败也, 生于不义; 法之侵也, 生于不正。故言有
辨而非务者③, 行有难而非善者。故言必中务, 不苟为辩; 行必思
善, 不苟为难。规矩者, 方圜之正也。虽有巧目利手, 不如拙规
矩之正方圜也。故巧者能生规矩, 不能废规矩而正方圜。虽圣
人能生法, 不能废法而治国。故虽有明智高行, 倍法而治, 是废
规矩而正方圜也。

　　【注释】①逮不及: 此处指弥补不足。逮: 及, 到的意思。②仁而
不法伤正: 此句应作"仁而不正伤法"。③辨: 通"辩"。
　　【译文】政, 就是公正。公正, 即正确确定万物的名称与名分。
因此圣人总是精修德性, 树立中正的榜样来培养公正, 明确公正态
度以治理国家。所以, 公正是用来禁止过头而弥补不及的。过与不
及都不是公正; 不公正与损害国家是一样的。勇敢而不合乎正义会

损害军队，仁慈而不合法度会伤害正义。军队的失败产生于不正义；法度的破坏产生于不正义。有话语虽雄辩却非急切要务的，有行为虽艰难却非善良的。所以，话语必须务实，不故作雄辩之辞；行为必须考虑是否有好的效果，不故做难为之事。规矩，是矫正方圆的工具。人虽有巧手利目，也不如粗笨的规矩能有效矫正方圆。所以，灵巧的人虽可以制造规矩，却不能废弃规矩来矫正方圆。圣人虽能制定法度，却不能废弃法度来治理国家。所以，虽有智慧非凡、高尚品德之君，如果违背法度来治理国家，就相当于废除规矩来矫正方圆一样。

一曰[①]：凡人君之德行威严，非独能尽贤于人也[②]；曰人君也，故从而贵之，不敢论其德行之高卑有故。为其杀生，急于司命也；富人贫人，使人相畜也[③]；贵人贱人，使人相臣也。人主操此六者以畜其臣，人臣亦望此六者以事其君，君臣之会，六者谓之谋。六者在臣期年，臣不忠，君不能夺；在子期年，子不孝，父不能夺。故《春秋》之记，臣有弑其君，子有弑其父者，得此六者，而君父不智也。六者在臣，则主蔽矣；主蔽者，失其令也。故曰：令入而不出谓之蔽，令出而不入谓之壅，令出而不行谓之牵，令入而不至谓之瑕。牵瑕蔽壅之事君者[④]，非敢杜其门而守其户也，为令之有所不行也。此其所以然者，由贤人不至而忠臣不用也。故人主不可以不慎其令。令者，人主之大宝也。

【注释】①一曰：指另一种说法、另一种记载。②凡人君之德行威严，非独能尽贤于人也：应作"凡人君之威严，非德行独能尽贤于人也"。

③畜：供养。④牵瑕蔽壅之事君者：应作"牵瑕蔽壅之君者"，衍一"事"字，此处指有牵格蔽壅现象的君主。

【译文】有一种说法是：君主的威严，并非因为他本人的德性比其他人都好，而是因为他是君主，因而人们都尊崇他，不敢妄加评论他德行的高低。因为他手中掌握生杀大权，比司命之神还厉害；他还有使人贫富，并使人们相与供养的大权；还有使人贵贱，并使他们互相服从的大权。君主就是掌握着这六项大权来统治臣民，臣民也因向往这六种大权而侍奉君主，君臣的结合，就靠这六项大权作为他们之间的媒介。这六种大权如果掌握在大臣手里一年，臣虽不忠，君主也无法强行剥夺；这六种大权落在儿子手里一年，子虽不孝，父亲也不能强行夺走。所以《春秋》里记载着：有臣弑君的，有子弑父的。就是因为臣与子已得到这六种大权，而君主和父亲还不知道的缘故。这六种大权落在臣下手里，君主就会受蒙蔽；君主受到蒙蔽，政令就失去了效用。所以说：政令滞留朝廷内而不能发出称为蔽；政令发出而执行情况不能反馈回朝廷，称为壅；政令只能发出去而得不到实施，称为牵；政令得到实施而执行情况报回到朝廷，却不能传达到君主手中，称为瑕。出现了牵、瑕、蔽、壅的君主，并非谁敢杜绝君主的门户，而是政令不能得到实行的缘故。这种情况之所以出现，是由于朝廷不能招徕贤才、不能任用忠臣的缘故。所以，君主对于政令不能不慎重。政令，就是君主的大法宝。

一曰：贤人不至谓之蔽，忠臣不用谓之塞，令而不行谓之障①，禁而不止谓之逆。蔽塞障逆之君者，不敢杜其门而守其户也②，为贤者之不至、令之不行也。

【注释】①障: 阻塞。②不敢杜其门而守其户也: 应作"不杜其门而守其户也", 原文衍一"敢"字。

【译文】又一种说法: 贤人不来叫作蔽, 忠臣不被任用叫作塞, 有政令而得不到执行叫作障, 有禁令却不能阻止叫作逆。有蔽、塞、障、逆问题的君主, 并不是因为有谁敢堵塞他的门户, 封锁他的庭院, 而是因为贤人不来, 政令不能执行的缘故。

凡民从上也, 不从口之所言, 从情之所好者也; 上好勇, 则民轻死; 上好仁, 则民轻财。故上之所好, 民必甚焉。是故明君知民之必以上为心也, 故置法以自治, 立仪以自正也。故上不行, 则民不从; 彼民不服法死制, 则国必乱矣。是以有道之君, 行法修制, 先民服也①。

【注释】①先民服: 即先以身作则, 自行法以率人。服: 执行。

【译文】百姓追随君主, 不是追随他嘴里说了什么, 而是追随他的性情所好。君主好勇则百姓就看轻死; 君主好仁则百姓就看轻财。所以说, 君主喜爱什么, 百姓就一定爱好什么。圣明的君主知道百姓必定是以君主的喜好作为自己的出发点, 所以确立法制以自己约束自己, 树立礼仪以自己规正自己。所以君主不以身作则, 百姓就不会服从; 如果百姓不肯服从法令, 不愿为施行法令而牺牲, 国家就一定会乱了。因此善于治理国家的君主, 施行法令、修订制度, 总是自己先于百姓遵守法令, 为百姓树立榜样。

凡论人有要: 矜物之人①, 无大士焉。彼矜者, 满也; 满者, 虚也。满虚在物, 在物为制也。矜者, 细之属也。凡论人而

远古者^②，无高士焉。既不知古而易其功者，无智士焉。德行成
于身而远古，卑人也。事无资^③，遇时而简其业者^④，愚士也。钓
名之人，无贤士焉。钓利之君，无王主焉。贤人之行其身也，忘
其有名也；王主之行其道也，忘其成功也。贤人之行，王主之
道，其所不能已也。

【注释】①矜物之人：此处指以骄矜的态度待人的人。物：公
众。②远古：应作"违古"。③资：凭借，凭着。④简：省简，简弃。

【译文】凡是评定人物都要有纲要：以傲慢的态度待人，不是
德性高尚的人。骄傲，就是自满；自满，就会虚伪。以自满与虚浮待
人，就会被别人所控制。骄矜之人，属于渺小的人。凡是评论人物
违背古道的，就不是高士。既不懂古道又轻视古人功业的，就不是智
士。虽有德行却违背古道的，是卑下的人；事业无根底又急慢事业的
人，是愚蠢的人。猎取虚名的人，不是贤士；猎取利益的君主，不是
成王业的君主。贤人立身行事，并不想要成名；成王业的君主，也不
计较成败。贤人行其事，君主行王道，都是不会停止的。

　　明君公国一民以听于世^①，忠臣直进以论其能。明君不以禄
爵私所爱，忠臣不诬能以干爵禄^②。君不私国，臣不诬能，行此
道者，虽未大治，正民之经也。今以诬能之臣事私国之君，而能
济功名者^③，古今无之。诬能之人易知也。臣度之先王者，舜之
有天下也，禹为司空，契为司徒，皋陶为李，后稷为田。此四士
者，天下之贤人也，犹尚精一德以事其君。今诬能之人，服事任
官，皆兼四贤之能。自此观之，功名之不立，亦易知也。故列尊

禄重，无以不受也；势利官大，无以不从也④；以此事君，此所谓诬能篡利之臣者也。世无公国之君，则无直进之士；无论能之主，则无成功之臣。昔者三代之相授也，安得二天下而杀之⑤？

【注释】①一民：聚拢、统一民心。听：处理、对待。②诬：指假冒。干：取，获取。③济：成功。④无以不从也：应作"无不从也"，衍一"以"字。上句亦衍。从：听从，从事。⑤二：另一个。杀：应作"试"，因为试与"弑"近，由"弑"而误为"杀"。

【译文】圣明的君主以公理治国统一民心来处理政事，听从世人的公意；忠臣以直道求进显示他的才能。圣明的君主不肯私授爵禄给所偏爱的人，忠臣则不冒充有才能来猎取爵禄。君主不以私心对待国事，大臣不冒充有才能，能按这个准则行事，国家虽不能实现大治，也合于治理百姓的常道。如今任用冒充有才能的大臣，事奉以私心对待国事的君主，这样而能成就功业的，从古至今都不曾有。冒充有才能是很容易被识破的。臣想起了先代圣王的情况，当舜统治天下的时候，任用禹为司空，任用契为司徒，任用皋陶为司理，任用后稷为田正。这四个人都是天下的贤人，他们也只是各自精通一事来侍奉君主。如今冒充有才能的人供职任官，都是身兼四个贤人的职能。由此看来，功业不成，也就很容易理解了。所以，位高禄重只要授予就有人敢接受；势大利多的高官职位，只要设立，就有人来追求。用这些人侍奉君主，就是所谓冒充有才能、篡夺爵禄。如果世上没有以公治国的明君，就没有以直道求进的贤才；没有能识别贤能的明君，就没有能成就功业的贤臣。从前，三代圣王以禅让传授天下，哪里会有另一个天下可供营私呢？

贫民伤财，莫大于兵；危国忧主，莫速于兵。此四患者明矣，古今莫之能废也。兵当废而不废，则古今惑也①；此二者不废而欲废之，则亦惑也。此二者伤国一也。黄帝唐虞，帝之隆也，资有天下，制在一人。当此之时也，兵不废。今德不及三帝，天下不顺，而求废兵，不亦难乎？故明君知所擅，知所患。国治而民务积，此所谓擅也②。动与静，此所患也。是故明君审其所擅，以备其所患也。

【注释】①古今惑也："古今"二字为衍文。②此所谓擅也："谓"乃后人所加，为衍字。擅：专权。

【译文】使百姓贫困财产遭到损失的，莫过于发生战争；使国家倾危君主忧患的，也没有比战争更快的了。这四种祸患的危害作用是很明显的，但古至今都没法废除战争。战争应该废却没有废，自古至今都是令人困惑的问题。战争不应该废但却想要废止，也是很令人困惑。这两种情况对国家的伤害是一样的。黄帝、唐尧、虞舜三代圣王的盛世，享用天下财用，权力握于一人之手。这时，国家的军备也没有废除。现在，君主德行不及三帝，天下又不太平，却想要废除军备，这不是太困难了吗？所以，圣明的君主懂得他该发挥的长处是什么，也懂得他该忧患的是什么。国家安定而百姓重视积蓄，这就是所谓他专长的事。外在形势的动静变化，就是他忧虑的事。因此圣明的君主总是慎重对待他所专长的事，又充分地防备其所忧虑的事情。

猛毅之君①，不免于外难；懦弱之君，不免于内乱。猛毅之君者轻诛, 轻诛之流, 道正者不安; 道正者不安、则材能之臣去亡矣。彼智者知吾情伪, 为敌谋我, 则外难自是至矣。故曰: 猛毅之君, 不免于外难。懦弱之君者重诛②, 重诛之过, 行邪者不革; 行邪者久而不革, 则群臣比周; 群臣比周, 则蔽美扬恶; 蔽美扬恶, 则内乱自是起。故曰: 懦弱之君, 不免于内乱。

【注释】①猛: 严厉。毅: 残忍。②重诛: 此处指姑息诛杀的过失。重: 难, 姑息。

【译文】严厉残暴的君主, 无法避免外患; 怯懦无能的君主, 无法避免内乱。严厉残忍的君主轻易地实行诛杀刑罚, 而轻杀的流弊, 就是使德行端正走正道的人感到不安全。走正道的人不安全, 有才能的大臣就要逃亡国外。这些出逃的智者知道我们的虚实, 如果他们为敌人谋取我们, 外患就从此产生。所以说: 严厉残暴的君主无法避免外患。怯懦的君主难以实行诛罚诛杀, 姑息本该诛杀的过失, 就是使行走邪道的人不思改正; 邪恶之人长期不思改过, 群臣就会结党营私; 群臣结党营私, 就会隐君之善而扬君之恶; 隐君善、扬君恶, 内乱从此就发生了。所以说: 怯懦无能的君主, 无法避免内乱。

明君不为亲戚危其社稷, 社稷戚于亲①; 不为君欲变其令、令尊于君; 不为重宝分其威, 威贵于宝; 不为爱民亏其法, 法爱于民。

【注释】①戚: 亲戚, 即上文之"亲戚", 统治者的父子兄弟等家族成员。

【译文】圣明的君主不会因为至亲而危害他的国家政权，他懂得国家政权比那些亲戚更亲。不会为君主个人的私欲而改变法令，他知道法令比个人私欲更重要；他不会因为贵重的珠宝而让权，他知道权力比珠宝更重要；他不会为爱民而削弱法度，他知道法度比百姓更值得爱惜。

兵法第十七

扫码听谦德
君为您导读

【题解】本篇之"兵法"指管理军队、作战指挥之法，主要讨论用兵作战的方法和原则，这是本篇的核心，故用以篇名。内容可分为以下三部分：第一部分指出用兵"四祸"，举兵国贫、战不必胜、胜而多死、得地而败，进而提出避免"四祸"的方法，"计数得""法度审""教器备利""因其民"；第二部分具体阐述治兵的内容，包括号令和训练，要求"三官不缪，五教不乱，九章著明"；第三部分详细阐述了战场作战时的策略，包括出敌不意、掌握主动、一战胜敌等。本篇许多内容与《七法》《幼官》两篇所阐释的军事思想相似，可互相参阅。所不同之处在于，本篇还提到了"三官""五教""九章"等概念，保留了许多当时已存在的军事知识。

明一者皇①，察道者帝，通德者王，谋得兵胜者霸②。故夫兵，虽非备道至德也，然而所以辅王成霸③。今代之用兵者不然，不知兵权者也。故举兵之日而境内贫，战不必胜，胜则多死，得地而国败。此四者，用兵之祸者也。四祸其国而无不危矣④。

【注释】①一：指万事万物的根本。②谋得：指所谋必得，用兵必胜，因此能成就霸业。③所以：即"可以"。④四祸其国而无不危矣：俞樾认为此句应作"四祸具而国无不危矣"，译文从俞说。

【译文】明白万物根本的君主，可以成就皇业；掌握治国之道的君主，可以成就帝业；懂得施行德政的君主，可以成就王业；深谋远虑用兵必胜的，可以成就霸业。所以，战争虽然并非是什么完备高尚的道德，但却可以辅佐王业、成就霸业。如今统兵之人却不明白这个道理，他们不懂得用兵是需要权衡轻重得失的。所以，一旦发动战争就使得国内贫穷，打起仗来没有必胜的把握，打了胜仗但士兵伤亡过多，虽取得土地却使得国家元气大伤。这四种情况都是战争带来的祸患和危害。有了这四种祸害，国家就没有不危亡的。

大度之书曰^①：举兵之日而境内不贫，战而必胜，胜而不死，得地而国不败。为此四者若何？举兵之日而境内不贫者，计数得也。战而必胜者，法度审也。胜而不死者，教器备利^②，而敌不敢校也。得地而国不败者，因其民也^③。因其民，则号制有发也^④。教器备利，则有制也。法度审，则有守也。计数得，则有明也。治众有数，胜敌有理。察数而知理，审器而识胜，明理而胜敌。定宗庙，遂男女^⑤，官四分，则可以定威德；制法仪，出号令，然后可以一众治民。

【注释】①大度之书：许维通认为"大度"应作"大弢"，大弢为人名，《汉书·古今人表》中有"周史大弢"。②教器备利：即教备器利，指训练有素、兵器锋利。③因其民：指顺应敌国之民的习俗。④号制有发：有学者认为"号制"二字为衍文；许维通认为发与"法"通，法则。译文从之。⑤遂男女：许维通认为"遂"与"育"同义，在《幼官篇》《七法篇》中均作"育男女"。

【译文】大弢的书上说：发动战争而能保持国家不贫穷，与敌国交战有必胜把握，打了胜仗而士兵没有过度伤亡，取得了土地而国家不会大伤元气，怎样才能做到这四点呢？发动战争而能保持国内不贫穷，是因为筹算得当。战而必胜，是因为法度严明。打了胜仗而士兵没有过多伤亡，是因为士兵训练有素和武器精良，使敌人无法抵抗。取得土地而国家不会元气大伤，是因为在管理所征服之地的百姓时顺应了当地的习俗。按照顺应当地习俗的方式管理当地百姓，号令、制度就有法可依。士兵训练有素、武器装备精良，就拥有了制敌制胜的能力。法度严明，军队就有法可依。筹算得当，用兵就有据可依了。治军靠有法可依，制敌靠武器装备。考察管理军队的法度，就能了解治军水平；考察武器装备状况就可以了解战胜的原因，掌握谋略就能战胜敌人。能够安定宗庙，繁育儿女，使士、农、工、商四民分业治事，就可以树立权威、推行德政；能够制定仪法，发布号令，然后就可以统一军队、治理好百姓了。

兵无主，则不蚤知敌。野无吏，则无蓄积。官无常，则下怨上。器械不巧，则朝无定①。赏罚不明，则民轻其产②。故曰：早知敌，则独行；有蓄积，则久而不匮；器械巧，则伐而不费：赏罚明，则勇士劝也。

【注释】①巧：应作"功"，定：应作"政"。②民轻其产：许维通认为产应作"生"，即"民轻其生"。

【译文】军队没有主帅，就不能预先掌握敌情。农田没人管理，国家就没有充实的粮食和物资贮备。官府缺少常规，百姓就会抱怨朝廷。制造的武器装备不精良，朝廷统治就不稳固；赏罚不明，百姓就不会端庄正直而是苟且偷生。所以说：能及早掌握敌情，用兵才能够所向无敌；有充实的粮食物资贮备，才能够持久作战而物资不匮乏；制造的武器装备精良，长期征战才能不被损坏；奖罚分明，士兵才能得到激励奋勇向前。

三官不缪①，五教不乱，九章著明，则危危而无害，穷穷而无难②。故能致远以数，纵强以制③。三官：一曰鼓，鼓所以任也，所以起也，所以进也；二曰金，金所以坐也，所以退也，所以免也；三曰旗，旗所以立兵也，所以利兵也，所以偃兵也。此之谓三官。有三令，而兵法治也。五教：一曰教其目以形色之旗，二曰教其身以号令之数，三曰教其足以进退之度，四曰教其手以长短之利，五曰教其心以赏罚之诚。五教各习，而士负以勇矣。九章：一曰举日章，则昼行；二曰举月章，则夜行；三曰举龙章，则行水；四曰举虎章，则行林；五曰举鸟章，则行陂④；六曰举蛇章，则行泽；七曰举鹊章，则行陆；八曰举狼章，则行山；九曰举韠章⑤，则载食而驾。九章既定，而动静不过。

【注释】①缪：同"谬"，指错误。②危危而无害，穷穷而无难：此处的"危危""穷穷"皆重字，指极端危险、极度穷困。③致远以数：此处指有办法去到远处。致：同"至"。纵强以制：此处指能够统帅众强而能为主加以制约。④行陂：即在山坡上行军。⑤韠章：即皋鸡之旗，鸟身上有文彩的为皋鸡。

【译文】"三官"不发生错误，"五教"不出现混乱，"九章"鲜明，如此，即便军队处于极度险境也没有祸害，即便极度困乏也不会遇难。因此有办法发动远征，能统帅众多强国并加以制约。所谓"三官"：第一是鼓，用来激发士气，发动进攻，并乘胜进军；第二是金，用来防守，指挥退兵，用作休战；第三是旗，用来召集军队，指挥士兵作战，指挥停战。这就是"三官"。有了这三令，军纪兵法就能发挥作用了。所谓"五教"：一是教导士兵识别不同形色的旗帜；二是教导战士遵从各种号令；三是教导战士进退的法度；四是教导战士使用各种长短兵器；五是教导战士牢记赏罚必行的军纪。这五项教导全都一一熟练了，士兵们就能奋勇作战、所向无敌了。所谓"九章"：一是举着有太阳的日旗，表示白天行军；二是举着有月亮的月旗，表示夜晚行军；三是举着有龙纹的龙旗，表示涉水行军；四是举着有虎纹的虎旗，表示穿林行军；五是举着有鸟形图案的鸟旗，表示在丘陵坡地行军；六是举着有蛇纹的蛇旗，表示在沼泽地行军；七是举着有鹊鸟图案的鹊旗，表示陆地行军；八是举着有狼图案的狼旗，表示山中行军；九是举着皋鸡之旗，表示载食驾车而行。士卒熟悉了这九章之后，军队的动静步调就不会出现举止越轨了。

三官、五教、九章①，始乎无端，卒乎无穷②。始乎无端者，道也；卒乎无穷者，德也。道不可量，德不可数也。故不可量，则众强不能图；不可数，则伪诈不敢向。两者备施，则动静有功。径乎不知，发乎不意。径乎不知③，故莫之能御也；发乎不意，故莫之能应也。故全胜而无害④。因便而教，准利而行。教无常，行无常。两者备施，动乃有功。

【注释】①三官、五教、九章：有学者认为此句六字与下文不连，疑为上节标题。②始乎无端，卒乎无穷：此句及以下与《幼官》篇"西方副图"相似，此处指找不到开端、看不到尽头。③径乎不知：此句及以下与《幼官》篇"东方副图"相似，只是《幼官》篇作"经"，指军队过境。④故全胜而无害：此句亦与《幼官》篇近似，《幼官》作"莫之能应，故全胜而无害"。此处指全胜而自身不受损害。

【译文】运用这三官、五教和九章，要做到战争开始时找不到其开端，结束时也看不见其尽头。不见开端就像是"道"；看不见尽头就像是"德"。因为道是不可度量的，德是不可测算的。不可度量，因此敌人强大也无法图谋我军；不可测算，因此敌军使诈也不敢贸然攻击我军。两者都能做到，我军无论进军还是退军都能成功。通过敌境使人无法预知，进军时要使人无法察觉。过敌境能使人不知，敌军就无法防御；进军使人不能察觉，敌人就无法应对。因此我军能夺取完胜而无所伤害。要根据进军的方便与否而指挥军队，要按照有利的原则指挥行动。因此，教令军队没有常规，行动也不拘泥于常规，两者都能做到，一旦出兵就能取胜。

　　器成教施，追亡逐遁若飘风，击刺若雷电。绝地不守，恃固不拔①，中处而无敌，令行而不留。器成教施，散之无方，聚之不可计。教器备利，进退若雷电，而无所疑匮②。一气专定③，则傍通而不疑；厉士利械，则涉难而不匮。进无所疑，退无所匮，敌乃为用。凌山坑④，不待钩梯；历水谷，不须舟辑。径于绝地，攻于恃固，独出独入而莫之能止。宝不独入，而莫之能止；宝不独见，故莫之能敛。无名之至，尽尽而不意⑤。故不能疑神。

【注释】①恃固不拔：此处指敌人虽有绝地而不能守，虽恃险地而不能拒也。有学者认为"拔"乃"枝"之误，枝：同"支"，拒，抵抗。②疑匮：疑，应为"礙"字之省字，止。匮，应为"溃"字之假借。③一气专定：即"一气专心"，与《君臣篇》中的"专意一心"同。此处指专心一意。④坑：一作"阬"，即丘陵，土岗。⑤尽尽而不意：达到极致而难以想象，此处指用兵达到了出神入化的境界。

【译文】军队武器装备完善，士兵训练有素，追逐逃兵就能像飘风一样迅速，杀起敌军就像雷电一样猛烈。出于十分险恶毫无出路的绝地时不做无谓防守，敌人有依靠险固可坚守时不要强攻，策略施行得当适中则无人能敌，军令通行无碍。军备完善，训练有素，分兵而使得敌人不知我军用兵策略，聚兵合击不能测度。在训练充分、武器精良的条件下，无论进军退军都像雷电一样迅疾，毫无滞碍。能做到专心一意，则四面出击都能毫无阻碍；能做到强兵利器，即使临危也能做到毫不慌乱。进军没有阻碍，退军不会混乱，敌人就会为我所用。如此一来，过山堑可以不用钩梯；渡河谷可以不用船只；可以通过绝险的地方，可以攻克依险固守的敌人；独出独入谁也不能阻挡。独入并非孤军深入，因此不能阻止；独出也并非孤军杀出，所以也无法约束。战争的战略无法以固定说法命名，言辞无法完全表达变化要领。所以，不能不信战争的策略变化如神。

畜之以道，则民和；养之以德，则民合。和合故能谐，谐故能辑①，谐辑以悉，莫之能伤。定一至②，行二要③，纵三权④，施四教，发五机⑤，设六行⑥，论七数⑦，守八应⑧，审九器，章十号。故能全胜。

【注释】①辑：积聚力量。②定一至：即上文所谓"无名之至"。③行二要：即上文的"因便而教，准利而行，教无常，行无常"。④纵三权：即上文所谓"纵强以制"，另一说认为"纵三权"应指总"三官之权"。⑤四教、五机：应作"五教""四机"。所谓"四机"即《幼官》"必明其情，必明其将，必明其政，必明其士"。⑥六行：疑指《七法》中六种行军作战之法，即风雨之行、飞鸟之举、雷电之战、水旱之功、金城之守、一体之治。⑦七数：疑《七法》中七项治军原则，即则、象、法、化、决塞、心术、计数。⑧八应：疑《七法》中八项治军具体策略，即聚财、论工、制器、选士、政教、服习、遍知天下、审御机数。

【译文】养兵之法合于道，百姓就会和睦相处；合于德，百姓就会团结一致，能和睦团结，行动就能充分协调，行动协调就能一致，如果全军上下都能协调一致，那就谁也不能伤害了。坚定保持一至，实施二要，总揽三权，享握四机，发扬五教，设置六行，讲求七数，保守八应，彰明九章，辨明十亏。这样就能大获全胜了。

　　大胜无守也，故能守胜①。数战则士罢，数胜则君骄，夫以骄君使罢民，则国安得无危？故至善不战，其次一之②。破大胜强，一之至也。乱之不以变，乘之不以诡③，胜之不以诈，一之实也。近则用实，远则施号；力不可量，强不可度，气不可极，德不可测④，一之原也。众若时雨，寡若飘风⑤，一之终也。

【注释】①有学者认为此句下有缺文，按《幼官》篇补齐，应作"无不胜也，故能大胜；无不守也，故能守胜"。②其次一之：此句及以上几句与《幼官》篇之"南方副图"几乎相同。可参见《幼官》。③乘：战胜，与下文"胜之"义相似。④德不可测：许维通认为此处的"德"指心，即"心不可测"。⑤众若时雨, 寡若飘风: 许维遹认为这两句形容进军迅速, 而不是在指人数多少。

【译文】战无不胜, 因此能获得大胜; 守无不固, 因此能以守取胜。频繁交战使士兵疲惫, 多次取胜君主会骄傲, 以骄傲的君主来驱使疲惫的士兵去作战, 国家怎能不危险? 所以, 用兵最理想的方法是不战而胜, 其次是一战而定。攻破大国, 战胜强敌, 这是一战而定的典范。扰乱敌军不用权变阴谋, 居敌上风不使用诡计, 战胜敌军不使用欺诈, 这就是一战而定的实质。用实力去打败邻近的敌军, 用号令去威慑远方的敌军; 力量不可估算, 强大不可度量, 士气旺盛永不枯竭, 军心之高无法推测, 这是一战胜敌的根本。进攻时兵力集结攻击密集如雨, 战胜后撤军时迅疾如飘风, 这是一战胜敌的最终结局。

利适, 器之至也; 用敌, 教之尽也。不能致器者, 不能利适; 不能尽教者, 不能用敌。不能用敌者穷, 不能致器者困①。远用兵, 则可以必胜。出入异途, 则伤其敌。深入危之, 则士自修②; 士自修, 则同心同力。善者之为兵也, 使敌若据虚, 若搏景③。无设无形焉, 无不可以成也; 无形无为焉④, 无不可以化也, 此之谓道矣。若亡而存, 若后而先, 威不足以命之⑤。

【注释】①致器: 应作"利适", 即"制敌"。②修: 警戒。③景: 同"影", 影子。④为: 应作"象"。⑤威不足以命: 指如此用兵, 则威犹不足以命之。命, 同"名"。

【译文】控制军队是武器完备的结果; 使得敌人为我所用, 是训练有素的结果。不能使武器装备完备, 就无法控制军队; 不能使

得军队训练有素，就不能使得敌人为我所用。不能使敌为我所用，
会使得我陷入被动；不能使武器精良，会使我军陷入困境。用兵神
速，可以取得胜利。军队进军退兵路线不同，会使得士兵劳累疲惫。
深入敌境面临危险，士卒就会自我戒备，协力抗敌。善于用兵的人能
使敌人像在虚空的地方据守，就像在同影子搏斗。保持没有方位、
没有形体的状态，就没有不获胜的；保持没有形体、没有作为的样
子，就没有什么不可被改变的；这就是用兵之道。似有似无，好像
在后面而实则在前头，这样用兵，"威"字也不足以形容其奥妙。

内　言

大匡第十八

【题解】自本篇始，其后连续《大匡》《中匡》《小匡》三篇，郭沫若认为此三篇均为管仲辅佐桓公时所发生的事。汉以前古书多以竹简书写，简有长、中、短三种，本篇所谓大匡，一般认为是较长的竹简，亦含辅佐君主处理国家大事之意。本篇以公子小白出奔—即位—称霸为线索，体现了管仲辅佐齐桓公称霸的杰出政治才能。本篇记述自僖公，经襄公，至桓公称霸诸侯之事，时间跨度较大，人物众多，内容丰富，既有历史事实的叙述，又有治国策略的议论，大致可分为三部分：第一部分记述鲍叔牙辅佐桓公继位并推举管仲为相；第二部分记述管仲辅佐桓公称霸诸侯过程；第三部分总结桓公治国的具体政策。这三篇都记录了管仲辅佐齐桓公的部分事迹，而《大匡》记述最为全面。

　　齐僖公生公子诸儿、公子纠、公子小白。使鲍叔傅小白①，鲍叔辞，称疾不出。管仲与召忽往见之，曰："何故不出？"鲍叔曰："先人有言曰：'知子莫若父，知臣莫若君。'今君知臣不肖也，是以使贱臣傅小白也。贱臣知弃矣。"召忽曰："子固辞，无出，吾权任子以死亡，必免子。"鲍叔曰："子如是，何不免之有乎？"管仲曰："不可。持社稷宗庙者，不让事，不广闲。将有国者未可知也。子其出乎。"召忽曰："不可。吾三人者之于齐国也，譬之犹鼎之有足也，去一焉，则必不立矣。吾观小白，必不为后矣。"管仲曰，"不然也。夫国人憎恶纠之母，以及纠之身，而怜小白之无母也。诸儿长而贱，事未可知也。夫所以定齐国者，非此二公子者，将无已也。小白之为人无小智，惕而有大虑，非夷吾莫容小白。天不幸降祸加殃于齐，纠虽得立，事将不济，非子定社稷，其将谁也？"召忽曰："百岁之后：吾君卜世②，犯吾君命，而废吾所立，夺吾纠也，虽得天下，吾不生也。兄与我齐国之政也，受君令而不改，奉所立而不济③，是吾义也。"管仲曰："夷吾之为君臣也，将承君命，奉社稷，以持宗庙，岂死一纠哉？夷吾之所死者，社稷破，宗庙灭，祭祀绝，则夷吾死之；非此三者，则夷吾生。夷吾生，则齐国利；夷吾死，则齐国不利。"鲍叔曰："然则奈何？"管子曰："子出奉令则可。"鲍叔许诺。乃出奉令，遂傅小白。鲍叔谓管仲曰："何行？"管仲曰；"为人臣者，不尽力于君则不亲信，不亲信则言不听，言不听则社稷不定。夫事君者无二心。"鲍叔许诺。

【注释】①鲍叔：即鲍叔牙，齐国著名政治家，辅佐公子小白（即后来的齐桓公）即位，又主动让贤并推荐管仲为相。②卜世：俞樾云：疑为"下世"之误，译文从"下世"。③不济：即不废弃。济：废弃。

【译文】齐僖公生有公子诸儿、公子纠、公子小白。僖公委派鲍叔牙辅佐小白，鲍叔牙推辞，称病躲在家里不出来。管仲和召忽去看望他，问："你为什么不出来任职呢？"鲍叔牙说："先人有句老话：'没有人能比父亲更了解自己的孩子，没有人能比君主更了解自己的臣子。'如今君主深知我无才无能，这才派我辅佐小白，我自知已被君主所厌弃了。"召忽说："你如果执意推辞，就不要出去，我权且对君主说你要死了，君主必定会免去对你的任命。"鲍叔牙说："您如果这样说，君主哪还能不免除对我的任命呢？"管仲说："不可以。主持国家大事的人，不能拒绝政务，不能贪图安闲。将来由谁继承君位，现在还不知道呢。你一定要出来任职。"召忽说："不可以。我们三人对齐国而言，就好比鼎之三足，去掉一足就立不住了。依我看小白必定不能继承大统。"管仲说："不对。全国的人都讨厌公子纠的母亲，以至于也厌恶公子纠本人，而同情公子小白没有母亲。公子诸儿虽然年长但人品卑劣，以后能否继位还不知道。将来能安定齐国的人，如果不是公子小白和公子纠，就没有其他人了。公子小白的品性为人，不要小聪明，性子虽急躁但有远虑。除了我管仲就没有人能使小白发挥他的才能，如果上天不幸降祸于齐国，即使公子纠继承君位，也将一事无成。如果没有您来安定社稷，还能有谁呢？"召忽说："百年之后老君主去世立新君，如果有人违背君命废黜了我拥立的人，夺取了公子纠的君位，即使他赢得了天下，我也不会苟活，何况委派给我齐国的政务，接受了君令就不会改变，受命辅佐我所拥立的继承人而绝不废弃，这是我应尽的为臣之道。"管仲说："我做君主的臣子，就听受君主的命令，主持掌管国家政务，哪能为了一个公子纠个人而死呢？值得我为之牺牲的是社稷，如果国家被攻灭，宗庙被毁坏，祭祀被断绝，那我会为此而死。如果不是这三种情况，那我还会活着。我活着对齐国有利，我死了对齐国不利。"鲍叔牙说："那我该怎么办呢？"管仲说："您去接受任命就可以了。"鲍叔牙答应了,于是出来接受任命,辅佐公子小白。鲍叔牙问管仲说:"我以后该怎么做?"管仲说:"作为臣子,对待君主不能尽心竭力,就得不到信赖。得不到信赖,君主就不会采纳你的建议。不采纳你的建议,国家就不会安定。侍奉君王不能心怀二心。"鲍叔牙答应了。

僖公之母弟夷仲年生公孙无知,有宠于僖公,衣服礼秩如適①。僖公卒,以诸儿长,得为君,是为襄公。襄公立后,绌无知②,无知怒。公令连称、管至父戍葵丘曰:"瓜时而往,及瓜时而来。"期戍,公问不至,请代,不许,故二人因公孙无知以作乱。

【注释】①衣服礼秩如適:此处指对待公孙无知像对待嫡长子一样。秩:常度。②绌无知:即贬谪、废除了公孙无知的特权。

【译文】齐僖公的同母弟夷仲年生有公孙无知,受到僖公宠爱,衣服礼节等各方面的待遇同嫡子一样。僖公死后,因为公子诸儿年长,得以继位,这就是齐襄公。襄公即位后,废除了公孙无知的特殊优待,无知很愤怒。襄公命令连称、管至父去驻守葵丘,说:"你们瓜熟的时候去,等到下次瓜熟就回来。"驻守期限满周年后,却还没有收到襄公调回他们的命令;于是他们请求派人来接替,却没被允准,因此他们二人就投靠公孙无知发动叛乱。

鲁桓公夫人文姜,齐女也。公将如齐,与夫人皆行。申俞谏曰:"不可,女有家,男有室,无相渎也①,谓之有礼。"公不听,遂以文姜会齐侯于泺。文姜通于齐侯,桓公闻,责文姜。文姜告齐侯，齐侯怒，飨公，使公子彭生乘鲁侯胁之，公薨于车②。竖曼曰："贤者死忠以振疑，百姓寓焉③；智者究理而长虑，身得免焉④。今彭生二于君，无尽言。而谀行以戏我君，使我君失亲戚之礼，命又力成吾君之祸，以构二国之怨，彭生其得免乎? 祸理属焉。夫君以怒遂祸，不畏恶亲闻容，昏生无丑也。岂及彭生而能止之哉? 鲁若有诛，必以彭生为说。"二月，鲁人告齐曰："寡君畏君之威，不敢宁居，来修旧好。礼成而不反，无所归死，请以彭生除之。"齐人为杀彭生，以谢于鲁。五月，襄公田于贝丘、见豕彘。从者曰："公子彭生也。"公怒曰："公子彭生安敢见!"射之，豕人立而啼。公惧，坠于车下，伤足亡屦⑤。反，诛屦于徒人费，不得也，鞭之见血。费走而出，遇贼于门，胁而束之，费袒而示之背，贼信之，使费先入，伏公而出，斗死于门中。石之纷如死于阶下。孟阳代君寝于床，贼杀之，曰："非君也，不类。"见公之足于户下，遂杀公，而立公孙无知也。

【注释】①渎: 沟通。当时诸侯国宗室之女一旦远嫁就不得再回母家，防止泄露机密。②薨: 古代诸侯去世称为"薨"。③振、寓: 分别指去掉人们的疑惑、使百姓的精神有所寄托。④身得免焉: 使得自己免除祸患。⑤伤足亡屦: 伤足，指跌伤了脚。亡屦，指丢失了鞋子。

【译文】鲁桓公的夫人文姜，是齐国公室之女。鲁桓公将要去齐国，准备与夫人同行。申俞规劝说："不能这样。女有夫家，男有妻室，不可相互交通走动，这才合乎礼法。"鲁桓公不听，于是带着文姜在齐国的渎会与齐襄公相会。文姜与齐侯私通，鲁桓公听说以后，责备文姜。文姜告诉了齐侯，齐侯发怒，宴请鲁桓公，暗示公子彭生扶鲁桓公上车时折断其肋骨,鲁桓公死在了车上。竖曼说:"贤能的人死于忠心而去除人们心中的疑惑,使百姓能够托付于这样的人。明智的人推究事理以长远考虑,使自身得以免于祸患。如今公子彭生是仅次于君主您的辅助大臣,不来尽力规劝反而阿谀奉迎,戏弄国君,使得国君失掉亲戚的礼数。又极大造成了国君的祸患,导致齐鲁两国结怨,公子彭生难辞其咎,他就是罪魁祸首!国君因一时之怒而造成祸事,不顾及亲戚交恶,昏乱难堪,这简直是无耻至极。此事哪是用一个彭生就能了事的?如果鲁国来问责,必推到公子彭生身上为借口。"二月,鲁国的使者告诉齐国:"我们国君敬畏您的威望,不能安宁生活,来重修旧好,完成了外交之礼却没有活着回鲁国,没什么可以归咎的,请杀掉公子彭生来消除这个仇恨。"齐国就杀了公子彭生来向鲁国道歉。齐襄公十二年五月,襄公在贝丘田猎,看到一头野猪。随从说:"这是公子彭生。"襄公生气地说:"公子彭生怎么敢出来见我!"就用箭射它,野猪像人一样站立起来啼哭。襄公害怕而摔到了车下,脚受伤了,还丢了鞋子。回来见鞋子丢了,就向侍臣费要鞋。费找不到鞋子,就鞭打费打出了血。费跑出来,在门口遇到了叛贼,被挟持并捆绑起来。费脱下衣服让他们看被鞭打的后背来证明遭到了国君毒打,叛贼相信了他,让费先进去室内。费把襄公藏好出来,与叛贼搏斗死在门内。石之纷如也战死在阶下。孟阳代襄公睡在床上,叛贼就把他杀了。叛贼觉得不对,说:"这不像是齐侯。"看见襄公的脚在窗户下,于是杀了襄公,立公孙无知为君。

鲍叔牙奉公子小白奔莒,管夷吾、召忽奉公子纠奔鲁。九年,公孙无知虐于雍廪,雍廪杀无知也。桓公自莒先入,鲁人伐齐，纳公子纠。战于乾时，管仲射桓公中钩①，鲁师败绩，桓公贱位。于是劫鲁，使鲁杀公子纠。桓公问于鲍叔曰："将何以定社稷？"鲍叔曰："得管仲与召忽，则社稷定矣。"公曰："夷吾与召忽，吾贼也。"鲍叔乃告公其故图。公曰："然则可得乎？"鲍叔曰："若亟召，则可得也；不亟②，不可得也。夫鲁施伯知夷吾为人之有慧也，其谋必将令鲁致政于夷吾、夷吾受之，则彼知能弱齐矣；夷吾不受，彼知其将反于齐也，必将杀之。"公曰："然则夷吾将受鲁之政乎？其否也？"鲍叔对曰："不受。夫夷吾之不死纠也，为欲定齐国之社稷也，今受鲁之政，是弱齐也。夷吾之事君无二心，虽知死，必不受也。"公曰："其于我也，曾若是乎③？"鲍叔对曰："非为君也，为先君也。其于君不如亲纠也，纠之不死，而况君乎？君若欲定齐之社稷，则亟迎之。"公曰："恐不及，奈何？"鲍叔曰："夫施伯之为人也，敏而多畏。公若先反，恐注怨焉，必不杀也。"公曰："诺。"施伯进对鲁君曰："管仲有急④，其事不济，今在鲁，君其致鲁之政焉。若受之，则齐可弱也；若不受，则杀之。杀之，以悦于齐也，与同怒，尚贤于已。"君曰："诺。"鲁未及致政，而齐之使至，曰："夷吾与召忽也，寡人之贼也，今在鲁，寡人愿生得之。若不得也，是君与寡人贼比也。"鲁君问施伯，施伯曰："君与之。臣闻齐君惕而亟骄，虽得贤，庸必能用之乎？及齐君之能用之也，管子之事济也。夫管仲天下之大圣也，今彼反齐、天下皆乡之，岂独鲁乎！今若杀之，此鲍叔之友也，鲍叔因此以作难，君必不能待也，不如与之。"鲁君乃遂束缚管仲与召忽。管仲谓召忽曰："子惧

乎?"召忽曰:"何惧乎?吾不蚤死,将胥有所定也⑤;今既定矣,
令子相齐之左,必令忽相齐之右。虽然,杀君而用吾身,是再辱
我也。子为生臣,忽为死臣。忽也知得万乘之政而死,公子纠可
谓有死臣矣。子生而霸诸侯,公子纠可谓有生臣矣。死者成行,
生者成名,名不两立,行不虚至。子其勉之,死生有分矣。"乃
行,入齐境,自刎而死。管仲遂入。君子闻之曰:"召忽之死也,
贤其生也;管仲之生也,贤其死也。"

【注释】①中钩:当时的贵族衣服腰间所系的大带子,上有钩子,
便于佩戴玉器之类的饰品。②蚤:赶快、赶紧。③曾若是乎:曾,则也,
此处指则能忠心耿耿、毫无二心的意思。④管仲有急:此处的"急"当做
"慧",即管仲有才能的意思。⑤胥:等待。

【译文】鲍叔牙侍奉公子小白逃到莒国,管夷吾、召忽侍奉公
子纠逃到鲁国。鲁庄公九年,公孙无知在雍廪肆意妄为,雍廪的人
杀了无知。齐桓公先从莒国返回齐国,鲁国出兵齐国,准备立公子纠
为齐国国君,两国在乾时交战,管仲向桓公射箭射中了他的衣带钩。
鲁军战败,齐桓公即位,于是胁迫鲁国,让鲁国杀死了公子纠。桓公
向鲍叔牙请教:"怎样才能安定国家?"鲍叔牙回答说:"得到管仲
和召忽,国家就能安定了。"桓公说:"管仲和召忽,是我的仇人。"
鲍叔牙于是就把他们三人过去的想法告诉了桓公。桓公说:"那能
得到他们吗?"鲍叔牙回答说:"如果马上召回就可以得到。迟了就
得不到。鲁国的施伯了解管仲为人有大智慧,他将想方设法请鲁
国国君把国政交予管仲。管仲接受了鲁国的任命,鲁国就能削弱齐国
了。管仲不接受鲁国的任命,鲁国知道了他要返回齐国,就一定会杀
了他。"桓公问:"那管仲会接受鲁国的国政吗,还是不接受呢?"

鲍叔牙回答说："不接受。管仲不为公子纠而死，是想要安定齐国。如果现在接受鲁国国政，这会削弱齐国。管仲侍奉君主没有二心，即使知道会死，也一定不会接受。"桓公说："他侍奉我也能做到这样吗？"鲍叔牙说："这不是为了国君您，而是为了先代的国君。他对您不如对公子纠更亲近，公子纠尚且不能让他为之赴死，更何况国君您呢！国君您如果想安定齐国，就赶快接他回国。"桓公说："恐怕来不及，怎么办？"鲍叔牙说："施伯为人，思想敏锐却畏首畏尾。您如果先将管仲召回，施伯会担心与齐国结怨，必定不会杀管仲。"桓公说："好。"施伯果然对鲁国国君进谏说："管仲有才智，但辅佐公子纠与公子小白争位却没有成功。现在他在鲁国，请您把鲁国的国政交给他。他如果接受了，齐国就可以被削弱。如果不接受，就把他杀了；杀了他可以取悦齐国新君，表现出与齐国同怒的姿态，要好于不杀他。"鲁君说："好。"鲁国还没来得及把政务委派给管仲，齐国的使臣到了，说："管仲和召忽是我的仇人。他们现在鲁国，我国国君希望能将他们活捉回国。如果做不到，那么您就是与我的仇人为伍。"鲁君询问施伯，施伯说："您给他吧。我听说齐国国君性子急躁又容易骄傲，即使得到贤才，怎可能一定妥善任用呢？等到齐君起用了他，管仲的事功就达成了。管仲是天下极为圣贤的人。如今他返回齐国，天下都因得益而顺应他，岂止咱们鲁国！现在如果杀了他，他是鲍叔的挚友，鲍叔因此兴师问罪，您一定无法抵御，不如交给齐国。"鲁君于是把管仲和召忽捆绑起来遣返。管仲对召忽说："你害怕吗？"召忽说："有什么可怕的？我没有早死，是要等着齐国能被安定，现在齐国政局已经安定了，如果任命你当齐国的左相，一定会任命我当齐国的右相。既然这样，杀了我所辅佐的公子纠却要任用我，这是又一次侮辱我。你是生臣，我是死臣。我知道了会接管万乘之国的政务而去死，公子纠可以说是有死臣了。你活着让齐国称霸诸侯，公子纠就可以说是有生臣了。死臣成就德行，生臣成就功名。声名不能两边保全，德行仅靠虚张声势不能达成。你一定要努力，你我生死各得其所。"于是就上路出发。召忽进入齐国地界，自刎而死，管仲返回了齐国。君子听说这个情况后都说："召忽自杀，比他活着要好。管仲活着，比他死了好。"

或曰：明年①，襄公逐小白，小白走莒。三年，襄公薨，公子纠践位。国人召小白。鲍叔曰："胡不行矣？"小白曰："不可。夫管仲知，召忽强武，虽国人召我，我犹不得入也。"鲍叔曰："管仲得行其知于国，国可谓乱乎？召忽强武，岂能独图我哉②？"小白曰："夫虽不得行其知，岂且不有焉乎？召忽虽不得众，其及岂不足以图我哉？"鲍叔对曰："夫国之乱也，智人不得作内事，朋友不能相合缪③，而国乃可图也。"乃命车驾，鲍叔御小白乘而出于莒。小白曰："夫二人者奉君令，吾不可以试也。"乃将下，鲍叔履其足曰："事之济也，在此时；事若不济，老臣死之，公子犹之免也。"乃行。至于邑郊，鲍叔令车二十乘先，十乘后。鲍叔乃告小白曰："夫国之疑二三子，莫忍老臣④。事之未济也，老臣是以塞道。"鲍叔乃誓曰："事之济也，听我令；事之不济也，免公子者为上，死者为下，吾以五乘之实距路。"鲍叔乃为前驱，遂入国，逐公子纠。管仲射小白，中钩。管仲与公子纠、召忽遂走鲁。桓公践位，鲁伐齐，纳公子纠而不能。

【注释】①明年：指齐襄公二年。下文"三年"当为"十二年"之误，译文从之。②岂能独图我哉：此处指难道只是对付我们之意。图：对付。③掇：绞结，交往。此处指与人相交、交往。④莫忍老臣：忍，假借为"认"，此处指不认识我鲍叔牙之意。

【译文】还有另一种说法是：齐襄公继位的第二年，驱逐了公子小白，小白逃往莒国。襄公十二年，齐襄公去世后，公子纠即位，齐国人召公子小白回国。鲍叔说："为什么不走呢？"公子小白说："不能回去。管仲有智谋，召忽强大而有武力，即使国人召唤我，我还是无法回国。"鲍叔说："管仲若能用他的智谋管理国家，国家还会乱吗？召忽强硬，又怎能只对付我们呢？"公子小白说："管仲虽然不能施展才华，难道是他没有才华吗？召忽即使不能收服民心，难道他的党羽还不足以对付我吗？"鲍叔回答说："国家动乱，谋士无法推行内政，朋友不能相互合作，国家这时才有可能夺回来。"于是下令准备车马。鲍叔驾车，公子小白乘车，离开莒国。公子小白说："管仲和召忽是遵行国君的命令行事，我还是不要去冒险。"于是要下车。鲍叔用鞋子踩住公子小白的脚，说："成事就在此时。如果不能成事，我一人送死，公子您仍然可以脱身。"于是继续前行，来到了城郊，鲍叔命令二十乘车在前，十乘在后。鲍叔告诉小白："齐国人或许会怀疑我们这几个人，但他们不认识我。如果谋事不成，我就堵住国人的进攻路线掩护你撤退。"鲍叔发誓道："事成了，要听从我的号令。如果不成，公子您能免于一难最好，最不济便要送死。我会用五乘兵车抵挡进攻。"鲍叔于是作为前驱，攻入齐国，赶走了公子纠，管仲用箭射公子小白却射中了带钩。管仲和公子纠、召忽于是出走鲁国。齐桓公即位，鲁国攻打齐国，想送公子纠回国即位但失败了。

桓公二年践位①，召管仲。管仲至，公问曰："社稷可定乎？"管仲对曰："君霸王，社稷定；君不霸王，社稷不定。"公曰："吾不敢至于此其大也，定社稷而已。"管仲又请，君曰："不能。"管仲辞于君曰："君免臣于死，臣之幸也；然臣之不死纠也，为欲定社稷也。社稷不定，臣禄齐国之政而不死纠也②，臣不敢。"乃走出，至门，公召管仲。管仲反，公汗出曰："勿已，其勉霸乎。"管仲再拜稽首而起曰："今日君成霸，臣贪承命，趋立于相位。"乃令五官行事。异日，公告管仲曰："欲以诸侯之间无事也，小修兵革③。"管仲曰："不可。百姓病，公先与百姓，而藏其兵。与其厚于兵，不如厚于人。齐国之社稷未定，公未始于人而始于兵，外不亲于诸侯，内不亲于民。"公曰："诺。"政未能有行也。

【注释】①二年：应该是"元年"，而非"二年"。②禄：即"录"，此处指辅佐桓公而为相，领齐国之政。③小修：应当作"内修"，此处指治理齐国内政。

【译文】桓公即位的元年召管仲回国。管仲回到齐国，桓公问："国家能安定下来吗？"管仲回答说："国君实践霸业王业，国家就会安定。如果国君您不实现霸业王业，国家就不会安定。"桓公说："我不敢有这么宏大的志向，只求齐国社稷安定就可以了。"管仲再次请求，桓公说："做不到。"管仲向桓公辞别，说："您免除了我的死罪，是我的幸运。但是我不为公子纠而死，是为了安定齐国。国家不安定，我掌管着国家的政事而不为公子纠守死节，我不敢这样。"于是跑出了朝廷。到了大门口，桓公召回管仲。管仲返回，桓公紧张的流汗说："不得已，那我就努力实行霸业吧！"管仲拜了两拜，叩首，起身说："今天您要成就霸业，我就承受君命就任相位。"于是开始命令五官处理政务。后来有一天，桓公对管仲说："我想趁着诸侯之间没有战事，小规模地加强一下军备。"管仲说："不能这么做。百姓贫困，您要先让利于民，收敛用兵之事。与其厚备军需，不若厚待民众。齐国社稷还不安定，您不把民众放在首位却重视兵事，于国外不与诸侯亲近，在国内不广泽万民。"桓公说："好。"加强军备的政令就没有执行。

二年，桓公弥乱^①，又告管仲曰："欲缮兵。"管仲又曰："不可。"公不听，果为兵。桓公与宋夫人饮船中。夫人荡船而惧公。公怒，出之，宋受而嫁之蔡侯。明年，公怒告管仲曰："欲伐宋。"管仲曰："不可。臣闻内政不修，外举事不济。"公不听，果伐宋。诸侯兴兵而救宋，大败齐师。公怒，归告管仲曰："请修兵革。吾士不练，吾兵不实，诸侯故敢救吾仇。内修兵革！"管仲曰："不可，齐国危矣。内夺民用，士劝于勇，外乱之本也。外犯诸侯，民多怨也。为义之士，不入齐国，安得无危？"鲍叔曰："公必用夷吾之言。"公不听，乃令四封之内修兵。关市之征侈之^②，公乃遂用以勇授禄。鲍叔谓管仲曰："异日者，公许子霸，今国弥乱，子将何如？"管仲曰："吾君惕，其智多诲^③，姑少胥其自及也。"鲍叔曰："比其自及也，国无阙亡乎？"管仲曰："未也。国中之政，夷吾尚微为焉^④，"乱乎尚可以待。外诸侯之佐，既无有吾二人者，未有敢犯我者。"明年，朝之争禄相刺，裂领而刎颈者不绝^⑤。鲍叔谓管仲曰："国死者众矣，毋乃害乎？"管仲曰："安得已然，此皆其贪民也。夷吾之所患者，诸侯之为义者莫肯入齐，齐之为义者莫肯仕。此夷吾之所患也。若夫死者，吾安用而爱之？"公又内修兵。

【注释】①桓公弥乱：应作"国弥乱"，此处指国家非常混乱。②侈：过度，此处指加重征收赋税。③惕：性子急躁。悔：悔恨、反省。④尚微为焉：悄悄在暗中做。微：私下、隐蔽。⑤斩领：即断头。

【译文】二年，国家非常混乱，桓公又一次告诉管仲："我要加强军备。"管仲再次说道："不能这么做。"桓公不听，果真备战。桓公和宋夫人在船里饮酒，宋夫人摇晃起船来而使得桓公受到了惊吓，桓公于是发怒，休了宋夫人。宋国接纳了宋夫人，并把她嫁给了蔡侯。第二年，桓公生气地告知管仲："我要讨伐宋国。"管仲说："不可以。我听说国内的政事不好好治理，在国外行事就不能成功。"桓公不听，果然讨伐宋国。诸侯起兵救援宋国，齐国军队惨败。桓公恼怒，回来告诉管仲说："请加强军备。我们的战士不训练，兵备不充实，所以诸侯才敢援救我们的敌国。国内要修习军事。"管仲说："不可以。齐国危亡了。国内剥夺民众的财用，劝勉士兵追求勇以外的东西，这是国家动乱的根本所在。在外侵犯诸侯，人们多怨言。秉行正义之士，不肯到齐国来，怎么可能没有隐患？"鲍叔说："您一定要听用管仲的进言。"桓公不听，于是让齐国封地之内修习兵事，增加了通关与营市的税收，桓公就用此充当赏禄授予练兵勇敢的人。鲍叔对管仲说："先前桓公准许了你的称霸大计，现在国家日渐动乱，你接下来要怎么做？"管仲说："君上放荡，但有智慧善于反思悔改。姑且稍加等待，他自己会醒悟的。"鲍叔说："等到他醒悟了，国家难道没有损失吗？"管仲说："不会的。国内的政务，我尚且可以暗中处理，怎么会动乱呢？还是有时间等待桓公觉悟的。国外诸侯的辅佐之士，既然没有像我们二人这样的，就没有敢侵犯我们的。"下一年，朝廷之中争夺体禄相互残害，断领割颈的事情屡屡发生。鲍叔对管仲说："国中死的人太多了，岂不是祸事？"管仲说："怎能如此！这些都是贪财的人。我所忧虑的是，诸侯各国坚守正义的人不肯来齐国，齐国秉行正义的人不肯出仕，这是我所担忧的。像那些死去的人，我何必去怜悯他们呢？"桓公继续在国内兴修军备。

三年，桓公将伐鲁，曰："鲁与寡人近，于是其救宋也疾，寡人且诛焉。"管仲曰："不可。臣闻有土之君，不勤于兵，不忌于辱，不辅其过，则社稷安。勤于兵，忌于辱，辅其过，则社稷危。"公不听。兴师伐鲁，造于长勺。鲁庄公兴师逆之，大败之。桓公曰："吾兵犹尚少，吾参围之，安能围我？"

【译文】三年，齐桓公将要攻伐鲁国，说："鲁国与齐国比邻，因此他援救宋国比其他诸侯先到，我将要讨伐它。"管仲说："不可以。我听说一国之君，不频繁起兵，不忌恨耻辱，不错上加错，社稷就能安稳。频繁用兵，忌恨羞辱，重复犯错，社稷就会危亡。"桓公不听，起兵讨伐鲁国。行军到了长勺，鲁庄公发兵进攻，齐国惨败。桓公说："我的军队数量还太少，我用三倍的兵力把他们包围起来，怎么还能抵挡得了我？"

四年，修兵，同甲十万①，车五千乘。谓管仲曰："吾士既练，吾兵既多，寡人欲服鲁。"管仲喟然叹曰："齐国危矣。君不竞于德而竞于兵。天下之国带甲十万者不鲜矣,吾欲发小兵以服大兵。内失吾众,诸侯设备,吾人设诈,国欲无危,得已乎?"公不听,果伐鲁。鲁不敢战,去国五十里而为之关②。鲁请比于关内,以从于齐,齐亦毋复侵鲁。桓公许诺。鲁人请盟曰:"鲁小国也,固不带剑,今而带剑,是交兵闻于诸侯,君不如已③。请去兵。"桓公曰:"诺。"乃令从者毋以兵。管仲曰:"不可。诸侯加忌于君,君如是以退可。君果弱鲁君,诸侯又加贪于君,后有事,小国弥坚,大国设备,非齐国之利也。"桓公不听。管仲又谏曰:"君必不去鲁,胡不用兵?曹刿之为人也,坚强以忌④,不可以约取也。"桓公不听,果与之遇。庄公自怀剑,曹刿亦怀剑,践坛,庄公抽剑其怀曰:"鲁之境去国五十里,亦无不死而已。"左揕桓公⑤,右自承曰:"均之死也,戮死于君前。"管仲走君,曹刿抽剑当两阶之间,曰:"二君将改图,无有进者!"管仲曰:"君与地,以汶为竟。"桓公许诺,以汶为竟而归。桓公归而修于政,不修于兵革,自圉,辟人,以过,弭师。

【注释】①同甲:指铠甲齐整。同:齐全、齐备。②而为之关:另立国界设立关防。③君不如已:此处指国君还不如停止盟会。已:停止。④忌:狠毒。⑤揕:准备刺杀。

【译文】桓公四年,齐国继续加强战备,训练了齐整穿戴铠甲的士兵十万人,战车五千辆。桓公对管仲说:"我的士兵已经接受了精良训练,也增添了许多的兵器,我准备讨伐鲁国。"管仲长叹一声说道:"齐国要危险了,您不致力于修德,却勤于发展军备!天下的诸侯国,有十万甲士兵力的并不少见。我们要发动如此少的兵力去征服天下诸侯的强大兵力，国内会失去民心。诸侯设置防备，我们仓促应战，齐国想不陷入危亡之中，可能吗？"桓公不听，果然讨伐鲁国。鲁国不敢应战，在离鲁国五十里的地方设置了关隘防守。鲁国请求像关内侯一样，顺从于齐国，齐国也不要再次侵犯鲁国。桓公答应了。鲁人请求会盟，说："鲁国是小国，本来就不佩剑。如今带剑，这是要让诸侯知道您好战的名声。不如不这样，请您也不带兵器相见。"桓公说："好。"于是让随行的人不要带兵器。管仲说："不可以。诸侯已对您增加了忌恨，您在这时退避，是可以的。若您果真削弱鲁国，诸侯会给你加上贪婪的名声，以后有战事，小国更加坚守，大国设置防备，都对齐国不利。"桓公不听。管仲再次劝谏道："若您一定不放过鲁国，怎么可以不带兵器去会盟？曹刿为人，坚强狠毒，不能够用盟约的方式来取信。"桓公不听，果然去齐国盟约了。鲁庄公自己怀里有剑，曹刿怀里也带着剑。走上盟坛，鲁庄公从怀里抽出剑，说："鲁国的边境距离鲁国有五十里了，也难逃一死了。"庄公左手拿剑指着桓公，右手做着自杀动作说："都是死，不如死在您面前。"管仲跑向桓公，曹刿拔剑挡在两个台阶中间，说："两个国君将要改变计划，不要上前干预。"管仲对桓公说："您交出土地，把汶水作为两国界限。"桓公答应了，把汶水作为国界后回国。桓公回国后努力整顿国内政务，不再加强战备，只是自守边境，开发人才，不再做错事并不再发动战争。

五年，宋伐杞。桓公谓管仲与鲍叔曰，"夫宋，寡人固欲伐之，无若诸侯何？夫杞，明王之后也。今宋伐之，予欲救之，其可乎？"管仲对曰："不可。臣闻内政之不修，外举义不信。君将外举义，以行先之①，则诸侯可令附。"桓公曰："于此不救，后无以伐宋。"管仲曰:"诸侯之君,不贪于土。贪于土必勤于兵、勤于兵必病于民,民病则多诈。夫诈密而后动者胜^②,诈则不信于民。夫不信于民则乱,内动则危于身。是以古之人闻先王之道者,不竞于兵。"桓公曰:"然则奚若?"管仲对曰:"以臣则不,而令人以重市使之。使之而不可,君受而封之。"桓公问鲍叔曰:"奚若?"鲍叔曰:"公行夷吾之言。"公乃命曹孙宿使于宋。宋不听,果伐杞。桓公筑缘陵以封之^③,予车百乘,甲一千。明年,狄人伐邢,邢君出致于齐,桓公筑夷仪以封之,予车百乘,卒千人。明年,狄人伐卫,卫君出致于虚,桓公且封之,隰朋、宾胥无谏曰:"不可。三国所以亡者,绝以小。今君蕲封亡国,国尽若何?"桓公问管仲曰:"奚若?"管仲曰:"君有行之名,安得有其实。君其行也。"公又问鲍叔,鲍叔曰:"君行夷吾之言。"桓公筑楚丘以封之,与车三百乘,甲五千。既已封卫,明年,桓公问管仲:将何行?管仲对曰:"公内修政而劝民,可以信于诸侯矣。"君许诺。乃轻税,弛关市之征,为赋禄之制,既已,管仲又请曰:"问病。臣愿赏而无罚,五年,诸侯可令傅^④。"公曰,"诺。"既行之,管仲又请曰:"诸侯之礼,令齐以豹皮往,小侯以鹿皮报;齐以马往,小侯以犬报。"桓公许诺,行之。管仲又请赏于国以及诸侯,君曰:"诺。"行之。管仲赏于国中,君赏于诸侯。诸侯之君有行事善者,以重币贺之;从列士以下有善者,衣裳贺之;凡诸侯之臣有谏其君而善者,以玺问之、以信其言。公既行之,又问管仲曰:"何行?"管仲曰:"隰朋聪明捷给,可令为东国^⑤。宾胥无坚强以良,可以为西土。卫国之教,危傅以利^⑥。

公子开方之为人也，慧以给，不能久而乐始，可游于卫。鲁邑之教，好迩而训于⑦。季友之为人也，恭以精，博于粮，多小信，可游于鲁。楚国之教，巧文以利，不好立大义，而好立小信。蒙孙博于教，而文巧于辞，不好立大义，而好结小信，可游于楚。小侯既服，大侯既附，夫如是，则始可以施政矣。"君曰："诺。"乃游公子开方于卫，游季友于鲁，游蒙孙于楚。五年，诸侯附。

【注释】①行：内行，指先治理内政。②诈：巧诈虚伪。密：停止。③缘陵：城市名，指修筑缘陵这座城市。④傅：同附，指亲附。⑤东国：齐国东面之国，下西土亦指齐国西面之国。⑥危傅以利：应作"伪薄"，指轻薄奸巧。⑦好迩：即好艺，二字音近字通。艺：指六艺。训：当作"驯"，指顺服于礼。

【译文】五年，宋国攻打杞国。齐桓公对管仲和鲍叔说："宋国，我早就想讨伐它，无奈诸侯解救了宋国。杞国，是圣明君王的后代。现在宋国讨伐杞国，我想去援救杞国，这样做可以吗？"管仲回答说："不可以。我听说国内的政务治理不好，在国外兴兵行义就不会被信服。您要在国外高举正义，要先内修国政，这样诸侯就会亲附。"桓公说："在这个时候不做，以后就没有机会讨伐宋国了。"管仲说："诸侯国的君主，不要贪图土地。贪图土地一定会致力于用兵，致力于用兵一定会让民众疲敝，百姓疲敝就会多权诈。在谋略方面，先静后动就会胜利，重权诈就不会取信于民。不能取信于民，动乱就会从国内产生，就会危及自身。因此古人听过先王之道的人，不会在用兵上竞争的。"桓公说："这该怎么办呢？"管仲回答说："如果是我的话不会这么做，而是会派人用重礼出使宋国。如果出使宋国行不通，您就接纳杞国国君另给他建都城。"桓公问鲍叔："怎么样?"鲍叔说:"您按管仲说的做。"桓公于是命令曹孙宿出使宋国,宋国不听,果然攻伐杞国。桓公修筑缘陵封赐给了杞国,授予一百乘车,一千甲士。下一年,狄人讨伐邢国,邢国的国君出逃到了齐国。桓公修筑夷仪来封赏邢君,赠一百乘车,一千步卒。下一年,狄人攻伐卫国,卫君出奔到了虚。桓公将要封赏卫君,隰朋、宾胥无进谏:"不可以。三个国家之所以会灭亡,只不过是因为它们小。如今您封赏这些亡国,国力用尽了怎么办?"桓公问管仲说:"怎么办?"管仲说:"您有了奉行正义的名义,就要有行义的实际行动。您还是继续做吧。"桓公又问鲍叔,鲍叔说:"您按管仲说的去做。"桓公修建楚丘封赏给了卫君,赏赐了三百乘车,五千甲士。封卫国之后的下一年,桓公问管仲:"接下来怎么做?"管仲回答道:"公在国内勤修政务,勉励百姓,就可以得到诸侯的信任了。"桓公同意了。于是减轻税率,放缓了通关税和市场税的征收,整顿赋税与封赏的制度。已经推行之后,管仲又请求道:"慰问生病的大臣,希望要行赏赐而不要惩罚,这样做五年就能让诸侯亲附。"桓公说:"好。"已经推行这项政令,管仲又请求道:"对待诸侯之间送往迎来的礼数,齐国送出豹皮,让小诸侯国回报鹿皮。齐国送马,让小诸侯国回报狗。"桓公答应并实行了。管仲又请求在国内外大行赏赐。桓公说:"好。"推行了奖赏制度。管仲在国内行赏,桓公在诸侯国间行赏。诸侯国的君主,如果做了好事,就用厚重的礼品去恭贺。诸侯国列士以下有做好事的,就送衣服恭贺。凡是诸侯国的臣子进谏劝君行善的,就用玺书慰问他,以肯定其言论的可信。桓公已经照做了,又问管仲:"还要做什么?"管仲说:"隰朋聪慧敏捷,可以让他管理齐国东部事务。宾胥无坚强贤良,可以派他主持齐国西部事务。卫国的教化诡附亲利。公子开方的为人,聪慧而轻率,不能持久而喜欢尝试,可以派他出使卫国。鲁国的教化,无大目标并安守礼法。
季劳的为人,恭敬而纯良,博闻而有度,多能小事守信,可以派他出
使鲁国。楚国的教化,言辞动听而趋利,不喜欢树立大义,而喜欢兑
现小的信用。蒙孙博闻政教,言辞工巧,不喜好树立大义,而真欢坚
守信用,可以派他去楚国游说。小诸侯国已经信服,大诸侯国已经亲
附,能做到这样,就可以开始给他们施加政令了。"桓公说:"好。"
于是派公子开方出使到卫国,派季劳出使鲁国,派蒙孙出使楚国。
经过五年的时间,诸侯都来亲附。

　　狄人伐①,桓公告诸侯曰:"请救伐。诸侯许诺,大侯车二百
乘,卒二千人;小侯车百乘,卒千人。"诸侯皆许诺。齐车千乘,
卒先致缘陵,战于后故②。败狄。其车甲与货,小侯受之,大侯
近者,以其县分之,不践其国。北州侯莫来,桓公遇南州侯于
召陵,曰:"狄为无道,犯天子令,以伐小国;以天子之故,敬天
之命,令以救伐。北州侯莫至,上不听天子令,下无礼诸侯,寡
人请诛于北州之侯。"诸侯许诺。桓公乃北伐令支,下凫之山,
斩孤竹,遇山戎③,顾问管仲曰:"将何行?"管仲对曰:"君教
诸侯为民聚食,诸侯之兵不足者,君助之发。如此,则始可以加
政矣。"桓公乃告诸侯,必足三年之食,安以其余修兵革。兵革
不足,以引其事告齐,齐助之发。既行之,公又问管仲曰:"何
行?"管仲对曰:"君会其君臣父子,则可以加政矣。"公曰:"会
之道奈何?"曰:"诸侯毋专立妾以为妻,毋专杀大臣,无国劳
毋专予禄;士庶人毋专弃妻,毋曲堤④,毋贮粟,毋禁材。行此
卒岁,则始可以罚矣。"君乃布之于诸侯,诸侯许诺,受而行之。

卒岁，吴人伐毂⑤，桓公告诸侯未遍，诸侯之师竭至，以待桓公。桓公以车千乘会诸侯于竟，都师未至，吴人逃。诸侯皆罢。桓公归，问管仲曰："将何行？"管仲曰："可以加政矣。"曰："从今以往二年，嫡子不闻孝，不闻爱其弟，不闻敬老国良，三者无一焉，可诛也。诸侯之臣及国事，三年不闻善，可罚也。君有过，大夫不谏；士庶人有善，而大夫不进，可罚也。士庶人闻之吏贤、孝、悌，可赏也。"桓公受而行之，近侯莫不请事，兵车之会六，乘车之会三，飨国四十有二年。

【注释】①狄人伐：指狄人侵略杞国。②战于后故：应作"战于缘陵"，即在缘陵这个地方开战。③遏山戎：应当作"遏山戎"，指遏止住、抵御住山戎的侵略、进犯。④毋曲堤：此处指不得在所在河谷随意修筑堤坝，以免引起用水纠纷。曲：障碍。⑤毂：齐国某地名，后封予管仲。

【译文】狄人侵略攻打杞国。齐桓公通告各国诸侯说："请救援杞国。"诸侯答应了。大诸侯国派出兵车二百乘，士兵两千人；小诸侯国派出兵车一百乘，士兵一千人，诸侯都答应了。齐国战车一千乘，仓促之间到达缘陵，在缘陵这个地方打败了狄人。狄国军队的战车、铠甲和财货，分给了小诸侯国。靠近狄国的大诸侯国，分到了狄国的县邑，既分给他们，齐国再也不踏进那里的土地。北州侯没有来救援，齐桓公在召陵会见了南州侯，说："狄人无道，违犯了天子的命令，来讨伐杞国。因为天子的缘故，敬承上天的命令，号令诸侯来救援被伐之国。北州侯没有到，上不听从天子的命令，下对待诸侯无礼，我请求讨伐北州侯。"诸侯答应了。齐桓公于是北伐令支，攻下兔之山，斩杀了孤竹国君，遏止、阻挡了山戎。桓公回头看着管仲问："接下来要怎么做？"管仲回答说："您让诸侯给百姓储存粮食，诸侯有兵力不足的，您就发兵协助，这样才能向诸侯施加政令。"桓公于是告知诸侯，一定要保证三年的粮食充足，用剩余的国力兴办军备。兵器铠甲不足以支撑军事行动的，就告诉齐国，齐国就拨出财力帮助他。政令已经实行了，桓公又问管仲说："怎么做？"管仲回答道："您融洽一下他们的君臣父子间的情况，就可以施加政令了。"桓公问："考核的办法是什么？"曰："诸侯不能擅自把妾室立为妻室，不能擅自诛杀大臣，没有为国做事不能擅自领取俸禄。士庶人不能擅自抛弃妻子，不能修堤拦截山谷，不能囤积粮食，不能禁止民众伐木，此令颁行满一年，就可以开始处罚了。"桓公便将这些政令公布于诸侯，诸侯同意了，接受并推行。实行满一年，吴人攻伐毂。桓公还没来得及通知到所有诸侯，诸侯的军队就全部赶到，等待桓公了。桓公派千乘战车到境与诸侯会师，齐国的军队还没到，吴人就逃跑了，诸侯就都散了。桓公回国后，问管仲说："接下来要做什么？"管仲说："可以施加政令了。"又说："从今以后两年内，诸侯的儿子不孝敬父母，不爱护兄弟，不尊敬长者和国家的贤良，三者如果缺少一个，就可以诛罚他。诸侯的臣子治理政务，三年没有做过好事，就可以惩罚他。国君有过错，大夫不进谏，士庶人做了好事，如果大夫不进言举贤，也可以责罚他。官吏如果听说士庶人贤能孝悌，就可以嘉奖他。"桓公接受并推行了这些政令，与齐国亲近的诸侯，没有一个不来请教政务的。与诸侯会盟驾着兵车举行的有六次，友好地乘车会盟有三次，桓公在位享国四十二年。

　　桓公践位十九年，弛关市之征，五十而取一。赋禄以粟，案田而税①。二岁而税一，上年什取三②，中年什取二，下年什取一；岁饥不税，岁饥弛而税。

【注释】①禄：即"录"，记录、计算的意思。②什取三：即"十取三"，此处指征收十分之三的税。

【译文】桓公即位十九年，放宽了关卡和市场的税收，变为五十取一，根据粮食的多少以及田地的优劣征收粮食税，每两年交一次税。年成好税率为什取三，年成一般税率为什取二，年成不好税率为什取一，荒年不收税；等饥荒缓解后才收税。

桓公使鲍叔识君臣之有善者①，晏子识不仕与耕者之有善者；高子识工贾之有善者，国子为李②，隰朋为东国，宾胥无为西土，弗郑为宅。凡仕者近宫，不仕与耕者近门，工贾近市。三十里置遽③，委焉，有司职之。从诸侯欲通，吏从行者，令一人为负以车；若宿者，令人养其马，食其委。客与有司别契，至国八契费。义数而不当，有罪。凡庶人欲通乡，吏不通，七日，囚，出欲通，吏不通，五日，囚。贵人子欲通，吏不通，二日，囚。凡具吏进诸侯士而有善，观其能之大小以为之赏，有过无罪。令鲍叔进大夫，劝国家，得之成而不悔，为上举。从政治为次。野为原，又多不发，起讼不骄，次之。劝国家，得之成而悔④；从政虽治而不能，野原又多发；起讼骄，行此三者为下。令晏子进贵人之子，出不仕，处不华，而友有少长，为上举；得二，为次；得一，为下。士处靖，敬老与贵，交不失礼，行此三者，为上举；得二，为次；得一，为下。耕者农农用力，应于父兄，事贤多，行此三者，为上举；得二，为次；得一，为下。令高子进工贾，应于父兄，事长养老，承事敬，行此三者，为上举；得二者，为次；得一者，为下。令国子以情断狱。三大夫既已选举，使县行之。管仲进而举言，上而见之于君，以卒年君举。管仲告鲍叔曰："劝国家，不得成而悔，从政不治不能、野原又多而发，讼骄，凡三者，有罪无赦。"告晏子曰："贵人子处华，下交，好饮食，行此三者，有罪无赦。士出入无常，不敬老而营富，行此三者，有罪无赦。耕者出入不应于父兄，用力不农，不事贤，行此三者，有罪无赦。"告国子曰："工贾出入不应父兄，承事不敬，而违老治危，行此三者，有罪无赦，凡于父兄无过，州里称之，吏进之，君用之。有善无赏，有过无罚。吏不进，廉意⑤。于父兄无过，于州里莫称，吏进之，君用之。善，为上赏；不善，吏有罚。"君谓国子："凡贵贱之义，入与父俱，出与师俱，上与君俱。凡三者，遇贼不死，不知贼，则无赦。断狱，情与义易，义与禄易，易禄可无敛，有可无赦。"

【注释】①识：应作"志"，记住的意思。②李：通"理"，即法官的意思。此处指委派国子作为法官。③遽：指驿站。④得之成：应作"得成"。成，即"功"，"得成"即有功。悔，过错。⑤廉意：郭沫若认为应作"废弃"，译文从之。

【译文】桓公命鲍叔牙记录大夫中表现突出有善行的，命令晏子记录平民与农民中表现突出有善行的，命令高子记录工匠商贾中表现突出的。命国子为法官，命隰朋处理齐国东部事务的外交官，命宾胥无处理齐国西部事务的外交官，命弗郑处理宅地工事的事。凡是做官的人住在国都办公处所附近，不做官的和农夫住在城门附近，百工商贾住在集市附近，每三十里设置一个驿站储备食宿，有官员值守。追随的各诸侯国要想到齐国联络，会给那些随行的官吏派一人帮着拉装载行李的车, 如果住宿, 就派人给他喂马, 提供饮食。来客把通关的别契交给主事者, 到国都共有八张别契, 如果待客礼数不周或别契数量不对, 就会降罪。凡是一般百姓想到乡里办事, 乡吏扣押七天不办, 就囚禁。士办事交接, 官吏如果扣压五天不办, 就囚禁。贵人之子办事交涉, 官吏如果扣压三天不办, 就囚禁。凡是县吏引荐各诸侯国的有识之士, 考察他们才能大小来进行赏赐, 引荐出了错也不加罪。命鲍叔举荐大夫, 辅助国家, 有功劳而没有过失的, 为上等的举荐。治理国事有政绩, 次之。开垦荒野, 使其变为田地, 获利多无所荒废, 起了争端不骄慢的, 次之。处理政务有功, 但不能开荒又多有废弃的土地, 处理争端态度骄横, 有此三种情况的就列入下品。命令晏子举荐贵人之子, 出来做官不是生手, 在家不奢华, 友爱长辈和晚辈, 就推举为上等; 做到两项的次之, 只能做到一项的为下等。士处事沉稳, 敬爱老者和上级, 交往不失礼仪, 能做到这三项的举为上等, 做到两项的次之, 只能做到一项的, 列为下等。农夫勤劳卖力, 敬待尊长赡养老人, 做事恭敬, 能做到这三项的举为上等, 做到两项的次之, 仅能做到一项的列为下等。命高子推荐工商中有才德者, 敬顺父亲兄长, 尊敬奉养老人, 办事认真, 能行这三项的为上等, 能行两项的为次等, 能行一项的为下等。命国子结合案件原委判断案情。三大夫的选拔举荐工作做完后, 命令各县县官执行试用。管仲推荐他们时, 要与他们谈话考察, 然后才上报并安排国君会见, 年终时由国君任命。管仲告诉鲍叔说: "处理国事无功有过也没有政绩, 不能拓荒却多有废弃的田地, 处理狱讼骄横, 有这三种过失的, 有罪无赦。"管仲告诉晏子说: "贵人之子在家奢华, 交友不善, 贪好酒食, 凡有这三条的, 有罪无赦。士出入变化无常, 不尊敬老人而钻营富贵, 做到这三条, 有罪无赦。农夫出入不尊敬父兄，农事不勤勉，不尊敬贤者，做到这三条的，有罪无放。"管仲告诉高子说："百工商贾出入不尊敬父兄，处事不恭敬，不赡养老人而行事诡诈，做到这三条的，有罪无放。"凡是对待父兄没有过失的，州里都称赞他，官吏举荐他，君主就任用他。做得好而没有得到嘉奖，有过错却没有得到惩罚，因此不愿进身的官吏，要访察他是否出于真心。对待父兄没有过失，但是州里没有称赞他的，官吏也要举荐他，国君也会起用他。做得好，会得到丰厚的赏赐；做不好，官吏就会受到惩罚。桓公也指示国子说："根据贵贱的准则，在家要与父亲在一起，出门要与师傅在一起，朝廷上要与国君在一起，这三种情况如果遭到损害而不能以死捍卫，或受到损害却不知道的，不能赦免他的罪责。在论罪判刑时拿人情与国法做交易，拿国法与权势做交易，如果有权有势之人不受到国法的约束，则罪不可赦。"

中匡第十九

扫码听谦德
君为您导读

【题解】"中匡",指中等的书简,约长一尺二寸,同时"匡"亦含辅助的意思。本篇通过管仲与齐桓公的对话,以问答形式讨论了治国理政、称霸诸侯的相关策略,具体包含国家如何使用财富,行仁义爱百姓为争霸之本,同时强调坚持取信天下,本文文体接近于逸事记述,观点鲜明,同时颇具故事性。

　　管仲会国用①,三分二在宾客,其一在国,管仲惧而复之。公曰:"吾子犹如是乎? 四邻宾客,入者说,出者誉,光名满天下。入者不说,出者不誉,污名满天下。壤可以为粟,木可以为货。粟尽则有生,货散则有聚。君人者,名之为贵,财安可有?"管仲曰:"此君之明也。"公曰:"民办军事矣,则可乎?"对曰:"不可,甲兵未足也。请薄刑罚,以厚甲兵。"于是死罪不杀,刑罪不罚,使以甲兵赎。死罪以犀甲一戟,刑罚以胁盾一戟,过罚以金军,无所计而讼者②,成以束矢。公曰:"甲兵既足矣,吾欲诛大国之不道者,可乎?"对曰:"爱四封之内,而后可以恶竟外之不善者;安卿大夫之家,而后可以危救敌之国;赐小国地,而后可以诛大国之不道者;举贤良,而后可以废慢法鄙贱之民。是故先王必有置也，而后必有废也；必有利也，而后必有害也。"
桓公曰："昔三王者，既弑其君，今言仁义，则必以三王为法度，
不识其故何也？"对曰："昔者禹平治天下，及桀而乱之，汤放
桀，以定禹功也。汤平治天下，及纣而乱之，武王伐纣，以定汤
功也。且善之伐不善也，自古至今，未有改之。君何疑焉？"公
又问曰："古之亡国其何失？"对曰："计得地与宝，而不计失诸
侯；计得财委，而不计失百姓；计见亲，而不计见弃。三者之属
一，足以削；遍而有者，亡矣。古之隳国家③，陨社稷者④，非故
且为之也，必少有乐焉，不知其陷于恶也。"

【注释】①会：即会计的"会"，总计的意思。②无所计：当做"无
所抑"，即无所屈抑，委屈、冤屈。③隳：毁灭、毁坏、摧毁。④陨：同
"殒"，死亡，此处指灭绝祭祀。

【译文】管仲总计国家开支，发现有三分之二的费用花在接待
外国宾客上，只有三分之一花在国内。管仲惶恐地把这个情况报告
给桓公。桓公说："您至于这样吗？从四方赶来我国的宾客，进来就
高兴，走时称赞，这让我国美名传遍天下；如果那些宾客来时不满
意，走时不开心，那我国不好客之名就会传遍天下。土地可以生产
粮食，木材可以制造财货。粮食用尽了可以再生产，财货散尽可以再
积聚。君主的名声是最重要的，何必要计较财富呢？"管仲说："这
是您的圣明之处。"桓公问："百姓都在致力于备战的工作，我是否
就可以准备去讨伐无道之国呢？"管仲回答："还不行，因为盔甲兵
器还不够，请减少刑罚来增加盔甲和兵器。"于是，齐国规定犯死罪
的人不杀，犯刑罪的人不用坐牢，而是让这些犯人用盔甲兵器来赎

罪。犯死罪的人可以用犀牛皮的甲加上一支戟来赎，犯刑罪的人可以用护胁的盾再加一支戟来赎，犯小过失的人罚金属一钧，没什么冤屈而诬告的人，罚一束箭即可。桓公又问："盔甲和兵器已经足够了，我想要诛伐无道的大国，可以了吗？"管仲回答："首先爱惜国内的百姓，然后才能与国外不善者交恶；首先安定卿大夫的家，然后才能危及仇敌之国；先赐予土地给小国，然后才能诛伐无道的大国；先举用贤良的人才，然后才能罢黜那些慢法鄙贱的人。因此，先王必先有所设置，然后才有所废除；必须先有所利，然后才有所害。"桓公问："从前夏禹、商汤和周武王，既然都曾杀过他们的君主，现在我们谈仁义，却一定要以三王为典范，不知是什么原故？"管仲回答："从前，禹平定天下，到夏桀时国家就乱了，汤放逐夏桀，是安定了禹的功业。汤平定天下，到商纣时天下就乱了，周武王伐纣，是安定了汤的功业。况且都是善的征伐不善的，自古及今，这种情况从未改变，您何必有所怀疑呢？"桓公又问："古代亡国的国君是因为什么过失呢？"管仲回答："因为他们只考虑获取土地与财宝，却不考虑是否会失去诸侯的支持；只考虑财富的积累，却不考虑是否会背离百姓，只考虑现在被亲附，却不考虑将来可能会被抛弃。以上三条有一条，就足以削弱国家；三者皆有，国家就要灭亡了。古代那些败坏国家，灭绝祭祀的国君，也不是故意去这样做的，必定是从偶尔的沉迷淫乐开始，不知不觉却陷入罪恶的深渊。"

桓公谓管仲曰："请致仲父①。"公与管仲父而将饮之，掘新井而柴焉。十日斋戒，召管仲。管仲至，公执爵，夫人执尊，觞三行②，管仲趋出。公怒曰："寡人斋戒十日而饮仲父，寡人自以为修矣。仲父不告寡人而出，其故何也？"鲍叔、隰朋趋而出，及管仲于途,曰:"公怒。"管仲反,入,倍屏而立,公不与言。少进中庭,公不与言。少进傅堂,公曰:"寡人斋戒十日而饮仲父,自以为脱于罪矣。仲父不告寡人而出,未知其故也。"对曰:"臣闻之,沉于乐者洽于忧,厚于味者薄于行,慢于朝者缓于政,害于国家者危于社稷,臣是以敢出也。"公遽下堂曰:"寡人非敢自为修也,仲父年长,虽寡人亦衰矣,吾愿一朝安仲父也。"对曰:"臣闻壮者无怠,老者无偷,顺天之道,必以善终者也。三王失之也,非一朝之萃,君奈何其偷乎?"管仲走出,君以宾客之礼再拜送之。明日,管仲朝,公曰:"寡人愿闻国君之信。"对曰:"民爱之,邻国亲之,天下信之,此国君之信。"公曰:"善。请间信安始而可?"对曰:"始于为身,中于为国,成于为天下。"公曰:"请问为身。"对曰:"道血气,以求长年、长心、长德。此为身也。"公曰:"请问为国。"对曰:"远举贤人,慈爱百姓,外存亡国,继绝世,起诸孤;薄税敛,轻刑罚,此为国之大礼也。""法行而不苛,刑廉而不赦,有司宽而不凌;菀浊困滞③,皆法度不亡,往行不来,而民游世矣④,此为天下也。"

【注释】①仲父:齐桓公对管仲的尊称。②觞:一种古代的盛酒器,既可盛酒,也可温酒。③菀浊:指孤独。困滞:指穷困。④游世:俞樾云:世读为"泄",游泄,即皆和乐之意。

【译文】桓公对管仲说:"请仲父来参加宴会。"桓公预先为宴请管仲作准备,为此挖了一口新井,用柴草覆盖着。斋戒了十天,召见管仲。管仲到了以后,桓公拿着酒爵,夫人拿着酒杯敬酒,但是仅仅喝了三觞之后,管仲就快步离去了。桓公发怒说:"我专门斋戒了十天才来宴请仲父，自以为礼节备至了。仲父却不辞而别，是什么原因呢？"鲍叔与隰朋小跑着出来，追上管仲说："桓公发怒了。"管仲回来，进到院中，背靠屏风站着，桓公也不和他说话。片刻再往前走进到庭院中间，桓公还是不和他讲话。再往前走到接近堂屋的地方，桓公这才说："我斋戒十天来请仲父赴宴，自认为没什么失礼之处，可您却不辞而别，不知是何原因呢？"管仲回答说："我听说，沉溺于饮酒作乐的人会招致忧患，重视满足口腹之欲的人会轻视德行，怠慢对待朝政的君主会放松政事，对国家有害的一定也对社稷无益，因此我才敢离开。"桓公立刻下堂说："我并不敢自己苟且偷安，只是因为您年纪大了，即使是我也衰老了，我也希望慰劳一下您。"管仲回答说："我听说壮年人不懈怠，老年人不苟安，顺天道办事，一定有好结果。夏桀、商纣、周幽王这三王的过失，并不是一个早晨突然造成的，您为什么要苟且偷安呢？"管仲离开，这次桓公是以宾客之礼一拜再拜把他送走。第二天，管仲上朝，桓公说："我想听一听关于如何建立国君威信的问题。"管仲回答说："百姓爱戴，邻国亲睦，天下信任，就是国君的威信。"桓公说："好。请问怎样才能建立威信呢？"管仲回答说："建立威信首先在于治身，其次在于治国，最后在于治天下。"桓公说："请问治身的方法。"管仲回答说："使血气畅通，以求得长寿、增智和广德，这就是治身。"桓公说："请问治国的方法。"管仲回答说："充分举用贤人，爱护百姓，对外保全灭亡的国家，接续断绝的世家，起用为王室牺牲者的遗孤，轻徭薄赋，减轻刑罚，这是治国的大原则。桓公说："请问治理天下的方法。"管仲回答说："法令能够推行而又不苛刻，刑罚精简而又不妄赦罪人，官吏宽厚不拖拉，卑微困窘的人也不忘法度；往来者都能自由不受约束，百姓都能安乐生活，这就是治理天下的方法。"

小匡第二十

扫码听谦德
君为您导读

【题解】此篇题名《小匡》，依郭沫若所说是一种长约八寸的小型竹简，为私人著述。本篇主要记叙了管仲辅佐齐桓公治理齐国的事迹，包括具体政策和措施，最终辅佐齐桓公实现了"九合诸侯，一匡天下"的霸业。内容大致可以分为四部分。第一部分记述管仲自鲁归国为相的史实；第二部分为本篇主题，记载了管仲辅佐桓公治国理政的系列措施和政策，主要包括：三其国、五其鄙、建立正规的军事行政体制、四民分业定居、安顿民心、整顿军令、修德进贤、赏罚分明、交好诸侯等。第三部分记述管仲相助桓公高举尊王攘夷大旗，巩固霸业。第四部分总述其事。本篇内容与《国语·齐语》同而稍简、但更加周密、细致，有学者据此认为本篇是在《齐语》基础上写就的。

桓公自莒反于齐，使鲍叔牙为宰。鲍叔辞曰："臣，君之庸臣也。君有加惠于其臣，使臣不冻饥，则是君之赐也。若必治国家，则非臣之所能也，其唯管夷吾乎。臣之所不如管夷吾者五：宽惠爱民，臣不如也；治国不失秉①，臣不如也；忠信可结于诸侯，臣不如也；制礼义可法于四方，臣不如也；

介胄执枹^②，立于军门，使百姓皆加勇，臣不如也。夫管仲，民之父母也，将欲治其子，不可弃其父母。"公曰："管夷吾亲射寡人，中钩，殆于死，今乃用之，可乎？"鲍叔曰："彼为其君动也，君若宥而反之^③，其为君亦犹是也。"公曰："然则为之奈何？"鲍叔曰："君使人请之鲁。"公曰："施伯，鲁之谋臣也。彼知吾将用之，必不吾予也。"鲍叔曰："君诏使者曰：'寡君有不令之臣在君之国，愿请之以戮群臣^④。'鲁君必诺。且施伯之知夷吾之才，必将致鲁之政。夷吾受之，则鲁能弱齐矣。夷吾不受，彼知其将反于齐。必杀之。"公曰："然则夷吾受乎？"鲍叔曰："不受也。夷吾事君无二心。"公曰："其于寡人犹如是乎？"对曰："非为君也，为先君与社稷之故。君若欲定宗庙，则亟请之，不然，无及也。"

【注释】①秉：通"柄"，权柄，比喻权力。②介胄执枹：在军前作战。介胄：即甲胄，指士兵作战时穿戴的头盔、护甲之类。③宥：即宽恕的意思。④愿请之以戮群臣：古本作"戮于群臣"，今从古本，意为以便将他在群臣面前处死。

【译文】桓公从莒国回到齐国，就命鲍叔牙做宰相。鲍叔牙推辞说："我只是国君的平庸之臣，国君又对我施加恩惠，使得我不至于受冻挨饿，这已经是国君的恩赐了。如果一定要我来治理国家，这不是我能做到的，只有请管仲来才可以。我不如管仲的方面有五个：宽惠爱民，我比不上；治国不失纲纪，我比不上；讲忠信结交诸侯，我比不上；制定礼仪使四方规范，我比不上；披戴盔甲站在军门，使百姓更加勇敢，我比不上。管仲就像是百姓的父母，想要管理儿子，就不能抛弃他们的父母。"桓公说："管仲曾经亲自用弓箭射我，射中了我的衣带钩，我险些被射死，现在却要任用他为相，这可行吗？"鲍叔牙说："他那时是为了他的君主这才采取了那样的行动，您如果能宽恕他并让他回国，他也会为您尽心尽力的。"桓公说："那我要怎么做呢？"鲍叔牙说："您可以派使者去鲁国请管仲回国。"桓公说："施伯是鲁国的谋臣，他如果知道我将任用管仲，鲁国一定不会答应的。"鲍叔牙说："国君您告诉使者说：'我有一个不听从命令的臣子在贵国，希望能够将他带回在群臣面前处死。'这样的话，鲁君一定会答应的。只是施伯知道管仲的才能，一定会将鲁国的政务托付给管仲的。管仲如果接受了重任，那鲁国就能够削弱齐国了。如果管仲不接受，那他就知道管仲会回到齐国，那就一定会杀了他。"齐桓公说："那么，管仲会接受鲁国的任命吗？"鲍叔牙说："不会接受的。因为管仲侍奉君主没有二心。"桓公说："他对我也是这样的吗？"鲍叔牙回答说："他不是为了国君您才这样，而是因为先前历代国君和国家的缘故。您如果想要安定国家，就赶快请他回来，否则就来不及了。"

公乃使鲍叔行成，曰："公子纠，亲也。请君讨之。"鲁人为杀公子纠。又曰："管仲，仇也。请受而甘心焉。"鲁君许诺。施伯谓鲁侯曰："勿予。非戮之也，将用其政也。管仲者，天下之贤人也，大器也①。在楚则楚得意于天下，在晋则晋得意于天下，在狄则狄得意于天下。今齐求而得之，则必长为鲁国忧，君何不杀而受之其尸。"鲁君曰："诺。"将杀管仲。鲍叔进曰："杀之齐，是戮齐也。杀之鲁，是戮鲁也。弊邑寡君愿生得之，以徇于国，为群臣僇②；若不生得，是君与寡君贼比也③。非弊邑之君所谓也，使臣不能受命。"于是鲁君乃不杀，遂生束缚而桎以予齐。鲍叔受而哭之，三举。施伯从而笑之，谓大夫曰："管仲必不死。夫鲍叔之忍④，不僇贤人，其智称贤以自成也。鲍叔相公子小白先入得国，管仲、召忽奉公子纠后入，与鲁以战，能使鲁败，功足以。得天与失天，其人事一也。今鲁惧，杀公子纠、召忽，囚管仲以予齐，鲍叔知无后事，必将勤管仲以劳其君愿，以显其功。众必予之有得。力死之功，犹尚可加也，显生之功将何如？是昭德以贰君也，鲍叔之知，不是失也。"至于堂阜之上⑤，鲍叔祓而浴之三⑥。桓公亲迎之郊。管仲诎缨插衽⑦，使人操斧而立其后。公辞斧三，然后退之。公曰："垂缨下衽，寡人将见。"管仲再拜稽首曰："应公之赐，杀之黄泉，死且不朽。"

【注释】①大器：形容才华卓越、非凡。②为群臣僇：即在群臣面前杀掉管仲。僇：通"戮"。③比：即并列之意。④忍：即古代"仁"字，译文从之。⑤堂阜：齐国的一个地区，在今山东省蒙阴县西北。⑥祓：当时消灾驱邪所举行的一种仪式。⑦诎缨插衽：指垂下帽缨，提着衣襟。

【译文】桓公于是就派鲍叔牙去鲁国议和。鲍叔牙对鲁君说："公子纠是我齐国国君的亲属，请鲁君杀了他。"鲁国就替齐国杀了公子纠。鲍叔牙又说："管仲是我们的仇人，请把他交给我们，这样我们才甘心。"鲁君答应了。施伯对鲁君说："不要把管仲给他们。他们是不会杀掉管仲的，反而会任用他治理政事。管仲是天底下的贤人，有大才能。如果他在楚国做事，那楚国就会在全天下得志；在晋国，那么晋国就会在全天下得志；在狄国，那么狄国就会在全天下得志。现在如果齐国请求并且得到管仲，那么就一定会成为鲁国的忧患。您为什么不杀掉管仲而给齐国他的尸体呢?"鲁君说:"好。"
鲁国就准备处死管仲。鲍叔牙进言说:"在齐国杀掉管仲,算是杀掉
齐国的罪人。在鲁国杀掉,算是杀掉鲁国的罪人。我们君主希望能
够活捉管仲,杀掉他在国内示众,来警戒群臣。如果我们不能活捉管
仲,那鲁君就算是要和我国的罪人亲近,这不是我们国君的请求,
我作为使臣不能接受你们的意见。"这样,鲁君才没杀管仲,于是把
管仲捆绑起来用囚笼关押送给了齐国。鲍叔牙接收了囚车,为管仲
哭了许多次。施伯为此讥笑鲍叔牙故弄玄虚装腔作势,对鲁国大夫
们说:"管仲一定不会死的。以鲍叔牙的仁德,绝不会杀害贤人。以
鲍叔牙的智慧,会选用贤人来成就自己难成的功业。鲍叔牙辅佐公
子小白,能先进入齐国而获得君位,管仲和召忽辅佐公子纠晚一点
进入齐国,和鲁国联盟来攻打齐国,却使鲁国战败了,鲍叔牙的功绩
确定了。鲍叔牙的辅佐得到天助而管仲的辅佐失去了天助,但不管
怎样,他们辅佐的事业都是一样的。现在鲁国害怕了,杀掉了公子纠
和召忽,把管仲关押起来送给齐国,鲍叔牙知道以后没有顾虑了,
就一定会帮助管仲来为齐君效劳,来成就管仲的功业和名声。同时大
家也一定会赞许鲍叔牙说他有德行。鲍叔牙曾经有拼命辅佐齐桓
公的功劳还不算大,那么使管仲生还荣显的功劳怎么样呢?这是彰
显管仲的德行来辅佐齐桓公,凭借鲍叔牙的智慧,是不会错过这
种机会的。"到了堂阜这个地方,鲍叔牙多次为管仲举行除灾求福
和沐浴洁身的仪式,桓公亲自到郊外去迎接管仲。管仲收起帽缨掩
着衣襟,让刀斧手站在自己的后面。齐桓公再三下令让刀斧手离开,
于是他们就退下了。齐桓公说:"既已垂下帽缨和衣襟,我就来接见
您。"管仲再拜扣头说:"承蒙您的恩赐,就是杀了我下到黄泉,也会
永远感激的。"

公遂与归，礼之于庙①，三酌而问为政焉，曰："昔先君襄公，高台广池，湛乐饮酒，田猎毕弋②，不听国政。卑圣侮士，唯女是崇，九妃六嫔，陈妾数千。食必粱肉，衣必文绣，而戎士冻饥。戎马待游车之弊，戎士待陈妾之余。倡优侏儒在前，而贤大夫在后。是以国家不日益，不月长。吾恐宗庙之不扫除，社稷之不血食③，敢问为之奈何？"管子对曰："昔吾先王周昭王、穆王世法文武之远迹，以成其名。合群国，比校民之有道者，设象以为民纪④。式美以相应，比缀以书，原本穷末。劝之以庆赏，纠之以刑罚。粪除其颠旒⑤，赐予以镇抚之，以为民终始。公曰："为之奈何？"管子对曰："昔者圣王之治其民也，参其国而伍其鄙，定民之居，成民之事，以为民纪。谨用其六秉。如是而民情可得而百姓可御。"

【注释】①庙：即庙堂，古代祭祀先王、上天并讨论国家大事的场所。②弋：指用绳子系在箭上射击猎物。③血食：指受祭祀，因祭祀所用牺牲有血，故称血食。④象：指可供后人效法的典型、榜样、模范。民纪：指人的纲纪、领袖。⑤粪除其颠旒：郭沫若认为应该作"粪除其颠毛"，即给人施加以去除头顶头发的刑罚。

【译文】桓公就同管仲一起回国都，在庙堂上以礼相见，饮酒三杯后桓公向管仲询问为政之道。桓公说："从前先君襄公，他建起高台、拓宽水池，沉溺在喝酒享乐中，喜欢打猎捕射的活动，不治理国家事务。他蔑视圣贤、侮辱士人，宠信女人，嫔妃众多，姬妾成群。她们吃的一定是精美的食物，穿的也一定是华美的衣服，然而同时，将士们却在受冻挨饿。军队中要用马车需等宫中用坏了的游览车, 将士们吃的食物是姬妾们吃剩下的。先君把倡优侏儒这些人安置在前面, 而把贤能的大夫们放在脑后。因为这样, 国家每天没有进步, 每个月都没有发展, 我担心这样下去, 以后宗庙会没人打扫, 社稷会没人祭祀。我想问您, 对此应该怎么办呢?"管仲回答说:"从前我们先王周昭王和周穆王, 他们世代效法文王和武王的遗风, 所以成就了他们自己的声名。他们在城邑中考核百姓中有道德的人, 然后把他们树立成大家的榜样。用美德来相互交流感应, 用文字来编排连缀成书简, 这样来推究万物的始末。他们用赏赐来鼓励百姓, 用刑罚来纠正错误, 根据百姓们的年龄来排列次序, 选出德高望重的, 通过赏赐来安抚他们, 把这种做法作为治理百姓的常规操作。"桓公说:"那具体要怎么做呢?"管仲回答说:"从前圣贤的君王在治理百姓的时候, 会把国都及其周边乡民分为三个部分, 把其他各鄙所属的广大地区分成五个部分。安定百姓们的居住, 成就百姓们自己的功业, 把这作为治理百姓的纲纪。再谨慎地使用国君的六种权力, 如此一来, 民情就可以掌握, 百姓就可以统治了。"

桓公曰:"六秉者何也?"管子曰:"杀、生、贵、贱、贫、富, 此六秉也。"

【译文】桓公说:"国君的六种权力是哪些呢?"管仲说:"杀人, 使人生存, 使人高贵, 使人低贱, 使人贫穷, 使人富有, 这就是六种权力。"

桓公曰:"参国奈何?"管子对曰:"制国以为二十一乡: 商工之乡六, 士农之乡十五。公帅十一乡, 高子帅五乡, 国子帅五乡。参国故为三军。公立三官之臣，市立三乡^①，工立三族，泽立三虞，山立三衡。制五家为轨，轨有长。十轨为里，里有司。四里为连，连有长。十连为乡，乡有良人。三乡一帅。

【注释】①市立三乡：古本作"五乡"，《国语·齐语》亦作"五乡"，译文从"五乡"说。下同。

【译文】桓公说："三分国都及其周边的乡民具体又要怎么做呢？"管仲回答说："把国都及所属地区划分成二十一个乡：其中商人和手工业者划分成六个，士人和农民划分成十五个。您统帅其中十一个乡，高子统帅五个，国子统帅五个。这样三分国家也就有了三支军队。您再设立三官官吏：在市场设立三乡之官，为工乡设立三族之官，设立三虞之官，负责管理川泽收益，设立三衡之官负责山林收益，然后把五家划分为一轨，每轨设立轨长；十轨成为一里，每里设置里司；每四里是一连，每连设置连长；十连成为一乡，乡里长官称为良人；每三个乡设置一个统帅。"

桓公曰："五鄙奈何？"管子对曰："制五家为轨，轨有长。六轨为邑，邑有司。十邑为率^①，率有长。十率为乡，乡有良人。三乡为属，属有帅^②，五属一大夫^③。武政听属，文政听乡，各保而听，毋有淫佚者。"

【注释】①率：当作"卒"，因古体字形近而有差误。《国语·齐语》作"卒"，译文从"卒"。②属有帅：当作"属有大夫"，此处主要由于上文"连有帅"产生差误。译文从之。③一大夫：应作"五大夫"，《国语·齐语》作"五大夫"，本书《立政》亦作"五属大夫"。译文从之。

【译文】桓公问:"鄙划分为五部分具体该怎么做呢?"管仲回答说:"划分五家为一轨,每轨设立轨长;六轨成为一邑,每邑设置邑司;每十邑是一卒,每卒设置卒长;十卒成为一乡,乡里长官也成为良人;每三乡成为一属,属里设置大夫为统帅。五个属就有五个大夫。武治方面的事就听从属的意见,文治方面的事就听从乡,各自保证听从,就没有荒废政务的了。"

桓公曰:"定民之居,成民之事奈何?"管子对曰:"士农工商四民者,国之石民也①,不可使杂处。杂处则其言哤②,其事乱。是故圣王之处士必于闲燕,处弄必就田毅③,处工必就官府,处商必就市井。今夫士群萃而州处,闲燕则父与父言义,子与子言孝,其事君者言敬,长者言爱,幼者言弟。旦昔从事于此,以教其子弟。少而习焉,其心安焉,不见异物而迁焉。是故其父兄之教,不肃而成;其子弟之学,不劳而能,夫是故士之子常为士。今夫弄群萃而州处,审其四时,权节具,备其械器用,此未耜谷芨。及寒击槁除田,以待时奶耕,深耕,均种,疾扰。先雨芸耨④,以待时雨。时雨既至,夹其枪刈耨镈⑤,以旦暮从事于田庄。税衣就功,别苗莠,列疏邀⑥。首戴苎蒲,身服袯襫,沾体涂足,暴其发肤,尽其四支之力,以疾从事于田野。少而习焉,其心安焉,不见异物而迁焉。是故其父兄之教,不肃而成;其子弟之学,不劳而能。是故农之子常为农,朴野而不慝也⑦,其秀才之能为士者,则足赖。故以耕则多粟,以仕则多贤,是以圣王敬畏戚农。今夫工群萃而州处,相良材,审其四时,辨其功苦,权节其用,论比计制,断器尚完利。相语以事,相示以功,相陈以巧,相高以知事。且昔从事于此,以教其子弟。少而习焉,其心安焉,不见异物而迁焉。是故其父兄之教不肃而成,其子弟之学不劳而能。夫是故工之子常为工。今夫商群萃而州处,观凶饥,审国变,察其四时而监其乡之货,以知其市之贾。负任担荷,服牛轺马,以周四方;料多少,计贵贱,以其所有,易其所无,买贱鬻贵。是以羽旄不求而至,竹箭有余于国;奇怪时来,珍异物聚。且昔从事于此,以教其子弟。相语以利,相示以时,相陈以知贾。少而习焉,其心安焉,不见异物而迁焉。是故其父兄之教不肃而成;其子弟之学不劳而能。夫是故商之子常为商。相地而衰其政,则民不移矣。正旅旧,则民不惰。山泽各以其时至,则民不苟。陵陆、丘井、田畴均,则民不惑。无夺民时,则百姓富;牺牲不劳⑧,则牛马育。"

【注释】①国之石民:即国家可以依靠的百姓,如同柱石一样的民众。②其言咙(máng):语言杂乱、众说纷纭。③田懋:即田野。懋:为"野"之古字。④芸耨:即除草。芸:通"耘",二字意思相同,皆为"除草"。⑤枪刈:指两种割草的农具。耨镈:指两种除草的农具。⑥疏遫:即疏密。遫:通"速","速"又通"数"。袯襫:即蓑衣。⑦不慝(tè):没有恶念。慝:邪恶、恶念。⑧劳:即"捞",取走的意思。古代无"捞"字,以"劳"代之。

【译文】桓公说:"安定百姓们的居住地,成就百姓们自己的事业要怎么做呢?"管子回答说:"士、农、工、商四种百姓,是国家依靠的基础,不能让他们杂居在一起。如果杂居在一起,那么他们的交谈就会混杂,他们的功业也会混乱了。因此,圣明的君王安排士的居处时一定会选安闲、清净的地方，一定会把农民安排在田野附近，把工匠安排在官府附近，把商人安排在市场附近。若是让士聚居在一个地区，在闲暇时，做父亲的会一起谈论道义，做儿子的人会一起谈论孝道，侍奉君主的人会一起谈论恭敬，年长的人会谈论对晚辈的爱护，年幼的就会谈论敬爱兄长。他们早晚都做着这些事，以此来教育他们的子弟，子弟们从小就学习了这些道义，他们就会在这领域里安心，不会见异思迁了。因此，父亲和兄长的教导不用很严厉也能成功，子弟们不用很费力就学会了。所以，士的子弟就一直是士。让农民聚居在一个地区，他们会一起观察四季的变化，权衡调节生产的用度，准备着耒耜穀芟等农具。到了寒冷的时候，他们会清除干草修整田地，农时到了就开始耕种。耕地耕得深，下种均匀，覆种很快，抢在下雨前除完草，然后等待及时雨的到来。当及时雨已经来了，就会带上各种农具，从早到晚都在田地中劳作，他们脱掉衣服干活，仔细分辨禾苗和野草，禾苗排列得疏密得当。下雨的时候，头上戴着斗笠，身上穿着蓑衣，全身都浸湿了，两脚沾满了泥土；晴天的时候皮肤曝晒在阳光下，竭尽全身的力量，在田地里快速而紧张地工作着。农民的子弟们从小就学习了这些技能，他们在农作上会感到安心，就不会见异思迁了。因此，父亲和兄长的教导不用很严厉也能成功，子弟们不用很费力就学会了。因此，农民的子弟就一直是农民，品质质朴纯真而没有奸邪，而且其中才能优异而能成为士的，也是值得信赖的。所以农民从事耕种的话，食物就丰足；做官的也大多是贤人，因此圣明的君王敬重农民、亲近农民。有关官员见农夫中的贤者不推荐，其罪有五条。有关人员把这事做完，一年工作才算完工。让工匠们聚居在一个地区，他们会考察良好的材料，观察四季的变化，分辨产品的精美和滥恶，权衡调节生产的用度，挑选比较和协调材料，制造器具，追求坚固适用。他们相互谈论工事，相互展示成品，相互交流工艺技巧，相互提高工事理论水平。他们从早到晚都在从事手工，来教导他们的子弟，那么子弟们从小就学习了这些技能，他们在工事上会感到安心，就不会见异思迁了。因此，父亲和兄长的教导不用很严厉也能成功，子弟们不用很费力就学会了。所以，工匠的子弟就一直是工匠。让商人聚居在一个地方，他们会考察凶年的饥荒，审视国家政策的变动，观察四季的变化而时刻关注地方的货物，通过这些来掌握市场的价格。商人们背着、挑着货物，赶着牛、驾着马，在四方到处游走。他们事先预测某地货物的多少，计算它们的贵贱，用自己拥有的货物来交换别人没有的，低价买进来再高价卖出去。因此，像雉羽和牦牛尾这样贵重的物品不用亲自求取自己就会来，竹箭这种产品在国内还会有剩余的，奇怪和珍异的货物时常出现，并聚集在一起。他们从早到晚都在从事买卖，来教导他们的子弟。他们相互谈论利益，相互提醒时机，相互交流从而知道怎么做生意。商人子弟们从小就学习了这些技能，他们在商业上会感到安心，就不会见异思迁了。因此，父亲和兄长的教导不用很严厉也能成功，子弟们不用很费力就学会了。所以，商人的子弟就一直是商人。国家要根据土地的情况来相应征收赋税，那么民众就不会轻易流动。政事遵循旧法，那百姓就不会懈怠。山林和水泽按照季节开放，那百姓就不会苟且从事。各类型土地能够均衡地分配，百姓就不会怨恨。不夺农时，百姓就会富足；祭品不任意取用，牛马就能繁殖很多。"

桓公又问曰："寡人欲修政以干时于天下[①]，其可乎？"管子对曰："可。"公曰："安始而可？"管子对曰："始于爱民。"公曰："爱民之道奈何？"管子对曰："公修公族，家修家族，使相连以事，相及以禄，则民相亲矣。放旧罪，修旧宗，立无后，则民殖矣②。省刑罚，薄赋敛，则民富矣。乡建贤士，使教于国，则民有礼矣。出令不改，则民正矣。此爱民之道也。"公曰："民富而以亲，则可以使之乎？"管子对曰："举财长工，以止民用；陈力尚贤，以劝民知；加刑无苛，以济百姓。行之无私，则足以容众矣；出言必信，则令不穷矣。此使民之道也。"

【注释】①干：即求取之意。②殖：即繁殖、繁衍。

【译文】桓公又问说："我想修明政事而不定期地会见诸侯，能做到吗？"管仲回答说："能做到。"齐桓公问："从什么地方开始才能做到呢？"管仲回答说："从爱民开始。"齐桓公说："爱民具体的做法是什么呢？"管仲回答说："国君整治公族，卿大夫整治家族，彼此用事务相互联结，用体禄相互补给，那么百姓们就会相互亲近了。赦免以前的罪犯，整治旧的宗族，为没有后代的人立嗣，那么百姓们就会繁衍生息。减省刑罚，减少赋税，那么百姓们就会富足。乡里推崇贤人，让他们在国内施行教化，那么百姓们就会有礼节了。朝廷和官府发出的政令不会改变，那么百姓们就会变得正直。这就是爱护百姓的做法。"齐桓公说："百姓富足而且又相互亲近，这样可以去役使他们了吗？"管仲回答说："开发财物，增加工事来预备百姓们的用度；展现贤人的能力，推崇贤人来勉励百姓们增长智慧；施加刑罚不要过于苛刻，来帮助百姓改正错误。行使政令没有私心，那么就能够团结全天下的百姓；说出的话就一定恪守信用，政令就能通行无阻。这些就是管理百姓的办法。"

桓公曰："民居定矣，事已成矣，吾欲从事于天下诸侯，其可乎？"管子对曰："未可。民心未吾安。"公曰："安之奈何？"管子对曰："修旧法，择其善者，举而严用之；慈于民，予无财，宽政役，敬百姓，则国富而民安矣。"公曰："民安矣，其可乎？"管仲对曰："未可。君若欲正卒伍，修甲兵，则大国亦将正卒伍，修甲兵。君有征战之事，则小国诸侯之臣有守圉之备矣①。然则难以速得意于天下。公欲速得意于天下诸侯，则事有所隐，而政有所寓②。"公曰，"为之奈何？"管子对曰："作内政而寓军令焉。为高子之里，为国子之里，为公里，三分齐国，以为三军。择其贤民，使为里君。乡有行伍，卒长则其制令，且以田猎，因以赏罚，则百姓通于军事矣。"桓公曰："善。"于是乎管子乃制五家以为轨，轨为之长；十轨为里，里有司；四里为连，连为之长；十连为乡，乡有良人，以为军令。是故五家为轨，五人为伍，轨长率之。十轨为里，故五十人为小戎，里有司率之。四里为连，故二百人为卒，连长率之。十连为乡，故二千人为旅，乡良人率之。五乡一师，故万人一军，五乡之师率之。三军故有中军之鼓，有高子之鼓，有国子之鼓。春以田，曰蒐，振旅③。秋以田，曰狝，治兵④。是故卒伍政定于里，军旅政定于郊。内教既成，令不得迁徙。故卒伍之人，人与人相保，家与家相爱，少相居，长相游，祭祀相福，死丧相恤，祸福相忧，居处相乐，行作相和，哭泣相哀。是故夜战其声相闻，足以无乱；昼战其目相见，足以相识；欢欣足以相死，是故以守则固，以战则胜。君有此教士三万人⑤，以横行于天下，诛无道，以定周室，天下大国之君莫之能围也。

【注释】①守围之备：即防御的准备工作已经做好。围：通"御"，即防御之意。②寓：寄寓，《国语·齐语》作"寄"。③蒐：聚集众人，此处指春猎。振：整顿。旅：众人。④狝：指秋猎。⑤教士：此处指经过教练、训练的士卒。

【译文】桓公说："百姓们的居住已定，他们的事业也建立了，现在我想不定期会见诸侯，可以做到吗？"管子回答说："不可以。民心还没有因为我们而安定。"齐桓公说："要怎样使他们安定呢？"管仲回答说："修订旧有的法律，选择其中合理的，制定出来然后严格地使用它们。对百姓仁爱，救济贫困的人，放宽松征派徭役，敬重百姓，那么国家就可以富足而且民心变得安定了。"齐桓公说："民心安定了，那就可以了吗？"管仲回答说："还不可以。您如果要整顿军队，修缮兵器，那么其他大国也将整顿军队，修缮兵器。您有发动战争的行动，那么其他小国诸侯的臣子们就会有防御的准备了。这样的话，您就很难很快地在全天下得志了。您如果想很快地在全天下得志，那么做事要有所隐蔽，同时政事要有所寄托。"齐桓公说："那要怎么做呢？"管仲回答说："治理内政，把军事命令寄藏在里面。建设高子管治的里，建设国子管治的里，建设您管治的里，把齐国分成三份，用这来建设三军。选择其中贤明的人，让他做里君。每个乡里有军队的编制，卒长负责制度和号令，同时用田猎来进行军事训练，通过田猎成绩进行奖赏和惩罚，那百姓们就会懂得军事了。"齐桓公说："好。"接着，管仲就把五家划分成一轨，每轨设置轨长。十轨成为一里，每里设置有司。四里成为一连，每连设置连长。十连成为一乡，每乡设置良人，用这种编制来传达和施行军事命令。因此，五家成为一轨，五人成为一伍，由轨长率领。十轨成为一里，所以五十人成为一小戎，由里中的有司率领。四里成为一连，所以两百人成为一卒，由连长来率领。十连成为一乡，所以两千人成为旅乡，由良人率领。五乡为一师，所以一万人成为一军，由五乡的统帅来率领。因此三军有中军的鼓，有高子的鼓和国子的鼓。春天田猎叫作蒐，可以整顿军队。秋天的田猎叫狝，可以用来训练士兵。这样，卒伍就在里中整顿，军旅就在郊外整顿。国内的教令已经完成，那么军令就不能再变动了。所以，卒伍里的人，大家会相互保护，家与家会相互亲爱，年少的时候生活在一起，长大后就一起交游，祭祀时相互祝福，发生死丧就相互怜悯，遇到祸患就相互担忧，相处时相互娱乐，劳作时相互协调，哭泣时相互哀悼。因此，他们夜里作战的时候，听到彼此的声音而不会慌乱。在白天的时候，看到彼此就会认出对方。彼此让对方欢喜愉悦的友情足以让他们用生命来捍卫。因此，用他们来防守就很坚固，用他们来作战就会胜利。桓公如果有这样的经过规范训练的三万士兵，那就可以称霸天下，去讨伐失去道义的诸侯国，来安定周王朝。到时候，天底下的大国就没有谁能和他抗衡了。

　　正月之朝，乡长复事①，公亲问焉，曰：“于子之乡，有居处为义好学、聪明质仁、慈孝于父母、长弟闻于乡里者，有则以告。有而不以告，谓之蔽贤，其罪五。”有司已于事而竣。公又问焉，曰：“于子之乡，有拳勇、股肱之力、筋骨秀出于众者，有则以告。有而不以告，谓之蔽才，其罪五。”有司已于事而竣。公又问焉，曰：“于子之乡，有不慈孝于父母，不长弟于乡里，骄躁淫暴，不用上令者，有则以告。有而不以告，谓之下比，其罪五。”

有司已于事而竣。于是乎乡长退而修德进贤。桓公亲见之，遂使役之官。公令官长，期而书伐以告，且令选官之贤者而复之。曰："有人居我官有功，休德维顺，端悫以待时使②。使民恭敬以劝。其称秉言，则足以补官之不善政。"公宣问其乡里，而有考验。乃召而与之坐，省相其质，以参其成功成事。可立而时。设问国家之患而不肉，退而察问其乡里，以观其所能，而无大过，登以为上卿之佐。名之曰三选。高子、国子退而修乡，乡退而修连，连退而修里，里退而修轨，轨退而修家。是故匹夫有善，故可得而举也；匹夫有不善，故可得而诛也。政既成，乡不越长，朝不越爵。罢士无伍，罢女无家。士三出妻，逐于境外。女三嫁，入于春谷③。是故民皆勉为善。士与其为善于乡，不如为善于里；与其为善于里，不如为善于家。是故士莫敢言一朝之便，皆有终岁之计；莫敢以终岁为议，皆有终身之功。

【注释】①复事：向上级汇报工作。复：即报告、告诉。②端悫：端正诚实地等待时机任用人才。③春谷：有学者认为"谷"乃"藁（gǎo）"之误，春藁是古代对女奴的称谓。因被迫从事春米一类的劳动而得名。

【译文】正月的朝会，乡长来答复政务，齐桓公亲自询问乡长，说："在你们的乡里，有平时践行道义、喜好学习、聪明智慧、质朴仁爱，对父母孝顺，敬长爱幼而声名在乡里传播的人吗？有这样的人就要报告给我。如果有这样的人而不报告给我，那就算是埋没贤人，这就犯了五种罪。"有司报告完自己的政务要退下了。齐桓公又问有司说："在你们的乡中，有身体勇壮、四肢有力，身体素质出众的人吗？有这样的人就要报告给我。如果有这样的人而不报告给我，那就算是埋没人才，这就犯了五种罪。"有司报告完要退下了。齐桓公又问："在你们的乡里，有不孝顺父母，在乡里不敬老爱幼，骄傲、急躁、放纵、暴虐，不奉行长官的命令的人吗? 有这样的人就要报告给我。如果有这样的人而不报告给我，那就是庇护坏人，这就犯了五种罪。"有司报告完退下了。接着，乡长退下后回去展开德政，推举贤人。齐桓公亲自接见了他们，让他们在官府当差役。桓公让官长满一年后把他们的功劳记录下来报告给自己，而且命令挑选官府中贤能的差役上报。桓公说："有人在我的官府中立了功劳，品行美好而谨慎，正直而诚谨，等待着国君的任用。他能够让百姓谦恭有礼而奋勇进取。他列举出来的百姓的谤言，也足够用来弥补官府政务的缺陷。"桓公还询问乡里，核查他的功绩。然后召见他一起坐着，观察他的素质，来考察他的功绩，如果事实成立，就让他等待任用。询问他国家的忧患却能对答如流，退下后去询问他的乡里来了解他的能力，如果没有什么大过错，那就可以提拔成为上卿的助手。把这样的流程称为三选。然后高子、国子退回去治理乡，乡长退回去治理连，连长退回去治理里，里长退回去治理轨，轨长退回去治理家。因此平民百姓有行善的，就可以被发现并得到提拔; 平民百姓有行恶的，就可以被发现并得到责罚。政事确定后，乡中没有僭越长辈的行为，朝中没有僭越爵位的事情。无行的男子没有伍接收他，无行的女子没有人会娶她。多次抛弃妻子的男子，就要被驱逐到境外。出嫁过多次的女子，就让她充入春藁的劳役。这样的话，百姓们就会勤勉于行善。所以士人与其在乡里行善，不如在里中行善; 与其在里中行善，不如在家中行善。因此士人不敢贪图短暂的利益，都会有全年的打算; 不敢只考虑一年的事情，都会有一辈子功业的计划。

正月之朝,五属大夫复事于公,择其寡功者而诮之曰①:
"列地分民者若一,何故独寡功?何以不及人?教训不善,政事
其不治,一再则宥②,三则不赦。"公又问焉,曰,"于子之属,有
居处为义好学、聪明质仁、慈孝于父母、长弟闻于乡里者,有则
以告。有而不以告,谓之蔽贤,其罪五。"有司已事而竣。公又问
焉,曰:"于子之属,有拳勇、股肱之力秀出于众者③,有则以告。
有而不以告,谓之蔽才,其罪五。"有司已事而竣。公又问焉,曰:
"于子之属,有不慈孝于父母,不长弟于乡里,骄躁淫暴,不用
上令者,有则以告。有而不以告者,谓之下比,其罪五。"有司已
事而竣。于是乎五属大夫退而修属,属退而修连,连退而修乡,
乡退而修卒,卒退而修邑,邑退而修家。是故匹夫有善,可得而
举;匹夫有不善,可得而诛。政成国安,以守则固,以战则强。封
内治,百姓亲,可以出征四方,立一霸王矣④。

【注释】①诮:谴责,诮让。②宥:宽容,原谅。③秀出于众者:
应作"筋骨秀出于众者"。④立一霸王矣:郭沫若认为此处的"一"应作
"而",即"立而霸王矣"。

【译文】正月的朝会,五属大夫来向齐桓公答复政务,桓公选
择功绩较少的责备说:"大家分封的土地和百姓是一样的,为什么
只有你的功绩比较少?为什么比不上别人?如果教导训诫百姓没做
好,政事处理不得当,一两次还可以饶恕,三次就不再原谅了。"桓
公又问:"在你们的属里,有平时践行道义、喜好学习,聪明智慧、
质朴仁爱,对父母孝顺,敬长爱幼而声名在乡里传播的人吗?有这样
的人就要报告给我。如果有这样的人而不报告给我,那就是埋没

贤人，这就犯了五种罪。"有司报告完自己的政务要退下了。桓公又问有司："在你们的属中，有身体勇壮、四肢有力，身体素质出众的人吗? 有这样的人就要报告给我。如果有这样的人而不报告给我，那就算是埋没人才，这就犯了五种罪。"有司报告完要退下了。桓公又问："在你们的属里，有不孝顺父母，在乡里不敬老爱幼，骄傲、急躁、放纵、暴虐，不奉行长官的命令的人吗? 有这样的人就要报告给我。如果有这样的人而不报告给我，那就是庇护坏人，这就犯了五种罪。"有司报告完退下。然后五属大夫退回去治理属，属长退回去治理连，连长退回去治理乡，乡长退回去治理卒，卒长退回去治理邑，邑长退回去治理家。因此平民百姓有行善的，就可以被发现并得到提拔；平民百姓有行恶的，就可以被发现并得到责罚。这样，政事确定，国家安宁，用来防守就会很坚固，用来征战就会很强大。国境内环境安稳太平，百姓们相互亲近，那就可以向四方征战，成就一番霸王的功业了。

　　桓公曰："卒伍定矣，事已成矣，吾欲从事于诸侯，其可乎?"管子对曰："未可。若军令则吾既寄诸内政矣，夫齐国寡甲兵，吾欲轻重罪而移之于甲兵①。"公曰："为之奈何?"管子对曰："制重罪入以兵甲、犀胁、二戟，轻罪入兰、盾、鞈革、二戟②，小罪入以金钧分③，宥薄罪入以半钧，无坐抑而讼狱者，正三禁之而不直，则入一束矢以罚之。美金以铸戈、剑、矛、戟，试诸狗马；恶金以铸斤、斧、锄、夷、锯、欘，试诸木土④。"

【注释】①轻重罪：郭沫若认为此处的"罪"字为"罚"字之误，即减轻重罚作赎刑以富甲兵。②兰：即蘭，兵器架。鞈革：皮革制作的护甲，即胸皮甲,可以防御弓箭。③钧分:一钧半,三十斤为钧。④美金、恶金:分别指铁、青铜,或者质量好的金属和质量次的金属。

【译文】桓公说:"军队已定,政事已成,我想要不定期会见诸侯,可以吗?"管仲回答:"还不可以。军事命令我们已经寄托在内政中了。但是齐国缺少兵器,我想用减轻重罪的方法,把赎金转移到兵器上。"齐桓公问:"那要怎么做呢?"管仲回答说:"规定犯了重罪的人要交纳兵器和盔甲、犀胁和两支戟,犯轻罪的要交纳兵器架、盾牌、羚革和两支戟,犯了小罪的要交纳一钧半金属,小罪被宽恕的要交纳半钧金属,没有冤屈而提起诉讼,官长多次阻止而不变得老实的,就交纳一捆箭来惩罚他。上等的金属用来铸造戈、剑、矛、戟等武器,用狗、马来实验是否锋利;次等的金属用来铸造斧头、锄头等农具,用伐木和锄土来检验是否合格。"

桓公曰,"甲兵大足矣,吾欲从事于诸侯,可乎?"管仲对曰:"未可。治内者未具也,为外者未备也。"故使鲍叔牙为大谏,王子城父为将,弦子旗为理,宁戚为田,隰朋为行①,曹孙宿处楚,商容处宋,季劳处鲁,徐开封,处卫,匽尚处燕,审友处晋。又游士八千人②,奉之以车马衣裘,多其资粮,财币足之使出周游于四方,以号召收求天下之贤士。饰玩好,使出周游于四方,鬻之诸侯,以观其上下之所贵好,择其沉乱者而先政之③。

【注释】①大谏、为将、为理、为田、为行:分别指谏官、将军、法官、田官、外交官。②游士八千人:游士,即外交官、说客、纵横家。此处的"八千人"应为"八十人"。③沉乱:淫乱。沉:通"淫"。政:通"征",即选择淫乱的诸侯先去讨伐他。

【译文】桓公说:"盔甲和兵器都十分充足了,我想不定期会见诸侯,可以吗?"管仲回答:"不可以。现在治理内政的人还不充足,从事外交的人还不完备。"因此,让鲍叔牙任大谏,王子城父任将军,弦子旗任法官,宁戚任田官,隰朋任外交官,曹孙驻扎在楚地,商容驻扎在宋地,季友驻扎在鲁地,卫开方驻扎在卫地,厦尚驻扎在燕地,审友驻扎在晋地。有八十位游士,齐国供应给他们车马和精美的衣服,增加他们的粮食,让他们钱财充足,然后派遣他们去四方游说,用这来号召和求取天底下的贤士。让他们带上饰品和奇珍异宝,派遣他们去四方游说,把宝物卖给各国的诸侯,来观察各诸侯国内上下的崇尚和喜好,选择其中荒淫昏乱的诸侯国来先征讨。

公曰:"外内定矣,可乎?"管子对曰:"未可。邻国未吾亲也。"公曰:"亲之奈何?"管子对曰:"审吾疆埸^①,反其侵地,正其封界,毋受其货财,而美为皮币,以极聘頫于诸侯^②,以安四邻,则邻国亲我矣。"桓公曰:"甲兵大足矣,吾欲南伐,何主?"管子对曰:"以鲁为主,反其侵地常、潜,使海于有弊,渠弥于河隄,纲山于有牢^③。"桓公曰:"吾欲西伐,何主?"管子对曰:"以卫为主,反其侵地吉台原姑与柴里,使海于有弊,渠弥于有隄,纲山于有牢。"桓公曰:"吾欲北伐,何主?"管子对曰:"以燕为主,反其侵地柴夫、吠狗,使海于有弊,渠弥于有隄,纲山于有牢。"四邻大亲,既反其侵地,正其封疆,地南至于岱阴,西至于济,北至于海,东至于纪随,地方三百六十里。三岁治定,四岁教成,五岁兵出。有教士三万人,革车八百乘。诸侯多沉乱,不服于天子。于是乎桓公东救徐州,分吴半,存鲁蔡

陵，割越地。南据宋、郑，征伐楚，济汝水，逾方地。望文山，使
贡丝于周室。成周反胙于隆岳，荆州诸侯莫不来服。中救晋公，
禽狄王，败胡貉，破屠何，而骑寇始服。北伐山戎，制泠支，斩孤
竹，而九夷始听。海滨诸侯，莫不来服。西征攘白狄之地，遂至
于西河，方舟投柎，乘桴济河，至于石沈。县车束马，逾大行与
卑耳之貉，拘秦夏，西服流沙西虞，而秦戎始从。故兵一出而大
功十二。故东夷、西戎、南蛮、北狄、中诸侯国，莫不宾服。与诸
侯饰牲为载书，以誓要于上下荐神。然后率天下定周室，大朝诸
侯于阳谷。故兵车之会六，乘车之会三，九合诸侯，一匡天下。甲不
解垒，兵不解翳，弢无弓，服无矢，寝武事，行文道，以朝天子④。

【注释】①場：疆界。②极聘：多次、屡次前来出使。③渠弥、河
陼、纲山、有牢：分别指小海、水中小洲、齐国某地环山、坚固的意思。④垒：
指作战所用的绳子。翳：通"医"，古代盛弓箭的器具。弢：藏弓弩的器
具。服：古代盛弓箭的器具。

【译文】桓公问："外交和内政都已经安定下来了，现在可以称
霸吗？"管仲回答说："还不可以。邻国还没有亲附我们。"齐桓公
问："要怎么达到亲附呢？"管仲回答说："审查我们国家的疆界，把
侵略得到的土地返还回去，勘定界线，不要接受对方的财货，然后
准备优良的毛皮和增帛，作为礼物用来跟各诸侯国聘问，这样来安
定四方的邻国，那么邻国就会亲附我们了。"齐桓公问："盔甲和兵器
已经十分充足了，我现在想要向南边征伐，应该依托哪个国家呢？"
管仲回答说："以鲁国作为依托。返还侵占他们的常和潜这两个地
方，让大海作为齐国的屏障，小海用作堤防，群山环绕作为牢固的

工事。"齐桓公问："我想要西征，要依托哪个国家呢？"管仲回答："以卫国作为依托。返还侵占他们的吉台、原姑和柴里，使齐国有大海作为屏蔽，小海用作堤防，群山环绕作为牢固的工事。"齐桓公问："我想要北伐，要依托哪个国家呢？"管仲回答说："以燕国为依托。返还侵占他们的柴夫和吠狗，使齐国有大海作为屏障，小海用作堤防，群山环绕作为牢固的工事。"四方的邻国开始亲附齐国。已经把侵略的土地返还回去，勘定和年国的边界，领土南边到达秦山北边，西边到达济水，北边到达大海，东边到达纪随，国土面积方国三百六十里。过了三年国家太平安定，四年完成教化，五年可以出动军队。全国拥有三万训练有素的士兵，八百辆兵车。当时正好诸侯中有荒淫无道，不服从天子的命令。因此，桓公向东救援徐州，割取了吴国一半的土地。保存鲁国，侵入蔡国，割取越地。在南边凭借宋国和郑国，征讨楚国，没过汝水，跨越楚国方藏之地，尚望见文山，最终使楚国向周王室上贡菁丝。周正室送给齐国条肉，荆州的诸侯没有谁不来归附的。在中原地区救援晋国公侯，擒获狄君，打败了胡貉，攻破了屠何，北狄开始顺服。北伐山戎，制服冷支，斩了孤竹国君，九夷开始顺从。海边的那些诸侯没有哪个不来归顺的。西征夺白狄的土地，于是到了西河。齐国军队把船合并起来，稻绑出木我，乘坐着船没过取了白狄的土地，于是直到西河，把船并拢渡河到了石沈。悬挂战车，捆束战马，跨越过太行山和卑耳山溪，抓捕大夏国君。再向西征服流沙和西虞等西域地区，秦地的戎人开始服从。因此齐军一出动就立下十二个大功绩。因此，东夷、西戎、南蛮、北狄和中原的各诸侯国，没有不归顺的。齐桓公和诸侯整治祭品，起草盟书，将誓约献给各路神灵。然后率领天下的诸侯来安定周王室，在阳谷盟会天下的诸侯。因此有兵车的会盟有六次，乘车的会盟有三次，九次会合诸侯，一举匡定天下。之后，铠甲上的绳索不用解开，弓箭不必开封，弓袋不装弓，箭袋里没有箭，停止了战争，推行文治，朝拜周天子。

葵丘之会，天子使大夫宰孔致胙于桓公曰："余一人之命有事于文武。使宰孔致胙。"且有后命曰："以尔自卑劳，实谓尔伯舅毋下拜①。"桓公召管仲而谋，管仲对曰："为君不君，为臣不臣，乱之本也。"桓公曰："余乘车之会三，兵车之会六，九合诸侯，一匡天下。北至于孤竹、山戎、秽貉，拘秦夏；西至流沙、西虞；南至吴、越、巴、牂柯、瓜长、不庾、雕题、黑齿②。荆夷之国，莫违寡人之命，而中国卑我，昔三代之受命者，其异于此乎？"管子对曰："夫凤凰鸾鸟不降，而鹰隼鸥枭丰③，庶神不格，守龟不兆，握粟而筮者屡中。时雨甘露不降，飘风暴雨数臻④。五谷不蕃，六畜不育，而蓬蒿藜藋并兴⑤。夫凤凰之文，前德义，后日昌，昔人之受命者，龙龟假，河出图，雒出书，地出乘黄。今三祥未见有者，虽曰受命，无乃失诸乎？"桓公惧，出见客曰："天威不违颜咫尺，小白承天子之命而毋下拜，恐颠蹶于下，以为天子羞。"遂下拜，登受赏服、大路、龙旗九游、渠门赤旆。天子致胙于桓公而不受，天下诸侯称顺焉。

【注释】①伯舅：因齐国公室常与周王室通婚，因此周王称齐国国君为"伯舅"。②吴、越、巴、牂柯、瓜长、不庾、雕题、黑齿：泛指南方方国。③鹰隼鸥枭：鹰类和猫头鹰，古代以为是不祥之物。④臻：至。⑤蓬蒿藜藋并兴：指蓬蒿等各种草遍地茂盛生长。

【译文】葵丘之会时，周天子派大夫宰孔给齐桓公送祭肉说：
"我在为文王和武王庙祭祀，派遣宰孔给您送祭肉。"后面还有一
条命令说："因为您谦恭劳累，您作为伯舅，不用下拜受赐。"桓公召
见管仲商议，管仲回答说："做国君的不像国君，做臣子的不像臣子，
这是国家动乱的根源。"齐桓公说："我主持了乘车会盟三次，兵车
会盟六次，九次召集诸侯，一举匡定了天下。北征到达了孤竹、山戎、
秽貉，抓捕了大夏的首领，西征至流沙、西虞，南征至吴、越、巴、牂
牁、瓜长、不庚、雕题、黑齿这些南方民族部落，没有谁敢违抗我的
命令，而中原诸国却敢轻视我。从前夏、商、周三代接受天命为王
的，和这有什么不同吗？"管仲回答说："因为凤凰和鸾鸟不降临人
间，所以鹰、隼和鸥枭这类猛禽就势力庞大。众神不显灵，守龟不进
行卜兆，那拿着粟草的人占卜都能多次灵验。及时雨和甘露不降下，
那狂风暴雨就会多次到来。五种谷类不繁茂，六种牲畜不兴旺，那
杂草野菜就会兴盛起来。那凤凰的文采，前面象征德义，后面象征
明昌。从前那些接受天命的人，龙龟会出现，黄河中出现图，洛河中
出现书，土地上出现神马乘黄。现在这三种祥瑞都没有出现，即使
说接受了天命，难道不是很失策吗？"齐桓公很恐慌，出来接见宾客
说："天子的威严就近在我面前，我小白虽然接到天子的命令让我
不要下拜，但是我害怕下面会颠倒失去次序，而使天子蒙羞。"于是
齐桓公下拜，立即接受了赏赐。此后乘用天子用的大车，插上有九条
游龙的旗，辕门插上了红旗。天子赏赐给桓公祭肉并且命令不要下
拜，因为齐桓公不接受这样的命令，天下的诸侯都称赞和归顺他。

桓公忧天下诸侯。鲁有夫人庆父之乱，而二君弑死^①，国绝
无后。桓公闻之，使高子存之。男女不淫，马牛选具^②。执玉以

见，请为关内之侯，而桓公不使也。狄人攻邢，桓公筑夷仪以封
之。男女不淫，马牛选具。执玉以见，请为关内之侯，而桓公不
使也。狄人攻卫，卫人出旅于曹，桓公城楚丘封之。其畜以散
亡，故桓公予之系马三百匹，天下诸侯称仁焉。于是天下之诸侯
知桓公之为己勤也，是以诸侯之归之也譬若市人。桓公知诸侯
之归己也，故使轻其币而重其礼。故使天下诸侯以疲马犬羊为
币，齐以良马报。诸侯以缕帛布鹿皮四分以为币③，齐以文锦虎
豹皮报。诸侯之使垂橐而入④，攦载而归。故钧之以爱，致之以
利，结之以信，示之以武。是以天下小国诸侯，既服桓公，莫之
敢倍而归之。喜其爱而贪其利，信其仁而畏其武。桓公知天下
小国诸侯之多与己也，于是又大施忠焉。可为忧者为之忧，可为
谋者为之谋，可为动者为之动。伐谭莱而不有也，诸侯称仁焉。
通齐国之鱼盐东莱，使关市几而不正，壥而不税⑤，以为诸侯之
利，诸侯称宽焉。筑蔡、鄢陵、培夏、灵父丘，以卫戎狄之地，所
以禁暴于诸侯也。筑五鹿、中牟、邺盖与社丘，以卫诸夏之地，
所以示劝于中国也。教大成。是故天下之于桓公，远国之民望如
父母，近国之民从如流水。故行地滋远，得人弥众，是何也？怀
其文而畏其武。故杀无道，定周室，天下莫之能圉，武事立也。
定三革，偃五兵，朝服以济河，而无怵惕焉，文事胜也。是故大
国之君惭愧，小国诸侯附比。是故大国之君事如臣仆，小国诸
侯欢如父母。夫然，故大国之君不尊，小国诸侯不卑。是故大国
之君不骄，小国诸侯不慑。于是列广地以益狭地，损有财以与无
财。周其君子，不失成功；周其小人，不失成命。夫如是，居处则

顺，出则有成功。不称动甲兵之事，以遂文武之迹于天下。

【注释】①二君弑死：指庆父通鲁庄公的夫人姜氏，弑子般，又杀鲁闵公。庆父即鲁庄公之兄。②选具：指齐备。③四分以为币：指以鹿皮等作为国礼出使齐国。分：介词，即“四个”。④垂橐：指空袋子，此处指空着手而来。⑤壥而不税：指市场买卖货物不用交税。

【译文】桓公能为全天下的诸侯解忧。鲁国有庄公夫人和庆父的淫乱，最后两任国君被杀，鲁国失去了继承人。桓公了解这件事后，就派遣高子去立鲁僖公来保存鲁国。使得鲁国男女间相处都有了规矩，牛马齐备，鲁君手持玉器来拜见齐桓公，请求让自己做齐国的关内侯，桓公不用他这样做。狄人攻击邢国，齐桓公修筑夷仪城作为边界。于是国内的男女间相处都有了规矩，牛马齐备，邢君手持玉器来拜见桓公，请求让自己做齐国的关内侯，桓公不要他这么做。狄人攻打卫国，卫国的百姓出奔寄居在曹地，齐桓公修筑楚丘作为边界，百姓们的牲畜丢失了，于是齐桓公又赐予他们三百匹良马，天下的诸侯都称赞齐桓公有仁义。到这时候，天下的诸侯都知道齐桓公很为自己操劳，因此诸侯们就像赶集一样来归顺齐桓公。齐桓公知道天下的诸侯都已经归附自己了，因此就很少收下他们进献的礼物而注重礼节，因此让天下诸侯用瘦马、狗和羊作为礼物，而齐国用良马来作为回报。诸侯们用平常的纺织品和四张鹿皮作为礼物，齐国用华锦和虎豹皮来作为回报。诸侯们的使者，背着空囊来的，回去时却装了很多财物。因此把仁爱平分给他们，用利益吸引他们，用诚信来和他们结交，把武力展示给他们看。因此天下的那些小国诸侯都服从齐桓公，没有谁敢违背都来归附了，他们为齐桓公的仁爱而感到欢喜又贪求齐国给予的利益，相信齐桓公的仁德又畏惧齐国的军事能力。桓公知道天下的小国诸侯都来和自己亲近了，因此尽心竭力地为他们谋取福祉。可以为他们分忧的就为他们分忧，可以为他们谋划的就为他们谋划，可以为他们采取行动的就采取行动。攻下了谭、遂两地却不占有他们的领土，诸侯们都称赞桓公有仁德。齐桓公又让齐国东莱的鱼和盐流通到各个诸侯国，稽查关市但不征税，只收取房税但不收取商品税，用这来为各诸侯国谋取福利，诸侯们都称赞齐桓公宽厚。齐国修筑蔡、鄢陵、培夏和灵父丘等城邑，用来保卫和戎狄交壤的边界，以此来制止各诸侯国内的暴乱。修筑了五鹿、中年、邺盖和社丘，用来保卫中原地区，以此来给中原地区的诸侯国展示自己的努力。教化取得很大成功。因此，天下人对待齐桓公，较远国家的百姓就像盼望自己的父母，近处国家的百姓像流水一样跟随他。因此，土地愈益广大，人口愈益增加，这是为什么呢？这是因为大家感念齐桓公的文治又害怕他的军力。因此，齐国诛杀失去道义的诸侯，来安定周王朝，天下没有谁能够和他对抗，这是军事的成功。停止使用各种革甲，收起各种兵器，穿着朝服过河都不会害怕，这就是文治的胜利。因此大国的君主感到惭愧，小国的君主会前来归附顺从。因此大国的国君侍奉齐国就像是臣仆，小国的诸侯喜欢齐国如同是自己的父母。这样，大国的国君不会显得尊贵，小国的诸侯也不会卑下。因此，大国的国君不会骄纵，小国的诸侯不会恐惧。在这时，分割广大的土地来增补土地较少的，消减富足的来补给贫困的。接济君子，君子努力做事，所以能成就大功。接济小民，小民感恩报德，政令易于实行。如果做到这些的话，平时待着的时候就会安顺，出动就会成功。不用发动军事行动，就可以成就文王和武王那样在天下的功绩。

桓公能假其群臣之谋以益其智也。其相曰夷吾，大夫曰宁戚、隰朋、宾胥无、鲍叔牙。用此五子者何功？度义光德，继法绍终，以遗后嗣，贻孝昭穆，大霸天下，名声广裕，不可掩也。则唯有明君在上，察相在下也。

【译文】桓公能够依靠群臣的智谋来增加自己的智慧。他的相是管仲，大夫是宁戚、隰朋、宾胥无和鲍叔牙。用这五个人来负责政事和推行道义，发扬德行和继承法度，一直接续到终点，把优良的政治遗产馈赠给子孙后代。把孝道传承下去，称霸天下，名声广大，什么也掩盖不住。这就是因为有明君在上，贤能的大臣在下。

初，桓公郊迎管子而问焉。管仲辞让，然后对以参国伍鄙，立五乡以崇化，建五属以厉武，寄兵于政，因罚，备器械，加兵无道诸侯，以事周室。桓公大说。于是斋戒十日，将相管仲。管仲曰："斧钺之人也①，幸以获生，以属其腰领，臣之禄也。若知国政，非臣之任也。"公曰："子大夫受政，寡人胜任；子大夫不受政，寡人恐崩。"管仲许诺，再拜而受相。三日，公曰："寡人有大邪三，其犹尚可以为国乎？"对曰："臣未得闻。"公曰："寡人不幸而好田②，晦夜而至禽侧，田莫不见禽而后反。诸侯使者无所致，百官有司无所复。"对曰："恶则恶矣，然非其急者也。"公曰："寡人不幸而好酒，日夜相继，诸侯使者无所致，百官有司无所复。"对曰："恶则恶矣，然非其急者也。"公曰："寡人有污行，不幸而好色，而姑姊有不嫁者。"对曰："恶则恶矣，然非其急者也。"公作色曰："此三者且可，则恶有不可者矣？”对曰：“人君唯优与不敏不可③，优则亡众，不敏不及事。”公曰：“善。吾子就舍，异日请与吾子图之。”对曰：“时可将与夷吾，何待异日乎？”公曰：“奈何？”对曰：“公子举为人博闻而知礼，好学而辞逊，请使游于鲁，以结交焉。公子开方为人巧转而兑利，请使游于卫，以结交焉，曹孙宿其为人也小廉而苛忕、足恭而辞结，正荆之则也，请使往游，以结交焉。”遂立行三使者，而后退。

【注释】①斧钺：这里指自己是有罪的人。②好田：喜好打猎。③优与不敏：分别指优柔寡断、不敏于事。

【译文】当初，齐桓公在郊外迎接管仲归国时就向他咨询国政。管仲开始时推辞婉拒，之后提出建立三国五鄙的建议，通过五乡来实行教化，建立五属来振奋武备，把军事寄托在内政里，凭借刑罚赎罪的制度，置备兵器，讨伐失去道义的诸侯国，用来侍奉周天子。齐桓公听完十分高兴，接着就斋戒了十天，准备立管仲做相。管仲说：“我是有罪将要受刑罚的人，现在有幸保全生命，腰部和脖颈没被您斩断这已经是我的大福分了。要让我掌管国家政务，可不是臣我敢担当的。”齐桓公说：“您能接手国家的政务，那我就能够治理国家，您如果不接手国家政务，恐怕我就要败坏了。”管仲就答应了，拜了两拜而接受了相国的职位。过了三天，齐桓公说：“我有三大缺点，那还能治理好国家吗？”管仲回答说：“我没听过这样的事。”齐桓公说：“我不幸喜好打猎，在黑夜去禽兽出没的湖泊沼泽之地，直到看不见禽兽才回来。这样，诸侯的使者没法找到我传达命令，官员们也没有地方可以报告他们的工作。”管仲回答说：“坏是坏了些，不过这还不是最致命的。”齐桓公说：“我不幸地喜好饮酒，日夜不停地喝，诸侯的使者没法找到我传达消息，官员们也没有地方可以报告他们的工作。"管仲回答说："坏是坏了些，但这还不是最致命的。"齐桓公说："我有一件丑事，就是不幸喜好女色，姑表姐妹都有不嫁出去的。"管仲回答说："坏是坏了些，但这还不是最致命的。"桓公听罢，变了脸说："这三点都可以容忍的话，那还有什么是不可以的呢！"管仲回答说："作为君主，只有昏聩不明和不勤敏是不可以的。昏聩不明就会失去百姓拥护，不勤敏就不会成就功业。"齐桓公说："好。您先回到住处，改天我再请您一起讨论这些。"管仲回答说："现在就可以，为什么还要改天呢？"齐桓公说："具体要怎么做呢？"管仲回答说："公子举为人见识广博而懂得礼节，好学而言语谦逊，请派他去出使鲁国，以便来和鲁国交好。公子开方，他这人机灵圆滑而尖刻，请派他去出使卫国，以便和卫国交好。曹孙宿，他这人比较能够做到明察和习惯于琐细的事物，态度恭敬并且言辞敏捷，这正符合荆楚的风格，请派他去出使荆楚，以便和他们交好。"这样就委派了三位使者，管仲这才告退。

相三月，请论百官。公曰；"诺。"管仲曰："升降揖让，进退闲习，辨辞之刚柔，臣不如隰朋，请立为大行。垦草入邑，辟土聚粟多众，尽地之利，臣不如宁戚，请立为大司田。平原广牧，车不结辙，士不旋踵，鼓之而三军之士视死如归，臣不如王子城父，请立为大司马。决狱折中，不杀不辜，不诬无罪，臣不如宾胥无，请立为大司理。犯君颜色，进谏必忠，不辟死亡，不挠富贵①，臣不如东郭牙，请立以为大谏之官。此五子者，夷吾一不如；然而以易夷吾，夷吾不为也。君若欲治国强兵，则五子者存矣；若欲霸王，夷吾在此。"桓公曰："善。"

【注释】①不挠富贵：不为富贵困惑。挠：困惑。

【译文】管仲担任相国三个月后，请求与桓公选用百官。齐桓公说："好。"管仲说："升降遵守礼节，进退规矩娴熟，能辨别言语的刚劲和委婉，我比不上隰朋，请任命他担任外交长官。开辟荒地，招纳贤人进入城邑，开辟土地增加粮食，充分利用土地，我不如宁戚，请任命他担任管理土地的长官。广阔的原野，战车不乱辙，战士不退缩，敲击战鼓可以使三军之士视死如归，这方面，我不如王子城父，请任用他为管理军事的大司马。判决狱讼做到公正，不杀害和冤枉无罪的，我比不上宾胥无，请任命他做主管诉讼的大司理。冒犯君主的尊严，进谏一定做到忠诚，不会躲避死亡，不会屈服于富贵，我比不上东郭牙，请任命他做大谏官。这五个人，我管夷吾没有一个比得上的，但是如果用来替换我的位置，我夷吾也不干。因为您如果想治国强兵，那这五个人就足够了。但是您如果想要建立霸业，那么有我管夷吾！"齐桓公说："好"。

王言第二十一
（阙）

霸形第二十二

扫码听谦德
君为您导读

【题解】此为第二十二篇，题为"霸形"。顾名思义，即"陈霸言之形容"（房玄龄注），即言成就霸王之业应有的内外形势，记载桓公与管仲之间关于如何成就霸王之业的对话。

霸形，一说应作"霸言"，本篇题目与第二十三篇可能互倒。原因是下篇（即第二十三篇）首句为"霸王之形"，而《管子》多以首句名篇如《牧民》《山高》之类，因此疑作"霸形"（张佩纶语）；而本篇则主要记述桓公与管仲之对话，因此当称作"霸言"，即关于霸王之业的言论。

国家图书馆收藏的南宋浙刻本（亦称"杨忱本"，是现存《管子》最早的刻本）与颜昌峣先生《管子校释》、郭沫若先生《管子集校》本篇皆作"霸形"。

本篇共分三节，分别讨论了如何成就霸业的问题。

桓公在位，管仲、隰朋见。立有间，有二鸿飞而过之。桓公叹曰："仲父，今彼鸿鹄有时而南，有时而北，有时而往，有时而来，四方无远，所欲至而至焉，非唯有羽翼之故①，是以能通其意于天下乎？"管仲、隰朋不对。桓公曰："二子何故不对？"管子对曰:"君有霸王之心,而夷吾非霸王之臣也,是以不敢对。"
桓公曰:"仲父胡为然? 盍不当言②,寡人其有乡乎③? 寡人之有
仲父也,犹飞鸿之有羽翼也,若济大水有舟楫也。仲父不一言教
寡人,寡人之有耳,将安闻道而得度哉④。"管子对曰:"君若将
欲霸王举大事乎? 则必从其本事矣⑤。"桓公变躬迁席⑥,拱手
而问曰:"敢问何谓其本?"管子对曰:"齐国百姓,公之本也。
人甚忧饥,而税敛重;人甚惧死,而刑政险;人甚伤劳,而上举
事不时⑦。公轻其税敛,则人不忧饥;缓其刑政,则人不惧死;
举事以时,则人不伤劳。"桓公曰:"寡人闻仲父之言此三者,闻
命矣,不敢擅也,将荐之先君。"于是令百官有司,削方墨笔。明
日,皆朝于太庙之门朝,定令于百吏。使税者百一钟⑧,孤幼不
刑,泽梁时纵⑨,关讥而不征,市书而不赋;近者示之以忠信,远
者示之以礼义。行此数年,而民归之如流水。

【注释】①"非唯……是以":相当于现在"不是……才"的句法,
此为反问句。②盍(hé):为何,何故。当言:直言。"当"读为"谠",正直
的(言论)。③乡:通"向",方向。④得度:获得法度。⑤本事:根本之
事。⑥变躬迁席:移动身体离开席位。躬:身躯。迁席:古代铺席而坐,
迁席以表示恭敬。⑦不时:与"以时"相对,即不合时令。⑧百一:指税
率百分之一。钟:古量器,齐国的计量单位名称,十斗为一斛,一钟为六斛
四斗。⑨泽梁:在水流中用石筑成的拦水捕鱼的堰。

【译文】桓公在君位上坐着,管仲、隰朋进见。刚站了一会,
有两只鸿雁飞过。桓公叹息说:"仲父,那些鸿雁时而南飞,时而北
飞,时而飞去,时而飞来,不论四方有多远,想到哪里就飞到哪里,

还不是因为有两只羽翼的缘故，所以它们才能通达其意于天下吗？"管仲和隰朋都没有回答。桓公说："两位先生为什么不回答呢？"管子回答说："君上您有成就霸王之业的心愿，而我却不是成就霸王之业的大臣，因此不敢回答。"桓公说："仲父为什么这样说呢？何不直说，使我有个方向呢？我有仲父，就像飞鸿有羽翼，就像渡河有船桨一样，仲父不发一言教我，我虽然有两只耳朵，又怎么听取治国之道，学得治国之法呢？"管子回答说："君上您要成就霸王之业，兴举大事吗？（如果这样）就必须从根本做起。"桓公移动身体离开席位，拱手而问道："敢问什么事是成就霸王之业的根本呢？"管子回答说："齐国百姓，便是您的根本。百姓很怕饥饿，而当前赋税很重；百姓很怕死罪，而当前刑政严酷；百姓很怕劳役辛苦，而君上举事不合时令。您如果能轻征赋税，百姓就不愁饥饿；宽缓刑政，百姓就不怕死罪；兴举事业符合时令，百姓就不愁劳役辛苦了。"桓公说："我听到仲父说的这三点，算是懂得了。我不敢擅自专行，先把它敬告先君。"于是他命令负责的官吏们削好木板，濡墨于笔（写下来）。第二天，会集百官都在太庙的门庭朝见，为百官颁布了法令：使纳税者百钟收成中只取一钟用于纳税，对孤幼不准处刑，水泽中的捕鱼器按时令开放，关卡只稽查而不征税，市场只登记入册而不征赋，对近处的国民示以忠信，对远方的国民示以礼义。这样实行了几年，归附桓公的百姓就像流水一样源源不断。

此其后，宋伐杞，狄伐邢、卫。桓公不救，裸体纫胸称疾①。召管仲曰："寡人有千岁之食，而无百岁之寿，今有疾病，姑乐乎！"管子曰："诺。"于是令之县钟磬之榱②，陈歌舞竽瑟之乐，日杀数十牛者数旬。群臣进谏曰："宋伐杞，狄伐邢、卫，君不可不救。"桓公曰："寡人有千岁之食，而无百岁之寿，今又疾病，姑乐乎！且彼非伐寡人之国也，伐邻国也，子无事焉。"宋已取杞，狄已拔邢、卫矣。桓公起，行筍虡之间③，管子从。至大钟之西，桓公南面而立，管仲北乡对之，大钟鸣。桓公视管仲曰："乐夫，仲父？"管子对曰："此臣之所谓哀，非乐也。臣闻之，古者之言乐于钟磬之间者不如此。言脱于口，而令行乎天下；游钟磬之间，而无四面兵革之忧。今君之事，言脱于口，令不得行于天下；在钟磬之间，而有四面兵革之忧。此臣之所谓哀，非乐也。"桓公曰："善。"于是伐钟磬之县，并歌舞之乐。宫中虚无人。桓公曰："寡人以伐钟磬之县，并歌舞之乐矣④，请问所始于国，将为何行？"管子对曰："宋伐杞，狄伐邢、卫，而君之不救也，臣请以庆。臣闻之，诸侯争于强者，勿与分于强。今君何不定三君之居处哉？"于是桓公曰："诺。"因命以车百乘、卒千人，以缘陵封杞；车百乘、卒千人，以夷仪封邢；车五百乘、卒五千人，以楚丘封卫。桓公曰："寡人以定三君之居处矣，今又将何行？"管子对曰："臣闻诸侯贪于利，勿与分于利。君何不发虎豹之皮、文锦以使诸侯，令诸侯以缦帛、鹿皮报⑤？"桓公曰："诺。"于是以虎豹皮、文锦使诸侯，诸侯以缦帛、鹿皮报。则令固始行于天下矣。

【注释】①纫胸：用帛包扎胸部，表痛患。纫：包裹，捆束。②县：通"悬"，悬挂，下同。橻：悬挂钟磬的架。③筍虡：亦作"簨虡""栒虡"。古代悬挂钟、磬等乐器所用的架子。悬乐器的横木叫筍，两侧立柱叫虡。④并：通"屏"，撤去，摒弃。⑤缦帛：与"文锦"相对，即素帛，无花纹。

【译文】在这以后，宋国进攻杞国，狄人进攻邢国和卫国。桓公都没有出兵救援，反而光着上身、用布帛缠着胸部声称自己生病了。桓公召见管仲说："我有足以享用千年的粮食，却没有百岁的寿命，现在又生病了，姑且享乐一下吧！"管仲说："好的。"因此桓公下令悬挂钟磬，陈设歌舞，演奏竽瑟等各种音乐，每天再杀几十头牛，这样连续了几十天。大臣们进谏说："宋国攻打杞国，狄国攻打邢国、卫国，您不能不救援。"桓公说："我有足以享用千年的粮食，却没有百岁的寿命，现在又生病了，姑且享乐一下吧！况且他们并不是攻伐我的国家，他们攻打的是邻国，你们就不要多管闲事了。"宋军已经占领了杞国，狄人也攻克了邢国和卫国，桓公起身，徘徊在钟磬之间，管子在后面跟着。走到大钟西侧，桓公面南而立，管仲向北而对，大钟鸣响。桓公看着管仲问道："仲父，你快乐吗？"管子回答道："这是我的悲哀，而不是快乐。我听说的古人关于'乐于钟磬之间'的言论并不是这样的。话从口出，就作为命令推行于天下；在钟磬之间行乐，而没有四面战争的忧虑。现在您的情况是：话从口出，却不能作为命令推行于天下；沉迷在钟磬之间，而有四面战争的忧虑，这就是我所说的悲哀，而不是快乐。"桓公说："说得好。"当即拆除了悬挂的钟磬，摒弃了歌舞音乐，宫中变得空虚无人。桓公说："我已经拆除钟磬、摒弃歌舞了，请问重整国政首先从哪里做起？"管子回答道："宋国进攻杞国，狄人进攻邢国、卫国，您没有去救援，请您允许我表示庆幸。我听说诸侯相争的时候，不要与之争强。现您何不安顿一下杞、邢、卫三国国君的居处呢？"桓公说："好的。"于是下令将一百乘兵车、一千个士卒，连同缘陵这块地方封给了杞国国君；五百乘兵车、一千个士卒，连同夷仪这块地方封给了邢国国君；五百乘兵车、五千个士卒，连同楚丘这块地方封给了卫国国君。桓公说："我已经安顿好三国国君的居处了，现在还要做些什么呢？"管子回答道："我听说诸侯贪图利益的时候，不要与之分利。您何不分送给各诸侯国虎皮、豹皮以及华美的织锦，只要求诸侯将素帛和鹿皮作为回报呢？"桓公说："好的。"当时就用虎皮、豹皮和有文饰的织锦出使各诸侯国，各诸侯国也只将素帛和鹿皮作为回报。齐国的号令由此开始通行于天下。

此其后，楚人攻宋、郑。烧焫熯焚郑地①，使城坏者不得复筑也，屋之烧者不得复葺也；令其人有丧雌雄②，居室如鸟鼠处穴。要宋田③，夹塞两川，使水不得东流，东山之西，水深灭垲④，四百里而后可田也⑤。楚欲吞宋、郑而畏齐，曰思人众兵强能害己者，必齐也。于是乎楚王号令于国中曰："寡人之所明于人君者，莫如桓公；所贤于人臣者，莫如管仲。明其君而贤其臣，寡人愿事之。谁能为我交齐者，寡人不爱封侯之君焉⑥。"于是楚国之贤士，皆抱其重宝币帛以事齐。桓公之左右，无不受重宝币帛者。

【注释】①烧焫熯焚：这四个字都是焚烧的意思。②有：通"又"。丧雌雄：指丧失配偶，夫妻失散，家庭破败。③要：拦截，限制。④垲：坏损的墙。⑤田：种田，耕地。⑥封侯之君：身为一方诸侯的国君，这里指封赏土地。

【译文】这以后，楚国攻打宋国和郑国。火烧郑地，将城墙毁坏得无法重建，房屋烧毁后得不可复修。又使民众妻离子散，屋室就像鸟巢鼠洞一样。楚国又拦截宋国农田的水源，堵塞两边河道，使河水不能东流,而东山西面却水淹没了断墙,距河四百里之外的地方才能进行耕种。楚国想吞并宋国和郑国,但是又畏惧齐国,认为人众兵强能够危害到自己的,一定是齐国。于是楚王在国内发布命令说:"在我的认知里,君主中能称得上圣明的,没有人比得上桓公;人臣中称得上贤能的,也没有能与管仲相比的。我认为齐国国君圣明、臣子贤能,所以愿意事奉他们。谁能够替我交好齐国,我将不吝惜给他一个封侯的赏赐。"号令一出,楚国的贤能之士带着贵重的宝物和布帛与齐国交好。桓公的左右近臣,没有人不曾接受过楚国的贵重宝物和缯帛。

于是桓公召管仲曰:"寡人闻之,善人者人亦善之。今楚王之善寡人一甚矣,寡人不善,将拂于道①。仲父何不遂交楚哉?"管子对曰:"不可。楚人攻宋、郑,烧炳熿焚郑地,使城坏者不得复筑也,屋之烧者不得复葺也,令人有丧雌雄,居室如鸟鼠处穴。要宋田,夹塞两川,使水不得东流,东山之西,水深灭塿,四百里而后可田也。楚欲吞宋。郑,思人众兵强而能害己者,必齐也。是欲以文克齐②,而以武取宋、郑也,楚取宋、郑而不知禁,是失宋、郑也;禁之,则是又不信于楚也。知失于内,兵困于外,非善举也。"桓公曰:"善。然则若何?"管子对曰:"请兴兵而南存宋、郑,而令曰:'无攻楚,言与楚王遇。'至于遇上③,而以郑城与宋水为请,楚若许,则是我以文令也;楚若不许,则遂以武令焉。"桓公曰:"善。"于是遂兴兵而南存宋、郑,与楚王遇于召陵之上,而令于遇上曰:"毋贮粟,毋曲堤,无擅废适子,无置妾以为妻。"因以郑城与宋水为请于楚,楚人不许。遂退七十里而舍。使军人城郑南之地，立百代城焉。曰：自此而北至于河者，郑自城之，而楚不敢隳也④。东发宋田，夹两川，使水复东流，而楚不敢塞也。遂南伐，及逾方城，济于汝水，望汶山，南致楚越之君，而西伐秦，北伐狄，东存晋公于南，北伐孤竹，还存燕公。兵车之会六，乘车之会三，九合诸侯，反位已霸⑤。修钟磬而复乐。管子曰："此臣之所谓乐也。"

【注释】①拂：悖逆，违背。②文：指用和平的政治外交手段。与"武"相对。③遇上：即遇所。遇：会见，会盟。上：指会盟之地。④隳（huī）：毁坏。⑤反位：即"返位"。

【译文】于是桓公召见管仲说："我听说，善待别人，别人也会善待你。现在楚王如此地善待我，如果我不善待，将有违交往之道。仲父我们何不就此同楚国交好呢？"管子回答说："不可以。楚国攻打宋国和郑国。火烧郑地，将城墙毁坏得无法重建，房屋烧毁后得不可复修。又使民众妻离子散，屋室就像鸟巢鼠洞一样。楚国又拦截宋国农田的水源，堵塞两边河道，使河水不能东流，而东山西面却水淹没了断墙，距河四百里之外的地方才能进行耕种。楚国想吞并宋国和郑国，但是又畏惧齐国，认为人众兵强能够危害到自己的，一定是齐国。所以这是要用'文'的方式来战胜齐国，而用'武'的方式攻取宋、郑两国。如果我们不制止楚国攻打宋、郑两国，就等于失去了宋国和郑国两个邻国盟友；如果加以制止，则又是失信于楚国。如果国内在权谋上有失误，远在国外的军队就会受困。这不是一个好办法。"桓公说："好。那该怎么办呢？"管子回答说："请发兵南下保全宋、郑两国，同时下令说：'不要反攻楚国。我将与楚王会盟。'到达盟会的地方，就提出解决郑城和宋水的问题，如果楚国答应了，就相当于我们用'文'的方式命令他；楚国如果不答应，就用'武'的方式教训好了。"桓公说："好。"于是就发兵南下，保全宋国和郑国，与楚王在召陵这个地方缔结盟会。桓公在会盟时提议道："不准囤积粮食，不准任意修筑堤坝，不准擅自废黜嫡子，不准将妃妾立为正妻。"因而提出郑城与宋水的问题，要求楚国解决，楚王没有答应。于是退兵七十里屯驻军队。桓公就派军队在郑国的南部筑城，建立百代城。并规定：从百代城往北直到黄河，由郑国自己建立城郭，楚国不敢再次去烧毁。又向东开放了宋国的农田耕地，从两面开通两道河流的阻塞，使河水再向东流，而楚国也没敢再去堵塞。于是南伐楚国，越过方城，渡过汝水，直逼汶山，南下召见吴国和越国的君主；又向西攻打秦国，向北攻打狄人，向东保全了南面的晋国公；向北攻打孤竹国，又保全了燕国公。这期间，动用兵车集结诸侯的盟会有六次，乘车前往的会集诸侯缔盟有三次，一共进行了九次集结诸侯会盟。等到桓公再回到齐国重返君位时，称霸天下的大业已成就。于是又开始修整钟磬乐器，重新沉浸在欢宴享乐之中。管子说："这才是我所说的快乐啊！"

霸言第二十三

扫码听谦德
君为您导读

【题解】此为《管子》的第二十三篇，题为"霸言"，即谈论如何成就霸业的言论。

文章重视对于天下形势的分析以及相关谋略的探讨，零散、反复地讨论成就霸业的原则：比如必"欲用天下之权者，必先布德诸侯""务具其备，而慎守其时。以备待时，以时兴事"等等，可以视为一篇称霸的策略论。

文章开头极尽宏大地描写了"霸王之形"，又指出霸王之势一定是光明磊落的，最后又将谋划、形势、事权三者视为重中之重加以强调。

霸王之形；象天则地①，化人易代②，创制天下③，等列诸侯，宾属四海，时匡天下；大国小之，曲国正之④，强国弱之，重国轻之；乱国并之，暴王残之：僇其罪，卑其列，维其民，然后王之⑤。夫丰国之谓霸，兼正之国之谓王⑥。夫王者有所独明。德共者不取也，道同者不王也。夫争天下者，以威易危，暴王之常也。君人者有道，霸王者有时。国修而邻国无道，霸王之资也⑦。夫国之存也，邻国有焉；国之亡也，邻国有焉。邻国有事，邻国得焉; 邻国有事, 邻国亡焉。天下有事, 则圣王利也。国危, 则圣人知矣⑧。夫先王所以王者, 资邻国之举不当也。举而不当, 此邻敌之所以得意也。

【注释】①象天则地: 模仿天, 效法地。②易代: 指改换朝代。易: 改换。③创制: 创建制度。④曲国: 朝廷风气邪曲不正的国家。曲: 弯曲, 不正。⑤王: 称王。⑥丰国: 使自己国家强大。兼正: 兼能匡正他国。⑦资: 凭借, 引申为有利条件。⑧知: 同"智"。

【译文】霸王之业的形势是这样: 取法上天, 效法大地, 教化民众, 改朝换代, 为天下创建运行制度, 按次序分列诸侯等次, 使四海臣服, 使天下及时得到匡正; 将大国的势力缩小, 将风气不正的国家匡正, 将强国的优势削弱, 将权势过重国的地位减轻; 将暴乱的国家兼并, 将残暴的君主权力摧毁: 惩罚他的罪恶, 降低他的地位, 维护他的民众, 然后加以治理。能使自己国家富强的称之为"霸", 能兼而匡正天下的称之为"王"。能成就王业的有其独见之明, 不攻取相同德行的国家; 不控制道义一致的国家。历来争夺天下的时候, 王者常常以威望推翻危乱的暴君。统治民众的人必须要遵循正道, 建立王霸之业的人必须要伺机而动。国内政治清明而邻国无道, 这是成就霸王之业的有利条件。因为国家的存在与邻国密切相关; 国家的败亡也与邻国密切相关。邻国有事, 邻国可能有所得, 也可能有所失。天下起事端, 对圣王是有利的。国家一旦危殆, 圣人的明智就可以显现。先代圣王能成其王业所凭借的, 往往是利用邻国的举措不当。邻国举措不当, 是其邻国敌人以为高兴的事情。

夫欲用天下之权者①, 必先布德诸侯。是故先王有所取, 有所与, 有所诎②, 有所信③, 然后能用天下之权。夫兵幸于权④, 权幸于地。故诸侯之得地利者, 权从之; 失地利者, 权去之, 夫争天下者, 必先争人。明大数者得人⑤, 审小计者失人。得天下之众者王, 得其半者霸。是故圣王卑礼以下天下之贤而王之, 均分以钓天下之众而臣之⑥。故贵为天子, 富有天下, 而伐不谓贪者, 其大计存也。以天下之财, 利天下之人; 以明威之振⑦, 合天下之权; 以遂德之行, 结诸侯之亲; 以奸佞之罪, 刑天下之心⑧; 因天下之威, 以广明王之伐; 攻逆乱之国, 赏有功之劳; 封贤圣之德, 明一人之行, 而百姓定矣。夫先王取天下也, 术术乎大德哉⑨, 物利之谓也。夫使国常无患, 而名利并至者, 神圣也; 国在危亡, 而能寿者, 明圣也。是故先王之所师者, 神圣也; 其所赏者⑩, 明圣也。夫一言而寿国, 不听而国亡, 若此者, 大圣之言也。夫明王之所轻者马与玉, 其所重者政与军。若失主不然, 轻与人政, 而重予人马; 轻予人军, 而重与人玉; 重宫门之营, 而轻四境之守, 所以削也。

【注释】①用: 拥有, 掌握。②诎: 通 "屈", 弯曲。③信: 通 "伸", 伸展。④幸: 取决于, 此处意同 "胜"。⑤大数: 指大方面, 与 "小计" 相对。⑥钓: 招引, 吸引。⑦振: 通 "震", 震慑。⑧刑: 通 "型", 规范。⑨术乎: 遵循着。术: 本义道路, 引申为遵循。⑩赏: 读为 "尚", 即崇尚, 效法。

【译文】想要掌握天下的权力, 首先必须对诸侯布施恩德。因此先王有取有予, 有屈有伸, 然后才能掌控天下大权。作战取决于权力的大小, 权力取决于地利。因此占有地利的诸侯, 权力也随之而来; 失去地利的诸侯, 权力也就随之丧失。想要争夺天下, 必须先争取人心。明悉大略的得人心，算计小事的失人心。得到天下大多数人拥护的能成就王业，得半数人拥护的能成就霸业。因而圣明的君王，总是谦卑礼待天下贤士，任用他们帮助自己成就王业；公平地分配禄食来吸引天下民众归顺。所以，虽然贵为天子，富有天下，进兵攻伐，但世人不认为他贪婪的人，是由于他能够遵从天下大势。用天下的财物，为天下人谋利；以权威的强大震慑作用来集中天下的权力；用严惩奸佞罪行的行为来规范天下人的思想；借助天下的权威，来推广圣明君主的功绩；攻打倒行逆施、作乱不止的国家，赏赐有功劳的能臣；树立圣贤的威望，来显示天子的德行，这样，百姓就安定了。先王借以获取天下的，是遵循着兴盛的大德啊。这就是所谓的以物利人。使国家恒常无患而名利兼得的人，可以被称为神圣；能挽救国家于危亡而能使之长久保全的，可以被称为明圣。所以，先王所师法的是神圣；所赞赏的是明圣。一句话而能保全国家，不听的就会亡国，这是大圣人的话。英明君主最看轻的是骏马与宝玉，最看重的是政权与军队。至于那些亡国而失去天下的君主就不这样了，他们往往看轻授人以政权，而看重施予人骏马；看轻授人以军权，而看重施予人宝玉；看重王室宫门的营建，而看轻四方边境的防守，所以国家的权力就这样被日益削弱了。

　　夫权者，神圣之所资也^①；独明者，天下之利器也；独断者，微密之营垒也。此三者^②，圣人之所则也，圣人畏微，而愚人畏明；圣人之憎恶也内，愚人之憎恶也外；圣人将动必知，愚人至危易辞。圣人能辅时，不能违时。知者善谋，不如当时。精时者，日少而功多。夫谋无主则困，事无备则废。是以圣王务具其备。而慎守其时。以备待时，以时兴事，时至而举兵。绝坚而攻国，破大而制地，大本而小标，垄近而攻远③。以大牵小，以强使弱，以众致寡，德利百姓，威振天下；令行诸侯而不拂，近无不服，远无不听。夫明王为天下正，理也。按强助弱，围暴止贪，存亡定危，继绝世，此天下之所载也④，诸侯之所与也，百姓之所利也，是故天下王之。知盖天下，继最一世⑤，材振四海，王之佐也。

【注释】①资：凭借，依赖。②此三者："三"当作"二"。③垄：古"地"字，应为"睦"字之误。④载：同"戴"，拥护，爱戴。⑤继：疑当作"断"，决断。最：最好的。

【译文】权力是圣明的君主所依赖的。独到的明智是天下的利器，独到的裁断如同精密的营垒。这二者是圣人所取法的。圣人畏惧祸患的细微苗头，而愚人要等到明朗了才感到害怕。圣人的憎恶深藏于内心，而愚人的憎恶都表现于外。圣人一旦行动就能预知其安危，愚人大难临头还不知悔改。圣人能抓住时机，但不违背天时。智者虽然善于谋划，但不如恰当其时。精于抓住时机的人，费时少而成效大。谋事没有主见就会陷于困境，行事没有做好准备就会失败。所以，圣王总是努力做好准备，谨慎地守备时机，作好充分的准备等待时机的到来，利用时机来兴举大事，时机到了就举兵行动。摧毁坚固的防守攻陷敌国，攻破大国控制敌境领地，壮固根本雄厚基干，减少细枝末节，亲善邻近国家而攻伐远处的敌国。借用大国来牵制小国，借用强国来驱使弱国，借助多数之人来招揽少数之人，德行利于百姓，声名威震天下；政令通行于诸侯各国而不会遭到反抗阻挠，邻近的国家没有不臣服顺从的，边远的国家也没有不听从命令的。圣明的君主匡正天下，是合乎道理的。抑强扶弱，止暴止贪, 保全亡国, 安定危局, 延续绝世。这些都是天下所拥戴的, 诸侯所亲附的, 百姓所能获益的, 所以, 天下就以其为王。智谋超越天下贤士, 断事称冠当世, 才能威震四海的人, 便是辅佐王业的能臣。

千乘之国得其守, 诸侯可得而臣, 天下可得而有也。万乘之国失其守, 国非其国也。天下皆理己独乱, 国非其国也; 诸侯皆令己独孤, 国非其国也; 邻国皆险己独易①, 国非其国也。此三者, 亡国之征也。夫国大而政小者, 国从其政; 国小而政大者, 国益大。大而不为者, 复小; 强而不理者, 复弱; 众而不理者②, 复寡; 贵而无礼者, 复贱; 重而凌节者③, 复轻, 富而骄肆者, 复贫。故观国者观君, 观军者观将, 观备者观野④。其君如明而非明也, 其将如贤而非贤也, 其人如耕者而非耕也, 三守既失, 国非其国也。地大而不为, 命曰土满; 人众而不理, 命曰人满; 兵威而不正, 命曰武满。三满而不止, 国非其国也。地大而不耕, 非其地也; 卿贵而不臣⑤, 非其卿也; 人众而不亲, 非其人也。

【注释】①易: 与"险"相对, 在这里指没有险要可守。②不理: 不治理。③凌节: 僭越法度。凌: 越过。节: 等级, 节度。④备: 战备, 防守。野: 田野, 农地, 此指耕种情况。⑤不臣: 不遵守为臣之道。

【译文】千乘之国如果具备了应有的条件, 也可以使诸侯臣服, 从而可以拥有天下。万乘之国如果丧失了其应有的条件, 就不能保有其国。天下都治理得井井有条而唯独自己国家动乱, 将不能保有其国; 诸侯都能友好合作而唯独自己国家孤立无援, 将不能保有其国; 邻国都有险要的关口而唯独自己国家无险要可以用来守御, 将不能保有其国。这三种情景都是亡国的征兆。国家大而政绩小，国家的地位也会跟着政绩一样变小；国家小而政绩大，国家地位也会跟着政绩一样变大。国家大了而无所作为，会重新再变小；国家强盛而不加以治理，就又会变弱；人口多而不加以治理，就又会变少；国家地位尊贵而不知礼守礼，就又会变为卑贱；国家权力加重而凌驾于法度之上，其权力就又会变得微弱；国家富裕而任意骄纵，就又会变得贫穷。所以说，要考察一个国家就先看这个国家的国君；要考察一个军队就先看这个军队的将领；要考察一个国家的军事战备就先看其农耕情况。如果这个国家的国君看似英明而实际并非如此，这个军队中的将领看似贤能高明而实际并非如此，这个国家的农民看似辛勤耕种而实际并非如此，失去了国君、将领、农耕三项应当守备的条件，国家将不能保有了。土地广大而不去耕种，这种情况叫作"地满"；人口众多而不治理，这种情况叫作"人满"；作战军队威猛而不存正义，这种情况叫作"武满"。存在这"三满"的情况而不加以制止，国家也就不能保住了。土地广大而没有耕种收获，就不能算作是自己的土地；卿相尊贵而不奉行臣子之道，就不能算作是自己的卿相；百姓众多而亲附拥戴，就不能算是自己的民众了。

夫无土而欲富者忧，无德而欲王者危，施薄而求厚者孤。夫上夹而下苴①，国小而都大者弑。主尊臣卑，上威下敬，令行人服，理之至也。使天下两天子，天下不可理也：一国而两君，一国不可理也；一家而两父，一家不可理也。夫令，不高不行，不搏不听。尧舜之人，非生而理也；桀纣之人，非生而乱也。故理乱在上也。夫霸王之所始也，以人为本。本理则国固，本乱则国危。故上明则下敬，政平则人安，士教和则兵胜敌，使能则百事理, 亲仁则上不危, 任贤则诸侯服。

【注释】①夹: 狭。苴: 粗。

【译文】没有土地而想要寻求财富就一定忧虑不已; 没有厚德却想要称王就一定存在危险; 施恩微薄而想要追求丰厚回报就一定会孤立无援。上层权轻而下层权重, 国都小而城邑大, 会有篡弒之祸。君主尊贵臣子谦卑, 上层威严臣下层恭敬, 政令能够施行百姓能够信服的, 这是治国的最高水平。假使天下有两位天子, 天下就难以治理了; 假使一个国家有两位君主, 这个国家就难以治理了; 假使一个家庭有两位父亲, 这个家庭就难以治理了。法制政令不从高位者发出就不能顺利推行, 国家权力不高度集中就无人听从。尧、舜时的国人并不是生来就井井有条的; 桀、纣时的国人也不是生来就要造反作乱。所以, 安治和动乱的根源都在上层。霸王之业开始的条件应当以百姓为根本。根本之事井井有条, 国家就可以稳固, 根本之事动乱不已, 国家就会面临危险。所以, 君主英明, 那么下面臣子就会敬服; 政事平顺, 那么百姓就会安居乐业; 士卒训练有素, 那么作战就能取胜; 任用贤能, 那么国事都能够井井有条; 亲近仁人义士, 那么君主就不会面临危难; 任用贤能, 那么各国诸侯都顺服。

霸王之形, 德义胜之①, 智谋胜之, 兵战胜之, 地形胜之, 动作胜之②, 故王之。夫善用国者, 因其大国之重, 以其势小之; 因强国之权, 以其势弱之; 因重国之形, 以其势轻之。强国众, 合强以攻弱, 以图霸。强国少, 合小以攻大, 以图王。强国众, 而言王势者, 愚人之智也; 强国少, 而施霸道者, 败事之谋也。夫神圣③, 视天下之形, 知动静之时; 视先后之称④, 知祸福之门。

强国众, 先举者危, 后举者利。强国少, 先举者王, 后举者亡。战国众⑤, 后举可以霸; 战国少, 先举可以王。

【注释】①胜之: 处于优势。②动作: 行动举事。③神圣: 这里指神明圣治的君主。④称: 合宜, 适合。⑤战国: 参与战争的国家。

【译文】成就霸业和王业的形势应是这样的: 德义处于优势, 智谋处于优势, 兵战处于优势, 地形处于优势, 行动处于优势。因而能统治天下。善于治国的君主, 会利用大国自身的力量来缩小其他的国家; 利用强国自身的权势来削弱其他的国家; 利用强国自身的地位来压低其他国家的地位。天下的强国多了, 就联合强国来进攻弱国, 以图谋雄霸一方。天下的强国少了, 就联合小国来进攻大国, 以图谋为天下王。强国多时谈论如何为天下王的, 是愚人的小聪明; 强国少时还在实施雄霸一方的谋略, 是败坏成称王的的计策。神明圣治的君主会先观察天下大势, 把握好行动还是静候的时机; 会先观察先后行事的机宜, 把握好通向祸福的门径。强国多, 先举势的国家就会很危险, 后来才举事的国家能够取胜。强国少, 率先兴兵举事的国家可能称王天下, 后来才举事的国家则会丧失机会。参与战争的国家很多, 后来才兴兵举事的国家可以雄霸一方; 参与战争的国家少, 率先举事的国家可以为天下王了。

夫王者之心, 方而不最①, 列不让贤②, 贤不齿弟择众③, 是贪大物也。是以王之形大也。夫先王之争天下也以方心, 其立之也以整齐, 其理之也以平易。立政出令用人道, 施爵禄用地道, 举大事用天道。是故先王之伐也, 伐逆不伐顺, 伐险不伐易, 伐过不伐及。四封之内, 以正使之; 诸侯之会, 以权致之。近而不服者，以地患之；远而不听者，以刑危之。一而伐之，武也；服而舍之，文也；文武具满，德也。

【注释】①方：方正。最：冒犯。②列：等级。让：通"攘"，排斥。③齿弟：年龄、地位，这里指资历。

【译文】王者之心，方正而不走极端。排列尊卑等级却不排斥贤人，选贤不拣择资历，这是为了谋求更大的利益。所以王业的规模势态必须是宏大的。历代先王在争夺天下的时候都遵循着方正的本心；因而以整肃齐心的方式创立事业；以平顺易治的方式治理天下。王者树立政治法度发出命令合乎人之道，封爵授禄合乎地之道，兴举大事合乎天之道。因此历代先王征讨攻伐的时候，都是讨伐叛逆之国而不讨伐恭顺的国家，讨伐局势险恶的国家国而不讨伐政局证据平顺的国家，讨伐行事过分的国家而不讨伐行事尚且不及的国家。本国四境之内，通过施行公正不偏的政令来驱使号令；各国诸侯盟会，运用权威实力来号召。对邻近而不服从的国家，用土地增加其忧患；对偏远而不听从命令的国家，用军事加以威胁。背叛则征伐之，这是武；服从则赦免之，这是文。文武兼备，就是德政了。

　　夫轻重强弱之形，诸侯合则强，孤则弱。骥之材，而百马伐之①，骥必罢矣②。强最一伐，而天下共之，国必弱矣。强国得之也以收小，其失之也以恃强。小国得之也以制节③，其失之也以离强④。夫国小大有谋，强弱有形。服近而强远⑤，王国之形也；合小以攻大，敌国之形也；以负海攻负海⑥，中国之形也⑦；折节事强以避罪，小国之形也。

【注释】①伐：当作"代"，轮流。②罢（pí）：疲劳。③制节：折节。④离强：脱离强国。⑤强远：一说通"疆"，即开拓疆域。⑥负海：沿海的国家。⑦中国：地处中原的国家。

【译文】关于国家轻重强弱的形势问题，各诸侯国联合起来则强，孤立则弱。骐骥之材，用百马轮流竞逐，它也一定会疲惫；权倾一时的国家，如果联合天下之国都去攻击，也一定会被削弱。强国因收容小国的存在而获得利益，因为自恃强大而失去利益。小国因折节事强国而得到利益，又因为擅自脱离强国而失去利益。无论大国还是小国，都有各自的筹谋；无论强国弱国，都有各自的形势。使邻近的国家折服，再以强兵威慑远敌，这是称王之国要有的形势；联合小国来攻击大国，这是各国因势均力敌所要保持的形势；借沿海国家的力量攻伐沿海国家，这是地处中原的国家所要保持的形势；折节事强国以躲避被其冠罪，这是小国所要保持的形势。

自古以至今，未尝有先能作难①，违时易形，以立功名者；无有常先作难，违时易形，无不败者也②。夫欲臣伐君，正四海者，不可以兵独攻而取也。必先定谋虑，便地形，利权称，亲与国，视时而动，王者之术也。夫先王之伐也，举之必义，用之必暴③，相形而知可④，量力而知攻，攻得而知时。是故先王之伐也，必先战而后攻，先攻而后取地。故善攻者料众以攻众，料食以攻食⑤，料备以攻备。以众攻众，众存不攻；以食攻食，食存不攻；以备攻备，备存不攻。释实而攻虚⑥，释坚而攻膬⑦，释难而攻易。

【注释】①作难：起事发难。②无：当作"而"。③暴：迅猛。④相形：观察形势。相：相机，伺机。⑤料：估计。⑥释：放弃。⑦膬（cuì）：古"脆"字，薄弱。

【译文】从古到今，不曾有首先发难，违背时机，变易形势而能建立功名的；也不曾有首先发难，违背时机，变易形势而不失败的。凡是以臣子身份来讨伐君主、以匡正四海为名义的，就不可能单单依靠发兵进攻而取胜，一定首先确定攻打的谋略，占取有利的地理形势，选择有利动用兵权名义的先机，密切和其他国的关系，然后审视有利时机而行动，这才是成就王业的策略。先代圣王进行攻伐，兴兵举事必须合乎正义，动用武力必须迅速，根据形势推知可不可以行事，根据自己的实力来推知是否可以进攻，根据攻伐的结果而推知行动的时机。因此先代圣王从事征讨攻伐的时候，一定先宣战然后再进攻，先进攻然后夺取土地。所以善于进攻的人，都会估计好自己军队人数来应对敌军的人数，估计好自己军队的粮草来应对敌军的粮草，算计好自己的军备来应对敌方军备。以人数应对人数，如果敌军兵力有余，就不进攻；以粮草应对粮草，如果敌军粮草有余，就不进攻；以军备应对军备，如果敌方军备有余，就不进攻。应该避开敌军布兵坚实之处而攻击其布兵空虚之地，避开防守坚固之处而攻击其防守脆弱之地，避开较难进攻之地而攻击易于被摧毁的地方。

夫抟国不在敦古①，理世不在善攻②，霸王不在成曲③。夫举失而国危，刑过而权倒④，谋易而祸反，计得而强信⑤，功得而名从，权重而令行，固其数也⑥。夫争强之国，必先争谋，争刑，争权。令人主一喜一怒者，谋也；令国一轻一重者，刑也；

令兵一进一退者，权也。故精于谋，则人主之愿可得，而令可行也；精于刑，则大国之地可夺，强国之兵可围也；精于权，则天下之兵可齐⑦，诸侯之君可朝也。夫神圣视天下之刑，知世之所谋，知兵之所攻，知地之所归，知令之所加矣。夫兵攻所憎而利之，此邻国之所不亲也。权动所恶，而实寡归者强。擅破一国，强在后世者王。擅破一国，强在邻国者亡。

【注释】①抟：私，即"专"。敦古：致力于古道。②攻：当作"故"，这里指旧制。③曲：当作"典"，这里指陈规。④刑：当作"形"，指形势，下同。⑤信：通"伸"，伸张。⑥固其数：本有的道理，本来的规律。⑦齐：古代"齐""剂"通用，调剂。

【译文】执掌国家不在于敦敬古道，治理世事不在于精通旧制，成就霸王之业不在于墨守陈规。君主举措失策国家就会面临危险，错过形势权力就会倾倒，举棋不定反而会招致灾祸，计策得当强权就会发挥，功业得以成就而威名就会跟着来，国家权势地位重要则君命政令容易推行，这些都是治理国家的根本道理和基本规律。凡是要逐强争胜的国家，一定首先要竞争谋略、竞争形势、竞争权力。能够使君主心中时喜时怒，是谋略；能够使国家地位时轻时重，是形势；能够使军事行动时进时退，是权力。所以，精通运用谋略，则君主的愿望可以实现，而所出号令可以顺利推行；精通把握形势，则可以夺取大国的领土、抵御强国的军队；精通利用权势，则可以调配使用天下的兵力，使诸侯各国的君主都来朝见。英明神武的君主审视天下大势，确定军队的动向，明悉土地的归属，把握命令的发布。举兵进攻所憎之国，而后独享利益的，邻国就不会来亲附。威权震动所恶之国而少贪取成果的，就可以称强；擅于专破一国，使后世强盛的，可以成就王业；擅于专破一国，使邻国强盛的，则会招致灭亡。

问第二十四

【题解】问，即询问、调查。本文类似于一份古代的社会调查提纲。本文是站在执政者的立场提出的一份详细的施政调查报告。全文纲目具体，细致周到。全文共发问六十多次，总计有六十五项调查纲目，广泛涉及社会生活的各个层面，反映了社会各方面问题，其细致周到的程度，为中外古籍所罕见。郭沫若云："以文章言，此篇可与《楚辞·天问》并美，确是奇文。"由于本篇基本上是用提问的方式构成的，因此以《问》为篇名。

凡立朝廷①，问有本纪。爵授有德，则大臣兴义；禄予有功，则士轻死节。上帅士以人之所戴②，则上下和；授事以能，则人上功。审刑当罪，则人不易讼；无乱社稷宗庙，则人有所宗。毋遗老忘亲，则大臣不怨；举知人急，则众不乱。行此道也，国有常经，人知终始，此霸王之术也。

【注释】①立：通"莅"，临。②上：通"尚"。指崇尚、重视，下"上功"同。

【译文】凡是主持朝廷政事的人，进行调查就要遵守原则。将爵位授给有德行的人，在臣子中就会兴起仁义之风；赏赐有功之人，士卒们就会视死如归。君主重用众人拥戴的将领，军中就会上下团结和睦；按照根据能力安排掌事和具体工作，人人就会讲求做事效率。审判和量刑罚处恰当，人们就不会轻易兴起诉讼；不扰乱社稷宗庙，人们就有所宗奉和信守。不遗忘老臣和宗亲，大臣们也就不会心生抱怨；全面了解百姓的急难，民众就不会生乱。执行这些做法，国家便有常规常法可依，人们也知道行为规范，这就是成就霸王之业的方法。

　　然后问事，事先大功，政自小始。问死事之孤，其未有田宅者有乎？问少壮而未胜甲兵者几何人？问死事之寡①，其饩廪何如②？问国之有功大者，何官之吏也？问州之大夫也，何里之士也？今吏，亦何以明之矣？问刑论有常以行，不可改也，今其事之久留也何若？问五官有度制，官都其有常断③，今事之稽也何待④？问独夫、寡妇、孤寡⑤、疾病者几何人也？问国之弃人，何族之子弟也？问乡之良家，其所牧养者几何人矣⑥？问邑之贫人，债而食者几何家？问理园圃而食者几何家？人之开田而耕者几何家？士之身耕者几何家？问乡之贫人，何族之别也？问宗子之收昆弟者，以贫从昆弟者几何家？余子仕而有田邑，今入者几何人？子弟以孝闻于乡里者几何人？余子父母存，不养而出离者几何人？士之有田而不使者几何人？吏恶何事？士之有田而不耕者几何人？身何事？君臣有位而未有田者几何人？外人之来从而未有田宅者几何家⑦？国子弟之游于外者几何人？贫士之受责于大夫者几何人⑧？官贱行书，身士以家臣自代者几何人？

官承吏之无田饩而徒理事者几何人? 群臣有位事官大夫者几何人⑨? 外人来游在大夫之家者几何人? 乡子弟力田为人率者几何人? 国子弟之无上事, 衣食不节, 率子弟不田弋猎者几何人? 男女不整齐, 乱乡子弟者有乎? 问人之贷粟米有别券者几何家?

【注释】①死事: 为国事而死难者。②饩(xì)廪: 指官府月给的抚恤, 这里泛指官方发给的口粮。③常断: 此指断事所依据的制度。④稽: 拖延, 延迟。⑤孤寡: 一说当为"孤穷"。⑥牧养: 当作"收养"。⑦从: 一说"从"当为"徙"字, 迁居。⑧责: 与"债"同。⑨位事: 指处理公务。位, 通"莅"。

【译文】然后调查事务, 调查事务应当先从大事开始, 治理事务则应当从细微处开始。调查烈士的遗孤有没有还未得到田宅的? 调查适龄青壮年中还没有服兵役的人有多少? 调查烈士的遗孀, 有没有得到应该得到的口粮? 调查各级官吏中为国家立了大功的是谁? 调查各州的大夫都是什么哪里人士? 现任官吏是凭什么条件被提拔的? 调查判案有成法可依且不能改变, 但现在案件却长期积压, 到底为什么呢? 调查五官虽然各有制度, 其长官断事有常法, 如今事情却拖延不办, 是还在等待什么? 调查鳏夫、寡妇、孤儿、穷苦之人、病患各有多少? 调查国中因罪被放逐的都是哪个家族的子弟? 调查乡中富户所收养和使用的奴婢都有多少? 调查城邑内凭借债度日的穷人有多少家? 调查依靠经营园圃为生的有多少家? 民众中开荒种田的有多少家? 士人中亲自耕种有多少家? 调查乡中的穷人各是哪个家族? 调查嫡长子收养兄弟的有多少家, 因贫而寄食于兄弟家中的又有多少家? 嫡长子以下, 其他兄弟做了官有了田邑之后仍在交税的有多少人? 子弟中以孝行闻名于乡里的人有多少人? 嫡长子以下, 父母虽然健在却不能赡养而出赘的有多少人？士人中有田禄而不做官的士人有多少？他们讨厌做官的什么事情？有田产而不事耕作的士人有多少？他们在干什么？人臣中有爵位而无田禄的有多少人？从其他诸侯国来投奔而尚无田宅的人有多少家？国内出游别国的子弟有多少人？向大夫借债的贫士有多少人？收养贱者从事经商，自身出仕其职事却由家臣代理的有多少人？官吏之中没有田禄而白白做事的有多少人？群臣之中有其职位且在大夫家做事的有多少人？群臣之中有爵位职事而在官大夫家里兼任职事的有多少人？他国之人来本国交游，住在大夫家里的有多少人？乡里子弟中努力耕种可为人表率的有多少人？都城子弟中身无常业，不务正业反而生活侈靡，带领青年子弟不事耕种反而以打猎游戏取乐的人有多少？有没有男女言语不整肃庄重、交往不守规矩，从而影响乡中子弟胡作非为的？调查民间借贷粟米粮食，手中握有契据债券的有多少家？

问国之伏利，其可应人之急者几何所也？人之所害于乡里者何物也？问士之有田宅，身在陈列者几何人①？余子之胜甲兵有行伍者几何人？问男女有巧伎能利备用者几何人？处女操工事者几何人？冗国所开口而食者几何人②？问一民有几年之食也？问兵车之计几何乘也？牵家马轭家车者几何乘？处士修行，足以教人，可使帅众莅百姓者几何人？士之急难可使者几何人？工之巧，出足以利军伍，处可以修城郭、补守备者几何人？城粟军粮其可以行几何年也？吏之急难可使者几何人？大夫疏器：甲兵、兵车、旌旗、鼓铙、帷幕、帅车之载几何乘？疏藏器：弓弩之张、衣夹铗、钩旋之造、戈戟之紧、其厉何若③？其宜修而不修者, 故何视? 而造修之官出器处器之具, 宜起而未起者何待? 乡师车辐造修之具, 其缮何若? 工尹伐材用, 毋于三时, 群材乃植而造器定, 冬, 完良备用必足。人有余兵, 诡陈之行④, 以慎国常。时简稽帅马牛之肥腯, 其老而死者, 皆举之。其就山薮林泽食荐者几何⑤? 出入死生之会几何? 若夫城郭之厚薄, 沟壑之浅深, 门闾之尊卑, 宜修而不修者, 上必几之守备之伍⑥。器物不失其具, 淫雨而各有处藏。问兵官之史、国之豪士, 其急难足以先后者几何人? 夫兵事者危物也, 不时而胜, 不义而得, 未为福也。失谋而败, 国之危也, 慎谋乃保国。问所以教选人者何事? 问执官都者其位事几何年矣? 所辟草莱有益于家邑者几何矣? 所封表以益人之生利者何物也? 所筑城郭, 修墙闭⑦, 绝通道, 厄阙⑧, 深防沟, 以益人之地守者, 何所也? 所捕盗贼, 除人害者几何矣?

【注释】①陈列: 指军队。②冗国: 国中的冗员。一说"冗"当作"问"。③厉: 同"砺", 这里指磨损。④诡: 责成。⑤荐: 肥嫩的牧草。⑥几: 通"讥", 查问。⑦闭: 通"闬", 墙垣。⑧厄阙: 同"隘缺", 这里指险阻处的缺口。

【译文】调查国内尚未开发的资源, 可以解决供应人们急需的有哪些? 人们认为危害于乡里的都是些什么东西? 调查士人中拥有田宅而在军中服役的有多少人? 嫡长子以下, 足够当兵条件并具有军籍的有多少人? 调查有技术的男女, 能参与制造各种利器装备的有多少人? 能从事手工劳动的少女有多少人? 调查国内不事耕种吃白食的有多少人? 调查一个农民的可生产足够储备几年的口粮? 调查兵车总数共有多少乘? 其中动用家车马共有多少乘? 未曾做官的在野士子, 足以为人表率, 可以用来率领民众治理百姓的有多少人? 士人中在国家危急险难时可供驱使的有多少人? 能工巧匠中, 其技巧可以在战时协助整治军旅装备, 平时可以维修城郭、补充守备的有多少人? 守城的存粮与行军的粮草中, 用度可以维持多少年? 官吏中在国家危急险难时可供驱使的有多少人? 大夫疏记呈报的军事装备, 包括: 甲胄、兵器、兵车、旌旗、鼓号、营帐以及帅车的车盖, 共需要多少乘车来装载? 大夫疏记所呈报的各项藏器, 包括: 弓弩的套袋、剑矛的外鞘、钩弦的灶匣、戈戟的套衣, 这些装备的磨损程度以及兵器的锋利程度怎么样? 这其中应当修理而没能修理的, 应该怎样审查检验? 制造、修理所用的场所和发放、储藏所用的处所, 应当建造而尚未建造的还在等待什么? 各乡中制造与修理战车和辎重兵车的设备, 修缮情况怎么样? 管理工匠的长官下令砍伐树木, 不可以在春、夏、秋三个季节, 因为这个时间段各种林木仍在生长, 这样才能使其充分长大成材确定其可制造什么军器及合适用途。制造各种军械一定要到了冬天才开始, 这样必然有充足的完整优良好木材、兵器也一定能造足。人们所有的多余兵器, 都要要求他们陈放在兵营中, 从而来严明国家的法纪。要经常核计军需, 视察各乡中喂养马、牛的肥瘦情况, 因衰老而死亡的牲畜都要登记在册; 放牧在山林水泽觅食野草的健壮牛、马共有多少? 卖出、买进、死亡、繁殖的共计在栏多少? 至于营造城郭之墙的厚薄, 挖掘护城河的深浅、修建城门楼的高低, 应当修整而未修整的, 君主必须稽查守备的军队。要使各种军备都有安全贮藏设施, 久雨时器物不缺乏收纳的地方。调查带兵的将领和国内的豪杰之士在国家危急险难时足以驱使的有多少人? 用兵打仗本来就是一件很危险的事情, 不合时宜地侥幸取胜, 不合道义地获得利益，都不一定是好事。谋略失策而导致战败，国家就要面临危险灭亡，所以要慎重筹谋，才可以保全国家。调查教育、选拔人才的标准是什么？调查每个执掌官都已经任职多少年了？这些官员在任期间主持开垦荒地、使当地民众受益的一共有多少？他们上封表章所提奏议有益于民众富裕生活的事情都有哪些呢？他们所建造的城郭城墙、设置的路障、建设的门楼、加深的护城河等，这些用于加强防守的设施共有多少？他们捕获盗贼、为民除害、消除各种隐患的行为都有哪些呢？

制地君曰①：理国之道，地德为首。君臣之礼，父子之亲，覆育万人②。官府之藏，强兵保国，城郭之险，外应四极，具取之地。而市者，天地之财具也，而万人之所和而利也，正是道也。民荒无苛③，人尽地之职，一保其国。各主异位，毋使谗人乱普，而德营九军之亲④。关者，诸侯之陬隧也⑤，而外财之门户也，万人之道行也。明道以重告之：征于关者，勿征于市；征于市者，勿征于关。虚车勿索，徒负勿入，以来远人，十六道同。身外事谨，则听其名，视其名，视其色，是其事⑥，稽其德，以观其外。则无敦于权人，以困貌德，国则不惑，行之职也。问于边吏曰：小利害信，小怒伤义，边信伤德厚，和构四国，以顺貌德，后乡四极。令守法之官曰：行度必明，无失经常⑦。

【注释】①制地君：制地之君，一说为书名。②覆育万人：一说此句错简，当于"外应四极"后。③民荒无苛：对待民众不必操之过急。荒：泯。苛：当作"亟"，急。④九军：九州。军，本义为"围"。⑤陬（zōu）

隧：边界。⑥是其事：同"諟"，审查。⑦经常：指常规法制。

【译文】制地之君说：治国之道，以效法地为政之德为首。君臣之间的礼制，父子之间的亲情，地德可以托覆化育成千上万的人。官府的储蓄，用以增强军力保卫国家；城郭的险要，用以向外应对四方来犯，这些都取自于地。市场是天地间财物具陈的地方，人们因为入市交易而相互得利，也是地德之道。百姓自治生业，施政不要操之过急，他们就能各尽地利，自然团结一致保护国家。市主各有其位，不要让造谣生事的人扰乱原本的秩序，那么这样就会德遍九州。关隘是各诸侯国边界的通行要道，也是吸引国外财货资产的门户，万民往来的必经之地。应当将关口交易的法令在道路上明示，并且郑重反复告示：对于征收关卡税的，入市则不再征税；对于只征收市场税的，出入关卡则不再征税；空车经过者不索取关卡税，徒步负重入市交易者不收取市场税，用这些措施招徕他方商贾，全国十六条通道都统一法令。作为涉外人员，做事要小心，面对外来使者，要考察他的名声，观察他的神色，察看他的行事，稽查他的品德言行，再对照他的外表。这样就不会让貌似忠厚的奸人有机可乘，这样国事就不会陷于惑乱，这是执事者的职责。告示边境官吏说：贪图小利有害于诚信和睦，愤于小怒有伤于道义，偏听偏信伤于厚德。应当以和睦交接其他国家，优厚对待四方宾客，这样就做到了外貌和内德的统一。命令执法官吏说：执行法度必须严明，不要轻忽常规。

谋失第二十五
（阙）

戒第二十六

扫码听谦德
君为您导读

【题解】戒指劝诫、戒除。本文以故事的形式，铺张情节来讲述管仲对桓公的劝戒，因此篇名为《戒》。此篇似非管仲自作，应该是后世追记补缀，文中所载之语多道家，也有儒家。本文首先记述管仲进言告诫桓公，然后又记述管仲临终的遗嘱，最后记载桓公未能听劝而最终落得可悲下场。其中管仲寝疾一段，《列子》《庄子》《吕氏春秋》中也有记载。本文着重描述了管仲与桓公的行为而非言论，具有史笔的特点。

桓公将东游，问于管仲曰："我游犹轴转斛，南至琅邪①。司马曰：亦先王之游已。何谓也？"管仲对曰："先王之游也，春出，原农事之不本者，谓之游。秋出，补人之不足者，谓之夕。夫师行而粮食其民者，谓之亡。从乐而不反者②，谓之荒。先王有游夕之业于人，无荒亡之行于身。"桓公退，再拜，命曰宝法也。管仲复于桓公曰："无翼而飞者，声也；无根而固者，情也；无方而富者，生也。公亦固情谨声，以严尊生，此谓道之荣。"桓公退，再拜："请若此言。"管仲复于桓公曰："任之重者莫如身，涂之畏者莫如口，期而远者莫如年③。以重任行畏途，至远期,唯君子乃能矣。"桓公退,再拜之曰:"夫子数以此言者教寡人。"

【注释】①琅邪:也作"琅玡"。②从:同"纵"。③期:急,快。引申为及时。

【译文】桓公准备东游的时候,就问管仲说:"我这次出游,想要从芝罘南至琅琊。司马却说:应该也同先王的出游一样。这话是什么意思呢?"管仲回答道:"先王的出游,春天外出,原本是为了调查农事上经营有困难缺乏本钱的百姓,称作'游';秋天外出,是为了补助居民中衣食不足的贫困者,称作'夕'。那种率众前呼后拥,吃着百姓的粮食的,则被称作'亡';放纵游乐而乐不思蜀的,则被称为'荒'。先王有游、夕的事业为民众,而没有荒、亡的行于自身。"桓公退后,两次拜谢管仲,称赞管仲的话是宝贵的治国方法。管仲又对桓公说:"没有翅膀而能够飞行的,是声音;没有根基能够巩固而牢靠的,是人的情感;不用什么方法就能全备的,是人的生命。也应巩固感情,谨慎言语,以严守尊贵的心性,这就叫发扬道了。"桓公退后,两次拜谢管仲的话,并表示说:"我愿意遵从这番教导。"管仲又对桓公说:"负担再重也不及身体沉重,经历再险恶也不及口舌之险,时间再长久也不及年代久远。能够肩负重任而行于险途并且长久坚持的,唯有君子才能做到了。"桓公退后,两次拜谢后说:"请先生快将这些教给我。"

管仲对曰:"滋味动静①,生之养也;好恶、喜怒、哀乐,生之变也;聪明当物②,生之德也③。是故圣人齐滋味而时动静④,御正六气之变,禁止声色之淫,邪行亡乎体,违言不存口,静然定生，圣也。仁从中出，义从外作⑤。仁，故不以天下为利；义，故不以天下为名。仁，故不代王；义，故七十而致政⑥。是故圣人上德而下功，尊道而贱物。道德当身，故不以物惑。是故身在草茅之中，而无慑意⑦；南面听天下，而无骄色。如此，而后可以为天下王。所以谓德者，不动而疾，不相告而知，不为而成，不召而至，是德也。故天不动，四时云下而万物化。君不动，政令陈，下而万功成；心不动，使四肢耳目，而万物情。寡交多亲，谓之知人。寡事成功，谓之知用。闻一言以贯万物，谓之知道。多言而不当，不如其寡也；博学而不自反，必有邪。孝弟者⑧，仁之祖也；忠信者，交之庆也⑨。内不考孝弟，外不正忠信，泽其四经而诵学者，是亡其身者也。"

【注释】①滋味：指饮食。动静：指作息。②当物：对待事物。③生：通"性"。④齐：同"剂"，调节。⑤作：发生。⑥致：交还，交出。⑦慑：忧惧。⑧弟：通"悌"，兄弟之道。⑨庆：赏，回报。

【译文】管仲回答说："饮食动静，是对生命的滋养；喜欢、厌恶、欢喜、愤怒、悲哀、快乐，这是生命的变化；通达明智地处理事物，是生命的德性。因此圣人总是注意调节饮食和合理作息，掌握六气的变化，严禁过度声色，身上没有邪僻的行为，口中没有悖理的言论，静静地安定着心神，这就是所谓的圣人了。仁是从心里发出的，义是在外面实行的。仁，所以不利用天下谋私利；义，所以不利用天下谋私名。因为心怀仁德，所以依道辅佐君主而不肯取代之而自立为王；因为坚守道义，所以年到七十岁而交出政务。因此圣人总是以仁德为上，而以功业为次，尊重道义，而轻视名利。因为身存

道和德，所以不会被外物诱惑。因此即使身在茅舍，也毫无忧惧之
色；面南君临天下，也没有骄纵的神色。只有做到这样，而后才能够
成为天下的王者。之所以称之为有德性的原因，是因为不必发动，百
姓也有所行动；不必用言语相告，子民们也能心领神会；不需要刻意
为之，事情也能够成功；不必呼号昭告，民众也会蜂拥而至，这就是
德性了。所以，天不用发动，经过四时的运行，下面自然就化育万物；
君主不用发动，政令发布以后，下面自然就成就功业；心不用发动，
使用四肢耳目，能够感知到万物的意图。着意交际少而亲近者多的，
叫作知人。用力少而成效好的，叫知事。听到一句话就能够贯通万物
的，叫作懂得道。多言而不得当，不如少说话；博学而不会回归本性
的，一定有邪念产生。孝悌是仁的根本，忠信是交游的依凭。在内不
讲究孝道和悌道，对外不端正忠信之义，离开这四条原则而空谈学
问，是自取灭亡。"

　　桓公明日弋在廩，管仲、隰朋朝。公望二子，弛弓脱釬而迎
之曰①："今夫鸿鹄，春北而秋南，而不失其时，夫唯有羽翼以通
其意于天下乎？今孤之不得意于天下，非皆二子之忧也？"桓公
再言，二子不对。桓公曰："孤既言矣，二子何不对乎？"管仲对
曰："今夫人患劳，而上使不时；人患饥，而上重敛焉；人患死，
而上急刑焉②。如此，而又近有色而远有德，虽鸿鹄之有翼，济
大水之有舟楫也，其将若君何？"桓公蹴然逡遁③。管仲曰："昔
先王之理人也④，盖人有患劳而上使之以时，则人不患劳也；人
患饥而上薄敛焉，则人不患饥矣；人患死而上宽刑焉，则人不患
死矣。如此，而近有德而远有色，则四封之内视君其犹父母邪！

四方之外归君其犹流水乎！"公辍射，援绥而乘。自御，管仲为
左，隰朋参乘⑤。

【注释】①钎（hàn）：臂上的铠甲。②急刑：加紧用刑。③蹴（cù）
然：不安的样子。逡遁：也作"逡巡"，迟疑不决的样子。④理人：即治
民。唐人抄书，会避讳"治""民"等字。⑤参乘：也作"骖乘"，陪乘。

【译文】第二天，桓公在米仓附近射鸟，管仲、隰朋一同前来朝
见。桓公看到两人后，就收起弓弩、脱下臂铠迎上前去说："你们现
在来看眼前这些鸿鹄，春天北飞、秋天南去，从来没有错过时令，
还不是因为有翅膀能使其通达于天下吗？现在我不能够通达于天
下，这不也是您二位所忧虑的事情吗？"桓公说了两遍，两个人仍然
没有回答。桓公说："我既然都说了，您二位怎么还不回答我呢？"
管仲回答说："现在人们都忧虑劳役之苦，而国君仍然不按时令驱
使他们；人们都忧虑饥荒挨饿，而国君您仍在加收赋税；人们都忧
虑死亡，而国君仍然加紧施用酷刑。不仅如此，还加上国君您亲近
女色，疏远贤能的人，就算您能像鸿鹄那样拥有两只翅膀，渡过大
河时能够有船桨，这些又将对国君您起到什么作用呢？"桓公听了这
番话顿时变得不知所措。管仲说："从前先王治理民众，看到民众忧
虑劳役之苦，国君就按照农时来驱使他们，人们就不再忧虑劳役之
苦了；看到子民忧虑饥荒时挨饿，国君就减轻赋税徭役，民众就不
再忧虑忍饥挨饿了；见到民众忧虑死亡，国君就宽缓刑罚，民众就
不再忧虑死亡了。这样做，然后再加上国君亲近有贤能的人，远离
声色，那么国内四方的百姓，对待君主就会像对待父母一样啊！国
外的民众前来归附君主的就会像流水奔入海一般踊跃！"桓公马上
停止打猎，拉着车绳上车。亲自驾车，他请管仲为左，请隰朋为陪乘。

朔月三日①，进二子于里官②，再拜顿首曰："孤之闻二子之言也，耳加聪而视加明，于孤不敢独听之，荐之先祖③。"管仲、隰朋再拜顿首曰："如君之王也，此非臣之言也，君之教也。"于是管仲与桓公盟誓为令曰："老弱勿刑，参宥而后弊④。关几而不正⑤，市正而不布⑥。山林梁泽，以时禁发，而不正也。"草封泽盐者之归之也，譬若市人。三年教人，四年选贤以为长，五年始兴车践乘。遂南伐楚，门傅施城⑦。北伐山戎，出冬葱与戎叔⑧，布之天下。果三匡天子而九合诸侯。

【注释】①朔：月初，月始。②里官：祖庙。③荐：献给。④参：即"三"。⑤几：讥，盘问。⑥正：即"征"。⑦门傅：攻击城门。⑧冬葱：大葱。戎叔：胡豆。叔，通"菽"，豆类。

【译文】月初的第三日，桓公将两个人接到里官，两次行礼叩首说："我听了您二位的话，耳更加聪敏、眼睛更加明亮了，我不敢独守这番道理，要同时也上达给先祖。"管仲和隰朋两次行礼顿首，并说道："有像您这样的国君，就一定能成就王业；这些不算是我们的言论，这是您的教化了。"因此管仲与桓公一起盟誓为政令说："年老体弱者犯法也不施加刑罚，犯罪者经过三次宽恕以后才治罪。关卡只负责稽查而不征收关税，市场只设官而不收钱，山林水泽，按照时令封禁和开放而不征收赋税。"结果刈草成堆、就泽煮盐的人们，前来归附桓公的多如集市一般。三年训练人民，四年选拔贤能的人做长官，五年后开始出动兵车，向南征伐楚国，逼进施城，向北征伐山戎，拿出冬葱和胡豆传布天下，最终果然三次匡扶天子，九度号令诸侯。

桓公外舍而不鼎馈①,中妇诸子谓宫人②:"盍不出从乎? 君将有行。"宫人皆出从。公怒曰:"孰谓我有行者?"宫人 曰:"贱妾闻之中妇诸子。"公召中妇诸子曰:"女焉闻吾有行 也③?"对曰:"妾人闻之,君外舍而不鼎馈,非有内忧,必有外 患。今君外舍而不鼎馈,君非有内忧也,妾是以知君之将有行 也。"公曰:"善。此非吾所与女及也,而言乃至焉,吾是以语女。 吾欲致诸侯而不至,为之奈何?"中妇诸子曰:"自妾之身之不 为人持接也,未尝得人之布织也,意者更容不审耶?"明日,管 仲朝,公告之。管仲曰:"此圣人之言也,君必行也。"

【注释】①不鼎馈:不用鼎吃饭。②中妇诸子:宫中内官名。宫人: 即官女。③女:通"汝",你。

【译文】桓公留宿在外而没有用鼎吃饭,内官就对宫女说: "你们为什么还不出来侍从呢? 君主将要外出巡行了。"宫女们都出 来侍候。桓公发怒说:"谁说我要外出巡行的?"宫女们说:"我们 都是从内官那里听到的。"桓公就把中官传召过来问:"你怎么知道 我将要外出巡行呢?"内官回答说:"据我所知,但凡您留宿于外的 时候就不用鼎吃饭了,这种情况不是有内忧,就一定是有了外患。现 在您留宿在外面而不用鼎吃饭,而您也没有内忧,所以我凭借这个 知道您一定将要外出了。"桓公说:"很好。这本来不是我要同你商 量的事情,但是你已经说到这里了,那我就这样告诉你吧。我打算 召集诸侯但他们却不前来,这个应该怎么办呢?"内官回答道:"我 不做侍候别人的事情,别人也不曾再给我布来做衣服了。从这件事 考虑诸侯不来的原因,不是很明白了吗?"第二天,管仲前来朝见,桓公就将此事告诉了他。管仲说："这真是圣人的话啊！请您务必照着她的话去做。"

　　管仲寝疾，桓公往问之，曰："仲父之疾甚矣，若不可讳也。不幸而不起此疾①，彼政我将安移之？"管仲未对。桓公曰："鲍叔之为人何如？"管子对曰："鲍叔，君子也，千乘之国，不以其道予之，不受也。虽然，不可以为政。其为人也，好善而恶恶已甚，见一恶终身不忘。"桓公曰："然则孰可？"管仲对曰："隰朋可。朋之为人也，好上识而下问②。臣闻之，以德予人者谓之仁，以财予人者谓之良。以善胜人者，未有能服人者也，以善养人者，未有不服人者也。于国有所不知政，于家有所不知事，必则朋乎！且朋之为人也，居其家不忘公门，居公门不忘其家，事君不二其心，亦不忘其身。举齐国之币，握路家五十室③，其人不知也。大仁也哉，其朋乎！"

　　【注释】①不起：不愈。②好上识：喜欢深谋远虑。③握：通"渥"，救济。路家：穷困之家。路：同"露"。
　　【译文】管仲卧病不起，桓公前去探望，并慰问他说：仲父的病很重了，这是无需讳言的。假设不幸此病不愈，国家大政我将托付给谁呢？"管仲没有回答，桓公说："鲍叔的为人怎么样？"管仲回答说："鲍叔是君子。即使是有千辆兵车的国家，如果不是按符合道义而送给他的，他也是不会接受的。即便这样，也不能将他用来辅佐政事。因为他为人好善，但是十分憎恶恶人邪行，见到一点恶行就会终身不忘。"桓公又问："这样的话，谁可以委以重任呢？"管仲回答道:"隰朋可以。隰朋的为人,高瞻远瞩又愿意不耻下问。我听说,将德义之事给人的叫作仁,将财物给人的叫作良。凭借善德超越旁人的,没有能够使人服从的;凭借善德供养别人的,不曾有不使人服从的情况。对于治国能够做到有所不管,对于持家也能做到有所不知,必然是只有隰朋这样的人才能做到。而且隰朋的为人,居家中能不忘国家大事,治国能不忘家事;侍奉君主不生二心,还能不忘记自己的身份。他曾用齐国的钱,救济那些过路的难民五十多户,而受惠的人并不知道他是谁。能称得上大仁大义的人,可以说是隰朋了!"

公又问曰:"不幸而失仲父也,二三大夫者,其犹能以国宁乎?"管仲对曰:"君请矱已乎①,鲍叔牙之为人也好直,宾胥无之为人也好善,宁戚之为人也能事,孙在之为人也善言②。"公曰:"此四子者,其孰能一人之上也? 寡人并而臣之,则其不以国宁何也?"对曰:"鲍叔之为人好直,而不能以国诎③;宾胥无之为人也好善,而不能以国诎;宁戚之为人,能事而不能以足息;孙在之为人,善言而不能以信默。臣闻之,消息盈虚,与百姓诎信④,然后能以国宁勿已者,朋其可乎? 朋之为人也,动必量力,举必量技。"言终,喟然而叹曰:"天之生朋,以为夷吾舌也,其身死,舌焉得生哉!"管仲曰:"夫江、黄之国近于楚⑤,为臣死乎,君必归之楚而寄之;君不归,楚必私之⑥。私之而不救也,则不可;救之,则乱自此始矣。"桓公曰:"诺。"

【注释】①矱:通"蒦(huò)",度量,权衡。②孙在:当为"孙宿",即曹孙宿,又称蒙孙。③诎:收缩,弯曲。④诎信:即"屈伸"。引申为进退、得失。⑤江、黄:春秋时两个淮水沿岸的南方小国。⑥私:夺取。

【译文】桓公又问道:"假如我不幸失去了仲父,朝廷中的那几位大夫还能够保持国家安宁稳定吗?"管仲回答道:"请您衡量一下本国的情况吧!鲍叔牙为人喜好刚直;宾胥无为人好善;宁戚为人擅长做事;曹孙宿为人善于辞令。"桓公说:"这四位大夫的才能都出类拔萃,四人中有谁最优?他们现在都为我所用,还不能使国家安宁,这又是什么原故呢?"管仲回答:"鲍叔牙虽为人刚直,但不能为国家利益委屈自己的正直;宾胥无虽为人好善,但不能为国家利益委屈自己的善良;宁戚虽为人务实能干,但不能适可而止;曹孙宿虽然为人能言善辩,但不能在适时的时候保持沉默。据我所知,能够按照事物的消长而与百姓共屈同伸,而后能促使国家长治久安的,大概只有隰朋才可以做到吧?隰朋的为人,行动一定会量力而行,举事一定量能而为。"管仲讲完这番话,长叹一口长气说:"上天降下隰朋,本是为我作口舌的,我身将死,这舌头还能活得长久吗!"管仲又说道:"江、黄两个国家离楚国很近,我死以后,您一定要把这两个国家归还给楚国。如果您不归还,楚国一定会来吞并。楚国前来吞并它们的时候如果我们齐国不施以救援,那是不应该的;如果前去救援,祸乱就将从此开始了。"桓公说:"好。"

管仲又言曰:"东郭有狗嘊嘊①,旦暮欲啮我,猴而不使也②。今夫易牙③,子之不能爱,将安能爱君?君必去之。"公曰:"诺。"管子又言曰:"北郭有狗嘊嘊,旦暮欲啮我,猴而不使也。今夫竖刁④,其身之不爱,焉能爱君?君必去之。"公曰:"诺。"管子又言曰:"西郭有狗嘊嘊,旦暮欲啮我,猴而不使也。今夫卫公子开方, 去其千乘之太子而臣事君, 是所愿也, 得于君者, 是将欲过其千乘也。君必去之。"桓公曰:"诺。"

【注释】①喈喈(ái):狗想咬时发出的声音。一说是犬龇牙咧嘴欲咬人之状。②猳(jiā):当为"枷",用木枷夹起来。③易牙:名巫,一作狄牙。善于厨艺、逢迎,曾经将自己的儿子烹为羹以献桓公食用。④竖刁:或作"竖刀""竖貂"。自宫为寺人,为桓公执掌内人及女官的戒令。

【译文】管仲又说道:"东城有一只狗, 龇牙咧嘴, 一天到晚都准备咬人, 用木枷将它的颈部枷住而使它没法得逞。如今易牙那个人, 连自己的儿子都不爱, 又怎么能够爱君主您呢? 您一定要除去他。"桓公说:"好的。"管仲又说道:"北城有一只狗, 龇牙咧嘴, 一天到晚都准备咬人, 用木枷将它的颈部枷住而使它没法得逞。如今竖刁那个人, 连自己的身体都不爱, 又怎么能爱君主您呢? 您一定要除去他。"桓公说:"好的。"管仲又说道:"西城有一只狗, 龇牙咧嘴, 一天到晚都准备咬人, 用木枷将它的颈部枷住而使它没法得逞。如今那个卫公子开方, 能够舍弃千乘之国的太子身份来向您称臣事奉, 这就说明他的欲望:是要从您身上得到的权力, 将远远超过一个千乘国家的大权。您一定要除去他。"桓公说:"好的。"

管子遂卒。卒十月, 隰朋亦卒。桓公去易牙、竖刁、卫公子开方。五味不至①, 于是乎复反易牙。宫中乱, 复反竖刁。利言卑辞不在侧, 复反卫公子开方。桓公内不量力, 外不量交, 而力伐四邻。公薨, 六子皆求立。易牙与卫公子内与竖刁, 因共杀群吏, 而立公子无亏。故公死七日不殓②, 九月不葬。孝公奔宋, 宋襄公率诸侯以伐齐, 战于甗, 大败齐师, 杀公子无亏, 立孝公而还。襄公立十三年，桓公立四十二年。

【注释】①不至：没有到达极境。②七日：当作"六十七日"。据
《史记·齐世家》："桓公尸在床上六十七日，尸虫出于户。"

【译文】管子在这以后便去世了。他去世十个月之后，隰朋也
去世了。桓公罢免了易牙、竖刁和卫公子开方。但是没过多久，由于
吃东西觉得味道不好，因此又把易牙召回了宫中。由于宫中诸事紊
乱，因此又召回了竖刁。由于身边听不到甜言蜜语，因此又召回了卫
公子开方。桓公对内不衡量国力，对外不顾虑邦交，反而拼命征伐
四邻的盟国。桓公死后，他的六个儿子都想继位。易牙和开方勾结
宫内的竖刁，杀戮百官而拥立公子无亏继承君位。所以桓公死后
六十七天都没有入殓，九个月后还没有安葬。齐孝公出逃投奔宋
国，宋襄公率领诸侯讨伐齐国，战于甗地，大败齐军，杀掉了公子
无亏，拥立齐孝公回齐主政。宋襄公执政了十三年，齐桓公执政了
四十二年。

短　语

地图第二十七

扫码听谦德
君为您导读

【题解】地图，即地理形势，指行军作战的地图。由于本文首段中两次提到"地图"二字，强调地图在战争中的意义，因此以《地图》篇名。本文是一篇军事论文，以战略家的眼光提出军事上主明、相知（智）与将能的"三具"原则。在此基础上又进一步论述君主、相室、将帅的具体任务，是表现管子军事思想的重要部分。张佩纶说："此篇专主兵事，与司险九州岛之图同，而于道里远近、城郭大小、地形之出入相错，纤悉具详，自必兼用量人之算、土训之说，诚古今地图之要法也。"

凡兵主者①，必先审知地图。轘辕之险②，滥车之水，名山、通谷、经川、陵陆、丘阜之所在，苴草③、林木、蒲苇之所茂，道里之远近，城郭之大小，名邑、废邑、困殖之地④，必尽知之。地形之出入相错者，尽藏之。然后可以行军袭邑，举错知先后，不失地利，此地图之常也。

【注释】①兵主：统帅军队的人。②轘（huán）辕之险：指窄如车辕又回环弯曲的险道。③苴草：枯草。④困殖之地：指荒瘠地与可耕地。

【译文】凡是军中带兵打仗的主帅，一定要预先审查地形。凡是军队主帅，必须先明悉地图。无论是环曲如车辕的险路，还是可能倾覆车辆的水流，无论是名山、深谷、大河、丘陵、山坡的地理位置，还是枯草、树林、蒲苇的繁茂情况，路程的远近，城郭的大小，名城、废邑、荒地与耕地，都必须完全明了。地形的出入交错，也必须都深藏于心，然后才可以行军袭击城邑。行动时把握时机，而不丧失地利优势，这就是地图的重要性。

人之众寡，士之精粗，器之功苦尽知之①，此乃知形者也。知形不如知能，知能不如知意，故主兵必参具者也②。主明、相知、将能之谓参具。故将出令发士，期有日数矣；宿定所征伐之国③，使群臣、大吏、父兄、便辟左右不能议成败④，人主之任也。论功劳，行赏罚，不敢蔽贤有私；行用货财，供给军之求索，使百吏肃敬，不敢解怠行邪，以待君之令，相室之任也。缮器械，选练士，为教服，连什伍，遍知天下，审御机数，此兵主之事也。

【注释】①功苦：精善和粗劣。②参具：即"三具"。参：叁。③宿定：预先确定。④便辟：即"便嬖（pián bì）"，君主宠幸的近臣。

【译文】军队人数的多少，士兵素质的优劣，武器质量的好坏，都全部了解清楚，就是了解军队形貌的人了。了解军队的形貌不如了解军队的作战能力；了解军队的作战能力不如了解军队的作战意图，因此军中统帅用兵打仗一定要三者皆备。所谓三者皆备就是：君主圣明、宰相明智、将帅贤三个条件都具备。所以，对出示命令、调发士兵，都要有一定的时间期限；预先确定所要攻伐的国家，使群臣、官吏、父兄、左右亲信都不敢妄议成败，这就是君主的职责。论功行赏，行使具体的赏罚措施，不敢因为抱有私心而埋没贤才；调动财货物资，供给军用所需，促使官吏们敬肃严明地行事，不敢有丝毫的邪曲怠惰，以此来完成君主的命令，这是宰相的职责。修整军事武器，精心选拔士卒，实行教导和训练，编制什伍，全面了解天下的军事详情，审慎把握作战时机和作战方针，这是军中将帅的职责。

参患第二十八

扫码听谦德
君为您导读

【题解】参患，即君主了解患难以检验治乱，从而谋取补救之道。尹知章注："太强亦有患，太弱亦有患，必参详强弱之中，自致于无患也。"参详于猛毅与懦弱之患中间，方免于患。

张佩纶认为，第一节和全篇文义联系不大，应当是别篇错简，待考。

《汉书·艺文志》记载张良、韩信校《管子》，将其编入兵书权谋中，因此《汉书·晁错传》中引用本篇内的话，直以"兵法曰"相称，因此本文也是一篇军事论文。

凡人主者，猛毅则伐，懦弱则杀。猛毅者何也？轻诛杀人之谓猛毅①。懦弱者何也？重诛杀人之谓懦弱②。此皆有失彼此。凡轻诛者杀不辜③，而重诛者失有罪。故上杀不辜，则道正者不安；上失有罪，则行邪者不变。道正者不安，则才能之人去亡④；行邪者不变，则群臣朋党。才能之人去亡，则宜有外难；群臣朋党，则宜有内乱。故曰：猛毅者伐，懦弱者杀也。

【注释】①轻：轻率。②重：过分顾虑地对待某事。③辜：罪，过错。④去亡: 指弃国逃奔。

【译文】凡是作为君主的, 为人处事凶暴残忍的就会遭到攻伐, 而怯懦软弱的就会为人弑杀。凶暴残忍是什么样的呢? 轻率地诛杀人的就叫作凶暴残忍。怯懦软弱又是什么样的呢? 对于诛杀过分顾虑的叫作懦弱。这两种彼此都各有所失。凡是轻易杀人的, 会错杀无辜之人; 但是过于顾虑杀人的, 又会漏掉惩罚真正的罪犯。所以如果国君杀害无辜之人, 德行端正的人就会心有不安; 而漏掉惩处邪真正的罪犯, 行为邪僻的人就会屡教不改。德行端正的人心有不安, 有能之士就会流失出走; 邪僻之人屡教不改, 群臣就会结党营私。有能之士流失出走, 一定会引来外患; 群臣结党营私, 一定会形成内乱。所以说, 凶暴残忍的君主会遭到他人攻伐, 怯懦软弱的君主将被人弑杀。

君之所以卑尊, 国之所以安危者, 莫要于兵①。故诛暴国必以兵, 禁辟民必以刑②。然则兵者外以诛暴, 内以禁邪。故兵者尊主安国之经也, 不可废也。若夫世主则不然, 外不以兵, 而欲诛暴, 则地必亏矣; 内不以刑, 而欲禁邪, 则国必乱矣。

【注释】①要: 重要。②辟民: 同"僻民", 多指坏人。

【译文】决定君主地位的尊卑, 以及国家所凭借安定或处于危难的, 没有什么比军队更为重要了。因此征伐残暴的国家必须要动用军队, 禁止邪僻之人也必须施以刑罚。于是, 军队的作用就是对外用于征服残暴, 对内用于镇压邪行。因此, 军队是保障君位尊位和国家安定的根本法宝, 不可废弃。如果当世的君主不这样做, 他们对外不动用军队武力就想要征服残暴, 那就必然会导致国土的损失；对内不施以刑罚就想要镇压邪行，那就必定会使国家陷入动荡和混乱。

故凡用兵之计，三惊当一至，三至当一军，三军当一战。故一期之师，十年之蓄积殚；一战之费，累代之功尽。今交刃接兵而后利之，则战之自胜者也。攻城围邑，主人易子而食之，析骸而爨之^①，则攻之自拔者也。是以圣人小征而大匡^②，不失天时，不空地利，用日维梦，其数不出于计。故计必先定而兵出于竟。计未定而兵出于竟^③，则战之自败，攻之自毁者也。

【注释】①析骸而爨：用劈开的尸骨当柴火烧。析：拆开。②大匡：匡正，扶正。③竟：通"境"。国境。

【译文】凡用兵的计划，三次警备的费用等于一次出征，三次出征的费用等于一次围敌，三次驻扎围敌的费用相当于进行一次交战。所以，一年的军费，要准备消耗十年的积蓄；一次作战的费用，要用光几代的积累。现在，如果等到两国交兵之后才创造有利于备战的条件，那么只能一交战就自认失败了。如果等到攻城围邑之后才知道守城者互相交换孩子为食，将尸骨劈成柴火烧也要顽强抵抗，那只好一进攻自己就拔寨而退了。所以圣人总是对小的征战有大的警觉、努力不失天时，不空地利，第二天白天要作战，前一天晚上就计划好。其各项办法都不超出于计划，所以必须先定计划而后才兴兵出境，没有计划好就兴兵出境的，那是一交战就会自认失败，一进攻起来就自己毁灭的。

得众而不得其心，则与独行者同实^①；兵不完利^②，与无操者同实③；甲不坚密，与僤者同实④；弩不可以及远，与短兵同实；射而不能中，与无矢者同实；中而不能入，与无镞者同实；将徒人，与僤者同实；短兵待远矢⑤，与坐而待死者同实。故凡兵有大论，必先论其器、论其士、论其将、论其主。故曰：器滥恶不利者，以其士予人也；士不可用者，以其将予人也；将不知兵者，以其主予人也；主不积务于兵者，以其国予人也。故一器成，往夫具，而天下无战心；二器成，惊夫具，而天下无守城；三器成，游夫具，而天下无聚众。所谓无战心者，知战必不胜，故曰无战心；所谓无守城者，知城必拔，故曰无守城；所谓无聚众者，知众必散，故曰无聚众。

【注释】①同实：实质上一样。②兵：指兵器。③无操：赤手空拳。④僤（jiàn）者：只穿单衣不披铠甲的人。⑤待：防备。

【译文】拥有众多军队但得不到军心，和独自行动是一样的；兵器不齐备锋利，实质上和没有兵器是一样的；盔甲不坚固严密，实质上和没穿甲是一样的；弓弩射不远，和短兵器是一样的；射而不能射中的，和没有箭支是一样；射中而不能射穿的，和没有箭头是一样的；率领未经训练的人去作战，和自杀是一样的；用短兵器抵御远射的弓箭，和坐以待毙是一样的。所以，凡是用兵，都有几项重大的考评事项。首先必须要考评作战的武器、作战的士兵、作战的将领和作战的君主。所以说，武器粗糙不良的时候，等于将自己的兵力拱手相送于敌人；士兵不可用的时候，等于把自己的主将奉送给敌人；主将不懂用兵的时候，等于把自己的君主奉送给敌人；君主不能坚持注重军事的时候，就等于把自己的国家对别人拱手相让了。

所以说一国之中,如果有一种武器达到了最高军事水平,而且具有勇往直前的将士,那么天下各国就都失去了作战的雄心;如果有两种武器达到了最高的军事水平,而且具有智勇惊人的将士,那么天下各国就都没有了可守之城;如果有三种武器达到了最高军事水平,而且具有才辩雄达的游说之士,那么天下各国就都不敢再聚集众兵出征迎战了。所谓失去了作战雄心,就是知道了战争一定不能取胜,因此说不敢有作战的雄心;所谓没有可守之城,就是指知道了城堡一定会被攻破,因此说无可守的城池;所谓不敢再聚集众兵迎战,就是知道众兵必定闻风四处逃散,因此说没有人再敢召集众兵迎战了。

制分第二十九

【题解】"制"即制定法制，"分"即本分。制分即控制天下所应当遵行的战争原则。本文一共分为三节，除第三节外，其余的都是直接讨论战争。有学者认为前两节的议论去题较远，行文不紧密，疑有错简，待考。

凡兵之所以先争，圣人贤士，不为爱尊爵；道术知能^①，不为爱官职；巧伎勇力，不为爱重禄；聪耳明目，不为爱金财。故伯夷、叔齐非于死之日而后有名也^②，其前行多修矣；武王非于甲子之朝而后胜也^③，其前政多善矣。

【注释】①知：同"智"，智谋。②伯夷、叔齐：商代孤竹君的两个儿子，周灭商后隐居首阳山，不食周粟，采薇而食，守节饿死。③甲子之朝：周武王伐纣获胜的日期。

【译文】凡用兵先要争取具备的条件是：圣贤之士出任不是因为贪图爵位，掌握道术技能高超的人出任不是为了贪显赫官职，武艺的勇士出任不是为了贪图优厚的俸禄，耳聪目明刺探敌情的侦查人等出任不是为了贪图金钱财货。所以伯夷、叔齐不是因为在首阳山守节饿死之后才声名远扬的，因为他们生前就很注重修养德行；周武王也不是在甲子那天以后才取得胜利的，而是因为以前就已经多行善政。

故小征，千里遍知之。筑堵之墙，十人之聚，日五间之。大征，遍知天下。日一间之，散金财用聪明也。故善用兵者，无沟垒而有耳目。兵不呼儆，不苟聚，不妄行，不强进。呼儆则敌人戒①，苟聚则众不用②，妄行则群卒困，强进则锐士挫。故凡用兵者，攻坚则轫③，乘瑕则神。攻坚则瑕者坚，乘瑕则坚者瑕。故坚其坚者，瑕其瑕者。屠牛坦朝解九牛，而刀可以莫铁④，则刃游间也。故天道不行，屈不足从⑤；人事荒乱，以十破百；器备不行，以半击倍。故军争者不行于完城池，有道者不行于无君。故莫知其将至也，至而不可圉；莫知其将去也，去而不可止。敌人虽众，不能止待⑥。

【注释】①呼儆：高声呼叫警戒。儆：警戒，警备。②苟：草率。不用：不为所用。③轫（rèn）：阻碍车轮之物。这里引申为阻止。④莫：通"劘（mó）"，断。⑤屈：困穷，这里指穷寇。⑥止待：抵挡。

【译文】因此小规模的征战，要详细了解方圆千里的作战状况。哪怕只有一墙之隔，只是十个人的聚集，也要每天侦查五次。大规模的征战，就要详细了解天下的形势。每天侦查一次，是要花费钱财收买耳目的。所以善于用兵的人，即使没有壕沟堡垒也要有耳目。行军用兵不能高声呼喊警戒，不能轻率下令聚结集合，不能随意徒劳行军，不能勉强出击攻打。高声呼警戒，则敌人就有所警惕戒备；

草率集结就出动，则使众兵不能听命效力；盲目出动致使行军徒劳，我军则经常陷入人困马乏；勉强进行攻击，则使精锐部队受到挫败。因此，凡是用兵的时候，进攻坚固的敌方容易遭受挫败，趁机攻打其薄弱的地方就如得神助。勉强攻打坚固的敌阵，其薄弱的地方也会慢慢得到加强；趁势攻其薄弱的地方，其本来坚固的防御也会逐渐变薄弱。所以要稳定加强我军的坚固，要趁机打击敌方的虚弱。有一个名叫坦的屠牛者，每天早上可以分解九头牛，但是他的屠刀还很锋利到可以断铁，这是因为他的刀刃总是在骨头空隙间运转自如的原故。所以，在天道不行的时候，即使敌人败逃，也不宜再追击；敌国混乱的时候，就可以以十破百；如果敌军的武器不中用，就可以以半击倍。所以军事争夺中不去攻打坚固的城池，有道义的军队也不攻打丧失君主的国家。要使得敌人不能察知我军即将到来，到了就无法抵御；要使得敌人无法知道我军即将离开，离开时就没有办法阻挡。这样，敌人虽多，也是不能阻拦和防御的。

治者所道富也①，治而未必富也，必知富之事，然后能富。富者所道强也，而富未必强也，必知强之数，然后能强。强者所道胜也，而强未必胜也，必知胜之理，然后能胜。胜者所道制也②，而胜未必制也，必知制之分，然后能制。是故治国有器，富国有事、强国有数，胜国有理，制天下有分。

【注释】①治：这里指国家安定。②制：控制天下。

【译文】安定是使国家走向富裕的途径，但国家安定了未必就一定能够富裕，必须要懂得富国的方法，然后才能致富。富裕是强国的途径，但是国家富足了未必就一定能强盛，必须懂得强国的策略，然后才能强盛。强盛是能战胜天下的途径，但是国家强盛未必就能够战胜天下，必须要懂得战胜天下的道理和方法，然后才能战胜天下。战胜天下是走向统治天下的途径，但是战胜天下未必就一定能控制天下，必须懂得争取控制天下的名分，然后才能控制天下。所以，使国家安定要靠军事，使国家富裕要靠生产，使国家强盛要靠方法策略，使国家战胜天下要有道理，而控制天下则要有名分。

君臣上第三十

扫码听谦德
君为您导读

【题解】《管子》有君臣上、下两篇，"君臣"即君道和臣道。本文主要讲述君道、臣道以及君主与臣民之间的关系。本文中多法家言，强调依法治国的重要性。曾国藩《求阙斋读书录》云："此篇言为君者专重求人，不侵臣下之职。"

本篇议论的主题是君臣之间的分工治事。要做到"上有明法，下有常事"。君主应当依法颁布命令，相关负责的机构依法奉命行事，随之化民成俗，以实现君明、相信、五官肃、士廉、农愚、商工愿的局面。

为人君者，修官上之道①，而不言其中②；为人臣者，比官中之事③，而不言其外。君道不明，则受令者疑；权度不一，则修义者惑④。民有疑惑贰豫之心而上不能匡⑤，则百姓之与间⑥，犹揭表而令之止也⑦。是故能象其道于国家⑧，加之于百姓，而足以饰官化下者，明君也。能上尽言于主，下致力于民，而足以修义从令者，忠臣也。上惠其道，下敦其业，上下相希⑨，若望参表⑩，则邪者可知也。

【注释】①官上：指国君，即领导者。②其中：百官的职责。③比：处理。④修义：遵循义的根本。⑤贰豫：犹豫。⑥与间：与之产生隔阂。间：隔碍不通。⑦揭表：标举标帜。揭：举。表：以木为标，意为标示、告示。⑧象：标准，规范，可仿效的。⑨希：望，看。⑩参表：树立标尺以参验曲直。

【译文】作为君主，要讲究管理百官的方法，而不要干预官员职责以内的事务；作为人臣，要处理职责以内的事，而不要干预职责以外的事务。君道不明，奉令做事的人就有疑虑；权责法度不一贯，遵循道义的人就会感到迷惑。如果百姓有疑惑犹豫的心理，国君不能端正，那么百姓与国君会产生隔阂，就像标举旗帜号召又下令制止一样。所以，国家建立法律，并用于百姓，而能够治官化民的，那就是明君。上对君主尽忠进谏，下为百姓全心全意服务，能够遵循道义服从政令的，那就是忠臣。君主施行君道，臣子敦伦尽分，上下相互观察，就像看测验日影的标杆一样，有谁不正，就可以分辨出来了。

吏啬夫任事①，人啬夫任教②。教在百姓，论在不挠，赏在信诚③，体之以君臣，其诚也以守战。如此，则人啬夫之事究矣。吏啬夫尽有訾程事律，论法辟、衡权、斗斛、文劾，不以私论，而以事为正。如此，则吏啬夫之事究矣。人啬夫成教、吏啬夫成律之后，则虽有敦悫忠信者不得善也；而戏豫怠傲者不得败也。如此，则人君之事究矣。是故为人君者因其业，乘其事，而稽之以度。有善者，赏之以列爵之尊、田地之厚，而民不慕也。有过者，罚之以废亡之辱、戮死之刑，而民不疾也。杀生不违，而民莫遗其亲者，此唯上有明法，而下有常事也。

【注释】①吏啬夫：检束群吏的官员。②人啬夫：检束百姓的官员。③诚：通"成"，"诚"与"成"古时通用。

【译文】吏啬夫担任督察的工作，民啬夫担任教化百姓的工作。有不接受教化的百姓，则依法处罚，不可以私意歪曲、破坏法律。若君臣一心，赏罚分明，则民众战可以胜敌、守可以固国。这样，人啬夫的职责就尽了。吏啬夫制定规定官吏办事之程限法律，评定刑辟、衡权、斗斛及文法、举劾，都不以徇私论断，而是实事求是。这样，吏啬夫的职责就尽到了。民啬夫完成教化，则百姓忠诚信实，所以作恶的人不会增多。吏啬夫制成律令以后，百姓畏惧法律，不敢为非作歹，虽然有贪图安乐而懈怠的人，也不敢触犯法律。这样，君主的职责就尽到了。所以，作为君主，根据国家法度来考核人啬夫和吏啬夫的成绩。有好成绩的，就用尊贵的爵位和美厚的田产来奖赏，这样，成绩不好的官员，就不会有贪慕的心理。有犯过错的，就罢黜或戮死来处罚，百姓也不敢有憎恨抱怨的情绪。赏罚分明，都不违背法度，百姓也就安分守己。要做到这些，要有国家明确的法制和臣子依法办事才行。

天有常象，地有常形，人有常礼。一设而不更，此谓三常。兼而一之，人君之道也；分而职之，人臣之事也。君失其道，无以有其国；臣失其事，无以有其位。然则上之畜下不妄，而下之事上不虚矣。上之畜下不妄，则所出法制度者明也；下之事上不虚，则循义从令者审也。上明下审，上下同德，代相序也①。君不失其威，下不旷其产②，而莫相德也。是以上之人务德，而下之人守节。义礼成形于上，而善下通于民，则百姓上归亲于主，而下尽力于农矣。故曰：君明、相信、五官肃、士廉、农愚、商工愿、则上下体而外内别也，民性因而三族制也③。

【注释】①代：调换，交替。②旷：耽误，荒废。③三族：指农、工、商三类人群。

【译文】天有固定不变之象，地有固定的形态，人有固定的礼制，一建立就不能更改，这三种恒久不变的事象就是三常。统一规划全局的是君主的职责；承担各项工作的是臣子的职责。君主违背了君道，就不能够保有他的国家，臣子失职，就不能够保持他的官位。君主能顺于道德不违背伦理，就能使群臣遵循礼制，这样，君主对待臣子真诚，臣子侍奉君主忠诚，这就说明立法定制的君主是英明的；臣子对君主忠诚，说明遵循道义、服从政令的臣子是慎重的。君主英明，臣子慎重，君臣一体，同心同德，就能够形成良好的风气。君主不会失去威德，臣子不会玩忽职守，大家都用不着感恩怀德。所以在上位的人追求仁义道德，在下位的人敦伦尽分，义礼在上面形成了，并教化于百姓，这样百姓不只会拥戴君主，还会致力于农业。所以说：君主贤明，宰相忠诚，五官庄严，士人清廉，农民淳朴，商人工匠老实，那么上下一体，内外有别，百姓有了依靠，农、工、商都有所管理。

夫为人君者，荫德于人者也①；为人臣者，仰生于上者也②。为人上者，量功而食之以足③；为人臣者，受任而处之以教。布政有均，民足于产，则国家丰矣。以劳受禄，则民不幸生；刑罚不颇④，则下无怨心；名正分明，则民不惑于道。道也者，上之所以导民也。是故道德出于君，制令传于相，事业程于官，百姓之力也,胥令而动者也⑤。

【注释】①荫:庇护。②仰:依赖。③量功:衡量功劳多少。④不颇:公平,公正。颇:不平正。⑤胥:等待。

【译文】作为君主,就是要用仁义道德来庇护百姓;作为臣子,是要依赖君主生活。作为君主,要考核功绩而给予足够的俸禄;作为臣子,恭敬接受任务,完成教化百姓的使命。君主施行政教要均匀,百姓的产业能够自足,国家也就富饶了。按劳绩授予俸禄,这样百姓会拼命劳动立功,不会苟且偷生;刑律赏罚公平公正,下面的百姓就不会抱怨。刑罚的名称清清楚楚,则百姓就不会有疑惑了。所谓"道",就是君主以身作则教导百姓的断恶修善。所以,道德是要君主做出来的;法制和政令由辅相传布;官吏的各种事业要及时报告给君主;百姓的力量,是依政令而行动的。

是故君人也者,无贵如其言;人臣也者,无爱如其力。言下力上,而臣主之道毕矣。是故主画之①,相守之;相画之,官守之;官画之,民役之;则又有符节、印玺、典法、策籍以相揆也②。此明公道而灭奸伪之术也。

【注释】①画:计划,筹划。②揆:审度,考核。

【译文】所以,做君主的,没有比言语下令更重要的了。做臣子的,没有比能力才干更令人客惜的了。君主的政令下达于臣,臣子尽心尽力落实,君臣之道就算完备了。所以,君主筹划,辅相执行;辅相筹划,官吏执行;官吏筹划,百姓就要服从劳役。然后又以符节、印玺、典章、法律、文书和册籍考核,这都是辨明公道和消除奸伪的办法。

论材量能，谋德而举之，上之道也；专意一心，守职而不劳①，下之事也。为人君者，下及官中之事②，则有司不任；为人臣者，上共专于上③，则人主失威。是故有道之君，正其德以莅民，而不言智能聪明。智能聪明者，下之职也；所以用智能聪明者，上之道也。上之人明其道，下之人守其职，上下之分不同任，而复合为一体。

【注释】①劳：是"营"字之误，营，惑乱。②及：干预。③共专于上：权力驾于君主。

【译文】评测人才，衡量能力，考察德行，然后加以任用，这是君主应该做的。专心一意，恪守职责，做事而不紊乱，这是臣子应该做的。作为君主，如果干预臣子职责以内的事务，那么主事的官吏就有所拘束无法发挥能力；作为臣子，如果言语下令的专权凌驾于君主，那么君主就会丧失威信。所以作为君子，要端正自己的道德来摄受百姓，而不是卖弄自己的才能和聪明。才能和聪明是臣子所要具备的；如何使用臣子的才能和聪明，这才是君主应该做的。在上的只要言语下政令、知人善任，在下的恪守职责，上下的职位和分工不同，君像元首，臣像股肱，是合成为一体的。

是故知善，人君也；身善①，人役也。君身善，则不公矣②。人君不公，常惠于赏，而不忍于刑，是国无法也。治国无法，则民朋党而下比③，饰巧以成其私。法制有常，则民不散而上合，竭情以纳其忠。是以不言智能，而顺事治、国患解，大臣之任也。不言于聪明，而善人举、奸伪诛，视听者众也。

【注释】①身善：事必躬亲。②不公：指不能通观全局。③比：结党营私。

【译文】所以，知人善任，深谋远虑，是君主所具备的，事必躬亲，是臣子所具备的。君主也事必躬亲，就不能通观全局了。君主不能够通观全局，则会偏执一方，导致偏爱行赏，而不忍运用刑罚，这样，国家就没有法制了。治国没有法制，百姓就会拉帮结派，结党营私，搞虚伪巧诈来满足个人的私利。如法制行之有素，百姓就不会结党营私而能够心向朝廷，竭诚尽忠为国家做贡献。所以，君主不要显露才能。使朝中之事得以治理，国家之患得以解除，这是大臣的责任。君主不要显露聪明，善人能够被推举，奸伪之人被诛，这是替国家监视听察群臣的责任。

是以为人君者，坐万物之原，而官诸生之职者也①。选贤论材，而待之以法。举而得其人，坐而收其福②，不可胜收也。官不胜任，奔走而奉其败事，不可胜救也。而国未尝乏于胜任之士，上之明适不足以知之。是以明君审知胜任之臣者也。故曰：主道得，贤材遂，百姓治。治乱在主而已矣。

【注释】①官：授予官职。生：知学之士。②坐而收：指垂拱而治、无为而治。收：作"牧"，治理，统治。

【译文】所以，做君主的要垂拱而治，授予官职给有学问的士人。依据法制选择贤才，任用能干的人。如果举用人才正确得当，就可以垂拱而治国，尽受其福。如果官吏不能胜任，君主再怎样奔波从事，被官吏败坏的事也很难补救。国家并不缺乏能够胜任的人才，只是君主还察觉不到他们。因此，明君总是审查胜任的人臣。所以说，君道正确，则贤才能被任用，百姓能被治理，国家太平与动荡，根本在于君主而已。

　　故曰：主身者，正德之本也；官治者①，耳目之制也。身立而民化，德正而官治。治官化民，其要在上。是故君子不求于民。是以上及下之事谓之矫②，下及上之事谓之胜。为上而矫，悖也；为下而胜，逆也。国家有悖逆反连之行，有土主民者失其纪也。

　　【注释】①官治者：指当官的。②矫：违反、违逆。
　　【译文】所以说，作为君主，其根本是端正德行；为官的，是接受政令后付诸行动，好比耳朵和眼睛，接受到心的"命令"后而发挥作用。君主能够修养自身，百姓就会被感化；君主德行端正，官吏就能安分守己，管好官吏和教化百姓，其关键在于君主。所以，君子是不会苛求于百姓的。因此，上级干预下级的职务，叫"矫"；下级干预上级的事情，叫作"胜"。在上的人"矫"，这是不合情理；在下的人"胜"，就是违反正道。国家的百姓如有犯上作乱的行为，那就是拥有国土的君主丧失了法度。

　　是故别交正分之谓理，顺理而不失之谓道，道德定而民有轨矣。有道之君者，善明设法，而不以私防者也。而无道之君，既已设法，则舍法而行私者也。为人上者释法而行私①，则为人臣者援私以为公。公道不违，则是私道不违者也。行公道而托其私焉，寝久而不知②，奸心得无积乎？奸心之积也，其大者有侵逼杀上之祸、其小者有比周内争之乱。此其所以然者，由主德不立，而国无常法也。主德不立，则妇人能食其意③；国无常法，则大臣敢侵其势。大臣假于女之能④，以规主情⑤；妇人嬖宠假于男之知⑥，以援外权。于是乎外夫人而危太子，兵乱内作，以召外寇。此危君之征也。

【注释】①释法：舍弃法令而不施用。释：舍弃。②寝：宋本"寝"做"寝"。寝：隐藏，隐瞒。③食：通"饲"，逢迎长养。④假：因为。⑤规：窥觎。⑥嬖宠：受到宠爱的。

【译文】所以，上级与下级的界限分明叫作"理"；遵循理去做，没有违背，叫作"道"。道德规范一确定，百姓就有轨道可循了。有道之君是善于明确建立法制，而不用私心来阻碍的。然而无道的君主，就是已经设立法制，也还要弃法而行私。做君主的弃法而行私，那么做臣子也就会假公济私。名义上是没有违背法制，实际上是在谋取私利。假借公家的名义以谋取个人私利，时间久了没有被发现，其奸诈邪恶的心怎能不愈积愈大呢？奸诈邪恶的心愈积愈大，那么，往大里说就会有侵逼和弑杀君主的祸事，往小里说，底下的人也将有结党营私，甚至发生内争的祸乱。这类事情会发生，是因为君主的道德没有树立而国家没有实行法制的原故。君主没有德行，妇人就能逢迎长养君意；国无常法，大臣就敢于侵夺权势。因为妇人曲意奉承，讨好君主，臣子利用这点来窥觎君主；因为妇人得到了君主的宠爱，大臣阴谋得逞，增加了外权。于是，妇人野心膨胀起来了，又倚仗大臣的势力，这样，君主的夫人会被疏远，太子也有危险了，内部发生兵乱，因而招来外寇。这都是危害国君的表现。

是故有道之君，上有五官以牧其民，则众不敢逾轨而行矣；下有五横以揆其官①，则有司不敢离法而使矣。朝有定度衡仪，以尊主位，衣服绲絻②，尽有法度，则君体法而立矣③。君据法而出令，有司奉命而行事，百姓顺上而成俗，着久而为常，犯俗离教者，众共奸之，则为上者佚矣。

【注释】①五横：负责督查的官。②绲絻：祭祀时所穿的礼服和礼帽。③体：按照、遵循。

【译文】所以有道的君主，在上设立五官以治理百姓，百姓就不敢越轨行事了；在下有五横之官督查官吏，执事官吏行使职权的时候就不敢违法。朝廷有稳固的法制和礼制，来尊奉君主权威，君主的衣服、祭祀时所穿的礼服和礼帽，也都有法度规定，君主就可以依法而临政了。君主依法发出政令，官吏奉命行事，百姓服从而成了风尚习惯，这样日久形成常规，如有违犯习俗背离礼教的人，百姓就会共同加罪于他，那么君主就可以安逸无事了。

天子出令于天下，诸侯受令于天子，大夫受令于君，子受令于父母，下听其上，弟听其兄，此至顺矣。衡石一称，斗斛一量，丈尺一绰制，戈兵一度，书同名①，车同轨，此至正也。从顺独逆②，从正独辟，此犹夜有求而得火也，奸伪之人，无所伏矣。此先王之所以一民心也。是故天子有善，让德于天；诸侯有善，庆之于天子；大夫有善，纳之于君；民有善，本于父，庆之于长老。此道法之所从来③，是治本也。是故岁一言者，君也；时省者，相也；月稽者，官也；务四支之力，修耕农之业以待令者，庶人也。是故百姓量其力于父兄之间，听其言于君臣之义，而官论其德能而待之。大夫比官中之事，不言其外；而相为常具以给之。相总要者，官谋士④，量实义美⑤，匡请所疑。而君发其明府之法瑞以稽之⑥，立三阶之上，南面而受要。是以上有余日，而官胜其任；时令不淫，而百姓肃给。唯此上有法制，下有分职也。

【注释】①书同名：书写的文字统一。②从：当作"众"，许多的民众。③从来：来源。④士：事。⑤义：作"议"，讨论、商量。⑥瑞：用作符信的玉。

【译文】天子向天下发布命令，诸侯从天子接受命令，大夫从本国国君接受命令，儿子从父母接受命令，下听其上，弟听其兄，这是最合情合理的。秤和秤锤的标准是统一的，斗和斛的量度是统一的，丈尺的标准是统一的，武器的规格是统一的，书写文字是统一的，车辙长度是统一的，这是最规范的制度。如果大家都遵循，而一人独逆，大家都正，而一人偏颇，这就像黑夜之中找东西而见到火光一样，奸伪之人是无法隐藏得住的。这就是先王为什么坚持统一民心的原因。所以，天子有了成就，就要把功德谦让于天；诸侯有了成就，把功德礼于天子而感到吉祥；大夫有了成就，就归功本国国君；民众有成就，就应当追溯来源于父亲，并归功于长辈而感到吉祥。"让"就是产生"道"和"法"的根源，也是治国的根本，因此，按年考察工作的是君主，按四时考察工作的是辅相，按月进行考察的是百官，拼命专务农业、等待政府政令的是平民百姓。所以，作为平民百姓，应当在父兄中尽力劳作，听从君臣的政令行事，然后官吏评选其德才另作安排。大夫只要敦伦尽分，做自己职务内的事，而不论及职责以外的事情；至于辅相，就要定出固定的条例来给百官做依据。辅相总揽枢要，百官策划事务，内外都考量，有疑问就请教辅相。君主则建立大府内有关的法令，用信符来进行考核。他只站在三层台阶之上，面向南接受辅相呈上的政事枢要就行了。这样，君主有余暇的时日，而百官胜任其职务；四时的政令不出错误，而百姓认真地完成上级的政令。这都是因为上有法制，下有职分的结果。

道者，诚人之姓也，非在人也①。而圣王明君，善知而道之者也②。是故治民有常道，而生财有常法。道也者，万物之要也。为人君者，执要而待之，则下虽有奸伪之心，不敢杀也。夫道者虚设，其人在则通，其人亡则塞者也。非兹是无以理人③，非兹是无以生财，民治财育，其福归于上。是以知明君之重道法而轻其国也。故君一国者，其道君之也。王天下者④，其道王之也。大王天下，小君一国，其道临之也。是以其所欲者能得诸民，其所恶者能除诸民。所欲者能得诸民，故贤材遂；所恶者能除诸民，故奸伪省。如冶之于金，陶之于埴⑤，制在工也。

【注释】①道者，诚人之姓也，非在人也：读作"道者诚，人之姓也。非，在人也"。姓：作"性"。非：恶习。②道：为"导"，引导。③兹：指"道"。是：作"则"。④王（wàng）：统治天下。⑤埴：黏土。

【译文】道的体是真实无妄的，也是人的本性，恶的习气，是人后天日久积累养成的。而圣王明君是善于悟得道并运用它引导百姓。所以，治民有固定的道，生财有固定的法。"道"是万物的根本，作为君主要得到它而且要运用，这样下面就算有奸伪的心也是不敢以下犯上。"道"是无形的，但能作用于万物，君主能依道处事待人就能福泽天下，君主违道行事就会祸害天下。没有道就不能治理百姓，没有道就不能生财。民治财育的结果还是归于君主。所以明君悟得道的体后修身养性，有余力再用道治理国家。所以，治理一个国家，是道的作用；统治天下，也是道的作用。大到统治天下，小到治理一国，都是道的作用。因此，君主所喜爱的人，想得到就能得到，君主所厌恶的人，想清除掉就能够清除掉。明君所喜爱的是贤才，所以贤才就可以进用；明君所厌恶的人是小人，所以奸诈小人就能被去除。就像熔铸的金属，陶铸的粘土，工匠想用就用、想扔就扔。

是故将与之，惠厚不能供；将杀之，严威不能振。严威不能振，惠厚不能供①，声实有间也。有善者不留其赏，故民不私其利；有过者不宿其罚②，故民不疾其威③。威罚之制④，无逾于民，则人归亲于上矣。如天雨然，泽下尺，生上尺。

【注释】①此句：读作"将与之惠，厚不能供；将杀之严，威不能振。严，威不能振，惠，厚不能供"。威：刑罚。②宿：停止。③疾：抱怨。④威：作"赏"。

【译文】所以，将要赏赐有功的人，却没有供给；将要对有过之人施以刑罚，却没有实施。将要刑罚的人，没有被实行；将要赐赏的人，没有被供给，这就是赏罚不明，嘴说而没有行动。有功的人一定会赏，百姓就不会考虑私利；有过失的，没有停止对他的刑罚，百姓就不会抱怨刑威。赏罚的制定，不超过百姓所应得的，百姓就归附和亲近君主了。这就像天下雨一样，天降下一尺的雨量，大地里的禾苗就向上生长一尺。

是以官人不官,事人不事,独立而无稽者,人主之位也。先
王之在天下也,民比之神明之德。先王善牧之于民者也。夫民
别而听之则愚,合而听之则圣。虽有汤武之德,复合于市人之
言。是以明君顺人心,安情性,而发于众心之所聚。是以令出而
不稽①,刑设而不用。先王善与民为一体。与民为一体,则是以
国守国,以民守民也。然则民不便为非矣。

【注释】①稽: 停止, 阻碍。

【译文】授予他人官职而自己不居官,分派他人职事而自己不
任事,独立行动而无人考核的,这就是君主的地位。古代先王统治
天下,百姓把他的德行比作神明,先王是善于听取百姓意见的。关
于百姓的意见,只执着偏于一方听取,这是愚蠢的;全面综合地听
取,这是有智慧的。即使有商汤、周武王的道德,也还要多方汇集众
人的言论。因此,明君是要顺从人心,安抚百姓的性情,行事都从众
人共同关心的地方出发。这样,政令发布出去,就不会阻碍;刑罚建
立了,却用不着。先王是善于把百姓的心当作自己的心,合为一体。与
民一体,那就是用国家保卫国家,用民众保卫民众,百姓就不会为
非作歹了。

虽有明君,百步之外,听而不闻;间之堵墙,窥而不见也。
而名为明君者,君善用其臣,臣善纳其忠也①。信以继信,善以传
善。是以四海之内,可得而治。是以明君之举其下也,尽知其短

长,知其所不能益,若任之以事。贤人之臣其主也,尽知短长与
身力之所不至,若量能而授官。上以此畜下,下以此事上,上下
交期于正,则百姓男女皆与治焉。

【注释】①纳:奉献。

【译文】虽然是明君,百步以外的言论,也是听不到的;隔上一
堵墙,也是看不见的。能够称为明君的,是因为善于任用臣子,而臣
子又善于奉献他的忠诚。诚信从上延续到下,德行从上面传到下
面,所以四海之内都可以治理好。因此,明君任用人才,需全面了解
他的短处和长处,了解他的才能的最高限度,才委任给他职务。贤
人事奉他的上级,也能完全认识上级的短处、长处和力所不及的限
度,这样下级的人能为上级设身处地的做事,授予他人官职的臣子,
也这样考量。上级选择可以培养的人才来培养,下级选择可以侍奉
的上级来做事,上级有贤明的臣子,下级有上级的政令行事,哪有不
正的道理,那么,男女老少就都能治理好了。

君臣下第三十一

扫码听谦德
君为您导读

【题解】本篇比上篇论述范围较广，内容较多。本篇围绕君臣关系讨论了诸多问题，诸如君臣关系、国家赏罚、任用贤才、惩罚奸邪、加强法制和农业生产、考核官吏、防止各种祸乱等等。这些论述仍是围绕臣民之间的关系展开的。

其中文内提到有关君权受侵原因的讨论，为后来的韩非子所重视，并大加阐发。因此有学者认为《君臣》上下两篇应当属于战国早期的法家文献。

古者未有君臣上下之别，未有夫妇妃匹之合①，兽处群居，以力相征。于是智者诈愚，强者凌弱，老幼孤独不得其所。故智者假众力以禁强虐，而暴人止②。为民兴利除害，正民之德，而民师之。是故道术德行，出于贤人。其从义理兆形于民心③，则民反道矣④。名物处，是非分，则赏罚行矣。上下设，民生体⑤，而国都立矣。

【注释】①妃匹：配偶。②暴人：残暴的人。③兆形：出现或形成符合民心的迹象。④反：同"返"，回归。⑤体：准则，法式。

【译文】古时候没有君臣上下的分别，也没有夫妻配偶之类的婚姻之事，人们像野兽一样共处而群居，用强力互相争夺，于是聪明人就欺诈愚笨的人，强者就欺负弱者，老、幼、孤、独的人们都无所寄托。因此明智的人就依靠众人的力量来禁止强暴的事情，强暴的人就这样被制止了。由于替人们兴利除害，并且规正了人们的德性，人们就把这些明智的人当作导师。因此道术和德行是从贤人那里产生的。道术和德行的义理开始形成在人们的心里，人们就都回归正道了。辨别了名物，分清了是非，赏罚就开始施行了。上下有了位次，民生有了根本，国家的都城也就建立了起来。

是故国之所以为国者，民体以为国；君之所以为君者，赏罚以为君。致赏则匮[①]，致罚则虐。财匮而令虐，所以失其民也。是故明君审居处之教，而民可使居治、战胜、守固者也。夫赏重，则上不给也；罚虐，则下不信也。是故明君饰食饮吊伤之礼，而物厉之者也[②]。是故厉之以八政，旌之以衣服[③]，富之以国禀，贵之以王禁，则民亲君可用也。民用，则天下可致也。天下道其道则至，不道其道则不至也。夫水，波而上，尽其摇而复下，其势固然者也。故德之以怀也，威之以畏也，则天下归之矣。有道之国，发号出令，而夫妇尽归亲于上矣；布法出宪，而贤人列士尽功能于上矣[④]。千里之内，束布之罚[⑤]，一亩之赋，尽可知也。治斧钺者不敢让刑[⑥]，治轩冕者不敢让赏，坟然若一父之子[⑦]，若一家之实，义礼明也。

【注释】①致赏：即极赏，指奖赏过度。②厉：同"励"。③旌：区别，表彰。④列士：即"烈士"，泛指视死如归的士人。功：当作"贡"。⑤束布：很少的罚款。束：布帛五匹为一束，喻指轻微之物。布：钱。⑥治：同"司"，掌管。⑦坟然：顺从的样子。坟：通"贲"。

【译文】因此国家之所以可以成为国家，是因为有民众这个根本才能够成为国家；君主之所以成为君主，是因为掌握了赏奖和惩罚，才能够成为君主。赏赐得过多就会导致国家贫困，处罚过重就会导致暴虐横行、财力贫乏和法令暴虐，这些都是会丧失民心的事情。因此明智的君主总是会注意对民众平日的教导，这样就可以使民众平时得到治理，外出征战就能够取得胜利，防守也会牢不可破。赏赐得过多了，上面会供应不来；刑罚太过残暴了，民众就不会信服了。因此圣明的君主就要讲究饮宴、吊丧的礼节，对人们分别等级给予不同的礼遇。因此圣明的君主还要用八种官职来勉励他们，用不同品级的衣服来表彰他们，用国家的俸禄来满足他们的生活，用国家的法度来抬高他们的地位，这样，人们都会来亲附国君了，人人可以为国君所用。民众可以为国君所用，那么天下就会归于一心了。君主施行道义，天下就会来归附；不施行道义，天下就不会归附。这就好像浪头涌起，到了顶以后又会回落下来，这是必然的趋势。因此用恩德来安抚人们，用威势来震慑人们，天下就会归于一心了。一个有道的国家，通过发号施令，国内的男女都会来亲附君主；通过颁布法度，贤能的人士都会尽心竭力为君主效力。千里之内的地方，哪怕是一束布的惩罚，一亩地的赋税，君主都能够完全知晓。主管刑杀的人不敢窃取擅自刑杀的权力，主管赏赐的人不敢动用窃取行使赏赐的权力，民众服帖得像父亲的儿子一般，如同一家的实情，这是由于义礼分明的缘故。

夫下不戴其上^①，臣不戴其君，则贤人不来。贤人不来，则百姓不用^②。百姓不用，则天下不至^③。故曰：德侵则君危，论侵则有功者危，令侵则官危，刑侵则百姓危。而明君者，审禁淫侵者也。上无淫侵之论，则下无异幸之心矣^④。

【注释】①戴：尊奉，拥戴。②不用：不肯为君主效力。③至：归顺，归附。④异幸：或作"冀幸"。异：与"冀"古字通，指贪取侥幸。

【译文】在下位者不拥护在上位者，臣子不拥护国君，贤人就不会前来效力。没有贤人效力，百姓就不肯为君主效力。百姓不肯为君主效力，天下就不会归附。因此说，施行德泽赏赐的权力如果被侵夺了，国君就会发发可危；论功行赏的权力如果被侵夺了，功臣就会有危险了；君主发号施令的权力如果被侵夺了，官吏就有危险了；君主决定刑罚的权力如果被侵夺，百姓就会有危险了。圣明的君主关键是要严格禁止过分侵占权力的行为。在上位者没有过分侵占君权的言论，在下位者也就不会有贪取侥幸的心了。

为人君者，倍道弃法，而好行私，谓之乱。为人臣者，变故易常，而巧官以谄上，谓之腾^①。乱至则虐，腾至则北^②。四者有一至，败，敌人谋之。则故施舍优犹以济乱^③，则百姓悦。选贤遂材^④，而礼孝弟，则奸伪止。要淫佚^⑤，别男女，则通乱隔。贵贱有义^⑥，伦等不逾，则有功者劝。国有常式，故法不隐^⑦，则下无怨心。此五者，兴德、匡过、存国、定民之道也。

【注释】①腾：僭越，凌驾于君主之上。②至：极。北：通"背"，违

背。③优犹：优游。济：止。④遂：任用。⑤要：拦截，约束。淫佚：过度
放纵。⑥义：同"仪"。礼仪，这里指讲究礼仪。⑦故法：成法，常法。隐：
隐藏。

【译文】做君主的背离正道抛弃法制，专好谋求私利，这叫做
作乱。做臣子的变易常法，巧于营官讨好君主，这叫做僭越。作乱
发展到极致的程度就是暴虐了，僭越发展到极致就是背叛了。这四
种危险只要出现一种，就会导致衰败，敌人就会来谋取这个国家。
因此多进行施舍、宽厚的行为来防止祸乱的产生，百姓就会心悦诚
服。选拔任用贤能的人，礼遇那些拥有孝悌德行的人，奸邪虚伪的
人就会收敛自己的行迹。约束过度任性，强调男女有别，那么私通
淫乱之事情就能够被隔绝了。尊贵的人和卑贱的人都遵循礼制，人
伦等级就没有逾越的了，那么有功劳的人就能够得到勉励。国家有
固定的法度，常法不会受到隐匿，那么百姓心中就没有怨恨了。这五
个方面，都是弘扬德行、纠察过失、保全国家、安定百姓的方法。

夫君人者有大过，臣人者有大罪。国所有也，民所君也，有
国君民而使民所恶制之，此一过也。民有三务，不布，其民非其
民也。民非其民，则不可以守战，此君人者二过也。夫臣人者，
受君高爵重禄，治大官①，倍其官，遗其事，穆君之色②，从其
欲，阿而胜之③，此臣人之大罪也。君有过而不改，谓之倒；臣
当罪而不诛，谓之乱。君为倒君，臣为乱臣，国家之衰也，可坐
而待之。是故有道之君者执本，相执要，大夫执法以牧其群臣，
群臣尽智竭力以役其上④。四守者得则治⑤，易则乱，故不可不
明设而守固。

【注释】①治大官：担任重要职务。②穆：顺从迎合貌。③阿：曲从、迎合。胜：克制、挟制。④役：供奉，服务。⑤得：各尽其职。

【译文】统治民众的君主如果有大的过失，为人臣者也可能有大罪。国家是君主所拥有的，百姓是君主所统治的，拥有国家、统治百姓却任命百姓憎恶的人去掌权，这是第一项过失。百姓有三个季节的农事，君主如果没有做好安排，百姓就不愿为君主效力，也就不再是君主的子民。百姓不是君主的子民，就不能用来守城或者作战，这是君主的第二项过失。为人臣的人，享受了国君给予的高官厚禄，担任着重要的职务，却与职守背道而驰，顺从君主的私欲，迎合君主的脸色，通过阿谀奉承操纵君主的想法，这是为人臣的大罪。君主如果有过失而没有改正，这种情况被称之为倒行逆施；臣子有罪过而不被诛灭，这种情况被称为犯上作乱。国君是倒行逆施的君主，臣子是犯上作乱的臣子，国家的衰亡就指日可待了。因此有道的国君掌握国家的根本之事，辅相掌握国家关键之事，大夫执行法令管理群臣，群臣竭尽所能为君主服务。这四类职守得到执行的话，国家就会得到大治，如果变化不止的话，国家就会遭受动乱，因此不能不明确规定并且坚守遵行。

昔者，圣王本厚民生，审知祸福之所生①。是故慎小事微，违非索辩以根之。然则躁作②、奸邪、伪诈之人，不敢试也。此礼正民之道也。

【注释】①审知：仔细地了解。②躁作：轻举妄动。

【译文】古时候，圣明的君主把提高人民的生活质量当成根本要务，仔细了解灾祸和福祉产生的原因。因此对于微小的事情都小心谨慎，对于悖于礼法的行为都详加明辨，追本溯源并且加以根除。这样的话，那些举止轻妄、奸邪伪诈的人就不敢尝试为非作歹了。这就是用礼法规正人民的方法。

古者有二言："墙有耳，伏寇在侧。"墙有耳者，微谋外泄之谓也①；伏寇在侧者，沈疑得民之道也②。微谋之泄也，狡妇袭主之请而资游邋也③。沈疑之得民者也，前贵而后贱者为之驱也。明君在上，便僻不能食其意④，刑罚亟近也⑤；大臣不能侵其势，比党者诛，明也。为人君者，能远谗谄，废比党，淫悖行食之徒，无爵列于朝者，此止诈、拘奸、厚国⑥、存身之道也。

【注释】①微谋：密谋，机密的谋划。微：隐藏，保密。②沈：隐伏、潜藏的坏人。疑：通"拟"，模仿。③袭：窃取。请：通"情"，指内情。邋：邪恶。④便僻：也作"便辟"，这里指善于逢迎的小人。食：通"伺"，窥测。⑤亟近：身边的欺诈之人。⑥厚：巩固。

【译文】古时候有两句话："隔墙有耳，身边有藏匿的贼寇。"所谓的隔墙有耳，就是说秘密谋划的事情遭到外泄；所谓的身边有藏匿的贼寇，就是说那些暗中收买人心意图僭越的人。秘密谋划的事情遭到外泄，是狡猾的妃妾窃听君主所握的内情而去帮助那些四处活动的奸邪之辈。暗中收买人心意图僭越的人，是由于从前受到贵宠后来沦为低贱的人愿意为他奔走效劳。英明的君主执政的时候，善于逢迎的小人不敢擅自窥探国君的意图而谄媚于君，因为近臣中的有过欺诈行为的人都受到处罚了；大臣也不能侵夺君主的权力，因为拉帮结派、互相勾结的人会因为君主英明而遭到诛杀。身为君主要远离爱进谗言的小人，废黜结党营私的人，那些奸邪之辈和挑拨离间的说客没有在朝中做官的，这是遏止欺诈与奸邪、巩固国家、保全自身的办法。

　　为人上者，制群臣百姓，通中央之人和。是以中央之人，臣主之参。制令之布于民也，必由中央之人。中央之人，以缓为急，急可以取威；以急为缓，缓可以惠民。威惠迁于下，则为人上者危矣。贤不肖之知于上，必由中央之人。财力之贡于上，必由中央之人。能易贤不肖而可威党于下，有能以民之财力上陷其主①，而可以为劳于下。兼上下以环其私②，爵制而不可加，则为人上者危矣。先其君以善者③，侵其赏而夺之实者也；先其君以恶者，侵其刑而夺之威者也；讹言于外者，胁其君者也；郁令而不出者④，幽其君者也。四者一作，而上下不知也，则国之危，可坐而待也。

　　【注释】①有：与"又"同。②环：营，营私。"营"与"环"古同声而通用。③善：指行赏。④郁令：扣压或滞留朝廷命令。郁：阻塞，停滞。

　　【译文】君主统治群臣百姓，是通过左右近臣来实现的。所以左右近臣是群臣和君主之间的中间人。法度向民众颁布的时候，必须要通过左右近臣。左右近臣把可以缓办的命令改为急办，从而向民众猎取权威；又把应当急办的命令改为缓办，这样就可以因为缓办而向民众彰显恩惠。君主的权威与恩惠如果把弄在左右近臣的手中，做君主的就岌岌可危了。把官吏贤或不贤的事情报告给君主，一定要经过左右近臣；把各个地方的民众财货、民众劳力贡献给君主，也一定要经过左右近臣。左右近臣能够把贤能的说成不贤，把不贤的说成贤能，从而可以在下面结党营私。又能够用民众的财货与民众的劳力去诱惑君主，从而可以向上面邀取功劳。同时在君主和臣民间两相谋求私利，致使于官爵的位置和法度管制对他都起不到什么作用，如此一来做君主的就岌岌可危了。比君主先来施行奖励，这是侵夺君主的赏赐权力和恩惠；比君主先来施行处罚，这是侵夺君主的惩罚大权和威严；在外面制造谣言，这是在威胁君主；扣压命令不进行公布，这是封锁君主的消息。这几种情况如果全部发生，但是君主还不知晓这些情况，国家就要坐以待毙了。

神圣者王，仁智者君，武勇者长①，此天之道，人之情也。天道人情，通者质，宠者从②，此数之因也。是故始于患者不与其事，亲其事者不规其道。是以为人上者患而不劳也，百姓劳而不患也。君臣上下之分素③，则礼制立矣。是故以人役上，以力役明，以刑役心，此物之理也。心道进退，而刑道滔赶④。进退者主制，滔赶者主劳。主劳者方，主制者圆。圆者运，运者通，通则和。方者执，执者固，固则信。君以利和，臣以节信，则上下无邪矣⑤。故曰：君人者制仁，臣人者守信。此言上下之礼也。

【注释】①长：做长官，指充当将帅。②宠：当作"穷"字之误，与"通"相对。③素：早已确定。④刑：通"形"，指形体、身躯。滔：义同"流"，即流动。⑤邪：偏斜，偏差。

【译文】神至圣明的人如果能够称王，仁爱智慧的人如果能够为君，勇敢善武的人如果能够充当将帅，这就是所谓的天道人情了。依照天道人情，通达的人会成为君主，受到尊宠的人充当臣下，这是由于自然法则而决定的。因此掌管谋划的人不参与具体的事务，亲自参与具体事务的人不掌握谋划的事情。因此君主的筹谋思虑就不需要亲自劳作，百姓亲身劳作就不需要去筹谋思虑。君臣上下职责分明，那么礼法制度就可以得以建立。因此用臣民侍奉君主，用劳力者侍奉劳心者，用形体侍奉心灵，这是万事万物的道理。心灵用来思考举止进退，形体用来践行俯仰屈伸。思考举止进退的心灵负责向身体发号施令，践行俯仰屈伸的身体负责力行其令。负责力行其令的臣下要方正不阿，负责发号施令的君主要圆融通达。圆融通达的擅长运转，运转就会带来变通，变通就会带来和谐。方正不阿的为人执着，执着才能够坚定不移，坚定不移就会带来诚信。君主用利来调节以达到和谐，臣下用守节来表示诚信，那么上下就没有什么偏差了。因此说，君主制定法令制度要仁爱宽惠，臣下要谨守信义。这就是所谓的上下之礼了。

君之在国都也，若心之在身体也。道德定于上，则百姓化于下矣。戒心形于内，则容貌动于外矣。正也者^①，所以明其德。知得诸己，知得诸民，从其理也。知失诸民，退而修诸己，反其本也。所求于己者多，故德行立。所求于人者少，故民轻给之。故君人者上注，臣人者下注。上注者，纪天时，务民力。下注者，发地利，足财用也。故能饰大义，审时节，上以礼神明，下以义辅佐者，明君之道^②。能据法而不阿，上以匡主之过，下以振民之病者^③，忠臣之所行也。

【注释】①正：通"政"，治政。②明君之道：古本"道"下有"也"字。③振：赈，救。

【译文】君主在国都里，就好像心在身体里一样。道德规范树

立在上面，百姓就在下面接受教化。戒慎之心形成在里面。容貌就
表现在外面了。所谓的"正"，是用来表明君主德行的。知道怎样适
合自己，就知道怎样适合于臣民，这是依道而思虑问题的结果。如
果发现有不适合臣民的地方，就回过头来修正自己，这是回归根本
的办法。对自己要求的多，德行就可以树立起来；对民众的要求少，
民众就好供应上面了。因此做君主的要向上注意，做人臣的要向下
注意。向上注意，就是说掌握天时并且安排民力；向下注意就是开
发地利并且增长财富。因此，能够整饬治国的大义，研究天时季节，
向上礼敬神明，向下以道义对待大臣，这才是明君的治国之道。能
够依法办事而不迁就逢迎，向上用来纠正君主的过失，向下用来救
济人民的困难，这才是忠臣的行为。

明君在上，忠臣佐之，则齐民以政刑。牵于衣食之利，故
愿而易使①，愚而易塞。君子食于道，小人食于力，分民。威无
势也无所立，事无为也无所生。若此，则国平而奸省矣。

【注释】①愿：老实。

【译文】贤明的君主在上面，加之以忠臣辅佐，就可以用政令
和刑罚来治理民众了。引导百姓去关心衣食的利养，因此百姓就会
老老实实而易于指挥管理，愚朴而容易被控制。君子求食于治国之
道，小人求食于出卖劳力，这就是各守本分。君主没有威势就无法
树立权威，政事上无所作为百姓就没有办法谋生。按照这样的本分
去做的话，国家就会安定，奸邪之人就会减少了。

君子食于道，则义审而礼明，义审而礼明，则伦等不逾，

虽有偏卒之大夫①，不敢有幸心②，则上无危矣。齐民食于力则作本，作本者众，农以听命③。是以明君立世，民之制于上，犹草木之制于时也。故民迂则流之，民流通则迂之。决之则行，塞之则止。虽有明君④，能决之，又能塞之。决之则君子行于礼，塞之则小人笃于农。君子行于礼，则上尊而民顺；小民笃于农，则财厚而备足。上尊而民顺，财厚而备足，四者备体，顷时而王不难矣。

【注释】①偏卒：指军队握有兵权者。②幸心：侥幸之心。③农：勤勉。④虽：与"唯"同。

【译文】君子求食于治国之道，仪礼就完备而整饬，仪礼完备而整饬，人伦等级就不会被僭越，即便是掌握兵权的卿大夫也不敢存有侥幸之心，那么君主就不会发发可危了。平民百姓求食于出卖劳力，就尽力从事农业生产，从事农业的人数众多，就会尽力生产而服从政令了。因此贤明的君主执掌政事，百姓受到君主的控制，就好像草木受时令的控制一样。因此百姓偏于保守的，就要使他们通达，百姓偏于通达的，就要使他们保守。疏导他们就能流通，阻塞他们就能停滞。唯独圣明的君主不仅可以做到疏导，又可以做到阻塞。疏导会使君子遵守礼制，阻塞会使百姓专心务农。君子遵守礼制，就会君主之位保持尊贵而百姓顺从听话；小民专心农耕，就会财物丰厚而储备充足。君主之位保持尊贵而百姓顺从听话，财物丰厚而储备充足，这四样事物都备齐了，想要迅速称王也不是难事了。

四肢六道①，身之体也；四正五官②，国之体也。四肢不通，六道不达，曰失。四正不正，五官不官，曰乱。是故国君聘妻于异姓，设为侄娣③、命妇④、宫女，尽有法制，所以治其内也。明男女之别，昭嫌疑之节，所以防其奸也。是以中外不通，谗慝不生；妇言不及官中之事，而诸臣子弟无宫中之交，此先王所以明德圉奸，昭公威私也⑤。

【注释】①六道：口、鼻、耳、目、前阴、后阴。或指六脉：即心、肝、肾、肺、脾、命。②四正：指君主、辅相、王后、太子。或指君、臣、父、子。③侄娣：古代诸侯嫁女，本国或同姓国的侄女和妹妹随去从嫁的称侄娣。随嫁的侄女称"侄"，妹妹称"娣"。④命妇：对有封号的妇女的称谓，此指官中的嫔妃等。⑤威：当作"威"，同"灭"。

【译文】四肢六道是人的躯体；四正五官是国家的躯体。如果四肢六道不能畅通，就叫作身体失调。四正五官不忠于职守，就叫作国家混乱。因此国君从异姓国家娶妻，设置有侄娣、命妇、宫女等，全部都有相应的法制，以此来管理好宫中的事情。明确男女的分别，公布防止产生嫌疑的礼节，以此来防止奸情的滋生。因此宫内宫外都不允许私通，邪恶的谗言也就不会滋生了；妇人的言谈不涉及国家政事，群臣子弟没有和宫中的交往关系，这是先王用来彰明德行而止息奸邪的，彰显公正而灭除私欲的方法。

明立宠设①，不以逐子伤义②。礼私爱欢③，势不并论。爵位虽尊，礼无不行。选为都佼④，冒之以衣服⑤，旌之以章旗⑥，所以重其威也。然则兄弟无间郄⑦，谗人不敢作矣。

【注释】①明：尊。②逐子：指那些与嫡子争宠的庶子。③私：所偏爱的。④都佼：监督交往的官员。都：总管。佼：交。⑤冒：覆盖，指修饰、装扮。⑥旌：表彰。章旗：有彩色图案的旗帜。⑦郄：通"隙"。

【译文】明确诏立嫡长子，设立他尊宠的地位，不因为那些想要争宠的庶子而做出伤害礼制的事情。君主偏爱自己的庶子，但是在权势上面，庶子是不可以和嫡子等同的。庶子的爵位虽然尊贵，但是嫡庶之间的礼制不可以不遵行。为嫡子选拔可以监督交流的官员，要用华美的服饰扮这些的官员，用有精美纹饰的旗帜表彰这样的官员，以此来增长嫡子的威望。这样嫡庶兄弟之间就没有隔阂，散布谣言的人也不敢有所动作。

故其立相也，陈功而加之以德，论劳而昭之以法，参伍相德而周举之^①，尊势而明信之。是以下之人无谏死之謥^②，而聚立者无郁怨之心^③。如此，则国平而民无慝矣。其选贤遂材也，举德以就列，不类无德；举能以就官，不类无能；以德弇劳^④，不以伤年。如此，则上无困，而民不幸生矣。

【注释】①参伍：参错比验，反复比较。德：通"得"，契合，符合。②謥：同"忌"，忌惮。③聚：读为"鲰"，小而卑贱。立：读为"位"。④弇（yǎn）：覆盖，掩蔽，遮住。

【译文】因此君主在设立辅佐之相的时候，列举他的功绩同时还要考虑是否合乎德的标准，论定他的劳绩也要看合不合乎法度，功劳和德法能够相互参验，全面考量之后，还要尊重他的威望，彰显对他的信任。这样一来，臣下就没有因为向上谏言而导致杀身之祸的顾虑，其他聚集在朝中的小官员也就没有不满生怨的情绪。这样一来，国家就可以太平无事而百姓之中也就没有奸邪的现象了。君主在选拔贤才的时候，要选举提拔有德行的人进入爵位的行列，而不要容纳没有德行的人；要推荐有才能的人担任适当的官职，而不要容纳无能的人；要把德行的考量放在功劳之上，不要因为资历而有所压制。这样一来，君主就没有困顿的事情，而民众也不会心存侥幸了。

　　国之所以乱者四，其所以亡者二。内有疑妻之妾①，此宫乱也；庶有疑適之子，此家乱也；朝有疑相之臣，此国乱也；任官无能，此众乱也。四者无别，主失其体。群官朋党以怀其私，则失族矣；国之几臣②，阴约闭谋以相待也，则失援矣。失族于内，失援于外，此二亡也。故妻必定，子必正，相必直立以听，官必中信以敬。故曰：有宫中之乱，有兄弟之乱，有大臣之乱，有中民之乱③，有小人之乱。五者一作，则为人上者危矣。宫中乱曰妒纷，兄弟乱曰党偏，大臣乱曰称述，中民乱曰謺谆④，小民乱曰财匮。财匮生薄，謺谆生慢，称述、党偏、妒纷生变。

　　【注释】①疑：通"拟"，比拟，类似。下同。②几臣：机要之臣，近臣。③中：当作"忠"，忠心、忠诚。④謺（zhé）谆：意气沮丧，怨言悖逆。
　　【译文】国家之所以会产生动乱的原因一共有四个，之所以会走向灭亡的原因有两个。后宫之中有与正妻争夺地位的宠妾，这是内宫的祸乱；庶子之中威胁到嫡子地位的宠儿，这是家中的祸乱；朝廷之中有与辅佐之相相争威胁的宠臣，这是国中的祸乱；君主任用的官员却没有真才实学，这是官员中的祸乱了。不能够辨别上面所讲的四种情况，君主就要失去体统了。官员们朋比结党、各怀私利，君主就会失去宗族的拥护；国家的机要大臣阴谋策划对抗君主，君主就要失去外面的援助了。在内失去宗族的支持，在外又失去援助，这就是导致国家走向灭亡的两个因由了。因此正妻的地位必须明确，嫡子的地位必须明确，辅佐之相必须恭顺君主，官吏们必须中正值守。因此就说，有宫中的祸乱，有兄弟的祸乱，有大臣的祸乱，有官吏们的祸乱，有小民的祸乱。这五种祸乱只要发作起来，君主就岌岌可危了。宫中的祸乱叫做嫉妒而争，兄弟的祸乱叫做结党营私，大臣的祸乱叫做假传圣旨，官吏们的祸乱叫做恣言悖逆，小民的祸乱叫做财物匮乏。财物匮乏就会催生不讲礼仪的行为，恣言悖逆就会催生傲慢的言行，弄权结党、嫉妒而争就会催生出国家的动乱。

故正名稽疑，刑杀讴近，则内定矣。顺大臣以功，顺中民以行，顺小民以务，则国丰矣。审天时，物地生①，以辑民力；禁淫务，劝农功，以职其无事，则小民治矣。上稽之以数，下十伍以征，近其罪伏②，以固其意。乡树之师，以遂其学，官之以其能，及年而举，则士反行矣。称德度功，劝其所能，若稽之以众风③，若任以社稷之任。若此，则士反于情矣。

【注释】①生：通"性"，属性。②其：是"期"假借字。伏：通"服"。③风：通"讽"，歌谣讽唱。

【译文】因此要确定嫡庶之间的名分位置，核查僭越的行为，诛杀近臣中的欺诈奸邪的人，宫中就可以得到安定了。教引训示大臣应当讲求功效，教引训示官吏们要讲求实干，教引训示百姓们要安分守己，国家就会变得强大。审慎地观察天时，观测土壤，调节使用民力；禁绝奢侈的工巧之物的生产，奖励劝勉农事生产，给没有正事可做的人安排职事,百姓就会得到治理。君主核定赋税的数额,并且下达到什伍中进行征收,日期临近但是还没有缴纳的人就依据法律裁夺使之服从,从而来坚定百姓的纳税供养的意识。每一乡设立教师来满足教学需求,根据学生的才能效果来授予官职,到了规定的年龄就进行推举,士人就会回归到修德的正途上。衡量德行和功劳,考察他们的能力,参考民众的议论评价,然后再委托以国家的重任。这样士人就都返璞归真,归于诚信了。

小称第三十二

扫码听谦德
君为您导读

【题解】小称，即小举君主过，促使其改正。尹注："称，举也。小举其过。则当权而改之。"本文分为两部分，其前一部分主要是管子正面议论为君治身之道，思想近于儒家；后一部分是管仲和鲍叔牙小举桓公过失来进行忠告。本文结尾处言齐桓公之死，与《左传》等的记载不相符，或另有所本。

管子曰："身不善之患，毋患人莫己知。丹青在山^①，民知而取之；美珠在渊，民知而取之。是以我有过为，而民毋过命。民之观也察矣，不可遁逃，以为不善。故我有善，则立誉我；我有过，则立毁我。当民之毁誉也，则莫归问于家矣，故先王畏民。操名从人，无不强也；操名去人，无不弱也。虽有天子诸侯，民皆操名而去之，则捐其地而走矣^②，故先王畏民。在于身者孰为利？气与目为利。圣人得利而托焉，故民重而名遂^③。我亦托焉，圣人托可好，我托可恶。我托可恶，以来美名，又可得乎？爱且不能为我能也。毛嫱、西施，天下之美人也，盛怨气于面，不能以为可好。我且恶面而盛怨气焉。怨气见于面，恶言出于口，去恶充以求美名^④，又可得乎？甚矣，百姓之恶人之有余忌也^⑤！是以长者断之，短者续之，满者洫之⑥，虚者实之。"

【注释】①丹青：指丹砂、青雘。红黑两种染料矿石。②捐：抛弃。③遂：成功，成就。④去：通"弆"，蓄藏、包藏。⑤余忌：指更多的或更严重的缺陷。⑥洫：放水的渠，引申为疏泄、排泻。

【译文】管子说："应当忧虑的是自身不够好，不要忧虑别人不了解自己。丹青虽然埋在深山中，人们明白它的用途后就会将它们开采出来；优质的珍珠虽然藏在深水中，人们明白它的价值后，就会去把它们捞取出来。因此自身可能有过错行为，别人却不会有错误评价。民众的观察力是敏锐明确的，不能逃过他们的眼睛而为非作歹。因此做了好事，他们就会表扬；有了过错，他们就会批评。面对民众的批评与赞誉，就不需要再回去询问自己的家人了，因此先王总是很敬畏民众。持有善名而且听从民众意愿行事的国家，没有不走向强盛的；持有恶名而且违背民众意愿行事的国家，没有不步入衰弱的。即使是天子诸侯，如果民众都因为其持有恶名而离去，那么也只好抛弃自己的领地出走，所以先王总是很敬畏民众。别人观察自己最方便直观的是什么？是神气与目光。圣人借用这个便利而倚重它，因而得到民众的尊重而名声得以远扬。我们也很倚重它，但是圣人倚重它表现在自己善的一面，而我们倚重它展示的却是坏的一面。我们倚重它展现自己的糟糕，却想招得美名，怎么可能得到呢？即使是爱戴亲近我们的人，也不会说我们好的。毛嫱和西施是天下皆知的美人，如果她们脸上总是满含怨气，容貌就不能算作是美了。何况我们相貌不好而又满脸怨气呢？脸上满是怨气，嘴里满是恶言，用这样满满的糟糕去求得美名，这怎么可以办到呢？这是很严重的事情啊，百姓憎恶那些缺陷多的人！因此过长的就要截短，过短的就要续长，过满的就要疏导宣泄，空虚的就要充实满足。"

管子曰："善罪身者，民不得罪也；不能罪身者，民罪之。故称身之过者，强也；治身之节者，惠也①；不以不善归人者②，仁也。故明王有过则反之于身，有善则归之于民。有过而反之身，则身惧。有善而归之民，则民喜。往喜民，来惧身，此明王之所以治民也。今夫桀纣不然，有善则反之于身，有过则归之于民。归之于民则民怒，反之于身则身骄。往怒民，来骄身，此其所以失身也。故明王惧声以感耳，惧气以感目。以此二者有天下矣，可毋慎乎？匠人有以感斤欘③，故绳可得料也。羿有以感弓矢，故彀可得中也④。造父有以感辔策⑤，故遬兽可及⑥，远道可致。天下者，无常乱，无常治。不善人在则乱，善人在则治，在于既善⑦，所以感之也。"

【注释】①惠：通"慧"。聪慧，聪明。②归人：归罪于他人。③斤欘（zhú）：斧子。斤：指斧头。欘：指斧柄。④彀（gòu）：箭靶。⑤辔：缰绳。策：鞭。⑥遬：同"速"。⑦既善：意同"尽善"。

【译文】管子说："善于归罪于自身的人，民众就不会再归罪于他；只有不能归罪于自身的人，民众才会归罪于他。因此勇于承认自身过错的，是强者；善于修养自身节操的，是智者；不把过失归罪于他人的，是仁者。因此明智的君王有了过失总是把错误归咎于己身，有了善举就归功于民众。有了过失就归咎于自己，自身就会反省并修德自新。有了善行就归功于民众，民众就会因之喜悦欢欣。推让善行以取悦于民众，反省过失以警戒自身，这就是明智的君主能治理好民众的原因。至于夏桀和商纣却不是这样，有了善举就归功于自己，有了过失就归咎于民众。将过失归咎于民众，民众就会愤怒；将善行归功于自己，自己就会骄矜。推脱过失以激怒民众，揽善居功以骄纵自身，这就是暴君身死国灭的原因了。因此明智的君主总是警惕忧惧自己的声音带给人耳朵的感觉，警惕忧惧自己的神气给他人眼睛的感觉。这两者有关天下得失，怎么能不谨慎呢？工匠有能力感应手中的斧子，因此可以运用斤斧根据绳墨料理木材。后羿有能力感应手中的弓箭，因此可以用弓弩射中目标。造父有能力感应手中的缰绳和鞭子，因此有办法赶超快速的野兽，走完远路。天下没有永恒的混乱，也没有永远的太平。恶者当道就混乱，善者在位则长治久安，天下之所以能够治理，就在于政事臻于尽善尽美，因此能把握局势。"

管子曰："修恭逊、敬爱、辞让，除怨、无争，以相逆也①，则不失于人矣。尝试多怨争利，相为不逊，则不得其身。大哉！恭逊敬爱之道。吉事可以入察②，凶事可以居丧。大以理天下而不益也，小以治一人而不损也。尝试往之中国③、诸夏④、蛮夷之国，以及禽兽、昆虫，皆待此而为治乱。泽之身则荣，去之身则辱。审行之身毋怠⑤，虽夷貉之民⑥，可化而使之爱。审去之身，虽兄弟父母，可化而使之恶。故之身者，使之爱恶；名者，使之荣辱。此其变名物也，如天如地，故先王曰道。"

【注释】①逆：迎接，对待。②察：祭。③中国：这里指京师、京都。④诸夏：指中原之地。⑤审：果真，确实。⑥夷貉：泛指少数民族。

【译文】 管子说："修养恭顺谦逊、恭敬仁爱、推辞谦让，摒除怨气、与人无争，以此来待人，就不会失去人心。相反地，如果自身行为狭隘多怨、争名逐利，相互之间不讲恭逊谦让，可能就会自身难保。恭顺谦逊、恭敬仁爱的道义，实在是太伟大了。遇到吉事可以此道来主持祭礼，遇到凶事时可以此道来居治丧仪。大到可以用它治理天下而不必有所增益，小到可以用它修治自身而不必有所减损。如果将它施行于京都、全国，蛮夷之地以及禽兽昆虫，都可以用它来治理祸乱。身上浸润了这种品德就会显荣，身上缺失了这种品德就会受辱。如果认真躬行这种品德而不懈怠，即使是不开化的蛮夷民众，也可以被教化而变得相互关爱。如果抛弃了这种品德，即使是兄弟父母，也可能被影响变得互相憎恶为仇。所以在身体上使其爱或恶，在名声上使其荣或辱，变化名物的作用，如同天地一样伟大，因此先王称之为'道'。"

　　管仲有病，桓公往问之，曰："仲父之病病矣，若不可讳而不起此病也，仲父亦将何以诏寡人[①]？"管仲对曰："微君之命臣也[②]，故臣且谒之[③]，虽然，君犹不能行也。"公曰："仲父命寡人东，寡人东；令寡人西，寡人西。仲父之命于寡人，寡人敢不从乎？"管仲摄衣冠起，对曰："臣愿君之远易牙、竖刁、堂巫、公子开方。夫易牙以调和事公，公曰：'惟烝婴儿之未尝。'于是烝其首子而献之公。人情非不爱其子也，于子之不爱，将何有于公？公喜宫而妒[④]，竖刁自刑而为公治内。人情非不爱其身也，于身之不爱，将何有于公？公子开方事公，十五年不归视其亲，齐卫之间，不容数日之行。臣闻之，务为不久[⑤]，盖虚不长。其生不长者，其死必不终。"桓公曰："善。"

【注释】①诏：意同"告"，示告，教导。②微：若非。③谒：说明，陈述。④喜宫：当作"喜内"，意谓好色。⑤为：即"伪"。

【译文】管仲得了病，齐桓公前去探望。齐桓公说："仲父您的病很重了，假如不讳言而这个病就不能康复，仲父还有什么话要教导我吗？"管仲回答说："就是您没有来问我，我也会把话讲给您的。即便如此，您也还是做不到啊！"桓公说："仲父您要我往东就往东，要我往西就往西。仲父对我的教诲，怎么敢不听从呢？"管仲整整衣冠起来回答说："臣下希望您远离易牙、竖刁、堂巫和公子开方这四个人。易牙用烹调技术伺候您，您说：'只有蒸煮的婴儿味道没有品尝过。'于是易牙就蒸了他第一个儿子献给您享用。对于人之常情，没有不爱惜自己儿女的，他对自己的儿子尚且不爱，又怎么能对您有真心呢？您喜爱女色而又善妒，竖刁就自施宫刑进宫为您管理内宫女眷。对于人之常情，没有不爱惜自己身体的，他对自己的身体尚且不能够爱惜，又怎么会真心爱惜您呢？公子开方侍奉您，十五年不回家看望父母，齐国与卫国之间，不到几天行程就可以到达了。我听说过，做伪善的事情是不可能长久的，掩盖虚谎的行径也不可能长远的。生平擅长做虚伪的坏事，到死的时候也一定不得善终。"桓公说："说得好。"

管仲死，已葬。公憎四子者，废之官。逐堂巫而苛病起兵，逐易牙而味不至，逐竖刁而宫中乱，逐公子开方而朝不治。桓公曰："嗟！圣人固有悖乎！"乃复四子者。处期年，四子作难，围公一室不得出。有一妇人，遂从窦入①，得至公所②。公曰："吾饥而欲食，渴而欲饮，不可得，其故何也？"妇人对曰："易牙、竖刁、堂巫、公子开方四人分齐国，涂十日不通矣。公子开方以书社七百下卫矣③，食将不得矣。"公曰："嗟兹乎! 圣人之言长乎哉! 死者无知则已，若有知，吾何面目以见仲父于地下!"乃援素幭以裹首而绝④。死十一日，虫出于户，乃知桓公之死也。葬以杨门之扇⑤。桓公之所以身死十一日，虫出户而不收者，以不终用贤也。

【注释】①窦: 孔穴、小洞，此指墙洞。②所: 处所，地方。③书社: 古代二十五家为一社，书写社人姓名于册籍，称为书社。④幭(miè): 巾布。⑤杨门:《水经注》作阳门，谓南门也。

【译文】管仲死了，安葬完毕后，齐桓公憎恶这四个人的作为，就免了他们的官职。驱逐了堂巫后，桓公却生了鬼魂撞祟的怪病; 驱逐了易牙后，却感到食物味道没有到达极点; 驱逐了竖刁后，内宫却混乱不堪; 驱逐了公子开方后，朝政也开始大乱。桓公说："唉! 圣人原来也难免有犯错误的时候啊!"于是又重新起用这四个人。过了一年后，这四个人作乱，把桓公围困在一个屋子里不让外出。有一个宫女从墙洞里钻进去，来到桓公住的地方。桓公说："我饥饿难耐想要吃东西，口渴难忍想要喝水，却都得不到，这是为什么呢?"宫女回答说："易牙、竖刁、堂巫、公子开方，这四个人瓜分了齐国，道路已有十天不通了。公子开方已经把七百多社的土地和人口送给了卫国，因此将没有办法得到吃的东西了。"桓公说："唉，原来如此啊! 圣人的话实在是有远见啊! 若是仲父地下有知，我还有什么面目去见地下的仲父呢!"于是拿过一块巾布，裹头蒙面而死。桓公死后十一天，尸体的蛆虫从门缝里爬了出来，人们才知道桓公已经过世了。用南门的门板掩盖了桓公的尸体草草下葬。齐桓公之所以死去十一天蛆虫爬出门外而不能入殓，是因为他最终没能采纳贤人忠告。

　　桓公、管仲、鲍叔牙、甯戚四人饮，饮酣，桓公谓鲍叔牙曰：
"阖不起为寡人寿乎？"鲍叔牙奉杯而起，曰："使公毋忘出如
莒时也，使管子毋忘束缚在鲁也，使甯戚毋忘饭牛车下也。"桓
公辟席再拜，曰："寡人与二大夫能无忘夫子之言，则国之社稷
必不危矣。"

　　【译文】桓公、管仲、鲍叔牙、甯戚四个人曾在一起宴会喝酒，
喝到酣畅的时候，桓公对鲍叔牙说："为什么不起来为我祝酒呢？"
鲍叔牙捧起酒杯，走上前说道："希望您永远别忘记逃奔莒国的日
子，希望管仲永远别忘记被捆绑关押在鲁国的日子，希望甯戚永远
别忘记在车下喂牛的日子。"桓公离座拜谢两次，说道："我和二位
大夫如果能不忘记您这几句忠告，齐国的社稷就一定没有危险。"

四称第三十三

扫码听谦德
君为您导读

【题解】称,即举列。所谓四称,即举列两种类型的君主、两种类型的大臣,合而为四,引以为当政者之借鉴。本文采用君臣问答的形式,分别阐述有道之君、无道之君、有道之臣、无道之臣的具体表现。正反直接对比,把君臣四种类型的表现一一举列。

桓公问于管子曰:"寡人幼弱惛愚①,不通诸侯四邻之义,仲父不当尽语我昔者有道之君乎? 吾亦鉴焉。"管子对曰:"夷吾之所能与所不能,尽在君所矣,君胡有辱令?"桓公又问曰:"仲父,寡人幼弱惛愚,不通四邻诸侯之义,仲父不当尽告我昔者有道之君乎? 吾亦鉴焉。"管子对曰:"夷吾闻之于徐伯曰,昔者有道之君,敬其山川、宗庙、社稷,及至先故之大臣,收聚以忠,而大富之。固其武臣,宜用其力。圣人在前,贞廉在侧,竞称于义,上下皆饰。形正明察②,四时不贷③,民亦不忧,五谷蕃殖。外内均和,诸侯臣伏,国家安宁,不用兵革。受其币帛,以怀其德;昭受其令,以为法式。此亦可谓昔者有道之君也。"桓公曰:"善哉!"

【注释】①惛：即"昏"，不明智。②形正：作"刑政"，指刑法、政事而言。③贷：差错。

【译文】桓公问管子说："我生性懦弱昏庸，不懂得与四邻诸侯如何交往的道理，仲父您不应当把从前有道之君的经验全部都告诉我么？我也好有所借鉴啊。"管子回答说："我所能做到的和不能做到的，您都全部知道的，您又何必再让我发表意见呢？"桓公又问管子说："仲父啊，我生性懦弱昏庸，不能通晓与四邻诸侯交往的道理，您不应该给我讲讲古代有道之君是怎么做的吗？我也好有所借鉴。"管子回答道："我从徐伯那里听说：从前有道的君主都是敬奉山川、宗庙和社稷的，对于先朝的旧臣，因为他们对故国的忠诚而加以收集笼络，优加赏赐使其富有。巩固武将的地位，充分发挥他们的能力。圣人在前面引导，贞正廉明之士在身边辅佐，争相提倡道义，上下都注重品性修养。刑法公正廉明，一年四季的行役安排没有失误，民众的生活也没有忧虑，五谷都能够顺利繁茂生长。外交内政均衡和睦，诸侯臣服，国家安定宁和，长年不用兵革相见。把币帛施赠予邻国，使其感怀恩德；把政令昭示于邻国，作为他们的法度规范。这样就可以称作如从前的有道之君。"桓公说："太好了！"

桓公曰："仲父既已语我昔者有道之君矣，不当尽语我昔者无道之君乎？吾亦鉴焉。"管子对曰："今若君之美好而宣通也①，既官职美道②，又何以闻恶为？"桓公曰："是何言邪？以缁缘缁，吾何以知其美也？以素缘素，吾何以知其善也？仲父已语我其善，而不语我其恶，吾岂知善之为善也？"管子对曰："夷吾闻之徐伯曰，昔者无道之君，大其宫室，高其台榭，良臣不使，谗贼是舍③。有家不治，借人为图，政令不善，墨墨若夜，辟若野兽④，无所朝处。不修天道，不鉴四方，有家不治，辟若生狂⑤，众所怨诅，希不灭亡。进其谀优，繁其钟鼓，流于博塞⑥，戏其工瞽⑦，诛其良臣，敖其妇女⑧，獠猎毕弋⑨，暴遇诸父⑩，驰骋无度，戏乐笑语。式政既輮，刑罚则烈，内削其民，以为攻伐，辟犹漏釜，岂能无竭。此亦可谓昔者无道之君矣。"桓公曰："善哉！"

【注释】①宣：指宣明，言其美好。②官职：指明识，明察。③舍：与，给与，赏赐。引申为亲近。④辟：通"譬"，譬如。⑤生：通"性"。⑥博塞：赌博游戏。塞：本作"簺"，今名骰子。⑦工：古代特指乐人。瞽：古代以瞽者为乐官，因而成为乐官的代称。⑧敖：调戏。⑨獠（liáo）：夜间打猎。⑩诸父：古代天子对同姓诸侯，或诸侯对同姓大夫的长辈皆尊称为"父"，多数则称为"诸父"。

【译文】桓公说："仲父您已经给我讲了古代有道之君的所作所为了，不应当再给我讲讲古代无道之君的所作所为吗？这样我也好引以为戒。"管子回答说："像您这样本质美好而又明智通达的君主，既然已经知道了善政的道理，又何必再听那些丑恶行径呢？"桓公说："您这是什么话呢？用黑色布给黑色的衣服做边沿，我又怎么知道它的优点呢？用白色布给白色的衣服做边沿，我又怎么知道它的优点呢？您已经对我讲了德政，却不为讲我恶政，我又怎样识别善政之所以被称之为善的原因呢？"管子回答说："我曾经从徐伯那里听说过，从前的无道之君，都是大修宫室，不任用贤良的大臣，只亲近谄媚的人。拥有家族却不懂得治理，总是要依靠别人来谋划；政令恶劣，世道昏暗就像在在漆黑的夜里一般；就好像野兽没有归处。不遵循天道，不借鉴四方，有家族却不好好治理，就好像发狂迷失本性，民众所怨恨和诅咒的，这样的国君很少有不遭到灭亡的。他们还招纳巧言如簧的人和戏子优伶，广置钟鼓，沉溺于赌博游戏，玩赏音乐演奏，诛杀贤良的大臣，戏弄女子，昼夜不停地进行田猎捕狩，残暴地对待诸侯，驰骋无度，戏乐笑语，施政已经扭曲了，刑罚又很酷烈，在内剥削人民，自以为有功就好像渗漏的釜鼎，怎么能不枯竭呢？这就可以称为古代的无道之君了。"桓公称赞说："说得好啊！"

桓公曰："仲父既已语我昔者有道之君与昔者无道之君矣，仲父不当尽语我昔者有道之臣乎？吾以鉴焉。"管子对曰："夷吾闻之于徐伯曰，昔者有道之臣，委质为臣①，不宾事左右②；君知则仕，不知则已。若有事，必图国家，遍其发挥。循其祖德，辩其顺逆③，推育贤人④，谗慝不作。事君有义，使下有礼，贵贱相亲，若兄若弟，忠于国家，上下得体。居处则思义，语言则谋谟⑤，动作则事⑥，居国则富，处军则克，临难据事⑦，虽死不悔。近君为拂⑧，远君为辅，义以与交，廉以与处。临官则治，酒食则慈，不谤其君，不讳其辞。君若有过，进谏不疑；君若有忧，则臣服之⑨。此亦可谓昔者有道之臣矣。"桓公曰："善哉！"

【注释】①委质：交纳信物，确定为君臣关系。为古代习语。②宾事：侍奉。③辩：通"辨"。④推育：举荐，扶植，培养。⑤谟：谋划。⑥事：通"倳(zì)"，立。⑦据：位，处。⑧拂：弼，辅佐。⑨服：服事。

【译文】桓公说："仲父您已经为我讲了古代有道之君和无道之君了，您难道不应该为我讲讲古代的有道之臣吗？这样我也好有所借鉴啊。"管子回答说："我曾经从徐伯那里听说过，古代的有道之臣，一旦与君主订立君臣关系，就不会逢迎讨好君主左右的宠臣；君主能理解他就出来做官，不能理解他就辞官归隐。如果国家有事，一定会先为国家的利益着想，竭尽全力地发挥自己的才能。遵循祖德，明辨局势的顺逆，推荐贤人，使谗佞之辈不敢兴风作浪。用道义来侍奉国君，以礼善待属下，使身份尊贵的人和身份卑下的人互相亲近，就像兄弟一样，忠于国家，使上下各得其所。平日静居则反思言行是否合宜，说出的话一定经过深思熟虑，行动起来就有所建树，治理国会使之富强，治理军队就会使之能够战胜敌人，遇到危难和事变的时候虽死不悔。在国君近旁就矫正他的过失，远离国君的时候也能尽心辅佐，用道义作为原则来与人相交，用廉洁作为原则来为国处事。当官行政则办事妥帖，饮酒吃饭则能与人共享，从不诽谤自己的国君，也不隐瞒自己的言辞。君主如果有过失，就勇于进谏而不迟疑；如果君主有担忧的事情，就竭尽全力排忧解难。这样也就可以称作是古代的有道之臣了。"桓公说："说得好啊！"

桓公曰："仲父既以语我昔者有道之臣矣，不当尽语我昔者无道之臣乎？吾亦鉴焉。"管子对曰："夷吾闻之于徐伯曰，昔者无道之臣，委质为臣，宾事左右；执说以进，不蕲亡己^①；遂进不退，假宠鬻贵。尊其货贿^②，卑其爵位；进曰辅之，退曰不可，以败其君，皆曰非我。不仁群处，以攻贤者，见贤若货，见贱若过。贪于货贿，竞于酒食，不与善人，唯其所事。倨敖不恭，不友善士，谖贼与斗^③，不弥人争^④，唯趣人诏^⑤。湛湎于酒^⑥，行义不从。不修先故，变易国常，擅创为令，迷或其君^⑦，生夺之政，保贵宠矜。迁损善士^⑧，捕援货人^⑨，入则乘等，出则党骈，货贿相入，酒食相亲，俱乱其君。君若有过，各奉其身。

此亦谓昔者无道之臣。"桓公曰:"善哉!"

【注释】①蕲:求,祈求。亡:通"忘"。②货贿:珍宝财富。③斗:当作"通"。④弥:通"弭",停止。⑤唯趣人诏:指专促成人们诉讼。"趣"读为"促","诏"当为"讼"。⑥湛湎:沉湎。湛:同"耽"。⑦或:通"惑",迷惑。⑧损:当作"捐"。⑨捕:当作"辅"。

【译文】桓公说:"仲父您已经为我讲了古代有道之臣的行为处事,难道不应该给我讲讲古代的无道之臣是怎么做的吗?这样我也好引以为戒。"管子回答说:"我曾经从徐伯那里听说过,古代的无道之臣,自从确定为臣子之后,就只是逢迎君主左右的宠臣;用邪见佞说来求得升官加爵,从来不忘记自己的荣华富贵;只知道进取而不知退让,进而又利用君主的宠信来兜售自己的高贵权位。只重视金银财宝,而看轻爵位身份;只要有晋升的机会就辅佐君主,稍有不如意就非议诽谤君主,用这样的行为来败坏国君的声誉,还推脱责任说'这不是我做的'。聚集一群不仁之辈来攻击贤能的人,对待尊贵的人就像追逐钱财宝物一样,对待贫苦低贱的人就避之不及形同陌路。贪图金银财宝,追求美酒佳肴,不结交良善之人,都与谗贼勾结;不平息争执,只鼓动诉讼。沉溺在饮酒作乐中,仪容举动都不合礼法。不遵循先朝的旧法,又经常改动国家固有的法规,擅自设立政令,蒙蔽迷惑国君,篡夺国政大权,用来保全自己尊贵的地位,放纵他的矜夸习气。罢黜贤人,提携市侩之辈,在朝则陵越等次,以财货互相贿赂,以酒食互相亲近,一齐迷乱君主;而国君一旦有了祸事就各自保全自身,这就可以叫作古代的无道之臣了。"桓公说:"讲得真好啊!"

正言第三十四

（阙）

侈靡第三十五

扫码听谦德
君为您导读

【题解】侈靡，意指奢侈的生活消费。本文论点奇异，为奢侈消费提供理论根据（赵守正语），文字晦涩难读。郭沫若说："《侈靡篇》基本上是一篇经济论文。就如它的题目'侈靡'二字所表示的一样，它主张大量消费，大量生产；大量兴工，大量就业。消费大，然后生产才可以促进；工作的机会多，然后人民才不至于失业。"本文内容繁多，且多有难解之处，主要采用问答的方式，广泛讨论了经济、政治、军事、外交、国防、哲学等多个领域的问题。本文不一定是管子所作，甚至可能年代较晚。

问曰："古之时与今之时同乎？"曰："同。""其人同乎，不同乎？"曰："不同。可与政其诛。偌①、尧之时，混吾之美在下②。其道非独出人也，山不童而用赡③，泽不弊而养足。耕以自养，以其余应良天子④，故平。牛马之牧不相及，人民之俗不相知，不出百里而来足⑤。故卿而不理，静也。其狱一踦腓一踦屦而当死⑥。今周公断满稽，断首满稽，断足满稽，而死民不服，非人性也，敝也。地重人载⑦，毁敝而养不足。事末作而民兴之，是以下名而上实也。圣人者，省诸本而游诸乐，大昏也，博夜也。"

【注释】①俈（kù）：同"喾"，指上古"五帝"之一的帝喾。②混吾：即昆吾，山名，传说出产美金。③童：指山无草木。或作"同"。④良：或说当作"食"，或说当作"养"。⑤来：当作"求"，需求。⑥踦：一只脚。腓：也作"菲"，指草鞋。⑦载：通"戴"，增多。

【译文】桓公问道："古代的时令和现在的时令是一样的吗？"管仲回答说："是一样的。""那么古时候和现在的人事是一样的吗？"管仲回答说："是不一样的。但是可以根据从古到今不同的情况而加以管制。帝喾、帝尧在位的时候，昆吾山的宝物就埋藏在地下而没有人去开采。这并非用了什么独特于人的管理方法，而是因为山上的木材不用砍光就已经足够使用了，水中物产不用尽数捕捞就已经够吃了。民众耕种来自给自足，并且用富余的粮食奉养天子，因此能够天下太平。民众放牧牛马的时候不需要相遇攀谈，百姓之间不需要相互往来，习俗也相互不知道，不出百里就可以满足各种需要。因此即使有公卿也不需要忙于政事，天下是平静无事的。那个时候的罪刑，使犯罪的人一只脚穿着草鞋另一只脚穿着平常的鞋子就可以充作死刑了。现在使用周公之法断案，断足和断头的事情满满地记录在册，被处死的人还是不服从，这并不是人生性不怕死，而是因为极度贫穷困顿的缘故。土地变得贵重，人口增加，生活贫困没有办法自养。发展了奢侈性的工商末业，人民生活才振兴起来，这是不重虚名而注重实际的措施。圣明的君主审查钻研农业生产的情况而发展游乐事业，甚至整日整夜地进行。"

问曰："兴时化若何？""莫善于侈靡。贱有实，敬无用，则人可刑也①。故贱粟米而敬珠玉，好礼乐而贱事业，本之始也。珠者，阴之阳也，故胜火；玉者，阴之阴也，故胜水。其化如神。

故天子臧珠玉,诸侯臧金石,大夫畜狗马,百姓臧布帛。不然,则强者能守之,智者能牧之^②,贱所贵而贵所贱;不然,鳏寡独老不与得焉,均之始也。"

【注释】①刑:通"型",模型,模范。这里指效仿、顺从。②牧:当作"收",收集,聚敛。

【译文】桓公问道:"怎样根据时代的变化而变化呢?"管仲回答说:"最好的办法是扩大侈靡的消费。不看重实用的东西,而看重没有实际用途的东西,这样民众才会服从治理。因此不看重粮食而看重珠玉,重视礼乐而轻视生产,这就开始抓住了关键。珠是阴中之阳,因此可以胜过火;玉是阴中之阴,因此可以胜过水。它们变化如神。因此天子应当储存珠玉,诸侯应当储存金石做成的乐器,大夫应当储存狗马等玩物,百姓应当储存布帛等物资。如果不这样的话,强者会霸占珍珠美玉,智者将屯积垄断珍珠美玉,他们就会操纵物价使尊贵的东西变得低贱,低贱的东西变得尊贵;如果不这样,鳏寡独老之类的人们也就无法生存了。这是均衡贫富的开始。"

"政与教孰急?"管子曰:"夫政教相似而殊方。若夫教者,摽然若秋云之远^①,动人心之悲;蔼然若夏之静云,乃及人之体;鵬然若谪之静^②,动人意以怨;荡荡若流水,使人思之,人所生往。教之始也,身必备之,辟之若秋云之始见,贤者、不肖者化焉。敬而待之,爱而使之,若樊神山祭之。贤者少,不肖者多,使其贤,不肖恶得不化?今夫政则少则,若夫成形之征者也^③;去则少,可使人乎?"

【注释】①摽（piāo）然：高远的样子。②鹏然：深邃的样子，或说和顺的样子。俞樾曰："鹏"乃"鸾"字之误。藃（hāo）："高"字之误。高：指泰山。③形：通"刑"，刑罚。

【译文】"政令和教化哪个更急迫一些呢？"管仲回答道："政令和教化的作用相似但是方法却有所不同。教化，就像秋天的云一样高远，能够触动人们心中的悲情；又好像夏天的云一样温和安静，能够浸润到人的肌体里面；深邃得就像泰山那样寂静，能够触动人哀怨的愁思；浩浩荡荡就像流水一样，使人既思念又神往。教化的开始，君主一定要以身作则，就像秋天的云朵刚刚显现，不管贤者、不贤的人都会受到感化。崇敬地对待它，诚挚地使用它，就像为神山筑起篱笆而祭祀一样。虽然贤人很少，不贤的人很多，如果能够尊用贤人，不贤的人怎么会不受到感化呢？至于政令，则与此稍有不同。它是凭借强力和刑罚作为特征的。如果没有这一点，政令对人们还能驱使得动吗？"

"用贫与富，何如而可？"曰："甚富不可使，甚贫不知耻。水平而不流，无源则速竭。云平而雨不甚，无委云①，雨则速已。政平而无威则不行，爱而无亲则流。亲左有用②，无用则辟之。若相为③，有兆怨④。上短下长，无度而用，则危本。不称而祀谭⑤，次祖⑥。犯诅渝盟，伤言⑦。敬祖祢⑧，尊始也。齐约之言，论行也。尊天地之理，所以论威也。薄德之⑨，君之府囊也。必因成刑而论于人，此政行也，可以王乎？"

【注释】①委云：积云。②左：通"佐"。③为：通"伪"，讹诈。④有：同"又"。兆：始，开端。⑤谭：通"禫"（dàn），祭名。⑥次：当作

"欺"，欺骗。⑦言：当作"信"，信用。⑧祢：父死称考，入庙称祢。祖祢即父祖。⑨薄：借为"普"，全，都。

【译文】"如何役使贫者和富者呢？"管仲回答道："人过于富有的就不好驱使，过于贫穷的会不知羞耻。水处于平地就不流淌，没有泉眼作为源头，水流很快就会枯竭；云处于平淡就没有大雨，如果没有稠云，雨很快就会停止；政令只是平和而没有威势，它就不能够贯彻了。用人只用广泛的爱而不分亲疏远近，就会变得稀松平常。但是只是亲近左右近臣，进用没有真才实学的人，就好像用盲人引导盲人，一定会令人产生怨气。重视它的短处而放弃它的长处，没有原则地用人，就是危害国家的根本。位分不合适却去主持祭礼，这是欺骗先祖。触犯盟誓和背弃盟约，就是有伤诚信的诺言。敬重祖先是获得尊重的根本。遵守盟约是讲究德行的行为。提倡天地尊卑的道理，是为了彰显权威。德行微薄，就是人群中的败类。必须用威严的刑罚使国人知晓，可以是为政之道了吧！"

"请问用之若何？""必辨于天地之道，然后功名可以殖①。辩于地利，而民可富；通于侈靡，而士可戚②。君亲自好事，强以立断，仁以好任人。君寿以政年，百姓不夭厉③，六畜遮育④，五谷遮熟，然后民力可得用。邻国之君俱不贤，然后得王。"

【注释】①殖：树立。②戚：亲近，亲密，这可作团结之意。③夭厉：因遭疾疫而早死。厉：疾病。④遮：通"庶"，众多。

【译文】"请问应该怎么样施行到政事上呢？"管仲回答道："必须明辨天地之道，然后功名就可以建立了。懂得地利之道，然后民众就会变得富裕了；熟悉侈靡的消费，士人就可以借着这个团结起来了。君主事必躬亲，强明果断，施政仁政而善于用人。君主因为推行善政而得以长寿，百姓也会因此免于灾疫，六畜繁育，五谷丰登，然后才可驱使民力。如果邻国之君都是不贤之辈，就能够成就王业了。"

"俱贤若何？"曰："忽然易卿而移，忽然易事而化，变而足以成名。承弊而民劝之①，慈种而民富②；应言待感③，与物俱长；放日月之明④，应风雨而动，天之所覆，地之所载，斯民之良也。不有而丑天地，非天子之事也。民变而不能变，是棁之傅革⑤，有革而不能革，不可服。民死信，诸侯死化⑥。"

【注释】①弊：通"币"。②慈：当为"滋"，滋养，滋长。③言：当作"时"。④放：仿效。⑤棁（zhuì）之傅革：木头包上皮革。⑥化：同"货"。

【译文】"如果邻国之君都很贤明又当怎么办呢？"管仲回答说："要么立即更换卿相，要么立即调整政事，与时俱变才可以成就功名。民众受到币帛的赏赐，就会更加尽心尽力，作物繁盛民众就会变得富裕起来；适应天时的变化，就能够和天地万物一起生长；就像日月放出光芒，就像风雨会顺应时令而降落，就像天的覆护，就像地的承载，这才是民众所崇尚的君主啊。没有这些功绩却硬是要将自己比配天地，这不是天子应当做的事情。民众思想改变，然而君主却不能随机而变，就好像木头外面包着一层皮革，虽然有皮革却不能称之为皮革，因为并不能用。民众可以心悦诚服地为信义而死，然而很多诸侯国君却常常为利而死。"

"请问诸侯之化弊也①。""弊也者，家也。家也者，以因人之所重而行之。吾君长来猎②，君长虎豹之皮。用功力之君，上金玉币。好战之君，上甲兵。甲兵之本，必先于田宅。今吾君战，则请行民之所重。"

【注释】①化弊：即货币。化：同"货"。弊：通"币"。②来：招徕，招揽到自己面前。

【译文】"请问各国诸侯的货币情况是怎么样的呢？"管仲回答说："货币，是用来表示物价的。物价是根据君主的重视程度而定的。我们国君长期招徕打猎，就会重视虎豹的皮。崇尚功劳的君主，就会重视金玉货币。喜好战争的君主，就会重视铠甲和兵器。而铠甲兵器的根本，一定首先在于田宅。现在我们国君要发动战争，那么就请先解决民众所重视的事情。"

"饮食者也，侈乐者也，民之所愿也。足其所欲，赡其所愿，则能用之耳。今使衣皮而冠角，食野草，饮野水，孰能用之？伤心者不可以致功。故尝至味而罢至乐①，而雕卵然后瀹之②，雕樵然后爨之③。丹沙之穴不塞，则商贾不处④。富者靡之，贫者为之，此百姓之怠生⑤，百振而食。非独自为也，为之畜化。"

【注释】①罢：同"疲"。②瀹：煮。③樵：木柴。④处：滞留。⑤怠生：读为"怡生"，有生计。

【译文】"饮食、侈乐是民众的欲望。满足他们的欲求，满足他们的愿望，就可以役使他们了。假如只是让他们身披兽皮，头戴牛角,吃野草,喝野外的水,谁能够驱使他们呢?内心伤悲的人没有办法有所成功。因此要吃最好的饮食,听最好的音乐,把禽蛋雕画了再煮着吃,把木柴雕刻了再焚烧。挖掘丹砂的洞口不堵塞,这样商贾的贩运之事就不会停止。富人奢靡消费,穷人生产供应,这样才可以使百姓乐业,百业振兴,人人都有饭吃。这不是单独某个人可以做到的,大家都要积储货物才可以。"

用其臣者,予而夺之,使而辍之。徒以而富之^①,父系而伏之^②,予虚爵而骄之,收其春秋之时而消之^③,有杂礼义而居之^④,时举其强者以誉之。强而可使服事,辩以辩辞,智以招请^⑤,廉以摽人^⑥。坚强以乘六^⑦,广其德以轻上位^⑧,不能使之而流徒,此谓国亡之郄^⑨。故法而守常^⑩,尊礼而变俗,上信而贱文,好缘而好驵,此谓成国之法也。为国者,反民性然后可以与民戚。民欲佚而教以劳,民欲生而教以死。劳教定而国富,死教定而威行。

【注释】①以:当作"予",给予。②系:与"击"古字通用。③时:通"莳",种植,这里指种植的粮食。④有:"肴"的坏字,混杂。⑤请:通"情"。⑥摽人:监督检查别人。⑦乘六:当作"乘大"。⑧广:通"旷",荒废。⑨郄:通"隙",过失,此指祸因。⑩故:通"固",巩固,坚定。

【译文】对待大臣,应当有所赏赐又有所侵夺,有所驱使又有所豁免。为国出力的徒役,要使其富裕,要像父亲教育儿子一样训导其服帖恭顺;一边赐予有名无实的爵位使他们骄纵自满,一边又收取春秋的农产作物来削弱他们的实力;还应当采用繁缛的礼仪来限制他们,又要经常选拔其中精明强干的人进行表彰。对于这些精明强干的人，可根据他们的才能授予职事，于言辞的人就让他做舌辩外交的工作，足智多谋的人就让他做侦查之类的工作，品性廉明的人就让他去做监督他人的工作。对于性行顽强而侵凌大人物的人，没有德行、蔑视上级的人，就不加使用而使之流亡迁徙到外地，因为这些人都是亡国的祸因。巩固法制而遵守传统，提倡礼节而变易民俗，重视信用而轻贱虚伪，崇尚良弓而重视壮马，这些都是立国的原则。凡是治理国家，首先要反民众好逸恶劳、贪生怕死的本性而行之，然后才可以与民相亲。民众好逸恶劳，就偏要教之以劳动；民众贪生怕死，就偏要教之以殉死。劳动的教育成功了，国家就能够变得富裕；殉死的教育成功了，君主的威名就能够远扬。

"圣人者，阴阳理，故平外而险中。故信其情者伤其神①，美其质者伤其文，化之美者应其名，变其美者应其时，不能兆其端者灾及之。故缘地之利，承从天之指，辱举其死②，开国闭辱③。知其缘地之利者，所以参天地之吉纲也④。承从天之指者，动必明。辱举其死者，与其失人同⑤，公事则道必行。开其国门者，玩之以善言⑥。奈其斝⑦，辱知神次者操牺牲与其珪璧⑧，以执其斝。家小害，以小胜大。员其中，辰其外⑨，而复畏强，长其虚，而物正，以视其中情。"

【注释】①信：通"伸"。②辱：通"蓐（rù）"，在这里意思为"厚"，厚殓。死：通"尸"。③开国：开墓地。闭辱：闭蓐，将铺垫厚草的尸体埋葬。④吉纲：纪纲，规律。⑤失：同"秩"。⑥玩：展示。⑦斝（jiǎ）：酒器。⑧辱知：蓐知，多知，熟知。⑨辰：方。

【译文】"圣人，更擅于协调阴阳，因此外表平易而心中自有丘壑。因此放任情绪蔓延就会伤害精神，本质太好就可能影响外观，变化得好才会拥有名声，改变得好的必须顺应时事，不能预见事物端倪的人，灾祸就会降临到自己身上了。因此要顺应地利，顺从天意，打开公墓，厚葬为国战死的将士。顺应地利，就是要参悟天地的规律规则。顺应天意，行动必须明确。厚葬战死之人的尸体，待遇和在世的爵位相同，公开举办这件事情，为国献身的道义一定会大大流行。打开公墓之门，向送葬的人们昭示感动的悼词。敬献酒爵，由那些精通鬼神规矩的人献上牛羊等贡品以及珪璧等玉器，拿着酒器祭酒。同时举行消灾仪式，用小物制伏大鬼。坟墓内圆外方，要为横死战场的厉鬼招魂，营建高大的坟丘，这样鬼物就可以安生了，死者的愿望也就得到实现了。"

　　公曰："国门则塞^①，百姓谁衍敖^②？胡以备之？""择天下之所宥^③，择鬼之所当^④，择人天之所戴，而亟付其身，此所以安之也。""强与短而立齐^⑤，国之若何^⑥？""高予之名而举之，重予之官而危之，因责其能以随之。犹俶则疏之^⑦，毋使人图之；犹疏则数之，毋使人曲之；此所以为之也。"

　　【注释】①国门：墓门。②衍敖：游历。③宥：劝勉，激励。④当：合适，这里指适合作为鬼神被敬奉。⑤立：通"位"。⑥国：谋。⑦犹俶：过度亲近。俶：同"戚"。

　　【译文】桓公问："如果墓门阻塞，百姓谁还来游观呢？这样的情况又该如何防备呢？"回答说："选择上天保佑、鬼神欢喜、民众爱戴的人，将他的灵位放到灵寝中，这样就可以安定百姓。"又问道："财产多的人与财产少的人在朝廷中地位差不多，这种情况要怎办呢？"回答说："可以赐予尊贵的爵位并且赞誉他们，可给他们封上高官并且使他们感到危机，从而根据他们的才能来责成他们的政绩实效。如果是出身于亲族的人，那就要与之保持一定的距离，避免他被人嫉妒遭到陷害；如果是出身的血缘关系较为疏远，那么就要多亲近，以免受人挑唆而蒙受冤屈，这就是应当采取的办法。"

"大有臣甚大，将反为害。吾欲优患除害，将小能察大，为之奈何？""潭根之①，毋伐。固事之，毋入。深鬣之②，毋涸。不仪之③，毋助④。章明之⑤，毋灭。生荣之⑥，毋失⑦。十言者不胜此一，虽凶必吉，故平以满。"

【注释】①潭根：深植其根。潭：深。②鬣：通"刺"，刺探其虚实深浅。③不仪：当为"丕峨"，高大。④助：同"锄"，铲除。⑤章：彰，显现。⑥生：通"旌"，旌表。⑦失：放纵。

【译文】"如果大臣位高权重，就会对朝廷造成威胁。我担心这件事情，并且想要消除这种祸患，从而求得防患于未然，这要怎么做呢？"管仲回答道："让他根深蒂固而不要砍伐。给他稳定的职位，不要动不动就兴师问罪。深入地去了解他们的情况，不要使他们没有收入。让他们的地位崇高起来，而不是铲除他们的地位。彰显他们的名分而不去损毁。表彰他们的荣耀而不过分放纵。说十句没用的话也比不上这些话中的一句，坚持这些道理，一定会逢凶化吉，因为只有等到他们恶贯满盈的时候才可以削弱铲平他们。"

"无事而总①，以待有事而为之若何？""积者立余食而侈②，美车马而驰，多酒醴而靡，千岁毋出食③，此谓本事。县人有主，人此治用④。然而不治，积之市。一人积之下，一人积之上，此谓利无常。百姓无宝，以利为首，一上一下，唯利所处。利然后能通，通然后成国。利静而不化，观其所出，从而移之。"

【注释】①总：收积，指积累财富。②立：通"粒"，以谷米为食，这里是吃的意思。③出：通"诎"，短缺。④用：古代称国家收支为"用"。

【译文】桓公问："没有什么事情的时候积累财富，用来防备有事的时候拿出来利用，这要怎么做呢？"管仲回答道："积累财富的人应该拿出余粮尽情奢侈挥霍，装饰自己的车马尽情驰骋享乐，多准备一些美酒尽情享用，这样一来，一千年粮食都不会短缺的，这就是所谓的治本之事。县里有人管理，他们负责管理国家的财政收入。如果国家的财政收入不够的话，就要靠市场来满足了。但是有的人收入越攒越少，有的人却越攒越多，这就叫作获得利益是没有恒常不变的。百姓没有什么宝物，就把求利的事情看得最重，上下奔波，唯利是图。有了财物利益然后才会进行流通，有了流通然后国家财政才能够成立。如果财物利益塞滞不动，就要查明其中的原因，要使财富流动起来。"

"视其不可使，因以为民等。择其好名，因使长民，好而不已，是以为国纪。功未成者，不可以独名；事未道者①，不可以言名。成功然后可以独名，事道然后可以言名，然后可以承致酢②。"

【注释】①道：治。这里指治理效果。②酢（zuò）：同"胙"，祭肉。古时候在国家举行大的祭祀后，级别高的和血亲关系大臣可以得到君主赏赐的祭肉。

【译文】"根据他们是否可以任用的情况，将民众划分出等级。选择声誉好的人来做百姓的长官，如果一贯的表现好，就可以担任国家的要职。功业没有完成的人不可以独自享有盛名，事务尚未治理的人不可以谈及名誉。功成名就后可以独享盛名，事情打理井井有条然后可以考虑名誉，然后才可以接受君主赏赐的祭肉。"

"先其士者之为自犯，后其民者之为自赡。轻国位者国必败，疏贵戚者谋将泄。毋仕异国之人①，是为失经②。毋数变易，是为败成。大臣得罪，勿出封外，是为漏情。毋数据大臣之家而饮酒③，是为使国大消。三尧在，臧于县④，返于连⑤，比若是者⑥，必从是䲡亡乎⑦！辟之若尊谭⑧，未胜其本，亡流而下不平。令苟下不治，高下者不足以相待，此谓杀。"

【注释】①仕：当作"任"，任用。②经：原则。③数据：多次在，数次在。④臧：同"藏"。⑤连：为古代行政区划名，五家而伍，十家而连。⑥比：接连，一直。⑦䲡：即"偏"，败亡。⑧谭：当作"觯"，酒器。

【译文】"君主把自己的位置放在先于士人的位置，这种情况叫做自犯，先满足民众的需求然后才考虑自己，这种情况叫做自赡。看轻国位的君主，他的国家一定会衰败；疏远贵戚的君主，他的秘密谋划一定会被泄露。不可以任用其他国家的人来做官，这是违背治国的原则。不可以朝令夕改，否则将会坏事。大臣如果犯了罪，不要将他驱逐到国境外面，否则这样会泄漏国家内情机密。不可以总是在大臣的家里饮酒作乐，否则将会使国家的权威削减。即使有三个像尧这样的圣明君主在位，如果总是一直往返于县邑之间饮酒作乐，也一定会因此而衰败灭亡。就好像饮酒用的尊和觯，上面大下面小，中间如果没有引流，下面的部分也不能平稳。如果国家不能治理好地方，君臣上下的关系也就不能维持，这就叫作自我衰减。”

"事立而坏，何也? 兵远而畏^①，何也? 民已聚而散，何也? 辍安而危，何也? ""功成而不信者，殆。兵强而无义者，残。不谨于附近，而欲来远者，兵不信。略近臣合于其远者，则事立而坏。亡国之起^②，毁国之族，则兵远而不畏。国小而修大，仁而不利，犹有争名者，累哉是也! 乐聚之力，以兼人之强，以待其害，虽聚必散。大王不恃众而自恃，百姓自聚; 供而后利之，成而无害。疏戚而好外企，以仁而谋泄，贱寡而好大，此所以危。"

【注释】①畏:威。②起:当作"纪"，指国家的栋梁之材。

【译文】"事业建立好但是却在中途衰败了，这是什么原因呢? 排兵布阵到边远地区从而威慑敌人的途径又是什么呢? 民众已经积聚好的财富却又散亡了，这是因为什么缘故呢? 安定的局面被打断从而陷入危难之中，这是因为什么缘故呢? "回答说:"一个国家，功业建立了却不讲信用，这是很危险的。军队强大而不讲道义，这是残暴的。不安抚近邻的国家却想要使远方的国家前来臣服，这样的军队就没有威信。疏远近臣而亲近远臣，事业即便建立也会衰败。一个国家丧失了自己的重臣，毁灭了国君的宗族，就会导致排兵布阵到边远地区也不能够震慑敌人。一个国家自己本来就很弱小却偏偏妄图施行大国的政法，虽然遵行仁义之道却没有无功业利益，还想要同其他国家争夺名声，这样就会负担太重啊! 热衷于用从百姓搜集来的财力去兼并其他强大的国家，以致于自己反受其害，这就会导致财富虽然聚集但是也会散亡。君主如果能够靠自己而不依赖大众，百姓们自然会积聚财富；百姓们提供财富，然后君主加以利用，就能够事业有所成就而没有什么侵害了。一个国家，疏于近亲而企图亲近外人，想要亲附近亲但是所密谋的事情又多有泄露，轻视小事而好大喜功，这就是国家危亡的缘由了。"

"众而约，实取而言让，行阴而言阳，利人之有祸，言人之无患，吾欲独有是，若何？""是故之时^①，陈财之道可以行^②。今也利散而民察，必放之身然后行^③。"公曰："谓何？""长丧以毁其时^④，重送葬以起身财。一亲往，一亲来，所以合亲也。此谓众约。"问："用之若何？""巨瘗培^⑤，所以使贫民也；美垄墓^⑥，所以使文明也^⑦；巨棺椁，所以起木工也；多衣衾，所以起女工也。犹不尽，故有次浮也^⑧，有差樊^⑨，有瘗藏^⑩。作此相食，然后民相利，守战之备合矣。

【注释】①故：当为"古"。②陈：处置。③放：读为"昉"，始。④毁：花费消磨。⑤瘗培（yì yìn）：墓室。瘗：埋葬。培：土室。⑥垄：隆起的土堆，坟墓。⑦文明：文饰明器。⑧次浮：指棺椁之外的其他装饰。⑨差樊：指垄墓之外树立以表示尊卑的樊篱。⑩瘗藏：指金玉器物等陪葬物。

【译文】桓公问："所拥有的多而向人展示得少，实际上取于别人而表面上却表示推让，行为诡谲而言语堂皇，在别人的灾祸中得利在嘴上却说着希望别人没有忧患，我想拥有这样的手段，要怎么做到呢？"管仲回答说："古时候有这样的生财之道。如今财物货利分散于天下，民众各自照料着自己的财产，所以一定要从富人身上下手才可以。"桓公问："这话是什么意思呢？"回答说："延长丧期来消磨他们的时间，丰厚葬仪以便厚葬之家可以发财。使人们亲切往来，以此来增进和睦，这就是所谓的约定俗成。"桓公又问："具体应该怎么做呢？"回答说："挖掘巨大的墓室，这样就使得穷人有工可做；对墓室进行精心装饰，使有纹饰的冥器都有了用处；建造巨大的棺椁，这样可以使木工发家；多用衣物被服随葬，这样可以使从事女工的人得利。这样还是不够，还要有棺椁外饰、墓地樊篱以及各种殉葬的物品。用这些办法可以使贫困的人维持生计，民众因此可以得到好处，这样国家的防守和攻战的储备就充分了。

"乡殊俗，国异礼，则民不流矣。不同法，则民不困。乡丘老不通，睹诛流散①，则人不眺②。安乡乐宅，享祭而讴吟称号者皆诛③，所以留民俗也。断方井田之数④，乘马田之众⑤，制之。陵溪立鬼神而谨祭，皆以能别以为食数，示重本也。"

【注释】①睹：同"堵"。②眺：借为"逃"，逃离。③诛：当作"殊"，不同，分别。④断：制定。⑤乘马：即军赋。乘：筹算。马：算码。

【译文】"各乡有各自不同的习俗，各国有各自不同的礼节，民众安于本地的风俗，就不会离散开来。各自施行不同的礼法，民众就不会受到困扰。使各地能够自给自足，老死不相往来，并且拦截、惩罚流民，这样民众就不会外逃了。使民众安土重迁，祭神和祭祖的祭文颂词与称呼也可以各有不同，这样就可以保留风俗了。确定井田的数量，核定军赋的数目，使这些形成一定的制度。在山陵溪涧里建立庙宇，恭敬地祭祀鬼神；按照能力等级差别使他们得到相应的衣食和祭品，这样就能够显示出对国家风俗的重视了。"

"故地广千里者，禄重而祭尊。其君无余，地与他若一者，从而艾之①。君始者艾②，若一者从乎杀③，与于杀若一者。从者艾艾，若一者从于杀，与于杀若一者。从无封始，王事者上。王者上事，霸者生功④，言重本。是为十禺⑤，分免而不争⑥，言先人而自后也。"

【注释】①艾：通"刈"。②者："诸"字之省。始诸：即始于。③杀：剪除。④生：进。⑤禺：区域。⑥免：勉。

【译文】"因此，拥有千里土地的国家，其俸禄自然是丰厚的，并而祭祀规格会比较高。君主如果没有富余的财货，就需要开垦那些尚未开发的可利用土地。君主率先进行开垦工作，那些尚未开发的可利用土地就会得到开发，其他人也会跟着参与可利用土地的开发工作了。因为有人追随着不断进行开垦，因此可利用的土地就会不断得到开发，这是众人一起参与开发的结果。自那些没有被分封出去的土地算起，能够勤于开发土地的人就可以被赏赐土地。称王者应当以实际的事情为最重要的事情，称霸者应当争取事情的功效，这两种都是以农业生产为本的。以十个区域为别，分别劝勉民众避免争斗，使大家都能够先人后己、相互谦让。"

"官礼之司①，昭穆之离②，先后功器事之治，尊鬼而守故。战事之任，高功而下死本事。食功而省利劝臣，上义而不能与小利。五官者，人争其职，然后君闻。"

【注释】①司：掌管。②昭穆：古时祭祀宗庙中，始祖居中，二、四、六世居左，称为昭；三、五、七居右，称为穆。离：位次等差。

【译文】"官礼的管理，昭穆位次的排列，都要讲究按照功勋等级来使用祭器，这就是能够使鬼神得到尊重的做法了，使古老的风俗得以保存。每逢有战事，都以建立功业为上，以牺牲本职为下。奖励功臣的时候要根据实际功绩的大小，看他能够给国家带来多少利益，以此来激励大臣各自尽力而为。与此同时，赏赐和劝勉都应该以崇尚道义为上而不能用小利去引诱。五官争相尽职尽责，君主便可以名闻于天下了。"

"祭之时，上贤者也，故君臣掌。君臣掌，则上下均。此以知上贤无益也，其亡兹适。上贤者亡，而役贤者昌。上义以禁暴，尊祖以敬祖，聚宗以朝杀^①，示不轻为主也。"

【注释】①朝：借为"昭"，昭示。杀：减少。
【译文】"举行祭祀的时候，要以贤人为尊，这个时候君臣都有主持祭祀的可能。君臣共同掌管祭祀之礼的话，就容易导致这样的想法：君上和臣下的地位等同。由此可见，崇尚贤人是没有益处的，而且足以造成国家的危亡。崇尚贤人的可能会导致亡国，而君主学会正确起用贤人国家就会昌盛。倡导正义、禁止暴行，尊奉祖先、敬事先人，聚集同族，摆明君臣之间的等级差别，这些都可以显示出君主地位的尊贵。"

载祭明置^①，高子闻之，以告中寝诸子。中寝诸子告寡人，舍朝不鼎馈^②。中寝诸子告宫中女子曰："公将有行，故不送公。"公言："无行，女安闻之？"曰："闻之中寝诸子。"索中寝诸子而问之："寡人无行，女安闻之？""吾闻之先人，诸侯舍于朝不鼎馈者,非有外事,必有内忧。"公曰:"吾不欲与汝及若,女言至焉,不得毋与女及若言。吾欲致诸侯,诸侯不至若何哉?""女子不辩于致诸侯③,自吾不为污杀之事,人布织不可得而衣。故虽有圣人,恶用之?④

【注释】①明置:指土地神明。古代立国要设立土地神和谷物神位,称为"置"。②舍朝:上朝。③辩:通"辨"。④此段自"高子闻之"以下,与《戒》篇相似,略有异同,或以为错简。

【译文】桓公准备祭祀土地神,齐国大夫高子听说后,就告诉了内官,说君主退朝后没有用鼎吃饭。于是内官又对宫女们说:"君主将要出行,怎么不为他送行呢?"桓公说:"我并没有准备出行,你们是从哪里听说的?"宫女们说:"是从内官那里听说来的。"于是桓公叫来内官问道:"我并没有说要出行,你是从哪里听说的?"内官说:"我是从前人那里听说来的,诸侯留宿在外面而不用鼎吃饭,这种情况不是有内忧,就一定是有了外患。"桓公说:"这本来不是我要同你商量的事情,但是你已经说到这里了,那我就这样告诉你吧。我打算召集诸侯但他们却不前来,这个应该怎么办呢?"内官说:"女人不懂得召会诸侯之事,可我知道,如果我不做侍候别人的事情,别人也不曾再给我布来做衣服了。从这件事考虑诸侯不来的原因,不是很明白了吗?"

"能摩故道新道①,定国家,然后化时乎?""国贫而贪鄙富②,苴美于朝③,市国。国富而鄙贫,莫尽如市。市也者,劝也。劝者,所以起。本善而末事起,不侈,本事不得立。"

【注释】①摩：揣摩。②鄙：边远的城邑。③苴：苞苴，古代称行贿为苞苴。

【译文】桓公问道："能揣摩旧办法和新办法，使国家安定，然后应时而变吗？国都贫穷而贪图边鄙富裕，没有比朝廷更实惠的；国都富裕而边鄙贫穷，没有比市场更繁荣的。市场，是一种劝勉措施。劝勉，是为了经济发展。农业完善而工商末业也得到发展。不进行侈靡消费，农业生产就站不住脚。"

"选贤举能不可得，恶得伐不服用①？""百夫无长，不可临也；千乘有道，不可修也。夫纣在上，恶得伐不得？钧则战②，守则攻。百盖无筑，千聚无社，谓之陋，一举而取。天下有一，事之时也。万诸侯钧，万民无听③。上位不能为功更制，其能王乎？"

【注释】①恶得：怎能。②钧：双方势均力敌。③无听：无所适从。

【译文】"如果得不到贤能的人才，应该怎么征伐不服之国呢？百人之数的人群，且没有头领，都不能轻易对待；千乘的国家，且治理有方，就更不能妄加侵犯了。像纣王那样的君主在上主政，怎么能够征伐不顺服的人呢？用兵，双方如果势均力敌就进行交战，如果一方处于守势就进行进攻。成百的房舍没有建筑，成千的村落没有神庙，这种情况就叫作"破败"，对这样的国家是可以一举夺取的。在天下有事的时候，各路诸侯并起，百姓们无所适从，居上位者如果不能创立功业，变革法制，还能够趁机统一天下吗？"

"缘故修法①，以政治道②，则钧杀于吾君，故取夷吾谓替。"公曰:"何若?"对曰:"以同。其日久临,可立而待。鬼神不明,囊橐之食无报,明厚德也。沉浮,示轻财也。先立象而定期,则民从之。故为祷朝③,缕绵明④,轻财而重名⑤。"公曰:"何临?""所谓同者,其以先后智渝者也。钧同财争,依则说⑥,十则从服,万则化。成功而不能识,而民期,然后成形而更名,则临矣。"

【注释】①修:循。②政:正。③朝:同"庙"。④缕绵:在庙中祭祀时,用缕绵招魂。⑤财:当作"则"。⑥依:当作"倍"。说:同"悦"。

【译文】"遵守旧法,修订新法,运用匡正各国诸侯的治国之道,在这方面谁都不如我国的君主,因此提拔我管夷吾来谋划这件事情。"桓公问道:"这件事情该怎样进行呢?"管仲回答道:"君臣同德共济,时间慢慢久了,制服诸侯可以立待成功。鬼神之道幽隐不明,君子谨慎地祭祀鬼神,并非企望供奉的祭品有所回报,而是为了彰明厚德;将玉投入川流中祭祀,用来表示轻视财货。预先树立神像并约定日期,百姓随着参加,设缕绵祷告神庙,用来表明轻视财货而重视名誉。"桓公又问道:"怎样君临天下呢?"管仲回答道:"所谓君临天下,那是以先进后进之间才智超越为根据的。彼此才智相同者,自然会产生争斗,但是实力超过对方两倍的会使对方心悦诚服,超过十倍会使对方甘心服从,超过万倍那就归化了。成功以后尚无人了解内幕,百姓都期待这样的人立为君主,并且建立霸王之业而正名,从而君临天下了。"

"请问为边若何?"对曰:"夫边日变,不可以常知观也。民未始变而是变,是为自乱。请问诸边而参其乱,任之以事,因其谋。方百里之地，树表相望者，丈夫走祸，妇人备食，内外相备。春秋一日，败曰千金，称本而动①。候人不可重也②，唯交于上，能必于边之辞③。行人可不有私④；不有私，所以为内因也⑤。使能者有主矣，而内事。"

【注释】①称：据。本：指粮食等储备。②候人：管理边境事务的官吏。③能：犹"而"。辞：同"辤"，即"治"字，办理，尽职。④行人：使者，管理外交事务的官吏。⑤因：依据。

【译文】"请问应该怎样守卫边疆呢？"回答道："边境的事情是多变的，不可以用一般的见识去推断。边民们原本没有变乱而采取应对变乱的措施，这叫作庸人自扰。要请教边地的人们，了解产生变乱的原因，要使他们任事并且采用他们的谋划。在方圆百里的土地上，在可以互相看见的树立标志的地方，男人疾辞应征，妇人准备饭食，内外都应当有所戒备。在春种秋收的季节，每战争一天，就等于耗费千金，因此要衡量农业情况来动兵。侦察人员不可以擅离职守，要向上报告边情，一定要恪尽职守。外交人员能不能怀有私心呢？当然是不能的。如果怀有私心的话，就可能成为内奸。要使有才能的人主持这件事情，做好分内工作。"

"万世之国，必有万世之实。必因天地之道，无使其内，使其外，使其小，毋使其大，弃其国宝。使其大，贵一与而圣，称其宝。使其小，可以为道。能则专，专则佚①。椓能逾，则椓于逾，能官则不守而不散②。众能伯，不然将见对③。"

【注释】①佚：安适闲逸。②官：围绕。引申为守藏、看护。③见对: 出现对立的局面。

【译文】"传之万世的国家，一定有可以传之万世的国宝。这个国宝，就是坚决遵循天地的规律，勤于内政而不务向外侵略，谨小慎微而不务好大喜功。如果弃其国宝而向外侵略，就将会脱离盟国而失败。发扬其国宝而谨小慎微，就可以实现其治国之道。对能臣就应当专任。专任能臣为上的可以以逸待劳。依靠能臣是愉悦的，被依靠的能臣也与同样愉悦。有才能的人做官，虽不甚管理，事情也不会乱。有才能的人多了，国家就可以成就霸业；如果不是这样，就会适得其反。"

"君子者，勉于纠人者也，非见纠者也。故轻者轻，重者重，前后不慈①。凡轻者，操实也，以轻则可使，重不可起，轻重有齐②。重以为国③，轻以为死④。毋全禄，贫国而用不足；毋全赏，好德恶亡使常。"

【注释】①慈: 借为"戴"，相当，对等。②齐: 同"剂"，比例。③为: 通"谓"。④死: 通"尸"，即祭祀之尸。

【译文】"君主是尽力纠正臣民的人，而不是被纠正的人。如果轻的一方只管自己的轻，重的一方只管自己的重，那么前后就不会平衡。凡是轻的一方都是可以操纵重物的。因为轻的秤锤可以运用，重的一方反而不能操纵轻的一方，轻重之间是存在一定比例关系的。如果说重的一方是国家，那么轻的一方就好像是祭礼中神保的地位。君主在驱使臣民的时候，不要把俸禄标准定得过高，否则会导致国家贫困而财用不足；赏赐不要把范围定得太大，要防止把君主的好德务施流为平常的事情。"

　　"请问先合于天下而无私怨，犯强而无私害，为之若何？"对曰："国虽强，令必忠以义；国虽弱，令必敬以哀。强弱不犯，则人欲听矣。先人而自后，而无以为仁也，加功于人而勿得①，所橐者远矣②，所争者外矣。明无私交，则无内怨。与大则胜，私交众则怨杀。"

　　【注释】①得：通"德"。②橐（tuó）：包容。

　　【译文】"请问要想要倡导联合天下诸侯而不会招致私怨，抗拒强暴而不因为私心伤害别人应该怎样才能做到呢？"管仲回答说："对手如果是强国，自己的辞令必须是诚恳而有道义的；对手如果是弱国，自己的辞令也必须是恭敬而有感情的。强国和弱国都不得罪，人们就愿意听从了。先人后己，并且不认为自己仁厚，把功劳推给别人并且自己不认为有德，这样一来，包容的范围就会很大，争取的领域也就很广阔了。明确自己没有私交，在内就没有怨恨了。联盟强大就会取得胜利；私交太多，就会因为怨恨而引起杀伐。"

　　"夷吾也，如以予人财者①，不如无夺时；如以予人食者，不如毋夺其事，此谓无外内之患。事故者，君臣之际也②。礼义者，人君之神也，且君臣之属也。亲戚之爱，性也；使君亲之察同索③，属故也；使人君不安者，属际也。不可不谨也。"

　　【注释】①如以：与其。②际：结合。③察：当作"际"。索：法度。

　　【译文】"管仲我的看法是：与其给人钱财，不如不耽误农时；与其给人食物，不如不耽误农事，这才叫作没有内忧外患。忠敬是君臣关系的体现，礼义是君主保持神威的前提。君臣之间的关系依靠道义，父母的情感是天性。使君主和父母的关系相同，必须依靠君臣互相敬重。使君主不能安然的原因，是因为君臣之间互相戒备，这是不可不谨慎的事情。"

"贤不可威，能不可留①。杜事之于前，易也。水，鼎之汩也②，人聚之；壤，地之美也，人死之。若江湖之大也，求珠贝者不令也。逐神而远热③，交觯者不处，兄遗利夫④！夫事左中国之人⑤，观危国过君而弋其能者⑥，岂不几于危社主哉！"

【注释】①留：埋没不用。②汩：水流的样子。③逐神：一种祭祀活动。远热：当作"远爇"，即逐神时燃火炬而传远。④兄：同"况"，何况。⑤左：同"佐"，辅佐。⑥弋：显示，夸耀。

【译文】"对于贤能的人是不可以用威势压制的。对于有才能的人是不可以不起用的，防患于未然是容易的。有水流的地方，人们都会聚居；土壤肥沃的地方，人们都不肯离开。这就好比广大的江湖，寻求珠贝的人不肯离开。在逐神仪式燃放火炬的时候，觥筹交错饮酒的人不肯稳坐着不动，何况追逐财利的人呢？使全国的人观望危险的国家和荒谬的君主而显示其才能，这不类于危亡社稷吗？"

"利不可法①，故民流；神不可法，故事之。天地不可留，故动，化故从新。是故得天者高而不崩；得人者，卑而不可胜。是故圣人重之，人君重之。故至贞生至信②，至言往至绞③。生至自有道，不务以文胜情，不务以多胜少，不动则望有廧④，旬身行⑤。"

【注释】①法：读为"废"。②贞：正。③绞：当作"交"。④廧：同
"墙"。⑤旬：通"徇"，循。

【译文】"利益是不能够废弃的，因此人们从事流通的事情；神
明是不能够废弃的，因此人们都来供奉。宇宙是不停留的，因此经常
变化而且会将旧的变化成新的。得到天的帮助的人，身居高位而不
会倒台；得到人心的人，身居低位也是不可被战胜的。圣人和君主
都重视这个道理。最大的正直可以产生最大的信任，最大的信任可
以产生最深的交情。产生这些最大的境界自然是有办法的：不讲求
用巧饰胜过真情，不讲求用求多而胜过简少，君子一动不动，望者如
墙，立身行事均平正直就是了。"

"法制度量，王者典器也①。执故义道，畏变也。天地若夫
神之动，化变者也，天地之极也②。能与化起而王用，则不可以
道山也。仁者善用，智者善用，非其人则与神往矣。"

【注释】①典器：准则和工具。②极：根本原则。

【译文】"法度是称王者治国的法典和工具。坚持过去的仪
法和道德，就是畏惧变革。天地好像有神灵推动一般变化着，这是
天地的究极。能够与时俱变从而使财产富有，这是用言语难以传达
的。有仁德的人善用天地变化，有智慧的人善用天地变化，如果不
是这样的人，那么应对变化的良机就白白随着神离去了。"

"衣食之于人也，不可以一日违也，亲戚可以时大也。是故
圣人万民，艰处而立焉。人死则易云①，生则难合也。故一为赏，
再为常，三为固然。其小行之则俗也②，久之则礼义，故无使下

当上必行之。然后移商人于国，非用人也，不择乡而处，不择君而使，出则从利，入则不守。国之山林也，则而利之，市尘之所及，二依其本。故上侈而下靡，而君臣相上下相亲，则君臣之财不私藏。然则贪动，枳而得食矣③。徙邑移市，亦为数一。"

【注释】①云：旋，如云团聚的意思。②则：通"铡"，砍伐。③枳：枝，引申为分别。

【译文】"衣食对于人而言，不可能有一天断离，家族中的人口却随着时间而日益增多。因此无论是圣人还是百姓都是艰难地存活在世上。人死的时候大家容易互相亲近，活着的却难以情投意合。进行封赏的事情，举行第一次的时候人们认为是赏赐，第二次，人们就习以为常，第三次，人们就看作是理所当然地了。小的封赏会形成风俗，时间久了就变成一般的礼制了，因此不要让下面的人觉得封赏是必然的事。下面的人不看重上面人的赏赐就会专注于市场，商人就都迁徙到国中，商人们并非是会对国君言听计从的人，他们居住的地方不拣择在什么乡，侍奉不挑选哪位君主，卖出商品就是为了牟利，买进货物也不是为了守藏。国家的山林资源，取过来就拿去盈利，因而使国家的商业税收成倍地增长。因此朝中上下都可以进行奢侈消费，君主和臣子之间上下呼应，相互亲近，君臣的财物都不会守藏不动。这样人人争相尽力，各种职业的人都能有饭吃。人们为了利益而迁移到城镇和市场，这正是国家的经济大计之一。"

问曰："多贤可云①？"对曰："鱼鳖之不食咡者②，不出其渊。树木之胜霜雪者，不听于天。士能自治者，不从圣人，岂云哉？夷吾之闻之也，不欲，强能不服，智而不牧。若旬虚期于月津③，若出于一明，然则可以虚矣。故厄其道而薄其所予，则士云矣。不择人而予之，谓之好人④；不择人而取之，谓之好利。审此两者以为处行，则云矣。"

【注释】①可：通"何"。②呞：饵。③旬虚：古代天文学术语。一个月三十日为旬满，二十九日为旬虚。月津：古代天文学术语。指月明光润津津的样子。④人：通"仁"。

【译文】桓公问道："应该怎样亲近众多的贤人呢？"管仲回答说："不吃诱饵的鱼鳖，就不会出深水。不畏惧霜雪的树木，就不会听任天时。自有办法的贤能之士，就不肯听从圣人的，哪里能够亲近他们呢？我听说过这样的事情，如果一个人无所渴求，那么动用强力也不能使其屈服，用智谋也难以对其加以统治。这就好像一个月上中下三旬的盈满亏虚取决月亮圆缺一次的长短；根据月亮圆缺一次的时间长短，就可以计算盈满和亏虚。因此要控制仕途发展而使利禄封赏不致于太过丰厚，士人就会前来亲近了。不加拣择地而给予利禄封赏叫作'好仁'；不加拣择而进行聚敛搜取的，就叫作'好利'。清楚这两点并且将其作为处事原则，就可以使贤人亲附了。"

"不方之政，不可以为国。曲静之言，不可以为道。节时于政，与时往矣。不动以为道，齐以为行①，避世之道，不可以进取。"

【注释】①齐：等同，不加分别。

【译文】"不正确的政令不能治理国事。局限而静止不变的言论，不可以作为行事的准则。掌握好时势和政治的关系，就可以与时俱进了。把静止不动看作是行事的准则，把齐定万物看作是应当的行为，这是消极避世的原则，不能够鼓励人们积极进取。"

"阳者进谋，几者应感①。再杀则齐，然后运。何谓也？"对曰："夫运谋者，天地之虚满也，合离也，春秋冬夏之胜也。然有知强弱之所尤，然后应诸侯取交。故知安危，国之所存，以时事天，以天事神，以神事鬼，故国无罪而君寿，而民不杀，智运谋而杂橐刃焉②。"

【注释】①几者：能见事物发展微妙的人。②杂：聚。
【译文】"对于已经显明的事物，要能够运用谋略；对于深隐幽微的事物，要有感知的能力。要知道事物必须在精神上面减损再减损，和外物平齐协同，这样谋划才可以操作。这都是为什么呢？"管仲回答道："运用谋划，就像天地的充盈和亏虚、分离和聚合，就像是春、秋、冬、夏四季的交替。懂得了这一点，就懂得了强弱的差异，然后应对诸侯采取相应的策略。因此，明白了导致国家安危状况的缘故，就能够按照合宜的时节祭祀上天，按照祭天的时节祭祀神灵，又按照祭神的时节祭祀鬼，这样国家没有天灾人祸、国君安泰昌寿，而国民的人口不会减少，运用智者的谋划，国家就能避免刀兵之祸了。"

"其满为感，其虚为亡。满虚之合，有时而为实，时而为动。地阳时贷①，其冬厚则夏热，其阳厚则阴寒。是故王者谨于日至，故知虚满之所在以为政令。已杀生，其合而未散，可以决事。将合可以禺②，其随行以为兵，分其多少以为曲政。"

【注释】①地：当"阴"。贷：通"代"，代替，交替。②禺：初见事端。

【译文】"天地亏虚盈满的变化，盈满的时候可以感知，亏虚的时候则不可以感知。盈满和亏虚相互结合，有的时候显现为充实，有的时候显示为变动。阴阳的运动是经常交替的，冬天有严寒而夏天有酷暑，阳气旺盛而阴气也很厚。因此君主应该特别小心地对待冬至和夏至这两个'至'的时令，由此了解亏虚和盈满的情况，并以此为据确定政令。如过已经到了深秋肃杀的时令，这个时候阴阳聚合并且平衡，可以决行牢狱之事。秋气将合的初秋时令，可以配合时势动静进行练兵，并且根据兵力的强弱来安排军事活动。"

"请问形有时而变乎？"对曰："阴阳之分定，则甘苦之草生也。从其宜，则酸咸和焉，而形色定焉，以为声乐。夫阴阳进退，满虚亡时，其散合可以视岁。唯圣人不为岁，能知满虚，夺余满补不足，以通政事，以赡民常。地之变气，应其所出。水之变气，应之以精，受之以豫①。天之变气，应之以正。且夫天地精气有五②，不必为沮，其亟而反③，其重陔④、动毁、进退，即此数之难得者也，此形之时变也。"

【注释】①豫：预先准备。②五：即五行之气。③亟：通"极"。④陔：借为"阂"，局限，妨碍。

【译文】"请问万物的阴阳变化这件事情的奥妙所在？"回答说："阴阳各自的本分已经确定了，甘美的草和苦涩的草也随之生长。顺应阴阳变化的机宜，就可以调和酸咸，确定形体颜色，使各种声调和音乐和谐。阴阳的消长变化，它的充盈和亏虚都无时而定，阴阳散合的过程可以看作为一年。只有圣人不希图改变客观的年岁，却努力知晓充盈和亏虚的状况，侵夺充盈的部分来弥补不足的部分，使政令得到贯彻，民生日用得到满足。地上出现灾祸的现象，就根据它的具体情况加以祈祷以求解决。水中出现灾变的精怪，就依据它的种类加以应对，并且提早有所防备。天上出现灾变之气，那么只有用正气来应对了。天地间运动的精气有五种，不可加以阻碍，天地的气运有反向而动的，有迟滞凝重久而不去的，有发动而有所毁伤的，还有乍进乍退的，这其中的规律难以把握，这就是因为物的形体种类会随着时节的变化而变化。"

　　"沮平气之阳①，若如辞静。余气之潜然而动，爱气之潜然而哀②，胡得而治动？"对曰："得之衰时③，位之观之，佁美然后有辉④。修之心，其杀以相待，故有满虚哀乐之气也。故书之帝八⑤，神农不与存，为其无位，不能相用。"

　　【注释】①沮：引申为依、循。阳：通"扬"。②爱：通"薆"。隐伏。③衰（cuī）：差别、分别。④佁（yǐ）：当作"信"，凝聚。⑤帝八：即八方帝位。古代测天象，用四方盘形物，四方四隅为八位。

　　【译文】"依于正气，并使其发扬兴起，怎么样让它静好有序呢？残余之气暗暗涌动，隐蔽之气暗暗哀怨，怎样制止蠢蠢欲动的它们呢？"回答说："得到这些气的方式是有次第差别的，要从不同的方位加以观察，气凝聚到良好完善的程度，就会有光芒。要修炼内心，耐心得对待这些气。气的增减变化，从充盈到亏虚，从哀怨到愉悦，气的变化状态都会呈现。因此在观测天气的方盘上标出八方的帝位,其中神农的位置可以省略,没有特别位置的原因,是因为在观测中并没有什么用处。"

问:"运之合满安臧^①?""二十岁而可广,十二岁而聂广^②,百岁伤神。周郑之礼移矣,则周律之废矣,则中国之草木有移于不通之野者^③。然则人君声服变矣,则臣有依驷之禄^④,妇人为政,铁之重反旅金。而声好下曲,食好咸苦,则人君日退。呕则溪陵山谷之神之祭更应,国之称号亦更矣。"

【注释】①安臧:在哪里。臧:同"藏"。②聂:同"摄"。③不通之野:指未开化的地区。④依:禄。

【译文】桓公问道:"国家命运的全部奥秘在哪里呢?"管仲回答道:"二十年的时间政权发展壮大,十二年时间摄政的权利会发展壮大,但是百年之后的情况则令人伤心。周郑之礼改变更易了,而周朝的律法也被破坏了,中原地区的文化精粹被转移到落后地区。于是君主的声乐、服饰也改变了,臣下可以有千乘的厚禄,妇人可以主持政务,铁的价值超过青铜。而且在听的方面人们喜欢下里巴人的曲调,在吃的方面人们喜欢吃咸苦之味的饮食,这样一来君主的地位日益衰退。甚至连溪陵山谷之神的祭祀方法也改变了,其应祭国家的称号也改变了。"

"视之亦变^①,观之风气。古之祭有时而星,有时而星熺^②,有时而熰^③,有时而胸^④。鼠应广之实,阴阳之数也。华若落之名,祭之号也。是故天子之为国,图具其树物也。"

【注释】①视：通"示"。亦：奕，大。②星熺（xī）：当删去"星"字。熺：同"熹"，蒸气状的云雾。③熰（ōu）：温之气。④朐（qú）：煦，日出时的云气。

【译文】"要视察天象的变化，要观测风向与云气，古代的祭祀情况不同：有时祭祀带来晴朗的天气，有时祭祀带来光明的日照，有时祭祀带来高热，也有的时候祭祀带来微微的温暖。收获有小有大，那是由阴阳的定数决定所的：名称有好有坏，那是用来作为祭祀标记的。因此，历朝天子主持国家，都谋求具有本朝特色的祭坛树木和本朝祭祀所用的服色。"

心术上第三十六

扫码听谦德
君为您导读

【题解】心术，即心的功能。古人以心为思维器官，认为心是人体之主宰，文中将心比君，提出了"心之在体，君之位也；九窍之有职，官之分也"；"心术者，无为而制窍者也"等观点。本文前经后解，所阐述的内容与本书中《内业》《白心》等虽然篇幅独立，不相隶属，但是由于其处理问题的途径颇为奇特，哲学观点大体相同，观点相涉者亦深，所以古来常被视为一组相关的文章讨论，很受重视，现代有学者认为是道家著作，或认为这四篇当出自一家之手，代表战国时代道家思想的一个重要流派。

心之在体，君之位也；九窍之有职，官之分也。心处其道，九窍循理；嗜欲充益，目不见色，耳不闻声。故曰：上离其道，下失其事。毋代马走，使尽其力；毋代鸟飞，使弊其羽翼①。毋先物动，以观其则。动则失位，静乃自得。

【注释】①弊：废弃，此当意为退化。
【译文】心脏在人体中，就像一国之君的地位一样；九窍各司其职，就像百官有不同的职位一样。心脏正常运转，各个器官就能合理运作；如果心中充满了欲望，人的眼睛就会分不清颜色，耳朵就会听不清声音。所以说：上面背离正道，下面就会丧失职事。不要代替马儿行走，而是要让它竭尽全力；不要代替鸟儿飞翔，不然会使它的翅膀退化。不要先于事物行动，而是要观察它的规律。躁动就会失掉本位，沉静才能得到规律。

道，不远而难极也，与人并处而难得也。虚其欲，神将入舍；扫除不洁，神乃留处。人皆欲智，而莫索其所以智乎。智乎，智乎，投之海外无自夺，求之者不得处之者。夫正人无求之也，故能虚无。

【译文】道，虽然在不远的地方，可是却难以穷尽它的本源，与人共处却难以领悟。使欲念虚化，神智就会来临；扫除欲念，神智才会停驻。人人都想获得智慧，却没有探究过怎么获得智慧。智慧啊，智慧啊，应该把它投弃到天涯海角，以免有人空自强求。汲汲追求不如虚怀守候，那智慧超绝的"圣人"正是无所追求的人，他们能够达到虚静。

虚无无形谓之道，化育万物谓之德，君臣父子人间之事谓之义，登降揖让、贵贱有等、亲疏之体谓之礼，简物小未一道①，杀僇禁诛谓之法。

【注释】①简：挑选。未：末。古代两字可通用。
【译文】虚无而没有形状的称之为道；化育万物的称之为德；君臣父子之间的关系称之为义；尊卑揖让、贵贱有别以及亲疏之间的体统叫作礼；繁简、大小的事务都有一个固定的标准，规定杀戮禁诛等事叫作法。

大道可安而不可说。直人之言①，不义不顾②，不出于口，不见于色，四海之人，又孰知其则？

【注释】①直：一说当为"真"。"真人"即得道之人。②义：当为"俄"，意为偏斜。顾：当为"颇"，偏颇。

【译文】大道只可以安处而不可言说。得道的真人，其言语不偏不倚，既不宣之于口，也不形于色，四海之内有谁知道它的规律呢？

天曰虚，地曰静，乃不伐①。洁其宫②，开其门③，去私毋言，神明若存。纷乎其若乱，静之而自治。强不能遍立，智不能尽谋。物固有形，形固有名，名当，谓之圣人。故必知不言无为之事，然后知道之纪。殊形异埶④，不与万物异理，故可以为天下始。

【注释】①伐：当为"忒"，差错。②宫：这里指心。③门：人的感觉器官，如眼睛、耳朵等。④埶：同"势"，形态。

【译文】天的道是"虚"，地的道是"静"，因此它们没有差错。要洁净人的内心，开放人的耳目，去除心中私欲杂念，抛却主观见解，神奇的了悟才会隐约显现。事物纷纭烦乱，以虚静待之就能使之自然得治。再强大也不能解决所有事情，再聪明也不能考虑得尽善尽美。事物有其本来的形状，这个形状有自己本来的名称，能使名称得当的就是圣人。所以，一定要领会不可言说和自然无为的事情，才能知晓道中的原则。了解万物的差别，不违背万物的自然规律，才能治理好天下。

人之可杀，以其恶死也；其可不利，以其好利也。是以君子不怵乎好[①]，不迫乎恶，恬愉无为，去智与故。其应也，非所设也；其动也，非所取也。过在自用，罪在变化。是故有道之君，其处也若无知，其应物也若偶之。静因之道也。

【注释】①怵（xù）：通"訹"，诱惑。怵，原作"休"，据下文经解部分改。

【译文】有些人可以以杀戮作威胁，是因为他们贪生怕死；有些人可以用损失利益来胁迫他，是因为他们贪图私利。所以，君子不被喜好诱惑，不被邪恶威胁，恬淡无为，远离智巧与伪诈。他们应对不是为了有所谋求；他们行动不是为了有所收获。人的过失在于自负，人的罪过在于善变。因此有道的君子居处的时候无知无识，应对外物的时候好像是出于无心而应和。这就是虚静因循之道。

"心之在体，君之位也。九窍之有职，官之分也。"耳目者，视听之官也，心而无与于视听之事[①]，则官得守其分矣。夫心有欲者，物过而目不见，声至而耳不闻也。故曰"上离其道，下失其事"。故曰：心术者，无为而制窍者也，故曰"君"。"毋代马走""毋代鸟飞"，此言不夺能能，不与下诚也。"毋先物动"者，摇者不定，趮者不静[②]，言动之不可以观也。"位"者，谓其所立也。人主者立于阴，阴者静，故曰"动则失位"。阴则能制阳矣，静则能制动矣，故曰"静乃自得"。

【注释】①与：参与。②趡："躁"的异体字。

【译文】"心之在体，君之位也。九窍之有职，官之分也。"这句话是说耳朵和眼睛是管理视觉和听觉的器官，如果心不去干预视听的职守，耳目等器官就得以恪守其职。如果心里掺杂了欲望，即便事物出现也会视而不见，声音传来也会充耳不闻。所以说"上离其道，下失其事"。所以说：心的功能，就是用虚静无为来控制九窍的，所以把心称之为"君"。"毋代马走""毋代鸟飞"，这是说不要剥夺能者的才能，不参与下级谋划。所谓的"毋先物动"，指的是摇摆不定的人无法镇定自若，心浮气躁的人无法冷静处事，就是说如果先物而动就无法准确地观察事物了。所谓"位"，指的是所处的地位。人君应当处于阴的位置，阴是静，所以说"动则失位"。阴能够制服阳，静能够制服动，所以说"静乃自得"。

道在天地之间也，其大无外，其小无内，故曰"不远而难极也"。虚之与人也无间①，唯圣人得虚道，故曰"并处而难得"。世人之所职者精也，去欲则宣，宣则静矣。静则精，精则独立矣。独则明，明则神矣。神者至贵也，故馆不辟除，则贵人不舍焉②。故曰"不洁则神不处"。"人皆欲知，而莫索之"。其所知③，彼也；其所知，此也。不修之此，焉能知彼？修之此，莫能虚矣。虚者无藏也，故曰去知则奚率求矣④，无藏则奚设矣。无求无设则无虑，无虑则反复虚矣⑤。

【注释】①无间：没有距离。②贵人：喻指神，即道。③知：同"智"，智慧。④率：循。⑤反：同"返"。

【译文】道在天地之间，大到无所不包，小到无可容纳，所以说"不远而难极也"。道虚空而又与人之间没有什么距离，但是只有圣人才能明了虚静的道，因此说它"并处而难得"。世人应当心意专一，清除欲念就能心意疏通，心意疏通就能保持虚静。保持虚静就可以心意专一，心意专一就可以独立于万物之上。独立万物之上方能洞察一切，洞察一切就可以达到出神入化的境界了。神是最高贵的，因此如果内心的馆舍不加扫除，那么尊贵的神智就不会驻足停留。所以说"不洁则神不处"。"人皆欲知，而莫索之"人们所认知的对象，是彼物；人们用以认知事物的，是此心。不修养心，怎么能认知物呢？修养身心最好的办法，莫过于虚空静守。最佳办法，莫过于使它居于虚静的状态。虚静，就是无所保留。所以，我们认为，能做到连智慧都抛弃掉，就没有什么可追求的了；能做到无所保留，就无所谓什么策划营筹了。无所追求且无所筹划，就能够做到没有思虑，没有思虑就回到了虚空状态了。

天之道，虚其无形。虚则不屈，无形则无所位赶①。无所位赶，故偏流万物而不变。德者，道之舍，物得以生生，知得以职道之精②。故德者，得也。得也者，其谓所得以然也以③。无为之谓道，舍之之谓德。故道之与德无间，故言之者不别也。间之理者，谓其所以舍也。义者，谓各处其宜也。礼者，因人之情，缘义之理，而为之节文者也④。故礼者谓有理也。理也者，明分以谕义之意也。故礼出乎义，义出乎理，理因乎宜者也。法者所以同出，不得不然者也，故杀僇禁诛以一之也⑤。故事督乎法，法出乎权，权出于道。

【注释】①位趄(wǔ)：抵触。②职：通"识"，认识，了解。③以：同"已"。④为之节文：为它制定仪制。⑤僇：通"戮"。一之：使之统一。

【译文】天道，是虚空无形的。由于虚，就不会受挫；由于无形，就无所抵触。无所抵触，就能够流遍万物而不会有所改变。德这个东西，是道的体现，万物依赖它而得以生长，心智依赖它而得以明了道的精髓。所以"德"也可以说就是"得"啊。称之为"得"，就是说所要获取的东西在虚静里已经实现了。无所作为就叫做道，而将它体现出来的东西就叫做德，因此，道与德并没有什么太大的差别，人们在谈论它们时往往不加区别。说他们没有差别，是因为德就是道的体现。所谓义，就是说各行其宜。所谓礼，就是根据人的感情按照义的道理而设立的礼仪制。因此，礼也可以说是合乎义理的。理是通过明确事物的本分来表达义的含义。所以礼在理中产生，理在义中产生，义在行事所宜中产生。法度是用来统一参差不齐的社会行动而不得不实行的，所以要运用杀戮禁诛来实现这种统一。所以事事都要用法律准绳来督察，法是通过权衡得失而产生的，而权衡的标准则来自于道。

道也者，动不见其形，施不见其德，万物皆以得，然莫知其极，故曰"可以安而不可说"也。"莫人①"，言至也。"不宜②"，言应也。应也者，非吾所设，故能无宜也。"不顾"，言因也。因也者，非吾所所顾，故无顾也。"不出于口，不见于色"，言无形也。"四海之人，孰知其则"，言深囿也③。

【注释】①莫人：即上文"直人"，即"真人"。②宜：当作"义"。③深囿：深邃的园林，这里指蕴含很深。

【译文】道，运动时看不见形状，施行时看不到德泽，万物都是因为得到了道才得以生成，然而却没有谁能明白它的最终含义，因此说"可以安而不可说"。"真人"说的是修道境界到极点的人。"不义"是说应物而变。所谓应，不是通过主观筹划，因此可以做到不固执。"不顾"说的是因循。所谓因循，就是说我们不主动作为，所以能做到没有偏颇。"不出于口，不见于色"，是说道无形无象。"四海之人，孰知其则"，是说道深邃而包容。

天之道虚，地之道静。虚则不屈，静则不变，不变则无过，故曰"不伐"。"洁其宫，阙其门①"。宫者，谓心也。心也者，智之舍也，故曰"宫"。洁之者，去好过也。门者，谓耳目也。耳目者，所以闻见也。"物固有形，形固有名"，此言不得过实，实不得延名。姑形以形②，以形务名，督言正名，故曰"圣人"。"不言之言"，应也。应也者，以其为之人者也。执其名，务其所以成，之应之道也。"无为之道"，因也。因也者，无益无损也。以其形，因为之名，此因之术也。名者，圣人之所以纪万物也。人者，立于强，务于善，未于能③，动于故者也。圣人无之，无之则与物异矣。异则虚，虚者万物之始也，故曰"可以为天下始"。

【注释】①阙：开。②姑：估量。③未：当作"举"，展示，显现。

【译文】天道是虚的，地道是静的。虚就没有曲折，静就没有变动，没有变动就没有过失，所以叫作"不伐"。"洁其宫，阙其门"。宫室, 指的是内心。内心是智慧居住的地方, 所以称作"宫"。清扫屋舍, 就是要清除内心的嗜好情感。门户, 指的是耳朵和眼睛。耳朵和眼睛是用来视听外部事物的。所谓"物固有形, 形固有名", 是说名称不能与事物的实质不符, 实质也不得在名称上夸大。从形态的实质估量形态, 从形态的实质出发确定名称, 凭借这个督查言论、摆正名称, 因此做到这些的叫圣人。"不言之言"就是"应"。所谓应, 是因为它的表现者是别人而非自己。把握事物的名分, 努力探究事物的形成, 这就是"应"的方法。"无为之道"就是因循。所谓因循, 就是不增加也不减少。根据事物本来的形态来命名, 这就是因循的方法。名分, 是圣人用来标记万物的。一般人总是喜欢强求, 喜欢彰显自己的善, 喜欢展示自己的才能, 喜欢利用智巧。圣人却没有这些事情, 没有这些事情就可以了知万物的不同规律。了知万物的不同规律就可以做到虚怀若谷, 虚是万物的原始状态, 所以说"可以为天下始"。

　　人迫于恶则失其所好, 怵于好则忘其所恶, 非道也。故曰"不怵乎好, 不迫乎恶"。恶不失其理, 欲不过其情, 故曰"君子"。"恬愉无为, 去智与故", 言虚素也①。"其应, 非所设也, 其动, 非所取也", 此言因也。因也者, 舍己而以物为法者也。感而后应, 非所设也; 缘理而动, 非所取也。"过在自用, 罪在变化": 自用则不虚, 不虚则仵于物矣。变化则为生, 为生则乱矣②。故道贵因。因者, 因其能者, 言所用也。"君子之处也, 若无知", 言至虚也。"其应物也, 若偶之", 言时适也, 若影之象形, 响之应声也。故物至则应, 过则舍矣。舍矣者, 言复所于虚也。

【注释】①素：质朴。②为：通"伪"。

【译文】人们往往被迫于厌恶的事情而失去本来喜好的东西；被喜好的东西诱惑，因而连应当厌恶的事物都忘记了，这些都是不合于道的。所以说"不怵乎好，不迫乎恶"。厌恶某个事物但不否认它的规则，喜好某个事物但不超越常情，因此能这么做的人被称为"君子"。"恬愉无为，去智与故"，说的是要保持虚空质朴。"其应，非所设也，其动，非所取也"，这也是在说因循的道理。所谓因循，就是舍弃自己主观思维而以客观事物为法则。感之后应，而并不是事先就谋划好了；依照事物的道理而采取行动，并非事前就选择好了。"过在自用，罪在变化"：自以为是就不能够做到虚，不能虚，主观认识就会与客观事物相抵触。妄加变化就会产生虚伪，产生虚伪就会导致混乱了。因此道以因循为贵。因循，就是根据事物自身从而来发挥其作用。"君子之处也，若无知"，说的是已经达到了极度虚静的境界。"其应物也，若偶之"，这是说他能够随时与物相适应，如影随形，如响随声。因此物来就应，物去则舍。所谓舍弃，说的是又回归居于虚的状态。

心术下第三十七

扫码听谦德
君为您导读

【题解】本文上篇的思想观点虽然没有矛盾，内容却不衔接。反而与《内业》第四十九相同，相对而言《内业》较为详细且完整，而本文则比较简单。因此郭沫若等学者多以为本篇是《内业》篇的一个别本，或疑本文原是《内业》的写作提纲或部分初稿。本篇主要描述了对于君主、平民修养内心的理想境界，要求内心保持虚静平和。

形不正者，德不来；中不精者，心不治。正形饰德，万物毕得，翼然自来，神莫知其极，昭知天下，通于四极。是故曰：无以物乱官，毋以官乱心，此之谓内德。是故意气定，然后反正。气者身之充也，行者正之义也①。充不美则心不得，行不正则民不服。是故圣人若天然，无私覆也；若地然，无私载也。私者，乱天下者也。

【注释】①义：同"仪"，规范，仪制。
【译文】外表不端正的人，肯定没有德行养成；内在不精的人，肯定心灵没有得到修治。端正外表，修养内德，才能够一一得到万物的真理。这样德行就像是长了翅膀一样自己飞来,神明都不知道它的终点。这样就可以明察天下事物,达到四方极远的地方。因此说:不要让外物扰乱官能,不要让官能扰乱内心,这就叫作"内德"了。因此首先做到气定神闲,然后才能使行为回归正道。所谓气,就是充实身体的东西,所谓行,就是行事立身的规仪。充实得不完善就会心神不安,行为不端正民众就会不服命令。所以圣人总是像天一样,被覆万物而没有私心被覆的;就像大地一样,负载万物而没有私心负载的。私心,就是天下大乱的原因。

凡物载名而来,圣人因而财之①,而天下治。实不伤,不乱于天下,而天下治。专于意,一于心,耳目端,知远之证②。能专乎?能一乎?能毋卜筮而知凶吉乎?能止乎?能已乎?能毋问于人而自得之于己乎?故曰,思之。思之不得,鬼神教之。非鬼神之力也。其精气之极也。一气能变曰精、一事能变曰智。慕选者,所以等事也;极变者,所以应物也。慕选而不乱③,极变而不烦,执一之君子执一而不失,能君万物,日月之与同光,天地之与同理。

【注释】①财:同"裁",裁定。②证:假借为"征",指吉凶征兆。③慕:同"募"。

【译文】凡是万物都是带着名称产生的,圣人依照此法来裁定,天下能够得到治理。事物的实质不会受到损伤,因此可以天下大治。专心一意,耳目端正,就能知晓未来的吉凶。能做到专心吗?能做到一意吗?能做到不用占卜而知晓吉凶吗?能做到随时停止吗?能做到随时完结吗?能做到不求于人而自己做到吗?因此说:必须进行思考，思考不得答案，鬼神将给予教导。这不是鬼神的力量，而是人的精气发挥到极点的结果。保持气之专一而能随顺万物而变化的叫做"精"，专心做好一件事情而能随心所欲而变化的叫做"智"。广求而加以选择，是为了各种事务有与之匹配的人；极尽所能的变化，是为了顺应万物。广加选择而不混乱，善于改变而不烦扰，就可以成为一个专一的君子。坚持专一而不放松，就能够统率万物，使日月与之同光，天地与之同理了。

圣人裁物，不为物使。心安，是国安也；心治，是国治也。治也者心也，安也者心也。治心在于中，治言出于口，治事加于民，故功作而民从，则百姓治矣。所以操者非刑也，所以危者非怒也。民人操，百姓治，道其本至也，至不至无^①，非所人而乱。凡在有司执制者之利^②，非道也。圣人之道，若存若亡，援而用之，殁世不亡。与时变而不化，应物而不移，日用之而不化。

【注释】①不：当作"丕"，巨大。无：当作"丰"。②利：当作"则"，原则。

【译文】圣人裁定事物，不受事物的驱使。保持心安定，这个国家也就安定了。保持心井井有条，这个国家也就井井有条。治理使井井有条首先在于内心，安定也首先在于内心。内心得到修治，口里说出的就会是井井有条的话，施加于民众的就会是井井有条的事物了。因而功业振兴人民顺服，百姓就算井井有条了。所以用来统治民众的手段不是刑罚，用来威慑民众的力量不是发怒。要想统治民众，道是最根本的。功业至大至伟，但是所用非人，也会招致混乱。凡是官府各部门所实行的制度原则，这都不能算作道。圣人的道是若有若无的,一旦拿来运用,便会终身享用不尽。道与时俱变而不随波逐流,顺应万物又坚定不移,天天使用它而不会使其受到损耗。

人能正静者,筋肕而骨强①;能戴大圆者②,体乎大方③;镜大清者,视乎大明④。正静不失,日新其德,昭知天下,通于四极。金心在中不可匿,外见于形容,可知于颜色。善气迎人,亲如弟兄;恶气迎人,害于戈兵。不言之言,闻于雷鼓。金心之形,明于日月,察于父母。昔者明王之爱天下,故天下可附;暴王之恶天下,故天下可离。故货之不足以为爱⑤,刑之不足以为恶。货者爱之末也,刑者恶之末也。

【注释】①肕:同"韧"。②大圆:指天道。③大方:指地道。④大明:指日月。⑤货:用财货赏赐。

【译文】人如果能进入到端正沉静的境界,身体也就筋脉坚韧、骨骼强健;能头顶青天的人,常能屹立大地;能够视物如目透清水的人,常常如同日月一样可以明察万物。只要不失掉端正沉静,其德行将与日俱新,能够明识天下,能够通达四方极远的地方。如同金子一般的心是不可能被藏匿的,会表现在外形容貌上,可以通过神色知道。用和善之气迎人,彼此相亲如同兄弟;用怨怼之气迎人,彼此相害如同刀兵。这种无法言说的话,比打雷击鼓还要震耳。金子一般的心,比日月还要光明,体察事情胜过爱子女的父母。从前圣明的君主使天下爱戴,所以天下纷纷归附;残暴的君主使天下厌恶,所以天下纷纷叛离。因此只是财货相赐不足以代表受爱戴,光是刑罚不足以表达被厌恶。赏赐不过是表现爱民的小节,刑罚不过是使民憎恶的最微末的事情。

凡民之生也，必以正平；所以失之者，必以喜乐哀怒，节怒莫若乐，节乐莫若礼，守礼莫若敬。外敬而内静者，必反其性。岂无利事哉？我无利心。岂无安处哉？我无安心。心之中又有心。意以先言，意然后形，形然后思，思然后知。凡心之形，过知失生。是故内聚以为原。泉之不竭，表里遂通；泉之不涸，四支坚固①。能令用之，被服四固。是故圣人一言解之，上察于天，下察于地。

【注释】①支：同“肢”。

【译文】大凡民众的生计，一定要中正平和。失去中正平和的原因，一定是因为喜乐哀怒情绪的影响。节制忿怒，没有比音乐更好的了；节制快乐，没有比礼制更好的了；遵守礼仪，没有比保持恭敬之心更好的了。外表恭敬而内心虚静的人，一定能够回归于自己的本性。怎么能说没有逐利的事情呢？只是自己并没有求利之心。怎么能说没有安宁之处呢？只是自己并没有安宁之心。心之中又有心，这个心先产生意念，再说出话来。因为有了意念然后有具体的形象，有了具体形象然后就根据这个来思考，经过思考然后才有了知识。大凡心的形体，存在智慧过多就会失去生机。于是内部聚集而形成泉源。泉源不枯竭，表里才能通顺；泉源不干涸，四肢才能够强壮。如果能将整个道理运用于治国，就能推广运用到四面八方。所以，圣人用一句话解释这个道理：上通于天，下通于地。

全—本—全—注—全—译

管子

（下）

〔春秋〕管仲 著

谦德书院 译注

团结出版社

图书在版编目（CIP）数据

管子 / (春秋) 管仲著 ; 谦德书院译注.
-- 北京 : 团结出版社 , 2023.8
（谦德国学文库）
ISBN 978-7-5126-9626-6

Ⅰ. ①管… Ⅱ. ①管… ②谦… Ⅲ. ①法家②《管子》
—译文③《管子》—注释 Ⅳ. ①B226.1

中国版本图书馆CIP数据核字(2022)第164374号

出版: 团结出版社
　　　　（北京市东城区东皇城根南街84号　邮编: 100006）
电话: (010) 65228880　　65244790　（传真）
网址: www.tjpress.com
Email: 65244790@163.com
经销: 全国新华书店
印刷: 北京天宇万达印刷有限公司

开本: 145×210　1/32
印张: 28.5
字数: 542千字
版次: 2023年8月　第1版
印次: 2023年8月　第1次印刷

书号: 978-7-5126-9626-6
定价: 88.00元（全二册）

目　录

杂 篇

管子解

管子轻重

白心第三十八

扫码听谦德
君为您导读

【题解】白心，即纯洁内心。《道德经》中有："上德若谷，大白若辱。"本文与《心术》上篇中所言"洁其宫""虚其欲"等观点涵意略同，都是指扫除欲念，抱虚守静，修养内心的。本文除了强调虚静为本外，还大量阐述了"无为而治"思想，细致地描述了"道"的形态、运行和涵义。此篇混合了政治和哲学两方面，反映了战国时期道法结合的趋势。

建当立有①，以靖为宗②，以时为宝，以政为仪③，和则能久。非吾仪，虽利不为；非吾当，虽利不行；非吾道，虽利不取。上之随天，其次随人。人不倡不和，天不始不随。故其言也不废，其事也不随④。

【注释】①当：正当。②靖：通"静"，虚静。③政：正确。④随：当作"堕"，失败。

【译文】建立正当的常规，树立有形的存在，应当以虚静为本，以符合时宜为贵，以正确不偏不倚为准则，与此相合才能够持久。如果不符合我的原则，虽然有利可图也不去做；如果不符合我的常法，虽然有利可图也不去施行；如果不符合我的道义，虽然有利可图也去不采用。最好顺应天道，其次是随顺人心。人们不提倡的事情不去应和，上天没有开创的事不要去跟随。如此而做那么这个人的言论不会失去效应，他的事业也不会失败。

原始计实①，本其所生。知其象则索其刑②，缘其理则知其情，索其端则知其名。故苞物众者③，莫大于天地；化物多者，莫多于日月；民之所急，莫急于水火。然而，天不为一物枉其时，明君圣人亦不为一人枉其法。天行其所行而万物被其利④，圣人亦行其所行而百姓被其利。是故万物均、既夸众矣⑤。是以圣人之治也，静身以待之，物至而名自治之。正名自治之，奇名自废⑥。名正法备，则圣人无事。不可常居也，不可废舍也⑦。随变断事也，知时以为度。大者宽，小者局，物有所余，有所不足。

【注释】①计：探讨。②刑：通"形"。③苞：通"包"。④被：得到，承受。⑤既：通"饩"，这里指喂养。夸众：众多。夸，奢。⑥奇：通"畸"。指邪或不正之行。⑦舍：停留。

【译文】追溯事物的由来，探讨事物的本质，应当追溯事物生成的根据。了解事物的现象就能够考察它的形体，依据事物的原理就能够了解实情，找到事物的开端就能够知道它的名称了。能够包罗万象的，没有比天地更大的；能够孕育万物的，没有比日月更多的；民众最迫切需要的，没有比水火更迫切的。但是天不会因为任何个体而改变它的时令，圣明的君主也不会因为个别人屈枉了他的法度。天按照自己的规律运行，万物都因此得利；圣明的君主也按照他的法度行事，百姓也都因此得利。因此万物均衡发展，众物也就能够得到养育。所以圣人治理世间，虚静无为地对待一切，一遇到事情就规正它的名分，因而事情自然地被治理。名分正，自然而治得好，名分不正的事情自然就会被废止。只要名分规正、法度完备，圣人就可以清静无为。名分和法度不可以永远没有变化，也不可以不停地来回变化。要随顺事物的变化来裁断事物，把握时机来确定法度。范围偏大则过宽，偏小就显得局限，事物有的绰绰有余，有的有所不足。

兵之出①，出于人；其人入，入于身②。兵之胜，从于适③。德之来，从于身。故曰：祥于鬼者义于人④。兵不义，不可。强而骄者损其强，弱而骄者亟死亡；强而卑，义信其强⑤，弱而卑，义免于罪。是故骄之余卑，卑之余骄。

【注释】①兵：指武器。②入于身：兵器伤人。③适：和，上下一心。④祥：保佑。⑤信：通"伸"。

【译文】战争的出击，虽然是出击他人；但是他人反击进来的时候，也会危及到自身。战争的胜利，虽然失败的是敌人；但是得来这个胜利，还是来自于自身的牺牲。所以说：凡是想得鬼神保佑的就必须施行道义于人。不义之战是不能发动的。强者如果骄傲，就会有损于它的强大，弱者如果骄傲，就加速自己的灭亡；强国如果谦卑就会变得更加强大，弱国如果谦卑就可以免于遭到祸患。所以骄纵会导致卑下，谦卑就能够得到荣耀。

道者，一人用之，不闻有余；天下行之，不闻不足。此谓道矣。小取焉则小得福，大取焉则大得福，尽行之而天下服，殊无取焉则民反①，其身不免于贼②。左者，出者也；右者，入者也。出者而不伤人，入者自伤也。不日不月，而事以从；不卜不筮，而谨知吉凶。是谓宽乎刑③，徒居而致名④。去善之言，为善之事，事成而顾反无名⑤。能者无名，从事无事。审量出入⑥，而观物所载⑦。

【注释】①殊：完全。②贼：被杀死。③刑：通"形"，形迹。④徒居：白白地闲居。⑤顾反：反而。⑥出入：吉凶。⑦载：运行。

【译文】道，一个人使用的时候，也没有听说有多余的，天下人都来依照施行，也没有听说不足的。这就是道。小取于道，就能小得其福祉；大取法于道，就能大得其福祉；全部依照道来行事，就能够得到天下的服从；完全不依照道行事，民众就会谋逆造反，自身不免收到伤害。左的方位是出生，右的方位是死亡。即使出生的方位不伤人，在死亡方位的人也会自己受伤。不必特地选择日期，依照道的准则行事就可以得遂心愿；不用求问鬼神，依照道的准则行事就可以了知吉凶。这叫作身心宽裕，闲居而可以得名。去掉那些善言，安静地做好事，大事成就就可以无名。真正的能者无名，真正做事的无事。审慎地考察和思虑左右出入的吉凶情况，就能够静观事物的运行状态了。

孰能法无法乎？始无始乎？终无终乎？弱无弱乎？故曰：美哉弟弟①。故曰：有中有中，孰能得大中之衷乎？故曰：功成者隳②，名成者亏。故曰：孰能弃名与功而还与众人同？孰能弃功与名而还反无成？无成有贵其成也，有成贵其无成也③。

日极则仄，月满则亏。极之徒仄，满之徒亏，巨之徒灭。孰能已无已乎？效夫天地之纪。

【注释】①弗（fú）弗：兴盛的样子。②隳（huī）：改坏。③无成：这里指虚静无为的心态。

【译文】谁能做到取法于无法呢？起始于没有开端吗？是在没有结束的地方终结吗？是在没有行动的情况下削弱别人吗？这是多么美妙而盛大的事情啊。所以说：不追求中正的会获得中正，谁能够领会这其中获得中正的关键呢？所以说：功业成就会有所毁坏，声名成就会有所亏损。所以说：谁能够放弃功业和名声而回到普通人里面呢？谁能够做到放弃功业和名声而回到一无所成的状态呢？没有成就的人看重成就，有所成就的人看重其无成的心态。太阳升到最高点之后，就会偏斜下来；月亮到了最圆满的时候，之后便会走向亏损。最高的要偏斜，最满的要亏损，最巨大也会消失。谁能够忘掉自己呢？这就是取法天地的运行法则。

人言善亦勿听，人言恶亦勿听。持而待之，空然勿两之①，淑然自清。无以旁言为事成②，察而征之，无听辩，万物归之，美恶乃自见③。

【注释】①两：配偶。②旁言：称誉的话。③见：同"现"，出现。

【译文】别人说好的时候不要轻易听信；别人说不好的时候也不要轻易听信。要守持自身并耐心等待，虚静无为，不要跟着别人一会说好一会说坏，沉寂之后，好坏自会分明。不要把称誉的夸张的话当成事实真相，要进行观察与考证，不要听信任何巧言辩辞，将万事万物归并到一起，美、恶自然而现。

天或维之，地或载之。天莫之维则天以坠矣①，地莫之载则地以沉矣。夫天不坠，地不沉，夫或维而载之也夫。又况于人？人有治之，辟之若夫雷鼓之动也②。夫不能自摇者，夫或摇之③。夫或者何？若然者也。视则不见，听则不闻，洒乎天下满，不见其塞。集于颜色，知于肌肤，责其往来，莫知其时。薄乎其方也，欂乎其圜也④，欂欂乎莫得其门。故口为声也，耳为听也，目有视也，手有指也，足有履也，事物有所比也。

【注释】①莫之维：没有什么东西维系。②辟之若：就好像。③摇（yáo）："摇"的古字。④欂（dūn）乎：浑圆的样子。

【译文】天或许有什么东西在维系着，地或许有什么东西在承载着。如果天没有东西维系着，早就会下坠；如果地没有东西承载着它，早就会下沉。天不下坠，地不下沉，或许正是有什么东西在维系而承载着吧！何况是人呢？人需要有所治理，就像八面鼓被敲击之后才能发出声音一样。凡是不能够自己推动自己的事物，就好像有种力量在推动着它们运动一样。这个好像存在着的力量是什么呢？就是上面所讲的那件事了。看也看不见，听也听不到，洋洋洒洒充满世界，但是又看不到它确实充塞在天地间。它能够聚集在人的面容上，能够被人的皮肤感知，但是如果要究其往来，却不知是什么时候来去的了。它不仅平薄方正，又好像浑然一体，混混沌沌找不到门径在哪里。但是它有嘴巴能发出声音，有耳朵能听到声音，有眼睛能看到，有手能指出，有脚能行走，万事万物都依赖着它。

"当生者生，当死者死"，言有西有东，各死其乡①。置常立仪，能守贞乎？常事通道②，能官人乎③？故书，其恶者④，言，其薄者。上圣之人，口无虚习也⑤，手无虚指也，物至而命之耳。发于名声，凝于体色，此其可谕者也⑥。不发于名声，不凝于体色，此其不可谕者也。及至于至者，教存可也，教亡可也。故曰：济于舟者，和于水矣；义于人者，祥其神矣。

【注释】①死：通"尸"，主管。乡：通"向"，方向。②通道：用道处理政事。③官人：授人以官职。④恶：粗。⑤习：谈论。⑥谕：知晓。

【译文】"当生者生，当死者死"，这句话的意思是说事物发展无论是向西还是向东，都会遵循着自身的发展方向。建立规章制度，制定礼仪法制，能够守持公正吗？掌管政事，以道行政，能够任用适当的人才吗？所以记载在书上的只是道粗略的大概，说够宣之于口的，只是道的细枝末节。最尊贵的圣人，嘴里没有空话，手上没有空指，事物出现以后，就能恰当地为它命名。事物有了名称，然后附着于形体颜色上，这样自然就能够将其说明白。事物没有名称，就无法附着于形体颜色上，这样没有名称无所附着的事物就不可能被说明白。到了极至的地方，"可谕"或"不可谕"教令，都是可以存在也可以消失的。所以说：能渡船的，自然会适应水性；能行义于人的，自然会得到鬼神的保佑。

事，有适而无适①，若有适②。觭③，解不可解，而后解。故善举事者，国人莫知其解。为善乎，毋提提④。为不善乎，将陷于刑。善不善，取信而止矣。若左若右，正中而已矣。县乎日月⑤，无已也。愕愕者，不以天下为忧，剌剌者⑥，不以万物为筴⑦，孰能弃剌剌而为愕愕乎？

【注释】①适：往。这里有"路径""做法"的意思。②若：乃，才是。③觿（xī）：用来解绳结的尖形骨锥。④提提：明显的样子。⑤县：同"悬"。⑥剌剌：同"烈烈"，有作为的样子。⑦筴：当读为"悏"，满足。

【译文】做事情有门径，但是又不被门径限制，这才是真正的有门径。骨锥能解开不能解开的绳结，才能说它有解开的能力。因此善于办事的人，国人往往不理解他的方法。事情做好了，不能够张扬彰显。事情做得不好，还会陷于刑罚。好与不好，取信于国人就可以了。是左还是右，保持正中就可以了。保持中正就可以像悬空的日月一样永恒不灭。直言守正的人能够不以天下事忧虑，追求有所作为的人总是不以统率万物为满足，但是谁能够做到放弃炫然有为而守正无为呢？

难言宪术①，须同而出。无益言，无损言，近可以免②。故曰：知何知乎？谋何谋乎？审而出者彼自来。自知曰稽③，知人曰济④。知苟适，可为天下周。内固之一，可为长久。论而用之⑤，可以为天下王。

【注释】①宪术：法令政策。②近：几。③稽：明察。④济：齐，都。⑤论：选择。

【译文】宣布一项政策法令是不容易的，必须符合大众心愿才可以发表出来。不要在话里有所增益，不要在话里有所减损，只要接近众人心愿就可以免事增删。所以说：智者有什么智慧呢？善于谋划的人又有什么谋略呢？只要查明大众的心愿而制定出法度政策，民众自然会来归附。能够明白自己叫做明察，而能够明白他人，法度才能齐同大家。如果能够适度明白，就可以做天下周密的事情了。内心守持如一，就可以长久不衰。对上面这些能有所选择而加以运用，就可以成就天下的王业。

天之视而精，四璧而知请①，壤土而与生②。能若夫风与波乎？唯其所欲适。故子而代其父曰义也，臣而代其君曰篡也。篡何能歌？武王是也。故曰：孰能去辩与巧，而还与众人同道？故曰：思索精者明益衰，德行修者王道狭，卧名利者写生危③。知周于六合之内者④，吾知生之有为阻也。持而满之⑤，乃其殆也。名满于天下，不若其已也。名进而身退，天之道也。满盛之国，不可以仕任。满盛之家，不可以嫁子。骄倨傲暴之人，不可与交。

【注释】①四璧：当作"四辟"，四通八达。请：通"情"。②壤土：肥沃土地。与生：有助生长。与：赞同、扶助。③卧：休息，引申为舍弃。写：泻，消除。④六合：天地之间。⑤持：矜持。

【译文】咏上天的原则观察万物才是精妙的，四面八方都通达才能够了解实情，只有肥沃的土壤才会有助于作物的生长。人们能够如同风和波浪吗？想到哪里就到哪里。本来儿子继承他父亲的位置被称为"义"，可是臣子取代他君主的位置就叫"篡"了。篡位的事情怎么能够被歌颂呢？可是周武王却是被歌颂着的对象。所以说：谁能够摒除诡辩与巧诈，而与大众同心同德呢？所以说：思索越精细的人明智越不足，德行越有修养的人王道会越加狭隘，舍弃名利追求的人才能够除去生命的危险。智慧能够遍知天地的人，我知道他的生命就要受到阻碍了。矜持自满是很危险的事情。名扬天下，不如适可而止。功成身退是符合天道的。自满强盛的国家，不可以去做官。自满盛大的家族，不可以与之联姻。骄傲自大、傲慢粗暴的人，不可与之相交。

道之大如天，其广如地，其重如石，其轻如羽。民之所以^①，知者寡。故曰：何道之近而莫之与能服也？弃近而就远，何以费力也？故曰：欲爱吾身，先知吾情，君亲六合，以考内身。以此知象，乃知行情。既知行情，乃知养生。左右前后，周而复所。执仪服象，敬迎来者。今夫来者，必道其道，无迁无衍^②，命乃长久。和以反中，形性相葆^③，一以无贰，是谓知道。将欲服之，必一其端，而固其所守。责其往来，莫知其时，索之于天，与之为期。不失其期，乃能得之。故曰：吾语若大明之极。大明之明非爱^④，人不予也^⑤。同则相从，反则相距也。吾察反相距，吾以故知古从之同也。

【注释】①以：用。②衍：当读为"延"，拖延。③葆：保，成全。④爱：通"薆"（ài），隐藏。⑤予：假借为"豫"，喜欢。

【译文】道，就像天一样大，就像地一样广，就像石头一样沉重，又像羽毛一样轻飘飘。人们利用它，却对它知之甚少。因此说：为什么道离人这样近而没有人能够施行呢？抛弃近的而去远求，人们又何必浪费力气呢？所以说：要珍爱自身求道，先就来了解自身实际。普遍观察宇宙万物，从而来验证身体内部。从这里了解典型，才知道可行之事。已经知道可行之事，就懂得修养生命。已经知道可行之事，就懂得修养生命。要左右前后周而复始地坚持这样做。然后就遵从礼节，穿上礼服，恭敬地迎接来者。这个来者，一定要按照他自己的规律行事，不改变也不拖延，生命才能够长久不息。和而归于中正，形体和精气相互保全，一以贯之，这样才能够体悟"道"的含义。要施行道，必须要如一贯彻。探求道的往来规律，虽然不知道它的时令规律，却可以求索于天，和苍天约定时间。只要不失约，就能够体悟道的含义。所以说：我所说的就像是日月最明亮的时候一样。日月的明亮没有隐藏，只是人们不愿意追求而已。与道协同的就相从，与道相反的就拒绝。我明了了与道相反的就应当拒绝，因而也就明白了古人与道协同的就相从的"同"。

水地第三十九

【题解】本文通篇论水，提出水为万物根源的思想，即"水者何也? 万物之本原也, 诸生之宗室也, 美恶、贤不肖、愚俊之所产也。"此外, 本文还论及水之性质与作用等, 最后提到各地之水性与人的性格, 同时也论及水与土地的关系, 可谓我国古代一篇论水的全面性著作。本文是《管子》书中颇具独特思想光彩的一篇著作。吕思勉先生曾指出: "此篇文尚易解, 语多荒怪; 然颇有生物学家言, 亦言古哲学者可学之材料也。"

地者, 万物之本原, 诸生之根菀也, 美恶、贤不肖、愚俊之所生也。水者, 地之血气, 如筋脉之通流者也。故曰: 水, 具材也。何以知其然也? 曰: 夫水淖弱以清, 而好洒人之恶, 仁也。视之黑而白, 精也。量之不可使概, 至满而止, 正也。唯无不流, 至平而止, 义也。人皆赴高, 己独赴下, 卑也。卑也者, 道之室, 王者之器也, 而水以为都居。

【译文】水, 是大地的血气, 就像人身流通的筋脉一样。所以说: 大地, 是万物的本原, 是一切生命的植根之处, 美与丑、贤与不

肖、愚蠢无知与才华俊逸都是由它产生的。水是具备一切美好品
质的东西。怎么知道水是这样的呢? 是这样说的: 水柔美而清澈,
善于洗涤人的污秽, 这是仁德。看水的颜色虽黑, 但本质则是白
的, 这是它的诚实。计量水不必使用概, 水满了就自动停止, 这是
它的中正。无论什么地方, 它都可以流去, 直到流布平衡才停止,
这是它的道义。人都往高处走, 而水独自向下流去, 这是它的谦
卑。谦卑是道所处的地方, 是君王的气度, 而水就是把卑下之地作
为自己的聚积之处。

准也者, 五量之宗也^①; 素也者, 五色之质也; 淡也者, 五味
之中也。是以水者, 万物之准也, 诸生之淡也, 违非得失之
质也^②。是以无不满, 无不居也。集于天地而藏于万物。产于金
石, 集于诸生, 故曰水神。集于草木, 根得其度, 华得其数, 实得
其量。鸟兽得之, 形体肥大, 羽毛丰茂, 文理明著。万物莫不尽
其几^③, 反其常者^④, 水之内度适也。

【注释】①五量: 此指代表各种度量器。②违: 当作"韪"。违非:
即是非。③几: 生机。④反: 返。

【译文】准是五种量器的依本, 素是五种颜色的本质, 淡是五
种味道的核心。因此水是万物的"准", 一切生命的"淡", 是一切
是非得失的核心。因此没有不可以被水填满的东西, 也没有不可以
让水停留的地方。聚集在天地之间, 包藏于万物之中。它产生在金石
上, 又集聚在一切生命中, 简直可以称为水神。当水聚集在草木之
上, 根得其生长之度, 花朵就能得其繁荣之数, 果实就能得其成熟
之量。鸟兽得到水, 形体就能变得肥大, 羽毛就能变得丰满, 花纹就

可以鲜艳亮丽。万物没有不充分发展生机并回到它的常态的,这是因为它们内部所含藏的水都有相当份量的缘故。

夫玉之所贵者,九德出焉。夫玉温润以泽,仁也。邻以理者^①,知也。坚而不蹙,义也。廉而不刿,行也。鲜而不垢,絜也。折而不挠,勇也。瑕適皆见,精也。茂华光泽并通而不相陵,容也。叩之,其音清搏彻远^②,纯而不殽,辞也。是以人主贵之,藏以为宝,剖以为符瑞,九德出焉。

【注释】①邻:当作"粼",清澈有波纹的样子。②搏:当为"抟"之误,专一。

【译文】玉贵重的原因,是因为有九种德行出自玉中。玉温润而有光泽,这是玉的仁德;清澈而花纹有条理,这是玉的智慧;玉坚硬而不屈缩,这是玉的道义;清正而不伤人,是玉的品行;鲜亮而不沾染污秽,这是玉的纯洁;可折而不可屈,这是玉的英勇;瑕疵都清晰可见,这是玉的诚实;英华与光泽交相辉并且互不侵犯,这是玉的宽容;用以手敲击,玉的声音清透悠长,纯净而不杂染,这是玉的声辞。因此君王把玉当作贵重东西,把它收藏起来当作宝贝,把它剖开制成符瑞,玉的九种品德由此显现出来。

人,水也。男女精气合而水流形。三月如咀^①。咀者何?曰五味。五味者何?曰五藏。酸主脾,咸主肺,辛主肾,苦主肝,甘主心。五藏已具,而后生五内。脾生隔,肺生骨,肾生脑,肝生革,心生肉。五内已具,而后发为九窍。脾发为鼻,肝发为目,肾发为耳,肺发为窍。五月而成,十月而生。生而目视,耳听,心虑。目之所以视，非特山陵之见也，察于荒忽。耳之所听，非特雷鼓之闻也，察于淑湫^②。心之所虑，非特知于麤粗也^③，察于微眇。

【注释】①咀：含味。这里指能含受五味之气而生五脏。②淑湫：细小的声音。③麤（cū）：略等于"粗"。

【译文】人，也是水生成的。男女精气相合而在羊水的流动中逐渐成形。胎儿满三个月就能含味。什么是含味呢？就是感知五味。感受五味的是什么？就是五脏。酸主于脾脏，咸主于肺脏，辣主于肾脏，苦主于肝脏，甜主于心脏。五脏都已经具备，然后生出五种内部组织。脾生膈膜，肺生骨骼，肾生脑，肝生皮肤，心生肉。五种内部组织都已经具备，然后生发成为九窍。由脾生发出鼻子，由肝生发出眼睛，由肾生发出耳朵，由肺生发出其他孔窍。五个月后形体就生发完成了，满十个月后婴孩就降生了。孩子一出生，眼睛就能看，耳朵就能听，心就能思虑。眼睛所能看到的，不单单是山岳丘陵，也能明察到荒忽细小的东西。耳朵所能听到的，不单单是雷鸣鼓响，也能明察到微小的声音。心所能想到的，不单单是粗大的事物，还能明察细微的事物。

故修要之精^①。是以水集于玉而九德出焉。凝塞而为人^②，而九窍五虑出焉。此乃其精麤浊塞，能存而不能亡者也。

【注释】①故修要之精：衍文。②凝塞：犹言凝结。

【译文】所以水聚集在玉中就生出玉的九种品德。水凝聚滞留而成为人，就生出九窍和五虑。这就是水的精、麤、凝、聚，能存而不能亡的例子。

伏暗能存而能亡者①，蓍龟与龙是也②。龟生于水，发之于火，于是为万物先，为祸福正。龙生于水，被五色而游，故神。欲小则化如蚕蠋，欲大则藏于天下，欲上则凌于云气，欲下则入于深泉。变化无日，上下无时，谓之神。龟与龙，伏暗能存而能亡者也。

【注释】①亡：隐没。②蓍（shī）：同"耆"，老年。

【译文】隐伏在幽暗中，既能存在而又能隐没的生物，便是老龟和龙了。龟生长在水中，用火烤龟甲，会现出表示吉凶征兆的纹路，由此成为万物的先知，成为判断祸福凶吉的标准。龙生长在水里，它身披五色而游四海，因此成为神灵。它想变小时，就能变得和蚕蛹一样小；想变大时，就能广纳天下；想高飞时，就能凌驾于云气之中；想下沉时，就能够潜入深泉之内。变化没有固定的日期，上下不拘泥时间限制，所以称之为神。龟和龙是隐伏在幽暗之处，既能存在而又能隐没的生物。

或世见，或世不见者，生蟡与庆忌。故涸泽数百岁，谷之不徙，水之不绝者，生庆忌。庆忌者，其状若人，其长四寸，衣黄衣，冠黄冠，戴黄盖，乘小马，好疾驰，以其名呼之，可使千里外一日反报。此涸泽之精也。涸川之水生蟡。蟡者，一头而两身，其形若蛇，其长八尺，以其名呼之，可以取鱼鳖。此涸水之精也。

【译文】有的生物世人能看见，有的世人看不见，因而产生了蝺和庆忌。所以水泽干枯数百年，而山谷不移位、水源不断绝的地方，会生出庆忌。庆忌的形状像人，他的身长只有四寸，穿着黄色的衣服，戴着黄色的帽子，打着黄色的华盖，骑着小马，喜欢快速地奔跑，要是叫它的名字，可以使它跑千里之外而一天往返。这就是干枯水泽里的精灵。干枯的河流中水生出蝺，它有一个头两个身子，形状像蛇。它身长八尺，如果呼唤它的名字，就可以捉到鱼鳖。这是干枯河流里的精灵。

是以水之精粗浊塞、能存而不能亡者，生人与玉。伏暗能存而能亡者，菁龟与龙。或世见或不见者，蝺与庆忌。故人皆服之，而管子则之。人皆有之，而管子以之。

【译文】所以，无论水的精、麤、凝、聚，还是能存不能亡的地方，就会生出人和玉。隐伏在幽暗中既能存在又能隐没的，是老龟和龙。有的世人可以看到有的看不到的，就是蝺和庆忌。因此人人都习惯用水，但是只有管子知道水的法则。人人都有水，只有管子能够掌握利用它。

是故具者何也？水是也。万物莫不以生，唯知其托者能为之正。具者，水是也。故曰：水者何也？万物之本原也，诸生之宗室也，美恶、贤不肖、愚俊之所产也。何以知其然也？夫齐之水道躁而复①，故其民贪麤而好勇。楚之水淖弱而清，故其民轻果而贼②。越之水浊重而洎③，故其民愚疾而垢。秦之水泔冣而稽，滞而杂，故其民贪戾，罔而好事齐。晋之水枯旱而运，淤滞而杂，故其民谄谀葆诈，巧佞而好利。燕之水萃下而弱，沈滞而杂，故其民愚戆而好贞，轻疾而易死。宋之水轻劲而清，故其民间易而好正。是以圣人之化世也，其解在水。故水一则人心正，水清则民心易。一则欲不污，民心易则行无邪。是以圣人之治于世也，不人告也，不户说也，其枢在水。

【注释】①道躁：当作"道躁"，急躁。②果：轻佻，躁动。或当作"票"。③洎（jì）：浸。

【译文】因此，具备一切的是什么？就是水了。万物没有不靠水而生存的，只有明白万物的寄托才能知道其中的法则。具备一切美德的就是水。所以说：水是什么呢？水是万物的本原啊，是一切生命的植根之处，是各种美、丑、贤、不肖、愚蠢无知、才华俊逸的人产生的地方。如何知道水是这样的呢？齐国的水湍急而回旋往复，因此齐国的民众就贪婪粗暴、好勇斗狠。楚国的水柔弱而清澈，因此楚国的民众就轻佻大胆。越国的水浊重而浸蚀土地，因此越国的民众就愚昧善妒而且污秽。秦国的水浓聚而迟滞，淤浊不清，因此秦国人就贪婪残暴，狡诈好杀。晋国的水苦涩浑浊，淤滞混杂，因而晋国人就谄谀而包藏伪诈，巧佞而好财利。燕国的水深聚而柔弱，沉滞而混杂，所以燕国的民众就愚朴刚直而好讲坚贞，容易激动而不怕死。宋国的水质轻柔而水流强劲，清澈见底，所以宋国的民众就纯朴平易爱好公正。因此圣人改造世俗，了解情况看水。水若纯洁则人心正，水若清明则人心平易。人心中正就没有污浊的欲望，人心平易就没有邪恶的行为。所以，圣人治世，不去告诫每个人，不去劝说每一户人家，关键只在于掌握着水的性质。

四时第四十

扫码听谦德
君为您导读

【题解】四时，即春、夏、秋、冬四时。本文主要论述君主之政令必须遵守四季时令，顺应时节，否则将会招致灾祸。文中论点皆古代阴阳家以自然现象规范人事之说，《逸周书·时训解》《吕氏春秋》以及《大戴礼记》《小戴礼记》均有类似文献，而《吕氏春秋》及《礼记·月令》，都有与此篇高度相似的内容，或认为《管子·四时》的模式被《吕氏春秋》继承和发展。全文体现 了"天人合一"的思想观念。

管子曰：令有时。无时则必视顺天之所以来。五漫漫，六惛惛①，孰知之哉？唯圣人知四时。不知四时，乃失国之基。不知五谷之故，国家乃路②。故天曰信明，地曰信圣，四时曰正。其王信明圣，其臣乃正。何以知其王之信明信圣也？曰：慎使能而善听信之。使能之谓明，听信之谓圣，信明圣者，皆受天赏。使不能为惛，惛而忘也者③，皆受天祸。是故上见成事而贵功，则民事接劳而不谋。上见功而贱，则为人下者直，为人上者骄。是故阴阳者天地之大理也，四时者阴阳之大径也，刑德者四时之合也。刑德合于时则生福，诡则生祸④。

【注释】①五漫漫，六惛惛："五"指日、星、岁、辰、月，"六"指阴、阳、春、夏、秋、冬。或说"五""六"为虚指。漫漫、惛惛：无知的样子。②路：通"露"，败坏。③忘：通"妄"。④诡：违背，不合。

【译文】管子说：发布政令要讲究时节。不合时宜，就必须观察天时的由来。对于日、星、岁、辰、月茫然无知，对阴、阳、春、夏、秋、冬糊里糊涂，谁能了解天时？只有圣人才能了解四时。不了解四时，是丧失国家的根本。由于不了解种植五谷的生长规律，国家就会败坏。天叫作明，地叫作圣，一年四季叫作正。君王如果真的英明神武，他的臣子才会守正不阿。怎样知道一个君王是真正英明神武呢？答案是，谨慎地使用能臣而又善于听取真诚的建议。能任用贤能的人，叫作明智；善于听取真诚的建议叫作圣明，真正英明神武的人，都能得到上天的恩赏。使用无能的臣下就是昏庸，昏庸而虚妄的人都会受到上天降下来的灾祸。因此，上面看到下面有所成就会赏赐他，那么民众就会做事敏捷而没有顾虑。如果上面轻视下面的功劳，下面的人就不会听从指挥，上面也会变得骄纵放肆。因此，阴阳是天地间的根本道理，四时是阴阳的基本法则，刑罚之政和德泽之政与四时配套。刑罚与德泽与四时相应的时候，就会生出福祉，违背四时的时候就会产生祸害。

然则春夏秋冬将何行？东方曰星，其时曰春；其气曰风，风生木与骨①。其德喜嬴②，而发出节时。其事：号令修除神位，谨祷獘梗③，宗正阳，治堤防，耕芸树艺，正津梁，修沟渎，甃屋行水④，解怨赦罪，通四方。然则柔风甘雨乃至，百姓乃寿，百虫乃蕃，此谓星德。星掌发，发为风。是故春行冬政则雕⑤，行秋政则霜，行夏政则欲⑥。是故春三月以甲乙之日发五政：一政曰论幼孤，舍有罪；二政曰赋爵列，授禄位；三政曰冻解，修沟渎，复亡人^⑦；四政曰端险阻，修封疆，正千伯^⑧。五政曰无杀麑夭^⑨，毋蹇华绝芋^⑩。五政苟时，春雨乃来。

【注释】①骨：果核。②赢：盈，满。③橤：通"币"。指以币祷祭。梗：祷祭。④甃（qiū）：修理，整治。本义是修治坏的井壁。⑤雕：同"凋"。⑥欲：当作"溽"，溽湿。⑦复：覆盖，掩埋。⑧千伯：阡陌。⑨麑（ní）：小鹿。夭：当作"麇（yào）"，幼鹿。⑩蹇：拔。芋：当作"荂"，花荂。

【译文】那么，春夏秋冬各应该做些什么呢？居于东方的叫做星，它的时令是春天；它的气是风，风产生木和骨。它的德性是喜欢生长盈满，而按时节生发万物。春天应当做的事情是：号召下令修理、清扫神位，谨慎地用币祷祭，消除不祥，以正阳为宗，修治堤防，耕田种树，修整桥梁和渡口，修理沟渠，整修屋顶以便于排水，调解仇怨，赦免罪犯，沟通四方邻国。这样和风甘雨就会到来，人民就会长寿，动物就会生息繁衍，这叫作星德。星掌管生发，生发属于风。因此如果在春天施行冬天的政令，就将使草木凋零；如果在春天施行秋天的政令，就将会出现霜杀的现象；如果在春天施行夏天的政令，就将会出现溽热的现象。因此在春季的三个月中，选择甲乙之日来发布五项政令：第一项是照顾幼儿孤儿，赦免罪人；第二项是授予官爵禄位；第三项是解冻冰雪，修治沟渠，埋葬亡人；第四项是修理险阻的道路，修整国土的边界，治理阡陌田埂；第五项是禁止捕杀幼鹿，禁止折花断荂。这五项政令如果能够按时实行，春雨就会如期降下。

南方曰日，其时曰夏，其气曰阳，阳生火与气。其德：施舍修乐。其事：号令赏赐赋爵，受禄顺乡①，谨修神祀，量功赏贤，以动阳气。九暑乃至，时雨乃降，五谷百果乃登，此谓日德。中央曰土，土德实辅四时，入出以风雨，节土益力。土生皮肌肤。其德和平用均，中正无私，实辅四时：春赢育，夏养长，秋聚收，冬闭藏。大寒乃极，国家乃昌，四方乃服，此谓岁德。日掌赏，赏为暑。岁掌和，和为雨。夏行春政则风，行秋政则水，行冬政则落。是故夏三月以丙丁之日发五政：一政曰求有功发劳力者而举之②；二政曰开久坟③，发故屋，辟故窖以假贷④；三政曰令禁扇去笠，毋扱免⑤，除急漏田庐⑥；四政曰求有德赐布施于民者而赏之；五政曰令禁罝设禽兽⑦，毋杀飞鸟。五政苟时，夏雨乃至也。

【注释】①受：即授。顺：通"巡"，巡视。②发：通"伐"。③坟：当作"积"。④窖（jiào）：窖。⑤扱免：扱衽免冠的简语，把衣襟掖在衣袋里称作扱，不戴帽子称作免。在古人眼里这些都是不敬的表现。⑥急漏：积水处。⑦罝（jiē）：捕兽网。

【译文】南方为日，它对应的时令是夏天，它的气是阳，阳生火和气。它的德性是施惠与修乐。夏天应当做的事情是：号召下令进行赏赐、授爵、授禄，巡视各乡功勉农事，谨慎做好祭神的事情，根据功劳赏赐贤能的人和事，以此助长阳气的发展。这样大暑就会到来，时雨就会下降，五谷百果也会获得丰收，这就叫作日德。中央是土，土的德性是辅佐四时运行，从而使风雨适合时宜，使地力增长。土地生长表面的肌肤。它的德性表现为和平而均匀，中正而无私,踏踏实实地辅助着四时:春天生育,夏天成长,秋天收获,冬天积藏。等到最后大寒的时候达到极致,从而国家昌盛,四方归顺,这就叫作"岁德"。日掌管赏赐,赏赐就是"暑"。岁掌管阴阳调和,阴阳调和就是雨。如果在夏天施行春天的政令,就会引起大风;如果在夏天施行秋天的政令,就会引发多水的现象;如果在夏天施行冬天的政令,就会引起草木凋零。因此夏季三个月是用丙丁的日子来发布五项政令的:第一项政令是调查有功之人并提拔他们;第二项政令是打开老仓、老窖,把粮食借贷给民众;第三项政令是禁止不及时关闭门窗,不允许撩起衣襟、不戴帽子这样的不敬行为,清除地沟和田舍;第四项政令是访求曾经德泽于民的人并对他们进行奖赏;第五项政令是下令禁止设置兽网捕捉禽兽,禁止杀害飞鸟。这五项政令如果遵从时节而颁行,夏雨就会如期到来。

西方曰辰[①],其时曰秋,其气曰阴,阴生金与甲。其德:忧哀、静正、严顺,居不敢淫佚。其事:号令毋使民淫暴,顺旅聚收[②],量民资以畜聚,赏彼群干[③],聚彼群材,百物乃收,使民毋怠。所恶其察,所欲必得,我信则克[④]。此谓辰德。辰掌收,收为阴。秋行春政则荣,行夏政则水,行冬政则耗。是故秋三月以庚辛之日发五政:一政曰禁博塞,围小辩、斗译踶[⑤];二政曰毋见五兵之刃;三政曰慎旅农,趣聚收;四政曰补缺塞坼[⑥];五政曰修墙垣,周门闾[⑦]。五政苟时,五谷皆入。

【注释】①辰:房星,又称大火星。②顺:读为"慎"。旅:在田野劳作的农民。③干:有做事才能的人。④我:古"义"字。⑤围:禁止。斗译踶:因言语忌戒争斗。⑥坼:开裂。⑦周:又作"谨",加固。

【译文】西方是辰，它的时令是秋天，它的气是阴，阴生金和甲。它的德性是忧虑哀伤、静肃公正、严敬恭顺，居家不敢做淫佚的事情。秋天应当做的事情是：命令人民不准有淫暴行为，勤慎督促旅居田野的农民进行秋收，衡量民众的财力来进行征集，砍伐树木，收集木材，收获作物，使民众不敢怠惰。所厌恶的事情当察明，想要做到的事情必须做到，保持信义那么什么事情都可以达成了。这就叫作辰德。辰主管收敛，收敛就是阴。如果在秋天施行春天的政令就会使草木重现生机；如果在秋天施行夏天的政令就会招致多水的现象；如果在秋天施行冬天的政令就会使国家有所损耗。所以在秋季三个月里，要在庚辛的日子发布五项政令：第一项政令是禁止赌博，要防止因为小事引发的争端，禁止因为言语忌戒而生出的争斗；第二项政令是不得显露武器锋刃；第三项政令是重视安排旅居在野的农民，督促秋收；第四项政令是修补仓房的缺漏；第五项政令是修理墙垣，同时还要加固门窗。这五项政令如果能够遵从时节进行，就会五谷丰登。

北方曰月，其时曰冬，其气曰寒，寒生水与血。其德淳越、温恕、周密。其事：号令修禁徙民，令静止，地乃不泄。断刑致罚，无赦有罪，以符阴气。大寒乃至，甲兵乃强，五谷乃熟，国家乃昌，四方乃备①。此谓月德。月掌罚，罚为寒。冬行春政则泄，行夏政则雷，行秋政则旱。是故冬三月以壬癸之日发五政：一政曰论孤独，恤长老；二政曰善顺阴，修神祀，赋爵禄，授备位；三政曰效会计②，毋发山川之藏；四政曰摄奸遁③，得盗贼者有赏；五政曰禁迁徙，止流民，圉分异。五政苟时，冬事不过，所求必得，所恶必伏。

【注释】①备:当作"犕",通"服"。②效:考。③摄:执,抓捕。

【译文】北方是月,它的时令是冬天,它的气是寒,寒产生水和血。它的德性是淳朴清扬,温良忠恕,周密严谨。冬天应当做的事情是:下令禁止迁徙民众,使民众安静稳定,地气才不至于泄露。判刑定罚,不要宽赦罪人,来符合阴气要求。于是大寒到来,甲兵强劲有力,五谷成熟,国家繁荣昌盛,四方臣服。这叫作月德。月掌管刑罚,刑罚就是寒。如果在冬天里施行春天的政令,就会导致地气泄露;如果在冬天里施行夏天的政令,就会导致天空有雷的现象;如果在冬天里施行秋天的政令,就会导致旱灾。所以冬天的三个月用壬癸的日子来发布五项政令:第一项政令是关照孤寡,抚恤老人;第二项政令是谨慎适应阴气,做好祭神的事情,颁赐爵禄,授予并配备官员;第三项政令是考核会计收支,不要开发山川的矿产宝藏;第四项政令是拘捕逃犯,抓获盗贼的会获得赏赐;第五项政令是禁止迁徙,防止流民,限制分居。这五项政令如果能够按时遵行,冬天应该做的事情就没有失误,那么,所要求的一定可以得到,所厌恶的一定可以被清除。

是故春凋,秋荣,冬雷,夏有霜雪,此皆气之贼也。刑德易节失次,则贼气遨至①,贼气遨至,则国多灾殃。是故圣王务时而寄政焉,作教而寄武,作祀而寄德焉。此三者圣王所以合于天地之行也。日掌阳,月掌阴,星掌和。阳为德,阴为刑,和为事。是故日食,则失德之国恶之;月食,则失刑之国恶之;彗星见,则失和之国恶之;风与日争明,则失生之国恶之。是故,圣王日食则修德,月食则修刑,彗星见则修和,风与日争明则修生。此四者,圣王所以免于天地之诛也。信能行之,五谷蕃息,六畜殖而甲兵强。治积则昌,暴虐积则亡。

【注释】①邀:同"速"。

【译文】所以春天草木凋零,秋天草木生发,冬天有雷,夏天有霜雪,这些都是"气之贼"。刑罚和德政变易了常规,失去了次序,"贼气"很快就来了;"贼气"很快地来,国家就会多灾多祸。所以,圣王总是按照时令来推行政令,制作教令来推行武事,设置祭祀来彰显德行。这三项都是圣明的君主为了配合天地运行的规律而相应采取的行动。日主阳,月主阴,星主调和。阳是德泽,阴是刑罚,调和是政事。所以遇到日食,德泽有亏的国家就会厌恶它;遇到月食,刑罚失当的国家就会厌恶它;遇到彗星出现,政事失调的国家就会厌恶它;风和日争明,百姓生计无着的国家就会厌恶它。所以圣明的君主遇到日食的时候,就会注意施行德政;遇到月食的时候就会改进刑罚;遇到彗星出现的时候,就会注重调和政事;遇到风与日争明的时候,就会注意整顿民生。这四件事情,都是圣明的君主能够避免天地责罚的原因。真正能够实行这些,五谷就会变得繁荣茂盛,六畜就会生息繁殖,而军备也能够得到增强。治绩积累得多了,国家就能繁荣昌盛;暴虐的事情积累得多了,国家就会灭亡。

道生天地,德出贤人。道生德,德生正①,正生事。是以圣王治天下,穷则反,终则始。德始于春,长于夏;刑始于秋,流于冬②。刑德不失,四时如一。刑德离乡③,时乃逆行。作事不成,必有大殃。月有三政④,王事必理,以为久长。不中者死,失理者亡。国有四时,固执王事,四守有所,三政执辅。

【注释】①正：通"政"，下同。②流：移动。③乡：通"向"，方向。④三政：月有三旬，每旬有政，所以言"三政"。或说"三政"当为"五政"之误。

【译文】道产生天地，德生出贤人。道产生德，德产生政，政产生事。所以圣明的君主治理天下，事情到了极致就会反过来，走到终点就会重新开始。施行德政开始在春天，增长在夏天；刑罚开始在秋天，延续到冬天。只要刑罚和德政都没有失误，四时就能如一地发展。如果刑罚和德政偏离了正确的方向，四时就会逆行。施行事项不成，就一定会有大祸。国家每个月都有三种政事，国事必须遵照时令来治理，这样才可以真正起到执政治理的作用。不依照时令的就会灭亡，不治理的就会遭到败亡。国家有四时的不同政令，坚决执行着圣王的政事，春夏秋冬四时应当做的事情就要安排得各得其所，还要同时以上述三件政事作为必要的辅助。

五行第四十一

扫码听谦德
君为您导读

【题解】五行，即木、火、土、金、水。本文总结天地因五行变化而变化的规律，将一年分为五个部分，每个部分七十二日，合计三百六十日，使之五行相配，要求天子施政必须与五行的属性相合。或认为本文亦出自战国时代阴阳家之手，亦有学者认为本篇的模式被《黄帝内经》《淮南子》和董仲舒继承和发展。

一者本也，二者器也，三者充也，治者四也，教者五也，守者六也，立者七也，前者八也①，终者九也，十者然后具五官于六府也、五声于六律也②。六月日至③，是故人有六多④，六多所以街天地也。天道以九制，地理以八制，人道以六制。以天为父，以地为母，以开乎万物，以总一统。通乎九制、六府、三充，而为明天子。修概水土以待乎天堇⑤，反五藏以视不亲⑥。治祀之下，以观地位。货暲神庐⑦，合于精气。已合而有常，有常而有经。审合其声，修十二钟，以律人情。人情已得，万物有极，然后有德。故通乎阳气，所以事天也，经纬日月，用之于民。通乎阴气，所以事地也，经纬星历，以视其离。通若道然后有行，然则神筮不灵，神龟不卜，黄帝泽参，治之至也。

【注释】①前：通"翦"，齐。②五官：此处应包括东方士师、南方司徒、西方司马、北方李官，中央为都官，共五官。六府：指子午、丑未、寅申、卯酉、辰戌、巳亥。五声：指宫、商、角、徵、羽五个古代声调。六律：指太簇、姑洗、蕤宾、夷则、无射、黄钟，古代节制声调的单位名称。③六月日至：夏至和冬至，相距六个月。④六多：阴阳发展到极致，都需要六个月，所以称"六多"。⑤菫：当作"谨"。⑥五藏：心、肝、脾、肺、肾，古称五藏。⑦货：通"化"。嘽：通"躔"，陈列。

【译文】第一是农事，第二是器用，第三是人力与生产力相符合，治理是第四件事情，教化是第五件事情，守成是第六件事情，建立事业是第七件事情，修剪整齐是第八件事情，圆满结束是第九件事情，第十件事情是配置五官于六腑中，将五声配备在六律中。每过六个月就是夏至或者冬至，因此禀持纯阳纯阴之性而生的人，是能通达天地的。天道以九的倍数为规则，地道以八的倍数为规则，人道以六的倍数为规则。以天为父，以地为母，借此生发万物，归于统一。能够通晓九功、六腑、三充的人，就可以成为圣明的天子。要修平水土，应对应当严谨而不失的天道；用发自肺腑的真诚去对待那些不亲近自己的人。祭祀神灵，借此向民众显示大地之神的权位。提升自己，升入圣域，达到合于精气的要求。合乎精气的要求，又能够保持恒常的原则，有了恒常的原则，也就有了规范。要审慎合于音声，研究十二钟的音律，用以疏导人情。人情通达了以后，万物也可以各尽其性，能这样做的就可以被称之为有德的君主了。因此通晓阳气，是为服事上天，也就是掌握日月运行的规律，从而用于人民。通晓阴气，就是为了服事大地，也就是掌握星历节气，用以明确它的运行次序。通晓这些学问然后付诸实践，那么，神筮就不必显灵，神龟不必卜卦，黄帝择而参之，治理之道就发挥到极致了。

昔者黄帝得蚩尤而明于天道，得大常而察于地利，得奢龙而辩于东方①，得祝融而辩于南方，得大封而辩于西方，得后土而辩于北方。黄帝得六相而天地治，神明至。蚩尤明乎天道，故使为当时②；大常察乎地利，故使为廪者③；奢龙辩乎东方，故使为土师④；祝融辩乎南方，故使为司徒；大封辩于西方，故使为司马；后土辩乎北方，故使为李⑤。是故春者土师也，夏者司徒也，秋者司马也，冬者李也。昔黄帝以其缓急作立五声，以政五钟⑥。令其五钟，一曰青钟大音，二曰赤钟重心，三曰黄钟洒光，四曰景钟昧其明，五曰黑钟隐其常。五声既调，然后作立五行以正天时，五官以正人位。人与天调，然后天地之美生。

【注释】①奢龙：人名。一本作"苍龙"。②当时：掌管时令的官员。当，主管。③廪者：掌管粮仓的官员。④土师：即司空，主管土木工程的官员。一说当作"工师"。⑤李：同"理"，古代的法官。⑥政：即"正"。

【译文】从前，黄帝有蚩尤的帮助而可以明了天道，得到大常的帮助而可以明察地利，得到奢龙的帮助而可以明辨东方，得到祝融的帮助而可以明辨南方，得到大封的帮助而可以明辨西方，得到后土的帮助而可以明辨北方。黄帝得到这六个能臣，从而可以使得天下大治，神明降临。蚩尤通晓天道，因此黄帝任命他为"当时"；大常通晓地利，因此黄帝任命他为"廪者"；奢龙明辨东方，因此黄帝任命他为"土师"；祝融明辨南方，因此黄帝任命他为"司徒"；大封明辨西方，因此黄帝任命他为"司马"；后土明辨北方，因此黄帝任命他为"李"（理官）。因此，司春之官是土师，司夏之官是司徒，司秋之官是司马，司冬之官是理官。从前，黄帝根据缓急差别制定五声，用五声来规正五钟的音调。给这五钟的音调命名，第一个叫作青钟大音，第二个叫作赤钟重心，第三个叫作黄钟洒光，第四个叫作景钟昧其明，第五个叫作黑钟隐其常。五声调整好了以后，就开始确定五行来规正天时季节，以确定五官来规正人们的地位。人事和天道互相协调，那么天地间的美好事物就产生了。

日至①，睹甲子木行御。天子出令，命左右士师内御，总别列爵，论贤不肖士吏，赋秘②，赐赏于四境之内，发故粟以田数。出国衡③，顺山林④，禁民斩木，所以爱草木也。然则冰解而冻释，草木区萌⑤。赎蛰虫，卵菱春辟勿时⑥，苗足本。不疠雏鷇⑦，不夭麑麖⑧，毋傅速⑨，亡伤葆⑩。时则不凋。七十二日而毕。

【注释】①日至：冬至。②秘：祕、秘古时相通，慰劳。③国衡：国家管理林木山泽的官员。④顺：慎，春季防火的意思。⑤区萌：发芽。区，草木弯曲着长出。萌，草木直着长出。⑥卵：应作"茆"。⑦鷇（kòu）：幼鸟。⑧麑麖（ní yào）：年幼的麋鹿。麖，麇的幼子为麖。⑨傅：迫近。速：鹿的足迹。⑩葆：即"褓裸"，指代婴儿。

【译文】冬至之后，从遇到甲子日开始，要按照木德来顺应时令治理万事。天子发出命令，命令左右士师内侍集合在一起区分各级官爵，评定贤与不贤的官吏，慰劳赏赐百官，恩赏全国各地，按照农家种田的数量，把国家的陈粮发放给他们。出动管理山泽的官员，仔细巡视山林，禁止百姓砍伐树木，这是为了爱护草木。这样等到冰冻化开的时候，草木就可以顺利萌生发芽。在这个时候购买一些有利农事的蛰虫，多种植在春天生长的菜蔬，不可以拖延时间，春苗的根部要培土充足。不残害雏鸟，不使麋鹿夭折，不跟着鹿群的足迹对鹿群穷追不舍，也不伤害尚在襁褓中的婴儿。依照时令做这些事情，草木就会繁茂而不凋零。这些措施要持续七十二天才可以结束。

睹丙子火行御。天子出令，命行人内御，令掘沟浍^①，津旧涂，发臧^②，任君赐赏。君子修游驰以发地气。出皮币，命行人修春秋之礼于天下诸侯，通天下，遇者兼和。然则天无疾风，草木发奋，郁气息，民不疾而荣华蕃。七十二日而毕。

【注释】①浍 (kuài)：小沟渠为浍。②臧：同"藏"。

【译文】从遇到丙子之日开始，要按照火德顺应时令治理事物。天子颁布命令，下令给行人内侍，令其挖掘疏通田间排水的沟渠，在旧道上修筑津梁，发放国家的积藏，作为国君赏赐所用的东西。君子驰马畅游，以发泄地气。拿出皮币，命令使臣在天下诸侯那里修饬春秋之礼，通好天下各国，如果偶遇其他的邦国使臣，可以临时和他们相会。这样就能够使天没有大风，草木奋力生发，生气郁郁生发，百姓没有疾病而富裕多子。这些措施要持续七十二天才可以结束。

睹戊子土行御。天子出令，命左右司徒内御，不诛不贞，农事为敬。大扬惠言，宽刑死，缓罪人。出国，司徒令命顺民之功力，以养五谷。君子之静居，而农夫修其功力极。然则天为粤宛^①，草木养长，五谷蕃实秀大，六畜牺牲具，民足财，国富，上下亲，诸侯和。七十二日而毕。

【注释】①粤：古同"越"，发散。宛：通"苑""蔸"，蕴积。

【译文】从遇到戊子之日开始，要按照土德顺应时令治理事物。天子颁布命令，下令给左右司徒内侍，这个时节不要诛杀行为不端的人，要敬肃地对待农事。要大力弘扬仁惠的言论，宽赦死刑，缓罚罪人。走出城外，司徒要下令根据农民种田、出力的情况来蓄养五谷。君子宜安静居处，而农民则需要尽力耕作。这样一来上天也会发散自己蕴积的生气，使得草木生发，五谷颗粒饱满壮实，用于祭祀的六畜牺牲也都整齐备全，百姓财货丰足，国家富裕，君臣上下相亲，各国诸侯也和睦相处。这些措施要持续七十二天才可以结束。

睹庚子金行御。天子出令，命祝宗选禽兽之禁①，五谷之先熟者，而荐之祖庙与五祀②，鬼神飨其气焉，君子食其味焉。然则凉风至，白露下，天子出令，命左右司马衍③，组甲厉兵，合什为伍，以修于四境之内，谍然告民有事④，所以待天地之杀敛也。然则昼炙阳，夕下露，地竞环⑤，五谷邻熟，草木茂实，岁农丰，年大茂。七十二日而毕。

【注释】①祝宗：负责宗教事务的官员。禁：牢，养牲畜的场所。②五祀：门、行道、户、灶、中雷五神。③衍：演，演练军事。④谍然：警惕的样子。⑤环：通"营"，修治。

【译文】从遇到庚子之日开始，要按照金德顺应时令治理事物。天子颁布命令，要求司祝之官选择圈养中适合采用的禽兽，以及秋日里先熟的五谷，到祖庙及五祀之神那里举行祭祀，使鬼神享用它的芬芳香气，让君子品尝它的滋味。这个时候，凉风已经吹来了，白露已经降下了，天子还要下达命令，让左右司马演练军事，筹措铠甲兵器，组织军队，在各地强化战备，告诫百姓警惕作战之事，来应对天地秋时所行的杀戮聚敛。这个时候，白天太阳热得很，夜间露水已经降下，土田都得到治理，五谷分批成熟，草木丰满充实，不仅农业增产，各行各业都一起庆祝丰年。这些措施要持续七十二天才可以结束。

睹壬子水行御。天子出令，命左右使人内御，其气足则发而止①，其气不足则发擑渎盗贼②。数剥竹箭③，伐檀柘，令民出猎禽兽，不释巨少而杀之，所以贵天地之所闭藏也。然则羽卵者不段④，毛胎者不牍⑤，孕妇不销弃⑥，草木根本美。七十二日而毕。

【注释】①发：搜捕。②擑渎：贪污财物者。擑，窥视。渎，通"黩"。贪污。③剥：同"剜"，伐取。④段：当作"殰"，卵不成鸟。⑤牍（dú）：胎坏或流产。⑥销弃：指不足月的胎儿和弃婴。

【译文】从遇到壬子之日开始，要按照水德顺应时令治理事物。天子颁布命令，命令左右派人到内宫侍奉，这个时候冬天的寒气如果充足，发生奸邪捕盗的事情就可以停止，如果冬天的寒气不足，就可以抓捕贪污犯及盗贼。还要多多砍削竹类用来制造箭支，伐取檀柘等木材用来制作弓，命令百姓出猎，不论野兽大小一律捕杀，以适应天地闭藏的要求。如此一来，鸟类没有孵化不成的，兽类没有中途流产的，怀孕的妇女没有胎儿不足月的或者婴儿被抛弃的，草木之根也被好好闭藏起来。这样的措施要持续七十二天才可以结束。

睹甲子木行御。天子不赋，不赐赏，而大斩伐伤，君危；不杀^①，太子危，家人夫人死，不然则长子死。七十二日而毕。睹丙子火行御。天子敬行急政，旱札、苗死、民厉^②。七十二日而毕。睹戊子土行御。天子修宫室，筑台榭，君危；外筑城郭，臣死。七十二日而毕。睹庚子金行御。天子攻山击石，有兵作战而败，士死，丧执政。七十二日而毕。睹壬子水行御。天子决塞，动大水，王后夫人薨，不然则羽卵者段，毛胎者膭，孕妇销弃，草木根本不美。七十二日而毕也。

【注释】①杀：衰减。②札：因瘟疫而死。厉：恶疾。

【译文】从遇到甲子之日开始，必须按照木德性顺应时令治理事物。如果天子什么也没有布施，什么也没有赏赐，反而大开杀戒，这样国君就会陷于危险之中；如果不削减不当的行为，那么太子就会遭遇危险，或者是家人、夫人死亡，如果不削减不当的行为，那么长子就会死亡。这种灾祸将持续七十二天才会结束。从遇到丙子之日开始，必须按照火德顺应时令遵行万事。如果天子施行暴政，有会旱灾疫病，禾苗会枯死，人会遭受瘟疫之苦。这种灾祸将持续七十二天才会结束。从遇到戊子之日开始，必须按照土德顺应时令治理事物。如果天子这个时候修筑宫室楼台，那么国君就陷于危险；如在外修筑城郭，那么就是大臣死亡。这种灾祸将持续七十二天才会结束。从遇到庚子之日开始，必须按照金德顺应时令治理事物。如果天子在这个时候开山击石，那么战争就会失败，士兵战死，在位者会丧失执政的地位。这种灾祸将持续七十二天才会结束。从遇到壬子之日开始，必须按照水德顺应时令治理事物。如果这个时候天子决开或堵塞河流，启动大的治水工程，那么王后夫人就会死亡，如果不是这样，那么国中的鸟类就会孵化不了，兽类就会中途流产，怀孕的妇女就会胎儿夭死，草木之根也不会完好。这种灾祸也将持续七十二天才会结束。

势第四十二

扫码听谦德
君为您导读

【题解】势，即趋势、时势。本篇主要从用兵作战及推行政令两个方面，先后提出许多古代军事上的重要问题，文中提到要注重时势，因时而动。

战而惧水，此谓澹灭①。小事不从，大事不吉。战而惧险，此谓迷中。分其师众，人既迷芒，必其将亡之道。

【注释】①澹：古"赡"字，给。

【译文】两军交战之时惧怕涉水，这叫作自取灭亡。小事不顺从，大事不吉利。交战时惧怕险阻，这叫作心中迷惑。军队分裂，士兵迷惑，是一定会灭亡的做法。

动静者比于死，动作者比于丑①，动信者比于距②，动诎者比于避③。夫静与作，时以为主人，时以为客，贵得度。知静之修，居而自利；知作之从，每动有功。故曰，无为者帝，其此之谓矣。

【注释】①丑：怒。②信：通"伸"。③诎：收缩，弯曲。

【译文】军队行动的时候，静时应该像死尸一样，动时应该像发怒一样，进攻展开时应该像跳跃一样，收缩时应该像避险一样。静与动，时而放在主位，时而要放在次位，重要的是恰当地运用。懂得静止时不敢疏忽的事，则居处之间自然可以获利；深知行动时应当遵从的准则，每次行动就会有所成功。所以说：无为而治可以成就帝王之业，就是这个意思。

逆节萌生，天地未形，先为之政，其事乃不成，缪受其刑。天因人，圣人因天。天时不作勿为客①，人事不起勿为始。慕和其众②，以修天地之从。人先生之，天地刑之，圣人成之，则与天同极。正静不争，动作不贰，素质不留③，与地同极。未得天极，则隐于德④；已得天极，则致其力。既成其功，顺守其从，人不能代。

【注释】①客：起兵伐人者称客。②慕：即"慔"，勉励。③留：通"流"，杂乱。④隐：依，此二字通用。

【译文】悖逆之事还处于萌芽状态，天地还没显示征兆，就先进行征讨，其事一定不成反而枉受处罚。上天依从于人，圣人依从于天。上天没有显示征兆时，不要轻易征伐敌国。人事没有成形的时候，不宜贸然开始行动。必须团结大众来遵循天地的法则。人应当先有和睦之心，天地显示出征兆，圣人促成其事，这就可以说是与上天的准则一致了。适当地守静而不争，行动时专一无二，心地淳朴而不掺染杂质，这就可以说是和地的准则一致了。没有符合天道，就要隐居修持德行；已经符合天道，就应当充分发挥能力。已经获得成功，就应当顺从把握成功之道，使没有人可以代替。

　　成功之道，赢缩为宝。毋亡天极，究数而止。事若未成，毋改其形，毋失其始，静民观时，待令而起。故曰，修阴阳之从，而道天地之常。赢赢缩缩，因而为当；死死生生^①，因天地之形。天地之形，圣人成之。小取者小利，大取者大利，尽行之者有天下。

　　【注释】①死死生生：犹言隐隐显显。
　　【译文】成功之道，审时度势，进退有度为法宝。不要背离上天的法则，穷尽天数之后就停止不为。事情没有成功的时候，不要变更常法，不要放弃初始的做法，静休民力观察时机，等待天命然后行动。因此说：要顺从阴阳的轨道，而遵循天地的常法。进进退退必须顺从时机才能得当。死死生生，必须依照天地的征兆来行动。天地显示出征兆，圣人因循天地的征兆行动而后成功。小有所取则有小利，大取则有大利，全面效法天地则能坐拥天下。

　　故贤者诚信以仁之，慈惠以爱之，端政象不敢以先人^①，中静不留，裕德无求，形于女色。其所处者，柔安静乐，行德而不争，以待天下之溃作也^②。故贤者安徐正静，柔节先定，行于不敢，而立于不能，守弱节而坚处之。故不犯天时，不乱民功，秉时养人，先德后刑，顺于天，微度人。

　　【注释】①端政象：古代制度，把即将颁布的政令悬挂在象魏上，来征求百姓意见。②濆（pēn）：动乱。

【译文】所以贤能的人待人诚信仁义，慈惠关爱，不敢在没有征求意见之前把要发布的政令颁布出来。心中安静没有杂念，道德富裕无欲无求，安静的形态就像淑女一样。他隐居自处时，柔和安然宁静而逸乐，施行德事不争不抢，以待天下动乱。所以贤能的人安定镇静，柔和守节，不敢妄行，立足于不与人争能，保持弱德而坚定不移地守持。因此能够而不违背天时，不扰乱农功，依据时节养育百姓。先施行德政，然后才用刑罚，顺应天道，暗合民心。

善周者，明不能见也；善明者，周不能蔽也。大明胜大周，则民无大周也；大周胜大明，则民无大明也。大周之先①，可以奋信；大明之祖，可以代天。下索而不得，求之招摇之下②。

【注释】①先：先发。下文"祖"意思相同。②招摇：古星宿名，北斗星第七颗。

【译文】擅于周极万物的人，即便是明察秋毫的人也不能发现。明察万物的人，即便是办事周密的人也不能隐蔽。高度的明察胜过高度的周密，那么百姓中就没有高度周密可言。高度的周密胜过高度的明察，那么百姓中就没有高度的明察可言。事先能做到高度周密的，行动中就可以迅速伸展；事先能做到高度明察的，就可以代替上天的预示。如果这两者都求之不得，就可以求于招摇星下。

兽厌走①，而有伏网罟。一偃一侧，不然不得。大文三曾，而贵义与德；大武三曾，而偃武与力。

【注释】①厌：善于。

【译文】禽兽善于奔跑，唯恐前面有埋伏的兽网，持兽网的人必须时而停止时而埋伏，不然就不能获得成功。乘车之会三次，于是天下崇尚德义；兵车之会三次，于是暴力征伐平息。

正第四十三

【题解】正，即匡正、规正。本文主要论述治国者应当用刑、政、法、德、道五者规正国人，要求治国者做到服信、日新、守慎、举人无私与后其身（先人后己），同时施行这五者又要得当、合时、成规、顺民心，既论正其民，又及正其身。

制断五刑①，各当其名，罪人不怨，善人不惊，曰刑。正之、服之、胜之、饰之②，必严其令，而民则之，曰政。如四时之不貳③，如星辰之不变，如宵如昼，如阴如阳，如日月之明，曰法。爱之、生之、养之、成之④，利民不德，天下亲之，曰德。无德无怨，无好无恶，万物崇一，阴阳同度，曰道，刑以弊之，政以命之，法以遏之，德以养之，道以明之。刑以弊之，毋失民命；令之以终其欲，明之毋径；遏之以绝其志意，毋使民幸；养之以化其恶，必自身始；明之以察其生，必修其理。致刑，其良庸心以蔽；致政，其民服信以听；致德，其民和平以静；致道，其民付而不争⑤。罪人当名曰刑，出令时当曰政，当故不改曰法，爱民无私曰德，会民所聚曰道。立常行政，能服信乎？中和慎敬，能日新乎？正衡一静，能守慎乎？废私立公，能举人乎？临政官民，能后其身乎？能服信政，此谓正纪⑥。能服日新，此谓行理。守慎正名，伪诈自止。举人无私，臣德咸道。能后其身，上佐天子。

【注释】①五刑：古代以墨、劓、剕、宫、大辟为五刑。②饬：通"饬"，治。③貣（tè）：通"忒"，差错。④生：通"性"，品性。⑤付：通"附"，依附。⑥正：通"政"。

【译文】制定五刑，应当各自符合其罪名。受刑罚的人服罪而不生怨恨，不犯法的善人不必担惊受怕，这叫作正确的刑罚。用德行规正民众，用刑威制服民众，用武事控制民众，用文治修饬民众，命令严明，这叫作正确的政令。立法应当如同四时更替一样没有差错，如同星辰一样没有变更，如同昼夜阴阳一样皆有常理，如同日月的光辉一样，这就叫作正确的法度。爱护民众，生养民众，成就民众，为百姓谋福利而不自认为有德，天下都会与之亲近，这叫作德行。无自认有德不怀揣怨怼，没有私下的偏和私下的憎恶，万事万物都一视同仁，阴阳法度相同，这叫作道。用刑法来判断，用政令来推行，用法度来遏制，用德行来教养，要用道理来使人明白道理。用刑法来裁断，不要错伤人命。施行政令以断绝不正当的贪欲，不使民众走上邪路。用法度遏制以匡正百姓的志意，不使他们存有侥幸心理。用德行教化民众以改变他们的恶习，必须从自身做起。启发民众明白是非，明察其品性，一定要遵循正理。施以刑罚，人民就会认真而且畏惧，自己谨防自己的行为而不做恶事。施以政令，民众就会诚信而且顺从。施以德行，民众就会平和而且安静。施教以道理，人民就会亲附而不争斗。判罪与罪名相当叫作刑，发布政令合乎时宜叫作政，不改的成法叫作法，爱民无私心的叫作德，合乎民心所向的叫作道。制定法度、履行政令能够使百姓信服吗？中正和平、谨慎庄敬，能够使自己的德行与日俱增吗？政治形势平静，能够保持谨慎吗？废弃私心立于公正，能够这样荐举人才吗？治理政事民众，能够先人后己吗？能够施行诚信的政令，这叫作公正的纲纪。能做到德行与日俱增，这叫作遵循正理。保持谨慎辨正名分，奸诈虚伪的事情自然停止。举荐人才而不怀揣私心，这样的臣道为人称赞。能做到先公后己，就能够辅佐天子了。

九变第四十四

扫码听谦德
君为您导读

【题解】"九变"谓人情之变有九。变，一说乃"娈"字之误，郭沫若据《说文》，认为娈即慕，九娈，即九种思慕。认为本文提出一个士兵所以能死而后已的原因，直接与此九种思慕有关，"九娈"为名，待考。本文是一篇军事论文，是《管子》军事思想的一个重要组成部分。本文主要论述了民众之所以能够守土征战至死而不自认为对君主有德的九个原因，并指出了三种用兵昏昧的情况。

凡民之所以守战至死而不德其上者，有数以至焉。曰：大者亲戚坟墓之所在也①，田宅富厚足居也。不然，则州县乡党与宗族足怀乐也。不然，则上之教训、习俗，慈爱之于民也厚，无所往而得之。不然，则山林泽谷之利足生也。不然，则地形险阻，易守而难攻也。不然，则罚严而可畏也。不然，则赏明而足劝也。不然，则有深怨于敌人也。不然，则有厚功于上也。此民之所以守战至死而不德其上者也。今恃不信之人，而求以智；用不守之民，而欲以固；将不战之卒，而幸以胜，此兵之三暗也。

【注释】①亲戚：这里指父母。

【译文】凡是民众为了守卫国土奋战至死而不自认为对君主有德的，是因为有几个达到这样的原因。这样说：最大的原因是因为父母亲属的坟墓在这里，是因为这个地方田宅富裕殷实值得安居。如果不是这样，就是州县乡里以及宗族值得怀念。如果不是这样，就是国君对民众施行的教化训导、操习的民俗民风、对于民众的慈爱很深厚，其他地方都得不到这种待遇。如果不是这样，就是这里的山林泽谷的产出丰厚足以维持生计。如果不是这样，就是这个地方的地势险阻易守难攻。如果不是这样，就是刑罚严峻而使人畏惧。如果不是这样，就是赏赐分明足以劝勉人民。如果不是这样，就是与敌人有很深的仇怨。如果不是这样，就是对君主有很大的功劳。这就是人民能守土奋战至死也不认为自己对君主有德的原因。假如想要依靠不讲信用的人而利用其谋略；使用不能坚守的人而希望可以固守阵地；率领不能作战的士兵而想要侥幸取胜。这是用兵昏昧的三种表现。

区　言

任法第四十五

【题解】任法，即依靠法度。本文集中体现法治思想，认为治国需全凭法度，古人治理完善全因为遵法善治，批评了不遵法善治而导致的种种后果，探讨了君与法、臣与法、民与法关系，并指出求得"法治"的途径。文章并从理论与实用两方面，阐释了依法治国的道理。

圣君任法而不任智，任数而不任说①，任公而不任私，任大道而不任小物，然后身佚而天下治。失君则不然，舍法而任智，故民舍事而好誉；舍数而任说，故民舍实而好言；舍公而好私，故民离法而妄行；舍大道而任小物，故上劳烦，百姓迷惑而国家不治。圣君则不然，守道要，处佚乐，驰骋弋猎，钟鼓笙瑟，宫中之乐，无禁圉也。不思不虑，不忧不图，利身体，便形躯，养寿命，垂拱而天下治。是故人主有能用其道者，不事心，不劳意，不动力而土地自辟，囷仓自实②，蓄积自多，甲兵自强，群臣无诈伪，百官无奸邪，奇术技艺之人莫敢高言孟行以过其情③，以遇其主矣。

【注释】①数：政策。说：议论。②囷（qūn）：这里指圆形的仓库。③孟：孟浪，夸张的。

【译文】圣明的君主运用法度而不运用智谋，运用政策而不运用议论，运用公心而不运用私心，运用大道而不运用小事，如此一来君主自身就会安闲而天下得到治理。失去国家的国君就不是这样的，舍弃法度而依靠智谋，因此百姓也就丢开根本的生产而追逐虚名；舍弃实际的政策而只凭议论谣言，因此百姓也就放弃实事而好说空话；舍弃公心而运用私心，因此百姓就会背离法度而胡作非为；舍弃大道而专务小事，因此君主就会劳烦忙乱，百姓迷惑迷茫，国家得不到治理。圣明的君主就不会这样，只掌握国家的关键原则，过着安闲快乐的生活，纵马游猎，鸣钟击鼓，吹竽奏瑟，宫中的娱乐没有什么禁忌和拘束。君主不需要思考、不需要忧虑，不需要担心、不需要苦苦筹划，使身体得利，使形躯得到便行，使寿命得到保养，可以垂手而立就让天下得到治理。因此君主能够用道来治理国家，就不需要费心，不需要劳神，不需要苦苦耗费体力，而疆土自然就开拓了，粮仓府库自然就充实了，积蓄自然就增加了，兵力自然就强大了，群臣不欺诈虚伪，百官中没有奸邪之辈，擅于奇技淫巧的人，也不敢用夸张的言行来过度夸大自我，以期求得君主的赏识。

昔者尧之治天下也，犹埴之在埏也①，唯陶之所以为，犹金之在垆，恣冶之所以铸。其民引之而来，推之而往，使之而成，禁之而止。故尧之治也，善明法禁之令而已矣。黄帝之治天下也，其民不引而来，不推而往，不使而成，不禁而止。故黄帝之治也，置法而不变，使民安其法者也。所谓仁义礼乐者，皆出于法。此先圣之所以一民者也。《周书》曰："国法；法不一，则有国者不祥；民不道法，则不祥；国更立法以典民，则祥。群臣不用礼义教训，则不祥；百官服事者离法而治，则不祥。"故曰：法者不可恒也，存亡治乱之所从出，圣君所以为天下大仪也。君臣上下贵贱皆发焉。故曰：法古之法也。世无请谒任举之人，无闲识博学辩说之士②，无伟服，无奇行，皆囊于法以事其主。

【注释】①埴（zhí）：烧制陶器的黏土。埏（shān）：用水和土。②闲：通"娴"。

【译文】从前尧治理天下的时候，就像是黏土已经和好了一样，任凭陶工去随意操作，就像金属已经在炼炉里了一样，任凭冶工去任意铸造。因此民众招之就来，挥之即去，想要役使他们做事就能够成功，禁止他们做某些事情就能够及时制止。因此尧的治理方法，不过是善于明确地发布施行与禁止的法令罢了。黄帝治理天下，民众不用招引就会过来，不用推动就会过去，不需要役使就能够自成其事，不需要特别禁止就能够自行停止。因此黄帝的治理方法，就是制定律令而不更易，让民众习惯于依照成法行事。所谓仁义礼乐，都是从法里派生的。法就是先圣用来统一规整民众行为的。《周书》上说："国家必须要有法度；如果法度不统一，那么国君就会遭遇不祥；民众不遵守法度，也会遭遇不祥；国家更正树立统一的法度来管理人民，就吉祥了。群臣不用礼仪道义来教育百姓，就会遭遇不祥；大小百官与管理国事的人如果脱离法度治理国家，就会遭遇不祥。"所以说：法度不可以永恒不变，存亡治乱的依据都从法度中出，法度是圣明的君主用来作为天下最高标准的。君主和群臣、居上位者和居下位者、地位尊贵的人和地位卑贱的人，都必须遵照法度行事。所以说，要效法古时候的法治。使社会上没有私下请托保举的人，也没有那种博学多识、能言善辩的人，没有奇装异服，没有不合法度的行为，所有人的都遵守法度为君主服务。

故明王之所恒者二：一曰明法而固守之，二曰禁民私而收使之①。此二者主之所恒也。夫法者，上之所以一民使下也；私者，下之所以侵法乱主也。故圣君置仪设法而固守之，然故谋杵习士闻识博学之人不可乱也②，众强富贵私勇者不能侵也，信近亲爱者不能离也，珍怪奇物不能惑也，万物百事非在法之中者不能动也。故法者，天下之至道也，圣君之实用也。

【注释】①收："牧"字之误。②谋杵：当作"堪材"，即材力强胜能任事的人。

【译文】所以圣明的君主必须始终坚持以下两条原则：一条是明确法令并且坚定地执行，第二条是禁止权贵盗用国法来役使民众。这两条是君主应当始终坚持的。法度，是君主用来统一规整百姓从而役使下民的；私，是下民用来侵犯法度扰乱君主的。所以圣明的君主制定法度并且坚定地执行，这样那些精明懂法的人，就不能扰乱法度了；人多势强、富贵而有私勇的人们，就不能侵犯法度了；君主的亲信、近臣、亲属和宠臣就不能够违背法度；珍奇宝物就不能惑乱君主了；万事万物不在法度之中就不能施行。因此法度是天下的最高准则，是圣明君主实实在在的法宝。

今天下则不然，皆有善法而不能守也。然故谋杵习士闻识博学之士能以其智乱法惑上，众强富贵私勇者能以其威犯法侵陵,邻国诸侯能以其权置子立相,大臣能以其私附百姓,翦公财以禄私士①。凡如是而求法之行,国之治,不可得也。圣君则不然,卿相不得翦其私,群臣不得辟其所亲爱②。圣君亦明其法而固守之,群臣修通辐凑以事其主,百姓辑睦③,听令道法以从其事。故曰:有生法,有守法,有法于法。夫生法者,君也;守法者,臣也;法于法者,民也。君臣上下贵贱皆从法,此谓为大治。

【注释】①翦:剪,裁取。②辟:举,推荐。③辑睦:和睦。

【译文】现在天下的情况就不是这样的,都是有良好的法度却不能坚守。因此那些精明懂法的人就运用他们的智谋来扰乱法度,迷惑君主;人多势强、富贵而有私勇的人就运用他们的威势来破坏法度,从而侵害君主;邻国的诸侯能够运用他们的权力,干预废立太子之事和任用辅相的事情;国内的大臣能够施以私恩而使百姓归附自己,并且克扣国家财产豢养自己的私党。在这种情况下,希求法度通行,国家得到治理,就不可能实现了。圣明的君主就不是这样的,国家大臣不能够克扣公财豢养私党,群臣不能任用自己亲近的人。圣明的君主明确法度并且坚定地执行,这样群臣就能协力同心,来侍奉君主;百姓也会团结和睦,听从命令遵守法度,做自己应当做的事情。所以说:有创制法度的,有执行法度的,有遵照法度行事的。创制法度的是君主,执行法度的是官吏,遵照法度行事的是民众。君臣、上下、贵贱都遵从法律,这就叫作大治。

故主有三术:夫爱人不私赏也,恶人不私罚也,置仪设法,以度量断者，上主也。爱人而私赏之，恶人而私罚之，倍大臣，离左右，专以其心断者，中主也。臣有所爱而为私赏之，有所恶而为私罚之，倍其公法，损其正心，专听其大臣者，危主也。故为人主者，不重爱人，不重恶人。重爱曰失德，重恶曰失威。威德皆失，则主危也。

【译文】所以君主有三种不同的治理之术：喜爱某人却不私自行赏，厌恶某人却不以私心处罚，确立仪法制度，用法度裁断事物的，是上等的君主。喜爱某人就私自行赏，厌恶某人就屏私心处罚，背离大臣和左右下属，专凭个人之心裁断事物的，是中等的君主。大臣喜爱某个人，就替他私自行赏，大臣憎恶某个人就替他私自加以处罚，违背公法，有损于正心的，一味听信大臣的谗言，是摇摇欲坠的君主。所以做君主的，不能够太重于私心爱人，也不能够太重于私心讨厌人。重于私心之爱，叫作失德；重于私心厌恶，叫作失威。威和德都失去了，君主就摇摇欲坠了。

故明王之所操者六：生之，杀之，富之，贫之，贵之，贱之。此六柄者，主之所操也。主之所处者四：一曰文，二曰武，三曰威，四曰德。此四位者，主之所处也。藉人以其所操，命曰夺柄。藉人以其所处，命曰失位。夺柄失位，而求令之行，不可得也。法不平，令不全，是亦夺柄失位之道也。故有为枉法，有为毁令，此圣君之所以自禁也。故贵不能威，富不能禄，贱不能事，近不能亲，美不能淫也。植固而不动，奇邪乃恐，奇革而邪化，令往而民移。

【译文】因此英明君主所操纵的事情有六项：使人生，使人死，使人富裕，使人贫穷，使人尊贵，使人卑贱。这六种权柄，是君主所要掌握的。君主所要居处的领域有四个：一个是文治，第二个是武功，第三个是刑威，第四个是施德。这四个领域，是君主所要居处的。把自己掌握的权力交由别人，这种情况叫作"失权"，把自己居处的领域交由别人，这种情况叫作"失位"。君主失权失位，还希望自己的法令能够推行，这是办不到的。法度不公平，政令不完备，这也是导致失权失位的原因所在。因此有做歪曲法度的事情，有做毁弃政令的事情，这些都是圣明的君主自己所禁止做的。因此，位高权重的大臣不能够威胁到君主，富贵的人不能贿赂君主，贫贱的人不能够谄媚君主，近臣不能够狎昵君主，美色不能够迷惑君主。坚守法度岿然不动，乖异邪僻的人自然就会感到恐惧，乖异邪僻的人都有了改变，法令一经颁布下去，民众也就跟着行动了。

故圣君失度量①，置仪法，如天地之坚，如列星之固，如日月之明，如四时之信，然故令往而民从之。而失君则不然，法立而还废之，令出而后反之，枉法而从私，毁令而不全。是贵能威之，富能禄之，贱能事之，近能亲之，美能淫之也。此五者不禁于身，是以群臣百姓人挟其私而幸其主。彼幸而得之，则主日侵。彼幸而不得，则怨日产。夫日侵而产怨，此失君之所慎也②。

【注释】①失：当作"矢"，布陈。②慎：读为"循"，遵循。
【译文】因此圣明的君主设立法度，就像天地那样的坚固不摧，就像排列的星宿那样稳固不移，就像日月那样的光辉明亮，就像四时运行那样的精准不移，这样一来，法令一经颁布民众就会听从。失德的君主就不是这样的，法度立下马上就会被废除，命令发出以后就会被收回，歪曲公法来顺从私心，毁坏政令使之残缺不全。这样权贵就能够威胁君主，富人就能够贿赂君主，卑贱的人就能够谄媚君主，近臣就能够狎昵君主，美色也就能够迷惑君主了。这五个地方，君主不能够禁止自身，那么群臣百姓就会人人怀着私心来谄媚君主。如果他们的谄媚达到了目的，君主的权力就会天天受到侵害。如果他们的谄媚达不到目的，就会天天产生对君主的怨恨。君主的权力就会天天被侵害，而民众对君主的怨恨也会每天滋生，这就是失德的君主所遵循的道路。

凡为主而不得用其法，不能其意，顾臣而行，离法而听贵臣，此所谓贵而威之也。富人用金玉事主而来焉^①，主因离法而听之，此所谓富而禄之也。贱人以服约卑敬悲色告愬其主^②，主因离法而听之，此所谓贱而事之也。近者以偪近亲爱有求其主^③，主因离法而听之，此所谓近而亲之也。美者以巧言令色请其主，主因离法而听之，此所谓美而淫之也。

【注释】①来：当作"求"。②约：屈。服约：即卑屈。愬：诉。③偪：同"逼"。

【译文】凡是身为君主却不能施行法令，也不能任意施行自己的心意，而是需要看着权贵行事，背离法度而听从权贵摆布的，这种状况就被称作权贵威胁君主。富人用金银珠宝侍奉君主而提出要求，君主由此而背离法度听任这些要求的，这种状况就被称作富人贿赂君主。卑贱的人用乖巧卑微、楚楚可怜的样子来哀告君主，君主就背离法度听从了他们的哀告，这种状况就被称作卑贱个人谄媚君主。近臣利用自己能够接近君主的亲密关系恳求君主，君主就背离法度听从了他们的恳求，这种状况就被称作近臣狎昵君主。美色用花言巧语请托于君主，君主就背离法度听从了她的请托，这种状况就被称作美色迷惑君主了。

治世则不然，不知亲疏、远近、贵贱、美恶，以度量断之。其杀戮人者不怨也，其赏赐人不德也。以法制行之，如天地之无私也。是以官无私论，士无私议，民无私说，皆虚其匈以听于上①。上以公正论，以法制断，故任天下而不重也。今乱君则不然，有私视也，故有不见也；有私听也，故有不闻也；有私虑也，故有不知也。夫私者，壅蔽失位之道也。上舍公法而听私说，故群臣百姓皆设私立方以教于国，群党比周以立其私，请谒任举以乱公法，人用其心以幸于上。上无度量以禁之，是以私说日益而公法日损，国之不治，从此产矣。

【注释】①匈：同"胸"，心胸。

【译文】得到治理的世道就不是这样，君主不分别亲疏、远近、贵贱和美丑，一切都依靠法度来裁断。杀人犯受罚而心无怨恨，论功行赏的人也不会感恩戴德。依靠法度仪制办事，就像天地那样没有私心。所以官吏没有私人的政论，士人没有私人的议论，民间没有私人的言论，大家都虚心听从君主。君主依靠公正的原则来考论政事，凭借法制来裁断是非，因此担负治理天下的责任而不感到沉重。但是现在的乱政之君就不是这样的，乱政之君用私心来看待事物，所以就有自己看不见的地方；用私心来听取情况，所以就会有自己听不到的地方；用私心来考虑事情，所以就会有自己认识不到的地方。这种私心正是乱政之君遭受蒙蔽、从而失位的原因。君主废弃公法而听信私说,那么群臣和百姓都会创立私说在国内宣扬,人们还会勾结党徒来营建私人的势力,通过请托来扰乱国家的公法,人人费尽心机以求得君主宠幸。君主如果没有法度来禁止这些现象,这样下去私人邪说一天比一天增多,公法一天比一天削弱,国家的不安定,就从这里产生了。

夫君臣者,天地之位也。民者,众物之象也。各立其所职以待君令,群臣百姓安得各用其心而立私乎?故遵主令而行之,虽有伤败,无罚;非主令而行之,虽有功利,罪死。然故下之事上也,如响之应声也;臣之事主也,如影之从形也。故上令而下应,主行而臣从,此治之道也。夫非主令而行,有功利,因赏之,是教妄举也;遵主令而行之,有伤败,而罚之,是使民虑利害而离法也。群臣百姓人虑利害,而以其私心举措①,则法制毁而令不行矣。

【注释】①举措:行事。
【译文】君与臣的关系,就好像天和地的位置。百姓,就好像万物的样子。百姓应该各司其职听候君主的命令,群臣百姓怎么可以各自用心谋取私利呢?所以,遵从执行君主的命令,即便会有损失,也不应当受到处罚;不遵从君主的命令,即便有功业建立,也要处以死罪。这样下位者侍奉上位者的时候,就会像回声响应本声一样;大臣侍奉君主,就会像影子跟随着本体一样。所以上面发布命令下面回应;君主行事臣民遵从,这是天下得到治理的办法。如果不按照君主的命令行事，建立了功业为国家获得了利益，因而便进行赏赐，就是教导人们妄自行事；依照君主的命令行事，有所损失，因而就加以处罚，这就是使人们因为顾虑个人利害关系而背离法度。群臣百姓如果人人都顾虑个人利害关系而按照自己的意思行事，法制也会归于毁灭，法令也就不能推行了。

明法第四十六

【题解】明法，即修明法度。本文主要论述以法治国的意义，同时主张法治必须以加强君道为前提。盖以《明法》为篇名之意若此。

所谓治国者主道明也，所谓乱国者臣术胜也。夫尊君卑臣，非计亲也，以执胜也①；百官识②，非惠也，刑罚必也。故君臣共道则乱，专授则失。夫国有四亡：令求不出谓之灭③，出而道留谓之拥④，下情求不上通谓之塞，下情上而道止谓之侵。故夫灭、侵、塞、拥之所生，从法之不立也。是故先王之治国也，不淫意于法之外，不为惠于法之内也。动无非法者，所以禁过而外私也。威不两错，政不二门。以法治国则举错而已⑤。是故有法度之制者，不可巧以诈伪；有权衡之称者，不可欺以轻重；有寻丈之数者⑥，不可差以长短。今主释法以誉进能，则臣离上而下比周矣；以党举官，则民务交而不求用矣。是故官之失其治也，是主以誉为赏，以毁为罚也。然则喜赏恶罚之人，离公道而行私木矣。比周以相为匿，是忘主死交，以进其誉。故交众者誉多，外内朋党，虽有大奸，其蔽主多矣。是以忠臣死于非罪，而邪臣起于非功。所死者非罪，所起者非功也，然则为人臣者重私而轻公矣。十至私人之门，不一至于庭；百虑其家，不一图国。属数虽众，非以尊君也；百官虽具，非以任国也；此之谓国无人。国无人者，非朝臣之衰也，家与家务于相益，不务尊君也；大臣务相贵，而不任国；小臣持禄养交，不以官为事，故官失其能。是故先王之治国也，使法择人，不自举也；使法量功，不自度也。故能匿而不可蔽，败而不可饰也；誉者不能进，而诽者不能退也。然则君臣之间明别，明别则易治也，主虽不身下为，而守法为之可也。

【注释】①执：同"势"，权势。②识：通"职"，职责。③求：通"逑"，聚积，积压。"下情求"意思相同。④道留：中道滞留。⑤错：通"措"，设置，放置。⑥寻：八尺为一寻。

【译文】所谓国家得到治理，就是国君治国之道圣明。所谓国家混乱不堪，就是群臣的权术过盛。君主尊贵臣子谦卑，并非因为群臣亲爱君主，而是由于国君执掌的权力盛重。百官需要各司其职，不是因为国君对臣子有恩惠，而是因为刑罚分明，不尽职就会遭受处罚。所以君道和臣道混为一谈就会导致国家混乱，大臣专权则君主失国。国家危亡有四种情况：政令积压而不能有效下达叫作"灭"，政令发出而中途滞留的叫作"拥"，下情堆积不能上达的叫作"塞"，下情上通而中途滞留的叫作"侵"。所以灭、拥、塞、侵的发生，都是由于国家法度没能明确的缘故。所以先王治理国家，不在法度之外的事情上过多地浪费精力，也不枉屈法度而在其内施行恩惠。行动没有不合乎法度的，所以能够禁止臣民犯错，将私心摒弃于外。威势权力不能由君臣共同享有，政令不能由君臣共同发布。用法度治理国家，就好像拿起放下那么容易。所以如果有法度来裁断的时候，臣民就不能用伪诈之术投机取巧。有规定的权衡来称重的时候，就没有人敢用轻重来欺骗他人。有规定的丈尺来度量长短，长短就不会有差错了。如果国君舍弃法度而只凭借人的声誉用人，那么群臣就会背叛国君而相互勾结。如果是凭借结交朋党得到声誉而举用官员，那么臣民们就会专务结交而不求对国家有用了。所以官吏治理不好，是因为君主根据虚而不实的声誉施行赏赐，根据毁谤进行处罚。这样一来，喜好行赏而厌恶惩罚的人就会背离公道而大行私术。他们结党营私，背弃君主拼命结交好增加声誉。因此结交广泛的人声誉盛大，内外朋比的人相互勾结，即使是有很奸邪的人多数也能够蒙蔽国君。这样一来，忠臣死于非罪，而奸邪之人也并非因为有功而受到任用。被处死的人不是因为有罪，而被任用的人也不是因为有功，那么为人臣的就会重私而轻公。十次奔走于私门，也不到朝廷一次；屡屡衡量自家的得失，也不为国家考虑一次。部下虽然很多，但是都不行尊君之道；百官虽然都很齐备，但是都不以治理国事为要。这就叫作国中无人。国中无人并不是说朝廷缺乏大臣，而是私家之间专务互利，而不致力于尊君。大臣之间专务互相抬举，而不肯承担国事；小臣拿着俸禄去结交，却不肯将自己的本职工作做好，这样官吏也就失去了作用。因此先王治理国家，依照法度选择人才，而不许人自荐；用法度衡量功劳，而不许人自量。因此即使互相遮掩也不能蒙蔽君主，罪行败露的人也无法掩饰。这样一来，浪得虚名的人不会被任用，有功而遭受毁谤的人也不会被罢黜。由此，君臣之间分工与职责界限明确，就容很易治理了。君主不必亲自去做臣下的事，只需要依照法度去做就可以了。

正世第四十七

扫码听谦德
君为您导读

【题解】正世，即匡正当世，治国、治世之意。本文阐释君主应当怎样观民风而调整政策，明确提出了"不慕古，不留今"的通变思想。文中提到的都是匡正当世的措施，盖以《正世》为篇名之意若此。

古之欲正世调天下者，必先观国政，料事务，察民俗，本治乱之所生，知得失之所在，然后从事。故法可立而治可行。

【译文】古时候想要匡正当世调御天下的人，一定会先考察国家的政治情况，调查国家的事务，考察民众的风俗习惯，查明统治混乱的根源，知道政务的得失所在，然后再着手开始进行。这样，法制才能成立，政治措施才能贯彻。

夫万民不和，国家不安，失非在上，则过在下。今使人君行逆不修道，诛杀不以理，重赋敛，竭民财，急使令，罢民力①，财竭则不能毋侵夺，力罢则不能毋堕偷②。民已侵夺、堕偷，因以法随而诛之，则是诛罚重而乱愈起。夫民劳苦困不足，则简禁而轻罪，如此则失在上，失在上而上不变，则万民无所托其命。今人主轻刑政，宽百姓，薄赋敛，缓使令，然民淫躁行私而不从制，饰智任诈，负力而争，则是过在下。过在下，人君不廉而变，则暴人不胜，邪乱不止。暴人不胜，邪乱不止，则君人者势伤而威日衰矣。

【注释】①罢：同"疲"。②堕：读为"惰"。

【译文】大概民众不团结，国家不安定，过失不在君上，就在臣下。现在让君主倒行逆施不修治国之道，诛杀不依照法理，重收赋税，枯竭民众的财货，加急驱使政令，使民力疲困，民财枯竭，侵夺之事就不免发生；民力疲困就不免急惰轻慢。民众已经到了侵夺、急惰、轻慢的地步，再用刑法来惩罚，那就是刑罚越重，祸乱越起。民众陷入劳苦和穷困，不足以维持生计，就轻视禁令和刑罚了，这就叫作过失在于君主。过失在于君主而君主却不改正，民众就无法依靠他安身立命。如果君主对民众减轻刑罚，放宽政令，削薄赋税而缓征徭役，然而民众却仍然放纵行私而不遵从法制，投机取巧，任性欺骗行诈，以暴力相争，那么过失就在下边了。过失在下边的时候，君主如果不能明察而加以纠正，那么暴乱的人就不能制止，邪僻祸乱的事情就不会停息。暴乱的人不能制服，邪僻祸乱的事情不停息，那么统治民众的君主，他的势力就会受到损害，而权威日渐衰微。

故为人君者，莫贵于胜。所谓胜者，法立令行之谓胜。法立令行，故群臣奉法守职，百官有常。法不繁匿①。万民敦悫②，反本而俭力。故赏必足以使，威必足以胜，然后下从。

【注释】①繁匿：变更。②悫（què）：诚实。

【译文】所以为人君主，最重要的莫过于"胜"。所谓"胜"，法度能成立、政令能通行就叫做胜。法度能成立、政令能通行，所以群臣就能恪尽职守，遵守法度，百官也有法可依。法度总是不利于恶人滋长，民众会由此变得敦厚诚朴，安心归于本业而节俭勤劳。所以行赏一定要足以激励人，立威一定要足以制服人，这样下面才会服从统治。

故古之所谓明君者，非一君也。其设赏有薄有厚，其立禁有轻有重，迹行不必同，非故相反也，皆随时而变，因俗而动。夫民躁而行僻，则赏不可以不厚，禁不可以不重。故圣人设厚赏，非侈也；立重禁，非戾也。赏薄则民不利，禁轻则邪人不畏。设人之所不利，欲以使，则民不尽力；立人之所不畏，欲以禁，则邪人不止。是故陈法出令而民不从。故赏不足劝，则士民不为用；刑罚不足畏，则暴人轻犯禁。民者，服于威杀然后从，见利然后用，被治然后正，得所安然后静者也。

【译文】因此古时候所说的英明君主，并非只有一个人。他们设立赏赐有薄有厚，设立禁法有轻有重，做法不一定相同，但并非故意使之不同，而是随着时势的发展而变化，依据民风民俗而采取措施。民众急躁而行为邪僻，设立赏赐就不可以不丰厚，履行禁法就不可以不肃重。所以圣人设立丰厚赏赐的时候不能算作赏之过度，履行禁法肃重的时候不能算作暴戾。如果赏赐微薄，那么人们就不认为这是足以获利的事情，如果禁法轻微，那么恶人就没有什么畏惧。设立民众不认为可以获利的轻微赏赐，想要役使人们为其做事，民众就会不尽力而为；规定人们不认为足以畏惧的轻微禁令，想要禁止人们作恶，则恶人也不会停息。这样颁布法令人民也不会听从了。所以赏赐不足以令人得到激励，士民就不会为君主出力；刑罚不足以使人畏惧，坏人就会轻视违法犯禁。民众总是畏惧于威严的刑杀然后才能服从，得到好处然后才能听用，被治理然后才会走正路，安居乐业然后才平静无事。

夫盗贼不胜，邪乱不止，强劫弱，众暴寡，此天下之所忧，万民之所患也。忧患不除，则民不安其居；民不安其居，则民望绝于上矣。夫利莫大于治，害莫大于乱。夫五帝三王所以成功立名，显于后世者，以为天下致利除害也。事行不必同，所务一也。夫民贪行躁，而诛罚轻，罪过不发，则是长淫乱而便邪僻也，有爱人之心、而实合于伤民，此二者不可不察也。

【译文】如果盗贼不能镇压，邪僻祸乱的事情不能禁止，强者劫持弱者，多数暴尊少数，这是天下所忧虑、民众所最害怕的事情。忧患不能消除，民众不能安居乐业；民众不能安居乐业，他们对君主就绝望了。国家最大的利益莫过于安定，最大的危险莫过于祸乱。五帝三王之所以能够成就功业树立名声，彰显于后世，正是因为他们能为天下获得利益摒除祸害。他们的所作所为不一定相同，但是努力的目标是一致的。民众是贪利而性行急躁的，如果刑罚太轻，罪行就不得举发，这就是助长长期作乱而有利于邪僻滋长的行为。看起来有爱民之心，实际上正好是伤害人民。这两样是不可以不认真体察的。

夫盗贼不胜则良民危，法禁不立则奸邪繁。故事莫急于当务，治莫贵于得齐①。制民急则民迫，民迫则窘，窘则民失其所葆②；缓则纵，纵则淫，淫则行私，行私则离公，离公则难用。故治之所以不立者，齐不得也。齐不得则治难行。故治民之齐，不可不察也。圣人者，明于治乱之道，习于人事之终始者也。其治人民也，期于利民而止。故其位齐也③，不慕古，不留今，与时变，与俗化。

【注释】①得齐：适中。这里指政策缓急适中。②葆：保，依托。③位齐：制定政策适如其分。

【译文】如果盗贼不能镇压，那么安守本分的民众就会居于危险之中；如果法禁不能建立，恶人就大量出现。所以行事最要紧的是解决当前的急务，治国最可贵的是掌握急缓适中。管制民众过于紧切，民众就会感到压迫，被压迫以后就会变得无所适从，变得无所适从民众就会失去保障生活之资；管理过于宽缓，民众就会放纵，放纵则会产生淫僻，淫僻则会行私，行私则背公，背公就难以为用。所以，一个国家政治措施之所以立不住，就是因为没有得到这个适度的方法。不得适度的方法，措施就很难推行下去。所以治民的适度政策，是不可不认真体察的。所谓圣人，就是懂得治乱之道，深悉人事终始的人。圣人治理民众，只求有利于人民就可以了。所以他确立这个适度政策的时候，并不盲从古代，也不拘泥于当下，而是与时俱变、随俗而化。

夫君人之道，莫贵于胜。胜，故君道立；君道立，然后下从；

下从，故教可立而化可成也。夫民不心服体从，则不可以礼义之文教也，君人者不可以不察也。

【译文】君主统治民众的方法，没有比"胜"更可贵的了。保持"胜"，所以君道能够确立；君道确立了，然后下面就会服从；下面服从，所以教育之法可以成立而教化之行可见成效。如果人民不是思想和行动都服从，就不可能用礼义等各种章法来教化他们。这一点是君主统治民众时不可以不认真体察的。

治国第四十八

扫码听谦德
君为您导读

【题解】治国，即治理国家。本篇主要论述发展农业的政策以达到治理国家的目的。认为："粟者，王之本事""众民、强兵、广地、富国之必生于粟也"。体现了重农的思想。

凡治国之道，必先富民。民富则易治也，民贫则难治也。奚以知其然也？民富则安乡重家，安乡重家则敬上畏罪，敬上畏罪则易治也。民贫则危乡轻家，危乡轻家则敢陵上犯禁^①，凌上犯禁则难治也。故治国常富，而乱国必贫。是以善为国者，必先富民，然后治之。

【注释】①陵：凌驾，侵犯。

【译文】凡是治国之道，一定要先使百姓富裕起来。民众富裕就易于治理，民众穷困就难以治理。怎么知道是这样的呢？民众富裕，就会安于本家，不愿意离开故土，安土重迁就会尊敬尊上而害怕犯罪，尊敬尊上而害怕犯罪，也就很容易治理了。民众贫困就不会安于乡居而轻忽留守家园，不安于乡居而轻忽留守家园，就敢于凌驾尊上、违犯禁法了，凌驾于尊长之上、违法乱纪就难以治理了。所以说井井有条的国家往往是富裕的，而祸乱不堪的国家往往是贫穷的。所以善于处理国政的君主一定会先使百姓富裕起来，然后再加以治理。

昔者，七十九代之君①，法制不一，号令不同，然俱王天下者，何也？必国富而粟多也。夫富国多粟生于农，故先王贵之。凡为国之急者，必先禁末作文巧②。末作文巧禁则民无所游食，民无所游食则必农。民事农则田垦，田垦则粟多，粟多则国富，国富者兵强，兵强者战胜，战胜者地广。是以先王知众民、强兵、广地、富国之必生于粟也，故禁末作，止奇巧，而利农事。

【注释】①七十九代：泛指前朝。②末作：这里可指工商业。文巧：过度精巧的物品，与后文"奇巧"意思相近。

【译文】从前，前朝的君主，法律制度不一样，政治号令也不相同，然而都能一统天下的原因，是因为什么呢？一定是因为国家富裕而粮食丰富。而国家富裕粮食丰富都来源于农业，所以历代先王都很重视农业。但凡治理国家的当务之急，一定要先禁止工商末业和过度精巧的奢侈品制作。工商末业和过度精巧的奢侈品制作得到禁止，那么民众就没有办法四处游荡居处不定到处求食，民众四处游荡居处不定到处求食，就一定会去从事农业生产。民众从事农业生产，土地就会得到开垦；土地得到开垦，粮食就会增多；粮食一旦增多，国家就会变得富裕；国家变得富裕，兵力就会强盛；兵力一旦强盛，打仗就可以获胜；战斗获胜，国土版图就可以得到扩张。所以，先王知道增加人口、增强兵力、扩大版图、富裕国家，必须依赖粮食，所以他们禁止发展工商业，禁止生产奇巧的奢侈品，以求有利于发展农业生产。

今为末作奇巧者，一日作而五日食。农夫终岁之作，不足以自食也。然则民舍本事而事末作。舍本事而事末作，则田荒而国贫矣。凡农者，月不足而岁有余者也，而上征暴急无时，则民倍贷以给上之征矣①。耕耨者有时②，而泽不必足，则民倍贷以取庸矣③。秋籴以五，春粜以束④，是又倍贷也。故以上之征而倍取于民者四，关市之租，府库之征，粟十一，厮舆之事⑤，此四时亦当一倍贷矣。夫以一民养四主，故逃徙者刑而上不能止者，粟少而民无积也。

【注释】①倍贷：加倍高利贷。②耨（nòu）：用农具松土。③取庸：雇佣人工作。④束：十。⑤厮舆：劳役。厮：砍柴。舆：驾车。

【译文】现在从事工商业、制作奇巧奢侈品的人，一天的工作可以抵五天的食禄。而农民终年劳作，却不足以维持自己的生活。这样一来，民众就会放弃农业而从事工商业。民众舍弃农业而去经营工商业，土地就会荒芜，国家就会变得贫穷了。凡是从事农业的人，按月计算的话就会显得收入不足，按年计算才会显得有余，上面征税紧急却不根据农时，农民只好靠借加倍的高利贷来满足国家税收。耕种都有时令，而雨水不一定会充足，农民又只好借加倍的高利贷来雇人浇地。秋天从农民手中买粮的价钱是"五"，春天卖粮食给农民的价钱却是"十"，这又是一种加倍的高利贷。因此，如果把上面的征税算起来，成倍地索取农民的就有四项，因为关市的租税、府库的征收、十分之一的征粮、还有劳役之事，这些一年四季加起来，又等于一项加倍的高利贷了。一个农民要养四个债主，因此即使对外叛逃的人处以刑罚也无法制止农民外逃的原因，都是因为农民粮食少而没有积蓄啊。

常山之东，河、汝之间，蚤生而晚杀①，五谷之所蕃孰也②。四种而五获，中年亩二石，一夫为粟二百石。今也仓廪虚而民无积，农夫以粥子者③，上无术以均之也。故先王使农、士、商、工四民交能易作，终岁之利无道相过也。是以民作一而得均。民作一则田垦，奸巧不生。田垦则粟多，粟多则国富，奸巧不生则民治。富而治，此王之道也。不生粟之国亡，粟生而死者霸，粟生而不死者王。粟也者，民之所归也；粟也者，财之所归也；粟也者，地之所归也。粟多则天下之物尽至矣。故舜一徙成邑，贰徙成都，参徙成国④。舜非严刑罚重禁令，而民归之矣。去者必害，从者必利也。

【注释】①蚤：通"早"。②孰：同"熟"，成熟。③粥：同"鬻"，卖。④参：通"三"。

【译文】在常山以东，黄河、汝水之间的地方，作物生长得早却凋落得晚，是粮食生长成熟的好地方。一年四季都可以种植丰收五谷，如果是中等年成，每亩产两石粮食，一个劳力就可以生产粮食两百石。如今粮仓空虚而民众没有存粮，农民不得不卖掉子女的原因，就是因为君主没有想方设法使得他们收入均衡。所以先王让农、士、商、工四种民众轮换工作，这样一年的收入就互相没有过分的了。因此民众劳作一致而所得均等。民众劳作一致，田地就会得到开垦，奸邪奇巧的事情就不会发生。田地开垦，粮食就会变多，粮食变多国家就会变得富裕，奸邪奇巧的事也就消失了，民众就可以安居乐业。生活富裕，安居乐业，这正是王者之道。不生产粮食的国家将会走向灭亡，生产粮食却消耗殆尽的仅可以称霸，粮食生产充足又用不完的国家才可以称王。粮食，是人口来的原因；粮食，是财富招徕的原因；粮食，是疆土开拓的原因。如果粮食多，那么天下的物产都会来了。因此舜帝第一次率领民众迁徙的时候，发展农耕而建成小邑；第二次迁徙的时候，就建成了大都，第三次迁徙的时候，就建成了国家。舜帝并没有采用严厉的刑罚禁令，但是民众都归顺于他。这正是因为离开他必然有害无益，跟着他必然能得到利益。

先王者，善为民除害兴利，故天下之民归之。所谓兴利者，利农事也。所谓除害者，禁害农事也。农事胜则入粟多，入粟多则国富，国富则安乡重家，安乡重家则虽变俗易习，欧众移民①，至于杀之，而民不恶也。此务粟之功也。上不利农则粟少，粟少则人贫，人贫则轻家，轻家则易去，易去则上令不能必行，上令不能必行则禁不能必止，禁不能必止则战不必胜，守不必固矣。夫令不必行，禁不必止，战不必胜，守不必固，命之曰寄生之君。此由不利农、少粟之害也。粟者，王之本事也，人主之大务，有人之途，治国之道也。

【注释】①欧：古同"驱"，驱赶。

【译文】古代的圣王，往往善于为民除去有害而兴发有利，所以天下的民众都归顺于他。所谓兴发有利，就是实施有利于农业生产的举措。所谓除去有害，就是实施防止妨碍农业生产的举措。农业得到发展，粮食收成就多；粮食收成多，国家就会富裕；国家富裕，民众就会安土重迁；民众安土重迁，那么即便对之改变民风更易习俗，驱使调遣他们，甚至有所杀戮，民众也不会厌恶。这都是致力于农业生产的功效。君主不发展农业生产，粮食就会少；粮食少，民众就会贫穷；民众贫穷，就会轻忽守家；轻忽守家，就容易离去；轻易向外离去，君主的政令就得不到坚定的执行；君主的政令不能坚定执行，那么禁令也就不能坚定落实；禁令不能坚定落实，打仗就不能一定取得胜利，防守也不能稳固了。政令不能坚定施行，禁令不能坚定落实，战争不能一定取得胜，防守不能稳固，这就叫寄生的君主。这便是不致力于发展粮食生产而缺少粮食的危害。粮食生产是一国之君的根本大事，是一国之主的重要任务，是获得民心民众的途径，是治理国家的大道。

内业第四十九

扫码听谦德
君为您导读

【题解】内业，即内功，即修养内心和保持精气的功夫，本文论述精气为生之本原。或认为本文属于黄老道家的文献。文中"止怒莫如诗，去忧莫如乐"等观点又近于儒家，"浩然和平"之气的说法近于《孟子》，因而又或认为文章有儒道交融的内容。文中认为生命的基点和重点全在于内心，盖以《内业》为篇名之意若此。

凡物之精，此则为生。下生五谷，上为列星。流于天地之间，谓之鬼神；藏于胸中，谓之圣人。是故民气，杲乎如登于天①，杳乎如入于渊，淖乎如在于海②，卒乎如在于己③。是故此气也，不可止以力，而可安以德；不可呼以声，而可迎以意。敬守勿失，是谓成德。德成而智出，万物毕得。凡心之刑，自充自盈，自生自成。其所以失之，必以忧乐喜怒欲利。能去忧乐喜怒欲利，心乃反济。彼心之情，利安以宁。勿烦勿乱，和乃自成。折折乎如在于侧④，忽忽乎如将不得，渺渺乎如穷无极。此稽不远，日用其德。

【注释】①杲：高远明亮。②淖（nào）：湿润的样子。③卒：通"萃"，聚集。④折折：即"晰晰"，明晰的样子。

【译文】但凡万物都是得禀天地的精气而生的。在下生发成五谷，在上化为排列的群星。流动在天地之间的，叫作鬼神；埋藏在人们心底的，叫作圣人。因此，这种气有时候光亮得好像升在天上，有时候幽暗得好像藏入深渊之中，有时候柔润得好像浸润在海里，有时候高峻得好像树立在山上。这种气，不可以用强力留住，却可以用德性来安住；不可以用声音去呼唤，却可以用心意去迎接。恭敬地守持而不使之失去，这就叫作"成德"。修德有成就会生出智慧，对万事万物都能理解到位。心的形体，本身就能够自我充实成长。之所以会失去常态，一定是因为忧、乐、喜、怒、欲、利的作用。能消除忧、乐、喜、怒、欲、利的作用，心才会回归到安定的状态。心的特性，需要安定和宁静。不烦不乱，和谐的状态就会自然形成。这个和谐安宁的心，有的时候仿佛明明就在身边，有的时候却又仿佛恍恍惚惚难以寻觅，有的时候又仿佛渺茫得没有尽头。考察起来，这个心并不算远，我们每天都在用它。

夫道者，所以充形也，而人不能固。其往不复，其来不舍。谋乎莫闻其音①，卒乎乃在于心；冥冥乎不见其形，淖淖乎与我俱生②。不见其形，不闻其声，而序其成，谓之道。凡道无所，善心安爱③，心静气理，道乃可止。彼道不远，民得以产；彼道不离，民因以知。是故卒乎其如可与索，眇眇乎其如穷无所。被道之情④，恶意与声，修心静意，道乃可得。道也者，口之所不能言也，目之所不能视也，耳之所不能听也，所以修心而正形也；人之所失以死，所得以生也；事之所失以败，所得以成也。

【注释】①谋乎：静默的样子。②淫淫：逐渐增进的样子。③爱：通"薆"，隐藏。④被：当作"彼"。

【译文】道，充实形体，但是人们却往往不能守持。道走了就不会再回来，来了又不肯安住。安静得听不到它的声音，其实它却汇聚在人们的心中；冥冥之中看不到它的形状，它又可以暗自滋长，与我同在。人们看不见它的形体，听不到它的声音，它却逐步生成，这就是道。道，没有固定的场所，心地良善，就会隐藏在里面，心平气和，就会停驻下来。道并不遥远，人们都依靠它生长；道不可离去，人们都依靠它而获得知识。所以道汇聚在心中，仿佛人人可以求索；道又幽幽渺渺，仿佛无法追寻到它的究极所载。道的本性，厌恶刻意的作为和说道，只有修心静意，才可以得到道。道这个东西，不能用嘴巴说，不能用眼睛看，不能用耳朵听，它是用来修养内心端正形体的；人们失去它就会灭亡，得到它就能够生存；失去它就会失败，得到它就可以获得成功。

凡道无根无茎，无叶无荣，万物以生，万物以成，命之曰道。天主正，地主平，人主安静。春秋冬夏，天之时也；山陵川谷，地之枝也①；喜怒取予，人之谋也。是故圣人与时变而不化，从物而不移。能正能静，然后能定。定心在中，耳目聪明，四枝坚固，可以为精舍。精也者，气之精者也。气，道乃生，生乃思，思乃知，知乃止矣。凡心之形，过知失生。一物能化谓之神，一事能变谓之智。化不易气，变不易智，惟执一之君子能为此乎。执一不失，能君万物。君子使物，不为物使，得一之理。治心在于中,治言出于口,治事加于人,然则天下治矣。
"一言得而天下服,一言定而天下听",公之谓也。

【注释】①枝:通"肢",肢体。

【译文】道,没有根也没有茎,没有叶片也没有花朵,万物都因为它而萌生,依靠它而得以长成,因此称之为道。天道尊崇公正,地道尊崇平易,人道尊崇安静。春夏秋冬,是天道的时节;山陵川谷,是地道的肢体;喜、怒、取、予,是人道的思虑。所以圣人总是允许时世变化而自己却不变化,听任事物变迁而自己却不转移。能正能静,然后才能够安定。有一个安定的心,就能够耳聪目明,四肢坚固,就可以作为"精"的留住场所。所谓精气,就是气中最精纯的东西。气,通达开来就能产生生命,产生了生命就产生思想,产生了思想就产生知识,产生了知识就应当适时而止了。心的形体,如果求知过多,就会失去其生机。一概听任于物而能掌握物的变化的,叫作"神";一概听任于事而能够掌握事物的变化的,叫作"智"。随物变化而不改变气的常态,与物变化而不改静定的智慧,这种事情只有掌握了至高至简专一之道的君子才能够做到啊!掌握了简易的专一之道而不丧失,就能够统率万物了。君子役使万物,而不受外物支配,就是因为掌握了专一的道理。身体内的心调治好了,能调理事务的言语也就从嘴巴里面说出来了,能够调治事务的政策就可以落实到民众身上了,这样的话,天下就会得到大治了。"一言得而天下服,一言定而天下听",说的就是内心平静、公正的作用。

形不正,德不来,中不静,心不治。正形摄德,天仁地义,则淫然而自至,神明之极,照乎知万物。中义守不忒①,不以物乱官,不以官乱心,是谓中得。有神自在身,一往一来,莫之能思。失之必乱,得之必治。敬除其舍,精将自来。精想思之,宁念治之,严容畏敬,精将至定。得之而勿舍,耳目不淫。心无他图,正心在中,万物得度。道满天下,普在民所,民不能知也。一言之解,上察于天,下极于地,蟠满九州②。何谓解之? 在于心安。我心治,官乃治;我心安,官乃安。治之者心也,安之者心也。心以藏心,心之中又有心焉。彼心之心,意以先言。意然后形,形然后言。言然后使,使然后治。不治必乱,乱乃死。

【注释】①义:适宜。在这里指守住心的正、静状态。②蟠:本有"盘踞"之意,在这里指分布。

【译文】形体不正,德不会到来,内里不平静,心就得不到调治。端正身形,整饬德行,就像天一样仁慈,就像地一样正义,精气就会渐渐到来,达到神明的最高境界,就能够明察万物。内心谨守虚静而不生差错,五官不为外物所乱,内心不为五官所乱,这叫作内心有所得。本来就有"神"存在心内,只不过一往一来,难得猜测。但是心内失去了神就会纷乱不堪,得到了神就可以得到安定。敬肃的将心里的杂念扫除干净,"精"就会自然到来。涤荡思想记住它,屏息杂念去疏理它,抱着敬肃的态度"精"就会非常安定。得到"精"而不丧失,耳朵、眼睛等器官就不会迷惑。心别无所图,只有一个平正的心在里面,对待万物就会有其正确的标准。道布满天下,并且遍布人们周围,人们却不能认识。只消了解一个字,就能够上通于天,下达于地,并且布满九州。怎样才能了解呢? 在于心能平稳安定。我的心能够平稳安定,五官就会平稳安定;我的心能够安稳安静,五官就会安稳安静。平稳安定一定要由心而发,安稳安静也要由心而发。心可以包藏着心，心里面又有心。那心里面的心，先产生心意，再用语言表达出来。有了心意，然后就有形体，心意有了形体，然后就成为言论。言论发出然后颁布成为命令，命令颁发然后天下得到治理。心不治理就定会混乱不堪，混乱不堪就定会死亡。

精存自生，其外安荣。内藏以为泉原①，浩然和平，以为气渊。渊之不涸，四体乃固，泉之不竭，九窍遂通。乃能穷天地，被四海。中无惑意，外无邪灾。心全于中，形全于外，不逢天灾，不遇人害，谓之圣人。人能正静，皮肤裕宽②，耳目聪明，筋信而骨强③，乃能戴大圆而履大方④，鉴于大清⑤，视于大明⑥。敬慎无忒，日新其德，遍知天下，穷于四极。敬发其充，是谓内得。然而不反，此生之忒。

【注释】①原：泉源。②皮肤：此处指肉体、四体。③信：通"伸"。④大圆：天。⑤大清：上无清明之象。⑥大明：日月。

【译文】精存在心，人就自然生长，表现在人体外面就仪态安闲而神色光鲜，藏在内部就是一个不竭的源泉，浩大而和平，形成气的渊源。渊源没有枯竭，四肢才能强健；泉源没有淤塞，九窍才能通达。这样就能够全面地认识天地，普察四海。心中没有迷惑不明的东西，体外就没有邪恶的灾祸。心在内部保持健全，形体在外部保持健全，不会遭遇天灾，不会遭遇人祸，这样的人就叫作圣人。人如果能够达到守正平静的境界，形体上就表现为皮肤丰满，耳聪目明，筋骨舒展而强健。进而能够顶天立地，眼睛看东西就像看清水一样清晰明澈，观察力如同日月一样灼灼有力。严肃谨慎地保持守正平静而没有差失，德行将会与日俱新，并且遍知天下事物，一直到四方极远的地域。这样恭敬地发展自己内部的精气，就叫作内心有得。然而有些人不能够返璞归真至于此，是生命的错失。

凡道，必周必密，必宽必舒，必坚必固。守善勿舍，逐淫泽薄①，既知其极，反于道德。全心在中，不可蔽匿，和于形容，见于肤色。善气迎人，亲于弟兄；恶气迎人，害于戎兵。不言之声，疾于雷鼓。心气之形，明于日月，察于父母。赏不足以劝善，刑不足以惩过。气意得而天下服，心意定而天下听。搏气如神②，万物备存。能搏乎？能一乎？能无卜筮而知吉凶乎？能止乎？能已乎？能勿求诸人而之己乎？思之思之，又重思之。思之而不通，鬼神将通之。非鬼神之力也，精气之极也。四体既正，血气既静，一意搏心，耳目不淫，虽远若近。思索生知，慢易生忧，暴傲生怨，忧郁生疾，疾困乃死。思之而不舍，内困外薄，不蚤为图③，生将巽舍④。食莫若无饱，思莫若勿致。节适之齐，彼将自至。

【注释】①淫：过度。泽：通"释"，避免之意。薄：不足。②搏：当作"抟"，专一，下同。③蚤：通"早"。④巽：通"逊"，离开。

【译文】道，一定是周密的，一定是宽缓舒展的，一定是坚固不移的。能够守持善而不放弃，驱逐过度的行为，避免不足行为的，充分认识事物的究极以后，就会回归道与德。健全的心在内里，是不能被掩藏隐蔽的，它会反映在形体容貌上，表现在肌肤神色上。用善气迎人，就会相亲胜于弟兄；用恶气迎人，就会相害胜过刀兵之器。无言的声音，比打雷击鼓的声音还要响亮。心和气的形态，比太阳和月亮还要光明，比父母了解子女更加明察秋毫。奖赏不足以勉励人们向善，刑罚不足以惩罚过失。得到精气生的意，天下都会顺服；心意安定，天下都会听顺。将心神专一于气上，就会像神明一样，将万物都收藏在心中了。能做到专心吗？能做到一意吗？能不需要通过占卜就预知凶吉吗？能做到需要停止就停止吗？能做到想完毕就完毕吗？能做到不求于人而只依靠自己吗？思考思考，反复思考吧。思考不通，鬼神将帮助你想通。其实这不是鬼神的力量，而是精气的究极状态。四体已规正，血气已平静，专心一意，耳朵和眼睛不受到外物的迷惑，这样即便是遥远的事情，也会像近前的事情一样容易了解。思索产生智慧，懈怠疏忽就会产生忧患，骄横残暴会滋生怨恨，忧郁会导致疾病，疾病困迫就会导致死亡。忧思过度而过于执着，身心就于内受困而于外受迫，如果不早早地想办法，生命之气就会脱离躯体。吃饭最好不要吃得太饱，思考最好不过于绞尽脑汁。调节得当，生命之气自然旺盛。

凡人之生也，天出其精，地出其形，合此以为人。和乃生，不和不生。察和之道，其情不见，其征不丑①。平正擅匈②，论治在心，此以长寿。忿怒之失度，乃为之图。节其五欲，去其二凶，不喜不怒，平正擅匈。凡人之生也，必以平正。所以失之，必以喜怒忧患。是故止怒莫若诗，去忧莫若乐，节乐莫若礼，守礼莫若敬，守敬莫若静。内静外敬，能反其性，性将大定。凡食之道，大充③，伤而形不臧，大摄④，骨枯而血沍⑤。充摄之间，此谓和成。精之所舍，而知之所生。饥饱之失度，乃为之图。饱则疾动，饥则广思⑥，老则长虑。饱不疾动，气不通于四末。饥不广思，饱而不废⑦，老不长虑，困乃遬竭⑧。大心而敢，宽气而广。其形安而不移，能守一而弃万苛。见利不诱，见害不惧，宽舒而仁，独乐其身。是谓云气，意行似天。凡人之生也，必以其欢。忧则失纪，怒则失端。忧悲喜怒，道乃无处。爱欲静之，遇乱正之。勿引勿推，福将自归。彼道自来，可藉与谋。静则得之，躁则失之。灵气在心，一来一逝，其细无内，其大无外。所以失之，以躁为害。心能执静，道将自定。得道之人，理丞而毛泄⑨，匈中无败。节欲之道，万物不害。

【注释】①丑：应，相应的征兆。②擅匈：占据胸中的意思。匈：同"胸"。③大：太。④摄：减缩。⑤沍（hù）：干涸凝固。⑥广：同"旷"，舒缓。⑦废：读为"发"，动。⑧遬：同"速"。竭：败。⑨丞：通"蒸"，蒸发。

【译文】但凡人的生命，天生出精气，地生出形体，两者结合起来成为人。调和起来就成为生命，不调和就无法形成生命。考察"和"的规律，很觉察到它的本质，很觉察到它的征兆。胸中平和中正，安定心神就能够得到长寿。忿怒失去了节制，就要加以调节。节制五官的欲求，除去两种凶事，不喜不怒，胸中就可以保持中正平和。人的生命，一定要依靠中正平和。生命之所以失去中正平和，一定是因为喜怒忧患的情绪失当。因此，制止忿怒功效莫过于诗歌，消除忧闷功效莫过于音乐，节制享乐功效莫过于礼制，遵守礼仪功效莫过于保持恭敬，保持恭敬功效莫过于保持内心虚静。保持内心虚静而外表恭敬，就能够回归到生命的本性了，这样生命的本性就会充足稳定。关于饮食之理，如果吃得太多，就会伤害身体而导致体形不佳；如果吃得太少，就会导致骨头枯虚而血液凝滞。饥饱适

中，就是实现了中和之道。于是精气有所寄托，智慧得以产生。这样
一来，如果饥饱过度，就要设法解决。太饱的就赶紧活动，太饿的
话就放宽心神，人老了要勤用脑。如果吃得太饱而不加紧活动，血气
就不能通达四肢。如果饥饿却不能放宽心神，吃得过饱却不加紧运
动，年老却不勤加用脑，都会导致困顿而加速生命的枯竭。放宽心
神，因此能够勇敢；舒展意气，因此能够旷达胸怀。形体安然而德性
不移，心性专一而消除种种烦忧。见到利益的时候不被引诱，见到
危害的时候不心生畏惧，心态宽和仁慈，自然独得其乐。这样气行如
云，心意就会像在天空中翱翔一般。人的生命有活力，一定是源于
快乐的情绪。忧愁会使生命失常，恼怒会使生命无序。心里充满忧
悲喜怒等情绪，"道"就无处安放了。有了爱欲，就应当平息；遇到
混乱的念头，就应该纠正。不为杂念牵引，幸福自然会降临。道自然
到来时，人们可以凭借它思考。虚静的就能得到道，急躁就会丧失
道。灵气在人的心中，来来往往，既小得很，又大得无边。人们之所
以丧失道，是因为急躁。如果内心能够保持平静，道自然就会安定
下来。得到道的人，邪气能够从腠理毛孔中蒸发排泄出去，使胸中
没有污秽的东西。实行节欲之道，万物都无法侵害。

杂 篇

封禅第五十

扫码听谦德
君为您导读

【题解】封禅，是古代帝王祭祀天地的典礼。古人在泰山上筑土为坛祭天称"封"，在泰山下梁父或云云等小山上辟场祭地称"禅"。本篇全文记述了桓、管关于封禅的议论。或认为此篇文献的真伪存在一些争议，如本篇与《史记·封禅书》中管仲与桓公对话一节完全相同，唐代尹知章的注释里提到当时原篇已经亡佚，便以《史记》所载管子言以补之，由此推断本篇在唐代时已经亡佚，但是刘师培等考证则不然，待考。

桓公既霸，会诸侯于葵丘，而欲封禅。管仲曰："古者封泰山，禅梁父者，七十二家，而夷吾所记者，十有二焉。昔无怀氏封泰山，禅云云①。虙羲封泰山②，禅云云。神农封泰山，禅云云。炎帝封泰山，禅云云。黄帝封泰山，禅亭亭③。颛顼封泰山，禅云云。帝喾封泰山，禅云云。尧封泰山，禅云云。舜封泰山，禅云云。禹封泰山，禅会稽。汤封泰山，禅云云。周成王封泰山，禅社首。皆受命然后得封禅。"桓公曰："寡人北伐山戎，过孤竹。西伐大夏，涉流沙，束马悬车，上卑耳之山。南伐至召陵，登熊耳山，以望江汉。兵车之会三^④，而乘车之会六^⑤。九合诸侯，一匡天下，诸侯莫违我。昔三代受命，亦何以异乎？”于是管仲睹桓公不可穷以辞，因设之以事，曰："古之封禅，鄗上之黍，北里之禾，所以为盛。江淮之间，一茅三脊，所以为藉也。东海致比目之鱼，西海致比翼之鸟，然后物有不召而自至者，十有五焉。今凤凰麒麟不来，嘉谷不生，而蓬蒿藜莠茂，鸱枭数至，而欲封禅，毋乃不可乎？”于是桓公乃止。

【注释】①云云：泰山下的小山名，在梁父以东。②虑羲：同"伏羲"，传说中的古代帝王的名字。③亭亭：泰山下的小山名，与云云山相距不远。④兵车之会：召集诸侯会师讨伐某国。⑤乘车之会：召集诸侯举行会盟。乘车，与"兵车"相对，是用于文事的车。

【译文】齐桓公成就霸业以后，在葵丘会合诸侯，想要举行封禅天地的活动。管仲说："古代在泰山举行'封'的祭天活动，在梁父举行'禅'的祭地典礼的帝王有七十二家，而我所能记得的只有十二家。从前的无怀氏封泰山以祭天，禅云云山以祭地。后来虑羲也曾封泰山以祭天，禅云云山以祭地。神农氏封泰山以祭天，禅云云山以祭地。炎帝封泰山以祭天，禅云云山以祭地。黄帝封泰山以祭天，禅亭亭山以祭地。颛顼封泰山以祭天，禅云云山以祭地。帝喾封泰山以祭天，禅云云山以祭地。尧封泰山以祭天，禅云云山以祭地。舜封泰山以祭天，禅云云山以祭地。禹封泰山以祭天，禅会稽山以祭地。商汤封泰山以祭天，禅云云山以祭地。周成王封泰山以祭天，禅社首山以祭地。他们都是接受天命之后才举行的封禅典礼。"齐桓公说："我向北讨伐山戎诸部，路过孤竹国。向西讨伐大夏，渡过流沙河，又缠束战马，悬钩兵车，登上了卑耳山。向南攻打一直到召陵，登上熊耳山，眺望长江、汉水。又曾三次召集诸侯之师会合征战，六次召集诸侯举行会盟。九次会合诸侯，一次匡定天下，诸侯中没有敢违抗我的。这与夏、商、周三代接受天命，有什么不同呢？"这样管仲看到不能用言语说服桓公，就举出其他的一些事情，说道："古代帝王封禅时，一定要用鄗上的黍米，北里的谷物，用来作为装满祭器的供品。而且一定要用江淮之间的三棱灵茅用来铺垫地面。东海送来比目鱼，西海送来比翼鸟，然后还有不召而来的十五种奇物。现在凤凰、麒麟没来，祥瑞的谷物没有生出来，而蓬蒿、藜莠一类的杂草反倒长得茂盛，鸱枭一类的恶鸟多次来到这里，这个时候想要封禅，恐怕不合适吧？"于是齐桓公便打消了封禅的想法。

小问第五十一

扫码听谦德
君为您导读

【题解】问，即咨询。本文由一系列对话和小故事组成，主要是桓公提问，管仲作答。全文为杂记体，题材甚广，内容涉及各种治国经验和方法，也谈及君臣关系和如何任用贤人等。每一段都独立成文，段与段之间没有直接联系。

桓公问管子曰："治而不乱，明而不蔽①，若何？"管子对曰："明分任职，则治而不乱，明而不蔽矣。"公曰："请问富国奈何？"管子对曰："力地而动于时，则国必富矣。"公又问曰："吾欲行广仁大义，以利天下，奚为而可？"管子对曰："诛暴禁非②，存亡继绝，而赦无罪，则仁广而义大矣。"公曰："吾闻之也，夫诛暴禁非，而赦无罪者，必有战胜之器、攻取之数，而后能诛暴禁非，而赦无罪。"公曰："请问战胜之器③？"管子对曰："选天下之豪杰，致天下之精材，来天下之良工，则有战胜之器矣。"公曰："攻取之数何如？"管子对曰："毁其备④，散其积，夺之食，则无固城矣。"公曰："然则取之若何？"管子对曰："假而礼之，厚而无欺，则天下之士至矣。"公曰："致天下之精材若何？"管子对曰："五而六之，九而十之，不可为数。"公曰："来工若何？"管子对曰："三倍，不远千里。"桓公曰："吾已知战胜之器、攻取之数矣。请问行军袭邑，举错而知先后⑤，不失地利若何？"管子对曰："用货，察图。"公曰："野战必胜若何？"管子对曰："以奇⑥。"公曰："吾欲遍知天下若何？"管子对曰："小以吾不识，则天下不足识也。"公曰："守战，远见，有患⑦。夫民不必死，则不可与出乎守战之难；不必信，则不可恃而外知⑧。夫恃不死之民而求以守战，恃不信之人而求以外知，此兵之三暗也。使民必死必信若何？"管子对曰："明三本⑨。"公曰："何谓三本？"管子对曰："三本者，一曰固，二曰尊，三曰质。"公曰："何谓也？"管子对曰："故国父母坟墓之所在，固也；田宅爵禄，尊也；妻子，质也。三者备，然后大其威，厉其意⑩，则民必死而不我欺也。"

【注释】①蔽：被蒙蔽。②诛暴禁非：惩罚暴虐的行径，禁止恶行。③器：武器。④备：设备。⑤错：通"措"。⑥奇：出奇兵。⑦患：忧患。⑧恃：依靠。⑨本：根本条件。⑩厉：通"励"，激励。

【译文】桓公问管仲说："怎么样才能做到治而不乱，明察是非而不被蒙蔽呢？"管仲回答说："明确分清责任来安排官职，就可以做到治而不乱，明而不蔽了。"桓公说："请问怎样才能够让国家富裕起来呢？"管仲回答说："努力耕种土地并且能合于农时，那国家就一定能富裕了。"桓公又问说："我要行大仁义的事情，以利于天下，要怎样办才好？"管仲回答说："惩罚暴虐，禁止恶行，使覆亡之国重新存活，斩绝之嗣可以续，并且赦免无辜的罪人，那就是大仁大义了。"桓公说："我听说过，惩罚暴虐，禁止恶行，赦免无罪的人，一定要有战胜敌人的武器，攻取敌人的策略，之后才能做到惩暴禁恶，赦免无罪的人。请问关于战胜敌人的武器怎么才能有？"管仲说："选取天下的英雄豪杰，收集天下的精美材料，招请天下的良工巧匠，就有胜敌的武器了。"桓公说："攻取敌人的策略要怎么样呢？"管仲回答说："摧毁他们的设备，消散他们的积蓄，夺取他们的粮食，就没有什么坚固城池可守的了。"桓公说："那么如何选取豪杰之士呢？"管仲回答说："嘉奖赞美他们，并且礼待他们，优待而不欺瞒，天下的豪杰之士就来了。"桓公说："收集天下的精美器材要怎么办？"管仲回答说；"价值五的给六，价值九的给十，不可以在价钱上限这个数量。"桓公说："招请良工巧匠怎么办？"管仲回答说："出三倍的工钱，他们就不远千里而来了。"桓公说："我已经听明白关于胜敌的武器和攻取敌人的策略了，请问出兵袭击城邑时，举措提前知先后，不失地利条件，该怎么办？"管仲回答说："要花钱收买耳目，了解他国地图。"桓公说："怎样才能保持野战必胜呢？"管仲回答说："要运用奇兵。"桓公说："我想普遍掌握天下所有的情报，该怎么办？"管仲回答说："小的方面如果不认真了解，就不能了解天下的情况。"桓公说："一守，一战，一侦查，这三者都有担忧的地方。人民若没有必死的决心，就不能同他们共同奔赴守战的危难，人民若不肯坚守信用，就不能靠他们进行对外侦查。依靠不肯死难的人民而求其能守和能战，依靠不肯守信的人民而求其向外侦查，这是兵家三种愚昧的表现。要让人民有必死的精神和坚决守信的决心，该怎么办呢？"管仲回答说："要明确三个根本条件。"桓公说："什么是三个根本条件？"管仲回答说："所谓三个根本条件，一是固，二是尊，三是质。"桓公说："这怎么讲？"管仲回答说："故国、父母和祖坟都在这里，是固定他们的条件；田地、房产和爵禄，是尊显他们的条件；妻子儿女，则是人质的条件。有这三个条件，然后再张大其声威，激励意志，人民就能有必死精神而不会欺骗我们了。"

桓公问治民于管子。管子对曰："凡牧民者①，必知其疾，而忧之以德，勿惧以罪，勿止以力。慎此四者，足以治民也。"桓公曰："寡人睹其善也，何为其寡也②？"管仲对曰："夫寡非有国者之患也。昔者天子中立，地方千里，四言者该焉，何为其寡也？夫牧民不知其疾则民疾，不忧以德则民多怨，惧之以罪则民多诈，止之以力则往者不反，来者鹜距③。故圣王之牧民也，不在其多也。"桓公曰："善，勿已，如是又何以行之？"管仲对曰："质信极忠④，严以有礼，慎此四者，所以行之也。"桓公曰："请闻其说。"管仲对曰："信也者，民信之；忠也者，民怀之；严也者，民畏之；礼也者，民美之。语曰，泽命不渝⑤，信也；非其所欲，勿施于人，仁也；坚中外正，严也；质信以让，礼也。"桓公曰："善哉！牧民何先？"管子对曰："有时先事有时先政，有时先德有时先恕。飘风暴雨不为人害，涸旱不为民患⑥，百川道，年谷熟，籴贷贱⑦，禽兽与人聚食民食，民不疾疫。当此时也，民富且骄。牧民者厚收善岁以充仓廪，禁薮泽⑧，此谓先之以事，随之以刑，敬之以礼乐以振其淫⑨。此谓先之以政。飘风暴雨为民害，涸旱为民患，年谷不熟，岁饥，籴贷贵，民疾疫。当此时也，民贫且罢。牧民者发仓廪、山林、薮泽以共其财，后之以事，先之以恕，以振其罢⑩。此谓先之以德。其收之也，不夺民财；其施之也，不失有德。富上而足下，此圣王之至事也。"桓公曰：

"善。"

【注释】①牧民：治理百姓。②寡：人民少。③鸷距：裹足不前。④质信：诚信。⑤泽命不渝：舍性命也不食言。泽：舍弃。⑥涸旱：干旱。⑦籴贷：指粮价。籴：粮食。⑧薮泽：水草茂密的沼泽湖泊。⑨淫：淫邪风气。⑩罢：疲困。

【译文】桓公问管仲关于治理百姓方面的问题，管仲回答说："凡治理人民，一必须知他们的疾苦，二是要厚施德行恩惠，三是不用刑罚恐吓，四是不用强力禁制。注意这四点，就可以治理好百姓了。"桓公说："我知道这四条很好，但是人民少，该怎么办呢？"管仲回答说："人民少，不是可怕的事情。从前天子立在天地中央，地方千里之远，只要具备上述四条，就不怕人民少了。治理人民，不知人民疾苦则人民就会憎恨，不厚施德行恩惠人民就会有怨恨，用刑罚恐吓人民就会多行欺诈，用强力禁制，那么离开的人就不肯再回，来者也裹足不前了。所以，圣王治理人民，不在人口的多少。"桓公说："好，既然如此，又该怎样具体实行呢？"管仲回答说："诚信并且极其仁爱，严肃而有礼，认真注意这四点，就可以实行。"桓公说："请详细说明。"管仲问答说："守信用，人民就会相信；行仁政，人民就会感恩怀德；严肃，人民就会有敬畏之心；有礼，人民就会赞美。常言道，舍掉性命而不肯食言，就是信；不是别人想要的不要强加于人，就是仁；内心坚定而仪表端正，就是严；诚信而谦让，就是礼。"桓公说："好啊，那么治民应当把什么放在首位？"管仲问答说："有时先施以政，有时先施以德。在没有狂风暴雨灾害的年景，在没有干旱天灾的时候，河流通畅，年谷丰熟，粮价低，禽兽与人一起吃粮食，人们也没有疾病和瘟疫。这时，人民是富有而且骄傲的。治民者应该大量收购丰年的产品,以充实国家粮仓,禁止薮泽的采伐捕获,先抓好政事,然后再施以刑法,并结合礼乐来劝戒人们消除淫邪风气。这个就叫作先施以'政'。如果遇上狂风暴雨灾害的年景,同时也存在干旱的灾难,年谷不丰收,荒年粮价高,人民又有了疾病和瘟疫。这时,人民是穷困而且疲惫的。治民者就应该开放粮仓、山林和薮泽,来供应人民财物,不先讲政事,而先讲宽仁,以消除人民的困境。这个就叫作先施以'德'。丰年把人民的产品收集起来,不夺民财;荒年把财物施予人民,又不失有德;富裕了君主而且满足了人民,这就是圣王所行的最好的事情。"桓公说:"好。"

桓公问管仲曰:"寡人欲霸①,以二三子之功,既得霸矣。今吾有欲王,其可乎?"管仲对曰:"公当召叔牙而问焉。"鲍叔至,公又问焉。鲍叔对曰:"公当召宾胥无而问焉。"宾胥无趋而进②,公又问焉。宾胥无对曰:"古之王者,其君丰,其臣教。今君之臣丰。"公遵遁,缪然远二。三子遂徐行而进③。公曰:"昔者大王贤,王季贤,文王贤,武王贤;武王伐殷克之,七年而崩,周公旦辅成王而治天下,仅能制于四海之内矣。今寡人之子不若寡人,寡人不若二三子。以此观之,则吾不王必矣。"

【注释】①霸:成就霸业。②趋:快步前进。③徐行:慢慢地走。

【译文】桓公问管仲说:"我想成就霸业,依靠众大臣的功劳实现了。现在我又想完成王业,还可以么?"管仲回答说:"您可以召见鲍叔牙来问一问。"鲍叔到,桓公又问了这个问题。鲍叔回答说:

"您可以召见宾胥无来问一问。"宾胥无快步进来，桓公又问了这个问题。宾胥无回答说："古代成就王业的，都是君主的德望很高，大臣的德望比较低，现在是您的大臣德望高。"桓公逡巡后退，肃然离开座位。三人接着慢慢走上前去。桓公说："从前，周的大王贤明，王季贤明，文王贤明，武王也贤明；武王伐殷取胜，七年之后就死了，周公旦辅佐成王治理天下，这才仅仅能控制四海之内。现在我的儿子不如我，我又不知诸位大臣是怎样。由此看来，我不能成就王业，是注定的事了。"

桓公曰："我欲胜民①，为之奈何？"管仲对曰："此非人君之言也。胜民为易。夫胜民之为道，非天下之大道也。君欲胜民，则使有司疏狱②，而有罪者偿，数省而严诛，若此，则民胜矣。虽然，胜民之为道，非天下之大道也。使民畏公而不见亲，祸亟及于身，虽能不久，则人持莫之弑也③，危哉，君之国岌乎。"

【注释】①胜民：制服人民。②疏狱：对诉讼之事的分条记录。③持：当作"特"，只是。

【译文】桓公说："我想要制服人民，该怎么办？"管仲回答说："这不是为人君主应该说的话。制服人民是容易的。但制服人民这个办法，不是统治天下的正当办法。您想要制服人民，就要让官吏分条写好刑事法律，再确定揭发有罪者有赏，不断审查，在诛杀方面严格。这样，人民就被制服了。然而制服人民这个办法，并不是统治天下的正当办法。使人民怕您而不是亲近您，灾祸很快就会来到您的身边。虽然人们可能不会归咎于您，就是观望不前，不肯出力，这也是很危险的。您的国家就会很不安全了。"

桓公观于厩，问厩吏曰："厩何事最难？"厩吏未对，管仲对曰："夷吾尝为圉人矣^①，傅马栈最难^②。先傅曲木，曲木又求曲木，曲木已傅，直木无所施矣。先傅直木，直木又求直木，直木已傅，曲木亦无所施矣。"

【注释】①圉人：养马的人。②傅马栈：编排供马站立的木牌。傅：编排。

【译文】桓公观察马厩，问管马厩的官吏说："马厩里什么工作最难？"管马厩的官吏还没回答，管仲回答说："我也曾当过养马的官，最困难的事就是并排立木材构筑马栏。比如首先立弯曲的木材，曲木又要与曲木相配，曲木并排立好，直木就没有办法使用了。如果先用直木，直木又要与直木相配，直木已并排立好，曲木也就没有办法挤进去了。"

桓公谓管仲曰："吾欲伐大国之不服者奈何？"管仲对曰："先爱四封之内^①，然后可以恶竟外之不善者^②；先定卿大夫之家，然后可以危邻之敌国。是故先王必有置也，然后有废也；必有利也，然后有害也。"

【注释】①四封：国内的地界。②竟：通"境"，境域。

【译文】桓公对管仲说："我想要去征伐不服从命令的大国，该怎么办？"管仲回答说："要先在国内仁爱，然后才可以憎恶国外的不善者；先安定卿大夫之'家'，然后才可以加害相邻的敌国。因此，先代明王一定要先有所立，然后才有所废；一定是先做兴利的事，然后才去做除害的事。"

桓公践位，令衅社塞祷①。祝凫已疕献胙②，祝曰："除君苛疾与若之多虚而少实。"桓公不说，瞑目而视祝凫已疕③。祝凫已疕授酒而祭之曰④："又与君之若贤。"桓公怒，将诛之，而未也。以复管仲，管仲于是知桓公之可以霸也。

【注释】①衅社塞祷：血祭社神进行祈祷。②胙：祭肉。③瞑目而视：愤怒地看着。④授酒：斟酒。

【译文】桓公登位为君，命令血祭社神进行祈祷。祝史凫已疕献上祭肉之后，祈祷说："请除掉国君苛刻的毛病和国君虚多实少的作风。"桓公很不高兴，愤怒地看着祝史凫已疕。祝史凫已疕再斟酒祭袍说："还请除掉国君似贤非贤的毛病。"桓公发怒，想要杀祝史，但却忍住没有杀。他把此事告知管仲，管仲于是就知道桓公是可以成就霸业的。

桓公乘马，虎望见之而伏①。桓公问管仲曰："今者寡人乘马，虎望见寡人而不敢行，其故何也？"管仲对曰："意者君乘驳马而洀桓②，迎日而驰乎？"公曰："然。"管仲对曰："此驳象也。食虎豹，故虎疑焉③。"

【注释】①伏：躲藏。②驳：古同"驳"，传说中的一种形似马而能吃虎豹的野兽。洀桓：迎着太阳奔跑。③疑：起疑心。

【译文】桓公骑马，老虎看见了就躲藏起来，桓公问管仲说："今天我骑马，老虎看见都不敢来，是什么原因？"管仲回答说："您是骑着驳马在路上盘旋，并且迎着太阳奔跑的吧？"桓公说："就是这样。"管仲回答说："这是驳兽的形象，驳兽是吃虎豹的，所以虎就起疑心了。"

楚伐莒，莒君使人求救于齐。桓公将救之，管仲曰："君勿救也。"公曰，"其故何也？"管仲对曰："臣与其使者言，三辱其君，颜色不变。臣使官无满其礼，三强其使者①，争之以死。莒君，小人也。君勿救。"桓公果不救而莒亡。

【注释】①强：抢夺，扣减。

【译文】楚国讨伐莒国，莒国国君使人向齐桓公求救。桓公要去援救，管仲说："您不要去救他。"桓公说："为什么？"管仲回答说："我同莒国的使臣谈话，三次侮辱他的国君，他的脸色都不变。我叫官员把送给他的赠礼扣减三串钱，这使臣便以死相争。有这样使臣的莒国之君，看来是个小人。您不要去救他。"桓公果然没有出救，而莒国就灭亡了。

桓公放春①，三月观于野，桓公曰："何物可比于君子之德乎？"隰朋对曰："夫粟，内甲以处，中有卷城，外有兵刃。未敢自恃，自命曰粟，此其可比于君子之德乎！"管仲曰："苗，始其少也，眴眴乎何其孺子也②！至其壮也，庄庄乎何其士也③！至其成也，由由乎兹免④，何其君子也！天下得之则安，不得则危，故命之曰禾。此其可比于君子之德矣。"桓公曰:"善。"

【注释】①放春:在春天出游。②眴眴乎:柔顺的样子。③庄庄乎:庄重的样子。④由由乎:和悦的样子。

【译文】桓公在春天出游,三月天在田野里观赏。桓公说:"什么东西可以与君子的德行相比呢?"隰朋回答说:"粟粒,身在甲胄之内,中层有圈城保护,外面有尖锐的兵刃。它还不敢自恃其强大,谦虚地自称为粟。这也许可以与君子的德行相比了吧!"管仲说:"禾苗,开始在年少的时候,柔顺得像个孺子;到它壮年的时候,庄重得像一个士人;到它成熟的时候,和悦地愈来愈俯首向根,多么像个君子!天下有了它就安定,没有它就危险,所以叫作禾。这可以同君子的德行相比了。"桓公说:"好。"

桓公北伐孤竹,未至卑耳之溪十里,闟然止①,瞠然视②,援弓将射,引而未敢发也,谓左右曰:"见是前人乎?"左右对曰,"不见也。"公曰:"事其不济乎?寡人大惑。今者寡人见人长尺而人物具焉:冠,右祛衣③,走马前疾。事其不济乎?寡人大惑。岂有人若此者乎?"管仲对曰:"臣闻登山之神有俞儿者,长尺而人物具焉。霸王之君兴,而登山神见。且走马前疾,道也。祛衣,示前有水也。右祛衣,示从右方涉也。"至卑耳之溪,有赞水者曰④:"从左方涉,其深及冠;从右方涉,其深至膝。若右涉,其大济。"桓公立拜管仲于马前曰:"仲父之圣至若此,寡人之抵罪也久矣。"管仲对曰:"夷吾闻之,圣人先知无形。今已有形,而后知之,臣非圣也,善承教也。"

【注释】①闉然：突然。②瞠然：惊讶的样子。瞠：双目张开，表示惊讶。③祛：撩起来。④赞水：引导涉水。

【译文】桓公北伐孤竹国时，在离卑耳溪十里的地方，突然停止前进，非常惊讶地看着前方，手挽大弓将要射出去，但是还没有射出去。对左右从者说："见到前面的人了么？"左右回答说："没有。"桓公说："事情怕是要做不成了么？我太迷惑不解了。现在我看见一个人，身高一尺，并且人的品貌齐全：戴帽子，右手撩衣，在马前面跑很快。事情怕是要做不成了么？我太迷惑不解了。怎么会有像这样子的人呢？"管仲回答说："我听说有一个登山之神叫俞儿的，身高一尺并且人的品貌齐全。当成就霸王之业的君主兴起时，这种登山之神就会出现。他在马前面跑很快，表示前有道路；撩衣，表示前面有水；右手撩衣，表示可以从右边渡过。到了卑耳溪，有引人渡水的向导说："从左边渡河，深度会没过你的头顶；从右边过河，深度会到你的膝盖。若从右过，是最好的。"桓公立刻拜管仲于马前说："不知道仲父有这么高的圣人才智，我实在是久当有罪啊。"管仲回答说："我听说过，圣人是先知事物于无形之前的。现在是事物已经有形，然后我才知道的，所以我还不算圣人，不过是善于接受圣人的教导而已。"

桓公使管仲求宁戚，宁戚应之曰："浩浩乎。"管仲不知，至中食而虑之。婢子曰："公何虑？"管仲曰："非婢子之所知也。"婢子曰："公其毋少少，毋贱贱①。昔者吴干战，未龀不得入军门②。国子擿其齿，遂入，为干国多。百里傒③，秦国之饭牛者也，穆公举而相之，遂霸诸侯。由是观之，贱岂可贱，少岂可少哉？"管仲曰："然，公使我求宁戚，宁戚应我曰：'浩浩乎。'

吾不识。"婢子曰："诗有之：'浩浩者水，育育者鱼，未有室家，
而安召我居？'宁子其欲室乎？"

【注释】①少少：小看少年人。贱贱：看清卑贱的人。②龀：脱掉乳
牙。③百里傒：又作"百里奚"。

【译文】桓公派管仲征求宁戚的意见，宁戚答复说："浩浩
乎。"管仲不知道这个是什么意思，一直到吃中饭的时候还在思考。
婢女说："您有什么心事？"管仲说："不是你所能懂得的。"婢女
说："您不要小看少年人，也不要贱视卑贱的人，从前吴国同干国打
仗，规定没有脱退乳齿的少年不能够进军门作战，于是国子这孩子
拔掉他的牙齿，进入军门，为干国立下很多功劳。百里奚本来是秦国
养牛的，秦穆公提拔他为宰相，之后便称霸诸侯。由此可以看出，贱
者也是不能被轻视的，少年怎么能够被小看呢？"管仲说："好。桓
公派我去征求宁戚的意见，宁戚答复说：'浩浩乎'，我不理解。"婢
女说："诗里有这样一首：'浩浩然的大水，游着育育然的白鱼；没有
室家，在哪里招我安居呢？'宁戚是想要娶妻成家吧？"

桓公与管仲阖门而谋伐莒①，未发也，而已闻于国矣。桓
公怒谓管仲曰："寡人与仲父阖门而谋伐莒，未发也，而已闻于
国，其故何也？"管仲曰："国必有圣人。"桓公曰："然。夫日
之役者，有执席食以视上者，必彼是邪！"于是乃令之复役，
毋复相代。少焉，东郭邮至。桓公令傧者延而上②，与之分级而
上，问焉，曰："子言伐莒者乎？"东郭邮曰："然，臣也。"桓公
曰："寡人不言伐莒而子言伐莒，其故何也？"东郭邮对曰："臣

闻之, 君子善谋, 而小人善意, 臣意之也。"桓公曰:"子奚以意之?"东郭邮曰:"夫欣然喜乐者, 钟鼓之色也; 夫渊然清静者, 缞绖之色也③; 漻然丰满, 而手足拇动者, 兵甲之色也。日者, 臣视二君之在台上也, 口开而不阖, 是言莒也; 举手而指, 势当莒也。且臣观小国诸侯之不服者, 唯莒。于是, 臣故曰伐莒。"桓公曰:"善哉, 以微射明, 此之谓乎! 子其坐, 寡人与子同之。"

【注释】①阖门: 关上门。阖: 关闭。②傧者: 礼宾的官吏。③缞绖: 居丧带孝。

【译文】桓公与管仲闭门而计划讨伐莒国, 还没有行动, 就已经传到外面了。桓公愤怒地对管仲说:"我跟你闭门而谋伐莒国, 没有行动, 就已经传闻于外, 是什么原因呢?"管仲说:"国中一定有圣人。"桓公说:"是的。服役人员有一个执席而食并同时往上看的, 一定就是他!"于是便让他继续服役, 不可以有人来代替他。不久, 那个东郭邮来了。桓公让礼宾的官吏请他上来, 和他分开级别站立, 询问他说:"你是说出讨伐莒国的人么?"东郭邮说:"是的, 是我。"桓公说:"我还没有说出伐莒而你说伐莒, 是什么原因?"东郭邮回答说:"我听说过, 君子善于谋划, 而小人善于推测, 这是我推测出来的。"桓公说:"那你是怎样推测的?"东郭邮说:"欣然喜乐, 是鸣钟击鼓奏乐的颜色; 深沉清静, 是居丧带孝的颜色; 形貌清澈丰满而手足拇指都有动作, 是发动战争的颜色。那天, 我看你们两位在台上的情况: 嘴巴打开没有闭上, 是说的'莒'字; 举手指划, 方向对着莒国。而且我观察小国诸侯不肯服从的, 只有莒国。所以我才说讨伐莒国。"桓公说:"好啊! 从细微动作里判断大事, 说的就是这种情况吧！您请坐下来，让我和您一起来谋划大事。"

客或欲见齐桓公，请仕上官^①，授禄千钟^②。公以告管仲，曰："君予之。"客闻之曰："臣不仕矣。"公曰："何故？"对曰："臣闻取人以人者，其去人也，亦用人。吾不仕矣。"

【注释】①仕：出仕，上任。②钟：春秋时齐国公室计量单位。

【译文】有一人想要见齐桓公，请求给他大官，授禄他千钟。桓公将此事告诉管仲。管仲说："可以给他。"这人听到之后说："我不干了。"桓公问："为什么？"回答说："我听说依靠他人意见用人的人，在不用的时候，也还是听信他人。所以，我不想要这个大官了。"

七臣七主第五十二

【题解】七臣七主，即七种君主与七种大臣。本文开头举列申（信）主、惠主、侵主、芒（荒）主、劳主、振主及亡主等七种类型的君主，最后又举列法臣、饰臣、侵臣、谄臣、愚臣、奸臣与乱臣七种类型的大臣，两两相配，故称七臣七主。或认为本文中间部分有一大段文字内容离题较远，疑为错简至此。

或以平虚，请论七主之过，得六过一是，以还自镜，以知得失。以绳七臣，得六过一是。呼呜美哉，成事疾。申主任势守数以为常，周听近远以续明。皆要审则法令固，赏罚必则下服度。不备待而得和，则民反素也。惠主丰赏厚赐以竭藏，赦奸纵过以伤法。藏竭则主权衰，法伤则奸门闿①。故曰：泰则反败矣②。侵主好恶反法以自伤，喜决难知以塞明，从狙而好小察③，事无常而法令申。不辟则国失势④。芒主目伸五色⑤，耳常五声⑥，四邻不计，司声不听，则臣下恣行，而国权大倾。不辟则所恶及身。劳主不明分职，上下相干，臣主同则。刑振以丰，丰振以刻。去之而乱，临之而殆，则后世何得？振主喜怒无度，严诛无赦，臣下振怒，不知所错，则人反其故。不辟则

法数日衰，而国失固。芒主通人情以质疑⑦，故臣下无信，尽自治
其事则事多，多则昏，昏则缓急俱植⑧。不酲则见所不善，余力自
失而罚。故主虞而安⑨，吏肃而严，民朴而亲，官无邪吏，朝无奸
臣，下无侵争，世无刑民。

【注释】①阍：通"开"。②泰：过分。③狙：伺，窥伺。④酲：即
"悟"字，与"寤""悟"通用，觉悟。⑤芒：当作"荒"。⑥常：通"尚"，喜
好。⑦芒：当假借为"亡"。⑧植：同"置"，放下，搁置。⑨虞：揣度，
考虑。

【译文】有人以平意虚心的态度评论七种君主之道，结果六过
一是，以此作为自我鉴戒，以总结自己得失；又衡量七种为臣之道，
结果仍然是六过一是。这种办法真好啊，做事能够很快成功。能够用
礼法约束自我的君主，顺应时势、遵守事理而以为常道，遍听远近的
情况来保持明察的状态。政事都能够得到要诀从而处置谨慎，因此
法令就会稳定，赏罚坚定那么百姓就会服从法度。对百姓不用戒备
而用德行与之相亲，那么百姓就能够返璞归真。滥施恩惠的君主，
用丰厚的赏赐耗尽府库的积蓄，赦免奸邪之辈，纵容过失之行，从
而破坏法度。国库空虚君主的权威就会变得衰微，法度败坏奸邪之
辈就会打开犯法的大门。所以说：施与恩惠太过反而会导致失败。
损害法度的君主所喜好的和所厌恶的都是违反法度的，以致于伤
及自身，喜欢对不清楚的事情妄加决断来堵塞自己的眼睛和耳朵，
喜欢窥伺监视别人，做事反复无常，又喜欢颁布法令，使人无所适
从。如果及时不醒悟就会使国家丧失权势。荒怠的君主眼睛迷恋于
五色，耳朵沉迷于五音，不考虑左右亲近大臣的建议，不听取谏官的
话，那么臣子们就会肆意妄为，从而使国家大权旁落。如果这样不

醒悟的话,那么不愿看到的事就会发生在自己身上。操劳的君主不明确本分和职责,上上下下互相干预冒犯,臣子和君主同道,都发挥同样的威权。刑法愈加严酷苛繁。可是如果去掉这些刑罚,就会导致国家混乱,如果施行这些刑罚,国家就会岌岌可危,对后世能有什么好处呢?用威刑震慑臣民的君主,他的责罚严厉不知道宽恕饶赦,臣子们惊恐而愤怒,不知所措,那么民众就会反而思考先代替君主行政之理。如果这样不醒悟的话,那么法度就会日益衰弱,国家就会变得不稳固。亡国的君主常常出于私心去质疑臣民,因此对臣民毫不信任,全凭自己的意思在治理政事,以致于事务繁多,事务一多就会导致昏乱,一旦昏乱就无论急事缓事都办不了了。如果这样不醒悟的话,就会出现遇到他所认为不好的事,耗尽毕生之力之后就会滥用刑罚。所以君主忖度事宜之后再施行就会得到安定,官吏就会敬肃,百姓就会淳朴和谐,百官之中没有奸邪的官吏,朝廷之上没有奸邪的大臣,民众中没有侵占略夺的事情,世上也就没有需要受刑罚的人了。

故一人之治乱在其心,一国之存亡在其主。天下得失,道一人出。主好本,则民好垦草莱。主好货,则人贾市。主好宫室,则工匠巧。主好文采,则女工靡①。夫楚王好小腰而美人省食,吴王好剑而国士轻死。死与不食者,天下之所共恶也,然而为之者何也?从主之所欲也,而况愉乐音声之化乎②?

【注释】①女工:从事纺织、刺绣等工作的妇女。靡:华丽,美好。②化:风俗。

【译文】因此一个人的井井有条还是混乱不堪在于其心;一个

国家的生死存亡在于其君主。天下的得与失，取决于君主一个人。君主如果重视农业，那么就会百姓喜欢开垦荒地。如果君主喜好财货，那么民众就会去经商。如果君主喜欢宫室，那么工匠就会追求精巧。如果君主喜欢纹饰，那么女工就会讲究华丽。楚王喜欢细腰而美女节食，吴王喜欢剑术而国士轻视死亡。死亡和节食是天下人都厌恶的，为什么还要这么做呢？是因为随从君主的想法啊，更何况愉乐音声的教化呢？

夫男不田，女不缯^①，工技力于无用，而欲土地之毛，仓库满实，不可得也。土地不毛则人不足，人不足则逆气生，逆气生则令不行。然强敌发而起，虽善者不能存。何以效其然也？曰：昔者桀、纣是也。诛贤忠，近谗贼之士而贵妇人，好杀而不勇，好富而忘贫，驰猎无穷，鼓乐无厌，瑶台玉不足处^②，驰车千驷不足乘^③。材女乐三千人，钟石丝竹之音不绝。百姓罢乏，君子无死，卒莫有人，人有反心。遇周武王，遂为周氏之禽^④。此营于物而失其情者也，愉于淫乐而忘后患者也^⑤。故设用无度，国家踣^⑥。举事不时，必受其灾。

【注释】①缯：染。②瑶台：美玉砌的楼台。泛指华丽的楼台。玉：指珍贵美味的食物。处：安乐，满足。③驷：古代一车四马为一驷。④禽：同"擒"。⑤愉：通"偷"，苟且。⑥踣（bó）：跌倒。此指国家败亡。

【译文】如果男人不耕田，女人不染布，工匠的技巧致力于没用的器物，却希望土地上生长好的芽苗，仓库中充满粮食，这是不可能的事情。土地不能生长好的芽苗，民众就会不足营生，民众不足营生就会滋生怨气,怨气滋生政令就不能顺利推行。如果一旦强敌发起攻战,即使有善于策谋的人也难以保全国家。怎么验证这种结果呢? 回答是:古时候的夏桀、商纣就是这样的。他们诛杀贤良忠臣,亲近谗佞贼人而宠幸女人,喜欢杀戮而鄙夷真正的勇敢,喜好奢华而不体恤穷人,驰骋田猎没有止境,演奏音乐不知满足,华丽的宫室和绝美的饮食也不能使他知足消停,上千辆马车也不够他乘坐。能歌善舞的歌舞伎三千人,钟石丝竹的音乐不绝于耳。百姓疲敝不堪,官员不为君主鞠躬尽瘁,最终导致无人拥护,人人都有反心。遇到周武王,他便成了周王的俘虏。这就是沉迷于物质享受而失去人心,安于过度享乐而忘失祸患的结果啊。所以财物安排使用如果没有节制的话,国家就会衰败灭亡。举事如果不合时宜的话,就一定会遭受灾害。

夫仓库非虚空也,商宦非虚坏也,法令非虚乱也,国家非虚亡也。彼时有春秋,岁有败凶,政有急缓。政有急缓,故物有轻重。岁有败凶,故民有义不足①。时有春秋,故谷有贵贱,而上不调淫,故游商得以什伯其本也②。百姓之不田,贫富之不訾③,皆用此作。城郭不守,兵士不用,皆道此始。夫亡国踣家者,非无壤土也,其所事者,非其功也。夫凶岁雷旱,非无雨露也,其燥湿,非其时也。乱世烦政,非无法令也,其所诛赏者,非其人也。暴主迷君,非无心腹也,其所取舍,非其术也。

【注释】①义:当作"羡",剩余。②什伯:什百,几十倍、上百倍。③訾:同"资"。古书"资"作"齐",因此"不訾"这里可以指财产差别很大。

【译文】国家的仓库不是无缘无故就空虚的，商人和官员也不是无缘无故就腐败的，法令不是无缘无故就混乱不堪的，国家不是无缘无故就走向覆灭的。时令有春秋之分，年景有败凶的区别，政令有缓急之分。政令有缓急之分，所以物价有高有低。年景有败凶的区别，所以百姓有时候家有余粮，有时候又不够。时节有春秋之分，所以谷物有贵有贱，如果国家不注意调节过高或者过低的物价，游走的商人就能获取十倍甚至于百倍的利益。百姓不耕田，贫富差距不均匀，都是由不注意调节物价产生的。城池如果不能坚守，兵士就不能听命任用，都是从这里开始的。凡是亡国败家的并不是因为没有土地，而是因为他们所从事的事情对农业生产没有功效。凡是凶灾雷旱的年份，并不是因为没有雨露，而是因为干旱与降雨不符合时令。乱世的政事烦杂严苛，并不是因为没有法令，而是因为所责罚与赏赐的都和民众的生活实际不相符。暴君和昏君，并不是没有心腹之臣，而是因为他所任用和免除的臣子都不符合用人之道。

故明主有六务四禁。六务者何也？一曰节用，二曰贤佐，三曰法度，四曰必诛，五曰天时，六曰地宜。四禁者何也？春无杀伐，无割大陵，倮大衍^①，伐大木，斩大山，行大火，诛大臣，收谷赋。夏无遏水，达名川，塞大谷，动土功，射鸟兽。秋毋赦过释罪缓刑。冬无赋爵赏禄，伤伐五藏。故春政不禁则百长不生，夏政不禁则五谷不成，秋政不禁则奸邪不胜，冬政不禁则地气不藏。四者俱犯，则阴阳不和，风雨不时，大水漂州流邑，大风漂屋折树，火暴焚地燋草，天冬雷，地冬霆。草木夏落而秋荣，蛰虫不藏，宜死者生，宜蛰者鸣；苴多腾蟆^②，山多虫螟^③。六畜不蕃,民多夭死;国贫法乱,逆气下生。故曰:台榭相望者,亡国之庑也^④;驰车充国者,追寇之马也;羽剑珠饰者,斩生之斧也;文采纂组者^⑤,燔功之窑也。明王知其然,故远而不近也。能去此取彼,则人主道备矣。

【注释】①倮:同"裸"。②苴:通"菹",草泽。腾:古代传说中一种能飞的蛇,亦作"腾蛇"。这里指蛇。③螟:蚊。④庑:廊屋。⑤文采纂组:绘有五彩花纹的丝带。

【译文】所以贤明的君主有六务四禁。所谓六务是什么呢?一是节约财物,二是贤人辅佐,三是确立法度,四是刑罚坚定,五是遵循天时,六是注重地利。四禁是什么呢?春天里不要杀戮,不要挖断大丘,不要焚烧大泽,不要砍伐大树,不要挖掘大山,不要放烧大火,不要诛杀大臣,不要征收谷物的赋税。夏天的时候不要拦截水流,疏通大河,不填塞山谷,不大兴土木,不射杀鸟兽。秋天不要赦免过失、赦免罪责、宽缓刑罚。冬天里不要封官赏禄,损害收藏的五谷。所以春天不行禁政那么万物都不能生长,夏天不行禁政那么五谷就不能成熟,秋天不行禁政那么就不能制服奸邪之人,冬天不行禁政那么地气就不能保藏。四者如果都被违反了,阴阳就不能协调,风雨就会不合时令,洪水会淹没州邑,大风就会吹坏房屋大树,大火就会焚地烧草,天上就会冬天打雷,地上就会冬天震动。草木就会在夏天衰败枯萎而在秋天茂盛,应当蛰伏的动物不冬藏入土,应当死去的却活过来了,应当蛰伏的却鸣叫起来;草泽中多是蟒腾蛤蟆,山野中多是蚊虫。六畜不繁衍生息,民众大多短命而死;国家贫穷衰弱,法令混乱不堪,逆反之气生于下面。所以说:楼台亭榭相望,是亡国的廊庑;驰马游车充斥于国内,是招致贼寇的车马;

用珠宝装饰的箭和剑，是杀生的斧刃；绘有彩色花纹的衣服和丝带，是焚烧功业的窑灶。贤明的君王明白这些道理，所以能够远离这些东西而不接近。如果可以舍弃这些东西而取用下面这些法律政令，人君之道就完备了。

夫法者，所以兴功惧暴也。律者，所以定分止争也。令者，所以令人知事也。法律政令者，吏民规矩绳墨也^①。夫矩不正，不可以求方。绳不信^②，不可以求直。法令者，君臣之所共立也；权势者，人主之所独守也。故人主失守则危，臣吏失守则乱。罪决于吏则治，权断于主则威，民信其法则亲。是故明王审法慎权，下上有分。

【注释】①吏：治理。②信：通"伸"。

【译文】所谓法，就是用来提倡功德震慑暴行的。所谓律，就是用来确定职分制止争斗的。所谓令，就是用来命令民众通晓事务的。法律政令是治理人民的规矩准绳。假如矩不正，就不能求方。绳子不伸直，就不能求直。法律政令是君臣共同建立的，权势是君主所独有的。所以君主失去权势，那么国家就会岌岌可危，官吏失去坚守的法令那么就会导致国家混乱。罪罚由官吏决断，那么国家就能得到治理，权势如果由君主掌握，那么君主就会有威严，百姓信任制定的法令，那么就会相互亲近。因此贤明的君主明确地知晓法令之道而谨慎地使用权力，君臣上下各司其职。

夫凡私之所起，必生于主。夫上好本，则端正之士在前。

上好利，则毁誉之士在侧。上多喜善赏不随其功，则士不为用。数出重法而不克其罪^①，则奸不为止。明王知其然，故见必然之政，立必胜之罚，故民知所必就，而知所必去，推则往，召则来，如坠重于高，如渎水于地。故法不烦而吏不劳，民无犯禁。故有百姓无怨于上矣^②。

【注释】①克：读为"核"，审核、查明。②有：通"友"。"故友"犹"故旧"。

【译文】大凡私弊的兴起，一定是由君主开始的。君主如果好尊道崇德之政，那么品行端正的人就会来到君主的面前。君主如果偏好私利，毁谤吹捧的人就会在君主左右。君主多因宠爱而喜好赏赐，（赏赐）却不根据功劳的大小，那么贤能的人就不肯为其效力了。君主如果多次颁布严酷的刑罚却不能查明罪行，那么奸邪的人就不能被制止了。贤明的君主明白这些道理，所以颁布坚定施行的政令，建立一定要制服罪行的刑罚，因此百姓就会明白哪些事情是必须要做的，哪些事情是必须要避免的，挥之即去，招之即来，就好像从高处扔下重物，在地面上开挖沟渠引导水流。所以法令不繁琐而官吏也就不辛劳，百姓也不会违犯禁令。所以故旧和百姓对君主就没有怨恨了。

法臣：法断名决，无诽誉。故君法则主位安，臣法则货赂止，而民无奸。呜呼美哉！名断言泽^①。饰臣：克亲贵以为名，恬爵禄以为高。好名则无实，为高则不御。故《记》曰："无实则无势，失辔则马焉制？"侵臣：事小察以折法令，好佼反而行私请②。故私道行则法度侵，刑法繁则奸不禁，主严诛则失民心。谄臣：多造钟鼓，众饰妇女，以惛上故。上惛则隟不计而司声直禄③，是以谄臣贵而法臣贱，此之谓微孤。愚臣：深罪厚罚以为行，重赋敛，多兑道④，以为上，使身见憎而主受其谤。故《记》称之曰："愚忠谗贼。"此之谓也。奸臣：痛言人情以惊主，开罪党以为雠。除雠则罪不辜，罪不辜则与雠居。故善言可恶以自信⑤，而主失亲。乱臣：自为辞功禄，明为下请厚赏，居为非母，动为善栋⑥。以非买名，以是伤上而众人不知，之谓微攻。

【注释】①言：狱讼。泽：读为"释"，清楚。②反：背理。③隟：隙。直：空。④兑：聚敛。⑤信：通"伸"，伸张，显示。⑥栋：极。

【译文】守法度的大臣：严格依照法律和罪名裁断案件，没有毁谤或者吹捧的行为。所以君主守法而君位安稳，臣子守法就有贿赂止息而人民也没有奸邪的行为。这样做太好了！依照刑名断案，审判清晰了然。虚伪的大臣：依靠克制亲贵来猎取虚名，漠视爵禄来显示清高。大臣贪好名声就没有真才实学，清高的话那么君主就会驾驭不了。所以《记》中说："臣下贪好名声而没有真才实学，那么君主就会没有权势，如果失去辔头，那怎么控制马呢？"枉法行事的大臣：偷偷觊觎而损坏法令，喜欢做奸邪悖理的事情，喜欢舞弊私情。因此私道大行而法度受到侵害，刑法繁多而奸邪不能禁止，君主如果因此严加诛杀责罚，就会尽失民心。谄媚的大臣：造很多钟鼓等享乐之器，装饰很多美女来迷惑君主的心志。君主如果被蒙蔽，即便已经到了危亡的时候却不自知，而谏官也会空拿俸禄不去进谏，所以谄媚的大臣为君主所看重而遵守法度的大臣被冷落，这就叫做暗中孤立君主。愚蠢昏庸的大臣：滥用严苛的刑法而洋洋自得，横征暴敛而自以为忠诚，以至于自己被人憎恶而君主也跟着受到毁谤。所以《记》中说："愚忠等于谗贼。"说的就是这个意思。奸邪的大臣：以夸张的言辞来陈述人情以使君主感到震惊，开列罪党与之为仇。自己除掉仇敌就要加罪于无辜的人，滥杀无辜，那么与之居处的都是仇人。因此就更加喜欢说他人之恶来巩固强化自己的地位，从而使君主丧失亲近的大臣。祸乱国家的大臣：自己虚伪地辞去功名利禄，却公然为他的下属请求丰厚赏赐，私下里诽谤非议朝政的头领，表面上却佯装为极善之人。以诽谤非议朝政来猎取名声，以此来损害君主的威信而众人不能察觉，就是暗地里攻击君主。

禁藏第五十三

扫码听谦德
君为您导读

【题解】禁，即禁止或克制，这里指君主的自我克制。本文强调君主行为的影响力，论述了君主自我修养、执法施政、赏赐处罚、富民务本等许多问题，内容丰富，是一篇综合性的政论文章。取开头首句"禁藏于胸胁之内"前两个字为篇名，或认为自"凡有天下者"至篇末可能是为错简至此。

禁藏于胸胁之内①，而祸避于万里之外。能以此制彼者，唯能以己知人者也。夫冬日之不滥②，非爱冰也；夏日之不炀③，非爱火也，为不适于身便于体也。夫明王不美宫室，非喜小也；不听钟鼓，非恶乐也，为其伤于本事而妨于教也。故先慎于己而后彼，官亦慎内而后外，民亦务本而去末。

【注释】①禁：禁止。②滥：当作"鉴"，装水的大盆。古人为取凉，在鉴里面放置冰块。③炀：烤火。

【译文】把禁止的谋划深藏在胸臆之中，就可以将灾祸规避在万里之外。能够站在自己的一边反而制伏他人的，只有那些推己及人的人。冬天不往大盆里放冰，并不是因为吝惜冰；夏天不烤火，并不是因为吝惜火，而是因为这些对身体不合适宜。圣明的君主不修建华丽的宫殿，并非因为喜欢狭小的房屋；不听钟鼓的音乐，并不是因为讨厌音乐，而是因为这些会伤害农业生产，妨碍教化推行。因此君主首先严格要求自己，然后再要求别人；官吏也应当首先严格要求自己，然后再治理别人；百姓也要努力从事根本的农业生产而放弃工商业之类的末业。

居民于其所乐，事之于其所利，赏之于其所善，罚之于其所恶，信之于其所余财，功之于其所无诛。于下无诛者，必诛者也；有诛者，不必诛者也。以有刑至无刑者，其法易而民全。以无刑至有刑者，其刑烦而奸多。夫先易者后难，先难而后易，万物尽然。明王知其然，故必诛而不赦，必赏而不迁者^①，非喜予而乐其杀也，所以为人致利除害也。于以养老长弱，完活万民，莫明焉^②。

【注释】①迁：迁延、拖延。②明：尊、尚。

【译文】要将百姓安置在他们乐于居住的地方，使他们从事对自身有利的工作，奖励他们认为好的事情，惩罚他们所厌恶的行为，保证他们留下来的财物不会受到侵犯，尽心竭力让他们不受刑罚。能够做到百姓不受刑罚，就必须做到有罪必罚；有百姓受刑的原因，正是没有坚持有罪必罚而导致的。从有刑罚到不需要刑罚，就能够使法律变得简洁平易，人民得到保全。从来不施加刑罚到大施刑罚，就会使刑法变得繁杂从而导致罪犯人数增加。所以一开始容易的后面就会变得困难，一开始困难的后面就会变得容易，一切事物都是这样的。贤明的君主明白这个道理，因此施行刑罚的时候坚定不移，施行封赏的时候坚决不疑，这并不是因为君主喜欢赏赐或者喜好杀戮，而是借此来为百姓兴利除害。对于扶养老弱人群，生养万民来说，没有比这更重要的了。

夫不法法则治①。法者，天下之仪也，所以决疑而明是非也，百姓所县命也②。故明王慎之，不为亲戚故贵易其法，吏不敢以长官威严危其命，民不以珠玉重宝犯其禁。故主上视法严于亲戚，吏之举令敬于师长，民之承教重于神宝。故法立而不用，刑设而不行也。夫施功而不钧③，位虽高，为用者少；赦罪而不一，德虽厚，不誉者多；举事而不时，力虽尽，其功不成；刑赏不当，断斩虽多，其暴不禁。夫公之所加，罪虽重，下无怨气；私之所加，赏虽多，士不为欢。行法不道，众民不能顺；举错不当④，众民不能成。不攻不备，当命为愚人。

【注释】①法法：前一个"法"读"废"，废弃。后一个"法"仍读为法。②县：读为"悬"，系。③钧：通"均"，公平，公正。④错：通"措"，措施。

【译文】只有不废弃法度才能治理好国家。法度是天下之仪，是用来分辨疑难、明辨是非的，是百姓性命攸关的东西。因此贤明的君主都对法度特别慎重，不会为了亲戚权贵而更改法律，官吏也不敢利用长官权威破坏法度，百姓也不敢用金银财宝行贿触犯禁令。君主把法令看得比亲贵还要重要，官吏们把执行法令看得比对待师长更值得敬重，百姓把接受政教看得比祭祖更加神圣。这样一来，法度虽然被制定出来，实际上却并不需要被动用；刑罚虽然设立好了，实际上却并不需要被执行。奖赏功劳却不公正，即便赏赐的官位再高，愿意为之效力的人也会很少；赦免罪行却不能一视同仁，即便恩德再大，不赞成的人也会很多；办事如果不合时宜，即便竭尽全力，也难以获得成功；断案如果不合法度，即便杀人再多，也制止不了暴乱的事情。秉持公正去办事，刑罚即便很重，下面也没有怨气；凭着私心去办事，即便赏赐得再多，战士们也不会欢欣鼓舞。执行法度如果不能公正，民众就不会顺从；施行措施如果不能恰当，民众就不能顺从成事。因此如果不研习法度和完善法度的，应当被叫作愚人。

故圣人之制事也，能节宫室、适车舆以实藏①，则国必富、位必尊；能适衣服、去玩好以奉本，而用必赡、身必安矣；能移无益之事、无补之费，通币行礼，而党必多、交必亲矣。夫众人者，多营于物，而苦其力、劳其心，故困而不赡，大者以失其国，小者以危其身。凡人之情，得所欲则乐，逢所恶则忧，此贵贱之所同有也。近之不能勿欲，远之不能勿忘，人情皆然。而好恶不同，各行所欲，而安危异焉，然后贤不肖之形见也。夫物有多寡，而情不能等；事有成败，而意不能同；行有进退，而力不能两也②。故立身于中，养有节。宫室足以避燥湿，食饮足以和血气，衣服足以适寒温，礼仪足以别贵贱，游虞足以发欢欣③，棺椁足以朽骨，衣衾足以朽肉，坟墓足以道记。不作无补之功，不为无益之事，故意定而不营气情。气情不营则耳目谷④、衣食足，耳目谷、衣食足则侵争不生，怨怒无有，上下相亲，兵刃不用矣。故适身行义，俭约恭敬，其唯无福，祸亦不来矣；骄傲侈泰，离度绝理，其唯无祸，福亦不至矣。是故君子上观绝理者以自恐也，下观不及者以自隐也。故曰：誉不虚出，而患不独生。福不择家，祸不索人。此之谓也。能以所闻瞻察，则事必明矣。

【注释】①适：适度，节制。②两：成双，相称，匹配。③虞：通"娱"，快乐。④谷：善，指聪慧之意。

【译文】因此，圣明的君主行事，能够简单居室，节省车驾，用这些来充实国家的储备，这样一来，国家一定会变得富裕起来，地位一定会变得尊贵；能够在衣物上节俭，摒弃精美的玩物，以此来发展农业生产，这样一来，财用一定会变得丰富，身心一定会变得安宁；如果能够摆脱没有用的事情、摒弃无效的开支，从而开展通币等外交活动，那么一定会有众多盟国而邦交一定会亲近和睦。至于一般的君主，大多数都追求物质享受，因为这个劳碌心神，国家因此被弄得困顿不堪，财用不足，甚至严重到亡国的地步，即便较轻的也会危害自身。人之常情是：要求被满足就会高兴，遇到厌恶的事情就会忧虑，这是不管贵或者贱都是一样的。对于接近的东西不能不去追求，对于远离的东西不能不被遗忘，人之常情都是这样的。然而每个人的喜好偏恶是不一样的，人们各自追求自己想要的东西，导致的结果安危是不一样的，由此一个人贤与不贤也就表现出来了。物的数量有多有少，人的欲望不能事事与之相符；事情有成有败，人的意愿不一定能同它一致；行为有进有退，人的力量不能够跟它相匹配。所以为人处世要保持适中的态度，生活享受要有所节制。宫室足以躲避干燥潮湿，饮食足以调和血气，衣服足以适应寒暑，礼仪足以区别贵贱，游乐足以抒发喜悦，棺椁足以收敛枯骨，葬服足以包裹尸体, 坟墓足以作为标记就可以了。不作于事无补的事情, 不做没有益处的事情, 因而心意安定而不为气情所迷惑。气情不迷惑自身就会耳聪目明, 丰衣足食; 耳聪目明, 丰衣足食, 就不会互相侵夺, 互相怨怒, 上下就会相亲相爱, 刀兵也就没有用武之地了。所以, 克制自身, 遵行礼义, 节俭恭敬, 即使是没有福祉, 也不会灾祸临门; 骄傲奢侈, 背离法度, 违反常理, 即使没有灾祸, 福祉也不会降临。因此君子一方面要从悖理的人身上吸取教训, 以此警戒自己, 另一方面又要从懈怠的人身上获得借鉴, 从而反省自身。因此说: 荣誉不会凭空出现, 忧患也不会无故发生。福祉不拣择人家而降临, 灾祸也不会自动找到特定的人身上。讲的就是这个意思。能用自己的见闻来考察和反思, 事情的道理就一定会明了了。

故凡治乱之情, 皆道上始。故善者圉之以害①, 牵之以利。能利害者, 财多而过寡矣。夫凡人之情, 见利莫能勿就, 见害莫能勿避。其商人通贾, 倍道兼行, 夜以续日, 千里而不远者, 利在前也。渔人之入海, 海深万仞, 就波逆流, 乘危百里, 宿夜不出者②, 利在水也。故利之所在, 虽千仞之山, 无所不上; 深源之下, 无所不入焉。故善者势利之在③, 而民自美安, 不推而往, 不引而来, 不烦不扰, 而民自富。如鸟之覆卵, 无形无声, 而唯见其成。夫为国之本, 得天之时而为经, 得人之心而为纪, 法令为维纲, 吏为网罟, 什伍为行列, 赏诛为文武④。缮农具当器械, 耕农当攻战, 推引铫耨以当剑戟⑤, 被蓑以当铠襦⑥, 菹笠以当盾橹⑦。故耕器具则战器备, 农事习则功战巧矣⑧。

【注释】①圉：防范。②宿：通"夙"。③势：读为"执"，注重。④文武：指军队的鼓和金。文指鼓，击鼓则前进；武指金，鸣金则收军。⑤铫（yáo）：古代一种大锄。⑥襦：上衣，此处指铠甲。⑦蒩：疑是"组"的借字。"组笠"与"被蓑"相对为文。⑧功：通"攻"。

【译文】因此大凡治乱的情况，都是自上而始的。因此善于治国的人会运用损失来约束人们，运用利益来诱导人们。能够正确运用利害关系，就能够增加财富，从而减少过失。人之常情，见到利益没有不想追求的，见到危害没有不想躲避的。商人做买卖，一天赶两天的路，夜以继日也不觉得远，正是因为有利在前面。渔夫下海，海水有万仞之深，乘风逆流，冒险航行百里，昼夜都不上岸，正是因为有利在水中。因此，利所在的地方，即便是千仞高的高山，人们也愿意上去；即使在深渊下面，人们也愿意进去。所以善于治国的人，掌握利的来源，那么民众就自然倾慕而甘心接受，不需要推行也会趋之若鹜，不需要加以引导也会跟随，民众不厌烦也不感到打扰，而民众自然而然变得富裕。就像鸟儿孵卵一样，没有大动作也没有声音，只见小鸟就这样破壳而出了。治国的根本，将掌握天时作为经，将深得民心作为纪，法令就好像网罟，官吏就好像网罟，民众组织就好像队列，奖赏和处罚就好像指挥进退的金鼓。整治的农具就好像武器，耕作农事就好像进攻作战，挥舞大锄小锄就好像挥舞剑戟，披上蓑衣就好像穿上铠甲，戴上斗笠就好像盾牌。因此农具完备就好像武器完备了一样，熟习农事就好像作战熟练了一般。

当春三月，萩室熯造①，钻燧易火，杼井易水②，所以去兹毒也。举春祭，塞久祷③，以鱼为牲，以蘖为酒相召④，所以属亲戚也。毋杀畜生，毋拊卵⑤，毋伐木，毋夭英，毋拊竿，所以息百长也。赐鳏寡⑥，振孤独⑦，贷无种，与无赋，所以劝弱民。发五正，赦薄罪，出拘民，解仇雠，所以建时功施生谷也。夏赏五德，满爵禄，迁官位，礼孝弟，复贤力，所以劝功也。秋行五刑，诛大罪，所以禁淫邪，止盗贼。冬收五藏，最万物⑧，所以内作民也。四时事备，而民功百倍矣。故春仁、夏忠、秋急、冬闭，顺天之时，约地之宜，忠人之和，故风雨时，五谷实，草木美多，六畜蕃息，国富兵强，民材而令行，内无烦扰之政，外无强敌之患也。

【注释】①萩（qiū）：萧，香蒿，燃烧时产生的烟可用来消除毒气。爇：古"燃"字，烧烤。造：通"灶"。②杼：当为"抒"，抒井即淘井。③塞：通"赛"，旧时祭祀酬神之称。④糵：指造酒的酵母。⑤拊：击打。⑥鳏寡：老而无妻为鳏，老而无夫为寡。⑦振：同"赈"。孤独：幼而无父和老而无子的人。⑧最：聚，聚集。

【译文】在春季三月时节，要点燃灶火熏烤房间，更换取火的木料，淘井换水，为的是消除其中毒气。举行春祭，祈祷可以不生疾病，把鱼做成供品，用酒曲做成米酒，互相宴请，使亲戚关系得到亲密。不屠杀禽兽，不打剥禽卵，不砍伐树木，不采摘花朵，不损伤竹笋的芽苗，为的是保养万物生长。帮助鳏夫寡妇，赈济孤儿和失养的老人，贷放种子给没有种子的农户，救助没有能力纳税的人家，这样做的目的是为了劝勉贫弱的人民。颁发各种政令，赦免罪行较轻的人，释放拘押在牢中的人，调解纠纷，为的是及时完成农事好致力于粮食生产。在夏季的时候，奖赏各种有德的行为，增加爵禄，提升官职，礼敬孝悌美行出众的人，为艰苦劳动的人免除徭役，这样做的目的是鼓励人们努力工作。在秋天，要行使各种刑罚，处罚罪大恶极的人，这样做的目的是禁止淫邪和止息盗贼。在冬天的时候，要做好五谷收藏的工作，收聚各种各样的产物，这样做的目的是收纳农民的贡税。一年四季的事情如果安排齐备了，民众的劳动就能够有百倍的功效。这样一来，春天仁慈，夏天忠厚，秋天严峻，冬天收藏，顺应天时，合乎地宜，再随顺人情，就可以风调雨顺，五谷丰登，草木繁盛，六畜兴旺，国富兵强，民众富裕，法令畅通，国内没有烦扰民众的政事，外部也就没有强敌的祸患了。

夫动静顺然后和也，不失其时然后富，不失其法然后治。故国不虚富，民不虚治。不治而昌，不乱而亡者，自古至今未尝有也。故国多私勇者其兵弱，吏多私智者其法乱，民多私利者其国贫。故德莫若博厚，使民死之；赏罚莫若成必①，使民信之。夫善牧民者，非以城郭也，辅之以什，司之以伍。伍无非其人，人无非其里，里无非其家。故奔亡者无所匿，迁徙者无所容，不求而约，不召而来。故民无流亡之意，吏无备追之忧。故主政可往于民，民心可系于主。夫法之制民也，犹陶之于埴，冶之于金也。故审利害之所在，民之去就，如火之于燥湿，水之于高下。

【注释】①成必：通"诚必"。
【译文】举措得宜国事才能够得到协调，不耽误农时国家才能富裕强盛，不失去法度国家才能治理得井井有条。因此没有国家是无缘无故富裕起来的，没有民众是无缘无故被治理好的。没有治理而国家昌盛，没有动乱而国家灭亡的事情，从古到今都是不存在的。

因此国家勇于私斗的人多，那么兵力就会削弱；官吏表现一己之智的人多，那么国家的法度就会混乱；民众图谋私利的人多，国家就会陷于贫穷。因此施行德政就必须广博宽厚，使民众能够以死报效；赏罚必须坚决执行，使人民能够坚信不疑。善于统治民众的君主，不是依靠内城外郭的城墙建设，而是依靠什、伍的居民组织来管理。使伍中没有不属于本伍的人，人们没有不住在本伍里面的。里内没有不属于本里的人家，这样，流亡的人就无处隐藏了，迁徙的流民也无可隐藏了，不需要强求人们就会受到约束，不需要召唤人们也会前来。这样一来，民众没有逃亡的想法，官吏没有戒备追捕的忧患。这样一来，君主的政令可以贯彻通达于民间，民心也可以和君主联系起来了。用法制管理民众，应当像制陶明了了粘土的特性，冶金明了了金属的特性一样。只要判断清楚利害的所在，民众去留的方向，就会像火一样避开潮湿的地方而趋向干燥的地方，像水回避高处而流向低处一样明了了。

夫民之所生，衣与食也。食之所生，水与土也。所以富民有要，食民有率，率三十亩而足于卒岁。岁兼美恶，亩取一石，则人有三十石。果蓏素食当十石①，糠秕六畜当十石，则人有五十石。布帛麻丝，旁入奇利，未在其中也。故国有余藏，民有余食。夫叙钧者②，所以多寡也；权衡者，所以视重轻也；户籍、田结者③，所以知贫富之不訾也④。故善者必先知其田，乃知其人，田备然后民可足也。

【注释】①果蓏(luǒ)：瓜果。②钧：古代重量单位。三十斤为一钧。③结：契约文书。④訾：齐。

【译文】百姓赖以生活的，是衣服和食物。食物赖以所生的，是水和土。因此使民众富裕是有要领的，生养民众是有标准的，所谓标准就是一个人有三十亩地，就可以保证全年生活。年成收获有好有坏，平均每亩生产一石的粮食，那么每个人就会有三十石的粮食。瓜果蔬菜之类的相当于十石粮食，糠皮、干瘪的谷子和畜牧产品相当于十石粮食的话，那么每个人就有五十石粮食。而布帛麻丝以及其他副业的收入还没有被计算在里面。这样一来，国家就有了积蓄，民众也就有了余粮。钧，是用来计算多少的；权衡，是用来测定轻重的；户籍和田册，是用来了解贫富差距的。因此善于治理国家的人，一定会先知晓田地的情况，才能够知晓民众的生活情况，田地充足，民众才会变得富足。

凡有天下者，以情伐者帝，以事伐者王，以政伐者霸。而谋有功者五：一曰视其所爱以分其威。一人两心，其内必衰也。臣不用，其国可危。二曰视其阴所憎，厚其货赂，得情可深。身内情外，其国可知。三曰听其淫乐①，以广其心②。遗以竽瑟美人，以塞其内③；遗以谄臣文马，以蔽其外。外内蔽塞，可以成败。四曰必深亲之，如典之同生。阴内辩士使图其计，内勇士使高其气。内人他国使倍其约④，绝其使，拂其意⑤，是必士斗。两国相敌，必承其弊。五曰深察其谋，谨其忠臣，揆其所使⑥，令内不信，使有离意。离气不能令⑦，必内自贼。忠臣已死，故政可夺。此五者，谋功之道也。

【注释】①听：顺从。②广：通"旷"，这里可理解为荒废。③内：

纳，派遣。④倍：通"背"。⑤拂：逆，违背。⑥揆：当为"暌"，离间之意。⑦离气：疑作"离意"。

【译文】凡是拥有天下的，依靠人心取得天下的成就帝业，依靠事业取得天下的成就王业。依靠征战取得天下的成就霸业。至于筹谋攻打敌国的手段有五条。第一条，查明敌国君主的宠臣。想方设法削减他的权力。如果他心怀有二，其对君主的亲近程度一定会衰退。大臣不为君主效力的话，这个国家就岌岌可危了。第二条，查明敌国君主私下憎恶的大臣，想方设法加以贿赂。这样可以深入地了解敌情。有眼线身居敌国里面，情报可以通报到敌国外面，这个国家的实际情况就能够被掌握了。第三条，了解敌国君主的淫乐习惯，想方设法消磨他的意志。送给他管乐队伍和美人，在内蒙蔽他；送他谄媚的侍臣和华美的乘马，在外蒙蔽他。内外都被蒙蔽了，可以促成其国衰败。第四条，尽量和敌国表示亲密，就好像兄弟一般。暗中派遣聪明善辩的人帮助这个国家图谋别国，派遣勇力之士投奔到那里使之他骄傲懈怠。再派人到别国去，唆使别国同他背弃盟约、断绝外交、反目成仇，由此一定会引发战争。两个国互相为敌，就一定可以有值得利用其失败的局面。第五条，深入了解敌国君主的谋划。敬事他的忠臣，挑拨他的属下，使他们内部互相不能信任，离心离德。离心离德不能合作，一定会自相残杀。忠臣丧失了以后，就可以夺取他的政权。这五条就是谋取攻打敌国的办法。

入国第五十四

扫码听谦德
君为您导读

【题解】入国，即"始有国，入而行化"（尹知章注），大约指开始主持国家政教。取开头首句"入国四旬，五行九惠之教"前两个字为篇名。本文论述了在邦国之内广泛实施救助的各项政策，记述了老老、慈幼、恤孤、养疾、合独、问病、通穷、振困、接绝等九惠之教的具体内容。本文的社会政治主张近于儒家。

入国四旬①，五行九惠之教。一曰老老，二曰慈幼，三曰恤孤，四曰养疾②，五曰合独，六曰问疾③，七曰通穷，八曰振困④，九曰接绝。

【注释】①入国：指开始主持国政。②疾：此处指残疾。③问疾：结合后文，此处疑作"问病"。下段"问疾"同。④振：通"赈"，救济。
【译文】入国才四十天，就五次督行九种惠民的政教。第一种叫作老老。第二种叫作慈幼，第三种叫作恤孤，第四种叫作养疾，第五种叫作合独，第六种叫作问病，第七种叫作通穷，第八种叫赈困，第九种叫作接绝。

　　所谓老老者，凡国都皆有掌老。年七十已上，一子无征，三月有馈肉。八十已上，二子无征，月有馈肉。九十已上，尽家无征，日有酒肉。死，上共棺椁[①]。劝子弟，精膳食，问所欲，求所嗜。此之谓老老。所谓慈幼者，凡国都皆有掌幼。士民有子，子有幼弱不胜养为累者。有三幼者无妇征，四幼者尽家无征，五幼又予之葆[②]。受二人之食，能事而后止。此之谓慈幼。所谓恤孤者，凡国都皆有掌孤。士人死，子孤幼，无父母所养，不能自生者，属之其乡党知识故人[③]。养一孤者，一子无征。养二孤者，二子无征。养三孤者，尽家无征。掌孤数行问之，必知其食饮饥寒、身之膌胜，而哀怜之。此之谓恤孤。所谓养疾者，凡国都皆有掌养疾。聋盲喑哑，跛躄偏枯握递[④]，不耐自生者，上收而养之疾官，而衣食之，殊身而后止。此之谓养疾。所谓合独者，凡国都皆有掌媒。丈夫无妻曰鳏，妇人无夫曰寡，取鳏寡而合和之，予田宅而家室之，三年然后事之。此之谓合独。所谓问疾者，凡国都皆有掌病。士人有病者，掌病以上令问之。九十以上，日一问。八十以上，二日一问。七十以上，三日一问。众庶五日一问。疾甚者以告，上身问之。掌病行于国中，以问病为事。此之谓问病。所谓通穷者，凡国都皆有通穷。若有穷夫妇无居处，穷宾客绝粮食，居其乡党，以闻者有赏，不以闻者有罚。此之谓通穷。所谓振困者，岁凶，庸人訾厉，多死丧。弛刑罚，赦有罪，散仓粟以食之。此之谓振困。所谓接绝者，士民死上事，死战事，使其知识故人受资于上而祠之。此之谓接绝也。

【注释】①共：通"供"，提供。②葆：与"褓"同，这里指教母、保姆。③知识：认识的人，朋友。④偏枯：指半身不遂不能行动。握递：指双手相拱不能伸展。

【译文】所谓老老，是说城邑和国都都有掌老之官。老人七十岁以上的，免除一个儿子的征役，每三个月有一次官府发放的肉食。八十岁以上的，会免除两个儿子的征役，每月都有官府发放的肉食。九十岁以上的，免除全家的征役，每日都有官府发放的酒肉。这些老人死了以后，由官府来供给棺椁。平日里要劝化他们的子弟，准备的膳食要精致讲究，询问老人想要什么，了解老人的喜好。这就是老老。所谓慈幼，是说城邑和国都要有掌幼之官。士民有了孩子，因为孩子年幼娇弱无力抚养而受累的。如果有三个幼子就会免除妇女的征役，有四个幼子免除全家的征役，有五个幼子国家就会提供保姆。官府会发放两人份的食物，一直到孩子长大，生活能够自理为止。这就是慈幼。所谓恤孤，是说城邑和国都都有掌孤之官。士民去世而导致其幼小的子女变成孤儿的，没有父母或其他人来养育，还不可以自己谋生的，把他们分配给乡党、朋友、故人抚养。收养一个幼小的孤儿，就免除一个儿子的征役。收养两个幼小的孤儿，就免除两个儿子的征役。收养三个幼小的孤儿，就免除全家的征役。掌孤之官应当经常询问孤儿的生活情况，必须了解幼小孤儿的饮食温饱、身体胖瘦等情况，要关爱和怜悯他们。这就是恤孤。所谓养疾，就是说城邑和国都要有执掌养疾的官吏。聋人、盲人、哑巴、跛脚的人、半身不遂的人、两手相拱而不能伸展的人，生活不能自理的人，官府就把他们收养在医馆中，给他们提供衣服食物，直到他们去世为止。这就是养疾。所谓合独，是说城邑和国都要有执掌媒妁的官吏。男子失去妻子称为鳏，女子失去丈夫称为寡，让鳏寡结为夫妻，给予他们农田、房舍，让他们成家，三年之后再让他们承担国家职役。这就是合独。所谓问疾，是说城邑和国都要有执掌疾病的官吏。士民生病了，执掌疾病的官吏就拿着君上旨意前来慰问。九十岁以上的，每天问一次。八十岁以上的，两天问一次。七十岁以上的，三天问一次。其他的平民百姓，五天问一次。如果疾病生得严重了就告知君上，君上亲自前来慰问。执掌疾病的官吏在国内巡查，专门做慰问病人的工作。这就是问病。所谓通穷，是说城邑和国都要有通穷之官。如果有穷困夫妇没有居住的地方，贫穷的游子宾客断了粮食，和他们同住在一个乡党的，告知通穷之官的会得到赏赐，不告知通穷之官的会受到惩罚。这就是通穷。所谓振困，到了凶年，士民生病，死丧很多。就要宽松刑罚，赦免罪人，开仓发放粮食给这些人吃。这就是振困。所谓接绝，士民因为国君之事而死的，死于战事的，让他们的朋友、故人从上面拿钱物来祭祀他们。这就是接绝。

九守第五十五

扫码听谦德
君为您导读

【题解】守, 即遵守或掌握。本文阐述君主应当遵守的九个方面, 因此称为九守。文分主位、主明、主听、主赏、主问、主因、主周、主参、督名等九节。或认为本文所提到的观点就是黄老道家的 "君人南面之术"。

安徐而静, 柔节先定, 虚心平意以待须。

右 "主位"。

【译文】安定沉着而冷静, 柔和克制而率先镇定, 虚心平意以待时变。

以上是 "主位" 的内容。

目贵明, 耳贵聪, 心贵智。以天下之目视则无不见也, 以天下之耳听则无不闻也, 以天下之心虑则无不知也。辐凑并进①, 则明不塞矣。

右 "主明"。

【注释】①辐凑：聚集。形容人们像车辐集中于车毂一样。也作"辐辏"。

【译文】眼睛贵在能明亮，耳朵贵在善听，心贵在明智。用天下人的眼睛来看，就没有看不到的；用天下人的耳朵来听，就没有听不到的；用天下人的心来思虑，就没有不能了解的。集中大家的力量办事，人的智慧就不会受到蒙蔽了。

以上是"主明"的内容。

听之术，曰勿望而距①，勿望而许。许之则失守，距之则闭塞。高山仰之，不可极也；深渊度之，不可测也。神明之德，正静其极也。

右"主听"。

【注释】①距：即"拒"，拒绝。

【译文】听取情况的方法是：不要一下子就拒绝，不要一下子就同意。轻率地同意就会有失原则，轻率地拒绝就容易封闭阻塞。要像高山一样，人仰望而看不到山顶；要像深渊一样，人俯视而觉得深不可测。神明之德的极点，是端正虚静。

以上是"主听"的内容。

用赏者贵诚，用刑者贵必。刑赏信必于耳目之所见，则其所不见，莫不暗化矣。诚畅乎天地，通于神明，见奸伪也。

右"主赏"。

【译文】行赏贵在诚信，用刑贵在坚决。在耳力目力所及的地方推行刑罚赏赐的时候诚信而坚定，那么耳力目力所不及的地方也能被潜移默化。诚，能够上通天地，通达神明，一定可以发现奸邪伪诈的人。

以上是"主赏"的内容。

一曰天之，二曰地之，三曰人之，四方上下，左右前后，荧惑之处安在？

右"主问"。

【译文】一是天上的，二是地上的，三是人间的，四方上下，左右前后，疑惑的地方在哪里呢？

以上是"主问"的内容。

心不为九窍，九窍治。君不为五官，五官治。为善者君予之赏，为非者君予之罚。君因其所以来，因而予之，则不劳矣。圣人因之，故能掌之。因之修理，故能长久。

右"主因"。

【译文】心不去做其他九窍的事情，九窍自己来办理。君主不去做大臣的事情，大臣自己各司其职。为善的人，君给予赏赐；作恶的人，君主给予处罚。君主根据臣民的所作所为相应地给予赏罚，政务就不会繁杂劳顿。圣人遵循这条法则，所以能掌控好局势。遵循规律来治理，因此能够长久不衰。

以上是"主因"的内容。

人主不可不周。人主不周，则群臣下乱。寂乎其无端也，外内不通，安知所怨? 关闭不开，善否无原。

右"主周"。

【译文】君主不可以不谨慎周密。如果君主不谨慎周密，那么群臣在下面就会发生祸乱。但是表面上看起来还是寂静地不透露出端绪，内外不串通消息，人们怎么会产生怨气呢? 传话的开关不开，那好话坏话都没有来源了。

以上是"主周"的内容。

一曰长目，二曰飞耳，三曰树明。明知千里之外，隐微之中，曰动奸①。奸动则变更矣。

右"主参"。

【注释】①动: 即"洞"，洞察之意。
【译文】一是看得远，二是听得远，三是明察秋毫。清楚地一直了解到千里之外、隐微之中的情况，就能洞察奸恶的人和事。奸恶的人和事被洞察清楚，叛变祸乱就能被阻止了。

以上是"主参"的内容。

修名而督实，按实而定名。名实相生，反相为情。名实当则治，不当则乱。名生于实，实生于德，德生于理，理生于智，智生于当。

　　右"督名"。

　　【译文】依据名称来考察内容，根据内容来确定名称。名称与内容之间互相促进，又互相阐释。名称与内容相符就能井井有条，不相符就会产生混乱。名称源于内容，内容源于德行，德行源于理，理源于智，智源于"当"。

　　以上是"督名"的内容。

桓公问第五十六

扫码听谦德
君为您导读

【题解】本文通过桓公和管仲问答的形式, 主要论述了君主纳谏等问题, 表达了一些开明政治的主张, 主要认为君主不能私心独断, 而是要广听民意。有学者认为, 全书涉及桓公、管仲问答的篇章都只称"桓公", 而无"齐"字, 疑此处之"齐"字衍。如果"齐"字为衍文, 那么本篇篇名即为取开头前三个字, 即"桓公问"。

齐桓公问管子曰①: "吾念有而勿失, 得而勿忘②, 为之有道乎?" 对曰: "勿创勿作, 时至而随。毋以私好恶害公正, 察民所恶, 以自为戒。黄帝立明台之议者, 上观于贤也③。尧有衢室之问者④, 下听于人也。舜有告善之旌, 而主不蔽也。禹立谏鼓于朝, 而备讯唉。汤有总街之庭, 以观人诽也。武王有灵台之复, 而贤者进也。此古圣帝明王所以有而勿失, 得而勿忘者也。" 桓公曰: "吾欲效而为之, 其名云何?" 对曰: "名曰啧室之议⑤。曰法简而易行, 刑审而不犯, 事约而易从, 求寡而易足⑥。人有非上之所过, 谓之正士, 内于啧室之议⑦。有司执事者咸以厥事奉职, 而不忘为此啧室之事也。请以东郭牙为之, 此人能以正事争于君前者也⑧。"桓公曰:"善。"

【注释】①有学者认为,全书涉及桓公、管仲问答的篇章都只称"桓公",而无"齐"字,疑此处之"齐"字衍。②忘:即"亡",丢失,失去。③上观:崇尚。上:尚。观:显示。④衢:四通八达的道路。下文"总衢"之"衢",词义同此。⑤啧:大呼,争辩。⑥求:征税。⑦内:即"纳",收纳。⑧正事:谏事,纠正错误的事。正:纠正。

【译文】齐桓公问管子说:"我常想拥有天下而不使之失去,得到天下而不使之失去,有达成这样的办法吗?"管仲回答说:"不急于开功立业,时机到了就顺势而为。不以自己的个人好恶妨碍公正,体察民众所厌恶的,并引以为戒。黄帝建立明台听取臣民的意见,是因为崇尚那些贤能的人。尧帝在衢室里面询问,是为了向下听取民众的意见。舜帝有号召进谏的旌旗,君主就不受蒙蔽;禹把谏鼓设立在朝堂上,可以随时准备接受民众的上告;汤帝有总街的厅堂,可以搜集人们的议论建议;周武王有灵台的报告制度,贤者都可以进言。这就是古代圣明的帝王能够常有天下而不失、常得天下而不亡的原因。"桓公说:"我想效仿他们,应当给这个制度取一个什么名字呢?"管仲回答说:"叫'啧室之议'吧。就是说:国家法度要简而易行,刑罚要审慎而无人犯罪,政事要简而易从,征税要少而容易交足。老百姓有提出君主过失的,就称之为'正士',其意见都纳入'啧室'来商议处理。负责办事的官吏,都要把受理这件事情当作本职工作,而不能有所遗忘。请派东郭牙来主管这件事情,这个人是能够为进谏的事情在君主面前据理力争的。"桓公说:"好。"

度地第五十七

扫码听谦德
君为您导读

【题解】度地，即勘察地势。篇名言"度地"，其核心却是"水"的问题。本文内容主要论述了一整套治水的规划与措施，是我国古代一篇全面论述治水的文章。由于开始部分是从勘察地势、建立国都谈起的，因此篇名为《度地》。

昔者桓公问管仲曰："寡人请问度地形而为国者，其何如而可？"管仲对曰："夷吾之所闻：能为霸王者，盖天子圣人也。故圣人之处国者，必于不倾之地而择地形之肥饶者①，乡山，左右经水若泽，内为落渠之写②，因大川而注焉。乃以其天材，地之所生利，养其人以育六畜。天下之人，皆归其德而惠其义，乃别制断之。不满州者谓之术③，不满术者谓之里。故百家为里，里十为术，术十为州，州十为都，都十为霸国，不如霸国者，国也，以奉天子。天子有万诸侯也，其中有公侯伯子男焉，天子中而处。此谓因天之固，归地之利，内为之城，城外为之郭，郭外为之土阆④，地高则沟之，下则堤之，命之曰金城。树以荆棘，上相穑著者⑤，所以为固也。岁修增而毋已，时修增而无已，福及孙子。此谓人命万世无穷之利，人君之葆守也。臣服之以尽忠于君，君体有之以临天下。故能为天下之民先也，此宰之任，则臣之义也。故善为国者，必先除其五害，人乃终身无患害而孝慈焉。”

【注释】①不倾之地：岗原深厚的地方。②落：通“络”。写：同“泻”，排泄。③术：通“遂”，古代行政区划分。④土阃：土壤。⑤稸：通“畜”，结合。

【译文】从前，桓公曾经问管仲道："请问勘察地势、建立都城的工作，应该怎么进行才好呢？"管仲回答道："据我所知，能够成就王霸之业的，都是天下的圣人。圣人建设都城，一定会选在平稳可靠的地方，又是肥饶的土地，依靠着山，左右有河流或者湖泊水泽，城内修砌完备的沟渠排水，随着地势流入大河。这样就可以利用自然资源和农业产品，不仅供养国人，而且繁育六畜。天下的民众都可以受其恩惠了。如果要加以区别的话，不够'州'的叫作'术'，不够'术'的叫作'里'。因此百家为里，十里为术，十术为州，十州为都，十都为霸国。不到霸国规模的，是普通的诸侯国。根据拥戴天子的情况而言，天子可以拥有上万个诸侯国，其中分为公、侯、伯、子、男五等。天子是居于中央的，因为这样可以利用全国的自然资源，征收全国的土地财利。都城建设应当是在内修'城'，在外修'郭'，郭外筑护城壕：地势高的就挖掘沟渠，地势低的就建筑堤坝。这样才配被称作是牢不可破的城池。城墙上面种植荆棘，使之交错纠结，以此来加固城墙。每年都不断地增修，每季也不断增修，使之能够造福于子孙后代，这关系着万世的民生福祉，也是对君主的保障。大臣们管理好都城效忠于国君，国君凭借着都城来统治天下，以此来成为天下百姓仰赖的根基。这项建设都城的工作，不仅是宰相的职责,也是所有大臣的责任。善于治理国家的人,还必须首先除去五种危害,民众才可以终身免于祸患,从而做到父慈子孝。"

桓公曰:"愿闻五害之说。"管仲对曰:"水一害也,旱一害也,风雾雹霜一害也,厉一害也①,虫一害也,此谓五害。五害之属,水最为大。五害已除,人乃可治。"桓公曰:"愿闻水害。"管仲对曰:"水有大小,又有远近。水之出于山而流入于海者,命曰经水。水别于他水,入于大水及海者,命曰枝水。山之沟,一有水,一毋水者,命曰谷水。水之出于他水沟,流于大水及海者,命曰川水。出地而不流者,命曰渊水。此五水者,因其利而往之可也,因而扼之可也,而不久常,有危殆矣。"桓公曰:"水可扼而使东西南北及高乎?"管仲对曰:"可。夫水之性,以高走下则疾,至于漂石;而下向高,即留而不行。故高其上,领瓴之②,尺有十分之三,里满四十九者,水可走也。乃迁其道而远之,以势行之。水之性,行至曲必留退,满则后推前。地下则平,行地高即控③,杜曲则捣毁④,杜曲激则跃,跃则倚,倚则环,环则中,中则涵⑤,涵则塞,塞则移,移则控,控则水妄行,水妄行则伤人,伤人则困,困则轻法,轻法则难治,难治则不孝,不孝则不臣矣。故五害之属,伤杀之类,祸福同矣。知备此五者,人君天地矣。"

【注释】①厉:即疾病、瘟疫。②领:岭,山岭。瓴:陶器,能盛水。③控:顿,顿却。④杜:塞,这里指水积聚在曲处。⑤涵:沉浸,这里指泥沙沉淀。

【译文】桓公说:"我想听听五种危害的内容。"管仲回答道: "水灾是一种危害,旱灾是一种危害,风雾雹霜之灾是一种危害,瘟疫是一种危害,虫灾是一种危害。这叫作五种危害。这五种危害之中,以水灾带来的危害最大。清除五种危害,民众就可以治理好了。"桓公说:"那我就先听水灾带来的危害吧。"管仲回答道:"水灾有大有小,又有远有近。发源自山里,流进海里的,叫作'经水';从其它河流中分流,流入大河大海的,叫作'枝水';在山间沟谷,时有时无的,叫作'谷水';发源于地下,流入大河大海的,叫作'川水';从地下涌出而不外漫流的,叫作'渊水'。这五种水灾,都可以顺着水的流势来加以引流,也可以对其进行拦截控制,但是隔不了多久,常常就会发生灾害。"桓公说:"水,可以通过拦截控制而使它流往东西南北,以至于流往高处吗?"管仲回答说:"是可以的。水的性质,如果从高处往下流动速度就会变快,以至于可以把石头冲走;而从下面往上走,就停滞不前。因此如果把上游的水位提高,用瓦器引流而下,瓦器每尺有十分之三向下倾斜,水就可以急行满四十九里。然后使水迂回地流到更远的地方去,顺应水的流势通往高处。水的性质,走到曲折的地方,就停滞不前了,如果满了,后面的水就会推着前面的水向前行进,地势低的话就会走得比较平稳,地势高的话就会发生激荡,地势曲折的话就会把土地冲毁。如果地势过于迂回曲折,水流就会跳跃而行,跳跃而行就会偏离流向,偏离流向就会打旋,打旋就会集中在一个地方,集中在一个地方就会导致泥沙沉淀,泥沙沉淀就会导致水道淤塞,水道淤塞就会导致河流改道,河流改道就会导致水流激荡,水流激荡就会导致河水泛滥,河水泛滥就会危害到人,人被水灾危害到了就会导致贫困,一旦贫困就会轻慢法度,轻慢法度就会难于治理,难于治理就会行为不端,行为不端就会不服从统治了。因此这五种危害，就和杀人伤人的性质是一样的，它们的招致祸患是一样的。懂得防备这五种危害，人就可以主宰天地了。"

桓公曰："请问备五害之道？"管子对曰："请除五害之说，以水为始。请为置水官，令习水者为吏：大夫、大夫佐各一人，率部校长官佐各财足。乃取水左右各一人①，使为都匠水工。令之行水道、城郭、堤川、沟池、官府、寺舍及州中，当缮治者，给卒财足②。令曰：常以秋岁末之时，阅其民，案家人比地，定什伍口数，别男女大小。其不为用者辄免之，有锢病不可作者疾之③，可省作者半事之④。并行⑤，以定甲士当被兵之数，上其都。都以临下，视有余不足之处，辄下水官。水官亦以甲士当被兵之数，与三老、里有司、伍长行里，因父母案行。阅具备水之器以冬无事之时，笼、臿、板、筑各什六⑥，土车什一，雨敹什二⑦，食器两具，人有之。锢藏里中，以给丧器。后常令水官吏与都匠，因三老、里有司、伍长案行之。常以朔日始出阅具之，取完坚，补弊久，去苦恶。常以冬少事之时，令甲士以更次益薪，积之水旁。州大夫将之，唯毋后时。其积薪也，以事之已；其作土也，以事未起。天地和调，日有长久，以此观之，其利百倍。故常以毋事具器，有事用之，水常可制，而使毋败。此谓素有备而豫具者也。"

【注释】①左右：即佐佑，助手。②卒：劳动力。③疾：登记为病号。④省：少。⑤并行：普遍巡察。⑥笼：土筐。臿：掘土的工具，锹。

板：筑堤用的夹板。筑：木夯。⑦雨軬(fàn)：可挡雨的车子。軬，车篷。

【译文】桓公说："请问要怎么防备这五种危害呢？"管仲回答道："消除这五种危害，以水害为先。请设置掌管水流的官职，委派熟悉治水的人来负责此事；任命大夫和大夫佐各一人，统率校长、官佐和各类徒隶。然后挑选水官的左右部下各一人，用来作为水工的头领。派遣他们巡视水道、城郭、堤坝、河川、官府、官署和州中，凡是应当修缮的地方，就拨给士卒、徒隶来修缮。还要发布命令说：每到秋后，要对民间进行普查，检查户口和土地，核实人口的数量，并且分别统计男女老幼的人数。不能从事治水劳动的，就免除这项徭役；久病缠身不能够服役的，就按病人处理；只能做少量工作的，按照半个劳动力来处理。经过普遍调查来选定各地的甲士，作为服兵役的总人数，上报于'都水官'。都水官就依此下去视察，如果看到人数有富余或者人数不足的情况，就通知下级的水官。下级的水官也把选定的甲士作为征兵的人数，会同三老、里有司、伍长等到里中进行具体调查，最后还要与被征调人的父母协同查定。至于审查治水的工具，应当在冬天农闲的时候开始准备。土筐、锹、夹板、木夯，每一什要准备六件，土车每一什要准备一辆，防雨的车篷每一什要准备两部，食器要求每人准备两套，这些东西保存在里内，防止损坏或者遗失。在这之后要经常命令水官和工匠头领依靠三老、里有司、伍长等规正核查。常年自每月初一日开始，去核查所准备的工具，挑选保留那些完好坚实的工具，修补那些残破老旧的工具，淘汰那些质量粗劣的工具。时常在冬天农闲的时候，派遣甲士轮流采集木柴，堆积在水旁。由州大夫率领完成此事，千万不可以有所耽误。积累木柴，要在农事完结以后；修筑堤坝，要在春耕开始以前。这个时候天气晴朗暖和，白天又比较长，就这些条件来看的话，好处是很大的。因此要经常在没有水害的时候准备好工具设备，以便需要使用的时候及时使用，水流可以常年处于可控的范围，从而使之不会造成危害。这就叫作平时有所准备从而可以防患于未然了。"

桓公曰："当何时作之？"管子曰："春三月，天地干燥，水纠列之时也①。山川涸落，天气下，地气上，万物交通。故事已，新事未起，草木荑生可食②。寒暑调，日夜分。分之后，夜日益短，昼日益长，利以作土功之事，土乃益刚。令甲士作堤大水之旁，大其下，小其上，随水而行。地有不生草者，必为之囊。大者为之堤，小者为之防，夹水四道，禾稼不伤。岁埤增之③，树以荆棘，以固其地，杂之以柏杨，以备决水。民得其饶，是谓流膏。令下贫守之，往往而为界，可以毋败。当夏三月，天地气壮，大暑至，万物荣华，利以疾薅杀草薉④。使令不欲扰，命曰不长。不利作土功之事，放农焉⑤，利皆耗十分之五，土功不成。当秋三月，山川百泉踊，降雨下，山水出，海路距，雨露属，天地凑汐⑥，利以疾作收敛毋留。一日把，百日餔。民毋男女，皆行于野。不利作土功之事，濡湿日生，土弱难成，利耗什分之六，土工之事亦不立。当冬三月，天地闭藏，暑雨止⑦，大寒起，万物实熟，利以填塞空郤⑧，缮边城，涂郭术，平度量，正权衡，虚牢狱，实廥仓⑨。君修乐，与神明相望。凡一年之事毕矣。举有功，赏贤，罚有罪，迁有司之吏而第之。不利作土工之事，利耗什分之七，土刚不立。昼日益短，而夜日益长，利以作室，不利以作堂。四时以得，四害皆服。"

【注释】①纠列：水流清冽。②荑(tí)：草木出生的嫩芽。③埠：增高。④薅(hāo)：拔草，锄草。薉(huì)：同"秽"，荒芜，杂草多。⑤放：通"妨"。⑥凑汐：水流聚集于天地之中而流动缓慢。⑦暑雨：蒸而为雨。⑧郤(xì)：通"隙"。空隙。⑨廥(kuài)：存放木柴、草料的地方。

【译文】桓公问："那么应当在什么时候开始动工呢？"管仲回答说："在春三月，这个时候天气干燥，是水少流细的时候。这个时候山河干涸水流较少，天气渐渐开始转暖，寒气渐渐消减，万物开始生发。旧年的农事已经做完，新年农事还没有开始，草木的幼芽已经可以食用。天气的寒和热逐渐开始调和，昼夜的长短也开始变得均匀。昼夜均匀以后，夜间一天比一天短，白天一天比一天长。这个时候有利于做土工等事，因为这样堤土会变得日益坚实。这个时候可以派遣甲士在河边修筑堤坝，堤的基础要宽，顶部要窄。使长堤沿河而行。在附近的不生长作物的地方，一定要挖出水库。大水库周围修筑水堤，小水库周围修筑水防，使水堤水防围绕在水库的四周，从而防止水流漫延伤害庄稼。水堤要年年进行修补，水堤上面要种植荆棘灌木来加固堤土。还要插缝间错种植柏树、杨树等高大的树木，防止水堤被洪水冲决。民众在这里还可以得到利益，这简直像一潭流动的脂膏。守堤的工作派遣贫困人家去做，依次给他们划好地段，来保持河堤不坏。至于在夏季的三个月里，自然界变化强烈，大暑到了，万物生长得茂盛。应当做好农田除草的工作。政令不要干扰农事，征发劳役也不应当时间过长。这个时候不利于做土工等工事，因为它们会妨害农事，白白地花费一半工费，土工也没有什么能做成的。在秋季的三个月里，山川百泉涌水，大雨降临，山洪爆发，进入海路远处的水难以疏通宣泄，秋雨连绵不绝，天地呈现凝合的状态。这个时候应当加紧进行秋收的工作，使秋收能够颗粒归仓。所说的'收割一天,食用百日'。民众不管是男是女,都要到田间劳动。这个时候不利于做土工等工事,因为这个时候潮湿之气日益滋生,土质松软难以成形。白白花费十分之六的工费,土工等工事也没有什么能做成的。在冬季的三个月里,天地收闭。蒸腾而成的雨停止了,大寒来了,万物的果实都成熟了。这个时候应当补修屋舍,修缮边防城寨,修理城墙道路,调正度量衡,处理狱中的罪犯,蓄积草料和粮食,以及君主举行的娱乐活动和祭神活动。由于一年的事情全部都完成了,还应当表彰有功劳的人,奖赏贤人惩罚罪犯,升迁官吏提高他们的等级。这个时候不利于大兴土木,白白花费十分之七的工费,但是土壤冻住难以成形。这个时候白天越来越短而晚上越来越长,天气寒冷的时候适宜在室内劳作,甚至仅仅在外堂劳作都不适宜。把一年四季的事情都安排妥当,其它四种危害也都可以被制服了。"

桓公曰:"寡人悖①,不知四害之服②,奈何?"管仲对曰:"冬作土功,发地藏,则夏多暴雨,秋霖不止。春不收枯骨朽脊,伐枯木而去之,则夏旱至矣。夏有大露原烟噎③,下百草,人采食之,伤人,人多疾病而不止。民乃恐殆。君令五官之吏,与三老、里有司、伍长,行里顺之,令之家起火为温④,其田及宫中皆盖井,毋令毒下及食器,将饮伤人。有下虫伤禾稼。凡天灾害之下也,君子谨避之,故不八九死也。大寒大暑,大风大雨,其至不时者,此谓四刑。或遇以死,或遇以生,君子避之,是亦伤人。故吏者,所以教顺也,三老里有司伍长者,所以为率也。五者已具,民无愿者,愿其毕也。故常以冬日，顺三老、里有司、伍长，以冬赏罚，使各应其赏而服其罚，五者不可害，则君之法犯矣。此示民而易见，故民不比也。"

【注释】①悖：愚笨。②服：备。两字古可通用。③喧：即"暄"。④温：通"煴（yūn）"，烧烟来驱逐室内的疫气。

【译文】桓公说："寡人愚笨，还不知道应该怎样制服其它四种危害呢？"管仲回答说："冬天如果大兴土木，就会发散地下敛藏的地气，那么夏天就会有很多暴雨，秋天也下雨连绵不止。春天如果不把枯骨和朽尸掩埋好，不把干枯的草木砍伐掉，那么到了夏天旱灾就会来临。夏天有大露和大瘴，凝聚在植物上，人吃了就会受到伤害。民众大多疾病而不采取行动制止这种现象的话，民众就会惶恐不安。君主要派出各部门的官吏偕同三老、里有司、伍长等到各里训话，命令百姓各家生火蒸煮食物；地里、院里都要盖上井盖。并不使毒气沾污食器，防止饮水伤人。还要注意发生虫灾毁伤庄稼的事情。凡是发生天灾的时候，治理国家的人应当谨慎组织和预防，十之八九就不会出人命了。至于过于寒冷、过于炎热、大风、大雨，凡是不合时令而发生的事情，叫作'四刑'。有的人遇上这种情况就死了，有的人则会幸存下来。治理国家的人即使谨慎组织和预防，也难免会有人受到伤害。因此官吏应当做好教训工作，三老、里有司、伍长等是要做好示范工作的。做好了防止五种危害的工作，民众就没有更多的要求了，因为要求已经满足，因此要时常利用冬天训练三老、里有司和伍长们，并且最后定出奖赏和惩罚，使他们中有功劳的人一定能够得到应得的赏赐，使他们中有过失的人一定会得到惩罚。五种危害不能成为祸乱，君注的法令就没有人违犯了。因为这项政绩是显而易见的，百姓就不在下面结党营私了。"

桓公曰:"凡一年之中十二月,作土功,有时则为之,非其时而败,将何以待之?"管仲对曰:"常令水官之吏,冬时行堤防,可治者,章而上之都,都以春少事作之。已作之后,常案行。堤有毁,作大雨,各葆其所。可治者,趣治^①,以徒隶给。大雨,堤防可衣者衣之。冲水,可据者据之。终岁以毋败为固,此谓备之常时,祸何从来?所以然者,浊水蒙壤自塞而行者,江、河之谓也。岁高其堤,所以不没也。春冬取土于中,秋夏取土于外。浊水入之,不能为败。"桓公曰:"善。仲父之语寡人毕矣,然则寡人何事乎哉?亟为寡人教侧臣。"

【注释】①趣(cù):古同"促",急,快速。

【译文】桓公说:"在一年的十二个月里,大兴土木的事情只有合乎季节才可以做,不合乎季节就不能做,应当怎样常年进行来准备呢?"管仲回答说:"要经常派遣水官在冬天巡视核查河流堤防,发现需要修治的问题立刻写好文书向都水官报告。都水官一般是定在春季农事不多的时候开始修筑河堤的。但是河堤做成以后,就要经常进行检验。河堤如果发生毁坏的时候,如果遇到大雨,就要派人分段保护,需要修补的地方就要抓紧修补,拨给徒隶充役来完这件事情。在大雨中,堤防需要覆盖就得及时覆盖;冲水的时候,堤防需要屯堵的地方就组织力量来进行屯堵。一年到头把保持堤防不坏作为治水工作的成效。这也就是所谓'平时有备,祸从何来?'之所以这样做,是因为浊水中经常会夹带着泥土,自身运行会经常淤塞河道,江、河都是这样的。还要常年加高堤坝,从而使农田不被淹没。春、冬两个季节在河内取土加高堤坝,秋、夏两个季节在河外取土加高堤坝，浊水来临也就不会毁坏了。"桓公说："好啊! 仲父给我讲的已经很全面了，可是我能够做些什么呢? 请您替我赶快把这些道理教给左右的大臣。"

地员第五十八

扫码听谦德
君为您导读

【题解】员，物数也。地员，此指土地及其物产的种类。本文的主要论述土地和土地的物产两个方面，是农业土壤学方面的文献。文中的论述时合时分，其分类之细密为古代农家文献所罕见。文章开篇与《水地》一样重视水源，进而又将土壤的土地分为上中下三等，分别说明其土质特点及其物产，显示了战国农业土壤科学的发展。

夫管仲之匡天下也^①，其施七尺^②。

【注释】①匡：匡扶，治理。②施：尺度名，地深七尺为一施。
【译文】管仲治理天下，规定地深七尺为一施。

渎田悉徙^①，五种无不宜，其立后而手实^②。其木宜蚖、苍与杜^③、松，其草宜楚棘。见是土也，命之曰五施，五七三十五尺而至于泉。呼音中角，其水仓^④，其民强。

【注释】①渎田：开沟渠引水灌溉的田。尹注曰：渎田，谓穿沟渎而溉田。悉徒：轮换耕种，以保持土壤肥力。②立后而手实：指庄稼植根之处土深而收获丰实。陈奂云："后"与"厚"同。《小雅》传："手，取也。"言五种之谷其树厚而取实。③蚖（yuán）：通"杬"，一种大树，皮厚，树皮煎汁可用于贮藏果品。苍（lún）：通"棆"，一种小樟树。杜：甘棠树。④仓：通"苍"，青色。

【译文】有沟渠灌溉的田地，每年都轮换耕种，种植五谷都可以。这里种植五谷，庄稼植根深厚，收获丰实，这里种树适合种杬树、棆树、甘棠树、松树，种草适合种荆棘。见到这种土，称之为五施之土，即土深三十五尺与地下泉水相接。这种地的呼号之音相当于"角"，水呈青色，居民强壮。

赤垆①，历强肥②，五种无不宜。其麻白，其布黄，其草宜白茅与蓷③，其木宜赤棠。见是土也，命之曰四施，四七二十八尺而至于泉。呼音中商。其水白而甘，其民寿。

【注释】①垆：黑色坚硬的土壤。②历：稀疏。强：坚硬。③蓷（huán）：荻，形似芦苇，秸杆细而实。

【译文】赤垆土，疏松坚硬而肥沃，种植五谷都可以。这里产的麻颜色洁白，织出的布色泽润黄，这里种草适合种白茅和蓷，种树适合种赤棠。见到这种土，称之为四施之土，即土深二十八尺与地下泉水相接。这种地的呼号之音相当于"商"，这里的水白而甘甜，居民长寿。

黄唐，无宜也，唯宜黍秫也①。宜县泽②。行廆落③，地润数毁，难以立邑置廆。其草宜黍秫与茅，其木宜樗、扰、桑④。见是土也，命之曰三施，三七二十一尺而至于泉。呼音中宫，其泉黄而糗，流徙。

【注释】①秫：高粱。②宜：应该，应当。县：同"悬"，"下出"的意思。悬泽：即雨水聚集。③行廧落：修建围墙篱笆。廧：同"墙"。落：篱笆。④櫄：即椿树。扰：一种树，或为"杻"。

【译文】黄唐土，不适合种作物，只适合种黍和高粱。应当排除积水，修建围墙篱笆，因为土地潮湿，容易毁坏，难以建城筑墙。这里种草应当种植黍秫和白茅，种树应当种椿树、扰树和桑树。见到这种土，称之为三施之土，即土深二十一尺与地下泉水相接。这里的土地呼号之声相当于"宫"，水黄而有臭味。土壤容易流失。

斥埴^①，宜大菽与麦。其草宜萯^②、蔰，其木宜杞。见是土也，命之曰再施，二七十四尺而至于泉。呼音中羽。其泉咸，水流徙。

【注释】①斥：土地中含有过多的盐碱。埴：黏土。②萯（bèi）：一种草名。

【译文】斥埴土，适合种植大豆和麦子。种草适合萯和蔰，种树适合杞树。见到这种土，称之为再施之土，即土深十四尺就与地下泉水相接。其呼号之声相当于"羽"，这里的泉水是咸的，水容易流失。

黑埴，宜稻麦。其草宜苹、蓨^①，其木宜白棠^②。见是土也，命之曰一施，七尺而至于泉。呼音中徵。其水黑而苦。

【注释】①苹蓧（tiáo）：蒿类植物，嫩时可食。②白棠：与赤棠同类，果实白色，不酸涩。

【译文】黑埴土，适合种稻麦。这里种草适合苹蓧，种树适合白棠。见到这种土，称之为一施之土，即土深七尺与地下泉水相接。其呼声相当于"徵"，这里的水又黑又苦。

凡听徵，如负猪豕觉而骇①。凡听羽，如鸣马在野。凡听宫，如牛鸣窌中②。凡听商，如离群羊。凡听角，如雉登木以鸣，音疾以清。凡将起五音凡首，先主一而三之，四开以合九九，以是生黄钟小素之首，以成宫③。三分而益之以一，为百有八，为徵④。不无有三分而去其乘⑤，适足，以是生商⑥。有三分，而复于其所，以是成羽⑦。有三分，去其乘，适足，以是成角⑧。

【注释】①负猪：尾巴上举的猪。负：翘尾巴，猪受惊而尾巴上翘。②窌：同"窖"。③"凡首"四句：凡首，一开始。主一：即假定基数为"一"。三之：即一除以三，三等分。四开：即四次除以三得八十一等分。九九：八十一。黄钟：即黄钟的积数，其长度为百分之九十分。小素：即指"八十一"这个数字而言。下文算法类同。④"三分而益之以一"几句：黎翔凤云：以三为主，益一为，去一为。黄钟八十一，三分益一，即得徵（zhǐ）。⑤不无有：尹注曰：不无有，即有也。⑥生商：一百零八减去它的三分之一是七十二的足数。得商。⑦成羽：三分之一的七十二再加到七十二的上面成为九十六，得羽。⑧成角：九十六减去三分之一是六十四的足数，得角。

【译文】凡是听"徵"音，犹如尾巴上翘的猪，像猪发觉受惊而大叫。凡是听"羽"音，如荒野马叫。凡是听"宫"音，如地窖牛鸣。

凡是听"商"音，如离群的羊叫。凡是听"角"音，如鸡鸣树上，音调清澈而迅疾。计算五音，开始时，先假定基数为"一"，分为三等，经四次推演以合九九之数，如此得到黄钟小素的音调，即为宫声。三分再加一分，成为一百零八，即为"徵"声。一百零八再减三分之一，即成"商"声。七十二再加三分之一，得九十六，成为"羽"声。九十六减去三分之一，即成为"角"声。

坟延者①，六施，六七四十二尺而至于泉。陕之芳七施②，七七四十九尺而至于泉。祀陕八施③，七八五十六尺而至于泉。杜陵九施④，七九六十三尺而至于泉。延陵十施⑤，七十尺而至于泉。环陵十一施，七十七尺而至于泉。蔓山十二施⑥，八十四尺而至于泉。付山十三施，九十一尺而至于泉。付山白徒十四施⑦，九十八尺而至于泉。中陵十五施⑧，百五尺而至于泉。青山十六施⑨，百一十二尺而至于泉，青龙之所居，庚泥不可得泉⑩，赤壤务山十七施，百一十九尺而至于泉，其下清商，不可得泉。陛山白壤十八施，百二十六尺而至于泉，其下骈石⑪，不可得泉。徙山十九施⑫，百三十三尺而至于泉，其下有灰壤，不可得泉。高陵土山二十施，百四十尺而至于泉。

【注释】①坟延：即"坟衍"，介于丘陵与低洼之地之间，比平原稍高之蔓坡地。以下十四种土地，地势渐高，泉源渐深，大体均为丘陵地带。②陕之芳：狭隘之地的旁边。陕：狭。芳：旁。③祀：屺，高出。④杜陵：高大的土丘。杜：土。⑤延陵：延伸的缓坡。⑥蔓山：山形曼延而长的丘陵。⑦付山：山上的小山头。白徒：白色土壤。⑧中陵：平地上的丘陵。⑨青山：东方之山。古代四方观念中，东方为青色。⑩庚泥：泥沙相续。庚：续。一说，庚为坚硬之义，庚泥指坚硬的泥土。⑪骈石：并排的石头。⑫徒山：不生草木，土石袒露的山。

【译文】介于丘陵和低洼之地的沃土，土深六施，即地下四十二尺与水相接。狭隘之地旁，土深七施，即地下四十九尺与水相接。高出狭隘之地的土地，土深八施，即地下五十六尺与水相接。高大的土丘，土深九施，即地下六十三尺与水相接。缓坡的丘陵，土深十施，即地下七十尺与水相接。环形的丘陵，土深十一施，即地下七十七尺与水相接。山形曼延而长的土丘山地，土深十二施，即地下八十四尺与水相接。山丘上的小丘，土深十三施，即地下九十一尺与水相接。小山头有白色土壤的，土深十四施，即地下九十八尺与水相接。平地上的丘陵，土深十五施，即地下一百零五尺与水相接。东方之山，土深十六施，即地下一百一十二尺与水相接。青龙所居之地，泥沙相续，无泉水。红土而多小石的山，土深十七施，即地下一百一十九尺与水相接，下面有清商，没有泉水。低矮山白壤，土深十八施，即地下一百二十六尺与水相接，下面有石头并列相排，没有泉水。寸草不生的山，土深十九施，即地下一百三十三尺与水相接，下面有灰土，没有泉水。高陵土山，土深二十施，即地下一百四十尺与水相接。

山之上，命之曰县泉①，其地不干，其草如茅与走②，其木乃櫄③，凿之二尺，乃至于泉。山之上，命曰复吕④，其草鱼肠与荓⑤，其木乃柳，凿之三尺而至于泉。山之上，命之曰泉英⑥，其草蕲、白昌⑦，其木乃杨，凿之五尺而至于泉。山之材，其草兢与蕃⑧，其木乃格⑨，凿之二七十四尺而至于泉。山之侧，其草蓄与蒌，其木乃品榆⑩，凿之三七二十一尺而至于泉。

【注释】①县泉：悬泉。②如茅：草名，未详为何草。走：夏纬瑛说即"藘"，犹今乌拉草，一种高山植物。③樠（mán）：木名，树心像松树。或谓即红松。④复吕：字当作"復"，重复层叠的山。⑤蕕（yóu）：水草名，其味恶臭。⑥泉英：甘泉、美泉。⑦蕲（qín）：当归。白昌：菖蒲。⑧山之材：当为"山之侧"。兢：通"秾"，疑作芩。⑨格：通"椵"，树名，柚类。⑩菖（fú）：一种仲春生长的草，可食用。蒌：蒌蒿，可用来做鱼汤。品榆：原作"区榆"，据王引之说，即刺榆，一种灌木。

【译文】山上有悬泉的地方，土壤潮湿不干，所生的草是茅和乌拉草，所生之木是樠木，凿地二尺即可见泉水。山上有重叠的山峦，所生之草为鱼肠和蕕，树木为柳树，凿地三尺即可见泉水。山上有甘泉的地方，所生之草为当归和菖蒲，所生之树为杨树，凿地五尺即可见泉水。山的侧面，所生之草为芩和蕢，所生之树为椵，凿地十四尺即可见到泉水。山的侧面，所生之草为菖和蒌，树木为刺榆，凿地二十一尺即可见到泉水。

凡草土之道，各有谷造①。或高或下，各有草土。叶下于䕡，䕡下于苋②，苋下于蒲，蒲下于苇，苇下于雚，雚下于蒌，蒌下于荓③，荓下于萧，萧下于薛，薛下于萑④，萑下于茅。凡彼草物，有十二衰⑤，各有所归。

【注释】①谷：生。造：通"蓲（chòu）"，草丛杂的样子。②䕡（yù）：古"茇"字，即菱。苋：一种水草，可用于做席子。③荓（píng）：草名，俗称"铁扫帚"。④萑（zhuī）：当作"蓷（tuī）"，益母草。⑤衰

(cuī)：等级，等次。

　　【译文】大凡草木与土地结合，各有相应的草木生成。或高或低，各有相应的草和土壤。荷叶的生长地域低于菱，菱的生长地域低于苋，苋的生长地域低于蒲，蒲的生长地域低于苇，苇的生长地域低于雚，雚的生长地域低于蒌，蒌的生长地域低于荓，荓的生长地域低于萧，萧的生长地域低于薜，薜的生长地域低于萑，萑的生长地域低于茅。这些草物，分十二个等次，各有其位。

　　九州之土，为九十物。每州有常，而物有次。群土之长，是唯五粟。五粟之物，或赤或青或白或黑或黄，五粟五章。五粟之状，淖而不肕，刚而不觳①，不泞车轮，不污手足。其种，大重细重②，白茎白秀，无不宜也。五粟之土，若在陵在山，在隊在衍③，其阴其阳，尽宜桐柞，莫不秀长。其榆其柳，其壓其桑④，其柘其栎，其槐其杨，群木蕃滋，数大条直以长⑤。其泽则多鱼，牧则宜牛羊。其地其樊，俱宜竹、箭、藻、龟、楢、檀。五臭生之：薜荔、白芷，蘪芜、椒、连⑥。五臭所校⑦，寡疾难老，士女皆好，其民工巧。其泉黄白，其人夷姤⑧。五粟之土，干而不挌⑨，湛而不泽⑩，无高下，葆泽以处。是谓粟土。

　　【注释】①肕：当作“韧”，黏。觳（què）：土地贫瘠。②大重、细重：重，字当作穜。晚种早熟为“穋（穆）”，早种晚熟为“重”。细：小。③隊：水边。衍：低而平坦之地。④壓（yǎn）：山桑，落叶乔木。⑤数：同“速”，意为长得快。⑥五臭（xiù）：即五种香气，这里指五种香味植物。臭：这里指气味总称。连：通“兰”。⑦校：读为“效”，效果，效益。

⑧夷姤: 即性情平和厚重, 表示性情很好。夷: 平。姤: 厚。⑨挌: 即坚硬。⑩湛: 即湿润。泽: 此处当解散、脱散之意。

【译文】九州的土地, 有九十种。每种土都有固定的特性, 也有其等级次序。所有土壤中居于最上等的, 是五种粟土。这五种土, 是红、青、白、黑、黄。五种粟土各有特征。五种粟土的特性, 湿润而不黏, 干燥而不贫瘠, 不会陷住车轮, 不会污浊手脚。种植谷物, 宜于大重、细重, 白茎白穗, 都很合适。五种粟土, 无论在丘陵还是高山, 在水边还是平原, 在阴面还是阳面, 都适合种植桐树和柞树, 并且长得茂盛高大。榆树、柳树、檿树、桑树、柘树、栎树、槐树、杨树, 各种木材都茂盛, 长得又快又大, 枝条又长又直。这里的沼泽池塘则多鱼类。这里放牧则适宜牛羊。地里和山边, 都适宜种植竹箭、楸树、楢树和檀树。这里还生长五种有香味的植物, 包括薜荔、白芷、麋芜、椒树和兰花。五种香味植物的效益, 可以使人少生病, 不易衰老, 男女都长得好看, 民众心灵手巧。这地方的泉水呈黄白色, 这地方的人性情都平和厚重。五粟之土, 干燥而不坚硬, 湿润而不散脱, 无论土地高低, 都经常保持湿润。这就是粟土。

粟土之次曰五沃。五沃之物, 或赤或青或黄或白或黑。五沃五物, 各有异则①。五沃之状, 剽怸橐土②, 虫易全处③, 怸剽不白, 下乃以泽。其种, 大苗细苗, 赪茎黑秀箭长。五沃之土, 若在丘在山, 在陵在冈, 若在陬陵之阳④, 其左其右, 宜彼群木: 桐、柞、枎、櫄, 及彼白梓。其梅其杏, 其桃其李, 其秀生茎起, 其棘其棠, 其槐其杨, 其榆其桑, 其杞其枋, 群木数大, 条直以长。其阴则生之楂蔾, 其阳则安树之五麻, 若高若下, 不择畴所。其麻大者如箭如苇, 大长以美; 其细者如䕡如蒸⑤。欲有与各,大者不类^⑥,小者则治,揣而藏之^⑦,若众练丝^⑧,五臭畴生^⑨,莲、與、蘪芜、藁本、白芷。其泽则多鱼,牧则宜牛羊。其泉白青;其人坚劲,寡有疥骚^⑩,终无痟酲^⑪。五沃之土,干而不斥,湛而不泽,无高下,葆泽以处。是谓沃土。

【注释】①异则:异等。则:等级。②剽:坚硬。恋(shù):密集。礧土:多孔隙的土壤。③全处:聚集。④陬(zōu):角落。⑤蒸:细小的柴薪。⑥类:通"颣",疵节,丝上的疙瘩。⑦揣:通"团",这里指把剥好的麻团集起来。⑧练:指把丝麻或布帛煮得柔软洁白。⑨畴生:成片地生长。畴:田畦。⑩疥骚:疥疮瘙痒等病。骚:通"瘙"。⑪痟:头疼。酲:酒醉后的身体不适感。

【译文】粟土之下,是五种沃土。五种沃土,颜色有红、青、黄、白、黑。五土五色,各有区别。五种沃土的性状,坚实、细密且多孔,便于虫类聚集并藏身其中。坚密而不泛白,底下保持湿润。种植谷物,宜种大苗、细苗,赤茎黑穗,禾秆长大。五种沃土,无论在小丘还是高山,在丘陵还是山冈,或者是边角之地,无论是丘陵的阳面,或者左右,适宜种植各种树木,如桐、柞、枎、櫄以及白梓。种植梅、杏、桃、李,则花儿繁盛,树枝茂密。种棘、棠、槐、杨、榆、桑、杞、枋等树木就长得又快又大,枝条直长。在阴面,则种山楂和梨树,阳面则可种各种麻,无论高低,不择地区。这里产的麻,大的像箭竹和芦苇,又大又长又美,细的就像蘿和细薪,又顺又多,行列分明。大的麻疏美而没有瑕疵,小的麻条理分明,积聚起来贮藏,如练丝一般。这里还生长五种带香味的农作物,兰花、揭车、芜、藁本、白芷。这里的沼泽池塘多产鱼,放牧则多适宜牛羊。泉水白而青,这里的人民坚韧有干劲,少有疥疮瘙痒之病,从不头痛。五沃之土,干燥而不裂,潮湿而不散脱,无论高低,都经常保持湿润。这就是沃土。

沃土之次,曰五位。五位之物,五色杂英,各有异章。五位之状,不塥不灰,青怤以蒤及①。其种:大苇无细苇无蕀茎白秀②。五位之土,若在冈在陵,在隫在衍,在丘在山,皆宜竹、箭、求、亀、楢、檀。其山之浅,有茏与斥③。群木安逐,条长数大:其桑其松,其杞其茸,种木胥容,榆、桃、柳、楝。群药安生,姜与桔梗,小辛、大蒙。其山之枭④,多桔、符、榆⑤;其山之末⑥,有箭与苑;其山之旁,有彼黄宝,及彼白昌,山藜苇芒。群药安聚,以圉民殃。其林其漉⑦,其槐其楝,其柞其榖,群木安逐,鸟兽安施。既有麋麃,又且多鹿。其泉青黑,其人轻直,省事少食。无高下,葆泽以处。是谓位土。

【注释】①蒤(tái):同"苔",指青苔。②苇无:指薇之茂生者。苇:薇菜。无:即芜,茂盛。③茏:红草。斥:当为"斤",即"芹",芹菜。逐:强盛,茂盛。④枭:山巅,山顶。⑤桔:直木之称。符:蒲柳。榆:地榆。⑥末:背脊,这里指山脊。⑦漉:当作"麓",山脚。

【译文】沃土之下为五种位土。五种位土,各有颜色,五色相杂,各有不同的特点。五种位土的性状,不硬不灰,色青而细密,长有青苔。种植谷物,适合大苇无和小苇无,赤茎白穗。五种位土,无论在山冈丘陵,还是在水边平原,还是在小丘和高山,都适合生长竹、箭竹、求亀等竹类以及楢树、檀树。山的低处,有红草和芹菜。这里树木繁盛,枝条长,长得又快又大。这里适合桑树、松树、杞

树、椐树、橦树、槁树、榕树、榆树、桃树、柳树、楝木等。这里百药
丛生，如姜与桔梗和各种辛辣的植物及各种依附性的植物。山巅之
上，多有桔梗、蒲柳、地榆。山脊上，多生山莓和紫菀。山旁，多产黄
蚩、白昌。山藜、苇芒等百药都生在这里，使人们免遭病患。山麓和
林间，有槐树、楝树、柞树、穀树等，树木繁盛。鸟兽繁多，既有很多
麋麃，也有很多鹿。这里的泉水青而黑，这里的人民性情直爽，省事
少食。土壤无论高低，都经常保持湿润。这就是位土。

位土之次，曰五蔭①。五蔭之状，黑土黑落，青怵以肥②，芬
然若灰③，其种，櫄葛，赨茎黄秀恚目，其叶若苑。以蓄殖果木，
不若三土以十分之二，是谓蔭土。

【注释】①蔭(yǐn)：同"隐"。②怵：同"恋"。③芬：粉，疏松之土。
【译文】位土之下是五种蔭土。五种蔭土的性状是黑土上长有
黑苔，色青细密而肥沃，粉解的样子像草木灰一样。蔭土适宜种植
櫄葛，赤茎黄穗。鬼目草，叶如紫菀。用这种土来种植果木，不及前
三种土的十分之二，这就是蔭土。

蔭土之次，曰五壤。五壤之状，芬然若泽、若屯土①。其种，
大水肠细水肠②，赨茎黄秀。以慈忍③，水旱无不宜也。蓄殖果
木，不若三土以十分之二，是谓壤土。

【注释】①泽：通"萚"，草木脱落的皮叶。屯土：柔土中含有刚
硬的土壤。②水肠：稻类。③慈忍：指能含藏水份、耐干旱的土壤。
【译文】蔭土之下是五种壤土。五种壤土的性状，粉解的样子

就像草木落下的皮叶，柔土中含有刚硬的土壤。适合种植大水肠、小水肠两种稻，赤茎黄穗。这种土性能忍耐，无论水旱，都适宜种植。用这种土来种植果木，比前三种土要差十分之二。这就是壤土。

壤土之次，曰五浮。五浮之状，捍然如米，以葆泽，不离不坼。其种，忍蘦①。忍叶如藋叶，以长狐茸。黄茎黑茎黑秀，其粟大，无不宜也。蓄殖果木，不如三土以十分之二。凡上土三十物，种十二物。

【注释】①忍蘦：谷物名，又称穄。
【译文】壤土之下是五种浮土。五种浮土的性状，土粒像米粒一样硬实，因为保有水分，不散脱也不干裂。适合种植忍蘦，叶子像藋叶，因为长着狐毛一样的茸毛。黄茎黑茎黑穗，粟粒很大，无不适宜。栽种果木，比前三种土要差十分之二。上等土壤一共三十种，可种植十二种谷物。

中土曰五怸。五怸之状，廪焉如壏①，润湿以处。其种，大稷细稷，䄼茎黄秀慈。忍水旱，细粟如麻。蓄殖果木，不若三土以十分之三。怸土之次，曰五垆②。五垆之状，强力刚坚。其种，大邯郸细邯郸③，茎叶如枎櫄，其粟大。蓄殖果木，不若三土以十分之三。

【注释】①廪焉如壏（xiàn）：像仓中积米一样坚实。壏：坚硬。②垆（lú）：黑色坚硬的土。③邯郸：疑为产自邯郸的一种稻谷。

【译文】中土首先有五种悊土。五种悊土的性状，像仓中积米一样坚硬，常处湿润状态。适合种植大稷、细稷，赤茎黄穗。这种土性能忍耐水旱，其粟如美麻一般。栽种果木，比前三种土差十分之三。悊土之下是五种黑色硬土。五种黑色硬土的性状，强力而坚硬。适合种植大邯郸、细邯郸，茎叶如枎櫄一样，粟粒粗大。栽种果木，比前三种土差十分之三。

　　垆土之次，曰五壏。五壏之状，芬焉若糠以肥^①。其种，大荔细荔，青茎黄秀。蓄殖果木，不若三土以十分之三。壏土之次，曰五剽。五剽之状，华然如芬以脈^②。其种，大秬细秬，黑茎青秀。蓄殖果木，不若三土以十分之四。剽土之次，曰五沙。五沙之状，粟焉如屑尘厉^③。其种，大蒉、细蒉^④，白茎青秀以蔓。蓄殖果木，不如三土以十分之四。沙土之次，曰五塥。五塥之状，累然如仆累^⑤，不忍水旱。其种，大樛杞细樛杞^⑥，黑茎黑秀。蓄殖果木，不若三土以十分之四。凡中土三十物，种十二物。

　　【注释】①肥："脆"字的异体，脆薄。②脈：当作"脆"。③厉：粗糙。④蒉：据王念孙说，当读为"秠（pī）"，一种黑黍，一壳二米。⑤仆累：蜗牛。⑥樛杞：一种成熟快的谷物。

　　【译文】垆土之下是五种壏土。五种壏土的性状，粉解的样子如米糠般脆薄。适合种植大荔、细荔，青茎黄穗。栽种果木，比前三种土差十分之三。壏土之下是五种剽土。五种剽土的性状，土质白如粉且土质脆。适合种植大秬、细秬，黑茎青穗。栽种果木，比前三种土差十分之四。适合种植大苋、细苋，有白茎青穗和枝蔓。栽种果木，比前三种土差十分之四。沙土之下是五种垆土。五种垆土的性状，像蜗牛一样堆积成一团，不耐水旱。适合种植大樛杞、小樛杞，黑茎黑穗。栽种果木，比前三种土差十分之四。中等土壤一共三十种，可种植十二种谷物。

下土曰五犹。五犹之状如粪。其种，大华细华^①、白茎黑秀。蓄殖果木，不如三土以十分之五。犹土之次，曰五弘^②。五弘之状如鼠肝。其种，青梁^③，黑茎黑秀。蓄殖果木，不如三土以十分之五。弘土之次，曰五殖。五殖之状，甚泽以疏，离坼以臞塡。其种，雁膳黑实^④，朱跗黄实^⑤。蓄殖果木，不如三土以十分之六。五殖之次，曰五觳^⑥。五觳之状娄娄然，不忍水旱。其种，大菽细菽，多白实。蓄殖果木，不如三土以十分之六。

【注释】①华：黍。②弘：据黎翔凤说，当作"红"，指红土。③梁：一种米的称呼，又名米麦。④雁膳：菰米，雁所食，故称"雁膳"。⑤朱跗：黄黍。⑥觳：多石头的山薄地，宜种菽（豆子）。

【译文】下土首先有五种犹土。五种犹土的性状，像粪一样。可种植大黍、小黍，白茎黑穗。栽种果木，比前三种土差十分之五。犹土之下是五种红土。五种红土的性状，如鼠肝一样。可种植名为青梁的谷物，黑茎黑穗。栽种果木，比前三种土差十分之五。红土之下是五种殖土。五种殖土的性状，雨水多疏松，干旱则又贫瘠。可种植雁膳，粒为黑色，种植名为朱跗的黄黍，粒为黄色。栽种果木，比前三种土差十分之六。殖土之下是五种瘠薄的觳土。五种觳土的性状，是空疏且不耐水旱。可种植大豆、小豆，粒为白色。栽种果木，比前三种土差十分之六。

　　觳土之次，曰五凫①。五凫之状，坚而不骼②。其种，陵稻、黑鹅马夫③。蓄殖果木，不如三土以十分之七。凫土之次，曰五桀④，五桀之状，甚咸以苦，其物为下。其种，白稻长狭。蓄殖果木，不如三土以十分之七。凡下土三十物，其种十二物。凡土物九十，其种三十六。

　　【注释】①凫：此处指高地。②骼：硬。③陵稻、黑鹅马夫：疑为旱稻的品种。④桀：海边盐卤之地，不宜耕种，于土田为最下等。
　　【译文】觳土之下是五种高高的凫土。五种凫土的性状，是坚实但还不像枯骨。可种植旱稻，如黑鹅、马夫。栽种果木，比前三种土差十分之七。凫土之下是五种海边的盐卤地的桀土。五种桀土的性状，是又咸又苦，是最下等的土壤。可种白稻，长得又长又狭。栽种果木，比前三种土差十分之七。下土一共三十种，能种植十二种谷物。土类一共九十种，可种谷物三十六种。

弟子职第五十九

扫码听谦德
君为您导读

【题解】此篇"弟子"当指年少学子,"职"则言其在学堂中学习、生活的行为举止规范和侍奉老师的礼仪。古语所谓"少习若天成",初学者的行为举止,实关后来的行为习惯。篇中所言有学习应有的态度,学生起居应守的规则,以及饮食、待客之道。这些在古代属于"小学"范畴。有不少内容与《礼记》中儒家所讲的学子规矩相同或相近,属于较早的古代学规。

先生施教,弟子是则。温恭自虚,所受是极①。见善从之,闻义则服。温柔孝悌,毋骄恃力。志毋虚邪,行必正直。游居有常,必就有德。颜色整齐,中心必式②。夙兴夜寐,衣带必饰③;朝益暮习,小心翼翼。一此不解④,是谓学则。

【注释】①极:尽、穷究。②式:特定的规格、规范。③饰:饬、整饬。④解:懈怠。

【译文】先生教导,弟子遵照学习。温顺恭敬虚心学习,先生所教导的要彻底学会。见善就跟着去做,见义就身体力行。性情温顺柔和孝顺友悌,不要骄横而自恃勇力。心志不可虚伪邪恶,行为必

608 | 管 子

须公正刚直。出外居家都有常规，不可随意改变，一定要接近有德之士。容色保持端正，内心必合于规范。早起迟眠，衣着必须整齐；白天学习新知识，晚上就温习，总是要小心翼翼。专心遵守这些而不懈怠，这是学习应遵守的规则。

少者之事，夜寐蚤作①，既拚盥漱②，执事有恪③。摄衣共盥④，先生乃作。沃盥彻盥⑤，泛拚正席，先生乃坐。出入恭敬，如见宾客。危坐乡师⑥，颜色毋作⑦。受业之纪，必由长始；一周则然⑧，其余则否。始诵必作⑨，其次则已。

【注释】①蚤：早。②拚（fèn）：扫除。③恪：恭敬、谨慎。④共：供。⑤沃盥：浇水洗手。彻：撤。⑥乡：向。⑦作：脸色改变。⑧一周：一遍。⑨作：站起来。

【译文】少年学子的本分，要注意晚睡早起。晨起就清扫、洗漱，做事要注意恭敬谨慎。轻提衣襟为先生摆设好盥洗用具后，先生起床。服侍先生洗漱完便撤下盥器，又将室屋都洒扫好，摆好讲席，先生便开始入席授课。弟子出入都要保持恭敬，像接待宾客一样。端正地坐着面向老师，容颜神色不得有改变。先生授课的次序，必定是由年长的同学开始教起，每天第一遍授课是按照这个顺序，之后就不用这样了。首次诵读必须站起身来，之后也无需如此。

凡言与行，思中以为纪。古之将兴者，必由此始。后至就席，狭坐则起。若有宾客，弟子骏作①。对客无让②，应且遂行，趋进受命③。所求虽不在，必以反命。反坐复业。若有所疑，奉手问之。师出皆起。

【注释】①骏：迅速。②让：推脱。推脱客人的要求，是失礼的表现。这里指失礼。③趋进：小碎步快速前行。古代表示恭敬的仪态。

【译文】一切言语、行动，都要牢记中和之道为准则，古来将成大事者，一定都是从中和开始的。后到的同学入席就坐，如果地方狭小，坐在旁边的同学就应及时站起，方便他就坐。若是有宾客来到，弟子要迅速起立。客人有所要求不可推脱，一边应答一边快步走过来听候宾客的要求。即使来宾所找的人不在，也必须回来告知宾客。然后回原位继续学习。学习中若有疑难，便拱手向先生请教。先生下课走出课堂，学生要全部起立。

至于食时，先生将食，弟子馔馈①。摄衽盥漱，跪坐而馈。置酱错食，陈膳毋悖。凡置彼食，鸟兽鱼鳖，必先菜羹。羹胾中别②，胾在酱前，其设要方。饭是为卒，左酒右酱③。告具而退，奉手而立。三饭二斗，左执虚豆④，右执挟匕⑤，周还而贰⑥，唯嗛之视⑦。同嗛以齿，周则有始，柄尺不跪，是谓贰纪⑧。先生已食，弟子乃彻。趋走进漱，拚前敛祭。先生有命，弟子乃食，以齿相要，坐必尽席。饭必奉擥⑨，羹不以手。亦有据膝，毋有隐肘⑩。既食乃饱，循咡覆手⑪，振衽扫席。已食者作，抠衣而降⑫。旋而乡席，各彻其馈，如于宾客。既彻并器⑬，乃还而立。

【注释】①馔（zhuàn）馈：进献肴馔。②胾（zì）：肉。③酱：据洪颐煊说，应为"浆"，漱口水。④豆：古代盛肉或其他食品的器皿，形状像高脚盘。"执虚豆"就是拿着空碗。⑤挟（jiā）：同"夹"，这里指筷子。匕（bǐ）：古代指勺、匙之类的取食用具。⑥周还：轮流。贰：再；重复，这里指添饭。⑦嗛（xián）：不足。尹注曰：食尽曰嗛。这里指吃完杯碗中的酒饭。⑧贰纪：添饭的法度。"贰"与上文"周还而贰"的"贰"所指相同。⑨擥（lǎn）：同"揽"，这里指用手端着饭碗。⑩隐肘：将肘压在席上，指下伏身形。⑪咡（èr）：口旁，口耳之间，即口。⑫抠衣：把衣服提起来，是古代表示恭敬的举动。⑬并：收起。

【译文】到了用饭之时，先生准备吃饭了，弟子把饭菜餐具送上来。挽起衣袖洗漱之后，跪坐把饭菜献给先生。摆放酱和饭菜，位置不可杂乱无章。一般摆放食物的次序：肉食之前，必先上蔬菜羹汤。羹与肉相间排列，肉放在酱的前方，席面应摆成正方形状。最后上饭，左右放置酒和漱口水。饭菜上完后报告先生饭菜放置完毕后就退下，拱手立于一旁。通常是三碗饭两斗酒，弟子左手拿着空碗，右手拿着筷勺，将酒饭轮流添上，注意着杯碗将空的尊长。多人空碗按年龄先后添饭，如此反复。如果添饭器具有尺长的柄，就无需跪着送上，这都是添饭的法度。待先生吃饭完毕，弟子便撤下食具。小步快走为先生送来漱器，再清扫席前，并把饭前摆放的祭品收起。先生吩咐之后，弟子才开始进餐。按年龄坐好，坐席要尽量靠前。吃饭必须用手端着饭碗，羹汤不能用手直接端着喝。可以将两手凭靠膝头，不可将两肘压在桌面上。待至吃完吃饱，用手拭净嘴边，抖动衣襟清扫坐席。吃完就起身，提起衣服退开，然后转身面向坐席，各自撤下餐具，就像替宾客撤席一般。撤席后就要把食器收起，再回来垂手站立。

凡拚之道，实水于盘，攘臂袂及肘，堂上则播洒，室中握手①。执箕膺揲②，厥中有帚。入户而立，其仪不忒。执帚下箕，倚于户侧。凡拚之纪，必由奥始③。俯仰磬折，拚毋有彻④。拚前而退，聚于户内。坐板排之⑤，以叶适己⑥，实帚于箕。先生若作,乃兴而辞。坐执而立,遂出弃之。既拚反立,是协是稽⑦。

【注释】①握手:手捧。②膺:当,对着。撠(shé):箕舌。③奥:室内的西南角。④彻:尹注曰:动也。这里指触动其他物体。⑤扳:应为"扱(xī)",收取。排:推、压,指收秽物时手要压低,以防扬起灰尘。⑥叶:畚箕的舌头。⑦稽:相合,一致。

【译文】关于洒扫的做法如下:把清水装在盆里,把衣袖挽到肘部,堂屋宽广可以扬手洒水,内室窄小应当用手捧着水细细撒。手拿畚箕使箕舌对着自身,将扫把放在畚箕里。然后到屋里站立一会,仪容不得有差错。然后拿起扫帚,把畚箕靠在门侧。打扫的规矩,必须从室内的西南角扫起。在屋里扫除时,俯仰躬身进退不要碰动其他东西。从前边往后边退着洒扫,最后把垃圾聚在门口。收垃圾时蹲下来,让箕舌对着自己,小心地把垃圾推进畚箕,收好后用扫帚堵住畚箕口。先生若此时出来做事,就起身告辞。再蹲下把畚箕拿起来,带出去倒掉拉圾。洒扫完毕,回来站立一旁,这样就合乎规矩。

暮食复礼。昏将举火,执烛隅坐①。错总之法②,横于坐所。枌之远近③,乃承厥火。居句如矩④,蒸间容蒸⑤。然者处下,捧碗以为绪⑥。右手执烛,左手正枌。有堕代烛⑦,交坐毋倍尊者。乃取厥枌,遂出是去。

【注释】①烛:应为火炬。②错:通"措",摆放、放置。总:捆束而成一火炬。③枌:尹知章注:"枌,谓烛烬",应为燃过将熄之烛。④居句:犹言方圆直曲。⑤蒸:古代以麻秸、竹木制成的火炬。⑥绪:残余。⑦堕:疲愈、疲倦。

【译文】晚饭后仍然要如此。到黄昏准备点燃火炬，弟子要执火炬坐在屋子的角落。要注意摆放柴束的方法，横放在所坐之地。注意火炬将要燃尽了，就点燃新的柴束替换。柴束整齐排列成矩形，柴束之间还要留有可容一柴的空隙。火炬燃烧的灰烬落下，要捧碗来盛装火绪余灰。更换新的火炬时，用右手拿着柴束，用左手把将熄的火炬拿正，点燃右手的柴束。一人疲倦另一人及时接替，轮番坐下来执烛，不可背向老师。最后把余烬收拾起来，到外边把它们倒掉。

先生将息，弟子皆起。敬奉枕席，问所何趾；俶衽则请，有常则否。先生既息，各就其友。相切相磋，各长其仪。

【译文】先生将要休息，弟子都起来服侍。恭敬地准备好枕席，问老师足朝向何处；第一次铺床要问清楚，以后都这样做，不必再问。先生已经休息，弟子则各自找同学好友，一起互相切磋琢磨，加深理解其所学的义理。

周则复始，是谓弟子之纪。

【译文】以上这些事，每天周而复始，就是做弟子的规矩。

言昭第六十

（阙）

修身第六十一

（阙）

问霸第六十二

（阙）

管子解

牧民解第六十三
（阙）

形势解第六十四

扫码听谦德
君为您导读

【题解】"形势解"即对《形势》篇的疏解。这样的文体在《韩非子》中也有，如《解志》《喻老》，此篇之解《形势》，逐句而解，可谓详尽，是其与《韩非子》文章不同之处。《形势》篇而有"解"，亦可推测其时间之早，或为春秋只作，至于是否为管子所著，则难以论定。

山者，物之高者也。惠者，主之高行也。慈者，父母之高行也。忠者，臣之高行也。孝者，子妇之高行也①。故山高而不崩，则祈羊至；主惠而不解②，则民奉养；父母慈而不解，则子妇顺；臣下忠而不解，则爵禄至；子妇孝而不解，则美名附。故节高而不解，则所欲得矣；解则不得。故曰："山高而不崩，则祈羊至矣。"

【注释】①子妇：儿子、儿媳妇。②解：通"懈"，懈怠，下五"解"同。
【译文】山，是万物中以崇高为其特征的。施惠于民，是人主的高尚的行为。慈爱，是父母的高尚的行为。忠君，是人臣的高尚的行为。孝亲，是儿子、儿媳妇的高尚的行为。所以，山高而不崩，自有人们送祈福的牛羊来献祭；人主施惠而不懈，人民就会拥戴他；父母慈爱而不懈，儿子、儿媳妇就会孝顺他们；臣下忠诚而不懈，爵禄自然会到来；儿子、儿媳妇孝亲而不懈，美名自然归附。所以操行高尚而不懈，想要的就会得到，懈怠就得不到。所以说："山高而不崩，则祈羊至矣。"

　　渊者，众物之所生也，能深而不涸，则沈玉至①。主者，人之所仰而生也，能宽裕纯厚而不苛忮②，则民人附。父母者，子妇之所受教也，能慈仁教训而不失理，则子妇孝。臣下者，主之所用也，能尽力事上，则当于主。子妇者，亲之所以安也，能孝弟顺亲，则当于亲。故渊涸而无水则沉玉不至，主苛而无厚则万民不附，父母暴而无恩则子妇不亲，臣下堕而不忠则卑辱困穷，子妇不安亲则祸忧至。故渊不涸则所欲者至，涸则不至。故曰："渊深而不涸则沈玉极③。"

　　【注释】①沈玉：春秋时期用玉璧祭祀当时人心目中的水潭神灵，以祈求风调雨顺、安居繁衍。"沈"：通"沉"。②忮（zhì）：刚愎。③极：根据上下文，疑为"至"。

　　【译文】渊，是众物生长的地方，渊深而水不枯，人们就会来投玉求神。人主，是人们所仰望而赖以生活的，能宽容纯厚而不苛刻刚愎，人民就会归附。父母，是子、妇都要接受其教育的，能慈详仁爱地教训子、妇而不失于正理，子、妇就会孝顺。臣下，是为主上服务的，能尽心竭力事奉主上，就合君主的心意。儿子、儿媳，是安养父母的，能孝悌顺亲，就合父母的心意。所以，渊枯竭而无水，投玉求神的就不肯来；君主苛刻而不宽厚，百姓就不肯归附；父母残暴而无恩，子、妇就不亲；臣下怠惰而不忠，就遭到屈辱困难；子、妇不安养双亲，祸患就要来临。所以，渊水不枯竭，投玉求神的就会来，枯竭，就不会来。所以说："渊深而不涸，则沈玉极。"

天，覆万物，制寒暑，行日月，次星辰，天之常也。治之以理，终而复始。主，牧万民，治天下，莅百官，主之常也。治之以法，终而复始。和子孙，属亲戚①，父母之常也。治之以义，终而复治。敦敬忠信，臣下之常也。以事其主，终而复始。爱亲善养，思敬奉教，子妇之常也。以事其亲，终而复始。故天不失其常，则寒暑得其时，日月星辰得其序。主不失其常，则群臣得其义，百官守其事。父母不失其常，则子孙和顺，亲戚相欢。臣下不失其常，则事无过失，而官职政治②。子妇不失其常，则长幼理而亲疏和。故用常者治，失常者乱。天未尝变，其所以治也。故曰："天不变其常。"

【注释】①属（zhǔ）：连接，这里是团结的意思。②官职政治：官吏尽职、政事得到治理。

【译文】天，覆育万物，控制寒暑、运行日月、排布星辰，这是天的常道。依理而治，终而复始。人主，统治万民，治理天下，统率百官，这是人主的常道。依法而治，终而复始。和睦子孙，团结亲戚，这是父母的常道。依义而治，终而复始。敦厚恭敬、忠诚信义，这是臣下的常道。臣下以此事奉人主，终而复始。亲爱父母并好好地赡养父母，对父母恭敬并按照父母的教导行事，这是儿子、儿媳妇的常道。儿子、儿媳妇以此事奉双亲,终而复始。因此,天不失常道,则寒暑往来恰当其时,日月星辰正常有序。人主不失常道,则群臣行事正义,百官各司其职。父母不失常道,则子孙和顺,亲戚和睦。臣下不失常道,则办事无过失,官吏尽职,政务得治。儿子、儿媳妇不失常道,则长幼有序,亲疏和睦。所以按常道办事则治,不按常道办事则乱。天从不曾改变其常道,因而总是处于"治"的状态。所以说:"天不变其常。"

地生养万物,地之则也。治安百姓,主之则也。教护家事,父母之则也。正谏死节,臣下之则也。尽力共养,子妇之则也。地不易其则,故万物生焉。主不易其则,故百姓安焉。父母不易其则,故家事辨焉。臣下不易其则,故主无过失。子妇不易其则,故亲养备具。故用则者安,不用则者危。地未尝易,其所以安也。故曰:"地不易其则。"

【译文】地,生养万物,是地的法则。治理、安定百姓,是人主的法则。教养和监护家事,是父母的法则。对人主正直上谏、为坚守节操而死,是臣下的法则。竭尽全力供养父母,是儿子、儿媳妇的法则。地不改变其法则,所以万物生长。君主不改变其法则,所以百姓安居乐业。父母不改变其法则,所以家事井然有序。臣下不改变其法则,人主就可以没有过失。儿子、儿媳妇不改变其法则,双亲就被奉养得周到。所以遵照法则办事就安定,不遵照法则办事就危乱,地从来不曾改变其法则,因而总是处于安定的状态。所以说:"地不易其则。"

春者,阳气始上,故万物生。夏者,阳气毕上,故万物长。秋者,阴气始下,故万物收。冬者,阴气毕下,故万物藏。故春夏生长,秋冬收藏,四时之节也。赏赐刑罚,主之节也。四时未尝不生杀也,主未尝不赏罚也。故曰:"春秋冬夏不更其节也。"

【译文】春天,阳气开始上升,所以万物生发。夏天,阳气完全上升,所以万物成长。秋天,阴气开始降临,所以万物收敛。冬天,阴气完全下降,所以万物藏闭。如此春夏生长,秋冬收藏,是四时的节令。赏赐刑罚,是人主的节度。四时从没有不生不杀的。人主没有不赏不罚的。所以说:"春秋冬夏,不更其节也。"

天,覆万物而制之;地,载万物而养之;四时,生长万物而收藏之。古以至今,不更其道。故曰:"古今一也。"

【译文】天,覆育并控制万物;地,承载并生养万物;四时,生长收藏万物。从古至今,从不改变这个常道。所以说:"古今一也。"

蛟龙,水虫之神者也①。乘于水则神立②,失于水则神废。人主,天下之有威者也。得民则威立,失民则威废。蛟龙待得水而后立其神,人主待得民而后成其威。故曰:"蛟龙得水而神可立也。"

【注释】①水虫:水生动物的统称。②乘:趁,就着。立:存在。
【译文】蛟龙,是水生动物中的神灵。有水,它就是水中之神,没有水，它就不是神灵了。人主，是天下最有威势的人。得人民拥护就有威势，失去人民，威势就消失。蛟龙得水而后才有神灵，君主得人民拥护而后才有权威。所以说："蛟龙得水而神可立也。"

　　虎豹，兽之猛者也，居深林广泽之中，则人畏其威而载之①。人主，天下之有势者也，深居则人畏其势。故虎豹去其幽而近于人，则人得之而易其威。人主去其门而迫于民，则民轻之而傲其势。故曰："虎豹托幽而威可载也。"

　　【注释】①载：通"戴"，尊奉、推崇。
　　【译文】虎豹，是兽类中最凶猛的。它们居住在深林大泽之中，人们就畏其威力而看重它们。人主，是天下最有威势的人。深居简出，人们就害怕他的威势。虎豹若离开深山幽谷而与人接近，人们捉住了它就不会再看重它的威力。人主若离开深宫而与人民靠近，人民就会轻慢他而不怕他的威势。所以说："虎豹托幽而威可载也。"

　　风，漂物者也①。风之所漂，不避贵贱美恶。雨，濡物者也。雨之所堕，不避小大强弱。风雨至公而无私，所行无常乡②，人虽遇漂濡而莫之怨也。故曰："风雨无乡而怨怒不及也。"

　　【注释】①漂：犹"飘"，吹。下同。②乡：通"向"，方向、目标。
　　【译文】风，吹拂万物。风吹起来不避贵贱美恶。雨，润泽万物。雨下起来不管大小强弱。风雨是至公而无私心的，风吹雨落，没有固定的目标，所以人们虽然遇到风吹雨打也不会有怨言。所以说：
"风雨无乡而怨怒不及也。"

人主之所以令则行、禁则止者，必令于民之所好，而禁于
民之所恶也。民之情，莫不欲生而恶死，莫不欲利而恶害。故
上令于生、利人，则令行；禁于杀、害人，则禁止。令之所以行
者，必民乐其政也，而令乃行。故曰："贵有以行令也。"

【译文】人主之所以能做到令则行、禁则止，一定是因为他让
人民做的正是人民所喜好的，他禁止人民做的正是人民所厌恶的。
人之常情都是好生恶死、趋利避害。所以人主的政令是能使人生存
和对人有利，命令就能推行；人主的禁令是禁止杀人和害人，所禁
止的事就不会发生。人主的命令之所以能够推行，必须是他的政令
能让人民幸福快乐，才能够推行下去。所以说："贵有以行令也。"

人主之所以使下尽力而亲上者，必为天下致利除害也。故
德泽加于天下，惠施厚于万物，父子得以安，群生得以育，故万
民欢，尽其力而乐为上用。入则务本疾，作以实仓廪；出则尽节
死敌，以安社稷，虽劳苦卑辱而不敢告也。此贱人之所以亡其
卑也①。故曰"贱有以亡卑。"

【注释】①亡：通"忘"，忘掉。
【译文】人主之所以能使百姓竭忠尽力并且亲近自己，一定是
因为他为天下谋利除害。所以德泽加于天下，恩惠施于万物，使家庭

得以安居，群生得以养育，所以万民欢乐，无不愿意尽力而为人主所用。在家则安守本分、努力耕作以充实国家仓廪；在战场则坚守气节、奋勇杀敌以保卫社稷，即使劳苦卑辱也无怨言。这就是地位低的人忘掉其卑贱的原因。所以说："贱有以亡卑。"

起居时，饮食节，寒暑适，则身利而寿命益。起居不时，饮食不节，寒暑不适，则形体累而寿命损。人惰而侈则贫，力而俭则富。夫物莫虚至，必有以也。故曰："寿夭贫富无徒归也。"

【译文】起居有定时，饮食有定量，寒热得当，则身体好而寿命长。起居无定时，饮食无定量，寒热不得当，则身体弱而寿命短。人懒惰而奢侈则贫困，勤劳而节俭则富有。凡事都不会凭空而至，必有其缘由。所以说："寿夭贫富无徒归也。"

法立而民乐之，令出而民衔之①，法令之合于民心，如符节之相得也②，则主尊显。故曰："衔令者君之尊也。"

【注释】①衔：接受、奉。②符节：古代出入城门关卡的一种凭证。用竹、木、玉、铜等制成，刻上文字，分成两半，各取其一，使用时相合以为凭。后指朝廷派遣使者或调兵时用为凭证。
【译文】法度确立好了人民乐于遵从，政令推出了人民就接受，法令合于民心，就像符节相合一样，如此则人主地位高贵显要。所以说："衔令者君之尊也。"

人主出言，顺于理，合于民情，则民受其辞。民受其辞则名声章。故曰:"受辞者名之运也。"

【译文】人主出言合理,合于民情,臣民就接受其言论。臣民接受其言论则人主的名声就得到彰显。所以说:"受辞者名之运也。"

明主之治天下也,静其民而不扰,佚其民而不劳。不扰则民自循;不劳则民自试。故曰:"上无事而民自试。"

【译文】英明的人主治理天下,使人们安定而不干扰,使人们安闲而不过分劳累。不干扰,人民会自动守法;不劳民,人民会自动工作。所以说:"上无事而民自试。"

人主立其度量,陈其分职,明其法式,以莅其民①,而不以言先之,则民循正。所谓抱蜀者,祠器也。故曰:"抱蜀不言而庙堂既修。"

【注释】①莅:统治、管理。
【译文】人主建立法度、划分职责、明确规范,用这样的方式统治他的臣民,而不是先用言语指挥,臣民就能遵循正道。所谓抱蜀,"蜀"指的是祭祀用的器皿。所以说:"抱蜀不言而庙堂既修。"

将将鸿鹄①,貌之美者也。貌美故民歌之。德义者,行之美者也。德义美,故民乐之②。民之所歌乐者,美行德义也③,而明主鸿鹄有之。故曰:"鸿鹄将将,维民歌之。"

【注释】①将将：同"锵锵"，状声词，形容鸟叫声。②乐（yào）：喜好、欣赏。③美行：似应当为"美貌"。

【译文】锵锵而鸣的鸿鹄，是长得很美的飞鸟。因为貌美，所以人们歌颂它。德义，是美好的行为。因为德义美，所以人们喜爱它。人民所歌颂喜爱的，乃是美貌和德义，而明主和鸿鹄恰好具有这些。所以说："鸿鹄将将，维民歌之。"

济济者，诚庄事断也；多士者，多长者也。周文王诚庄事断，故国治。其群臣明理以佐主，故主明。主明而国治，竟内被其利泽①，殷民举首而望文王，愿为文王臣。故曰："济济多士，殷民化之。"

【注释】①竟：通"境"，边界。被（pī）：古同"披"，覆盖。

【译文】"济济"，指的是诚实庄重，处事果断；"多士"，指的是有德才的人很多。周文王诚庄事断，所以国家大治。他的臣子们通达事理，尽力佐助主上，所以人主英明。人主英明而国家大治，全国上下都得到他的好处和恩泽，殷商的百姓对文王翘首以盼，愿意作他的臣民。所以说："济济多士，殷民化之。"

纣之为主也，劳民力，夺民财，危民死，冤暴之令，加于百姓；憯毒之使①，施于天下。故大臣不亲，小民疾怨，天下叛之而愿为文王臣者，纣自取之也。故曰："纣之失也。"

【注释】①憯（cǎn）：惨痛、伤痛。

【译文】殷纣王作为人主，劳民力，夺民财，危害人民性命，把残暴的法令强加于百姓，又把惨毒的使臣派往天下各地。所以大到国之重臣也不亲近他，小到平民百姓也都怨恨他，天下人都背叛他而愿意去做文王的臣民，这是纣王自作自受。所以说："纣之失也。"

无仪法程式，蜚摇而无所定①，谓之蜚蓬之问②。蜚蓬之问，明主不听也。无度之言，明主不许也。故曰："蜚蓬之问，不在所宾。"

【注释】①蜚：古同"飞"字。②蜚蓬之问：比喻无根据的传闻。问：通"闻"，消息。

【译文】不合乎礼仪法度规范，内容摇摆不定的谣传，就叫做没有根据的传闻。没有根据的传闻，英明的人主是不会听信的。不合法度的言论，英明的人主是不赞成的。所以说："蜚蓬之问，不在所宾。"

道行则君臣亲，父子安，诸生育。故明主之务，务在行道，不顾小物。燕爵①，物之小者也。故曰："燕爵之集，道行不顾。"

【注释】①爵：古同"雀"。

【译文】按照"道"来行事，则君臣相互亲近，父子和睦，万物繁育。所以明主的职责在于行"道"，不要把精力浪费在细末之事。燕雀，指细末之事。所以说："燕爵之集，道行不顾。"

明主之动静得理义，号令顺民心，诛杀当其罪，赏赐当其功, 故虽不用牺牲珪璧祷于鬼神①, 鬼神助之, 天地与之, 举事而有福。乱主之动作失义理, 号令逆民心, 诛杀不当其罪, 赏赐不当其功, 故虽用牺牲珪璧祷于鬼神, 鬼神不助, 天地不与, 举事而有祸。故曰: "牺牲珪璧不足以享鬼神。"

【注释】①牺牲: 祭神用的牲畜。

【译文】明主动、静都合乎理义, 号令顺乎民心, 责罚诛杀与其罪行相合, 赏赐与功绩相称, 所以虽不用牛羊玉器祈祷于神鬼, 鬼神也会帮助他, 天地也会保佑他, 办什么事都得福。昏君的动作不合理义, 号令不顺民心, 责罚诛杀与罪行不相当, 赏赐与功绩不相称, 所以虽用牛羊玉器祈祷于鬼神, 鬼神也不帮助他, 天地也不保佑他, 办什么事都会有灾祸。所以说: "牺牲珪璧不足以享鬼神。"

主之所以为功者, 富强也。故国富兵强, 则诸侯服其政, 邻敌畏其威, 虽不用宝币事诸侯, 诸侯不敢犯也。主之所以为罪者, 贫弱也。故国贫兵弱, 战则不胜, 守则不固, 虽出名器重宝以事邻敌, 不免于死亡之患。故曰: "主功有素①, 宝币奚为?"

【注释】①素: 平素, 向来。

【译文】人主的功绩, 就是使国家富强。所以, 国富兵强, 诸侯就服从他的政令, 邻邦的敌人也惧怕他的威力, 虽然不用珍贵的宝物金钱交结诸侯, 诸侯也不敢侵犯他。人主的罪过, 就是使国家贫弱。所以, 国贫兵弱, 出战不能取胜, 防守也不牢固, 虽然用名器重宝来交结邻国, 也避免不了灭亡的祸患。所以说: "主功有素, 宝币奚为？”

　　羿，古之善射者也。调和其弓矢而坚守之。其操弓也，审其高下，有必中之道，故能多发而多中。明主，犹羿也，平和其法，审其废置而坚守之，有必治之道，故能多举而多当。道者，羿之所以必中也，主之所以必治也。射者，弓弦发矢也。故曰："羿之道，非射也。"

　　【译文】后羿，是古时候善于射箭的人。他调和好弓与箭并且坚固的防守，不轻易放弃。他操弓时，审明目标的高下，掌握必能射中目标的规律，故能百发百中。明主就像后羿一样，调和其治国的法度，审明其当废当立并且坚持实行，掌握必然治理好的规律，所以能做到事事做的恰当。掌握客观规律，使后羿必能命中，使君主必能治国。射箭的动作，表面上看不过是弓弦发出箭矢而已。所以说："羿之道，非射也。"

　　造父，善驭马者也。善视其马，节其饮食，度量马力，审其足走，故能取远道而马不罢。明主犹造父也，善治其民，度量其力，审其技能，故立功而民不困伤。故术者，造父之所以取远道也，主之所以立功名也。驭者，操辔也。故曰，"造父之术，非驭也。"

　　【译文】造父，是位善于驭马的人。他爱护自己的马，调节其饮食，度量其马力，审查马蹄及其走路情况，所以能让马行远路而不疲累。明主也同造父一样，善于治理民众，度量民力，了解他们的技能，所以能建功立业却不让人民感到疲困、受到伤害。所以，做事掌握正确的方法，使造父驶行远路，使君主建立功名。至于驭马的动作，表面上不过是掌握马的缰绳而已。所以说："造父之术，非驭也。"

奚仲之为车器也，方圜曲直皆中规矩钩绳①，故机旋相得，用之牢利，成器坚固。明主，犹奚仲也，言辞动作，皆中术数，故众理相当，上下相亲。巧者，奚仲之所以为器也，主之所以为治也。斫削者，斤刀也。故曰："奚仲之巧，非斫削也。"

【注释】①圜（yuán）：同"圆"。

【译文】奚仲制造车器，方圆曲直都合乎规矩钩绳，所以机轴都很合适，用起来牢固快速，做出来的车器成品坚固持久。明主同奚仲一样，言词动作，都合乎术数，所以，各项治理都很适当，民众上下互相亲近。"巧"，使奚仲能制成车器，使人主能治好国家。至于对木材的砍削，不过是使用刀斧的动作而已。所以说："奚仲之巧，非斫削也。"

民，利之则来，害之则去。民之从利也，如水之走下，于四方无择也。故欲来民者，先起其利，虽不召而民自至。设其所恶，虽召之而民不来也。故曰："召远者使无为焉。"

【译文】对于人民来说，能让他们得到利益他们就会来，如果让他们受到伤害他们就会离开。人民趋利，就像水往下流一样，不管东西南北。所以,要招来民众,先创造对他们有利的条件,那样即使不召唤,民众也会自行前来。如果有他们不喜欢的,即使召唤他们也不会来。所以说:"召远者使无为焉。"

苴民如父母,则民亲爱之。道之纯厚①,遇之有实,虽不言曰吾亲民,而民亲矣。苴民如仇雠,则民疏之。道之不厚,遇之无实,诈伪并起,虽言曰吾亲民,民不亲也。故曰:"亲近者言无事焉。"

【注释】①道:同"导",引导、治理。

【译文】统治人民要像做父母一样,人民自然会亲近和爱戴人主。用纯厚的风俗来引导人们,让他们得到实在的好处,虽然不说我亲近人民,人民也是会来亲近的。如把人民当作仇敌一般统治,人民自然就会疏远。不能用纯厚的风俗来引导人民,不能让人民得到实在的好处,欺诈、虚伪等等都用上了,虽然口头上说我要亲近人民,人民也是不会来亲近的。所以说:"亲近者言无事焉。"

明主之使远者来而近者亲也,为之在心。所谓夜行者,心行也。能心行德,则天下莫能与之争矣。故曰:"唯夜行者独有之乎。"

【译文】明主能使远方的人来投奔,能使近处的人想要亲近他,都要在心上用工夫。"夜行"的意思就是"心行"。能做到内心行德,天下就没有人能与他相争了。所以说:"唯夜行者独有之乎。"

为主而贼①，为父母而暴，为臣下而不忠，为子妇而不孝，四者人之大失也。大失在身，虽有小善，不得为贤。所谓平原者，下泽也，虽有小封②，不得为高。故曰："平原之隰，奚有于高？"

【注释】①贼：害、伤害。②封：土堆。

【译文】做人主的，戕害人民；做父母的，对子女残暴；做臣下的，对主上不忠；做儿子、儿媳妇的，对尊长不孝，这四项是人的大过失。有大过失在身，即使行些小善，也不能称为贤。所谓平原，是指低洼的地面。虽有小土堆，不能算作高。所以说："平原之隰，奚有于高？"

为主而惠，为父母而慈，为臣下而忠，为子妇而孝，四者，人之高行也。高行在身，虽有小过，不为不肖。所谓大山者，山之高者也，虽有小隈①，不以为深。故曰："大山之隈，奚有于深？"

【注释】①隈（wēi）：本义为山或水弯曲的地方。

【译文】做人主的，施惠于民；做父母的，慈爱子女；做臣子的，忠于主上；做儿子、儿媳妇的，孝敬尊长，这四项是人的大德。有大德在身，虽然有小的过失，也不算品性不良。所谓大山，是山中最高的。虽有小沟，不算作深。所以说："大山之隈，奚有于深？"

毁訾贤者之谓訾①，推誉不肖之谓訾②。訾訾之人得用，则

632 | 管 子

人主之明蔽,而毁誉之言起。任之大事,则事不成而祸患至。故曰:"訾让之人,勿与任大。"

【注释】①訾(zǐ):毁谤,非议。②讆(wèi):吹捧坏人。

【译文】毁谤诽议贤者叫作"訾",吹捧不肖之徒叫作"讆"。"訾讆"之人受到重用,人主就会被蒙蔽视听,而毁谤或者吹捧的谗言就会兴起。若是任用这种人做大事,事情就做不成,还会祸患临头。所以说:"訾讆之人,勿与任大。"

明主之虑事也,为天下计者,谓之譕巨①。譕巨则海内被其泽,泽布于天下,后世享其功,久远而利愈多。故曰:"譕巨者可与远举。"

【注释】①譕(wú)巨:即深谋远虑之意。譕:同"谟"。巨:原做"臣",据戴望说改,下同。

【译文】明主考虑事情,为天下全局谋划,这叫做深谋远虑。深谋远虑则天下都受到他的恩泽,恩泽遍布于天下,后世的人民也能享受他的功业,且愈久远利益愈多。所以说:"譕巨者可与远举。"

圣人择可言而后言,择可行而后行。偷得利而后有害①,偷得乐而后有忧者,圣人不为也。故圣人择言必顾其累,择行必顾其忧。故曰:"顾忧者可与致道。"

【注释】①偷:苟且,只顾眼前,得过且过。

【译文】圣人总是选择可以说的话而后才说,选择可以做的事而后才做。只顾眼前得到利益而有后来之患,只顾眼前得到快乐而有后顾之忧,圣人是不做这种事情的。所以圣人"择言""择行"一定考虑后果。所以说:"顾忧者可与致道。"

小人者,枉道而取容,适主意而偷说①,备利而偷得②。如此者,其得之虽速,祸患之至亦急。故圣人去而不用也。故曰:"其计也速而忧在近者,往而勿召也。"

【注释】①说:通"悦",这里指取悦。②备:通"倍",几倍。

【译文】小人,是用违背正道来讨好别人以求自己安身,迎合主上的心意而只顾暂时取悦于主上,付出几倍的代价只为自己眼前能得到的一点好处。这样的人,得利虽然很快,祸患来临也很迅速。所以圣人总是远离他而不用。所以说:"其计也速而忧在近者,往而勿召也。"

举一而为天下长利者,谓之举长。举长则被其利者众,而德义之所见远。故曰:"举长者可远见也。"

【译文】做一件事就能为天下谋得长远利益的人,叫做"举长"。举长则受益的人众多,而德义的影响深远。所以说:"举长者可远见也。"

天之裁大,故能兼覆万物;地之裁大,故能兼载万物;人主之裁大，故容物多而众人得比焉。故曰："裁大者众之所比也。"

【译文】天的材器大，所以能兼覆万物；地的材器大，所以能兼载万物；人主的材器大，所以能容纳万物而使民众归心。所以说："裁大者众之所比也。"

贵富尊显，民归乐之，人主莫不欲也。故欲民之怀乐己者，必服道德而勿厌也，而民怀乐之。故曰："美人之怀，定服而勿厌也。"

【译文】人主莫不希望贵富尊显，人民拥戴感激。所以希望人民拥戴感激自己，一定要行德政而不厌倦，人民才可以感怀。所以说："美人之怀，定服而勿厌也。"

圣人之求事也①，先论其理义，计其可否。故义则求之，不义则止。可则求之，不可则止。故其所得事者，常为身宝。小人之求事也，不论其理义，不计其可否，不义亦求之，不可亦求之。故其所得事者，未尝为赖也②。故曰："必得之事，不足赖也。"

【注释】①事：本义为"官职"，引申为"官职""政事"。②赖：倚靠，仗恃。
【译文】圣人想要做一件事，首先考虑它是否合于理义，并估计其可能性。合于"义"则做，不合于"义"则不做。有可能做到则做，不可能做到则不做。所以他所做到的事情，常常是可以赖以安身立命的。小人想要做一件事，不问它是否合乎理义，不估计可能与不可能。不义的想要得到，不可能的也想要得到。所以他所求的事情，是靠不住的。所以说："必得之事，不足赖也。"

圣人之诺已也①，先论其理义，计其可否。义则诺，不义则已；可则诺，不可则已。故其诺未尝不信也。小人不义亦诺，不可亦诺，言而必诺。故其诺未必信也。故曰："必诺之言，不足信也。"

【注释】①已：止，罢了。

【译文】圣人对一件事情承诺与否，首先考虑它是否合于理义，并估计其可能性。合于"义"则承诺，不合于"义"则不承诺；有可能做到则承诺，没有可能做到则作罢。所以他的诺言没有不兑现的。小人则是不义也允诺，没有可能也允诺，出言必定允诺。所以他的诺言是未必能兑现的。所以说："必诺之言，不足信也。"

谨于一家，则立于一家；谨于一乡，则立于一乡；谨于一国，则立于一国；谨于天下，则立于天下。是故其所谨者小，则其所立亦小；其所谨者大，则其所立亦大。故曰："小谨者不大立。"

【译文】谨慎对待一家的事情，则可在一个家庭里有所建树；谨慎对待一乡的事情，则可在一个乡里有所建树；谨慎对待一国的事情，则可在一国里有建树；谨慎对待天下的事情，则可在天下的范围有所建树。因此，谨慎处事的范围小，则其所建树的范围也小；谨慎处事的范围大，则其所建树的范围也大。所以说："小谨者不大立。"

海不辞水，故能成其大；山不辞土石，故能成其高；明主不厌人，故能成其众；士不厌学，故能成其圣。餤者^①，多所恶也。谏者，所以安主也；食者，所以肥体也。主恶谏则不安，人餤食则不肥。故曰："餤食者不肥体也。"

【注释】①餤（cí）：嫌（食），指挑食。
【译文】海不排斥水，所以能够成为大海；山不排斥土石，所以能成为高山；明主不厌恶人民，所以能实现人口众多；学士不厌恶学习，所以能成为圣人。餤，就是挑食太严重。进谏，是用来安定人主的；吃东西，是为了强壮身体的。人主不喜欢人进谏就不能安定；人挑食身体就不肥壮。所以说："餤食者不肥体也。"

言而语道德、忠信、孝弟者，此言无弃者。天公平而无私，故美恶莫不覆；地公平而无私，故小大莫不载。无弃之言，公平而无私，故贤不肖莫不用。故无弃之言者，参伍于天地之无私也。故曰："有无弃之言者，必参之于天地矣。"

【译文】一讲话就讲道德忠信孝悌的，没有人会弃之不顾。天公平而无私，所以无论美恶无不覆育；地公平而无私，所以无论小大无不承载。不能弃之不顾的话，公平而无私，所以无论贤与不肖都会采纳。所以，不能弃之不顾的话，是同天地一样无私的。所以说:"有无弃之言者,必参之于天地矣。"

明主之官物也^①,任其所长,不任其所短,故事无不成而功无不立。乱主不知物之各有所长所短也,而责必备。夫虑事定物,辩明礼义,人之所长而蝯蝚之所短也;缘高出险,蝯蝚之所长而人之所短也。以蝯蝚之所长责人,故其令废而责不塞。故曰:"坠岸三仞,人之所大难也,而蝯蝚饮焉。"

【注释】①官:通"管",管制,管理。

【译文】明主授官任事,用其所长,不用其所短,所以事无不成而功无不立。昏君不懂得事物都各有所长又各有所短,而求全责备。考虑事情制定计划,辩明礼义,是人之所长而却是猿猴之所短;爬高走险,是猿猴之所长而却是人之所短。用猿猴的所长要求人类,其政令就不能通行而任务不能完成。所以说:"坠岸三仞,人之所大难也,而蝯蝚饮焉。"

明主之举事也,任圣人之虑,用众人之力,而不自与焉。故事成而福生。乱主自智也,而不因圣人之虑;矜奋自功,而不因众人之力;专用己,而不听正谏,故事败而祸生。故曰:"伐矜好专^①,举事之祸也。"

【注释】①伐:自夸。

【译文】明主做事,采用圣人的策划,利用众人的力量,而不是刚愎自用。所以事能成而人得福。昏君自恃聪明,而不能运用圣人的策划；骄傲自大、自以为有功绩，而不依靠众人的力量；一意孤行，而不听正谏。所以事败而生祸。所以说："伐矜好专，举事之祸也。"

马者，所乘以行野也。故虽不行于野，其养食马也，未尝解惰也。民者，所以守战也。故虽不守战，其治养民也，未尝解惰也。故曰："不行其野，不违其马。"

【译文】马，是用来在野外骑乘赶路的。所以，虽不在野外骑行，在养马喂马上，也不能懈怠。人民，是用来守国杀敌的。所以，虽不是受过杀敌的时候，在治民养民上，也不能懈怠。所以说："不行其野，不违其马。"

天生四时，地生万财，以养万物而无取焉。明主，配天地者也，教民以时，劝之以耕织，以厚民养，而不伐其功，不私其利。故曰："能予而无取者，天地之配也。"

【译文】天有四时，地有万财，以此养育万物而不取任何报酬。明主是能与天、地相并列的。他教导人民按时生产，鼓励人民耕种纺织，以此提高人民生活，而不夸耀自己的功劳，不独占其利。所以说："能予而无取者，天地之配也。"

解惰简慢，以之事主则不忠，以之事父母则不孝，以之起事则不成。故曰："怠倦者不及也。"

【译文】懈怠懒惰失礼，以此侍奉人主就是不忠，以此侍奉父母就是不孝，以此来办事就不成功。所以说："怠倦者不及也。"

以规矩为方圜则成，以尺寸量长短则得，以法数治民则安。故事不广于理者，其成若神。故曰："无广者疑神。"

【译文】用规、矩就能画成方、圆，用尺寸就能量好长短，用法度、政策来治理民众就能安定。所以，事情不超出规范，其成功如有神助。所以说："无广者疑神。"

事主而不尽力则有刑，事父母而不尽力则不亲，受业问学而不加务则不成。故朝不勉力务进，夕无见功。故曰："朝忘其事，夕失其功。"

【译文】侍奉人主而不尽力就要受到刑罚，侍奉父母而不尽力就和父母不亲，跟随老师学习而不加倍努力就没有成就。所以早上不努力求进，晚上就没有成果。所以说："朝忘其事，夕失其功。"

中情信诚则名誉美矣，修行谨敬则尊显附矣。中无情实而名声恶矣，修行慢易则污辱生矣。故曰："邪气袭内，正色乃衰也。"

【译文】内心信义忠诚，就有好名誉；修身严谨、行事恭敬，尊贵显名自然就来了。内心不诚实，名声就坏了；修身简慢、行事轻忽，就会招致污辱。所以说："邪气袭内，正色乃衰也。"

为人君而不明君臣之义以正其臣，则臣不知于为臣之理以事其主矣。故曰："君不君则臣不臣。"

【译文】为人主而不懂用君臣之间的道义来规正臣下，臣下也就不会懂得用为臣之理来事奉君主。所以说："君不君则臣不臣。"

为人父而不明父子之义以教其子而整齐之，则子不知为人子之道以事其父矣。故曰："父不父则子不子。"

【译文】为人父母而不懂用父子之间的道义来管教子女，子女也就不会懂得用为子女的道理来事奉父母。所以说："父不父则子不子。"

君臣亲，上下和，万民辑，故主有令则民行之，上有禁则民不犯。君臣不亲，上下不和，万民不辑，故令则不行，禁则不止。故曰："上下不和，令乃不行。"

【译文】君臣相亲，上下协调，万民和睦，所以人主有令，人民就会实行；人主禁止的，人民就不去违犯。君臣不亲，上下不协调，万民不和睦，所以人主令不能行，禁不能止，所以说："上下不和，令乃不行。"

言辞信，动作庄，衣冠正，则臣下肃。言辞慢，动作亏，衣冠惰，则臣下轻之。故曰："衣冠不正则宾者不肃。"

【译文】言辞诚信，动作庄重，衣冠端正，臣下就肃穆。言辞轻慢，动作无礼，衣冠随意，臣下就轻慢他。所以说："衣冠不正则宾者不肃。"

仪者，万物之程式也。法度者，万民之仪表也。礼义者，尊卑之仪表也。故动有仪则令行，无仪则令不行。故曰："进退无仪则政令不行。"

【译文】仪，是万物的程式。法度，是万民的仪表。礼仪，是尊卑的仪表。所以人主的举动合乎仪法，政令就能推行；不合乎仪法程式，政令就不能推行，所以说："进退无仪则政令不行。"

人主者，温良宽厚则民爱之，整齐严庄则民畏之。故民爱之则亲，畏之则用。夫民亲而为用，王之所急也。故曰："且怀且威则君道备矣。"

【译文】作人主的，温良宽厚则人民爱戴他；整齐庄严则人民敬畏他。人民爱戴就同他亲近，人民敬畏就为他所用。人民亲近人主而又为他所用，这是人主最急需要的。所以说："且怀且威则君道备矣。"

人主能安其民，则事其主如事其父母，故主有忧则忧之，有难则死之。主视民如土，则民不为用，主有忧则不忧，有难则不死。故曰："莫乐之则莫哀之，莫生之则莫死之。"

【译文】人主能使人民生活安定，那么人民侍奉人主就会像侍奉父母一样，人主有忧人民可以为他分忧，有难人民可以为他赴死。人主视人民如粪土，人民就不愿为他所用，君主有忧也不肯分忧，有难也不肯为他赴死。所以说："莫乐之则莫哀之，莫生之则莫死之。"

民之所以守战至死而不衰者，上之所以加施于民者厚也。故上施厚，则民之报上亦厚；上施薄，则民之报上亦薄。故薄施而厚责，君不能得之于臣，父不能得之于子。故曰："往者不至，来者不极。"

【译文】人民之所以愿意守国杀敌至死而不退却，是因为君主对人民施加的恩惠优厚。所以，人主施惠优厚，人民报答他也优厚；人主施惠微薄，人民报答他也微薄。如果施惠少而求索甚多，君主不能从臣下那里得到，父亲也不能从子女那里得到。所以说："往者不至，来者不极。"

道者，扶持众物，使得生育，而各终其性命者也。故或以治乡，或以治国，或以治天下。故曰："道之所言者一也，而用之者异。"

【译文】道，是扶持万物，使它们生长发展，并使他们都能安享天命的。所以或者用它来治乡，或者用它来治国，或者用它来治理天下。所以说："道之所言者一也，而用之者异。"

闻道而以治一乡，亲其父子，顺其兄弟，正其习俗，使民乐其上，安其土，为一乡主干者，乡之人也。故曰："有闻道而好为乡者，一乡之人也。"

【译文】明白"道"而用它来治理一个乡，使一乡父子相亲、兄弟和顺、习俗归正，使人民怀乐主上，使这一方土地安定，成为一乡的主干，这就是治理一乡的人才。所以说："有闻道而好为乡者，一乡之人也。"

民之从有道也，如饥之先食也，如寒之先衣也，如暑之先阴也。故有道则民归之，无道则民去之。故曰："道往者其人莫来，道来者其人莫往。"

【译文】人民归附有道的人主，如同饥饿就要吃饭，寒冷就要穿衣，暑热时就要荫凉一样。所以，有道则民众来归附，无道则民众离去。所以说："道往者其人莫来，道来者其人莫往。"

道者，所以变化身而之正理者也①，故道在身则言自顺，行自正，事君自忠，事父自孝，遇人自理。故曰："道之所设，身之化也。"

【注释】①之：往，朝某方向走，到……去。

【译文】道，能让人变化自身气质、使人走向正理。所以，道在心中，则言语自然顺理，行为自能端正，侍奉人主自能尽忠，侍奉父母自能尽孝，与人相处自能顺理。所以说："道之所设，身之化也。"

天之道，满而不溢，盛而不衰。明主法象天道，故贵而不骄，富而不奢，行理而不惰。故能长守贵富，久有天下而不失也。故曰："持满者与天。"

【译文】天之道，满而不外溢，盛而不衰竭。明主效法天道行事，所以贵而不骄，富而不奢，依理行事而不怠惰。所以能长守富贵，长期拥有天下而不失去。所以说："持满者与天。"

明主，救天下之祸，安天下之危者也。夫救祸安危者，必待万民之为用也，而后能为之。故曰："安危者与人。"

【译文】明主要解救天下的灾祸，使天下危局趋于安定。救祸患与安危局，一定要能使广大人民为其所用，然后才能办得到。所以说："安危者与人。"

地大国富，民众兵强，此盛满之国也。虽已盛满，无德厚以安之，无度数以治之，则国非其国，而民无其民也。故曰，"失天之度，虽满必涸。"

【译文】土地广阔国家富裕，人口众多兵力强盛，这是鼎盛的国家。虽然已是鼎盛，如果没有深德厚惠来使国家安定，没有法度策略来治理，国家也还会变成别人的国家，而人民也还会变成别人的人民。所以说："失天之度，虽满必涸。"

臣不亲其主，百姓不信其吏，上下离而不和，故虽自安，必且危之。故曰："上下不和，虽安必危。"

【译文】臣下不亲近主上，百姓不信任官吏，上下离心而不和谐一致，虽然自以为安定，终究会给国家招致危难。所以说："上下不和，虽安必危。"

主有天道，以御其民，则民一心而奉其上，故能贵富而久王天下①。失天之道，则民离叛而不听从，故主危而不得久王天下。故曰："欲王天下而失天之道，天下不可得而王也。"

【注释】①王（wàng）：统治。

【译文】人主明白天道，用来治理人民，人民就一心侍奉君主，这样就能够显贵富足而长久统治天下。如果违背天道，百姓就背叛离开而不服从，人主就身处危险之中而不能长久统治天下。所以说："欲王天下而失天之道，天下不可得而王也。"

人主务学术数，务行正理，则化变日进，至于大功，而愚人不知也。乱主淫佚邪枉，日为无道，至于灭亡，而不自知也。故曰："莫知其为之，其功既成。莫知其舍之也，藏之而无形。"

【译文】人主努力学习韬略，遵行正理，则每日都有进步，以至于最终有所成就，而愚人是不理解的。昏君淫逸邪枉，每天干无道的事情，以至于国家灭亡而自己还不知道。所以说："莫知其为之，其功既成。莫知其舍之也，藏之而无形。"

古者三王五伯皆人主之利天下者也，故身贵显而子孙被其泽。桀、纣、幽、厉，皆人主之害天下者也，故身困伤而子孙蒙其祸。故曰："疑今者察之古，不知来者视之往。"

【译文】上古时代三王五伯都是利益天下的人主，所以自身贵显，子孙也蒙其德泽。夏桀、殷纣、周幽王、周厉王都是残害天下的君主，所以自身困伤，子孙也蒙其祸害。所以说："疑今者察之古，不知来者视之往。"

神农教耕生谷，以致民利。禹身决渎，斩高桥下^①，以致民利。汤武征伐无道，诛杀暴乱，以致民利。故明王之动作虽异，其利民同也。故曰："万事之任也，异起而同归，古今一也。"

【注释】①桥：通"矫"，纠正。

【译文】神农氏教人民耕作生产粮食，以利益人民。大禹亲身疏浚河道，斩削高处、平整低处，以利益人民。商汤王和周武王征伐无道的人主，诛杀暴乱之人，以利益人民。所以，明主的行动虽有所不同，但其有利于人民则是相同的。所以说："万事之任也，异起而同归，古今一也。"

栋生桡^①，不胜任则屋覆，而人不怨者，其理然也。弱子，慈母之所爱也，不以其理动者，下瓦则慈母笞之。故以其理动者，虽覆屋不为怨；不以其理动者，下瓦必笞。故曰："生栋覆屋，怨怒不及；弱子下瓦，慈母操箠。"

【注释】①生：未经炼制的。桡（ráo）：木头弯曲。

【译文】支撑房屋的柱子是新砍伐没有经过加工的，不堪负荷而弯曲，致使房屋倒塌。但人们并不埋怨，因为理该如此。小孩子，是慈母所钟爱的，但他做事不依理，无缘无故地拆下屋瓦，慈母也要拿棍子打他。所以，理该如此的，虽房屋倒塌也埋怨不到他；而理不该如此的，拆屋瓦就一定要打棍子。所以说："生栋覆屋，怨怒不及；弱子下瓦，慈母操箠。"

行天道，出公理，则远者自亲；废天道，行私为，则子母相怨。故曰："天道之极，远者自亲；人事之起，近亲造怨。"

【译文】行事合于天道，出自公理，疏远的人也会相互亲近；不行天道，以私心行事，即使是母子也会互相怨恨。所以说："天道之极，远者自亲；人事之起，近亲造怨。"

古者武王，地方不过百里，战卒之众不过万人，然能战胜攻取, 立为天子, 而世谓之圣王者, 知为之之术也。桀、纣贵为天子, 富有海内, 地方甚大, 战卒甚众, 而身死国亡, 为天下僇者①, 不知为之之术也。故能为之, 则小可为大, 贱可为贵。不能为之, 则虽为天子, 人犹夺之也。故曰:"巧者有余而拙者不足也。"

【注释】①僇(lù): 羞辱、侮辱。

【译文】古时候, 周武王的土地方圆不过百里, 士兵不过万人, 但是却能战胜纣王攻取商朝的国都朝歌、自立为天子, 后世也称之为圣王, 是因为他懂得治国为君的方法。桀、纣贵为天子, 富有四海, 地方甚大, 战卒甚多, 而身死国亡, 被天下人所杀戮, 是不懂得治国为君的方法。所以, 善于治理国家的, 小国可以变成大国, 贱可以变为贵。不善于治理国家的, 即使当了天子, 也会被他人夺取。所以说:"巧者有余而拙者不足也。"

明主上不逆天, 下不圹地①, 故天予之时, 地生之财。乱主上逆天道, 下绝地理, 故天不予时, 地不生财。故曰:"其功顺天者, 天助之; 其功逆天者, 天违之。"

【注释】①圹: 通"旷", 荒废。

【译文】明主上不违反天时, 下不荒废土地, 所以天给他有利的天时, 地为他生出财富。昏君上违天时, 下违地理, 所以天不给他有利的天时, 地也不给他生出财富。所以说:"其功顺天者, 天助之; 其功逆天者, 天违之。"

古者，武王，天之所助也。故虽地小而民少，犹之为天子也。桀、纣，天之所违也，故虽地大民众，犹之困辱而死亡也。故曰："天之所助，虽小必大；天之所违，虽大必削。"

【译文】古时候，周武王是上天都要帮助他的人主，所以虽然土地小、人口少，仍然可以做天子。桀与纣，是天所抵制的人主。所以虽然土地广大、人口众多，仍然受困辱而亡国。所以说："天之所助，虽小必大；天之所违，虽大必削。"

与人交，多诈伪无情实，偷取一切①，谓之乌集之交②。乌集之交，初虽相欢，后必相咄③。故曰："乌集之交，虽善不亲。"

【注释】①偷：苟且。②乌集之交：指以利聚合，不以诚相待的交情。③咄：呵斥、指责。
【译文】与人相交，行为多狡诈虚伪，没有真情实感，只顾着能得到眼前想要得到的，叫做"乌集之交"。乌集之交，虽然开始相交甚欢，其后必定反目、相互指责。所以说："乌集之交，虽善不亲。"

圣人之与人约结也，上观其事君也，内观其事亲也，必有可知之理，然后约结。约结而不袭于理，后必相倍①。故曰："不重之结②，虽固必解。道之用也，贵其重也。"

【注释】①倍：通"背"，背离背叛。②重：认为重要而认真对待。
【译文】圣人与人结交，在朝上要看他如何侍奉君主，在家里要看他如何侍奉双亲，一定要确定他的行为合乎义理，然后才与他结交。不以义理相交，以后一定背叛。所以说："不重之结，虽固必解。道之用也，贵其重也。"

明主与圣人谋，故其谋得；与之举事，故其事成。乱主与不肖者谋，故其计失；与之举事，故其事败。夫计失而事败，此与不可之罪。故曰："毋与不可。"

【译文】明主与圣人共同谋事，所以他的谋划能实现；与圣人共同做事，所以他的事业能成功。昏君总是与不肖之徒共同谋事，所以他的计划总是失败；与不肖者共同做事，所以他的事业失败。计谋失败、事业不成功，这都是与不肖之徒共同谋事的过错。所以说："毋与不可。"

明主度量人力之所能为，而后使焉。故令于人之所能为，则令行；使于人之所能为，则事成。乱主不量人力，令于人之所不能为，故其令废；使于人之所不能为，故其事败。夫令出而废，举事而败，此强不能之罪也①。故曰："毋强不能。"

【注释】①强（qiǎng）：硬要，迫使。
【译文】明主用人总是衡量着每个人的能力，然后加以使用。所以，命令人民做力所能及的事情，命令就能被执行；委派他们做力所能及的事情，事情就能成功。昏君不衡量人的能力，命令人民做力所不能及的事情，所以命令不能被执行；委派他们做力所不能及的事情，所以事情失败。令出而不行，举事而失败，错误在于勉强人民做他们做不到的事情。所以说："毋强不能。"

狂惑之人，告之以君臣之义、父子之理、贵贱之分，不信圣人之言也，而反害伤之。故圣人不告也。故曰："毋告不知。"

【译文】对于狂惑的人，若告诉他君臣之义、父子之理、贵贱之分，他非但不相信圣人的话，反而加以伤害。所以圣人不会和他说这些。所以说："毋告不知。"

与不肖者举事，则事败；使于人之所不能为，则令废；告狂惑之人，则身害。故曰："与不可，强不能，告不知，谓之劳而无功。"

【译文】同不肖者共同做事，则事败；使人做力所不能及的事情，则命令不能推行；把事理告知狂惑之人，则自身受其害。所以说："与不可，强不能，告不知，谓之劳而无功。"

常以言翘明①，其与人也②，其爱人也，其有德于人也，以此为友则不亲，以此为交则不结，以此有德于人则不报。故曰："见与之友，几于不亲；见爱之交，几于不结；见施之德，几于不报。四方之所归，心行者也。"

【注释】①翘明：表明，表白。②与：施与、给予。

【译文】常常自己宣扬自己乐于给予、对人友爱、对人有恩德，用这样的方式交朋友则不会亲密、与人结交则他人不会同意、对人有恩德也不会得到其人报答。所以说："见与之友，几于不亲；见爱之交，几于不结，见施之德，几于不报。四方之所归，心行者也。"

明主不用其智，而任圣人之智；不用其力，而任众人之力。故以圣人之智思虑者，无不知也；以众人之力起事者，无不成也。能自去而因天下之智力起，则身逸而福多。乱主独用其智，而不任圣人之智；独用其力，而不任众人之力，故其身劳而祸多。故曰："独任之国，劳而多祸。"

【译文】明主不只是依靠自己的决定，而是依靠圣人的智慧；不只是依靠自己的力量，而是依靠众人的力量。所以，用圣人的智慧思考问题，没有不明了的问题；用众人的力量做事，没有不成功的事业。能做放下自己而依靠天下人的智慧与力量，则自身安逸而多福。昏君只相信自己，而不依靠圣人的智慧；独用他个人的力量，而不依靠众人的力量，所以自身劳累而多遭祸患。所以说："独任之国，劳而多祸。"

明主内行其法度，外行其理义，故邻国亲之，与国信之，有患则邻国忧之，有难则邻国救之。乱主内失其百姓，外不信于邻国，故有患则莫之忧也，有难则莫之救也，外内皆失，孤特而无党，故国弱而主辱。故曰："独国之君，卑而不威。"

【译文】明主对内以法度治理国家，对外以理义相交。所以邻国亲近他，盟国信任他。有祸患邻国替他分忧，有危难邻国对他援救。昏君对内失去百姓的支持，对外不能取信于邻国。所以国有祸患没有人替他分忧，国有危难没有人对他援救。内外都失去支持，孤立无援，所以国弱而人主受辱。所以说："独国之君，卑而不威。"

明主之治天下也，必用圣人，而后天下治；妇人之求夫家也，必用媒，而后家事成。故治天下而不用圣人，则天下乖乱而民不亲也^①；求夫家而不用媒，则丑耻而人不信也。故曰："自媒之女，丑而不信。"

【注释】①乖：不顺，不和谐。

【译文】明主治理天下，必定任用圣人，而后天下大治；女子求嫁夫家，必须通过媒人才能结婚成家。因此，治理天下而不任用圣人，则天下乖乱而人民不会亲附人主；求嫁夫家而不通过媒人，则名声丑恶可耻而没有信誉。所以说："自媒之女，丑而不信。"

明主者，人未之见而有亲心焉者，有使民亲之之道也。故其位安而民往之。故曰："未之见而亲焉，可以往矣。"

【译文】明主，人民还没有看见他就有了亲附之心，是因为他有使人亲附的方法。所以他地位稳固而人民都来归附。所以说："未之见而亲焉，可以往矣。"

尧、舜，古之明主也。天下推之而不倦，誉之而不厌，久远而不忘者，有使民不忘之道也。故其位安而民来之。故曰："久而不忘焉，可以来矣。"

【译文】尧舜，古代的明主。天下人推崇他、赞誉他而不厌倦，历时久远也不会忘记，是因为他有使人民怀念不忘的方法。所以，他地位稳固而人民都来归附。所以说："久而不忘焉，可以来矣。"

日月，昭察万物者也①。天多云气，蔽盖者众，则日月不明。人主犹日月也，群臣多奸，立私以拥蔽主，则主不得昭察其臣下，臣下之情不得上通。故奸邪日多而人主愈蔽。故曰："日月不明，天不易也。"

【注释】①昭察：明察、明显。
【译文】日月，是照亮万物的。天空云气多，掩盖的云层多，日月就不那么明亮了。人主，就如同日月一样；群臣之中如果多奸邪之徒，为私利、结朋党，蒙蔽君主，人主就不能明察其臣下，下情也不得上达。所以奸邪之臣愈多，人主愈受其蒙蔽。所以说："日月不明，天不易也。"

山，物之高者也。地险秽不平易①，则山不得见。人主犹山也，左右多党，比周以壅其主②，则主不得见。故曰："山高而不见，地不易也。"

【注释】①险秽：险恶不平。②比周：结党营私。

【译文】山，是万物中最高的。但地面险恶不平，山也就看不见了。人主就像山一样，左右近臣结党营私，蒙蔽人主，人主也就看不清了。所以说："山高而不见，地不易也。"

人主出言不逆于民心，不悖于理义，其所言足以安天下者也，人唯恐其不复言也。出言而离父子之亲，疏君臣之道，害天下之众，此言之不可复者也，故明主不言也。故曰："言而不可复者，君不言也。"

【译文】人主讲话不违背民心，不违背理义，他的话足以安定天下，人们唯恐他不多讲。如果讲出来的话使父子不亲，使君臣疏远，伤害天下的民众，这便是不应再说的错话，所以明主不说。所以说："言而不可复者，君不言也。"

人主身行方正，使人有礼，遇人有理，行发于身而为天下法式者，人唯恐其不复行也。身行不正，使人暴虐，遇人不信，行发于身而为天下笑者，此不可复之行，故明主不行也。故曰："行而不可再者，君不行也。"

【译文】人主自身行事端正，对待臣下有礼，对待他人合乎义理，行为可为天下人的表率，人们唯恐他不多做一些事情。如果自身行事不正，用人暴虐，与人相处没有信义，所行之事为天下人耻笑，这是不可再做的错事，明主是不做的。所以说："行而不可再者，君不行也。"

言之不可复者，其言不信也；行之不可再者，其行贼暴也。故言而不信则民不附，行而贼暴则天下怨。民不附，天下怨，此灭亡之所从生也，故明主禁之。故曰："凡言之不可复，行之不可再者，有国者之大禁也。"

【译文】不可再说的错话，是没有信用的话；不应该再做的错事，这种事残暴害人。所以言而无信，人民就不肯归附；行事残暴害人，天下就怨声载道。人民不归附，天下怨声载道，这是导致灭亡的根源，这是明主所需要禁忌的。所以说："凡言之不可复，行之不可再者，有国者之大禁也。"

立政九败解第六十五

扫码听谦德
君为您导读

【题解】此篇为对《立政》篇中提及的"九败"一目的详细解读。逐句论述驳斥了治理国家的九种错误的观点，即"寝兵""兼爱""全生""私议自贵""群徒比周""金玉财货""观乐玩好""请谒任举"和"谄谀饰过"。

人君唯毋听寝兵①，则群臣宾客莫敢言兵。然则内之不知国之治乱，外之不知诸侯强弱，如是则城郭毁坏，莫之筑补；甲弊兵凋，莫之修缮。如是则守圉之备毁矣②，辽远之地谋③，边竟之士修④，百姓无圉敌之心。故曰："寝兵之说胜，则险阻不守。"

【注释】①唯毋：假如，如果。"毋"同"无"，下"唯无"同。听：接受别人的意见。寝兵：息兵，停止战争，墨家所倡导。②圉：防御。③谋：图谋造反。④修：应为"偷"，苟且。

【译文】人主如果接受废止军备的言论，那么群臣宾客便不敢再议论军事。然而，对内不知道国家是太平还是动乱，对外不知道诸侯是强大还是弱小，这样的话城郭毁坏也无人修补，盔甲、兵器破败了也无人修缮。这样守卫国防的城墙、装备都毁了；远方的国土图谋造反，边境的战士苟且懈怠，百姓也将丧失防御的斗志。所以说："寝兵之说胜，则险阻不守。"

人君唯毋听兼爱之说①，则视天下之民如其民，视国如吾国。如是则无并兼攘夺之心，无覆军败将之事。然则射御勇力之士不厚禄②，覆军杀将之臣不贵爵，如是则射御勇力之士出在外矣。我能毋攻人可也，不能令人毋攻我。彼求地而予之，非吾所欲也，不予而与战，必不胜也。彼以教士③，我以驱众④；彼以良将，我以无能，其败必覆军杀将。故曰："兼爱之说胜，则士卒不战。"

【注释】①听：接受别人的意见。兼爱：战国时墨翟所倡导的学说。主张平等之爱，无人己亲疏厚薄的不同。②御：驾驶战车。③教士：训练有素的士兵。④驱众：临时驱赶到一起使其作战的人，指没有训练过的士兵。

【译文】人主如果听信兼爱的言论，就会把天下的民众都看成他自己的民众，把别的国家都看成自己的国家。这样就没有兼并争夺别国的心，也就没有覆灭敌军、战败敌将的事。那么，杀敌和驾驭战车的勇士没有厚禄，消灭敌军敌将的功臣没有贵爵，善于骑射驾驭战车的勇士就要投奔外国去了。能自己决定不攻打别人，但不能管住人家不攻打自己。敌国要求割地给他们，我们自然是不愿意，不割地就要打仗，又一定打不赢。人家用经过训练的士兵，我们用临时征集的乌合之众；人家用良将，我们用无能之辈。结果一定是战败，军队覆亡而将领被杀。所以说："兼爱之说胜，则士卒不战。"

人君唯无好全生^①，则群臣皆全其生，而生又养生。养何也？曰：滋味也，声色也，然后为养生。然则从欲妄行^②，男女无别，反于禽兽^③。然则礼义廉耻不立，人君无以自守也^④。故曰："全生之说胜，则廉耻不立。"

【注释】①全生：保全生命。②从：通"纵"。③反：通"返"。④自守：守住自己本分、本性。

【译文】人主如果喜欢保全生命，群臣也就都想要保全生命，而从保全生命又进一步去追求保养身体、生活奢侈。养生养什么呢？回答说：饮食滋味，声色享受，得到这些就是养生。然而这样的话，人就会放纵自己的欲望胡作非为，男女无别，这就是返回到了禽兽的世界。这样的话礼义廉耻树立不起来，人主也就不能守住自己的本分。所以说："全生之说胜，则廉耻不立。"

人君唯无听私议自贵^①，则民退静隐伏^②，窟穴就山，非世间上^③，轻爵禄而贱有司^④。然则令不行禁不止。故曰："私议自贵之说胜，则上令不行。"

【注释】①听：任凭，随。②退静：退让静默，指不谋进用。③非：非议。间：非议、批评。④有司：主管的官员。

【译文】人主如果任凭臣子民众私下议论、自命不凡，人民就会退身静处，不想为朝廷尽力，而是归隐山林、隐匿行踪，在深山凿壁而居；非议当世批评主上；鄙视官职俸禄而轻视官吏。这样人主的法令不能推行，明令禁止的也得不到禁止。所以说："私议自贵之说胜，则上令不行。"

人君唯无好金玉货财，必欲得其所好，然则必有以易之。所以易之者何也？大官尊位，不然则尊爵重禄也。如是则不肖者在上位矣。然则贤者不为下，智者不为谋，信者不为约，勇者不为死。如是则驱国而捐之也。故曰："金玉货财之说胜，则爵服下流①。"

【注释】①爵服下流：爵位及其相应服饰流向下层社会。指出现卖官鬻爵的现象。

【译文】人主如果喜好金玉财货，想得到所喜好的，就一定会拿东西来交换。用什么来换取呢？用重要的官职、尊崇的地位，不然就是尊贵的爵位、优厚的俸禄。这样，没有德才的人就会占据高位，那么贤者将不肯甘为其属下，智者将不肯设谋献策，信实的人将不肯与其结盟，勇敢的人将不为其效死力。这样就等于把国家拿出来换金玉货财了。所以说："金玉货财之说胜，则爵服下流。"

人君唯毋听群徒比周，则群臣朋党，蔽美扬恶。然则国之情伪不见于上。如是则朋党者处前①，寡党者处后。夫朋党者处前，贤不肖不分，则争夺之乱起，而君在危殆之中矣。故曰："群徒比周之说胜，则贤不肖不分。"

【注释】①前：这里指身处高位。

【译文】人主如果任凭臣下结党营私，群臣就搞朋党活动，遮蔽善良美好、宣扬恶言恶行。那么，人主就无法了解国家的真实情况。这样，结党营私的小人居于高位，不结党的人就只能屈居其下。有朋党的人在上位活动，贤者与不贤者无法分清，那么相互争权夺

利的祸乱就要发生，而人主就处在危险的境地了。所以说："群徒
比周之说胜，则贤不肖不分。"

人君唯毋听观乐玩好^①，则败。凡观乐者，宫室、台池，珠
玉、声乐也。此皆费财尽力伤国之道也。而以此事君者，皆奸人
也。而人君听之，焉得毋败？然则府仓虚，蓄积竭；且奸人在
上，则壅遏贤者而不进也。然则国适有患^②，则优倡侏儒起而议
国事矣^③。是驱国而捐之也。故曰："观乐玩好之说胜，则奸人在
上位。"

【注释】①听：接受别人的意见。观乐玩好：指玩乐享受。玩：可
供观赏的东西，如古玩。②适：恰好，正赶上。③优倡侏儒：古代表演歌
舞杂戏的艺人。泛指下层小人。

【译文】人主假如听信不孝之徒玩乐享受的怂恿，就会导致
国败。玩乐享受，无非是宫室、台池、珠玉与声乐之类。这都是浪费
钱财、消耗民力、伤害国本的事情。而用这些东西侍奉君主的都是奸
臣。人主若是听信他们。怎么能够不败亡？国库空虚，积蓄枯竭，而
且奸臣掌权，阻碍着贤者不能为国家所用。一旦国家有难，优伶丑角
之流就都起来议决国事了。这就是在驱使国家走向毁灭。所以说：
"观乐玩好之说胜，则奸人在上位。"

人君唯毋听请谒任誉^①，则群臣皆相为请。然则请谒得于
上，党与成于乡^②。如是则货财行于国^③，法制毁于官，群臣务佼
而不求用^④，然则无爵而贵，无禄而富。故曰："请谒任誉之说

胜,则绳墨不正⑤。"

【注释】①请谒任誉:请托保举。另一说法,赞誉而保举之。誉:通"举"。②乡:乡里,这里指下层社会。③货财:财物,这里指贿赂行为。④佼(jiāo):通"交",交际、交往。用:被人用、为国家效力。⑤绳墨:木工画线用的墨斗弹出的墨线,比喻规矩或法度。

【译文】人主如果任凭请托保举之风盛行,群臣就会都来互相拉拢请托。朝堂上形成请托之风,乡野中蔓延结党之事。这样,贿赂行为在全国到处可见,法律制度也就在官场遭到破坏。群臣都努力发展私交而不求为国效力,这样没有爵位的人也可以获得尊贵的地位,没有俸禄的人也可以发财致富。所以说:"请谒任誉之说胜,则绳墨不正。"

人君唯无听谄谀饰过之言,则败。奚以知其然也?夫谄臣者,常使其主不悔其过不更其失者也,故主惑而不自知也,如是则谋臣死而谄臣尊矣。故曰:"谄谀饰过之说胜,则巧佞者用。"

【译文】人主如果听信阿谀奉承、掩饰过错的议论,就会导致失败。怎么知道会这样呢?谄媚之臣常常使君主不追悔自己的过错、不改正自己的失误,君主受迷惑而自己尚不觉察。这样,就导致为国家筹谋的忠臣被陷害处死而谄谀之臣得到尊宠。所以说:"谄谀饰过之说胜,则巧佞者用。"

版法解第六十六

扫码听谦德
君为您导读

【题解】《版法》三百字左右，以韵成文。此篇是对《版法》篇的疏解，细致论述了要依据法令规章来治理国家的政治主张。

版法者①，法天地之位②，象四时之行③，以治天下。四时之行，有寒有暑，圣人法之，故有文有武。天地之位，有前有后，有左有右，圣人法之，以建经纪。春生于左，秋杀于右；夏长于前，冬藏于后。生长之事，文也；收藏之事，武也。是故文事在左，武事在右，圣人法之，以行法令，以治事理。凡法事者，操持不可以不正④，操持不正则听治不公⑤；听治不公则治不尽理，事不尽应。治不尽理，则疏远微贱者无所告诉⑥；事不尽应，则功利不尽举。功利不尽举则国贫，疏远微贱者无所告诉则下饶⑦。故曰："凡将立事，正彼天植。"

【注释】①版法：写在木板上的法。唐尹知章说："版法"的含义是选择政要，载之于版，以为常法。②法：效法，下同。位：占据其应有的位置。③象：仿效、模拟。④操持：操守、立身处世的原则。⑤听治：

断狱治事。听：判断、治理。⑥誎：同"诉"，这里指申诉冤情。⑦饶：通
"扰"，扰乱。

【译文】版法，就是效法天地各归其位、各尽本分，模拟四时
有序运行，用这些道理来治理天下。四时的运行，有寒有暑，圣人效
法它，因此治国之道有文有武。天地的位置，有前有后，有左有右，
圣人效法它，建立治国纲纪。春生在左，秋杀在右；夏长在前，冬藏
在后。生长之事，属于文；收藏之事，属于武。因此文事在左，武事在
右。圣人效法这些，来实行法令，来治理国家事务。凡是制定法令、
治理事务的人，操守不可以不正。操守不正则断狱治事不公，断狱
治事不公则治理事务就不能完全合于理，办事不完全得当。断狱治
事不完全合理，关系疏远身份微贱的人们就无法申诉；办事不完全
得当，对国有功、对民有利的事业就不能充分举办。功、利事业不能
充分举办则国家贫穷，疏远微贱者无法申冤则民间扰乱。所以说：
"凡将立事，正彼天植。"

天植者，心也。天植正，则不私近亲，不孽疏远①。不私近
亲，不孽疏远，则无遗利②，无隐治③。无遗利，无隐治，则事无
不举，物无遗者。欲见天心，明以风雨。故曰："风雨无违，远近
高下各得其嗣④。"

【注释】①孽：加害。②遗利：未尽其用的利益。③隐治：无处申
诉的冤案。④嗣：通"司"，主持，掌管。

【译文】天植，就是心。心正，就不会偏厚于近亲，也不会加害
于疏远的人。不偏厚于近亲，不加害于疏远的人，则国家的财务不
会流失，人民也没有无处申诉的冤案。国无失财，民无冤案，则没有

兴办不起来的事业，也没有流失的财物了。要想了解天心，可以去观察风雨。所以说："风雨无违，远近高下各得其嗣。"

万物尊天而贵风雨。所以尊天者，为其莫不受命焉也；所以贵风雨者，为其莫不待风而动待雨而濡也。若使万物释天而更有所受命①，释风而更有所仰动，释雨而更有所仰濡，则无为尊天而贵风雨矣。今人君之所尊安者，为其威立而令行也。其所以能立威行令者，为其威利之操莫不在君也②。若使威利之操不专在君，而有所分散，则君日益轻而威利日衰③，侵暴之道也④。故曰："三经既饬，君乃有国⑤。"

【注释】①释：放开，离开。②操：操持，掌握。③轻：地位轻贱。④侵暴：侵夺暴乱。道：通"导"。⑤三经：三个根本问题，指本书《版法》中言"正彼天植，风雨无违，远近高下各得其嗣。"

【译文】万物都尊崇天并以风雨为贵。之所以尊崇天，是因为天生万物；之所以以风雨为贵，是因为万物没有不靠风吹动、靠雨滋润的。假如万物离开天而另外有什么东西能给予他生命，离开风雨而仰赖另外什么东西的吹拂滋润，那就无需尊天而以风雨为贵了。现在人主之所以位尊而身安，就是因为他树立了威势并且能推行政令。其所以能树立威势和推行政令，就是因为威势和财利两者都掌握在人主手里。如果威势和财利没有全部掌握在人主之手，而有所分散，君主的地位就将日益轻贱，而威势财利也将日益衰减，这样就会导致侵夺暴乱。所以说："三经既饬，君乃有国。"

乘夏方长①，审治刑赏，必明经纪②，陈义设法。断事以理，

虚气平心,乃去怒喜。若倍法弃令而行怒喜,祸乱乃生,上位乃
殆。故曰:"喜无以赏,怒无以杀。喜以赏,怒以杀,怨乃起,令乃
废。骤令而不行③,民心乃外,外之有徒,祸乃始牙④。众之所忿,
寡不能图。"

【注释】①乘:趁着。长:成长、生长。②经纪:纲纪,条理。③骤
令:屡次命令。④牙:通"芽",萌芽。

【译文】趁着夏天万物生长的时节,开始讯问、处理大的案件,
执行刑罚与功赏。必须宣明纲纪,陈述义理设立法规。要依据理法
判断事情,心平气和,排除个人喜怒的干扰。如果背弃法令而按照个
人喜怒行事,祸乱便会发生,君位就会危险。所以说:"不能因为个
人高兴而奖赏,不能因为个人愤怒而杀伐。因为个人喜怒而决定赏
罚,怨恨就会出现,政令就会废弛。政令屡次废弛,人民就会有外
心。有外心的人结为私党,祸患就开始萌芽了。众人的愤怒,少数人
是难以控制的。"

冬既闭藏,百事尽止,往事毕登①,来事未起。方冬无
事,慎观终始,审察事理。事有先易而后难者,有始不足见而
终不可及者②,此常利之所以不举,事之所以困者也。事之
先易者,人轻行之,人轻行之,则必困难成之事;始不足见
者,人轻弃之,人轻弃之,则必失不可及之功。夫数困难
成之事③,而时失不可及之功,衰耗之道也。是故明君审察
事理,慎观终始,为必知其所成,成必知其所用,用必知其所
利害。为而不知所成,成而不知所用,用而不知所利害,谓之妄

举。妄举者，其事不成，其功不立。故曰："举所美必观其所终，废所恶必计其所穷。"

【注释】①登：登记，记载。②及：达到、赶上，引申为完成。③数（shuò）：屡次。

【译文】冬天万物封闭收藏，百事尽止，过去一年的事情全部完成、登记造册，来年的事情尚未开始。乘着冬日无事，慎重审察国事的的全部过程，详察事物发展的道理。有的事情开头容易后来困难；有的事情开头不被注意而后来却无法补救，这常常是有利的事不能达成，国事遇到困境的原因。开头容易的事，人们对待它就轻忽，轻忽就一定受困于难成之事；开头不被注意的事，人们就轻易放弃它，轻易放弃，就一定会错失不可比拟的功绩。经常受困于难成之事，经常错失不可比拟的功绩，这是衰败消耗的道路。因此，明主审察事物发展的道理，慎重考察国事的全过程，办一件事必定预知它能成功，成功则必定预知它的功用，也必定预知其功用的利弊。办事而不预知其能否成功，成功了而不预知其功用，也不能预知其功用的利弊，叫作轻举妄动。轻举妄动的人，做事不能成功，功业不能建立。所以说："举所美必观其所终，废所恶必计其所穷。"

凡人君者，欲民之有礼义也。夫民无礼义，则上下乱而贵贱争①。故曰："庆勉敦敬以显之②，富禄有功以劝之③，爵贵有名以休之④。"

【注释】①上下：指社会等级秩序。②庆勉：赏赐嘉勉。敦敬：敦厚恭敬，此指敦厚恭敬的人。显：彰显、显扬。③劝：勉励。④休：吉祥、美善、福禄。

【译文】凡是人主，都想要百姓遵行礼义。人民若无礼义，社会等级秩序就会混乱，不同地位的人就会相互争夺。所以说："对于敦厚恭敬的人要赏赐嘉勉以使其名声显扬，对于有功的人要给予俸禄富贵以示鼓励，对于有名望的贤人要授予爵位和尊贵的地位以示吉祥美好。"

凡人君者，欲众之亲上乡意也①，欲其从事之胜任也。而众者，不爱则不亲，不亲则不明②，不教顺则不乡意③。是故明君兼爱以亲之④，明教顺以道之，便其势，利其备⑤，爱其力，而勿夺其时以利之。如此则众亲上乡意，从事胜任矣。故曰："兼爱无遗，是谓君心。必先顺教，万民乡风。旦暮利之，众乃胜任。"

【注释】①乡：通"向"，趋向、顺从。下同。②明：信。③顺：通"训"。下同。④兼爱：广泛地爱护。⑤备：富足。

【译文】凡是人主，都希望百姓亲近而顺从己意，希望百姓为国办事而能够胜任。就民众而言，人主不爱护他们，他们就不会亲近人主，不亲近就不会信服人主；人主不教化引导他们，他们就不顺从人主的意愿。因此，明主对所有的民众都爱护亲近、教化引导，顺应他们的力量，促进他们生活富足，爱惜他们的劳力，在农忙时节不去干扰他们，由此为他们谋福利。这样，民众就亲近人主而顺从君意，为国家办事就能够胜任了。所以说："兼爱无遗，是谓君心。必先顺教，万民乡风。旦暮利之，众乃胜任。"

治之本二：一曰人，二曰事。人欲必用，事欲必工①。人有逆顺，事有称量②。人心逆则人不用，事失称量则事不工。事不工则伤，人不用则怨。故曰："取人以己，成事以质③。"

【注释】①工：同"功"，成功，有功效。②称量：分量尺度。③质：准的，实际情况。

【译文】治国的根本有两条：一是人，二是事。治人要求他一定效力，治事要求它一定成功。人有逆有顺，事情有分量尺度。人心逆就不肯效力，事不合分量尺度就不可能成功。事情不成功就意味着有所损伤，人不肯效力就意味着有怨恨。所以说："取人以己，成事以质。"

成事以质者，用称量也。取人以己者，度恕而行也。度恕者，度之于己也，己之所不安，勿施于人。故曰："审用财，慎施报，察称量。故用财不可以啬，用力不可以苦①。用财啬则费②，用力苦则劳矣。"

【注释】①苦：使劳苦。这里指过分使用民力。②费：通"拂"，违背，反抗。

【译文】所谓办事要根据实际情况，就是要根据实际的分量尺度来行事。所谓要求别人要与自己做对比，就是要考虑按"恕"道行事。考虑恕道，就是与自己做对比，自己不能接受的，不要施加于他人。所以说："使用财力时要仔细斟酌，施与及报答要慎重，明察事务的分量与限度。所以，使用财力不可以吝啬，使用民力不可以过分。用财吝啬则民众反抗，过分使用民力则民众劳苦不堪。"

奚以知其然也？用力苦则事不工，事不工而数复之，故曰"劳矣。"用财啬则不当人心，不当人心则怨起。用财而生怨，故曰"费。"怨起而不复反①，众劳而不得息，则必有崩阤堵坏之心②。故曰："民不足，令乃辱③；民苦殃，令不行。施报不得，祸乃始昌；祸昌而不悟，民乃自图④。"

【注释】①复反：平复。②崩阤（zhì）堵坏：摧毁破坏。阤：崩塌。③辱：读为"缛"，繁复无效。④图：图谋，指造反。

【译文】怎么知道是这样呢？因为过分使用民力，事情就不会成功。不成功而不断返工，叫作"劳"。人主用财吝啬，就不得人心，不得人心则造成怨恨。用财而造怨，所以叫作"费"。民众怨起而得不到平复，疲劳而得不到休息，就一定产生摧毁破坏的想法。所以说："人民贫困，政令就繁复无效；人民劳苦不堪，政令就不能贯彻执行。施与及报答不得当，祸乱就开始兴起。祸乱已经开始兴起而人主尚不觉悟，民众就要图谋造反了。"

凡国无法则众不知所为，无度则事无机①，有法不正，有度不直②，则治辟③。治辟则国乱。故曰："正法直度，罪杀不赦。杀僇必信，民畏而惧。武威既明，令不再行。"

【注释】①机：事物的关键，准则。②直：正直、明确。③辟：同"僻"，偏僻，偏颇。

【译文】国家没有法律，民众就不知道该怎样行事；没有制度，行事就没有一个准则。有法律但不公正，有制度但不明确，那么治政就会偏颇。治政偏颇国家就会混乱。所以说："法律公正、制度明确, 治罪杀戮不宽赦。执行杀戮令出必行, 民众就会敬畏惧怕。武威明确, 法令就不必一再重申了。"

凡民者, 莫不恶罚而畏罪。是以人君严教以示之, 明刑罚以致之①。故曰: "顿卒台倦以辱之②, 罚罪有过以惩之, 杀僇犯禁以振之③。"

【注释】①致: 惩戒。②顿卒: 督责。台倦: 懈怠懒惰的人, 台通"怠"。③振: 通"震", 威慑, 震慑。

【译文】凡是人民, 没有不厌恶刑罚而害怕犯罪的。所以, 人主要严加教训来告示他们, 申明刑罚来惩戒他们。所以说: "对怠惰的人, 要通过督促责备来羞辱他们; 对有过错的人, 要通过处罚来惩戒他们; 对犯罪大的人, 要通过杀戮来震慑他们。"

治国有三器, 乱国有六攻。明君能胜六攻而立三器, 则国治; 不肖之君不能胜六攻而立三器, 故国不治。三器者何也? 曰: 号令也, 斧钺也①, 禄赏也。六攻者何也? 亲也, 贵也, 货也, 色也, 巧佞也, 玩好也。三器之用何也? 曰: 非号令无以使下, 非斧钺无以畏众, 非禄赏无以劝民。六攻之败何也? 曰: 虽不听而可以得存, 虽犯禁而可以得免, 虽无功而可以得富。夫国有不听而可以得存者, 则号令不足以使下; 有犯禁而可以得免者, 则斧钺不足以畏众; 有无功而可以得富者, 则禄赏不足以劝民。号令不足以使下, 斧钺不足以畏众, 禄赏不足以劝民, 则人君无以自守也。然则明君奈何? 明君不为六者变更号令, 不为六者疑错斧钺②，不为六者益损禄赏。故曰："植固而不动③，奇邪乃恐④。奇革邪化，令往民移。"

【注释】①斧钺：指刑杀手段。②疑错：废置，废弃。③植固：坚定固守。④奇邪：诡诈、邪伪不正，这里指乖异邪僻的人。下文"奇革邪化"的"奇""邪"指的是乖异邪僻的行为。

【译文】治国有"三器"，乱国有"六攻"。贤明的人主能克制六攻而设立三器，那么国家就治理的好；昏君不能克制六攻而设立三器，因此国家治理不好。什么是三器呢？就是：号令、刑杀、禄赏。什么是六攻呢？就是：亲者、贵者、财货、女色、巧佞之臣、玩好之物。三器的用途是什么呢？回答说：没有号令就无法使役臣下，没有刑杀就无法威服民众，没有禄赏就无法鼓励人民。六攻的坏处是什么呢？回答说：即使不听法令仍然可以安然存在，即使违犯禁律仍然可以豁免罪刑，即使有立功仍然可以获得财富。国家有不听法令还能安然存在的情况，号令就不能使役臣下；有违犯禁律还能免于刑罪的情况，刑杀就不能威慑民众；有无功还能获得财富的情况，禄赏就不能鼓励百姓；号令不能使役臣下，刑杀不能威慑民众。禄赏不能鼓励百姓，人主就没有可以保全自己地位的东西了。那么，贤明的人主会怎么做呢？贤明的人主不会因为这六者变更号令，不为这六者废弃刑杀，也不为这六者增加或减少禄赏。所以说："人主以法治国的决心坚定不动摇，乖异邪僻的人就会恐惧。乖异邪僻的行为都革除改变了，法令颁布下去，民众就会遵照执行、顺令而动了。"

凡人君者，覆载万民而兼有之①，烛临万族而事使之②。是故以天地、日月、四时为主为质③，以治天下。天覆而无外也，其德无所不在；地载而无弃也，安固而不动，故莫不生殖。圣人法之以覆载万民，故莫不得其职姓^④，得其职姓，则莫不为用。故曰："法天合德^⑤，象地无亲^⑥。"

【注释】①覆载：覆盖与承载，谓覆育包容，比喻帝王的恩德。②烛临：谓由上向下照射，比喻教化广施。③质：凭借、依据。④职姓：职为官职之意，姓是获得官职的标识。这里"职姓"引申为生计，即谋生的手段。⑤合德：同德。⑥无亲：无私。

【译文】凡是人主，都保护着万民并拥有他们，管辖教化众多部族而使役他们。因此，以天地、日月、四时为最基本、为根据，来治理天下。天覆万物，没有它不包覆的，其德无所不在；地载万物，没有它不承载的，稳定而不动，故无不生长繁育。圣人效法天地的覆育包容来保护万民，所以，万民都能得到生计。得到生计，就没有不为人主效力的了。所以说："法天合德，象地无亲。"

日月之明无私，故莫不得光。圣人法之，以烛万民，故能审察，则无遗善，无隐奸。无遗善，无隐奸，则刑赏信必。刑赏信必，则善劝而奸止。故曰："参于日月^①。"

【注释】①参：参照，考察，检验。

【译文】日月的光明没有偏私，所以没有得不到光照的地方；圣人效法它们，来管辖教化万民，所以能够审慎明察，所以善行都能够被显扬，没有遗漏；恶事也无所隐藏。没有看不到的善行，也没有隐蔽着的恶事，就可以做到赏罚准确而坚定。赏罚准确坚定，善行就得到鼓励，恶行就得到禁止。所以说："参于日月。"

四时之行，信必而著明。圣人法之，以事万民^①，故不失时功。故曰："佐于四时^②。"

【注释】①事：治理。②佐：辅助。

【译文】四时的运行，准确、固定而明显。圣人效法它，统治万民，所以总是能把握时机获得成功。所以说："佐于四时。"

凡众者，爱之则亲，利之则至。是故明君设利以致之，明爱以亲之。徒利而不爱，则众至而不亲；徒爱而不利，则众亲而不至。爱施俱行，则说君臣、说朋友、说兄弟、说父子^①。爱施所设，四固不能守^②。故曰："说在爱施。"

【注释】①说：通"悦"，喜悦。②四固：四方边境。

【译文】凡是民众，对他们爱护，他们就亲近；给他们利益，他们就归附。因此，明主实行福利措施来招引他们，表明爱护之意来使他们亲近自己。只给他们利益而不爱护，民众就归附而不亲近；只爱护他们而不给他们利益，民众就亲近而不肯归附。爱与利兼而行之，则君臣喜悦，朋友喜悦，兄弟喜悦，父子喜悦。爱、利兼行的结果，是使敌国的四方边境都不能固守。所以说："说在爱施。"

凡君所以有众者，爱施之德也。爱有所移，利有所并，则不能尽有。故曰："有众在废私。"

【译文】人主之所以能赢得民众拥护，是因为有爱民和施利于民的德惠。爱民之心如果有了改变，对民众的利益如果有所吞并，就不能完全赢得民从了。所以说："有众在废私。"

爱施之德虽行而无私，内行不修①，则不能朝远方之君②。是故正君臣上下之义，饰父子、兄弟、夫妻之义，饰男女之别，别疏数之差③，使君德臣忠，父慈子孝，兄爱弟敬，礼义章明。如此则近者亲之，远者归之。故曰："召远在修近。"

【注释】①内行：指人主的个人品行操守。②朝：使……来朝见。③疏数：亲疏远近。

【译文】人主在爱民、施惠方面虽然做的很好，没有偏私，但个人品德操行不好，也不能使远方的国君来朝见。因此要端正君臣上下的本分，整顿家庭中父子、兄弟、夫妻的本分，整饬男女的分别，区别亲疏远近的不同，使君德臣忠，父慈子孝，兄爱弟敬，礼仪和义理彰明显著。这样，近处的民众都来亲近，远国的民众也来归附。所以说："召远在修近。"

闭祸在除怨，非有怨乃除之，所事之地常无怨也。凡祸乱之所生，生于怨咎；怨咎所生，生于非理。是以明君之事众也必经①，使之必道，施报必当，出言必得②，刑罚必理。如此则众无郁怨之心，无憾恨之意，如此则祸乱不生，上位不殆。故曰："闭祸在除怨也。"

【注释】①经：常道，指常行的义理、准则、法制。这里用作动词，指遵循常道。②得：正确。

【译文】关于"闭祸在除怨"，不是说有了怨才去清除，而是要保持所治理的地方人民没有怨恨。凡是祸乱的发生，都是生于怨咎；之所以产生怨咎，是因为不依据理法行事。因此，贤明的人主管理民众一定要遵循原则，使役他们一定要遵循道理，施予报酬一定要恰当，说话一定要正确，刑罚一定要合理。这样，民众就没有郁怨之心，没有憾恨之意，这样祸乱就不会发生，人主的地位也不至陷于危险。所以说："闭祸在除怨也。"

凡人君所以尊安者，贤佐也。佐贤则君尊、国安、民治，无佐则君卑、国危、民乱。故曰："备长存乎任贤。"

【译文】人主之所以能地位尊崇而安定，是因为有贤臣辅佐。佐臣贤，人主地位尊崇、国家安定、人民听治。得不到贤臣辅佐，则人主卑辱、国家危殆、人民叛乱。所以说："备长存乎任贤。"

凡人者，莫不欲利而恶害，是故与天下同利者，天下持之①；擅天下之利者②，天下谋之。天下所谋，虽立必隳③；天下所持，虽高不危。故曰："安高在乎同利。"

【注释】①持：维持、拥护。②擅：专擅、独占。③隳（huī）：毁坏、崩塌。

【译文】大凡民众，没有不想要得到利益而厌恶危害的。因此，与天下人共享利益的，天下人就拥护他；独占天下人利益的，天下人就图谋他。被天下人所图谋的人，地位虽然确立也必然倒台；被天下人所拥护的人，地位虽然尊崇也不会倾危。所以说："安高在乎同利。"

凡所谓能以所不利利人者，舜是也。舜耕历山，陶河滨，渔雷泽，不取其利，以教百姓，百胜举利之①。此所谓能以所不利利人者也。所谓能以所不有予人者，武王是也。武王伐纣，士卒往者，人有书社②。入殷之日，决钜桥之粟，散鹿台之钱，殷民大说。此所谓能以所不有予人者也。

【注释】①举：全、尽。②书社：古代二十五家为一社，将社内户口书于版籍，称为"书社"。

【译文】能把自己的利益让给别人的，是大舜。大舜在历山耕种、在河滨制作陶器、在雷泽捕鱼，自己不取利益，以此来教化百姓，而百姓都愿意把利益让给他。这就是所说的"能把自己的利益让给别人"。能够把东西不据为己有而让给别人的，是周武王。武王讨伐纣王时，参战的士卒每人都获得一个书社。攻入殷商都城的时候，把钜桥粮仓里的粮食、鹿台中的钱财都分发给百姓，殷商的民众都很高兴。这就是所谓的"能以所不有予人者也"。

桓公谓管子曰："今子教寡人法天合德，合德长久；合德而兼覆之，则万物受命。象地无亲，无亲安固；无亲而兼载之则诸生皆殖。参于日月，无私葆光；无私而兼照之则美恶不隐。然则君子之为身，无好无恶然已乎？"管子对曰："不然。夫学者所以自化，所以自抚。故君子恶称人之恶，恶不忠而怨妒，恶不公议而名当称^①, 恶不位下而位上, 恶不亲外而内放。此五者, 君子之所恐行, 而小人之所以亡, 况人君乎?"

【注释】①当: 党, 朋党。

【译文】桓公对管子说:"如今您教寡人效法上天, 与天同德, 方能长久; 与天同德, 包容涵盖万物, 万物就接受自己的天命。效仿大地无偏私, 不偏私就安定稳固; 大地无偏私, 托载万物, 万物就生长繁育。以日月为参照, 无私且永葆光芒; 日月无私地普照万物, 美好和邪恶都无所隐藏。但是君子修身, 就是做到不喜好、不厌恶就可以了吗?"管子回答说:"不是。修身的人通过学习来让自我教化、自我安抚。所以君子不喜欢说别人的过错; 不喜欢不忠、怨恨、嫉妒; 不喜欢不能公正持论而结党私议; 不喜欢不甘谦虚处下而总想要身居高位; 不喜欢外不亲人内心放纵。这五条, 真正的君子都唯恐自己做错了, 而小人就是因为这五条而自我毁灭, 又何况是人主呢?"

明法解第六十七

扫码听谦德
君为您导读

【题解】此篇是对《明法》篇的详细解读，细致论述了治国所要依靠的种种权术谋略。观其内容，"解"的作者所持政治观点明显与韩非子关于"术"的论述相近。如何防止大臣窃取君主的权力、干扰法度实施成为焦点问题。此"解"之作，当为战国末期。

明主者，有术数而不可欺也^①，审于法禁而不可犯也，察于分职而不可乱也。故群臣不敢行其私，贵臣不得蔽贱，近者不得塞远，孤寡老弱不失其所职，竟内明辨而不相逾越^②。此之谓治国。故《明法》曰："所谓治国者，主道明也。"

【注释】①术数：法制等治国的方法。②竟：通"境"，指国家。
【译文】贤明的人主，有法制等治国的方法而不可欺瞒，明确法度禁令而不可侵犯，分清上下职责而不容错乱。所以，群臣不敢行私舞弊，地位尊贵的臣子不能压制遮蔽地位在下的，亲近的不能阻碍疏远的，孤寡老弱不会丧失他们的生计，国内尊卑分明而没有互相僭越。这个就叫作治理得当的国家。所以，《明法》篇说："所谓治国者，主道明也。”

明主者①，上之所以一民使下也。私术者，下之所以侵上乱主也。故法废而私行，则人主孤特而独立，人臣群党而成朋。如此则主弱而臣强，此之谓乱国。故《明法》曰："所谓乱国者，臣术胜也。"

【注释】①明主：此当为"明法"之讹误。

【译文】明确法度，是君主用来统一人民役使臣下的方法。私术，是臣下用来侵犯朝廷扰乱君主的。所以，法度废弃而私术盛行，人主就没有依靠而陷于孤立，臣下就拉帮结派而形成朋党。这样就形成主弱臣强的局面，这个就叫作混乱的国家。所以，《明法》篇说："所谓乱国者，臣术胜也。"

明主在上位，有必治之势，则群臣不敢为非。是故群臣之不敢欺主者，非爱主也，以畏主之威势也；百姓之争用，非以爱主也，以畏主之法令也。故明主操必胜之数，以治必用之民；处必尊之势，以制必服之臣。故令行禁止，主尊而臣卑。故《明法》曰："尊君卑臣，非计亲也，以势胜也。"

【译文】明主在上位，有绝对统治的权势，群臣便不敢为非作歹。所以，群臣之所以不敢欺瞒人主，并不是喜爱人主，而是因为害怕人主的威势；百姓之所以争相为人主所用，也不是喜爱人主，而是因为害怕人主的法令。因此，明主掌握着必胜的策略，来统治必须要服从役使的民众；处在绝对尊崇的地位，来控制必须要服从的臣子，这样就令行禁止，形成君尊臣卑的局面。所以，《明法》篇说："尊君卑臣，非计亲也，以势胜也。"

明主之治也，县爵禄以劝其民①，民有利于上，故主有以使之；立刑罚以威其下，下有畏于上，故主有以牧之②。故无爵禄则主无以劝民，无刑罚则主无以威众。故人臣之行理奉命者，非以爱主也，且以就利而避害也；百官之奉法无奸者，非以爱主也，欲以爱爵禄而避罚也。故《明法》曰："百官论职，非惠也，刑罚必也。"

【注释】①县：通"悬"，公开提示，如"悬赏"。②牧：统治、管辖。
【译文】贤明的人主治理国家，立爵禄来鼓励人民，人民可以从人主这里得到利益，所以人主能使役他们；立刑罚来震慑人民，人民就畏惧人主，所以人主能统治他们。因此没有爵禄，人主就没有办法鼓励人民；没有刑罚，人主就没有办法震慑人民。所以人臣遵守规范执行君命，并不是因为爱戴人主，不过是因为趋利而避害；百官执行法度不行恶事，也不是因为爱戴人主，不过是因为想要爵禄而躲避刑罚而已。所以，《明法》篇说："百官论职，非惠也，刑罚必也。"

人主者，擅生杀，处威势，操令行禁止之柄以御其群臣，此主道也。人臣者，处卑贱，奉主令，守本任，治分职，此臣道也。故主行臣道则乱，臣行主道则危。故上下无分，君臣共道，乱之本也。故《明法》曰:"君臣共道则乱。"

【译文】人主独操生杀之权,处于威势地位,掌握令行禁止的权柄从而驾驭群臣,这就是为君之道。人臣,处在下位,奉行君令,严守本身职责,做好分内工作,这就是为臣之道。因此,君行臣道则陷于混乱,臣行君道则陷于危亡。所以,尊卑上下没有分别,君道与臣道混同,是乱国的根本。所以,《明法》篇说:"君臣共道则乱。"

人臣之所以畏恐而谨事主者,以欲生而恶死也。使人不欲生①,不恶死,则不可得而制也。夫生杀之柄,专在大臣②,而主不危者,未尝有也。故治乱不以法断而决于重臣,生杀之柄不制于主而在群下,此寄生之主也。故人主专以其威势予人③,则必有劫杀之患;专以其法制予人,则必有乱亡之祸。如此者,亡主之道也。故《明法》曰:"专授则失。"

【注释】①使:假使。②专:专有,把持。③专:此处为擅自之意。

【译文】人臣之所以惶恐而谨慎地事奉君主,是因为想要求生而怕死。假使人们都不向求生,都不怕死,那就不能控制了。生杀之权把持在大臣之手而君主不危亡的事,是从来没有的。所以,治理国家不依据法度而是由重臣决定,生杀权柄不掌握在君主自身而是旁落于臣子,这就是依附于人的君主。所以,为人君主擅自把权势送给别人,就一定有被劫杀的忧患;擅自把制定法令制度的大权送给别人,就一定有动乱亡国的灾祸。这些都是亡国的道路。所以,《明法》篇说:"专授则失。"

凡为主而不得行其令, 废法而恣群臣, 威严已废, 权势已夺, 令不得出, 群臣弗为用, 百姓弗为使, 竟内之众不制, 则国非其国, 而民非其民。如此者, 灭主之道也。故《明法》曰: "令本不出谓之灭。"

【译文】凡是身为人主而不能使其政令得到执行, 法度废驰而群臣肆意放任, 威严已经丧尽, 权势已被剥夺, 政令发不出去, 群臣不为所用, 百姓不为所使, 国内的民众不受其控制, 那么, 国就不是属于他的国, 民也不是属于他的民。这是亡国之君的道路。所以, 《明法》篇说: "令本不出谓之灭。"

明主之道, 卑贱不待尊贵而见, 大臣不因左右而进①, 百官条通②, 群臣显见, 有罚者主见其罪, 有赏者主知其功。见知不悖, 赏罚不差。有不蔽之术, 故无壅遏之患。乱主则不然, 法令不得至于民, 疏远隔闭而不得闻。如此者, 壅遏之道也。故《明法》曰: "令出而留谓之壅。"

【注释】①左右: 近臣、随从。②条通: 通达, 通畅。
【译文】做贤明君主的方法是, 那些卑贱的人想要见国君不必非要尊贵大臣的引荐, 大臣获得提拔不是依靠国君身边近臣的推举, 君主与百官联系顺畅, 对群臣了解详细。受罚的人, 人主知道他因何获罪; 受赏的人, 人主知道他有何功绩。所见与所知没有谬误, 所赏与所罚没有差错。因为人主有不受蒙蔽的办法, 所以朝政没有壅塞不通的忧患。昏君就不是这样了, 他的法令不能到达人民群众，被疏远隔绝而不能了解情况。这是被蒙蔽的人主的道路。所以，《明法》篇说："令出而留谓之壅。"

人臣之所以乘而为奸者①，擅主也②。臣有擅主者，则主令不得行，而下情不上通。人臣之力，能鬲君臣之间③，而使美恶之情不扬闻，祸福之事不通彻④，人主迷惑而无从悟，如此者，塞主之道也。故《明法》曰："下情不上通谓之塞。"

【注释】①乘：侵犯，逾越。②擅主：揽夺君权。③鬲（gé）：通"隔"，阻隔。④通彻：通晓，明白。

【译文】人臣之所以侵上作恶，是因为揽夺了君权。人臣中有揽夺君权的，人主的命令就不能贯彻，下情就不能上达。这个奸臣就隔离在君臣之间，使好坏的情况不能显明，祸福的事实不被知晓，人主限于迷惑而无从明悟朝政，这种情况，便是被闭塞的人主的道路。所以，《明法》篇说："下情不上通谓之塞。"

明主者，兼听独断，多其门户①。群臣之道，下得明上②，贱得言贵，故奸人不敢欺。乱主则不然，听无术数，断事不以参伍③。故无能之士上通，邪枉之臣专国，主明蔽而聪塞④，忠臣之欲谋谏者不得进。如此者，侵主之道也。故《明法》曰："下情上而道止，谓之侵。"

【注释】①门户：门径，途径。②明：提醒。③参伍：错综比较，加以验证。④明：视觉。聪：听觉。

【译文】贤明的人主，广泛地听取众人的建议并独自做出决定，拓宽自己能够得到建议的途径，广开言路。群臣之道，下级可以提醒上级，地位卑贱的人可以评说地位尊贵的人。所以奸臣不敢欺瞒主上。昏君则不然，没有合适的办法来了解情况，裁决事情又不相互参考验证。所以，当无能的人获得高位，邪佞之臣把持朝政，人主的视听被蒙蔽阻塞，忠臣想要设谋进谏的，又不得进用。这种情况，乃是被侵夺的君主的道路。所以，《明法》篇说："下情上而道止，谓之侵。"

人主之治国也，莫不有法令赏罚。具故其法令明而赏罚之所立者当，则主尊显而奸不生；其法令逆而赏罚之所立者不当①，则群臣立私而壅塞之，朋党而劫杀之。故《明法》曰："灭、塞、侵、壅之所生，从法之不立也。"

【注释】①逆：违背事例，引申为错误。
【译文】人主治理国家，没有不设立法令赏罚的。所以，法令明确而赏罚规定得当，人主就地位尊显而奸臣不出；法令错误而赏罚规定不当，群臣就行私而蔽塞君主，结党而劫杀君主。所以，《明法》篇说："灭、塞、侵、壅之所生，从法之不立也。"

法度者，主之所以制天下而禁奸邪也，所以牧领海内而奉宗庙也。私意者，所以生乱长奸而害公正也，所以壅蔽失正而危亡也。故法度行则国治，私意行则国乱。明主虽心之所爱而无功者不赏也，虽心之所憎而无罪者弗罚也。案法式而验得失^①，非法度不留意焉。故《明法》曰："先王之治国也，不淫意于法之外^②。"

【注释】①案：按照。②淫：过多、过分。

【译文】法度，是人主用来控制天下并禁止奸邪的，是用来统治海内而侍奉宗庙的。私意，会产生祸乱、滋长奸邪、危害公正，会蒙蔽君主、丧失正道而导致危亡。法度得以实行则国治，私意得以横行则国乱。贤明的人主，虽对自己心爱的人，无功也不赏；虽对自己憎恶的人，无罪也不罚。按照法度规程来检验得失，与法度无关的事是不在意的。所以，《明法》篇说："先王之治国也，不淫意于法之外。"

明主之治国也，案其当宜，行其正理。故其当赏者，群臣不得辞也；其当罚者，群臣不敢避也。夫赏功诛罪，所以为天下致利除害也。草茅弗去，则害禾谷；盗贼弗诛，则伤良民。夫舍公法而行私惠，则是利奸邪而长暴乱也。行私惠而赏无功，则是使民偷幸而望于上也^①；行私惠而赦有罪，则是使民轻上而易为非也。夫舍公法用私惠，明主不为也。故《明法》曰："不为惠于法之内。"

【注释】①偷幸：苟且侥幸。

【译文】贤明的人主治理国家，总是根据恰当合适的原则，按照正确的理法行事。所以，对于应当奖赏的，群臣不得推辞；对于应当惩罚的，群臣不敢逃避。赏功罚罪，是为天下兴利除害的。杂草不铲除，就危害庄稼；盗贼不惩治，就伤害良民。如果舍弃公法而行私惠，那就是便利奸邪而助长暴乱了。行私惠而赏了无功的人，则是让人民苟且侥幸而谋求讨好主上；行私惠而赦免了有罪的人，则是让人民轻慢人主而轻易为非作歹。舍弃公法而行私惠，明主是不做的。所以，《明法》篇说："不为惠于法之内。"

凡人主莫不欲其民之用也。使民用者，必法立而令行也。故治国使众莫如法，禁淫止暴莫如刑。故贫者非不欲夺富者财也，然而不敢者，法不使也；强者非不能暴弱也，然而不敢者，畏法诛也。故百官之事，案之以法，则奸不生；暴慢之人，诛之以刑，则祸不起；群臣并进，策之以数①，则私无所立。故《明法》曰："动无非法者，所以禁过而外私也。"

【注释】①数：权术。
【译文】大凡人主没有不想要人民为其效力的。想要人民为他效力，就必须建立法度、推行政令。所以治理国家使役人民没有比法令更管用的，禁止放纵抑制暴行没有比刑罚更管用的。贫穷的人并非不愿意夺取富有人的财物，然而他不敢，是法度让他不敢抢夺；强者并非不能对弱者施加暴行，然而他不敢，因为他畏惧法度的惩治。所以，百官的工作，都按法度来办理，奸邪就不会产生；残暴轻慢之人，都用刑律惩治，祸乱就起不来；群臣共同为国家效力，都用政策来驾驭，假公济私的事就无立足之地了。所以，《明法》篇说："动无非法者，所以禁过而外私也。"

人主之所以制臣下者，威势也。故威势在下，则主制于臣；

威势在上,则臣制于主。夫蔽主者,非塞其门守其户也,然而令不行,禁不止,所欲不得者,失其威势也。故威势独在于主,则群臣畏敬;法政独出于主,则天下服德。故威势分于臣则令不行,法政出于臣则民不听。故明主之治天下也,威势独在于主而不与臣共,法政独制于主而不从臣出。故《明法》曰:"威不两错①,政不二门。"

【注释】①错:放置。在此是分开、分占的意思。

【译文】人主之所以能控制臣下,靠的是威势。所以,威势旁落在臣子手中,人主就受制于臣子;威势掌握在人主手中,臣子就受制于人主。蒙蔽人主,并不是堵塞和封守他的门户,人主的令不能行、禁不能止、所要求的得不到,就丧失了人主的威势。所以,威势独揽在人主手里,群臣就畏惧恭敬;法度政令由人主独自决定,天下就服从听命。如果威势分散在臣子手里,命令就无法推行;法度政令出自臣子之手,百姓就不会听命。所以,贤明的人主治理天下,威势独揽于人主之手,而不与臣下共有;法度政令只处于人主之手,而不能出自于臣下。所以,《明法》篇说:"威不两错,政不二门。"

明主者,一度量①,立表仪②,而坚守之。故令下而民从。法者,天下之程式也,万事之仪表也③;吏者,民之所悬命也④。故明主之治也,当于法者赏之,违于法者诛之。故以法诛罪,则民就死而不怨;以法量功,则民受赏而无德也⑤。此以法举错之功也⑥。故《明法》曰:"以法治国,则举错而已。"

【注释】①一：统一。②表仪：法度。③仪表：准则。④悬命：寄托性命。⑤德：感激，爱戴。⑥错：通"措"，措施。

【译文】贤明的人主，统一度量，建立准则，并且坚决地执行。所以，命令下达人民就服从。法，是天下的规程，万事的准则；执法的官吏，是能决定人民的生死的。所以贤明的人主治理国家，对于遵守法令的人就奖赏他，对于违反法令的人就惩罚他。这样，依法治罪，人民受死也没有怨恨；依法量功，人民受赏也不用感恩戴德。这些都是按照法度处理事情的功效。所以，《明法》篇说："以法治国，则举错而已。"

明主者，有法度之制、故群臣皆出于方正之治而不敢为奸，百姓知主之从事于法也，故吏之所使者，有法则民从之，无法则止，民以法与吏相距①，下以法与上从事。故诈伪之人不得欺其主，嫉妒之人不得用其贼心，谗谀之人不得施其巧。千里之外，不敢擅为非。故《明法》曰："有法度之制者，不可巧以诈伪。"

【注释】①距：古同"拒"，抗御。

【译文】贤明的人主，以法度治理国家，所以群臣都由于规范的治理而不敢行恶。百姓也都知道人主是依法办事的，所以官吏对他们的派使，合法的人民就服从，不合法的人民就不服从，人民依法度与官吏相抗衡，下属凭法度与上级办理事务。所以奸诈虚伪的人不能欺骗主上，嫉妒的人无法行害人之心，谄媚阿谀之人不能施展其机巧。即使远在千里之外的人也不敢轻易的为非作歹。所以，《明法》篇说："有法度之制者，不可巧以诈伪。"

权衡者①，所以起轻重之数也②。然而人不事者，非心恶利也，权不能为之多少其数，而衡不能为之轻重其量也。人知事权衡之无益，故不事也。故明主在上位，则官不得枉法，吏不得为私。民知事吏之无益，故财货不行于吏，权衡平正而待物，故奸诈之人不得行其私。故《明法》曰："有权衡之称者，不可欺以轻重。"

【注释】①权衡：这里指对于多少轻重的计量判断。权衡只能反映数量，而不产生数量，所以下文有"不事"之说。②起：计量。

【译文】权衡，是用来计算轻重数量的，然而人们不去尊奉它，并非心里不爱财，而是因为"权"不能替他改变数量的多少，"衡"不能替他改变重量的轻重。人们知道尊奉权衡本身并不能得到利益，所以不去尊奉它。所以，明主处在上位，官就不能枉法，吏就不能行私。人们知道侍奉官吏也没有什么益处，所以就不用财货行贿官吏了。权衡公正地来处理事情，奸诈的人就不能行私。所以，《明法》篇说："有权衡之称者，不可欺以轻重。"

尺寸寻丈者，所以得长短之情也。故以尺寸量短长，则万举而万不失矣。是故尺寸之度，虽富贵众强，不为益长；虽贫贱卑辱，不为损短。公平而无所偏，故奸诈之人不能误也。故《明法》曰："有寻丈之数者，不可差以长短。"

【译文】尺、寸、寻、丈这些计量单位，都是用来计量长短。所以用尺寸计量短长，测量任何事物都能万无一失。用尺寸来计量长短，虽是富贵有势力的人，也不能不替他增长；虽是贫贱卑辱的人，也不能替他减短。它是公平而没有偏私，所以奸诈的人不能借此制造错误。所以，《明法》篇说："有寻丈之数者，不可差以长短。"

国之所以乱者，废事情而任非誉也①。故明主之听也，言者责之以其实，誉人者试之以其官。言而无实者诛；吏而乱官者诛。是故虚言不敢进，不肖者不敢受官。乱主则不然，听言而不督其实，故群臣以虚誉进其党；任官而不责其功，故愚污之吏在庭。如此，则群臣相推以美名，相假以功伐②，务多其佼而不为主用。故《明法》曰："主释法以誉进能，则臣离上而下比周矣；以党举官，则民务佼而不求用矣。"

【注释】①事情：事务的真实情况。非誉：非议和赞誉。②假：借助，借用。攻伐：功劳，功勋。伐：古代臣子评功的品级之一，泛指功勋。

【译文】国家之所以乱，是因为办事不根据事务的实际情况而根据诽谤或赞誉的议论。所以贤明的人主在听取意见的时候，对于提建议的人，要责成他拿出真实证据；对于被赞誉的人，要让他在自己的职位上做出成绩，以此来考验他。言而不实的，给予惩罚；任官而败坏官职的，也给予惩罚。所以，假话无人敢说，不肖之徒不敢接受官职。昏君则不是如此，听取意见不考核其真实性，因而群臣就利用虚名来推荐自己私党中的人；任用官吏不考查其成绩，因而愚蠢贪污的官吏就进入朝廷。这样，群臣就互相吹捧他们的美名，互相借助他们的功劳，力求相互交结私党而不为君主效力了。所以，《明法》篇说："主释法以誉进能，则臣离上而下比周矣；以党举官，则民务佼而不求用矣。"

乱主不察臣之功劳，誉众者，则赏之；不审其罪过，毁众者，则罚之。如此者，则邪臣无功而得赏，忠正无罪而有罚。故功多而无赏，则臣不务尽力：行正而有罚，则贤圣无从竭能；行货财而得爵禄，则污辱之人在官；寄托之人不肖而位尊^①，则民倍公法而趋有势。如此，则悫愿之人失其职^②，而廉洁之吏失其治。故《明法》曰："官之失其治也，是主以誉为赏而以毁为罚也。"

【注释】①寄托：委托重任。②悫（què）愿：谨慎老实。悫：恭谨，朴实。愿：质朴。

【译文】昏君不明察臣下的实际功劳，夸誉他的人多，就奖赏他；也不详察臣下的实际罪过，诽谤他的人多，就处罚他。这样一来，奸邪之臣没有功绩却得到了奖赏，忠臣无罪却受到了责罚。功劳多却得不到奖赏，那么臣下就不肯尽力；行为忠正却受到责罚，那么圣贤就无法竭尽自己所能地报效国家；行贿赂就能得到爵位俸禄，那么贪污愚蠢的人就得到了官位；委托以重任的人不贤德而官位很高，那么人民就背离公正法令而趋炎附势。这样的话，谨慎老实的人反而失去了职位，廉洁的官员反而不见治理成效。所以，《明法》篇说："官之失其治也，是主以誉为赏而以毁为罚也。"

平吏之治官也^①，行法而无私，则奸臣不得其利焉，此奸臣之所务伤也^②。人主不参验其罪过^③，以无实之言诛之，则奸臣

不能无事贵重而求推誉,以避刑罚而受禄赏焉。故《明法》曰:
"喜赏恶罚之人,离公道而行私术矣。"

【注释】①平吏:公正的官吏。②务:务必,一定。伤:中伤,诋毁。③参验:检验,核查。

【译文】公正的官吏为官,执行法令而不徇私情,奸臣从他那里得不到什么好处,因此奸臣就一定会诬陷中伤他。人主若不调查核实他所谓的"罪过",只是根据奸臣的不实之词就惩罚他,那么奸臣就一定会去侍奉权贵来求得他们的夸誉,以便躲避刑罚而谋求禄赏。所以,《明法》篇说:"喜赏恶罚之人,离公道而行私术矣。"

奸臣之败其主也,积渐积微,使主迷惑而不自知也。上则相为候望于主①,下则买誉于民。誉其党而使主尊之,毁不誉者而使主废之。其所利害者,主听而行之,如此,则群臣皆忘主而趋私佼矣。故《明法》曰:"比周以相为慝②,是故忘主私佼,以进其誉。"

【注释】①候望:侦察。②慝(tè):邪恶。

【译文】奸臣败坏人主的统治,是从细微处逐渐积累起来的,使人主迷惑自己却觉察不到。对上他们相互勾结,侦察探听人主的意愿 对下则在人民那里收买名誉。他们夸誉同党让人主重用这些人,诽谤拒绝阿谀奉承他们的人让君主不任用他们。对他们想要给予利益或者加以迫害的人,人主都听从他们的意见去实行,这样的话,群臣就全都忘掉为人主效力转而取发展私交了。所以,《明法》篇说:"比周以相为慝,是故忘主私佼,以进其誉。"

　　主无术数，则群臣易欺之；国无明法，则百姓轻为非。是故奸邪之人用国事，则群臣仰利害也①。如此，则奸人为之视听者多矣。虽有大义②，主无从知之。故《明法》曰："佼众誉多，外内朋党，虽有大奸，其蔽主多矣。"

　　【注释】①仰：仰仗。②大义：大的偏差，即大奸大恶。义：意近"俄"。《广雅》："俄，邪也。"

　　【译文】人主没有驾驭大臣的权谋策略，群臣就容易欺骗他；国家没有明确的法度，百姓就容易为非作歹。因此，若是奸邪之人执掌国政，群臣的切身利害就只能仰望于他。这样的话，替奸臣做耳目的人就多了。虽然有大奸大恶的事情，人主也是无从知晓。所以，《明法》篇说："佼众誉多，外内朋党，虽有大奸，其蔽主多矣。"

　　凡所谓忠臣者，务明法术，日夜佐主明于度数之理，以治天下者也。奸邪之臣知法术明之必治也，治则奸臣困而法术之士显。是故邪之所务事者，使法无明，主无悟，而己得所欲也。故方正之臣得用则奸邪之臣困伤矣①，是方正之与奸邪不两进之势也。奸邪在主之侧者，不能勿恶也。唯恶之，则必候主间而日夜危之②。人主不察而用其言，则忠臣无罪而困死，奸臣无功而富贵。故《明法》曰："忠臣死于非罪，而邪臣起于非功。"

　　【注释】①困伤：困窘而毁败。②候：窥伺。

　　【译文】凡是所谓的忠臣，都是力求修明法度方略，日夜帮助君主掌握法度方略的道理，用以来治理天下。奸臣知道法度方略修

明则国家必治，国家大治，奸臣就会处于困境，而坚持以法度方略治
国的人地位就会尊显。所以，奸臣努力争取的，就是阻止法度秀明，
不让人主觉悟，这样自己就可以为所欲为了。所以，如果正直之臣受
到重用，那么奸臣就会陷入困境，这是正直之臣与奸邪之臣不能同
时受到重用的必然趋势。奸臣在君主左右，必然憎恶忠臣。因为憎
恶，就必然窥伺人主的时机而日夜进言危害忠臣。人主如果不明察
而听信了他的话，忠臣就会无罪而被置于困境甚至是面临死亡，奸臣
却无功而获得富贵。所以，《明法》篇说："忠臣死于非罪，而邪臣起
于非功。"

　　富贵尊显，久有天下，人主莫不欲也。令行禁止，海内无敌，
人主莫不欲也。蔽欺侵凌，人主莫不恶也。失天下，灭宗庙，人
主莫不恶也。忠臣之欲明法术以致主之所欲而除主之所恶者，
奸臣之擅主者，有以私危之，则忠臣无从进其公正之数矣。故
《明法》曰："所死者非罪，所起者非功，然则为人臣者重私而
轻公矣。"

　　【译文】人主都想要富贵尊显，长久地统治天下。人主都希望
自己的国家令则行、禁则止，海内无敌，人主没有不愿意的。人主都
讨厌蒙蔽、欺骗、侵权、僭越。人主都不想失去天下，毁灭宗庙，人
主没有不厌恶的。忠臣都希望修明法度方略，以实现人主的愿望，
除去人主所不愿的；专权的奸臣，谋取私利，危害国家统治，忠臣就
没有办法进献他公正的治国方略了。所以，《明法》篇说："所死者非
罪，所起者非功，然则为人臣者重私而轻公矣。"

乱主之行爵禄也，不以法令案功劳①；其行刑罚也，不以法令案罪过。而听重臣之所言。故臣有所欲赏，主为赏之；臣欲有所罚，主为罚之。废其公法，专听重臣。如此，故群臣皆务其党，重臣而忘其主，趋重臣之门而不庭。故《明法》曰："十至于私人之门，不一至于庭。"

【注释】①案：通"按"，考核。

【译文】昏君授爵赐禄给臣子，不依据法度审查功劳；判处刑罚，也不依据法度审查罪过。而是听从权重之臣的主意行事。所以，重臣想要奖赏的人，人主就替他赏赐；重臣想要责罚的人，人主就替他责罚。国家的公治法令都废弃不顾，专听重臣的主意。这样一来，群臣就都努力去发展私党，重视其私党而忘掉主上，都去讨好重臣为其效力而不肯进入朝廷。所以，《明法》篇说："十至于私人之门，不一至于庭。"

明主之治也，明于分职，而督其成事。胜其任者处官，不胜其任者废免。故群臣皆竭能尽力以治其事。乱主则不然。故群臣处官位，受厚禄，莫务治国者，期于管国之重而擅其利，牧渔其民以富其家①。故《明法》曰："百虑其家，不一图其国。"

【注释】①牧：治，治国。渔：掠夺，谋取，夺取不应得的东西。

【译文】贤明的人主治理国家，明确臣下的职务，并监督他们完成。能够胜任的就继续留官，不能胜任的就罢免。所以群臣都竭尽自己的能力来完成政务。昏君则不是这样行事的。所以群臣占据官位,享受厚禄,却不致力于治理国家的,只期望掌握国家的重要部门而独享其利,只期望统治搜刮人民而独富其家。所以,《明法》篇说:"百虑其家,不一图其国。"

明主在上位,则竟内之众尽力以奉其主,百官分职致治以安国家。乱主则不然,虽有勇力之士,大臣私之,而非以奉其主也;虽有圣智之士,大臣私之,非以治其国也。故属数虽众,不得进也;百官虽具,不得制也。如此者,有人主之名而无其实。故《明法》曰:"属数虽众,非以尊君也;百官虽具,非以任国也。此之谓国无人。"

【译文】贤明的人主在上位掌权,国内的民众都能尽心竭力拥护君主,百官也分工治理来安定国家。昏君则不是这样,虽然国内有勇力之士,却被大臣们私养起来,而不是将他推荐给人主;虽然有德才兼备的人,却被大臣们私用起来,而不是让他们帮助治理国家。所以,人主统治下的人数虽多,却不能进用;百官虽然完备,却不受人主支配。这种情况下,人主徒有其名而没有真正的属于人主的权力。所以,《明法》篇说:"属数虽众,非以尊君也;百官虽具,非以任国也。此之谓国无人。"

明主者,使下尽力而守法分,故群臣务尊主而不敢顾其家;臣主之分明①,上下之位审,故大臣各处其位而不敢相贵。乱主则不然,法制废而不行,故群臣得务益其家;君臣无分,上下无别,故群臣得务相贵。如此者,非朝臣少也,众不为用也。故《明法》曰:"国无人者,非朝臣衰也②,家与家务相益,不务尊君也;大臣务相贵,而不任国也。"

【注释】①分(fèn):本分,名位、职责、权利的限度。②衰:不足。

【译文】贤明的人主能让臣下尽力工作而守法,所以群臣都努力尊奉人主而不敢顾念自己的家庭;君臣本分明确,上下地位确定,故大臣各安其位而不敢私相抬举。昏君则不然,法度废驰不能实行,故群臣都努力发展壮大自己家族的势力;君臣都不尽自己的本分,也不遵守上下地位的差别,故群臣可以私相抬举。这种情况,不是朝廷中臣子少,而是众朝臣都不为人主所用。所以,《明法》篇说:"国无人者,非朝臣衰也,家与家务相益,不务尊君也,大臣务相贵,而不任国也。"

人主之张官置吏也,非徒尊其身厚奉之而已也,使之奉主之法,行主之令,以治百姓而诛盗贼也。是故其所任官者大,则爵尊而禄厚;其所任官者小,则爵卑而禄薄。爵禄者,人主之所以使吏治官也。乱主之治也,处尊位,受厚禄,养所与佼,而不以官为务。如此者,则官失其能矣。故《明法》曰:"小臣持禄养佼,不以官为事,故官失职。"

【译文】人主设置官职任命官员,不只是尊重他们、给他们优厚的俸禄就可以了,而是要让他们遵行人主的法度,执行人主的政令,来治理百姓诛灭盗贼的。因此,谁的官职大,就爵位尊崇俸禄优厚;谁的官职小,那就爵低禄薄。爵位俸禄,是人主用来役使官吏,让他们帮助治理国家的手段。昏君任用的官吏,处在尊崇的地位，拿着优厚的俸禄，养着自己的党羽，而不做好自己的本职工作。这种情况下，官吏就没有发挥他应有的作用了。所以，《明法》篇说："小臣持禄养佼，不以官为事，故官失职。"

明主之择贤人也，言勇者试之以军①，言智者试之以官。试于军而有功者则举之，试于官而事治者则用之。故以战功之事定勇怯，以官职之治定愚智；故勇怯愚智之见也，如白黑之分。乱主则不然，听言而不试，故妄言者得用；任人而不官，故不肖者不困。故明主以法案其言而求其实，以官任其身而课其功②，专任法不自举焉。故《明法》曰："先王之治国也，使法择人，不自举也。"

【注释】①试：考验。军：军事，作战。②课：考验，考察。

【译文】贤明的人主选拔贤德的人才，对于号称有勇力的人，就用行军作战考验他；对于号称有智谋的人，就用为官办事考验他。在行军作战中有功的就提拔他，在为官办事中有政绩的就任用他。所以，用战功的事实鉴定勇怯，用官职的治绩鉴定愚智，这样，勇怯愚智的表现，就像黑白一样分明了。昏君则不然，只听信言论而不考验，所以说假话的人也得以举用；任用人材而不用为官的政绩来考验他，所以没有能力的人在官场也能混下去。因此，贤明的人主用法度验证举荐者的言论，以求了解真实的情况；让他亲身为官来考察他的能力，是专门靠法度选取人才而不是自己举荐。所以，《明法篇》说："先王之治国也，使法择人，不自举也。"

凡所谓功者，安主上，利万民者也。夫破军杀将，战胜攻取，使主无危亡之忧，而百姓无死虏之患，此军士之所以为功者也。奉主法，治竟内，使强不凌弱，众不暴寡，万民欢尽其力而奉养其主，此吏之所以为功也。匡主之过①，救主之失，明理义以道其主，主无邪僻之行，蔽欺之患，此臣之所以为功也。故明主之治也，明分职而课功劳，有功者赏，乱治者诛，诛赏之所加，各得其宜，而主不自与焉。故《明法》曰："使法量功，不自度也②。"

【注释】①匡：纠正。②度：度量，裁定。

【译文】凡是所谓的功绩，乃是指安定主上，谋利于万民。战败敌军，斩杀敌将，战而胜，攻而取，使主上没有危殆灭亡的忧虑，百姓没有死亡被掳掠的祸患，这是军士的功绩。奉行人主的法令制度，管好国内的政事，使强者不欺凌弱者，人多势众的不残害人少势孤的，万民竭尽其力来侍奉君主，这是官吏的功绩。纠正人主的过错，挽救人主的失误，申明礼义以引导人主，让人主没有邪僻的行为，也没有被欺蒙的忧患，这是大臣的功劳。所以贤明的人主治国，分清职务并考察政绩，有功的人就奖赏他，扰乱国治的人就责罚他，对官吏的赏罚，各得其所、恰如其分，而君主不会用私情去干预。所以，《明法》篇说："使法量功，不自度也。"

明主之治也，审是非，察事情，以度量案之。合于法则行，不合于法则止。功充其言则赏①，不充其言则诛。故言智能者，必有见功而后举之；言恶败者，必有见过而后废之。如此，则士上通而莫之能妒，不肖者困废而莫之能举。故《明法》曰："能不可蔽，而败不可饰也^②。"

【注释】①充：满足，符合。②能：贤能之人。败：无能之辈。饰：掩饰、伪装。

【译文】贤明的人主治国，分辨清楚是非，考察事务的实际情况，都是根据法度考查。合于法度的就实行，不合法度的就不实行。功绩与言说相符的就给予赏赐，不相符的就给予惩罚。所以，对于所谓有智谋有才能的人，必须见到他真实的功绩而后才用他；对于所谓有恶行败德的人，必须见到他真正的罪过而后才罢免他。这样，贤能的人就可以向上晋升而无人能够妒忌他，无能之辈就困窘免职而无人能够举用他。所以，《明法》篇说："能不可蔽，而败不可饰也。"

明主之道，立民所欲而求其功，故为爵禄以劝之；立民所恶以禁其邪，故为刑罚以畏之。故案其功而行赏，案其罪而行罚，如此则群臣之举无功者，不敢进也；毁无罪者，不能退也。故《明法》曰："誉者不能进而诽者不能退也。"

【译文】贤明人主的治国之道，是根据人民想要的来制定政策，以此来促使他们立功，所以就设立官爵俸禄来鼓励他们；是根据人民厌恶的来制定禁令，以此来防止他们作恶，所以制定了刑罚来震慑他们。考察其功绩而行赏，考察其罪则而行罚，这样的话，无功的人，即使群臣都赞誉举荐他，他也不敢进入朝廷；无罪的人，即使遭受诽谤，也不会被废免。所以，《明法》篇说："誉者不能进而诽者不能退也。"

制群臣，擅生杀，主之分也；县令仰制①，臣之分也。威势尊显，主之分也；卑贱畏敬，臣之分也。令行禁止，主之分也；奉法听从，臣之分也。故君臣相与，高下之处也，如天之与地也；其分画之不同也，如白之与黑也。故君臣之间明别，则主尊臣卑。如此，则下之从上也，如响之应声；臣之法主也，如景之随形②。故上令而下应，主行而臣从，以令则行，以禁则止，以求则得。此之谓易治。故《明法》曰："君臣之间明别，则易治。"

【注释】①县（xuán）令：颁布人主的法令。县：揭示，颁立。仰制：接收人主的统治。②景：同"影"，影子。

【译文】管辖群臣，独掌生杀大权，是人主的本分；颁布人主的法令，接受人主的统治，是臣下的本分。掌握威势地位尊显，是人主的本分；谦卑处下畏敬主上，是臣下的本分。令行禁止，是人主的本分；奉法听从，是臣下的本分。所以君臣相处，地位高下，就好像天和地的对比；其划分的差别，就像白和黑的对比。因此，君臣之间界限分明，人主尊崇、臣下谦卑。这样，臣下服从人主，就像回声应和声音一样；臣下效法人主，就像影子跟随身体一样。所以，上面发令下面响应，君主行事臣子就听从；令则行，禁则止，求则得，这就是所谓的容易治理。所以，《明法》篇说："君臣之间明别，则易治。"

明主操术任臣下，使群臣效其智能，进其长技。故智者效其计，能者进其功。以前言督后事，所效当则赏之，不当则诛之，张官任吏治民，案法试课成功。守法而法之，身无烦劳而分职。故《明法》曰："主虽不身下为，而守法为之可也。"

【译文】贤明的人主掌握策略来任用臣下，使群臣可以献出他们的智谋才能，贡献他们的专长技艺。因此，有智谋的人便献出他的计策，有才能的人便贡献他们的能力。用他们之前承诺过的话来核验他们做出的成绩，承诺与结果相符的就赏赐他；不相符的就惩罚他。设官任吏治理人民，都根据法度检查成果。自身遵循法度而又以法治理人民，自身既不烦劳而又可使百官分工尽职。所以，《明法》篇说："主虽不身下为，而守法为之可也。"

管子轻重

巨乘马第六十八

【题解】吴汝纶认为"乘马"篇名取自"天下乘马服牛而任之"。"乘马"者，以"乘马行以圈地为封"为义，概言封地一切物产和人民，即诸侯封地之国政也。"巨"，《说文》规巨也，今谓之"规矩"。故而巨乘马者，泛言国政规矩也。史言管子治国重视"轻重"之术，此篇即是体现"轻重"之术的内容。粮食大丰收，粮价即低（轻），政府令农民用手里的粮食抵偿春耕时政府发放给他们的货币，于是粮食的一半入了国库，如此，民间粮食减少，价格上升（重），这时政府就用手里高价的粮食换取国家需要的器械物资，如此，国家粮食、物资俱皆充盈，国家就可以不再向民众征收赋税了。

桓公问管子曰："请问乘马①。"管子对曰："国无储在令。"桓公曰："何谓国无储在令？"管子对曰："一农之量壤百亩也②，春事二十五日之内。"桓公曰："何谓春事二十五日之内？"管子对曰："日至六十日而阳冻释③，七十日而阴冻释。阴冻释而秽稷④，百日不秽稷，故春事二十五日之内耳也。今君立扶台⑤、五衢之众皆作⑥。君过春而不止，民失其二十五日，则五衢之内阻弃之地也⑦。起一人之繇⑧，百亩不举；起十人之繇，千亩不举；起百人之繇，万亩不举；起千人之繇，十万亩不举。春已失二十五日，而尚有起夏作，是春失其地，夏失其苗，秋起繇而无止，此之谓谷地数亡。谷失于时，君之衡藉而无止⑨，民食什伍之谷，则君已籍九矣，有衡求币焉，此盗暴之所以起，刑罚之所以众也。随之以暴，谓之内战。"桓公曰："善哉！"

【注释】①乘马：指关于诸侯封地的国政。②一农之量：一个农民能够耕种的土地数量。壤：耕种。③日至：冬至。阳冻：地面的冰冻。释：融化。下文的"阴冻"即地下的冰冻。④秇（yì）：同"藝"，种植。稷：古代一种粮食作物，指粟或黍属，引申为庄稼和粮食的总称。⑤扶台：当时桓公燕飨寻欢的场所。⑥衢（qú）：道路。五衢：通五方的大路。五衢之众：指全国民力。⑦阻弃：荒废。⑧繇：通"徭"，徭役。⑨衡：官吏，齐国掌管税收的官吏。藉：通"籍"，原意为赋税，此为动词"收税"。

【译文】桓公问管仲说："请问诸侯国的治理。"管仲回答说："国家没有财物积蓄，原因出在政令上。"桓公说："为什么说国无积蓄的原因在于政令呢？"管仲回答说："一个农民最多能耕种百亩土地，而春耕春种只有在二十五天内完成才不会误了农时。"桓公说："为什么说春耕春种只能在二十五天以内呢？"管仲回答说："冬至日后第六十天地面解冻，第七十五天地下解冻。地下解冻才可以种谷，但是冬至日之后一百天就不能再播种了，所以春耕春种必须在二十五天内完成。现在君上修建扶台，国内五方的民众都来服徭役。春天都到了您还不下令停止，百姓就失去了春耕这二十五天的农时，全国五方之内的耕地就荒废了。征发一人的徭役，百亩地不得耕种；征发十人，千亩地不得耕种；征发百人，万亩地不得耕种；征发千人，十万亩地不得耕种。春天已失去了那个'二十五天'的农时，夏天又再次征发徭役，这是春天误了种地，夏天误了管理秧苗，秋天再无休止地征发徭役，这是粮食、土地不断地丧失。耕种粮食延误了农时，君上的官吏又在不停地征税，农民吃的粮食通常只是收成的一半，现今九成都被君主征税拿去了，有的官吏收税还要求交纳现钱，这些便是暴乱的起因，是刑罪罪责众多的原因，如随之而以暴力镇压，就要发生所谓的'内战'了。"桓公说："讲得好！"

"策乘马之数求尽也①，彼王者不夺民时，故五谷兴丰。五谷兴丰，则士轻禄，民简赏②。彼善为国者，使农夫寒耕暑耘，力归于上，女勤于纤微而织归于府者③，非怨民心伤民意，高下之策④，不得不然之理也。"

【注释】①王念孙云："策"上当有"管子曰"三字。策：计策、谋略。数：策或法，计策或方法。求：安井衡云，"求"当为"未"字之误；元材案：上文桓公问"请问策乘马"，管子答以"无策乘马之害"，及桓公称"善"之后，管子又答以上所言，还未尽策乘马之能事，故下文即备陈尽其能事之具体进行方法，层次分明，上下衔接。②简：轻视，看轻。③纤微：此指纺织。④高下之策：指国家操纵物价高低涨落的理财政策。

【译文】管仲接着说："乘马之策还没有说完，那些成就帝王大业的君主从不侵夺百姓的农时，所以五谷能丰收。但是五谷丰收后，士人就会轻视爵禄，百姓也难免轻视国家的奖赏。那些善于治理国家的人，能使农民努力耕作而成果归于君上，妇女勤于纺织而成果归于官府。这并不是想要伤害民心让人民怨恨，而是国家想要实行控制物价高低的理财政策，就不得不这样做。"

桓公曰："为之奈何？"管子曰："虞国得策乘马之数矣①。"桓公曰："何谓策乘马之数？"管子曰："百亩之夫，予之策②：'率二十七日为子之春事③，资子之币。'春秋，子谷大登，国谷之重去分④。谓农夫曰：'币之在子者，以为谷而廪之州里⑤。'国谷之分在上，国谷之重再十倍⑥。谓远近之县，里、邑百官，皆当奉器械备⑦，曰：'国无币，以谷准币⑧。'国谷之横⑨，一切什九⑩。还谷而应谷⑪，国器皆资，无籍于民。此有虞之策乘马也。"

【注释】①虞国：即下文的"有虞"，即舜所统治的国家。策：谋。②百亩之夫：元材案，"百亩之夫"前脱"谓"字，应为"谓百亩之夫"。予：元材案，"予"当作"子"，与下文四"子"字皆为"农夫"之意。③率：大致，大概。④重：这里指价格。分：一半。⑤廪：收藏，储藏。州、里及下文的县、里、邑等均为古代地方行政单位。⑥再：升高的意思。十倍：夸张说法，不是真上涨十倍。下同。⑦奉：进贡，上交。器械：此指兵器和各种工具。⑧准：折算，抵偿。⑨横：同"榷（què）"，专卖。⑩一切：权且，暂定。什九：十分之九。⑪还谷：指用粮食偿还春耕时国家发放粮种的欠款。应谷：指用粮食代替货币购买公用的兵器用具。

【译文】桓公说："具体怎么做呢？"管仲说："古代虞国是真正懂得经济运算筹划的方法的。"桓公说："什么是经济运算筹划的方法？"管仲说："告诉能耕种百亩田的农民们说，你们进行农事耕作的办法是这样的：'这大约二十七天的时间是你们春耕的时间，国家借钱给你们购买农用物资。'春种秋收，农民的粮食丰收了，国内粮价下降了一半。这时又通告农民们说：'春耕时借给你们的钱，都要折成粮食偿还，送交州、里的官府储藏。'等到国内的粮食有一半控制在国家手里时，粮食的价格就会提高十倍。于是又通告远近各县、里、邑的官吏们，要求他们都足额上交兵器和各种用具。同时通告说：'国家没有现钱，用粮食折成现钱购买这些兵器用具。'这就在国内粮食交易中，取得了十分之九的大利。让百姓用粮食偿还当初国家发放的春耕种粮的欠款，国家再用粮食折算货币购买以备公用的兵器用具，这样国家的公用器物都得到供应，而用不着向百姓直接征收赋税。这就是虞国经济运算筹划的做法。"

乘马数第六十九

扫码听谦德
君为您导读

【题解】此篇接上篇，继续阐述管仲对于国家经济运算筹划方面的理解和看法。文章值得注意之处有两点：首先，在"岁凶"之年以兴修公共设施的方式，以共代赈，恢复经济运行，这样的经济学思想在世界范围内也是相当早的。其次，"王国持流"，即以控制流通的方式保证本国经济的获利，也是认识到市场流通价值的言论。这些都是《管子》"轻重"学说的闪光点。其"谷独贵独贱"之说，又具有当时的历史特点。

桓公问管子曰："有虞策乘马已行矣，吾欲立策乘马，为之奈何？"管子对曰："战国修其城池之功①，故其国常失其地用②。王国则以时行也③。"桓公曰："何谓以时行？"管子对曰："出准之令④，守地用人策⑤，故开阖皆在上⑥，无求于民。"

【注释】①战国：忙于战争的国家。②地用：指农业生产。③王国：建立王业的国家。④准：平准法，古代官府平抑物价的措施，即物价过高时政府抛售物资，物价过低时政府买入物资。⑤守：保持、掌握。人策：人谋、谋略，此指物价政策。⑥开阖：古代管理经济的措施。国家通过抛售或收购谷物等重要商品，以调节物价和增加财政收入。

【译文】桓公问管仲说："古代虞国早已实行经济运算筹划的方法了，我也想要实行，该怎么做呢？"管仲回答说："忙于战争的国家致力于修筑城池，所以，这类国家常常耽误农业生产。想要建立王业的国家则按照因时制宜的原则行事。"桓公说："什么叫按因时制宜的原则行事？"管仲回答说："发布平准的号令，贱时购买、贵时抛售，保证农业生产，推行物价政策，因此控制物价，增加财政收入的主动权全在国家，不用向百姓求索。"

"朝国守分上分下①，游于分之间而用足。王国守始②，国用一不足则加一焉，国用二不足则加二焉，国用三不足则加三焉，国用四不足则加四焉，国用五不足则加五焉，国用六不足则加六焉，国用七不足则加七焉，国用八不足则加八焉，国用九不足则加九焉，国用十不足则加十焉。人君之守高下③，岁藏三分，十年则必有五年之余④。若岁凶旱水泆⑤，民失本⑥，则修宫室台榭，以前无狗后无彘者为庸⑦。故修宫室台榭，非丽其乐也，以平国策也⑧。今至于其亡策乘马之君，春秋冬夏，不知时终始，作功起众，立宫室台榭。民失其本事，君不知其失诸春策，又失诸夏秋之策数也。民无餫卖子数矣⑨。猛毅之人淫暴，贫病之民乞请，君行律度焉，则民被刑僇而不从于主上⑩。此策乘马之数亡也。"

【注释】①朝国：此指朝见王霸国家的普通诸侯国，与后云"王国"相对而言。分上分下：指国家经济储备半上半下，游于两半之间。以上黎翔凤之说。郭沫若《集校》本改"朝"为"霸",又据黄巩"管子编注"改"分上分下"的"分"为"与"。可备一说。②王国守始:指王霸之国从一开始就运用"策乘马"之术,全部掌握国家的经济控制权。③高下:这里指物价水平的高低。④五:结合上下文,当为"三"之误。⑤水洗(yì):水灾。洗:通"溢"。⑥本:指务农。⑦前无狗后无彘者:指家中连狗、猪都没有的穷人。庸:古同"佣",雇佣、佣工。⑧国策:此处指国家经济上以有济无的平衡之策。⑨饘:糜也,意为稠粥。⑩被刑僇:遭受刑罚。僇:同"戮"。

【译文】只满足于自守称臣的国家仅能掌握国家经济财富的一半,君主与民众总是各掌握半数财富,二者在这个范围内浮动,国用也就充足。成就王业的国家,从一开始就掌握着全部的国家经济控制权,使国家财用缺一补一,缺二补二,缺三补三,缺四补四,缺五补五,缺六补六,缺七补七,缺八补八,缺九补九,缺十补十。国君控制物价的高低,将每年粮食产量的十分之三都储备起来,十年就有三年的积蓄。如果遇上大旱大涝的灾年,百姓无法务农,则修建宫室台榭,雇用那些家里连猪狗都养不起的穷人以做工为生。所以,修建宫室台榭,不是为观赏之乐,而是实行国家"以工代赈"的经济平衡政策。至于那种不懂得经济运算筹划的国君,春秋冬夏,不分年终年始农忙农闲,兴工动众,建筑宫室台榭。百姓不能经营农事,君主还不知道他已经延误了春天的农时,又失去了夏长秋收的时机。没有粮食,人民饥饿而卖儿卖女,这种情况屡屡发生。强悍的人就发动严重的暴乱,贫病之民到处乞讨求食,国君若是动用法律制裁武力镇压,人民则宁受刑杀也不肯服从君主。这都是没有运用经济运算理财方法的结果。"

"乘马之准^①，与天下齐准。彼物轻则见泄^②，重则见射^③。此斗国相泄^④，轻重之家相夺也^⑤。至于王国，则持流而止矣^⑥。"桓公曰："何谓持流？"管子对曰："有一人耕而五人食者，有一人耕而四人食者，有一人耕而三人食者，有一人耕而二人食者。此齐力而功地。田策相圆^⑦，此国策之时守也。君不守以策，则民且守于下，此国策流已。"

【注释】①准：标准。②泄：外流，散失。③射：谋求，逐取。④斗国：对立的国家。⑤轻重之家：即盈利之家，投机商。也指依靠"轻重"（价格）变化谋取利益的人。⑥流：流通。⑦相圆：相辅相成。

【译文】"国家经过计算筹划后制定的物价标准，应当同各诸侯国的标准保持一致。各类商品，价格偏低就散失外流，偏高则被别国倾销谋取利益。这便是对立国家互相倾销商品，追求盈利的人互相争利的由来。至于成就王业的国家，控制住市场流通就可以了。"桓公说："控制流通是什么意思？"管仲回答说："有一人种田而粮食可供五人食用的，有一人种田而粮食可供四人食用的，有一人种田而粮食可供三人食用的，有一人种田而粮食只够两人食用的。这是大家齐心协力从事农业生产。农业生产与国家的物价政策相辅而行，这就是国家的理财政策的及时控制。如果君主不用政策去控制流通，富民商人就会在下面操控，这样国家的理财政策就落空了。"

桓公曰："乘马之数尽于此乎？"管子对曰："布织财物，皆立其赀。财物之赀与币高下，谷独贵独贱。"桓公曰："何谓独贵独贱？"管子对曰："谷重而万物轻，谷轻而万物重。"

【译文】桓公说："经济运算筹划的方法就只有这些吗？"管仲回答说："对布帛和各种物资，也都要规定价格。各种物资的价格，要与所值的货币相当，粮食则单独制定价格。"桓公说："单独制定粮食价格是什么意思？"管仲回答说："粮价高其他物资的价格就低，粮价低则其他物资的价格就高。"

公曰："贱策乘马之数奈何^①？"管子对曰："郡县上臾之壤守之若干^②，间壤守之若干，下壤守之若干。故相壤定籍^③，而民不移，振贫补不足^④，下乐上。故以上壤之满补下壤之众^⑤，章四时，守诸开阖，民之不移也，如废方于地^⑥。此之谓策乘马之数也。"

【注释】①贱：通"践"，具体实施。②上臾之壤：指土地肥沃。臾：通"腴"。③相：查看，判断。④振：同"赈"，赈济。⑤众：一说"众"字误，当作"缺"或"虚"，与"满"相对。⑥废：放置。

【译文】桓公说："实际中如何运用经济运算筹划的方法？"管仲回答说："先了解郡县上等、中等、下等土地的粮食产量，定出标准。评定土地等级，确定每个等级的土地征收多少税赋，这样则百姓安定，赈济贫困而补助不足，百姓就会拥戴君主。所以，国家用上等土地生产粮食的盈余，补下等土地的不足，明确四时的物价变化，掌握市场上收购与抛售的大权，则百姓安居乐业，就像把方形的东西放在平地上一样稳定，这就叫作经济运算筹划的方法。"

问乘马第七十

（阙）

事语第七十一

【题解】此篇以齐桓公和管仲问答的形式，辩驳了治理国家的两种错误观点，阐述了管仲的治国理论。强调"富胜贫，勇胜怯"等是此篇治国理念的特点，不同于商鞅法家的主张。而"仓廪实则知礼节"的名言，又是此篇最闪光的观点。

桓公问管子曰："事之至数可闻乎①？"管子对曰："何谓至数？"桓公曰："秦奢教我曰：'帷盖不修，衣服不众，则女事不泰②。俎豆之礼不致牲③，诸侯太牢④，大夫少牢，不若此，则六畜不育。非高其台榭，美其宫室，则群材不散⑤。'此言何如？"管子曰："非数也。"桓公曰："何谓非数？"管子对曰："此定壤之数也。彼天子之制，壤方千里，齐诸侯方百里⑥，负海子七十里⑦，男五十里，若胸臂之相使也。故准徐疾赢不足⑧，虽在下也不为君忧。彼壤狭而欲举与大国争者，农夫寒耕暑耘，力归于上，女勤于缉绩徽织，功归于府者，非怨民心、伤民意也，非有积蓄不可以用人，非有积财无以劝下。泰奢之数⑨，不可用于危隘之国⑩。"桓公曰："善。"

【注释】①至数：最佳办法。至：善。数：计，方法。②女事：女工，指纺织、缝纫、刺绣等。泰：通达，发展。③俎豆之礼：即祭祀礼。不：当做"必"，或为衍文。④太牢：古代祭祀，猪、牛、羊俱全成为太牢。下之"少牢"，是只有猪、羊，没有牛。⑤散：分散，散布。这里指销售。⑥齐：众多。为"黎"之假字，众而小为黎。⑦负海：背靠大海。子：子爵，爵位较低的诸侯。下文"男"为男爵，为比子爵还要低的诸侯。⑧准：调节。徐疾：缓急。赢不足：盈余与不足。⑨泰奢：应为上文的"秦奢"。⑩危隘之国：地形险峻狭隘，这里指领土狭小的国家。

【译文】桓公问管仲说："治理国事的最佳办法，可以说给我听听吗？"管仲回答说："什么叫最佳办法？"桓公说："秦奢教我说：'如果不修饰车帷车盖，不大量添置衣服，纺织、缝纫、刺绣等女工事业就不能发展。祭祀之礼必须献祭牺牲，诸侯用太牢，大夫用少牢，不如此，六畜就不能繁育。不把台榭宫室修建的高大华丽，各种建筑材料就没有销路。'这种说法对不对？"管仲说："这不是正确的办法。"桓公说："为什么说它是不正确的办法？"管仲回答说："这是定地管理的方法。天子管辖的土地方圆千里，各列国诸侯管辖的土地方圆百里，滨海的子爵管辖的土地方圆七十里，男爵管辖的土地方圆五十里，这就像身体上的胸膛和手臂一样互相为用。所以调节缓急余缺，即使粮财散在民间，也不致成为君主的忧虑。但是，领土狭小却还要起来与大国争强的国家，必须使农夫努力耕耘，成果归于君主；使妇女勤于纺织，成果归于官府。这并不是想要让百姓新生怨恨，伤害民心与民意，而是因为国家没有积蓄就不能用人，国家没有余财就不能激励民众。秦奢所说的办法，不可用在领土狭小的国家。"桓公说："说得好。"

桓公又问管子曰："佚田谓寡人曰：'善者用非其有，使非其人，何不因诸侯权以制天下①？'"管子对曰："佚田之言非也，彼善为国者，壤辟举则民留处，仓廪实则知礼节。且无委致围②，城脆致冲③。夫不定内不可以持天下。佚田之言非也。"管子曰："岁藏一，十年而十也。岁藏二，五年而十也。谷十而守五，绨素满之④，五在上。故视岁而藏，县时积岁⑤，国有十年之蓄，富胜贫，勇胜怯，智胜愚，微胜不微⑥，有义胜无义，练士胜殴众⑦。凡十胜者尽有之⑧，故发如风雨，动如雷霆，独出独入，莫之能禁止，不待权与。故佚田之言非也。"桓公曰："善。"

【注释】①权以：疑"权与"，盟国。②委：积聚，如"委积"，这里指积聚的财物。③脆(cuì)：同"脆"。④绨：厚绢。素：白绢。满：补足。⑤县时：长久的时日。县：通"悬"，久。⑥微：窥伺，暗中察访。⑦殴众：被驱赶到一起的乌合之众。殴：同"驱"。⑧十胜：必胜，泛指所有的制胜之道。

【译文】桓公又问管仲说："佚田对我说：'善于治国的人，能够运用不属于他的资财，使用不属于他的人力，为什么不利用各诸侯、盟国的势力来掌控天下呢？'"管仲回答说："佚田的话不对。那种善于治国的人，国内的荒地开垦起来，人民就能在那里安心留住；粮仓里储存的粮食充裕，人民就懂得礼节。而且国家没有积蓄将受到敌国围困，城防不固将受到敌国攻击。国家内部不安定，就无法掌控天下。佚田的话是不对的。"管仲接着说："把每年粮食产量的一成贮备起来，十年就是十成。每年贮备二成，五年就是十成。十成粮食由国家掌握五成，各种厚绢、白绢等都储备充足，五成常在君主手中。这样，根据每年的收成情况做好贮备，积年累月，国家若有十年的积蓄，就可以做到以富胜贫，以勇胜怯，以智胜愚，以了解敌情胜不了解敌情，以有义胜不义，以有训练的士卒战胜被临时驱赶到一起的乌合之众。这全部制胜的因素都具备了。于是发兵如风雨，行动如雷霆，纵横战场如入无人之境，无人能阻，根本不需要诸侯盟国的帮助。所以佚田的话是不对的。"桓公说："说得好。"

海王第七十二

【题解】海王即依靠大海称王。而本篇章内容实际包含
"海"与"山"两项。海出盐，国家对海盐的经营加以管控；山出
铁，国家对铁的流通加以控制，实即盐铁国家专营，向这两种民
众生活不可或缺的物品加征赋税，以满足国家财政需求，此即
"官山海"政策的大要。需要注意的是，《管子》中的这项财政政
策与汉武帝实施的"盐铁专卖"还有区别，即《管子》并不主张盐
铁生产与销售完全由政府承办，只是主张向这两项大量流通的
商品加征一定税额。此外，本文开始一段的议论，即反对直接征
税的主张，也是很有政治智慧的。

桓公问于管子曰："吾欲藉于台雉①，何如？"管子对
曰："此毁成也。""吾欲藉于树木？"管子对曰："此伐生
也。""吾欲藉于六畜？"管子对曰："此杀生也。""吾欲藉于
人，何如？"管子对曰："此隐情也②。"桓公曰："然则吾何以为
国？"管子对曰："唯官山海为可耳③。"

【注释】①台雉：指房屋建筑。雉：城墙。②隐情：收闭情欲，减少

生育。隐：收闭。一说"隐情"指隐瞒实际人口情况。③官：属于国家、政府或公家的，这里指国家专营。

【译文】桓公问管仲说："我想要对房屋等建筑征税，你看如何？"管仲回答说："这等于叫人们拆毁房子。""我想要对树木征税呢？"管仲回答说："这等于叫人们砍伐树木。""我要想要对牲畜征税呢？"管仲回答说："这等于叫人们杀死牲畜。""我想要对人口征税，又怎么样？"管仲回答说："这等于叫人们收闭情欲，减少生育。"桓公说："那么，我拿什么来管理国家呢？"管仲回答说："国家专营山海资源就可以了。"

桓公曰："何谓官山海？"管子对曰："海王之国，谨正盐策。"桓公曰："何谓正盐策？"管子对曰："十口之家，十人食盐，百口之家，百人食盐。终月，大男食盐五升少半，大女食盐三升少半，吾子食盐二升少半①，此其大历也②。盐百升而釜。令盐之重升加分强③，釜五十也；升加一强，釜百也；升加二强，釜二百也。钟二千，十钟二万，百钟二十万，千钟二百万。万乘之国，人数开口千万也④，禺策之⑤，商日二百万⑥，十日二千万，一月六千万。万乘之国，正九百万也⑦。月人三十钱之籍，为钱三千万。今吾非籍之诸君吾子，而有二国之籍者六千万。使君施令曰：吾将籍于诸君吾子，则必嚣号。今夫给之盐策，则百倍归于上，人无以避此者，数也。"

【注释】①吾（yá）子：小孩。②大历：大概。③重：价格。分强：半钱。强：当做"镪"，钱。④人数开口：人口总数。⑤禺：古同"偶"，相加，合计。策：古代用以计算的筹子（小竹片）。⑥商：估计，约计。⑦正九百万：即征收百万人的税赋。正：同"征"。九：当为"人"字之讹误。

【译文】桓公说："什么叫作专营山海资源？"管仲回答说："靠大海资源成就王业的国家，要注意明确征收盐税的政策。"桓公说："什么叫征收盐税的政策？"管仲回答说："十口之家就是十人吃盐，百口之家就是百人吃盐。一个月，成年男子吃盐近五升半，成年女子近三升半，小孩近二升半，这是大概数字。盐一百升为一釜。让盐的价格每升增加半钱，一釜可多收入五十钱。每升增加一钱，一釜可多收入百钱。每升增加二钱，一釜可多收入二百钱。一钟就是二千，十钟就是二万，百钟二十万，千钟就是二百万钱。一个万乘的大国，人口总数千万人，合计下来，约计每日可得二百万，十日可得二千万，一月可得六千万钱。一个万乘的大国，如果征人口税的话，大约有百万人需要缴税，每月每人征税三十钱，总数才不过三千万。现在我们没有向大人小孩直接征税，就有相当于两个大国的六千万钱的税收。假设君上发布命令说：'我要对全国大人小孩直接征税'，那就一定会引起全国人民喧嚷反对。现在我们从盐税中取得财政收入，即使百倍的财力归于君主，民众也无法规避，这就是理财的方法。"

"今铁官之数曰：一女必有一针、一刀①，若其事立；耕者必有一耒、一耜、一铫，若其事立；行服连轺辇者必有一斤、一锯、一锥、一凿②，若其事立。不尔而成事者，天下无有。令针之重加一也，三十针一人之籍；刀之重加六，五六三十，五刀一人之籍也；耜铁之重加七③，三耜铁一人之籍也。其余轻重皆准此而行。然则举臂胜事，无不服籍者。"

【注释】①刀：指剪刀。②行服连轺辇：修造各类车辆的人。连：人力挽的车。轺：轻车。辇：马架的大车。③七：当为"十"之讹误。

【译文】"现在铁的专营方法是这样的：每一妇女必须要有一根针和一把剪刀，女工之事才能做成；每一农民必须有一把犁、一个铧和一把大锄，耕种之事才能做成；每一个修造各类车辆的人，必须有一斧、一锯、一锥、一凿，造车之事才能做成。不具备必备的工具而能做成相应的事情的人，天下无有。如果针的价格每根增加一钱，三十根针的加价收入就等于一个人所纳的人口税。如果剪刀每把加价六钱，五六三十，五把剪刀的加价收入就等于一个人所纳的人口税。如果铁铧每个加价十钱，三个铁铧的加价收入就等于一个人所纳的人口税。其他铁器的价格高低，都可仿照这个标准来实行。那么，只要人们动手干活，就没有不负担这种税收的。"

桓公曰："然则国无山海不王乎？"管子曰："因人之山海假之①。名有海之国雠盐于吾国②，釜十五，吾受而官出之以百。我未与其本事也③，受人之事，以重相推④。此人用之数也⑤。"

【注释】①因：依靠。假：假借，借用。②名：通"命"，命令。雠（chóu）：售。③本事：这里指制盐的过程。④重：价格。推：推移，变化。以重相推：这里指把价格提高。⑤人用：用人，指借助于他人。

【译文】桓公说："那么，没有山海资源的国家就不能成就王业了吗？"管仲说："可以依靠别国的山海资源加以利用。让有海的国家，把盐卖给我们，以每釜十五钱的价格买进，而官府专卖的价格为每釜一百钱。本国虽不参与制盐，但可以买入别国生产的盐，用加价的方法获利。这就是利用他人的理财方法。"

国蓄第七十三

扫码听谦德
君为您导读

【题解】此篇详细论述了利用"轻重"方法满足国家财政收入的思想，是管子"轻重"治国之术的集中表达。文章仍然强调不要向民众直接征收各种财产税，认为那样会导致物价下跌，民众财富大幅缩水。而以"轻重"之术获利，"见予之形，不见夺之理"，谁消费谁顺便向国家纳税。文章还提出了政府应注意在丰年多收购粮食以防谷价太低，凶年由政府抛售粮食以平抑物价，这与战国初期李悝"平粜法"主张一致，都是强调政府的经济职能，有积极意义，理论价值也颇高。

国有十年之蓄①，而民不足于食，皆以其技能望君之禄也；君有山海之金，而民不足于用，是皆以其事业交接于君上也②。故人君挟其食③，守其用，据有余而制不足，故民无不累于上也④。五谷食米，民之司命也⑤；黄金刀币，民之通施也⑥。故善者执其通施以御其司命，故民力可得而尽也。

【注释】①何如璋说：（唐）杜佑《通典·食货十二》引此有"管子曰：夫富能夺，贫能予，乃可以为天下"三句，在"国有十年之蓄"句前。

宋本无。②事业：职业，谋生的工作。交接：交换。③挟（xié）：挟制。与下文的"守"同意。④累：受控制。⑤司命：指关乎命运者。⑥通施：通货、货币。

【译文】国家有十年的粮食贮备，而人民的粮食还不够吃，人民就想用自己的技能来换取君主的俸禄；国君经营山海资源（盐铁）获得大量收入，而人民的钱还不够用，人民就想为君主工作以换取君主的金钱。所以，国君能控制粮食，掌握货币，将社会资源都掌控在国家手里，以国家的有余来控制民间的不足，人民就没有不依附于君主的了。粮食，是人民生命的主宰；货币，是人民的交易手段。所以，善于治国的君主，掌握货币来控制关乎民众生死的粮食，就可以最大限度地使用民力了。

夫民者亲信而死利，海内皆然。民予则喜，夺则怒，民情皆然。先王知其然，故见予之形，不见夺之理①。故民爱可洽于上也②。租籍者③，所以强求也；租税者④，所虑而请也⑤。王霸之君去其所以强求，废其所虑而请⑥，故天下乐从也。

【注释】①理：内情。②洽：深入、通达。③籍：户籍也。租籍者：按户籍人口征税。④租税：按田亩多少征税。⑤虑：计。请：求取，索取。所虑而请：按所计田亩求其租税也。⑥废：通"发"，举，开发。

【译文】人们总是愿意亲近自己相信的人，死于谋求财利，四海之内都是这样。对于百姓，给予他利益他就高兴，夺取他的利益他就会愤怒，这也是人之常情。先王知道这个道理，所以在给予人民利益时，要明显的让人民看到；在夺取人民利益时，则会隐晦不让人民了解内情，所以人民与君主关系融洽。按户籍人口征税就是强求；按田亩多少征税，是经过计算谋划而求取的。成就王霸之业的君主，不会用强制征税的租籍形式，而是要多多采用计算谋划的租税形式，这样，天下就乐于服从了。

利出于一孔者①，其国无敌；出二孔者，其兵不诎②；出三孔者，不可以举兵；出四孔者，其国必亡。先王知其然，故塞民之养③，隘其利途④。故予之在君，夺之在君，贫之在君，富之在君。故民之戴上如日月，亲君若父母。

【注释】①利出于一孔：财利出入的途径只有一条。指国家独占所有财利。孔：通道、途径。②诎（qū）：屈服、折服。③塞：使满足。养：这里用作名词，意为民生用品。④隘：通"厄"，限制，控制。

【译文】经济权益由国家统一掌握，这样的国家强大无敌；分两家掌握，军队就不服从命令；分三家掌握，就无力出兵作战；分四家掌握，其国家一定灭亡。先王明白这个道理，所以提供给人民足够的生活用品，但是会限制他们获利的途径。因此，给予、夺取的决定权在于国君，百姓贫穷、富贵的决定权也在于国君。这样，人民就拥戴国君犹如拥戴日月，亲近国君犹如亲近父母了。

凡将为国，不通于轻重，不可为笼以守民①；不能调通民利，不可以语制为大治。是故万乘之国有万金之贾，千乘之国有千金之贾，然者何也？国多失利，则臣不尽其忠，士不尽其死矣。岁有凶穰②，故谷有贵贱；令有缓急③，故物有轻重。然而人君不能治，故使蓄贾游市④，乘民之不给，百倍其本。分地若一，强者能守；分财若一，智者能收⑤。智者有什倍人之功，愚者有不赓本之事⑥。然而人君不能调，故民有相百倍之生也。夫民富则不可以禄使也，贫则不可以罚威也。法令之不行，万民之不治，贫富之不齐也。且君引镯量用⑦，耕田发草，上得其数矣。民人所食，人有若干步亩之数矣，计本量委则足矣⑧。然而民有饥饿不食者何也？谷有所藏也。人君铸钱立币，民庶之通施也，人有若干百千之数矣。然而人事不及、用不足者何也？利有所并藏也。然则人君非能散积聚，钧羡不足⑨，分并财利而调民事也，则君虽强本趣耕⑩，而自为铸币而无已，乃今使民下相役耳，恶能以为治乎⑪？

【注释】①笼：搜罗、收拢财利。②凶穰（ráng）：歉岁与丰年。③缓急：指国家征收期限有宽有紧。④蓄贾：囤积居奇的商人。⑤收：意同"筹"，筹划，此指筹划获利。⑥赓（gēng）：抵偿、补偿。⑦镯（zhuì）：用来计数的筹码、工具。⑧委：积聚。⑨钧：平均，均分。羡：富余，充足。⑩趣：通"促"，敦促，促使。⑪恶：通"呜"，文言叹词。

【译文】凡是要治国，不懂得"轻重"之术，就不能收拢财利来控制民间；不能够调剂疏通民利，让人民都能得到恰当的经济利益，生活安定，就不能说自己的治国政策能实现国家大治。所以，一个万乘之国如果出现了万金的大商贾，一个千乘之国如果出现了千金的大商贾，这说明什么呢？这说明国家的财利大量流失，这样臣子就不肯尽忠，战士也不肯效死力了。年景有丰收有歉收，故粮价有贵有贱；征收物资的政令时限有缓有急，故物价有高有低。如果人君不能妥善治理，囤积居奇的商贾就进出于市场，趁着人民的困难，牟取百倍的厚利。相同的土地，强者善于掌握；相同的财产，智者善于谋利。往往是智者可以攫取十倍的高利，而愚者连本钱都捞不回来。如果人君恰当调剂，民众的财产就会出现百倍的差距。人太富有，利禄就驱使不动；太贫穷，刑罚就威慑不住。法令不能贯彻实行，万民不服从治理，是由于民众贫富不均的缘故。而且，君主经过计算度量，耕田及新开垦的土地数量多少，君主是心中有数的；百姓需要多少口粮，每人需要多少亩土地，统计一下产粮和存粮本来是够吃够用的。然而仍然有挨饿吃不上饭的人，这是为什么呢？因为有些粮食被囤积起来了。君主铸造发行的货币，是民众用来交易的。这也算好了每人需要几百几千的数目。然而仍有人费用不足，钱不够用，这又是为什么呢？因为有些钱财被集中囤积起来了。所以，如果君主不能散开囤积以调剂余缺，分散被积聚的财力以调节人民的用度，即使加强农业督促生产，自己无休止地铸造货币，也只是造成人民互相奴役，而不是为国效力，怎么能算得上国家得治呢？

岁适美，则市粜无予①，而狗彘食人食。岁适凶，则市籴釜十缗②，而道有饿民。然则岂壤力固不足而食固不赡也哉？夫往岁之粜贱，狗彘食人食，故来岁之民不足也。物适贱，则半力而无予③，民事不偿其本；物适贵，则什倍而不可得，民失其用。然则岂财物固寡而本委不足也哉？夫民利之时失④，而物利之不平也。故善者委施于民之所不足，操事于民之所有余⑤。夫民有余则轻之，故人君敛之以轻；民不足则重之，故人君散之以重。敛积之以轻，散行之以重，故君必有什倍之利，而财之橫可得而平也⑥。

【注释】①粜（tiào）：卖出谷物。予：售。②籴（dí）：买入谷物。繦（qiǎng）：一贯钱，后写作"镪"。③半力：生产时所费劳力的一半，本钱的一半。④民利之时失：错过调节民众财利的时机。指国家未能适时的利用货物价低时买进、价高时抛售的经济手段来平衡物价。⑤操事：从事。此指在民间物资有余时进行收购。⑥横：这里指商品的价格。

【译文】年景恰好遇上丰收年，农民粮食卖不出去，连猪狗都吃人的食物。年景遇上灾荒年，粮食一釜要十贯钱，道路上还有饥民讨饭，难道这是因为地力不足所造成的粮食不够吃么？这是因为往年粮价太低，猪狗都吃人食，粮食没有储备起来，所以下一年的粮食就不足了。商品遇上价格低的，就是按照工价的一半也卖不出去，人民生产劳动连本钱也挣不回来。商品遇上涨价，就是出十倍高价也买不到，人民生活的日常需求得不到满足，这难道是由于东西本来太少，生产和贮存不够所造成的么？错过了调节人民财利的时机，物品的价格就波动起来。因此，善于治理国家的人，总是在民间物资不足时，把库存的东西供应出去；而在民间物资有余时，把市场的商品收购起来。民间物资有余，民众就肯低价卖出，故君主就可以低价收购；民间物资不足，民众就肯高价购买，故君主就可以高价出售。用低价收购，用高价抛售，君主不但有十倍的盈利，而且物资财货的价格也可以得到调节稳定。

凡轻重之大利，以重射轻①，以贱泄平②。万物之满虚随财③，准平而不变，衡绝则重见④。人君知其然，故守之以准平，使万室之都，必有万钟之藏，藏千万；使千室之都，必有千钟之藏，藏百万。春以奉耕，夏以奉芸。耒耜械器、种饟粮食⑤，毕取赡于君。故大贾蓄家不得豪夺吾民矣。然则何？君养其本谨也⑥。春赋以敛缯帛，夏贷以收秋实，是故民无废事、而国无失利也。

【注释】①以重射轻：指物资充足价格低廉时，国家用稍高的价格购进物资囤积起来。射：谋求，逐取。②以贱泄平：指在物资不充足价格高时，国家将先前囤积的物资低价抛售投入市场，以平物价。③财：此指财物的价格高低。④衡绝则重见：意谓打破平衡，价格就会出现过高或过低。⑤种馕（náng）：种子。闻一多云："馕"当作"穰（ráng）"，同"瓤"，即种子。⑥本谨：指农业生产。

【译文】"轻重"之术的巨大利益，就在于用比市场价稍高的价格购取廉价的商品，再用比市场价稍低的价格销出物资以平物价。各种物资的余缺随价格变化而有不同，通过平准调节则维持正常不变，失掉平衡，价格就会过高或过低。人君懂得这个道理，就应该保持市场平衡，使拥有万户人口的都邑一定有万钟粮食和千万贯钱币的储备；拥有千户人口的都邑一定有千钟粮食和百万贯钱币的储备。春天用来供应春耕，夏天用来供应夏耘。耒耜等一应农具、种籽和粮食，都由国家供给。这样，富商大贾就无法对百姓巧取豪夺了。那这样做是为什么呢？是因为君主需要严肃认真地发展农业。春耕时放贷于民，用以敛收丝绸；夏耘时发放贷款，用以收购秋粮。这样，人民不会荒废农业，国家也不会流失财利于商贾了。

凡五谷者，万物之主也。谷贵则万物必贱，谷贱则万物必贵。两者为敌，则不俱平。故人君御谷物之秩相胜①，而操事于其不平之间。故万民无籍而国利归于君也。夫以室庑籍，谓之毁成；以六畜籍，谓之止生；以田亩籍，谓之禁耕；以正人籍，谓之离情；以正户籍，谓之养赢②。五者不可毕用，故王者遍行而不尽也。故天子籍于币，诸侯籍于食。中岁之谷，粜石十钱。大男食四石，月有四十之籍；大女食三石，月有三十之籍：吾子食二石，月有二十之籍。岁凶谷贵，粜石二十钱，则大男有八十之籍，大女有六十之籍，吾子有四十之籍。是人君非发号令收穑而户籍也③，彼人君守其本委谨，而男女诸君吾子无不服籍者也。一人廪食，十人得余④；十人廪食，百人得余；百人廪食，千人得余。夫物多则贱，寡则贵，散则轻，聚则重。人君知其然，故视国之羡不足而御其财物。谷贱则以币予食，布帛贱则以币予衣。视物之轻重而御之以准，故贵贱可调而君得其利。

【注释】①谷物：粮食与物资。秩：次序。相胜：互有高低。②养赢：偏袒富豪之家。赢：获利为赢。③收穑："亩穑"之讹误，这里指粮食赋税。④廪食：此指从国家仓库买粮。一人廪食，十人得余：指一个人从国家仓库买粮，国家所得的利益比十人所交的人丁税还要多。

【译文】粮食，是各种财货中最基本最重要的。粮价高则万物价格必低，粮价低则万物价格必高。粮价与物价是相互对立的，不会同贵同贱。所以人君要控制粮食与其他货物的价格，使其井然有序、互有高低，在物价不平时调节物价。这样，即使民众不缴纳税赋，国家生产的财利也会归于君上。若是征收房屋税，房屋会被毁坏；若是征收六畜税，会限制六畜养殖；若是征收田亩税，会破坏农耕；若是按人丁收税，会断绝人们情欲，生育下降；若是按门户收税，就会偏袒富豪家庭。这五者不能全面实行。所以，成就王业的君主虽然每一种都曾用过，但不能同时完全采用。因此，天子应该靠铸造货币来获得民利，诸侯应该靠买卖粮食来获得民利。在中等年景，粮食一石如果加价十钱，每月成年男子吃粮四石，就等于每月征收四十钱的税；成年女子吃粮三石，就等于每月征收三十钱的税；小孩吃粮二石，就等于每月征收二十钱的税。若是灾年粮价贵的时候，粮食一石加二十钱，则成年男子每月纳八十钱的税；成年女子纳六十钱的税，小孩纳四十钱的税。这样，人君并不需要下令挨户征税，只认真掌握粮食的生产和贮备，男人女人大人小孩就没有不纳税的了。一人从国家仓库买粮，国家所能获得的利益，比十人交的人丁税还多；十人从国家仓库买粮，比百人交人的丁税还多；百人从国家仓库买粮，就比千人交的税还多。各种商品都是量多了价格就低，量少了价格就高，抛售某种货物，价格就下跌，囤积某种货物价就上涨。君主懂得这个道理，就可以根据国内市场物资的余缺状况来控制国内市场的财物。粮食价低就用货币购买粮食，布帛价低就用货币购买布帛。再观察物价的涨落，采用一些平衡物价的办法来控制市场。这样，既可以调剂物价高低，君主又能够从中获得好处。

前有万乘之国，而后有千乘之国，谓之抵国①。前有千乘之国，而后有万乘之国，谓之距国②。壤正方，四面受敌，谓之衢国。以百乘衢处③，谓之托食之君④。千乘衢处，壤削少半。万乘衢处，壤削太半。何谓百乘衢处托食之君也？夫以百乘衢处，危慑围阻千乘万乘之间⑤，夫国之君不相中，举兵而相攻，必以为扞挌蔽圉之用⑥，有功利不得乡⑦。大臣死于外，分壤而功；列陈系累获虏⑧，分赏而禄。是壤地尽于功赏，而税臧殚于继孤也⑨。是特名罗于为君耳⑩，无壤之有；号有百乘之守，而实无尺壤之用，故谓托食之君。然则大国内款⑪，小国用尽，何以及此⑫？曰：百乘之国，官赋轨符⑬，乘四时之朝夕⑭，御之以轻重之准，然后百乘可及也。千乘之国，封天财之所殖⑮，械器之所出，财物之所生，视岁之满虚而轻重其禄，然后千乘可足也。万乘之国，守岁之满虚，乘民之缓急，正其号令而御其大准，然后万乘可资也。

【注释】①抵国：前面有强敌的国家。抵：通"牴"，牛、羊等以前角御敌。表示强敌在前。②距国：身后有强敌的国家。距，指雄鸡或雉等的腿后面突出像脚趾的部分，用以进攻打斗。表示强敌在后。③衢处：指处在四面受敌的位置。衢：四通八达的道路。④托食：寄食，仰仗他人的意思。⑤危慑围阻：威胁包围。⑥扞挌蔽围：阻挡防御。⑦乡：通"享"，享受，享用。⑧列陈：指士兵。⑨臧：同"藏"，储藏。殚：穷尽。继孤：存恤遗孤。⑩名：名义上。罗：列。⑪内款：内空。⑫及：足，补救。⑬轨符：古代国家发行的一种债权。⑭乘：守。朝夕：读如"潮汐"，此以潮水之涨落喻物价之起伏。⑮封：限制。天财：指自然资源。殖：生。

【译文】国家前面有万乘之国，后面有千乘之国，这种国家叫作"抵国"。前面有千乘之国，后面有万乘之国，这种国家叫作"距国"。国土方方正正，以致四面受敌，这种国家叫作"衢国"。一个百乘小国处在四面受敌的位置，其君主称为寄食之君。千乘之国处在四面受敌的位置，国土将被削去一小半。万乘之国处在四面受敌的位置，国土将被削去一大半。一个百乘小国处在四面受敌的位置，它的国君为什么就叫做寄食之君呢？以一个仅有百辆兵车的小国，处在四面受敌的位置，周围被千乘万乘的大国威胁包围。一旦大国之间不和，互相举兵相攻，必然会把这小国当作阻挡防御的工具，而有战果却不能与大国共同享受。小国的大臣战死在外，需要分封土地给他以奖励军功；将士俘获敌虏，需要分给奖赏，授予俸禄。结果，土地全用于论功行赏，税收积蓄全用于抚恤将士的遗孤了。这样的国君仅是虚有其名，实际上没有领土。号称拥有百乘的国家力量，实际上没有一尺的土地能为其所用，所以叫寄食的君主。那么，大国财力空虚，小国财用耗尽，应该怎么补救呢? 办法是: 百乘的小国可以由国家发行债券，然后根据不同季节的物价涨落，运用"轻重"之术平衡物价、获得利益，这样百乘小国的国力就可以得以保全了。千乘的中等国家，可以把国内出产的自然资源、各种器械和财物都限制在国内，防止外流。再根据年景的丰歉，运用轻重之术来调节官吏军队的俸禄。这样千乘之国就可以得到自足了。万乘的大国可以根据年景的丰歉，利用人民需要物资的缓急，正确运用号令，从而进行全国性的经济调节。然后万乘之国也就可以财物丰盈了。

玉起于禺氏①，金起于汝汉，珠起于赤野，东西南北距周七千八百里。水绝壤断，舟车不能通。先王为其途之远，其至之难，故托用于其重②，以珠玉为上币，以黄金为中币，以刀布为下币。三币握之则非有补于暖也，食之则非有补于饱也，先王以守财物，以御民事，而平天下也。今人君籍求于民，令曰十日而具，则财物之贾什去一③；令曰八日而具，则财物之贾什去二；令曰五日而具，则财物之贾什去半；朝令而夕具，则财物之贾什去九。先王知其然，故不求于万民而籍于号令也。

【注释】①禺氏: 与下文的"汝汉""赤野"皆为地名。②重: 这里指价值贵重。③贾: 同"价"，价格。

【译文】禺氏出产玉，汝河汉水一带出产金，赤野出产珍珠，这些地方分布在东西南北，距离周国都城七千八百里。山水隔绝，舟车不能通行。先王因为这些东西的产地距离遥远，到达那里非常不容易，所以就借助于它们的贵重，以珠玉作为上等货币，黄金为中等货币，刀布为下等货币。这三种货币，握在手里不能取暖，吃进肚里不能充饥，先王运用它来控制财物，掌握民用，进而治理天下的。现在君主直接向民众征收货赋税，命令限十天交齐，这样一来财物的价格就下降十分之一；命令限八天交齐，财物的价格就下降十分之二。命令限五天交齐，财物价格就下降一半。早晨下令限在晚上交齐，财物的价格就下降十分之九。先王懂得这个道理，所以不向百姓直接征收税赋，而是运用政策命令来取得国家收入。

山国轨第七十四

扫码听谦德
君为您导读

【题解】此篇全面地论述了"轻重"之术治国的内容。开篇提出"九轨"的概念，大义为：政府去年统计国内田地、人口、女工纺织等生产消费情况以及货币需求量，目的在于掌握统计数据以便政府根据时节收购囤积物资或抛售物资，使物资价格上涨或下跌，从中获得利润。这样就"无籍""民安无怨咎"：不即不直接向民众征收赋税，而满足国家财政需求，人民生活安定，对国家没有抱怨。本篇名为"山国轨"，其中"山"字历来解说分歧。《汉书·杨敞传》张晏注"山，财用之所出"，则篇名"山"字，或取此义。据马元材《管子轻重篇新诠》。

桓公问管子曰："请问官国轨①。"管子对曰："田有轨，人有轨，用有轨，乡有轨，人事有轨，币有轨，县有轨，国有轨。不通于轨数而欲为国，不可。"

【注释】①轨：统计。如：轨官（古时主掌会计事宜的官）；轨数（统计理财的方法）。

【译文】桓公问管仲说："请问关于国家统计理财工作的管

理。"管仲回答说："土地有统计，人口有统计，物资需用有统计，乡有统计，民事有统计，货币有统计，县有统计，整个国家都要有统计。不懂得统计理财方法而想要治理国家，是行不通的。"

桓公曰，"行轨数奈何？"对曰，"某乡田若干？人事之准若干[1]？谷重若干？曰：某县之人若干？田若干？币若干而中用？谷重若干而中币[2]？终岁度人食，其余若干？曰：某乡女胜事者终岁绩，其功业若干？以功业直时而橅之，终岁，人已衣被之后，余衣若干？别群轨[3]，相壤宜。"桓公曰："何谓别群轨，相壤宜？"管子对曰："有莞蒲之壤[4]，有竹箭檀柘之壤[5]，有氾下渐泽之壤[6]，有水潦鱼鳖之壤[7]。今四壤之数，君皆善官而守之，则籍于财物，不籍于人。亩十鼓之壤[8]，君不以轨守，则民且守之。民有过移长力[9]，不以本为得，此君失也。"

【注释】①人事之准：民生食用所需的平均数。准：标准。②中币：合乎货币流通的数量。中：适合，合于。③群：众，诸。④莞（guān）蒲：即蒲草，一种植物，可用于织席。⑤竹箭：即竹子。檀柘：檀树和柘（zhè）树，是贵重的木材。⑥氾（fàn）下渐（jiān）泽：水漫低湿之地。氾下：地势低下。渐泽：低湿之地。渐：淹没。⑦水潦（lǎo）：因雨水过多而积在田地里的水或流于地面的水。⑧鼓：古代量器名。四钧为石，四石为鼓。⑨过：多。移：指财富转移。力：这里指财力。

【译文】桓公说："实行统计理财方法应该怎么办呢？"管仲回答说："一个乡有土地多少？民生费用的一般标准是多少？粮食价格是多少？还有：一个县的人口多少、土地多少、货币多少才合于该县需要？粮价多高才合乎货币流通的数量？计算全年供应民众口粮后，余粮多少？还有一乡的女劳力全年进行纺织，其成品有多少？把成品按时价算出总值，供全年全部人口穿用后，余布多少？还要调查土地情况，单独设计土地统计项目。"桓公说："为什么要调查土地情况，单独设计土地统计项目呢？"管仲回答说："有生长芜蒲的沼泽地，有生长竹箭檀柘的山地，有积水潮湿的低洼地，有生长鱼鳖的水塘地。这四种土地，君主若都好好地管理和控制，就可以从其出产的产品上征税，而不必向人们征税。至于亩产十鼓的上等土地，君主若不纳入统计来控制掌握，富民商人就要来掌控了。他们手中有充足的财力，就不会以务农为重，这便是君主的失策了。"

桓公曰："轨意安出？"管子对曰："不阴据其轨皆下制其上①。"桓公曰："此若言何谓也？"管子对曰："某乡田若干，食者若干，某乡之女事若干，余衣若干。谨行州里②，曰：'田若干，人若干，人众田不度食若干。'曰：'田若干，余食若干。'必得轨程③，此调之泰轨也④。然后调立环乘之币⑤。田轨之有余于其人食者，谨置公币焉⑥。大家众，小家寡。山田、间田⑦，曰终岁其食不足于其人若干，则置公币焉，以满其准。重岁⑧，丰年，五谷登，谓高田之萌曰⑨：'吾所寄币于子者若干，乡谷之横若干，请为子什减三⑩。'谷为上，币为下。高田抚间田山不被⑪，谷十倍。山田以君寄币，振其不赡，未淫失也。高田以时抚于主上，坐长加十也。女贡织帛，苟合于国奉者，皆置而券之。以乡横市准曰：'上无币，有谷，以谷准币。'环谷而应策⑫，国奉决。谷反准，赋轨币，谷廪，重有加十⑬。谓大家、委赀家曰：'上且修游^⑭，人出若干币。'谓邻县曰：'有实者皆勿左右^⑮。不赡，则且为人马假其食民^⑯。'邻县四面皆櫎，谷坐长而十倍。上下令曰：'赀家假币^⑰，皆以谷准币，直币而庚之^⑱。'谷为下，币为上。百都百县轨据，谷坐长十倍。环谷而应假币。国币之九在上，一在下，币重而万物轻。敛万物，应之以币。币在下，万物皆在上，万物重十倍。府官以市櫎出万物，隆而止^⑲。国轨布于未形，据其已成，乘令而进退，无求于民。谓之国轨。"

【注释】①阴据其轨：秘密掌握统计数据。下制其上：民间的富商巨贾将会控制国家经济。下：此处指富商巨贾。②行：巡视。③轨程：统计得出的标准数据。④调：据日本江户时代汉学家猪饲彦博、李哲明说，"调"应为"谓"字。泰轨：即整体统计。泰：大。⑤调（diào）立：统筹安排；统筹设置。环乘之币：这里指按全国统计数据计算出的流通总量。⑥置：预置、寄放。公币：政府发放的货币。⑦间田：中等水平的田地。⑧重岁：第二年。⑨萌：通"氓"，种田的农民。⑩什减三：即贷款七成用粮食还，三成仍用货币还。⑪抚：补充，补齐。山：山田。不被：不足。⑫环谷：粮食的流通。策：契约。⑬有：通"又"，再次。⑭修游：巡狩治军。⑮实：指粮食。左右：支配，此指擅自买卖。⑯假：借。⑰赀家假币：即富人放贷。⑱庚：偿还。⑲隆：数量充足。

【译文】桓公说："统计官职的计划怎么做？"管仲回答说："此事如果不保守机密，朝廷就将受制于下面的富民商人。"桓公说："这话是什么意思呢？"管仲回答说："一个乡土地多少？人口多少？从事纺织等事的妇女有多少？可剩余的布匹有多少？认真巡视各州各里后，有的地方报告：'地多少，人多少，人多地少的粮食缺口有多少。'有的报告：'地多少，粮食剩余有多少。'必须通过调查得出一个标准数据来，这叫整体统计。然后就整合全国的统计数据来确定流通的货币总量。根据统计数据，对于土地收成超过口粮消费的州、里，谨慎的计算他们需要多少贷款，国家贷款给他们，大户贷的多，小户贷的少。山田和中等田地的农户，是全年粮食产量不足以提供口粮消费的，也要借钱给他们，以满足他们的基本生活水平。次年，年景好，五谷丰登，官府就对拥有上等土地的农户说：'政府贷给你们的钱共多少、乡中粮食的现价多少、请将贷款的七成折成粮食数量归还，其余三成仍旧用货币偿还。'这样民间粮食减少，粮价就会上涨，币值就会下跌。因为上等土地的余粮用来补充中等土地和山地的口粮缺口，所以粮价又会上涨十倍。但山地农户因已有国家贷款，接济其不足，也不至于过分损失。上等土地的余粮及时被国家掌握，使粮价上涨了十倍。妇女所生产的布帛，只要合于国家需用的，都加以收购并订立契约，契约价格按乡市的粮食价格折算，写明：'官府无钱，有粮，用粮食折价来收购。'这样通过粮食流通来清偿买布的契约，国家需用的布帛得到了解决，粮价也又降回到原来水平了。再贷放经过统筹发行的货币，囤积粮食，粮价又上涨十倍。这时通告豪富财主们说：'国君将巡狩治军，尔等各应出钱若干。'还通告邻近各县说：'有存粮的都不准擅自处理。如果巡行用粮不够，国君将为解决人马食用向民间借粮。'邻县四周粮价都受到影响，粮价又因而上涨十倍。国君便下令说：'从富家所借的钱，一律以粮食按市价折价偿还。'这样，粮食的市价又会降下来，币值又上升了。全国百都百县，其统计理财工作都可按此法行事。首先使粮价上涨十倍，再用粮食支付借款，这样国家货币的九成在官府，一成在民间，使得币值高而各种物资的价格低，再收购物资而投放货币。货币放在民间，物资都集在官府，物资价格就上涨十倍，府官便按照市价抛售物资，直到政府掌握了充足的资产就可以停止了。这样的国家统计理财工作，在产品未成形之前就做布置筹划，在产品已成之后即可为国家所掌握，运用国家号令而收放进退，不必向民间直接求索。这就是作国家的统计理财之道。"

桓公问于管子曰："不籍而赡国，为之有道乎？"管子对曰："轨守其时，有官天财，何求于民？"桓公曰："何谓官天财①？"管子对曰："泰春②，民之功緜③；泰夏，民之令之所止，令之所发；泰秋，民令之所止，令之所发；泰冬，民令之所止，令之所发。此皆民所以时守也，此物之高下之时也，此民之所以相并兼之时也。君守诸四务。"桓公曰："何谓四务？"管子对曰："泰春，民之且所用者，君已廪之矣；泰夏，民之且所用者，君已廪之矣；泰秋，民之且所用者，君已廪之矣；泰冬，民之且所用者，君已廪之矣。泰春功布日，春缣衣④、夏单衣，捍、宠、纍、箕、胜、簏、屑、稷⑤，若干日之功，用人若干，无赀之家皆假之械器，腾、簏、筥、稷、公衣，功已而归公，衣折券⑥。故力出于民，而用出于上。春十日不害耕事⑦，夏十日不害芸事，秋十日不害敛实，冬二十日不害除田。此之谓时作。"

【注释】①天财：指自然资源。②泰春：即春天。此种用法至今犹有保存，如下文"泰秋"，今民间即有"大秋"之说。③功：农工。④缣（jiān）衣：夹衣。⑤捍、宠、纍、箕、胜、簏、屑、稷：泛指各种农用及生活用具。⑥折券：折价偿还官府。⑦十日：这里指农业活动中最要紧的十日。下同。

【译文】桓公问管仲说："不征收赋税而满足国家财政需要，有什么办法么？"管仲回答说："统计理财工作做得及时，国家又能经营管理好自然资源，何必向民间征税呢？"桓公说："何谓经营管理好自然资源？"管仲回答说："春天，人民种地、服徭役；夏天、秋天和冬天就要明令规定何时封禁、何时开放山泽。这都是富民乘时控制市场的时节，又是物价涨落、贫富兼并的时节。君主一定要注意掌握'四务'，也就是百姓在四个时节中需要的物资。"桓公接着说："什么叫作四务呢？"管仲回答说："春、夏、秋、冬四个时节，人民将用的东西，君主要提早做好贮备。春天，安排农事的时候就计算好：春天的夹衣、夏天的单衣，竿子、篮子、绳子、畚箕、口袋、筐、竹盒、捆绳等物品，各物品能使用多少天，使用的人有多少。凡没有现钱的农家都可以向官府租借口袋、筐、竹盒、绳子和公衣等工具器物，农事完成后归还官府，公衣折价偿还官府。所以，劳力出自百姓，需要使用的器用出自国家。春季最紧要的十天不误耕种，夏季最紧要的十天不误锄草，秋季最紧要的十天不误收割，冬季最紧要的二十天不误整治土地，这就是所谓的按照农时进行作业。"

桓公曰："善。吾欲立轨官，为之奈何？"管子对曰："盐铁之策，足以立轨官。"桓公曰："奈何？"管子对曰："龙夏之地①，布黄金九千②，以币赆金③，巨家以金，小家以币。周岐山至于峥丘之西塞丘者④，山邑之田也，布币称贫富而调之⑤。周寿陵而东至少沙者⑥，中田也，据之以币，巨家以金，小家以币。三壤已抚，而国谷再什倍。梁渭、阳琐之牛马满齐衍⑦，请驱之颠齿⑧，量其高壮，曰：'国为师旅，战车，驱就敛子之牛马，上无币，请以谷视市橾而庚子。'牛马为上，粟为下⑨。二家散其粟⑩，反准。牛马归于上。"管子曰："请立赀于民⑪，有田倍之内⑫，毋有其外，外皆为赀壤。被鞍之马千乘，齐之战车之具，具于此，无求于民。此去丘邑之籍也。"

【注释】①龙夏：即雷下。②布：布放，贷放。③赀：计算，估量。引申为换算。④岐山：即猱（náo）山，在今中国山东省淄博市南。"岐"为"猱"字之讹。峥丘：即青丘，在今山东省广饶县北。西塞丘：在今山东平阴。⑤称：视。⑥寿陵：今山东潍坊之寿光一带。少沙：万里沙，在今山东蓬莱东北。⑦梁：梁山，在今陕甘交界地带。渭：渭水。阳琐：当作"琐阳"，在今河北大名。三地皆以产牛马著称。衍：山坡。⑧驱：通"区"，区分。颠齿：牙齿，白齿。古代看牛马的年岁大小，主要观其牙齿生长数量。⑨"请以谷视市橾而庚子"三句：此处宋本为："请以谷视市橾而庚子牛马，为上粟二家。"今据张佩纶说改。庚：偿付。⑩二家：指"巨家""小家"。⑪赀：罚款。⑫倍：即"培"，培土修葺田界。

【译文】桓公说："你说的太好了，我想筹办一个掌管统计理财的机构，该怎么办呢？"管仲回答说："利用盐铁专营的收入，就足够办好这个机构了。"桓公说："具体怎么做呢？"管仲回答说："在龙夏地区，贷放黄金九千斤，可以用钱币折算黄金。大户用黄金。小户用铸币。从猱山周围至青丘的西塞丘地区，都是山田，只贷放货币并且按贫富分别调度。从寿陵周围往东至少沙一带，是中等土地，也用贷款控制，大户用黄金，小户用铸币。这三个地区的粮食出产都已掌握起来，粮价就可以涨十倍。梁山、渭水、琐阳三地的牛马遍布齐国的山坡，请去区分一下牛马的岁口，验看一下它们的高壮程度，然后就对他们说:'国家要建设军队,征购你们的牛马来配备战车,但国家手里无钱,就用粮食按市价折算偿付。'这样,牛马价格上涨,粮食价格下降。两家把粮食出卖以后,粮价又回到原来的水平,牛马则落到国家手中了。"管仲接着说:"请国家给人民订立罚款规则,有田地的人家要在田地内修好田界,不可向外侵占土地,侵占自己田界以外的土地都是要受罚的。需要配马鞍的马四千匹,齐国战车需要配备的马匹,就在这里解决,不必向民间求索。这也就免除按丘、邑等单位向民众征税了。"

"国谷之朝夕在上,山林廪械器之高下在上,春秋冬夏之轻重在上。行田畴,田中有木者,谓之谷贼。宫中四荣,树其余,曰害女功①。宫室械器非山无所仰。然后君立三等之租于山,曰:握以下者为柴楂②,把以上者为室奉③,三围以上为棺椁之奉;柴楂之租若干,室奉之租若干,棺椁之租若干。"

【注释】①"宫中四荣"三句:谓房屋四面屋角应种桑树,若种其他树,就是妨碍纺织。荣:屋翼、屋檐。②柴(zhài)楂:栅栏。③室奉:指建房用材。

【译文】"国内粮价的涨落决定于国家,山林中出产的自然资源和库藏械器的价格涨落决定于国家,春秋冬夏四时物价的高低也决定于国家。巡行各地的农田,凡田地里面长的树,都妨碍谷物生长。房屋四周不种桑树而种其他杂木的,都会妨害妇女养蚕织布。盖房子、造器械都要依靠山林资源。君主就可以针对山林确定三个等级的租税:树粗不足一握的叫小木散柴,树粗一把以上的为建筑用材,树粗三围以上是制造棺椁的上等木材;小木散柴应收租税若干, 建筑用材应收租税若干, 棺椁用材应收租税若干。"

管子曰: "盐铁抚轨^①, 谷一廪十^②, 君常操九, 民衣食而

籴, 下安无怨咎。去其田赋, 以租其山: 巨家重葬其亲者服重

租, 小家菲葬其亲者服小租^③; 巨家美修其宫室者服重租, 小家

为室庐者服小租。上立轨于国, 民之贫富如加之以绳, 谓之国

轨。"

【注释】①抚轨: 即符合国家专营之策。抚: 同"符"。②谷一廪

十: 指粮食在民间价格为一, 经过国家买入囤积后, 粮价上涨十倍。③菲

葬: 薄葬。

【译文】管仲说: "用盐铁的收入来办理统计理财事业, 可以通

过囤积而使粮食价格上涨十倍, 国家得利九倍, 人民购买衣食等物

资的同时就已经向国家上交了税赋, 生活安定、对君主没有怨恨。

免除田赋, 针对山林资源收税: 富户厚葬亲人者缴纳重税, 小户薄葬

亲人者缴纳轻税; 富户造宫室华屋者缴纳重税, 贫户盖小房子者缴

纳轻税。君主在国内设立统计管制的理财制度, 控制人民的贫富就

像控制被绳索绑缚住的人一样容易, 这就叫作国家的统计管制理财

工作。"

山权数第七十五

【题解】此篇仍为《管子》"轻重"之术方面的文字。文章一开始谈"三权"问题，言"失天之权，则人地之权亡"，而所谓"天权"即大自然旱涝灾害直接影响粮食生产。要配合"天权"牢牢掌握经济主动权，就要发挥货币的作用。后，文章继而言及万物的"轻重"之策，比如政府可以奖励"慈孝"以散财，从而刺激物价起伏。更奇特的是"御神用宝"之策，通过政府刻意包装，使一些商品获得远超本身的价值，可以视作"轻重"之术无所不用其极的例子。

桓公问管子曰："请问权数①。"管子对曰："天以时为权，地以财为权，人以力为权，君以令为权。失天之权，则人地之权亡。"桓公问："何为失天之权则人地之权亡？"管子对曰："汤七年旱，禹五年水，民之无饘卖子者。汤以庄山之金铸币②，而赎民之无饘卖子者③；禹以历山之金铸币，而赎民之无饘卖子者。故天权失，人地之权皆失也。故王者岁守十分之参④，三年与少半成岁⑤，三十一年而藏十，一年与少半，藏参之一，不足以伤民，而农夫敬事力作。故天毁埊⑥，凶旱水泆，民无入于沟壑乞请者也。此守时以待天权之道也。"

【注释】①权数：这里指权衡轻重、通权达变的理财方法，实际管理国家经济权力之术。②庄山：地名，学者疑即今四川蔡蒙山，传说商汤命人在此铸铁。又"庄山"或应做"严山"，汉明帝名"庄"，因避帝王名讳而改。下文"历山"亦为地名，相传舜在此耕种。③赎：赎救，赈济。饘：粥。④参（sān）：同"叁"，三的大写。⑤与：举，办。少半：三分之一。岁：一年，这里指一年的储备。⑥墬（dì）：古同"地"。

【译文】桓公问管仲说："请问轻重权变的理财方法。"管仲回答说："天以天时旱涝体现其权变，地以财物多寡体现其权变，人以能力高低体现其权变，君主以发号施令体现其权变。君主如果不能妥善应对天的权变，人、地的权变也无从掌握。"桓公说："为什么不掌握天权，人、地之权就无从掌握呢？"管仲回答说："商汤在位时有七年旱灾，夏禹在位时有五年水灾。人民没有饭吃以至于有出卖儿女的。商汤用庄山的金属铸造钱币，来赎救那些没饭吃而卖儿卖女的人民；夏禹用历山的金属铸造钱币，来赎救那些因为没有饭吃而不得不出卖儿女的人民。所以，君主对于天时旱涝不能掌握防备，人、地的权变也都无从掌握了。因此，成就王业的君主每年将粮食产量的十分之三储藏起来，三年多就能有一年粮食产量的贮备。三十一年就能有十年的粮食贮备。每年拿出粮食产量的三分之一作为储备，不至于伤害民生，还可以促进农民重视农业并努力生产。即使天灾毁坏土地生产，发生凶旱水涝，百姓也不会有死于沟壑或沿街乞讨的了。这就是掌握天时以对待天的权变的办法。"

桓公曰："善。吾欲行三权之数，为之奈何？"管子对曰：

"梁山之阳，綪緃、夜石之币①，天下无有。"管子曰："以守国谷②，岁守一分，以行五年，国谷之重什倍异日。"管子曰："请立币，国铜以二年之粟顾之③，立黔落④。力重与天下调⑤。彼重则见射⑥，轻则见泄，故与天下调。泄者，失权也；见射者，失策也。不备天权，下相求备。准下阴相隶，此刑罚之所起而乱之之本也。故平则不平，民富则不如贫，委积则虚矣。此三权之失也已。"桓公曰："守三权之数奈何？"管子对曰："大丰则藏分，陒亦藏分⑦。"桓公曰："陒者，所以益也，何以藏分？"管子对曰："隘则易益也，一可以为十，十可以为百。以陒守丰，陒之准数一上十，丰之策数十去九，则吾九为余。于数策丰，则三权皆在君，此之谓国权。"

【注释】①阳：山之南面为阳。綪緃、夜石之币：綪緃、夜石珍贵，可以用作货币。綪（qiàn）緃（xiàn）：用蒨茜所染之缯。夜石：莱州之石有色泽，所以珍贵。②以守国谷：指以梁山綪緃、夜石作为货币换取粮食囤积起来。③顾：通"雇"，雇佣。④黔落：村落。⑤力重：力量雄厚。调：调节。⑥射：追逐求利，这里指收购囤积。下文"泄"指抛售。⑦陒：同"厄"，欠收之年。

【译文】桓公说："好。我想实行掌握'三权'的理财方法，该怎么办？"管仲回答说："梁山南面所产的綪緃和山东掖县一带的夜石，是天下稀有的珍宝。"管仲接着说："用这些东西换取粮食，每年贮备一分，这样实行五年，国家的粮价就比以前上涨十倍。"管仲接着说："要铸钱立币，拿出两年的贮备粮雇人开采铜矿，在开采铜矿的附近设立村落。物价水平与其他诸侯国保持一致。商品价格偏高，别国就会来倾销商品获取利润；商品价格偏低，物资会泄散外流。所以要注意商品价格与其他诸侯国一致。物资泄散外流，就等于本国失权；被别国倾销商品，就等于本国失策。如果国家不能防备应对天时旱涝之变，民间就只好互相借贷以求自己能做好应对的准备。允许人民私下相互奴役，这是人民触犯刑罚的起因和使国家动乱的根本原因。所以，财富均平变为不均平，人民富裕不如贫穷，人民把财富积累起来国库就空虚了。这就是天地人三种权变都没有掌握的表现。"桓公说："掌握'三权'的理财方法是怎样的呢？"管仲回答说："如果是大丰收的年份，就把当年生产粮食的一半都储存起来；欠收年也要储存一半。"桓公说："欠收年国家应当补助给农民粮食，为什么也要储存一半粮食呢？"管仲回答说："欠收年更容易获得利润，一可为十，十可为百。用欠收年的粮价掌握丰收年的粮食，按着欠收年的粮食价钱，欠收年买一斤粮食的钱在丰收年可以买上十斤粮；按照丰收年的粮食产量，十斤可以省下九斤钱。国家就有九倍的赢利。然后再用轻重之术策划丰年粮食的经营，'三权'都将由君上掌握了。这就是国家的通权达变的理财方法。"

桓公问于管子曰："请问国制①。"管子对曰："国无制，地有量。"桓公曰，"何谓国无制，地有量？"管子对曰："高田十石，间田五石，庸田三石，其余皆属诸荒田。地量百亩，一夫之力也。粟贾一，粟贾十，粟贾三十，粟贾百。其在流策者②，百亩从中千亩之策也③。然则百乘从千乘也，千乘从万乘也。故地有量，国无策。"桓公曰："善。今欲为大国，大国欲为天下，不通权策，其无能者矣。"

【注释】①国制：国家固定不变的政策与规定。②流策：商品流通的理财之策。③从：赶上。中：相当于。

【译文】桓公问管仲："请问国家固定不变的理财政策。"管仲回答说："国家没有固定不变的理财政策，不同的田地有不同产量。"桓公说："何谓国家没有固定不变的理财政策，土地能出产多少粮食是可以衡量的？"管仲回答说："上等地亩产十石，中等地亩产五石，下等地亩产三石，其余都属于荒地。一个农民一般种田百亩。在上述四类地区市场粮价可能是为一、十、三十和一百。那些精通商品流通理财之法的国家，百亩地的收益就可以赶上千亩地的收益。如此，百乘之国的国力就赶上千乘之国的国力，千乘之国就赶上万乘之国了。所以说，不同的田地有不同产量，国家就不存在所谓固定不变的理财政策。"桓公说："好。如今想成为大国，进而由大国统一天下，不懂得通权达变的理财之策，是一定做不到的。"

桓公曰："今行权奈何？"管子对曰："君通于广狭之数，不以狭畏广；通于轻重之数，不以少畏多。此国策之大者也。"桓公曰："善。盖天下，视海内，长誉而无止，为之有道乎？"管子对曰："有。曰：轨守其数，准平其流，动于未形，而守事已成。物一也而十，是九为用。徐疾之数，轻重之策也，一可以为十，十可以为百。引十之半而藏四，以五操事，在君之决塞^①。"桓公曰："何谓决塞？"管子曰："君不高仁^②，则国不相被^③；君不高慈孝，则民简其亲而轻过^④。此乱之至也。则君请以国策十分之一者，树表置高^⑤，乡之孝子聘之币，孝子兄弟众寡不与师旅之事。树表置高而高仁慈孝，财散而轻。乘轻而守之以策，则十之五有在上。运五如行事，如日月之终复。此长有天下之道，谓之准道。"

【注释】①决塞：准许或禁止的规定。泛指行为准则。②高：提倡，发扬。③被：靠近，依傍。④简：怠慢。轻过：容易发生过失。⑤树表：建立表率。

【译文】桓公说："现在怎样实行权变之策呢？"管仲回答说："君上若通晓广狭的理财之术，就不致因为国土小而怕国土大的；若通晓轻重之术，就不会因为资财少而怕资财多的。这是国家理财政策重要的作用。"桓公说："好。那么，统一天下，治理海内，并永远享有美誉，有办法做到么？"管仲回答说："有。那就是：遵照执行国家统计管制的理财方法，制定物价标准、平衡物价及商品流通，在事情尚未开始之前就开始谋划准备，在事情已成之后守护成果，使财物一变为十，那么剩余九就为国家所用。运用轻重之策，控制号令的缓急，可使财物一增为十，十增为百。然后再把十成的收入对开，用半数的五分之四为储备，另外的半数则用于国家的各项事务，由君主制定准许或禁止的规定。"桓公说："什么叫准许或禁止的规定？"管仲说："君主不提倡仁，国人就没有互助的风气；君主不提倡慈孝，人们就怠慢双亲而容易犯过，这是最大的祸乱。君主就要用上述理财成果中的十分之一，用来树立表率建立高门。对于乡中的孝子都给予货币奖励，孝子的兄弟不论多寡都免服兵役。由于树立表率建立高门提倡仁德慈孝，社会财物将广为施散，价格就会降低。国家乘着物价降低之机而运用理财之策掌握财务，十分之五的财物又收回国家之手。再运用五成财物继续按照这样的办法去做，像日月不停地运转一样循环往复。这便是长久享有天下的办法，称之为'平准之道'。"

桓公问于管子曰:"请问教数①。"管子对曰:"民之能明于农事者,置之黄金一斤,直食八石。民之能蕃育六畜者,置之黄金一斤,直食八石②。民之能树艺者,置之黄金一斤,直食八石。民之能树瓜瓠荤菜百果使蕃衰者③,置之黄金一斤,直食八石。民之能已民疾病者,置之黄金一斤,直食八石。民之知时:曰'岁且厄',曰'某谷不登'曰'某谷丰'者,置之黄金一斤,直食八石。民之通于蚕桑,使蚕不疾病者,皆置之黄金一斤,直食八石。谨听其言而藏之官,使师旅之事无所与,此国策之者也④。国用相靡而足,相困揲而訾⑤,然后置四限高下⑥,令之徐疾,驱屏万物⑦,守之以策,有五官技。"桓公曰:"何谓五官技?"管子曰:"诗者所以记物也,时者所以记岁也,春秋者所以记成败也,行者道民之利害也⑧,易者所以守凶吉成败也,卜者卜凶吉利害也。民之能此者皆一马之田,一金之衣。此使君不迷妄之数也。六家者,即见:其时,使豫先畜闲之日受之,故君无失时,无失策,万物兴丰无失利;远占得失,以为末教;诗,记人无失辞;行,殚道无失义;易,守祸福凶吉不相乱。此谓君栋⑨。"

【注释】①教数:教化之事的理财方法。②直:通"值",价值。③蕃衰(yù):繁育,产量提高。衰:古同"育"。④此句中:"之"后似失一"大"字。⑤揲(dié):折叠,引申为积蓄。訾:与"澹"同。澹:古通"赡",充足,富足。⑥四限:四境。⑦驱:驱逐,次指投放。屏:收藏,此指囤积。⑧行者:执掌祭祀行神的人。马元材认为,行神即道路之神。⑨棅（bǐng）：古同"柄"，执掌。

【译文】桓公问管仲说："请问教化之事的理财方法。"管仲回答说："百姓中凡有精通农事的，给他黄金一斤的奖赏，值粮八石；有善养牲畜的，给他黄金一斤的奖赏，值粮八石；有精通园艺树木的，给他黄金一斤的奖赏，值粮八石；有善种瓜果蔬菜使其产量提高的，给他黄金一斤的奖赏，值粮八石；有善于治病的，给他黄金一斤的奖赏，值粮八石；有通晓天时，能预言灾情，预言某种作物欠收或丰收的，给他黄金一斤的奖赏，值粮八石；有懂得养蚕不生病的，给他黄金一斤的奖赏，值粮八石。要认真听取这些有经验的人的讲授并记录保存在官府，这样的人不必服兵役。这是国家理财之策的一件大事。国家物资充足，各级积蓄都很充裕。然后在国内设定物资价格贵贱的标准、政令执行的缓急，物资的投放或囤积，用理财之策来控制经济。为做好这些，国家还需设立五种职位，任用有相关技艺的人。"桓公说："是哪五种？"管仲说："诗可用来记述社会事物，时可用来记述年景丰欠，历史可用来记述国事的成败，行可指导民众趋利避害，易可用来掌握吉凶与成败，卜可预测凶吉与利害。百姓中凡有上述技艺者，都赐给一匹马所能耕种的土地，一斤金所能买到的衣服。这是有助于国君摆脱迷惑愚妄的方法。这六种技艺都可以及时发现问题：懂'时'的官，让他在事前更早的时候说明情况，君主就不致错过时机，不会实行错误的理财政策，这样国家物资丰富，不会失去财利；懂'卜算'的人提前占卜他日得失，可以作为日后趋利避害的指导；懂'诗'的官，记述人们的言语行动，使其免于差错；懂'行'的官，详细记录道路的情况而免产生误解走错路；懂'易'的官，可以掌握祸福凶吉，不至于发生错乱。这些都是君主治国应该执掌的基本事件。"

　　桓公问于管子曰："权楺之数吾已得闻之矣,守国之固奈何①?"曰:"能皆已官②,时皆已官,得失之数,万物之终始,君皆已官之矣。其余皆以数行。"桓公曰:"何谓以数行?"管子对曰:"谷者民之司命也,智者民之辅也。民智而君愚,下富而君贫,下贫而君富,此之谓事名二③。国机④,徐疾而已矣。君道,度法而已矣。人心,禁缪而已矣。"桓公曰:"何谓度法?何谓禁缪?"管子对曰:"度法者,量人力而举功;禁缪者,非往而戒来。故祸不萌通而民无患咎⑤。"桓公曰:"请闻心禁。"管子对曰:"晋有臣不忠于其君,虑杀其主,谓之公过⑥。诸公过之家毋使得事君。此晋之过失也。齐之公过,坐立长差。恶恶乎来刑,善善乎来荣,戒也。此之谓国戒。"

　　【注释】①固:安定,稳固。②能:这里指有专能的人才。已:同"以"。已官:任命官职。③事名二:指君与民不可能同智愚,同贫富。④机:事务的关键。⑤通:达,此指"祸"得以发展。⑥公过:犹言政治罪犯。

　　【译文】桓公问管仲说:"利用权柄的理财方法,我已经明白了,那么想要维护国家安定又该怎么办呢?"回答说:"有专能的人才都授予他们官职,懂天时的人才授予他们官职,通晓得失规律、万物始终的人才,君上都授予他们官职。其余则依照事务的自然规律管理就行了。"桓公说:"何谓依照事务的自然规律管理?"管仲回答说:"粮食是人们生命的主宰,智慧是人们做事的帮助。百姓智慧君主就愚昧,就好像民富则君贫,民贫则君富一样。这叫作事情的两个方面。国事的关键,全在于政策缓急得当。为君之道,全在于设计法度得宜；人心的整治，全在于禁止邪恶产生。"桓公说："何谓设计法度得宜？何谓禁制邪恶产生？"管仲回答说："设计各种法度，要注意量力行事；禁制人心邪恶，要注意惩前毖后。这样，祸事就不会发生，百姓也没有犯罪的忧虑了。"桓公说："请再谈一谈禁制人心的邪恶。"管仲回答说："晋国有臣不忠于国君，想杀害君主，这是谋逆的重罪。这些犯谋逆罪的人，他们全家人都不准再担任官职侍奉国君，这就是晋国的不对了。齐国处理谋逆的罪过，则按照主犯从犯分别定罪。惩治坏人用刑罚，表彰好人用奖赏，这就是警戒禁制人心邪恶的做法。这种做法也可以称之为'国戒'。"

桓公问管子曰："轻重准施之矣，策尽于此乎？"管子曰："未也，将御神用宝①。"桓公曰："何谓御神用宝？"管子对曰："北郭有掘阙而得龟者②，此检数百里之地也③。"桓公曰："何谓得龟百里之地？"管子对曰："北郭之得龟者，令过之平盘之中④。君请起十乘之使，百金之提，命北郭得龟之家曰：'赐若服中大夫。'曰：'东海之子类于龟，托舍于若。赐若大夫之服以终而身，劳若以百金。'之龟为无赀，而藏诸泰台，一日而衅之以四牛⑤，立宝曰无赀。还四年，伐孤竹。丁氏之家粟可食三军之师行五月，召丁氏而命之曰；'吾有无赀之宝于此。吾今将有大事，请以宝为质于子，以假子之邑粟。'丁氏北乡再拜，入粟，不敢受宝质。桓公命丁氏曰：'寡人老矣，为子者不知此数⑥。终受吾质！'丁氏归，革筑室⑦，赋籍藏龟。还四年，伐孤竹，谓丁氏之粟中食三军五月之食⑧。桓公立贡数⑨：文行中七⑩，年龟中四千金，黑白之子当千金。凡贡制，中二齐之壤策也⑪，用贡：国危出宝，国安行流^⑫。"桓公曰："何谓流？"管子对曰："物有豫^⑬，则君失策而民失生矣。故善为天下者，操于二豫之外^⑭。"桓公曰："何谓二豫之外？"管子对曰："万乘之国，不可以无万金之蓄饰^⑮；千乘之国，不可以无千金之蓄饰；百乘之国，不可以无百金之蓄饰。以此与令进退，此之谓乘时。"

【注释】①御神用宝：故意使一些东西凭空具有神圣宝贵的价值。②阙：城门。③检：比，比得上。④过：置，放置。⑤衅：杀牲，用其血涂于器物缝隙中来祭祀。⑥为子者：指齐桓公的儿子。数：此指宝龟的价值。⑦革：改变。⑧中（zhòng）：恰好合上，符合。⑨立贡数：指设立贡龟的价格规定。⑩文行：即文龟，后文"年龟"又称冉龟、"黑白之子"又称子龟。"七"字后当脱"千金"两字。⑪二齐：齐国收入的两倍。壤策：指国家的土地收入。⑫行流：促进万物流通。⑬豫：古同"与"，参与。此处指操纵、投机。⑭二：指粮食、货币二者。⑮蓄饰：指库存的龟宝。

【译文】桓公问管仲说："轻重平准之法都付诸施行以后，理财之策是否就此结束了呢？"管仲回答说："不，还有一招，就是利用神怪，使某些东西成为国宝。"桓公说："什么是利用神怪，使某些东西成为国宝？"管仲回答说："北郭有人在城门处挖土挖到乌龟，用这只龟就可得到相当于百里土地的利益。"桓公说："什么是一只龟相当于百里土地的利益？"管仲回答说："让这个挖到龟的人把龟放在大盘里。君上立即派出使臣，配备十乘马车，携带黄金百斤，到得龟人的家下令说：'国君赏赐您，您可以穿中大夫的官服。'还说：'这是东海海神的后代，样子像龟，寄居在您的家里，恩赐您可穿中大夫的官服，终身享用，并给您百斤黄金作为酬谢。'于是把这龟奉为无价之宝，将其收藏在大台之上，每天要用四头牛的血祭祀它，立名为无价之宝。过四年后，征伐孤竹国，富户丁家所藏的粮食足够三军五个月吃用，君上便把丁家主人召来向他说：'我有一件无价之宝在这里，现在我有出征的大事，想把这个宝物抵押给你，借用你的粮食。'丁氏向北再拜领命，送来粮食，但不敢接受这个作为抵押的神宝。君上便对丁氏说：'我老了，儿子又不了解这个宝物的珍贵。你一定要收下这个抵押品。'丁氏回家后，便改建房屋，辅设垫席，把宝龟收藏起来。过了四年，在出兵征伐孤竹国的时候，即可公开宣布丁家粮食确实满足三军吃了五个月。君主再制定一种利用贡龟的理财办法：规定文龟价值为七千金，年龟价值为四千金，黑白子龟的价值为一千金。利用贡龟制度所得的收入，相当于齐国土地收入的两倍。贡龟的使用方法：在国家危难的时候就把它作为宝物抵押出去，在国家安定的时候就让它在物资流通中起作用。"桓公说："何谓流通中的作用？"管仲回答说："市场物价若出现投机的现象，则国家就不能利用理财之法获利而人民也失去了生活之路。所以，善于治理天下的人，要掌握粮食、钱币两大投机对象以外的物资。"桓公说："何谓两个投机对象以外的物资？"管仲回答说："万乘之国不可以没有价值万金的库藏龟宝，千乘之国不可以没有价值千金的库藏龟宝，百乘之国不可以没有价值百金的库藏龟宝。利用这种储备的宝物，同国家政策号令相结合，这就可以叫做根据时机调节市场的物价。"

山至数第七十六

扫码听谦德
君为您导读

【题解】山至数，“至善之理财计划也”（马元材语）。文章谈论了许多经济问题，对许多有害的经济策略做了批驳。如开篇第一段就批评了“肥籍敛”，即对工商业多征税赋的说法。批评这些说法的同时，重申的是政府应用“轻重”之术理财的至善之策。文章重视“国会”即政府统计会计工作，强调货币在经济中的地位，都是重视“轻重”之术的体现。其中“藏富于民”的观点，又与儒家主张相近。

桓公问管子曰：“梁聚谓寡人曰：‘古者轻赋税而肥籍敛，取下无顺于此者矣。’梁聚之言如何？”管子对曰：“梁聚之言非也。彼轻赋税则仓廪虚，肥籍敛则械器不奉[1]。械器不奉，而诸侯之皮币不衣[2]；仓廪虚则倳贱无禄[3]。外，皮币不衣于天下；内，国倳贱。梁聚之言非也。君有山，山有金，以立币，以币准谷而授禄，故国谷斯在上[4]，谷贾什倍。农夫夜寝蚤起，不待见使，五谷什倍。士半禄而死君，农夫夜寝蚤起，力作而无止；彼善为国者，不曰使之，使不得不使；不曰贫之[5]，使不得不用。故使民无有不得不使者。夫梁聚之言非也。”桓公曰：“善。”

【注释】①械器：攻城战守之器。②皮币：币贡。《史记·平准书》云："以白鹿皮方尺，缘以藻缋为皮，直四十万"。衣：通"依"，依附。③傳（zì）：建立，指设置治事小臣。④斯：尽，全部。⑤贫：一说，为"用"字之讹误。

【译文】桓公问管仲说："梁聚对我讲：'古时候租税收的少，租籍收的多，向民众征收税赋没有比这个更容易的了。'梁聚的意见如何？"管仲回答说："梁聚的话不对。租税收的少国家仓廪空虚，租籍收的多，平民百姓愈加穷困，兵器工具就更征收不上来了。兵器工具不足国家的武力震慑就不足，诸侯就不来依附，也不进贡皮币了。国家仓廪空虚就没有粮食给官吏发放俸禄，人民就不把官吏当做是身份尊贵的人。这样做的结果，就外部来说，各诸侯国都不来依附，不进贡皮币；就国内来说，人民不把官吏当做是身份尊贵的人。梁聚的话显然是错误的。国君有山，山中产铜，可用铜铸造钱币。将粮食按粮价折算成钱币，用钱币给官吏发放俸禄，粮食就全都囤集在国家手里，粮价可上涨十倍。这样农民晚睡早起，不用驱使就自动去耕种，粮食产量又可以增加十倍。那么，哪怕只发给官吏们一半的俸禄，他们都可以死心塌地为国办事；农民又都愿意晚睡早起而努力耕作不止。所以，善于治理国家的人，不必直接驱使百姓，百姓也一定会为国君效力；不必直接利用百姓，百姓也必为国君所利用。这样，就没有不为国君效力的百姓。所以梁聚的意见是错误的。"桓公说："好。"

桓公又问于管子曰，"有人教我，谓之请士①。曰：'何不官百能②？'"管子对曰："何谓百能？"桓公曰："使智者尽其智，谋士尽其谋，百工尽其巧。若此则可以为国乎？"管子对曰：

"请士之言非也。禄肥则士不死③，币轻则士简赏，万物轻则士偷幸。三怠在国，何数之有④? 彼谷十藏于上⑤，三游于下⑥，谋士尽其虑，智士尽其知，勇士轻其死。请士所谓妄言也。不通于轻重，谓之妄言。"

【注释】①士：官总名。请士：即"官百能"。②官：授官。百：《韵会》《正韵》音"陌"，奖励有才能的人。③肥：《集韵》音秕(bǐ)，薄，指俸禄少。④数：计谋，策略。⑤十：当做七。又一说："谷十"乃"归"之缓读。"谷十藏于上"即"归藏于上"，指上能参破天机。"归藏"乃三《易》之殷商礼法，齐国承袭殷商旧俗，故云。⑥三游于下：粮食三分在民间。又一说："三游"乃"蒐(sōu)"之缓读。蒐：聚。"三游于下"即聚于下，指下能聚集人心。

【译文】桓公又问管仲说："有人教我说'要招揽贤能之士'。他们说：'何不授官给那些有才能的人以鼓励他们呢？'"管仲说："何谓鼓励有才能的人？"桓公说："就是使智者拿出他们全部的智慧，谋士拿出他们全部的谋略，百工拿出他们全部的技巧。这样就可以治国么？"管仲回答说："招揽贤能之士的言论是错误的。俸禄太少，士人就不肯临难死节；轻易就能得到赏赐，士人就不重视奖赏；万事容易，士人就心怀苟且、贪图幸进。国家有此三种怠情现象，还有什么治国良策可言呢？如果上能参破天机，下能聚集人心，谋士就会拿出他们全部的谋略，智者就会拿出他们全部的智慧，勇士就能做到临难死节。授官以鼓励有才能的人，这样的话是错误的。不懂得轻重，这是乱说话。"

桓公问于管子曰："昔者周人有天下，诸侯宾服，名教通于天下^①，而夺于其下。何数也？"管子对曰："君分壤而贡入^②，市朝同流^③。黄金，一策也^④；江阳之珠，一策也；秦之明山之曾青^⑤，一策也。此谓以寡为多，以狭为广，轨出之属也^⑥。"桓公曰："天下之数尽于轨出之属也^⑦？""今国谷重什倍而万物轻，大夫谓贾之子^⑧：'子为吾运谷而敛财。'谷之重一也^⑨，今九为余。谷重而万物轻，若此，则国财九在大夫矣。国岁反一，财物之九者皆倍重而出矣。财物在下，币之九在大夫。然则币谷羡在大夫也^⑩。天子以客行^⑪，令以时出。熟谷之人亡^⑫，诸侯受而官之^⑬。连朋而聚与^⑭，高下万物以合民用^⑮。内则大夫自还而不尽忠^⑯，外则诸侯连朋合与，熟谷之人则去亡，故天子失其权也。"桓公曰："善。"

【注释】①名：号令。教：教令。②分壤：指分封诸侯。贡：九贡，祀贡、嫔贡、器贡、币贡、材贡、货贡、服贡、斿（liú）贡、物贡。③市：市井。朝：朝廷。流：同"求"。④策：指统计数量的方法。⑤曾青：又叫朴青或层青，是天然的硫酸铜。⑥轨：通"宄（guǐ）"，奸邪。轨出：奸宄丛生。⑦数：气数，命运。⑧贾：市场。⑨谷之重一：谷物重量相同。⑩羡：有剩余。⑪客行：天子不能掌控货币和粮食，大权旁落。⑫熟谷之人：农民，代指百姓。⑬官：管。⑭朋：通"棚"，流民客居之所。聚与：施舍粮食来聚民。⑮高下万物：万物在民间流通。⑯还：同"环"。自还：自营私门势力。《韩非子·五蠹篇》曰："自环者谓之私"。

【译文】桓公问管仲说："从前周朝享有天下，诸侯宾服，号令教化通行于天下，然而竟被其臣子篡夺了天下。这是怎么回事呢？"管仲回答说："国君将土地分封给诸侯，诸侯每年要向国君进献九贡。国计民生都依赖这些进贡的物资。一是黄金、二是珠玉、三是曾青，这些都是令奸宄丛生的东西。因为国家想要用这些对百姓来说不能吃用的金玉之物，来为百姓谋求更多的生产生活物资，这其中就会有很多的奸宄之事发生。"桓公说："一个国家的气数运势都是终结在这些金玉等寡狭之物上吗？"管仲说："现在粮价上升十倍而其他物资价格低，大夫便把商人找来说：'请替我贩卖粮食而收购其他物资。'这样，同样重量的粮食，卖出去后，就有九倍盈利。由于粮贵而其他物资价格便宜，这样，国家财富的十分之九都在大夫手里了。到了来年粮价恢复均平，又把这九倍的盈利拿出来收购粮食。财物在民间，十分之九的货币在大夫之手。结果钱、粮的都在大夫之手了。天子成了客位，政令都由这些掌握了财物的大夫发出。百姓成为流民，被别国诸侯接纳管理。诸侯们把他们聚集在流民客居之所，施与粮食给他们，流通物资以满足人民生活需要。就国内说，大夫自营私门势力而不肯尽忠；就国外说，诸侯串通联盟结党，百姓都流离失所成为流民，所以天子就失去了他对国家的统治。"桓公说："讲得好。"

桓公又问管子曰："终身有天下而勿失，为之有道乎？"管子对曰："请勿施于天下，独施之于吾国。"桓公曰："此若言何谓也？"管子对曰："国之广狭、壤之肥墝有数①，终岁食余有数。彼守国者，守谷而已矣。曰：某县之壤广若干，某县之壤狭若干，则必积委币②，于是县州里受公钱。泰秋，国谷去参之一③，君下令谓郡县属大夫、里邑皆籍④。粟入若干，谷重一也，以藏于上者，国谷参分则二分在上矣。泰春，国谷倍重，数也。泰夏，赋谷以市櫎，民皆受上谷以治田土。泰秋，田谷之存予者若干⑤，今上敛谷以币。民曰：'无币以谷。'则民之三有归于上矣。重之相因⑥，时之化举⑦，无不为国策。君用大夫之委⑧，以流归于上。君用民，以时归于君。藏轻，出轻以重，数也。则彼安有自还之大夫独委之？彼诸侯之谷十，使吾国谷二十，则诸侯谷归吾国矣；诸侯谷二十，吾国谷十，则吾国谷归于诸侯矣。故善为天下者，谨守重流，而天下不吾泄矣。彼重之相归，如水之就下。吾国岁非凶也，以币藏之，故国谷倍重，故诸侯之谷至也。是藏一分以致诸侯之一分。利不夺于天下，大夫不得以富侈。以重藏轻，国常有十，国之策也。故诸侯服而无止，臣櫎从而以忠，此以轻重御天下之道也，谓之数应。"

【注释】①墝（qiāo）：土壤坚硬贫瘠。②积：聚，此指收购粮食。委：用。积委币：用钱收购粮食。③去：流通。去参之一：市场流通三分之一。④属大夫：官名，十县为属，属有大夫。籍：征收国谷。⑤予：同"余"。存予：即存余。⑥相因：相互依托。⑦时：四时。化：货贿贸易。举：发起，举办。化举：发起货贿贸易，应指发起粮食收购或启动储备粮投放市场。⑧委：此处指储备粮食。

【译文】桓公又问管仲说："保证终身享有天下而不失。有办法能做到么？"管仲回答说："先不要说享有天下，先保证能享有本国。"桓公说："这话是什么意思？"管仲回答说："国内土地的大小和土壤的肥瘠是有定数的，全年粮食的消费和积累也有定数的。那些能守护国家的君主，其实都只是守好粮食而已。也就是说，统计了解某县的土地多大，某县的土地多小，都必须用货币来采购粮食，在县、州、里准备公款用于收粮。到了秋天，粮食的三分之一在市场上流通，国君下令通告郡县属大夫所管辖的里邑都向政府缴纳粮食。粮食收入国库，粮价回复均平。国家把粮食贮藏起来，国内粮食如果算作三分，有二分掌握在国家手里。翌年春天，粮价上涨一倍，春荒谷贵，天数如此。夏天，便把国库里的粮食投放市场以调平粮食价格，以防止谷贵伤民，百姓都得到国家调节粮价的好处，可以继续维持生活、经营农事。到了秋天，农民手中的余粮还有若干，国家就用钱币来收取粮食。到缴纳赋税时，百姓说：'手里无钱只好还粮。'结果农民十分之三的粮食又归国家了。关注影响粮食价格变化的因素，根据四时变化进行货贿贸易，无一不是治国策略。君主取用大夫的存粮，通过商品流通把他们的粮食收到国家手里；君主取用百姓的粮食，通过货贿贸易把粮食收到国家手里。粮食低价时收购囤积粮食，再在高价时卖出去，这符合轻重变化的规律。这样做，哪里还容有自谋私利的大夫私自囤积粮食呢？至于各诸侯国的粮食，如果他们的粮价是十，我们是二十，那么各诸侯国的粮食就流入我国了。如果他们是二十，我们是十，我们的粮食就流出到各诸侯国了。所以，善治天下者，必须严守粮食高价流通政策，我国的粮食就不会泄散到各诸侯国了。粮食流向高价的地方，就像水往低处流一样。我们国家不发生灾荒的时候，就投放货币购买粮食囤积起来，使粮价加倍提高，所以各诸侯国的粮食就流入到我国了。这样，我们储藏一份粮食就可以吸收各诸侯国一份的粮食。这样，我们不用向天下人夺利，大夫也不能占有过多粮食。这种在粮食价格低时，以稍高于市场的价格收购囤积粮食的政策，使国家可以常保十年的粮食储备，这就是国家的财政策略。所以诸侯会永久服从，本国臣子也服从而尽其忠心。这就是以轻重之术治理天下的办法，谓之道数相从，也就是理财方法的实效。”

桓公问管子曰：“请问国会①。”管子对曰：“君失大夫为无伍，失民为失下。故守大夫以县之策②，守一县以一乡之策，守一乡以一家之策，守家以一人之策。”桓公曰：“其会数奈何？”管子对曰：“币准之数，一县必有一县中田之策③，一乡必有一乡中田之策，一家必有一家直人之用。故不以时守郡为无与④，不以时守乡为无伍⑤。”桓公曰：“行此奈何？”管子对曰：“王者藏于民，霸者藏于大夫，残国亡家藏于箧。”桓公曰：“何谓藏于民？”“请散，栈台之钱，散诸城阳；鹿台之布⑥，散诸济阴。君下令于百姓曰：‘民富君无与贫，民贫君无与富。故赋无钱布⑦，府无藏财，赀藏于民。’岁丰，五谷登，五谷大轻，谷贾去上岁之分，以币据之，谷为君，币为下。国币尽在下，币轻，谷重上分。上岁之二分在下，下岁之二分在上，则二岁者四分在上，则国谷之一分在下，谷三倍重。邦布之籍⑧，终岁十钱。人家受食，十亩加十，是一家十户也。出于国谷策而藏于币者也。以国币之分复布百姓，四减国谷，三在上，一在下。复策也。大夫聚壤而封，积实而骄上，请夺之以会。”桓公曰：“何谓夺之以会？”管子对曰：“粟之三分在上，谓民萌皆受上粟，度君藏焉⑨。五谷相靡而重去什三⑩，为余以国币谷准反行，大夫无什于重。君以币赋禄，什在上。君出谷，什而去七。君敛三，上赋七，散振不资者，仁义也。五谷相靡而轻，数也；以乡完重而籍国，数也；出实财，散仁义，万物轻，数也。乘时进退。故曰：王者乘时，圣人乘易⑪。”

桓公曰："善。"

【注释】①会（kuài）：大计，总计。零星算之为计，总合算之为会。②守：掌管。③中：适合。④时：是，指中田之策。与：善。⑤伍：五家一起为古时最基本的行政管理单位。无伍，指没有管理。⑥布：币，下同。⑦赋无钱布：国家征赋税不要钱，只要谷。⑧邦布之籍：国家按户籍人口征收的税赋。⑨度（duó）：计算，推测。⑩靡：分散。⑪易：变化。

【译文】桓公问管仲说："请问国家的统计理财工作。"管仲回答说："国君失去了对大夫的驾驭，就等于没有部属；国君失去了对百姓的驾驭，等于失去了根基。要管理好大夫就要制定好县级管理策略，要管理好县就要制定好一个乡的管理策略，要管理好乡就要制定好每个家庭的经营方法，要经营好一个家庭就要落实好每个人的工作。"桓公说："其统计理财方法是怎样的呢？"管仲回答说："以谷价折算货币来确定货币流通数量，在一个县须有合乎该县土地的粮食总量统计数据，在一乡须有适合于该乡土地的粮食总量统计数据，在一家必须有适合于一家人口用度的粮食总量统计数据。所以不依此中田之策来管理郡县就是管理不善，不依此中田之策来管理乡邑就失去了最基本的管理。"桓公说："怎样实行？"管仲回答道："成王业的君主藏富于民，成霸业的君主藏富于大夫，败国亡家的君主则是把财富收藏在箱子里。"桓公说："何谓藏富于民？"管仲说："请拿出栈台所存的钱币，散在城阳一带；拿出鹿台的钱币，散在济阴一带。国君还向百姓下令说：'百姓富君主不会穷，百姓穷君主不会富，因此国家不向百姓征收钱币，府库也不积累钱财，把财富都藏在百姓手里。'等到年景丰收，五谷丰登。粮价大降，比上年降低一半，此时政府收购粮食，使粮食归积在国家，货币散在民间。这样因钱币都投在民间，币值下跌，粮价则上升一半。上年的粮食有两分在民间，下年的粮食有两分在国家，两年有四分粮食在国家。则只有一分在民间流通，粮价上涨到原来的三倍。国家按户籍人口征税，每户一年才收十钱。如每家都向政府买粮，把每十亩地所产的粮食加价十钱，就可以从一户得到相当于十户的人口税收入。这是通过粮食购销策略使得货币利益最大化。然后用国家所掌握货币的半数，再次贷放于百姓，国家所掌握的粮食分为四分，使之三分在国家，一分在民间，继续重复执行这项政策。大夫据有封地，囤积粮对抗君主，也请用统计理财方法把他们的粮食收归国有。"桓公说："怎样用统计理财方法来收归国有？"管仲回答说："统计数据有四分之三的粮食掌握在国家手里时，就让百姓都来从国家手里买粮，根据君主储藏粮食的多少，计算应卖出多少，市场粮食多了粮价就会跌价十分之三。这时国家再以货币收购市场上剩下的粮食，粮价就又上涨到原来的标准，大夫也就无法抬高粮价了。国君发放俸禄也用钱而不用粮，全部粮食就都被国家掌握起来。最后国君把其中十分之七的粮食拿出来，也就是留三成，贷出七成，赈济贫民，也是一种仁义的举动。这样，采取措施使粮价跌落，是对付大夫的一个办法；靠乡里市场管住粮价而充实国库，是另一个办法；散出粮食与物资，既博得仁义之名，又平抑其他物资价格，又是一个办法。一切都要掌握时机而决定进退。所以说：成王业者善于掌握时机，称为圣人的善于掌握变化。"桓公说："说得好。"

桓公问管子曰："特命我曰[①]：'天子三百领泰齑[②]，而散大夫，准此而行。'此如何？"管子曰："非法家也。大夫高其垄[③]，美其室[④]，此夺农事及市庸[⑤]，此非便国之道也。民不得以织为緂绡而貍之于地^⑥。彼善为国者乘时徐疾而已矣。谓之国会。"

【注释】①命：这里指盟会达成协议，命我执行之意。②三百领：指三百领衣衾。衣衾：指装殓死者的衣服与单被。泰：同"太"。③垄：坟冢。④室：墓穴。⑤市庸：即市佣，市场中受雇佣而从事劳役的人。⑥緂（shān）绡：这里指彩帛。貍：通"埋"，埋葬，掩埋。

【译文】桓公问管仲说："盟会达成协议后告诉我说：'装殓天子的衣衾只有三百件，太客啬，列大夫也按照这个协议来执行。'你看怎么样？"管仲说："这不是轻重家的办法。大夫家修高高的陵墓，建设华美的墓室，必然因为征用劳役而侵夺农事和市场上的佣工，不是利国之道。百姓不得不费尽财力织成緂绡却都埋于地下。善于治国的人，要根据四时的缓急而采取措施。这叫作运用国家的统计理财工作。"

桓公问管子曰："请问争夺之事何如^①？"管子曰："以戚始。"桓公曰："何谓用戚始？"管子对曰："君人之主，弟兄十人，分国为十；兄弟五人，分国为五。三世则昭穆同祖^②，十世则为祏^③。故伏尸满衍^④，兵决而无止。轻重之家复游于其间。故曰：毋予人以壤，毋授人以财^⑤。财终则有始，与四时废起。圣人理之以徐疾，守之以决塞，夺之以轻重，行之以仁义，故与天壤同数，此王者之大辔也^⑥。"

【注释】①争夺：此指诸侯相争，分走君权。②昭穆：宗庙的辈次排列。③祏（shí）：古代宗庙里藏神主的石匣，借指宗庙之主。④满衍：指充满而广布。⑤财：通"裁"，此指裁决之权。⑥大辔（pèi）：辔，是驾驭马的缰绳，此处比喻君主掌裁决之权才能御国。

【译文】桓公问管仲说："请问分夺国君权力之事是怎样出现的？"管仲回答说："是从宗戚开始的。"桓公说："何谓由宗戚开始？"管仲回答说："一国的国君，生下弟兄十人，就分封为十个诸侯；生弟兄五人，就分封为五个诸侯。他们传了三代以后，彼此仅是同族同祖的关系而已。传了十代以后，仅是祖宗牌位放在一起的关系而已。所以争夺起来战乱不止、伏尸满地。轻重家们还从中乘机谋利。所以说：不可把土地分封于人，不可把裁决权力授让于人。财富资源是终而复始的生产消费，随四时的起落而呼应。圣人用缓急不同的策略来掌控它，用政策的管控与疏放来控制它，用轻重理财之术来夺取它，用仁义之道来支配它。所以，国家能够与天地共同长久地存在，这正是王者掌控天下的大权。"

桓公问管子曰："请问币乘马①。"管子对曰："始取夫三大夫之家②，方六里而一乘，二十六人而奉一乘。币乘马者，方六里，田之美恶若干，谷之多寡若干，谷之贵贱若干，凡方六里用币若干，谷之重用币若干。故币乘马者，布币于国，币为一国陆地之数③。谓之币乘马。"桓公曰："行币乘马之数奈何？"管子对曰："士受资以币，大夫受邑以币，人马受食以币，则一国之谷资在上，币赀在下。国谷什倍，数也。万物财物去什二，策也。皮革、筋角、羽毛、竹箭、器械、财物，苟合于国器君用者，皆有矩券于上④。君实乡州藏焉，曰：'某月某日，苟从责者⑤，乡决州决。'故曰：就庸一日而决⑥。国策出于谷轨⑦，国之策，赀币乘马者也。今刀布藏于官府⑧，巧币万物，轻重皆在。贾之彼币重而万物轻⑨, 币轻而万物重, 彼谷重而谷轻。人君操谷、币、金衡, 而天下可定也。此守天下之数也。"

【注释】①币乘马: 封地物产和人民用度皆以发行货币进行贸易流通, 即下文所言"布币于国"。②三大夫之家: "大"字为衍文, 当为"三夫之家"。③陆地之数: 指谷物产出之数。④矩券: 指刻在竹木简上的契约。⑤从责者: 《礼记·曲礼》云: "献粟者执右契"。这里指执右契之民, 即给国家供应皮革、筋角、羽毛、竹箭、器械、财物的百姓。⑥庸: 民功, 指皮革、筋角等, 皆人民劳动所出。⑦谷轨: 指以谷价平衡货币之法。⑧刀布: 古代刀币。⑨彼: 相对于国家, 商人被称为"彼"。贾之彼币: 即商人手里的货币。下文"彼谷"指商人手里的粮食。

【译文】桓公问管仲说: "请问关于货币的计算筹划。"管仲回答说: "先确定三个劳力为一家的生产单位, 六里见方的土地向政府提供兵车一辆, 配备二十六人。所谓货币的计算筹划, 就是以六里见方的土地为单位, 调查清楚肥地瘠地各有多少, 产粮多少, 粮价高低多少, 六里见方土地需要流通货币多少, 以粮食价格来折算需要货币多少。因此, 货币的计算筹划, 就是根据这个六里见方的土地所需要的流通货币量来推算全国需要的货币量, 使货币的数量与全国的土地产粮数量相适应, 这就叫作货币的计算筹划。"桓公说: "货币计算筹划的理财方法应该怎样实行?"管仲回答说: "士人的俸禄用货币支付, 给大夫的奖赏用货币支付, 官府的人夫、马匹等一切开支也用货币支付, 这样, 粮食就全部留存在国家手里, 货币就散布在民间流通。粮价上涨十倍左右, 就是因为此法; 其他物资因粮贵而降价二成左右, 也是因为此法。皮革、筋角、羽毛、竹箭、器械及其他财物, 如果是合乎国器规格和君主需用的, 都订立收购合同。国君供应给各乡州充足的货币，然后发通告说：'某月某日，凡与国家签订了收购合同的，由乡、州来付讫银钱。'所以说，国家支付这些物资的采购费用只需一天时间就可以办完。国家理财政策是出于以谷价折算货币，国家的理财政策就是货币的计算筹划。如今，货币贮藏在官府，货币能购买万物，货币的轻重尽在国家掌握。市场上币值高，万物价格下降；币值下降则物价上升。市场上粮价上升，国家就抛售国库储存的粮食平衡粮价。人君能掌握好粮食、货币、黄金的平衡关系，天下的经济秩序就可以安定了。这是治理天下的办法。"

桓公问于管子曰："准衡、轻重、国会，吾得闻之矣。请问县数①。"管子对曰："狼牡以至于冯②，会之日，龙夏以北至于海庄③，禽兽羊牛之地也，何不以此通国策哉？"桓公问："何谓通国策？"管子对曰："冯市门一吏书赘直事④。若其事唐圉牧食之人⑤，养视不失扞殂者⑥，去其都秩⑦，与其县秩。大夫不乡赘合游者⑧，谓之无礼义，大夫幽其春秋⑨，列民幽其门、山之祠。冯、会、龙夏牛羊牺牲月贾十倍异日。此出诸礼义，籍于无用之地，因扪牢策也⑩。谓之通⑪。"

【注释】①县数：即指羁縻控制之策。②狼牡："鲁"字之缓读，这里指鲁国。冯：古地名。③海庄：天池草盛之处，疑指现今东北大兴安岭地区。④冯：同"凭"，凭借，依靠。赘（zhuì）：古代用于购买牛马的贸易券。直事：值事，当值办事的人员。⑤唐：大。圉（yǔ）：养马的地方。食（sì）：饲养。⑥扞（hàn）：抵御。殂（cú）：死亡。⑦都：指诸侯的封邑。秩（zhì）：俸禄。去其都秩：指俸禄不由封邑发放。⑧乡：飨祭。赘合：即质合，完成牛马供应。游：圈起牛马以作祭品。⑨幽：囚。⑩扪：

执持，把持。⑪通：上通神明。因把持祭祀用的牛羊牺牲，所以谓之上通神明之德。

【译文】桓公问管仲说："平准之法，轻重之术以及国家的统计理财，我都知道了。请问羁縻之地的控制之策。"管仲回答说："从鲁国到楚国之间的各国已经与我们齐国达成了盟会之实，从齐鲁以北到海庄，盛产禽兽牛羊，何不对这些地方实施干预控制呢？"桓公说："怎样在这些地方实施干预控制呢？"管仲回答说："在市场门口设一官吏，负责办理牛羊采购相关的事情。若是有大牧场放牧饲养牛马的人，照料牛马没有丢失折损死亡的，就不需要大夫所在的封邑给他们发放俸禄，而是直接由天子给他们发放俸禄。若是查到大夫不肯提供祭祀用的牛马，就公告天下这些大夫目无祭祀礼仪。大夫们把春秋两季需用来祭祀的牛羊圈养起来，一般百姓把祭祀门、山之祠需用的牛羊圈养起来。出国、盟国、齐鲁一带牛羊的月价将比往日上涨十倍。这项政策，是从祭祀礼仪而来，从非齐国所拥有的无用之地取得了收入，因为把持了祭祀牛羊的市场交易，所以叫做上通神明。"

桓公问管子曰："请问国势①。"管子对曰："有山处之国，有氾下多水之国②，有山地分之国，有水泆之国③，有漏壤之国。此国之五势，人君之所忧也。山处之国常藏谷三分之一，氾下多水之国常操国谷三分之一④，山地分之国常操国谷十分之三，水泉之所伤，水泆之国常操十分之二，漏壤之国谨下诸侯之五谷⑤，与工雕文梓器以下天下之五谷。此准时五势之数也。"

【注释】①势：地势。指国家平原耕地外的其他地势。②氾：水蔓延。③水泆：水涤荡，指遭受水灾。④操：守。⑤下：指谷物流入。

【译文】桓公问管仲说："请问国内的地势问题。"管仲回答说：
"有山区，有低洼多水地区，有山地、有险隘或裂谷分隔的地区，有
常年遭受水灾的地区，有水土流失的地区。这五种地势不利于种植
五谷，是人君所忧虑的事。山地尚可贮备粮食的三分之一，低洼多
水地区尚可出产平均粮食产量的三分之一，山有裂谷的地区尚可出
产平均粮食产量的十分之三，洪水、河道溢水地区尚可出产平均粮
食产量的十分之二，唯有水土流失的地区，就只好购买诸侯国的粮
食。发展手工业，出产精美木器等来换取各诸侯国的粮食，这就是
解决五种不良地势谷物不足准平之数的办法。"

桓公问管子曰："今有海内，县诸侯，则国势不用已乎？"
管子对曰："今以诸侯为竿①，公州之饰焉，以乘四时，行扪牢之
策。以东西南北相彼②，用平而准。故曰：为诸侯③，则高下万
物以应诸侯；遍有天下，则赋币以守万物之朝夕，调而已。利有
足则行，不满则有止。王者乡州以时察之，故利不相倾，县死其
所。君守大奉一④，谓之国簿。"

【注释】①竿（zhù）：同"杼"，织布机上的部分，这里指束缚控
制。②相：助。彼：国势之五势之地。③为：治理。④大：指货币。一：指粮
食。守大奉一：指掌控货币和粮食。

【译文】桓公问管仲说："现在海内统一，掌控天下诸侯，解决
国内五种地势粮食产量不足的政策是不是就不用了？"管仲回答说：
"现今我们可以控制诸侯，积蓄粮食以为掩饰，以此行治四时之政，
行祀贡之策。利用东西南北各诸侯国的粮食来帮助解决五种地势粮

食产量不足的问题，使粮食供应达到准平之数。所以说：治理诸侯，就要使物资流通来满足各诸侯国的需要；掌握天下万物，则要利用货币来调控物价涨落，直到使物价调平为止。有利可图，万物自然流向齐国，没有利润，物资就不会流通。统一天下的君主按时视察各乡、各州的经济情况，利益不有所倾斜，财务就不会逐利而流通。国君掌握货币和谷物，就掌握了整个国家的经济统计谋算。"

地数第七十七

扫码听谦德
君为您导读

【**题解**】地数即地理之数，即管理土地自然资源，使之为国家增加财富等诸问题的方法。文章先谈的是矿产资源，强调政府应对这些财富之源严加控制，利用政令的疾徐影响物价，以达到增加财政收入的目的。继而谈到是否应该以农富国的问题，管子认为，只知农耕可以使物产丰富，却不懂得利用轻重之术守财，必将使财富外流。正确的办法应当是在经济流通中，把握物价起落的时机，获取最大利益。

桓公曰："地数可得闻乎？"管子对曰："地之东西二万八千里，南北二万六千里。其出水者八千里，受水者八千里，出铜之山四百六十七山，出铁之山三千六百九山。此之所以分壤树谷也，戈矛之所发，刀币之所起也。能者有余，拙者不足。封于泰山，禅于梁父，封禅之王七十二家，得失之数，皆在此内。是谓国用^①。"桓公曰："何谓得失之数皆在此？"管子对曰："昔者桀霸有天下而用不足，汤有七十里之薄而用有余。天非独为汤雨菽粟^②，而地非独为汤出财物也。伊尹善通移、轻重、开阖、决塞^③，通于高下徐疾之策，坐起之费^④，时也^⑤。黄帝问于伯高曰：'吾欲陶天下而以为一家⑥，为之有道乎？'伯高对曰：'请刈其莞而树之⑦，吾谨逃其蚤牙⑧，则天下可陶而为一家。'黄帝曰：'此若言可得闻乎？'伯高对曰：'上有丹沙者下有黄金，上有慈石者下有铜金，上有陵石者下有铅、锡、赤铜，上有赭者下有铁，此山之见荣者也。苟山之见其荣者，君谨封而祭之。距封十里而为一坛，是则使乘者下行，行者趋⑨。若犯令者，罪死不赦。然则与折取之远矣⑩。'修教十年，而葛庐之山发而出水，金从之。蚩尤受而制之，以为剑、铠、矛、戟，是岁相兼者诸侯九。雍狐之山发而出水，金从之。蚩尤受而制之，以为雍狐之戟、芮、戈⑪，是岁相兼者诸侯十二。故天下之君顿戟一怒，伏尸满野。此见戈之本也。"

【注释】①国用：指国家可施行的治数。②雨：降下。③通移、轻重、开阖、决塞：皆为古时经济金融管理之专有名词。④坐：止。起：动。费：惠。⑤时：是。⑥陶：正，指天下集权于黄帝一身，而无私门分权隐患。⑦刈其莞：设坛为祭。⑧逃：去除。蚤牙：爪牙。逃其蚤牙：指私门不得私铸货币兵器。⑨趋：快走。⑩折：封土为祭处。⑪芮：当读作"锐"，一种矛类武器。

【译文】桓公说："利用地理条件的理财方法，可以讲给我听听么？"管仲回答说："土地的东西广度二万八千里，南北长度二万六千里。其中山脉八千里，河流八千里，出铜的矿山四百六十七处，出铁的矿山三千六百零九处。这些土地要区分土壤类别，划分不同等级，种植相应的粮食，也是兵器和钱币的来源。善于利用这些条件的，财用有余；不善于利用的，财用不足。在泰山筑土祭天，在梁父山除地而祭山川。古今封泰山、禅梁父的君王有七十二家，他们得失的规律都在这里面。这是国家可施行的治理方法。"桓公说："为什么说他们得失的规律都在这里？"管仲回答说："从前，夏桀霸有天下全部财富而财用不足，商汤只有薄地七十里而财用有余。并不是天只为商汤降下粮食，也不是地只为商汤出产财物，而是由于伊尹善于管理货币流通和货物贸易、善于利用价格波动获利、善于投放或回收物资以进行市场引导和调控、善于制定市场开发或禁止的政策来进行市场管理，精通金融经济调控之策，或动或止，国家都能得到利益，得失之数皆在此。从前，黄帝也曾问过伯高说：'我想把天下结合为一家，有办法么？'伯高回答说：'请设坛祭祀并设置屏障封锁矿山收归国有，这样各诸侯就不能私下采矿铸币制造兵器，这就如同猛兽去了爪牙，就不会有祸患了，天下就可以合为一家。'黄帝说：'这个道理能进一步讲讲么？'伯高回答说：'山地表面上有丹沙的地方下面有金矿，表面有慈石的下面有铜矿，表面有孔雀石的下面有铅、锡、红铜，表面有赭石的下面有铁矿，这都是山中显现出有矿的情况。如发现山中有矿，国君就应当郑重其事地封山并布置祭祀。离封山十里之处造一个祭坛，使想要登山游览的人看到祭坛就知道不能上山了，从这路过的人也都赶快离开。违令者死罪不赦。'然而国土辽阔，总有些矿山太远，鞭长莫及，在黄帝行此封山之政的第十个年头，葛卢山山洪过后，露出金属矿石，竟被蚩尤接管并控制起来，蚩尤开发矿藏，制造了剑、铠、矛、戟，同年兼并了九个诸侯国。雍狐山山洪过后，露出金属矿石，也被蚩尤接管而控制起来，蚩尤制造了戟、芮、戈，同年兼并了十二个诸侯国。因此，黄帝大怒，发兵征讨蚩尤，导致伏尸遍野。由此可见，开采矿藏的权力没有集中在天子手中是大战的根源。"

桓公问于管子曰:"请问天财所出? 地利所在? ^①"管子对曰:"山上有赭者其下有铁,上有铅者其下有银。一曰:'上有铅者其下有鈆银,上有丹沙者其下有鈆金,上有慈石者其下有铜金。'此山之见荣者也。苟山之见荣者,谨封而为禁。有动封山者,罪死而不赦。有犯令者,左足入、左足断;右足入,右足断。然则其与犯之远矣。此天财地利之所在也。"桓公问于管子曰:"以天财地利立功成名于天下者谁子也?"管子对曰:"文武是也。"桓公曰:"此若言何谓也?"管子对曰:"夫玉起于牛氏边山^②,金起于汝汉之右洿^③,珠起于赤野之末光。此皆距周七千八百里,其涂远而至难。故先王各用于其重,珠玉为上币,黄金为中币,刀布为下币。令疾则黄金重,令徐则黄金轻。先王权度其号令之徐疾,高下其中币而制下上之用,则文武是也。"

【注释】①此两句:"天财""地利"均指自然资源。②牛氏:即禺氏,牛禺古音相近而然也。③洿(wū):不流动的浊水。

【译文】桓公问管仲说:"请问天然的资源从哪里来?"管仲回答说:"山地表面上有赭石的下有铁矿,表面有铅的下有银矿。另一种说法是:'表面有铅的下有银矿,表面有丹沙的下有金矿,表面有慈石的下有铜。'这些都是山上出现矿藏的表现。如发现山上显示出有矿藏的痕迹,国家就应当郑重地封山而禁人出入开采。有破坏封山的死罪不赦。有犯令的,左脚踏进,砍掉左脚;右脚踏进,砍掉右脚。这样人们就会远离禁地,不敢触犯禁令了。这就是天地财利资源之所在。"桓公又问管仲说:"以利用天地财利资源立功成名于天下的，有哪些人呢？"管仲回答说："周文王和周武王。"桓公说："这是什么意思？"管仲回答说："玉产在禺氏的边山，黄金产在汝河、汉水的右面洼地一带，珍珠产在赤野的末光一带。这些地方距离周的都城七千八百里，路途遥远难行，难以到达。所以先王区别它们的贵重程度，规定珠玉为上等货币，黄金为中等货币，刀布为下等货币。国家号令急就会导致金价上涨，号令缓则金价下跌。先王考虑号令的缓急，调节黄金价格的高低，而控制下币刀币和上币珠玉的作用，那就是周文王和周武王了。"

桓公问于管子曰："吾欲守国财而毋税于天下，而外因天下^①，可乎？"管子对曰："可。夫水激而流渠^②，令疾而物重。先王理其号令之徐疾，内守国财而外因天下矣。"桓公问于管子曰："其行事奈何？"管子对曰："夫昔者武王有巨桥之粟贵籴之数^③。"桓公曰："为之奈何？"管子对曰："武王立重泉之戍，令曰：'民自有百鼓之粟者不行。'民举所最粟以避重泉之戍^④，而国谷二什倍，巨桥之粟亦二什倍。武王以巨桥之粟二什倍而市缯帛，军五岁毋籍衣于民。以巨桥之粟二什倍而衡黄金百万，终身无籍于民。准衡之数也。"

【注释】①因：托，支撑。因天下：指称霸天下。②渠：通"遽"，疾速。③籴(dí)：买进粮食，与"粜(tiào)"相对。④举：尽。最：聚。

【译文】桓公对管仲说："我要管理好国内资源，不向各诸侯国征税，并且要支撑管理各诸侯国的政事，可以么？"管仲回答说："可以。水势汹涌则流势湍急，征收的号令急则物价上升。先王就是掌握号令的缓急，对内据守国财而对外支撑管理天下的。"桓公继续问管仲说："他们是怎么做的？"管仲回答说："从前，武王曾用过提高巨桥粮仓粮食价格的办法。"桓公说："做法如何？"管仲回答说："武王设立了一种名为'重泉'的兵役，下令说：'百姓家储粮不到一百斛的，可以免除此役。'百姓便将家里储存的粮食尽量卖出换成货币以逃避这个兵役，从而国内市场上的粮食多了二十倍，巨桥仓的粮食也随之多了二十倍。武王用巨桥仓这多出来二十倍的粮食购买丝帛，军队可以五年不向民间征收军服；用巨桥仓这多出来二十倍的粮食为基准，且储备黄金百万斤作为支撑，来发行货币，那就终身不必向百姓收税了。这就是'准衡'的理财之法。"

桓公问于管子曰："今亦可以行此乎？"管子对曰："可。夫楚有汝汉之金，齐有渠展之盐，燕有辽东之煮。此三者亦可以当武王之数①。十口之家，十人咶盐②，百口之家，百人咶盐。凡食盐之数，一月丈夫五升少半，妇人三升少半，婴儿二升少半。盐之重，升加分耗而釜五十③，升加一耗而釜百，升加十耗而釜千。君伐菹薪煮沸水为盐④，正而积之三万钟⑤，至阳春请籍于时。"桓公曰："何谓籍于时？"管子曰："阳春农事方作，令民毋得筑垣墙，毋得缮冢墓；大夫毋得治宫室，毋得立台榭；北海之众毋得聚庸而煮盐。然盐之贾必四什倍。君以四什之贾，修河、济之流⑥，南输梁、赵、宋、卫、濮阳。恶食无盐则肿，守圉之本，其用盐独重。君伐菹薪煮沸水以籍于天下，然则天下不减矣。"

【注释】①武王之数：指周武王在巨桥囤积粮食的数量、方法。②咶（shì）：古同"舐"，舔。③分耗：分开为半钱，一耗即一钱。④菹（zū）：枯草。沛水：济水。⑤正：备。⑥修：循，遵循。

【译文】桓公接着问："现在也可以照此办理么？"管仲回答说："可以。楚国有汝、汉所产的黄金，齐国有渠展所产的盐，燕国有辽东所煮的盐。这三者也可以作为发行货币的支撑储备。一个十口之家就有十人吃盐，百口之家就有百人吃盐。吃盐的数量，每月成年男子近五升半，成年女子近三升半，小孩近二升半。如每升盐价提高半钱，每釜就增加五十钱；每升盐价提高一钱，每釜就增加百钱；每升盐价提高十钱，每釜就增加千钱。君上下令砍柴煮盐，囤积三万钟作为备用，阳春一到，就可以利用时机增加国库收入了。"桓公说："什么叫利用时机增加国库收入？"管仲回答说："在阳春农事开始时，命令百姓不许修建墙垣，不需修缮坟墓，大夫不可营建宫室台树，同时也命令北海居民一律不准雇人煮盐，那么，盐价必然上涨四十倍。君上把这上涨四十倍的盐，沿着黄河、济水流域，南运到梁、赵、宋、卫和濮阳等地出卖。人们不吃盐就会浮肿，保卫自己的国家、人民，善于利用盐特别重要。君上通过砍柴煮盐向天下收取利益，然而天下却并没有损伤。"

桓公问于管子曰："吾欲富本而丰五谷①，可乎？"管子对曰："不可。夫本富而财物众，不能守，则税于天下②；五谷兴丰，巨钱而天下贵③，则税于天下。然则吾民常为天下虏矣④。夫善用本者，若以身济于大海⑤，观风之所起。天下高则高，天下下则下。天下高我下，则财利税于天下矣。"

【注释】①富:《说文》备也,储备。本:民。②税:遗,留给。此处指财富流失到天下诸侯。③巨钱:货币价值高。④虏:此指掳掠财物。⑤济:渡。

【译文】桓公问管仲说:"我想把丰收的粮食都储备在民间作为备用,可以么?"管仲回答说:"不可以。人民手里财物繁多,不能经营掌握,则将流失到天下各国;粮食丰产,货币价值高粮价低,诸侯国用价值高的货币来购买我们低价的粮食,我们的粮食就会流失到各诸侯国。那样,我国百姓的财富就被天下各诸侯国虏掠去了。善于利用粮食的人,就像渡海一样,观察风势的起源,顺势而为。天下各国粮价高我们就高,粮价低我们就低。如果天下各国粮价高而我们独低,我们的财利就将被天下各国捞取去了。"

桓公问于管子曰:"事尽于此乎?"管子对曰:"未也。夫齐衢处之本①,通达所出也,游子胜商之所道。人求本者,食吾本粟,因吾本币,骐骥黄金然后出。令有徐疾,物有轻重,然后天下之宝壹为我用②。善者用非有,使非人。"

【注释】①衢(qú):四通八达的道路。②壹:均。

【译文】桓公问管仲说:"理财之事就只有这些了么?"管仲回答说:"不是。齐国是地处交通要冲的国家,是四通八达的地方,是游客富商的必经之处。人民所追求的根本,是吃本国的粮食,用本国的钱币,然后,为了换取本国的货币,好马和黄金也就提供出来了。我们掌握号令要有缓有急,掌握物价要有高有低,然后天下的宝物都可以为我所用。善治国者,可以使用不是他自己所有的东西,也可以役使不是他自己管辖的臣民。"

揆度第七十八

【题解】"揆"言切求其脉理,"度"谓得其病处。揆度者,度病之浅深,以为治疗之法也。治国如诊病,必明其弊病之处,方能对症下药。齐桓公设问,管子循其辞,度其意,针对国家积弊而言治国韬略,故谓之揆度。

齐桓公问于管子曰:"自燧人以来,其大会可得而闻乎?"管子对曰:"燧人以来,未有不以轻重为天下也。共工之王,水处什之七,陆处什之三,乘天势以隘制天下。至于黄帝之王,谨逃其爪牙①,不利其器,烧山林,破增薮②,焚沛泽③,逐禽兽,实以益人④,然后天下可得而牧也。至于尧舜之王,所以化海内者,北用禺氏之玉,南贵江汉之珠,其胜禽兽之仇⑤,以大夫随之⑥。"桓公曰:"何谓也?"管子对曰:"令:'诸侯之子将委质者⑦,皆以双武之皮⑧,卿大夫豹饰⑨,列大夫豹幨⑩。'大夫散其邑粟与其财物以市虎豹之皮,故山林之人刺其猛兽若从亲戚之仇,此君冕服于朝,而猛兽胜于外;大夫已散其财物,万人得受其流。此尧舜之数也。"

【注释】①谨逃其爪牙：见前文《地数第七十七》，货币为爪，兵器为牙。②破：开，启。增：通"层"，厚，重。薮：大泽。③沛泽：草木蔽茂、水草交厝之地。焚沛泽：以火焚烧草木而田猎。④实：使殷实富裕。⑤胜：同"任"，使用。仇：同"酬"，交际外来。⑥随：《正韵》亦作"遗"，馈赠。今俗言"随礼"，即馈赠礼物之义。⑦委质：亦作"委挚"，亦作"委贽"，向君主献礼。⑧武：指老虎。⑨饰：缘袖，袖口。⑩幨（chàn）：衣襟。

【译文】桓公问管仲说："从燧人氏以来，天子大会诸侯而结盟的事，可以讲给我听听么？"管仲回答说："从燧人氏以来，没有不根据国家实力来统治天下的。共工当政的时代，天下水域占十分之七，陆地占十分之三，他就利用这个自然的地理优势来控制天下。到了黄帝当政的时代，将矿山收归国有，使诸侯不能私铸货币兵器，限制他们制造武器，烧山林以开辟农田、开发野草丛生的大泽以牧养鸟兽，以火焚烧草木而田猎，驱逐野兽保护百姓安全，让百姓生活富足，然后就可以统治天下了。至于尧舜当政，之所以能把天下治好，是因为在北方取用禺氏的玉石，从南方取用江汉的珍珠，用这些作为馈赠来与诸侯大夫们交好，胜过使用山禽兽类。"桓公说："这是什么意思？"管仲回答说："当下令'各国诸侯中有德有爵的人向天子献礼时，都要进献两只老虎的皮毛做成的衣裳；卿大夫要进献豹皮作衣袖，中大夫要进献豹皮作衣襟。'这样，大夫们就要卖出他们的粮食、财物去购买虎皮豹皮，因此，在山林边居住的百姓捕杀猛兽就像驱逐父母的仇人那样卖力。这就是说，国君只消冠冕堂皇地坐在堂上，猛兽就将被猎获于野外；大夫们散其财物，百姓都可在流通中得到实惠。这就是尧舜治理天下的方法。"

桓公曰："'事名二、正名五而天下治^①'，何谓'事名二'？"对曰："天策阳也^②，壤策阴也^③，此谓'事名二'。""何谓'正名五'？"对曰："权也，衡也，规也，矩也，准也，此谓'正名五'。其在色者，青黄白黑赤也；其在声者，宫商羽徵角也；其在味者，酸辛咸苦甘也。二五者，童山竭泽^④，人君以数制之人^⑤。味者所以守民口也，声者所以守民耳也，色者所以守民目也。人君失二五者亡其国，大夫失二五者亡其势，民失二五者亡其家^⑥。此国之至机也，谓之国机。"

【注释】①事：农事。正：同"政"，指农政。②天策：天明时看天定节气。③壤策：辨别水土参务地利以宜农耕。④童山竭泽：皆指开辟农田耕种。童山：《释名》"山无草木曰童"，当指烧山林。竭泽：当指焚沛泽。⑤数：指历法气运之数。人君掌历法气运之数，颁朔定气，以协调农时，指导百姓耕种，故谓之"制之人"。制：正。⑥二五：指农事，农事乃是国家至关重要的事务。

【译文】桓公说："'事名二、正名五而天下治'，什么叫作'事名二'呢？"管仲回答说："天明时定节气为阳，辨水土务地利为阴，这就是事名二。""什么叫正名五呢？"回答说："权、衡、规、矩、准，这就是正名五。它们体现在颜色上，就分青、黄、白、黑、赤；体现在声音上，就分宫、商、羽、徵、角；体现在味觉上，就分酸、辣、咸、苦、甜。事名二、正名五都与农事相关，人君掌管历法天时经济之数，治理百姓。五味，可以用来控制人们的口腹；五声可以用来控制人们的听闻；五色，可以用来控制人们的所见。人君管理不好'二五'，就会亡国；大夫管理不好'二五'，就丧失权势；普通人管理不好'二五'，家庭就会败落。这是治理国家最重要的关键，所以叫作'国机'。"

轻重之法曰："自言能为司马不能为司马者^①，杀其身以衅其鼓；自言能治田土不能治田土者，杀其身以衅其社；自言能为官不能为官者，劓以为门父^②。"故无敢奸能诬禄至于君者矣。故相任寅为官都^③，重门击拆不能^④，去亦随之以法。

【注释】①司马：古代掌管军政和军赋的长官。②劓(yì)：古代割掉鼻子的一种酷刑。③任：保举。寅：同僚。官都：国家众官的首长或某地方某单位的行政长官。④重门击拆：设置重重门户，夜晚敲梆巡更。拆：当为"柝"，夜间打更用的梆子。

【译文】轻重之法说："自己说能做司马的官，但做起来不称职的，就杀掉他以血祭鼓；自己说能够治理好农事，但做起来不称职的，就杀掉他以血祭祀社神；自己说能做官吏，但做起来不称职的，就割掉他的鼻子让他看守城门。"这样，就不会有人敢在君主面前吹嘘自己有能力以骗取爵禄了。这样，无论是被同僚保举已经当上了官都，还是守门敲梆子巡夜都不称职的小吏，都依法处理。

桓公问于管子曰，"请问大准^①。"管子对曰："大准者，天下皆制。我而无我焉^②，此谓大准。"桓公曰："何谓也？"管子对曰："今天下起兵加我^③，臣之能谋厉国定名者^④，割壤而封；臣之能以车兵进退成功立名者，割壤而封。然则是天下尽封君之臣也，非君封之也。天下已封君之臣十里矣，天下每动^⑤，重封君之民二十里。君之民非富也，邻国富之。邻国每动，重富君之民, 贫者重贫, 富者重富。大准之数也。"桓公曰:"何谓也?"管子对曰:"今天下起兵加我, 民弃其耒耜, 出持戈于外, 然则国不得耕。此非天凶也, 此人凶也。君朝令而夕求具⑥, 民肆其财物与其五谷为雠⑦, 厌而去⑧。贾人受而廪之, 然则国财之一分在贾人。师罢, 民反其事, 万物反其重。贾人出其财物, 国弊之少分廪于贾人。若此则币重三分, 财物之轻重三分, 贾人市于三分之间, 国之财物尽在贾人, 而君无策焉。民更相制, 君无有事焉。此轻重之大准也。"

【注释】①大准: 张佩纶云:"大准应当作'失准'。"本节下皆相同。指以制天下的执权失去平衡。②我: 读做"俄", 通"倾", 倾斜。我而无我: 倾而不倾。齐桓公合诸侯而霸, 权倾天下, 是为倾; 尊王攘夷, 不颠覆周室, 谓不倾。③加: 益于, 追随。④厉: 同"励", 振奋。定名: 定功名, 建立功业。⑤动: 兴兵。⑥具: 同"俱", 备齐。⑦肆: 陈列, 这里指售卖。雠: 应对。⑧厌而去: 因徭役之急而民心离散。

【译文】桓公问管仲说:"请问执权以治天下而失去平衡的问题。"管仲回答说:"执权以治天下失去平衡, 就是天下各国都掌控我们, 而我们没有自主能力, 这就叫执权失去平衡。"桓公说:"这是什么意思呢?"管仲回答说:"现在天下各国都起兵进攻我们, 对于那些追随我们的诸侯, 有谋略能振兴国家建立功业的, 就要把讨伐胜利后得到的土地分封给他们; 能在战场上打胜仗建功立业的, 也要把讨伐胜利后得到的土地分封给他们。这样, 是天下各国封赏您的臣子, 而不是您自己封赏的。天下已经封赏您的臣子十里, 每动一次兵又封赏他们二十里。您国家的臣子不是本就富有, 而是邻国使他们致富的。邻国每次兴兵都可使您的臣子多获利一次, 弄得贫者更贫, 富者更富, 这就是使国力失去平衡的办法。"桓公说:"这还有什么意思呢?"管仲回答说:"如果天下各国出兵进攻我们, 百姓放下农具不去耕田, 而是拿起武器出外打仗, 那么, 举国不能种地, 这并不是天灾, 而是人祸造成的。国君在战时, 早晨下令诸侯出兵, 晚上就要准备好, 诸侯国的百姓只好抛卖财物、粮食以应对徭役, 则会民心离散。商人买进而加以囤积, 那么, 各诸侯国国内的一半财货就进入商人之手。战争结束, 百姓回去种地, 物价又回到战前水平。商人在此时售出他所囤积的财物, 可以把各诸侯国市场一少半的货币积藏在自己手里。这样一来, 币值可以提高十分之三, 物价下跌十分之三。商人就在这贵贱十分之三中买来卖去, 各诸侯国的国家财物将全部落入商人之手, 而国君束手无策。百姓贫富之间不断地互相役使, 国君无能为力, 这些就是轻重的失准。"

　　管子曰:"人君操本, 民不得操末; 人君操始, 民不得操卒。其在涂者①, 籍之于衢塞②; 其在谷者③, 守之春秋④; 其在万物者⑤, 立赀而行。故物动则应之。故豫夺其涂⑥, 则民无遵⑦; 君守其流⑧。则民失其高⑨。故守四方之高下, 国无游贾⑩, 贵贱相当⑪, 此谓国衡; 以利相守, 则数归于君矣。"

【注释】①在涂者: 指行商。②籍: 登记。衢塞: 市衢关塞。③在谷者: 指农民。④守: 即"狩猎"。⑤在万物者: 指其他行业万物。⑥夺: 狭路。夺其涂: 指设置关隘。⑦遵: 行, 流动。民无遵: 指百姓不得随意流动。⑧守: 检视。流: 指人口流动。⑨高: 指经商所得大利。⑩游贾: 没有商籍的商人, 指无照经营商贩。⑪相当: 各任其事。

【译文】管仲说:"人君所守的是根本的农业, 百姓就应该务农而不得从事末端的商业；人君所守的是开端的道，士人就不得从事末端商业。对于行商，要在市衢关塞处登记控制好；对于农民，要在春秋狩猎之时掌握住；对于其他行业物品，要先预估价格订立合同再行动。所以，万物开始动作，就要有应对的办法。所以，预先设置关隘，人民就不能随意流动；君主控制流通，百姓就不能随意经商。所以，在全国各地控制好流通物价高低，国内就没有无证的商贩。身份贵贱不同的人都各任其事，这就叫作'国衡'；守住这种方法治理国家，利益就自然归于君主了。"

管子曰："善正商任者省有肆^①，省有肆则市朝闲^②，市朝闲则田野充，田野充则民财足，民财足则君赋敛焉不穷。今则不然，民重而君重，重而不能轻^③；民轻而君轻，轻而不能重。天下善者不然，民重则君轻，民轻则君重，此乃财余以满不足之数也^④。故凡不能调民利者^⑤，不可以为大治。不察于终始^⑥，不可以为至矣^⑦。动左右以重相因，二十国之策也^⑧；盐铁，二十国之策也；锡金，二十国之策也。五官之数^⑨，不籍于民。"

【注释】①正商任：整顿商业从事资格以去除游贾。正：整顿。省：监察。肆：指市场。省有肆：监察市场。②市朝：此处指市场秩序。③重：重指农业，轻指商业。④财：通"裁"，减除。⑤利：宜处。调民利：调节民所从业，使各得其宜。⑥终始：这里指经营之道。⑦至：指好的治理效果。⑧二十："世"之缓读。刘绩曰："别本'二十'做'世'字"。"世"与"生"同，生者，养也。二十国之策，即养国之策。⑨五官：五事，即金融、盐、铁、锡、金五事。数：指任事之责。

【译文】管仲说："善于整顿商业从事资格以去除游贾的人，会监察市场；国家监察市场，就没有游贾扰乱市场秩序，市场秩序就安定；市场秩序安定，农业劳动力就充足；农业劳力充足，人民财物就丰富；人民财物丰富，君主就能收到源源不断的赋税。现在的情况则不是这样，君主独以农业为重，百姓都去从事农业，只发展农业而忽视商业；君主重视商业，希望百姓都去从事商业，只发展商业忽视农业。善于管理天下的君主不是这样，百姓重视农业，君主就发展商业；百姓崇尚经商，君主就鼓励农业。这乃是损有余以补不足的理财方法。所以，凡是国家不能调节百姓所从事的行业，使得各得其宜的，就不能做到大治。不掌握经济规律就不能有良好的治理效果。利用金融调控，是养国的方法；盐铁、锡金皆是养国的方法。金融、盐、铁、锡、金这五件事，都由国家管理，不给予百姓经营的资格。"

　　桓公问于管子曰："轻重之数恶终①？"管子对曰："若四时之更举，无所终。国有患忧，轻重五谷以调用，积余臧羡以备赏②。天下宾服，有海内，以富诚信仁义之士，故民高辞让，无为奇怪者，彼轻重者，诸侯不服以出战，诸侯宾服以行仁义。"

　　【注释】①恶（wū）：古同"乌"，疑问词，哪，何。②羡：剩余，富余。
　　【译文】桓公问管仲说："轻重之数何时终止？"管仲回答说："有如四季周而复始的运转一样，没有终止之时。当国家有忧患时，就调节粮价高低来平衡用度，积蓄盈余以备奖赏之需。当天下归服海内统一时，就使那些诚信仁义的人生活富足，所以百姓崇尚礼让，不做不合规矩的事。可见，轻重之数的用处，在各诸侯国尚不臣服时，可以服务于战争；在各诸侯国归顺时，可以用来推行仁义的政教。"

管子曰："一岁耕，五岁食，粟贾五倍①。一岁耕，六岁食，粟贾六倍。二年耕而十一年食②。夫富能夺，贫能予，乃可以为天下。且天下者，处兹行兹，若此而天下可壹也。夫天下者，使之不使，用之不用。故善为天下者，毋曰使之，使不得不使；毋曰用之，用不得不用也。"

【注释】①粟贾五倍：粮食价格高于市场五倍。②二年耕而十一年食：此乃管子夸张手法，举例说明谷物价格对粮食收储的影响。

【译文】管仲说："如果要做到一年耕种，够五年吃，就要把粮价提高五倍来；要做到一年耕种，够六年吃，就把粮价提高六倍。这样，两年耕作的产量就能够十一年吃。对富者能够剥夺，对贫者能够给予，这就能够掌握天下。而对天下的人们，能让他们安于这项政策并遵行，就可以天下统一了。对于天下的人们，役使他们不表示出役使，利用他们不表示出利用。因此，善治天下的君主，不直接说出役使，使百姓不得不受役使；不直接说出利用，使百姓不得不为所利用。"

管子曰："善为国者，如金石之相举①，重钧则金倾。故治权则势重②，治道则势羸③。今谷重于吾国，轻于天下，则诸侯之自泄，如原水之就下。故物重则至，轻则去。有以重至而轻处者④，我动而错之⑤，天下即已于我矣。物臧则重，发则轻，散则多⑥。币重则民死利，币轻则决而不用，故轻重调于数而止⑦。五谷者，民之司命也；刀币者，沟渎也⑧；号令者，徐疾也，令重于宝。"

【注释】①石：一百二十斤。下文中"钧"为三十斤，钧石皆权也，权指秤砣。②治：读作"持"。治权指放置秤砣。势重：秤砣重量重。③道：通"导"，引。治道：拿走秤砣。此句承接上句，总结秤砣与所称量的物品的关系。④处：止。⑤动：兴，指征集谷物。错：藏。⑥多：指商品在市场上流通，货币回收而财多。⑦数：指策略或权术。止：本意为脚，引申为充足，这里指国库仓储充足。⑧沟渎：田间水道。

【译文】管仲说："善于治理国家的人，就像把黄金和秤锤放在天秤上一样，秤锤重，金子这边就倾斜向上。所以，往上加秤砣，秤砣这边就更重；减少秤砣，秤砣这边就轻。现在，粮食在我国价高，在其他诸侯国价低，各国的粮食就像水向下一样流入我国。所以，货物都从价格低的地方往价格高的地方聚集。有的诸侯国，当我们提高粮食价格他们就把粮食卖到我国，当我们粮价便宜时，他们就把粮食留在本国不允许出售。我们就把这些诸侯国的粮食征集过来储存起来。这样，天下的粮食就都在我手了。货物储存起来，市场价格就上涨；平价投放到市场上，价格就下降；货物在市场上流通，货币回笼就多。钱币价值高则人们拼命追求，钱币贬值则人们弃而不用。所以，运用策略调整货物的价格，可达到国库仓储皆充足。五谷是人民生命的主宰。刀币像田间的水道一样流动。君主的政策命令，缓急有度，政令的价值胜过珍宝。"

"社稷重于亲戚，胡谓也？"对曰："夫城郭拔，社稷不血食①，无生臣。亲没之后，无死子。此社稷之所重于亲戚者也。故有城无人，谓之守平虚②；有人而无甲兵而无食，谓之与祸居。"

【**注释**】①血食：指古代杀牲取血来祭祀。②平：大野。虚：空旷。

【**译文**】桓公问："社稷重于父母，这话是什么意思呢？"管仲回答说："当城郭陷落，没有人再来主持宗庙祭祀，大臣都要殉难；但父母死亡，却没有殉死的儿子。这就是社稷重于父母的例证。所以，有城没有人，等于是守空旷的大野；城里有人却没有武器和粮食，也只是与灾祸生活在一起而已。"

桓公问管子曰："吾闻海内玉币有七策①，可得而闻乎？"管子对曰："阴山之礝碈②，一策也；燕之紫山白金③，一策也；发、朝鲜之文皮④，一策也；汝、汉水之右衢黄金，一策也；江阳之珠⑤，一策也；秦明山之曾青，一策也；禺氏边山之玉⑥，一策也。此谓以寡为多，以狭为广。天下之数尽于轻重矣⑦。"

【**注释**】①玉币有七策：有七种成币，分别是礝碈、白金、文皮、黄金、珍珠、曾青、玉石。②阴山：《山海经》云"岐山，其阴多白珉。"考查阴山山脉并无产玉石之矿，故阴山或即指岐山之阴。礝（ruǎn）：同"碝"，次于玉的美石。碈（mín）：同珉，像玉的石头。③紫山：今河北邯郸有紫山。白金：古指银，亦指银合金的货币。④发：东夷。朝鲜亦东夷。发朝鲜即是东夷，非两个国家。文皮：指有花纹的兽皮。⑤江阳之珠：即江汉之珠，前文有"南贵江汉之珠"，江阳之地即江汉之地也。⑥禺氏：当为月氏之异译。边山：应该指昆仑山脉。禺氏边山之玉：当指今之新疆玉。⑦数：指处理各种事务。

【**译文**】桓公说："我听说海内有七种可用为货币的成币，可以讲给我听听么？"管仲回答说："阴山所产的礝碈，是一种；燕地紫山所产的白银，是一种；朝鲜所产的带花纹的兽皮，是一种；汝水、汉水所产的黄金，是一种；江阳所产的珍珠，是一种；秦地明山所产的曾青，是一种；禺氏边山所产的玉石，是一种。这些都是以少掌握多，以狭掌握广的办法。治理天下，都在于轻重之术了。"

　　桓公问于管子曰："阴山之马具驾者千乘[1]，马之平贾万也，金之平贾万也。吾有伏金千斤[2]，为此奈何？"管子对曰："君请使与正籍者[3]，皆以币还于金，吾至四万，此一为四矣。吾非埏埴摇炉橐而立黄金也[4]，今黄金之重一为四者，数也[5]。珠起于赤野之末光，黄金起于汝、汉水之右衢，玉起于禺氏之边山。此度去周七千八百里，其涂远，其至阨[6]。故先王度用其重而因之，珠玉为上币，黄金为中币，刀布为下币。先王高下中币[7]，利下上之用[8]。"

　　【注释】①乘：四马为一乘，千乘则四千匹马。②伏：藏匿。伏金：藏金。③正：同"征"。正籍：征税。④埏埴：水和泥以封炉身。摇：做。炉橐：高炉。立：成。⑤数：指金融调控策略。⑥阨（è）：阻塞；阻隔。⑦高下中币：使中币价格上升或下降，犹今之调整黄金汇率。⑧利：合宜合理。下上：下币刀币和上币珠玉。

　　【译文】桓公问管仲说："阴山的马，可供驾驶兵车之用的有四千匹。每匹马的价格是一万钱，每斤黄金也是一万钱，我只存有黄金一千金，应当怎么办？"管仲回答说："君上可以命令所有缴税的人，必须按需缴纳税款的钱数折算成黄金交纳。我们就可因金价上涨而得到四万钱的收入，这就一变为四了。我们并没有筑炉来冶炼黄金，现在黄金的价值之所以一变为四，只是运用金融调控策略的结果。珍珠来自赤野的末光，黄金出在汝水、汉水的右衢，玉石出在禺氏的边山。这些地方距离周都七千八百里，路途遥远，道路不通。所以先王按其贵重程度而加以利用，规定珠玉为上币，黄金为中币，刀布为下币。先王正是通过提高或降低中币黄金的币值，使下币刀布、上币珠玉合理流通。"

百乘之国，中而立市，东西南北度五十里。一日定虑^①，二日定载^②，三日出竟，五日而反。百乘之制轻重^③，毋过五日。百乘为耕田万顷，为户万户，为开口十万人，为分者万人^④，为轻车百乘，为马四百匹。千乘之国，中而立市，东西南北度百五十余里。二日定虑，三日定载，五日出竟，十日而反。千乘之制轻重，毋过一旬。千乘为耕田十万顷，为户十万户，为开口百万人，为当分者十万人，为轻车千乘，为马四千匹。万乘之国，中而立市，东西南北度五百里。三日定虑，五日定载，十日出竟，二十日而反。万乘之制轻重，毋过二旬。万乘为耕田百万顷，为户百万户，为开口千万人，为当分者百万人，为轻车万乘，为马四万匹。

【注释】①虑：《释名》中："虑，旅也"。定虑：确定行程。②定载：确定所运货物。③制：《增韵》中"御也"。制轻重：驾车载货轻重而行，指贸易往来。④分：赋，指应服兵役而不服，出钱以自赎。《汉书·刑法志》"赋以兵足"即此。后文"分"皆做"当分"，同是此意。

【译文】百乘之国，在中央地区建立市场，离四周边境估计五十里路。一天确定行程，两天确定所运货物，三天运出国境，五天可以来回。百乘之国的贸易往来，来回不超过五天。百乘之国，拥有耕地一万顷，户数一万户，人口十万人，有出钱自赎以免兵役的一万人，兵车百乘，战马四百匹。千乘之国，在中央地区建立市场，离四周边境估计一百五十里路。两天确定行程，三天确定所运货物，五天运出国境，十天可以来回。千乘之国的贸易往来，来回不过十天。千乘之国，拥有耕地十万顷，户数十万户，人口百万人，有出钱自赎以免兵役的十万人，兵车千乘，战马四千匹。万乘之国，在中央建立市场，离四周边境估计五百里路。三天确定行程，五天确定所运货物，十天运出国境，二十天来回。万乘之国的贸易往来，来回不过二十天。万乘之国，拥有耕地百万顷，户数百万户，人口千万人，有出钱自赎以免兵役的百万人，兵车万乘，战马四万匹。

管子曰："匹夫为鳏，匹妇为寡，老而无子者为独。君问其若有子弟师役而死者，父母为独，上必葬之：衣衾三领，木必三寸，乡吏视事，葬于公壤①。若产而无弟兄②，上必赐之匹马之壤③。故亲之杀其子以为上用，不苦也。君终岁行邑里④，其人力同而宫室美者⑤，良萌也，力作者也⑥，脯二束、酒一石以赐之；力足荡游不作，老者谯之⑦，当壮者遣之边戍；民之无本者贷之圃。强⑧，故百事皆举，无留力失时之民。此皆国策之数也。"

【注释】①壤：穴。公壤：公墓。②产：《说文》"生也"。产而无弟兄：即生来没有兄弟，独生子。③匹马之壤：亦作"一马之田"即价值一马之土地。④终岁：年终。行：巡行。⑤力：勤。同：和。此句意为邑里之人勤快和睦。⑥作：耕。⑦谯（qiáo）：通"诮"，责备。⑧强：竭力，尽力，勤快。

【译文】管仲说:"无妻的男子叫作鳏,无夫的女子叫作寡,老而没有儿女的叫独。国君要调查了解凡有子弟因兵役而死亡的,父母也算作'独',必须由政府负丧葬之责:衣衾要有三领,棺木要厚三寸,乡中官吏亲自督办这件事,把他们葬在公家墓地。战死者如是独生子,还要赏给其父母与一匹马同价的土地。因此,做父母的即使牺牲自己的儿子为君主效力,也不引以为苦了。国君每到年终都视察邑里,那些为人勤快和睦,住房又好的人家,一定是好百姓,是努力耕作的人,要用两束干肉、一石酒奖赏他们。对于体力充足而闲游不肯劳动的,如是老年人,则遣责之,如是壮年,则遣送边疆戍边服役。对于没有田地的农民,分给他们园圃以种植蔬菜瓜果花草等。只要勤快,百业皆兴,没有懒惰和耽误农时的百姓。这都是治国政策的具体办法。"

上农挟五①,中农挟四,下农挟三。上女衣五,中女衣四,下女衣三。农有常业,女有常事。一农不耕,民有为之饥者;一女不织,民有为之寒者。饥寒冻饿,必起于粪土②。故先王谨于其始③,事再其本,民无糈者卖其子。三其本,若为食④。四其本,则乡里给。五其本,则远近通⑤,然后死得葬矣。事不能再其本,而上之求焉无止然,则奸涂不可独遵⑥,货财不安于拘⑦。随之以法,则中内撕民也⑧,轻重不调,无糈之民不可责理,鬻子不可得使,君失其民,父失其子,亡国之数也。

【注释】①挟:《尔雅·释言》"徹也"。徹:治,开发,此处当作"食,供养"。②粪土:当是古语,意为懒惰。③谨:重视。始:指耕织的开始,即春正月。④食:殖,兴生财利称为殖。⑤通:凡百姓往来交好曰通。远近通：指远近之人往来交好。⑥奸涂：即奸途。遵：行也。⑦拘：怀抱，守住。⑧撍(chàn)：除去，割去。

【译文】 上等劳力的农民一人耕种可负担五个人的口粮，中等劳力的农民一人耕种可负担四个人的口粮，下等劳力的农民一人耕种可负担三个人的口粮。上等劳力的妇女一人纺织可供应五人穿衣，中等劳力的妇女一人纺织可供应四人穿衣，下等劳力的妇女一人纺织可供应三人穿衣。农民要经常耕作，妇女要经常纺织。一个农民不耕种，就有人因此挨饿；一个妇女不纺织，就有人因此受冻。饥寒冻饿必然起因于懒惰。所以先王非常重视一年春正月耕织开始的时候，天子亲耕，王后亲手养蚕。耕织的产出达到原来的两倍，农民就没有卖儿卖女的了。耕织的产出达到原来的三倍，就可以有一点余钱；耕织的产出达到原来的四倍，乡里富裕；耕织的产出达到原来的五倍，则远近的人都来交好，过世的人也能得到妥善安葬了。如果农事收入达不到成本的二倍，君主再征敛不止，那么，为非作歹的人就越来越多，有钱人的货财也根本守不住。随之而来的就是法律镇压，这就等于自己在残害自己的百姓。物价失调，饥民无法管理，百姓都到了出卖儿女求生的程度，自然不能为君所使。君上不能役使自己的人民，父母失去了自己的孩子，这乃是亡国之数。

管子曰："神农之数曰：'一谷不登①，减一谷，谷之法什倍。二谷不登，减二谷，谷之法再什倍。'夷疏满之②，无食者予之陈，无种者贷之新，故无什倍之贾，无倍称之民③。"

【注释】 ①一谷：一季之谷。登：谷物成熟。②夷疏：郭沫若曰"夷疏"乃平粜之意，"夷"谓平其价，"疏"谓通其无。平粜：遇荒年时，米粮价格高涨，官府为平衡物价，而将官仓里的米粮以平价卖出，称为"平粜"。满：使充足。③倍称：借一还二，加倍偿还。

【译文】管仲说："神农之数说：'一季的粮食没有收成，就缺少一季粮食，粮食的卖价一般就会上涨十倍；两季的粮食没有收成，就缺少两季粮食，粮食的卖价一般就会又上涨十倍。'遇此情况，国家应当采用平粜法，以满足百姓的粮食需要。而对于没有口粮的农户，由国家供给旧年的陈粮；对于没有种籽的农户，由国家贷给可做种子的新粮。这样，商人不能涨价十倍获得暴利，百姓也不会去借高利贷了。"

国准第七十九

扫码听谦德
君为您导读

【题解】此篇谈论黄帝以来的"五家"国准政策，指出对"五家"之策要"皆用而勿尽"，即斟酌使用，既不可偏废，也不可照搬。文章最后又指出，要合理运用国准之策，必须事先做好规则。

桓公问于管子曰："国准可得闻乎①？"管子对曰，"国准者，视时而立仪②。"桓公曰："何谓视时而立仪？"对曰："黄帝之王，谨逃其爪牙。有虞之王，枯泽童山。夏后之王，烧增薮，焚沛泽，不益民之利③。殷人之王，诸侯无牛马之牢④，不利其器。周人之王，官能以备物。五家之数殊而用一也。"

【注释】①国准：治国的经济政策。②仪：法度，标准。③益：《释文》益，增长之名。利：贪，《礼·坊记》"先财而后礼，则民利。"④诸侯无牛马之牢：此指前文的"行扪牢之策"，管仲建议桓公把持祭祀牛羊的市场交易。

【译文】桓公问管仲说："国家的平准措施可以讲给我听听么？"管仲回答说："国家的平准措施是每个时代按照当时的情况而

制定的政策。"桓公说:"何谓每个时代按照当时的情况而制定政策?"管仲回答说:"黄帝王于天下的时候,封矿山,防止各诸侯国铸币和铸造兵器。虞舜王于天下的时候,开辟农田耕种。夏后王于天下的时候,开发野草丛生的大泽以牧养鸟兽,以火焚烧草木而田猎,不使人民增长贪心。殷商王于天下的时候,不许诸侯经营牛马畜牧事业,还限制他们制造武器和工具。周人王于天下的时候,有技能的人才许以官位,国家集中贮备各种物资。黄帝、虞舜、夏后、殷商、周人五家的办法虽有不同,但效果是一样的。"

桓公曰:"然则五家之数,籍何者为善也?"管子对曰:"烧山林,破增薮,焚沛泽,猛兽众也。童山竭泽者,君智不足也。烧增薮,焚沛泽,不益民利;逃械器,闭智能者,辅己者也①。诸侯无牛马之牢,不利其器者,曰淫器而一民心者也②。以人御人③,逃戈刃,高仁义,乘天固以安己者也④。五家之数殊而用一也。"

【注释】①闭智能者,辅己者也:见上文"民智而君愚,下富而君贫,下贫而君富,此之谓事名二",即君与民不可能同智愚,同贫富,所以要闭民间之智能,使智能者为己所用。②淫:规模广,程度深,力量强。③以人:施以仁爱。人:通"仁"。④天固:天之常然,天道。

【译文】桓公说:"那么,这五家的方法,借用哪家为好呢?"管仲回答说:"焚烧山林开垦耕地、开发野草丛生的大泽以牧养鸟兽、以火焚烧草木而田猎,是因为禽兽过多。伐尽山林排干水泽以耕种,是因为为国君效力的有智谋的人不够。焚烧草薮大泽,不使百姓增加贪欲;不让诸侯自己制造兵器,又闭塞人们的才智,是为了加强自己的武力、让天下有智谋的人都来辅佐君王。不许诸侯经营牛马畜牧事业，还限制他们制造武器工具，是为了不过分生产武器和工具而统一民心。以仁义治理天下，不使用武力，提倡仁义道德，效法天道治理天下以安定自己的统治。五家的政策虽有不同，而作用是一样的。"

桓公曰："今当时之王者立何而可？"管子对曰："请兼用五家而勿尽。"桓公曰："何谓？"管子对曰："立祈祥以固山泽①，立械器以使万物，天下皆利而谨操重策。童山竭泽，益利抟流②。出山金立币，存菹丘③，立骈牢④，以为民饶。彼菹菜之壤，非五谷之所生也，麋鹿牛马之地。春秋赋生杀老，立施以守五谷，此以无用之壤臧民之赢。五家之数皆用而勿尽。"

【注释】①祈祥：即祈羊，烹羊以祭。古代祭山的一种祭仪。此指封山而设的祭坛。固：通"锢"，禁锢，封禁。②抟：圆。抟流，指使货物流通。③菹（zū）丘：茅草繁茂的山丘。④骈牢：二牲；两条牛。此处引申为并列的牛马围栏牧场。

【译文】桓公说："现时想要王于天下的人，采用哪家的政策为好？"管仲回答说："可以兼用五家之法而不可全盘照搬。"桓公说："什么意思呢？"管仲回答说："设立祭神的坛场来封禁山泽，国家统一制造武器工具，控制万物流通，使天下人都获得利益并且注重实行经济政策。砍伐山林、竭尽水泽开垦田地，使人民获得更多的利益，使万物流通。开发矿山以铸造钱币，在草木茂盛的地方建立牧场，使人民富饶起来。那些草木茂盛的地方，不适合粮食生长，应作为饲养麋鹿牛马的牧场。春天繁育幼畜，秋天把老畜杀掉卖出，发行货币来掌握粮食。这就利用了无用的土地来弥补百姓需求所缺。五家的政策都采用了而没有全盘照搬。"

　　桓公曰:"五代之王以尽天下数矣,来世之王者可得而闻乎?"管子对曰:"好讥而不乱①,亟变而不变②,时至则为,过则去。王数不可豫致。此五家之国准也。"

　　【注释】①讥:调查。②亟:屡次。
　　【译文】桓公说:"五代的君王,已经穷尽了人们所知的各种办法了。以后成王业的君主应如何,可以再谈一谈么?"管仲回答说:"重视调查而做到有条不紊,万变不离其宗。时机成熟就应当实行,时机过去了就应放弃。成王业的具体方法是不能事先作出决策的。这就是五家的平准之策。"

轻重甲第八十

【题解】此篇共分十几段，每段说明一个问题，段与段没有有机联系，与《揆度篇》体例一致。自此以下除《己篇》外，其余各篇皆仿此。本篇精彩处有以下几点：其一，见于"五战而至于兵"一段，提出了"商战"、经济征服。其二为"寡人欲籍于室屋"一段，赋税征收不当可导致"毁成""隐情"等弊端，作者试图予以避免，这样的认识是一个洞见，是十分珍贵的认识。其三为"物之所生，不若其所聚"，强调市场汇聚财富的作用，是对市场经济有深入认知的表现。

桓公曰："轻重有数乎？"管子对曰："轻重无数，物发而应之①，闻声而乘之。故为国不能来大下之财，致天下之民，则国不可成。"桓公曰："何谓来天下之财？"管子对曰："昔者桀之时，女乐三万人，端噪晨乐闻于三衢②，是无不服文绣衣裳者。伊尹以薄之游女工文绣纂组③，一纯得粟百钟于桀之国④。夫桀之国者，天子之国也，桀无天下忧，饰妇女钟鼓之乐⑤，故伊尹得其粟而夺之流。此之谓来天下之财。"桓公问："何谓致天下之民？"管子对曰："请使州有一掌，里有积五窞⑥。民无以与正籍者予之长假⑦，死而不葬者予之长度⑧。饥者得食，寒者得衣，死者得葬，不訾者得振⑨，则天下之归我者若流水，此之谓致天下之民。故圣人善用非其有，使非其人，动言摇辞，万民可得而亲。"桓公曰："善。"

【注释】①物发而应之：《揆度篇》作"物动而应之"。发，即动。此谓轻重之策，须根据客观事物的发生发展，决定其应对之策。②端：端门，宫殿的正门。③薄：通"亳"，商人的都邑。工：擅长。纂：编制。纂组：丝绸织物。④纯：计量单位。⑤饰：致力于。⑥窌（jiào）：地窖，用以存粮。⑦假：借贷。⑧度：通"宅"，古代墓地也成宅。长度：长久的安葬地。⑨訾：与"赀"同。古通"赡"，充足，富足。

【译文】桓公说："掌握轻重之策有一定的方法么？"管仲回答说："掌握轻重之策没有一定的方法。须根据客观事物的发生发展，决定其应对之策；听到消息就要及时利用。所以，治理国家不能吸引天下的财富，招引天下的人民，国家就难以生存。"桓公说："何谓吸引天下的财富？"管仲回答说："从前夏桀的时代，女乐有三万人，宫殿正门清晨的音乐，都城各条大路上都能听到；她们无不穿着华丽的衣服。伊尹便从亳地无事可做的妇女中挑选出擅长刺绣纺织的人，织出各种华美的彩色丝绸。一丈五尺长的织物可以从夏桀那里换来百钟粮食。桀的国家是天子之国，但他不肯为天下大事忧劳，只追求女乐钟鼓享乐，所以伊尹便取得了他的粮食并操纵了他的市场商品流通。这就叫作吸引天下的财富。"桓公说："何谓招引天下的人民？"管仲回答说："请在每个州设一个主管官吏，在每个里贮备五窖存粮。对那种纳不起税的穷苦人家给予长期借贷，对那种无力埋葬死者的穷苦人家给予安葬之地。如果能做到饥者得食，寒者得衣,死者得到安葬,穷者得到救济,那么,天下人归附我们就会像流水涌来一样。这就叫作招引天下的人民。所以,圣明的君主善于利用不属于自己的财富,善于役使不属于自己统辖的人民,他只需发出号召,就能使万民亲附。"桓公说:"好。"

桓公问管子曰:"夫汤以七十里之薄,兼桀之天下,其故何也?"管子对曰:"桀者冬不为杠①,夏不束枹②,以观冻溺。弛牝虎充市,以观其惊骇。至汤而不然。夷疏而积粟,饥者食之,寒者衣之,不眚者振之,天下归汤若流水。此桀之所以失其天下也。"桓公曰:"桀使汤得为是,其故何也?"管子曰:"女华者,桀之所爱也,汤事之以千金;曲逆者,桀之所善也,汤事之以千金。内则有女华之阴,外则有曲逆之阳,阴阳之议合,而得成其天子。此汤之阴谋也。"

【注释】①杠:小桥。②枹:同"泭",木筏。束枹:编扎木筏。

【译文】桓公问管仲说:"商汤仅有七十里的亳地,就兼并了桀的天下,其原因何在呢?"管仲回答说:"桀冬天不在河上架桥,夏天不编扎渡河的木筏,却是为了观赏人们受冻和受淹的情况。他把雌虎放在市街上,却是为了观赏人们惊骇的情态。商汤则不是如此,他贮存粮食、用平粜法调节粮食,对饥饿的人给饭吃,对挨冻的人给衣穿,对贫困的人给予救济,天下百姓归附商汤如流水一样,这就是夏桀丧失天下的原因。"桓公说:"夏桀何以导致商达到这种目的呢?"管仲说:"女华,是桀所宠爱的妃子,汤用千金去贿赂她;曲逆,是桀所亲近的大臣,汤也用千金去贿赂他。内部有女华暗中相助，外则有曲逆公开相助，暗地与公开相配合，汤就成功地成为天子。这是商汤的机密策略。"

桓公曰："轻重之数，国准之分，吾已得而闻之矣，请问用兵奈何？"管子对曰："五战而至于兵①。"桓公曰："此若言何谓也？"管子对曰："请战衡，战准，战流，战权，战势②。此所谓五战而至于兵者也。"桓公曰："善。"

【注释】①战：此处指商战。②衡：平衡。准：平准。流：流通。权：权变。势：威力。

【译文】桓公说："轻重之数，国准之分，我都已知道了，请问用兵的方法是什么样的？"管仲回答说："五种经济上的商战相当于用兵。"桓公说："这话是什么意思？"管仲回答说："平衡供求之战，调节物价之战，物资流通之战，权变之战，威势之战。这五个方面的商战就相当于用兵。"桓公说："好。"

桓公欲赏死事之后，曰："吾国者，衢处之国，馈食之都，虎狼之所栖也①，今每战，舆死扶伤，如孤，茶首之孙②，仰割戟之宝③，吾无由与之，为之奈何？"管子对曰："吾国之豪家，迁封、食邑而居者，君章之以物则物重④，不章以物则物轻；守之以物则物重，不守以物则物轻。故迁封食邑⑤、富商蓄贾、积余藏羡跱蓄之家⑥，此吾国之豪也，故君请缟素而就士室⑦，朝功臣世家、迁封食邑、积余藏羡跱蓄之家曰：'城脆致冲，无委致围。天下有虑⑧，齐独不与其谋？子大夫有五谷菽粟者勿敢左右，请以平贾取之子。'与之定其券契之齿⑨。釜鏂之数⑩，不得为侈弇焉⑪。困穷之民闻而籴之，釜鏂无止，远通不推⑫。国粟之贾坐长而四十倍。君出四十倍之粟以振孤寡，牧贫病⑬，视独老穷而无子者；靡得相鬻而养之，勿使赴于沟浍之中⑭，若此，则士争前战为颜行⑮，不偷而为用，舆死扶伤，死者过半。此何故也? 士非好战而轻死，轻重之分使然也。"

【注释】①楼：同"栖"，居住。②荼首：白头，指老人。③劓（zì）戟：执戟，这里指士兵。宝：货币，此处指士兵所得报酬。④章：通"障"，控制。⑤食邑：古代君主赏赐臣子封地，即以此地租税作为其俸禄。⑥跱（zhì）蓄：积贮备用。⑦士室：办公机构。⑧虑：乱。⑨齿：契约用刀刻出齿状，以合符为证。⑩釜：量器名，亦是容量单位，标准不一，有说"釜，六斗四升"。鏂（ōu）：古同"区"，古代容量单位，两斗（一说一斗二升八合）。⑪侈（chǐ）弇（yān）：犹言增多与减少。⑫推：排挤。⑬牧：朱本作"收"。黎翔凤曰："牧"本"收"字，为隶书别体。⑭浍（kuài）：田间水沟。赴于沟浍之中：指死于沟壑无人收葬。⑮颜行：即"雁行"，并行或走在前头。

【译文】桓公想要赏赐为国死难者的后代，他说："我们国家是处在交通要道、四面受敌的国家，是依靠其他诸侯国输入粮食的国家，又是虎狼野兽栖息的地方。现在每次战争都有死伤，对于死难者的孤儿、那些白发老人的孙子，靠着家里面当兵亲人的所得报酬过活，我没有办法救济他们，该怎么办? "管仲回答说："我们国家的豪门大族、升大官迁入封地居住、以此地租税作为其俸禄的人，国君若控制这些人的物资流通，市场物价就会上涨，不控制就会下降；若把这些人的财物掌握起来，物价就上涨，不掌握就下降。这些升官迁入封地食邑而居的、富商蓄贾、积藏丰厚的人家，都是我们国家的富豪。所以，国君要穿上白布丧衣到官府去，召集那些功臣、世家、有封地食邑的、积藏丰厚的、囤积财物的人家，对他们说："城防不固容易被敌人攻破，没有粮食贮备容易被敌人围困。天下诸国都有动乱，齐国怎么能不加以考虑呢？诸位大夫凡存有粮食的都不可私自处理，还请让国家用官价向你们收购。'接着就和他们签订好合同。储存的粮食数量，不许他们夸大或缩小。这样一来，缺粮无粮的百姓，都闻风而纷纷买粮、络绎不绝；即使是来自远方的人也欢迎他来购买。国内粮价会因此上涨四十倍。国君就可以拿出这四十倍的粮价来赈济孤儿寡妇，收养贫病之人，照顾贫穷而无子的老人。使他们不至于为了生活而卖身为奴，也使他们不至于死于沟壑而无人埋葬。这样，将士就会争先作战而勇往直前，不贪生惜命而能为国效力，愿意为国牺牲者可达到半数以上。这到底是什么原因呢？战士们并非喜欢战争而轻易赴死，是轻重之术的作用使之如此的。"

桓公曰："皮、干、筋、角之征甚重①。重籍于民而贵市之皮、干、筋、角，非为国之数也。"管子对曰："请以令高杠柴池②，使东西不相睹，南北不相见。"桓公曰："诺。"行事期年③，而皮、干、筋、角之征去分，民之籍去分。桓公召管子而问曰："此何故也？"管子对曰："杠、池平之时，夫妻服辇④，轻至百里，今高杠柴池，东西南北不相睹，天酸然雨⑤，十人之力不能上；广泽遇雨，十人之力不可得而恃。夫舍牛马之力所无因⑥。牛马绝罢，而相继死其所者相望，皮、干、筋、角徒予人而莫之取。牛马之贾必坐长而百倍。天下闻之，必离其牛马而归齐若流。故高杠柴池，所以致天下之牛马而损民之籍也，《道若秘》云⑦：'物之所生，不若其所聚。'"

【注释】①皮、干、筋、角：都是军需物资，用于制造弓箭等。干：骨。②杠：小桥。柴：通"栅"，栅栏。池：这里指低浅如池的平地。③期（jī）年：一年。④服：驾驶。⑤簟：疑为"辇"。⑤酸然：下小雨的样子。⑥因：就，抵达。⑦《道若秘》：古代道术书。

【译文】桓公说："皮、干、筋、角四种兵器材料的税赋征收太重了。由于对百姓征收的这些税赋过于繁重，而使市场上皮、干、筋、角的价格昂贵，这不是治国之法。"管仲回答说："请下令修筑高桥，低洼的地方围上高高的栅栏，使东西南北各方的路人互相看不见。"桓公说："可以。"这样做了一年，皮、干、筋、角的税赋征收减少一半，人民在这方面的税赋负担也就减少了一半。桓公召见管仲询问说："这是什么缘故？"管仲回答说："桥和低洼的地方都平坦的时候，夫妻两人拉着车子，可以轻松地走百里路。现在桥高了，低洼的地方都围上了栅栏，东西南北的行人互相看不到对方，一旦天下小雨，十个人的力量也不能推车上桥；低洼的地方遇雨，十个人的力量也不能保证能走出泥泞，除了利用牛马的力量别无其他方法。牛马骡被累坏了，不断死在路上，牛马的皮、干、筋、角白送都没有人要。而牛马的价格也必然上涨百倍。天下各诸侯听到这个消息，势必像流水一样赶着牛马到齐国抛卖。所以，把桥架高、把低洼的地方围上高高的栅栏，正是用来招引天下的牛马而减少人民这项赋税负担的办法。诚如《道若秘》所说：'产出财物，不如汇聚财物。'"

桓公曰："弓弩多匡軵者①，而重籍于民，奉缮工而使弓弩多匡軵者，其故何也？"管子对曰："鹅鹜之舍近，鹍鸡鹄鸨之通远②。鹄鹍之所在，君请式璧而聘之③。"桓公曰："诺。"行事期年，而上无阙者，前无趋人。三月解钧④，弓弩无匡軵者。召管子而问曰，"此何故也？"管子对曰："鹄鹍之所在，君式璧而聘之。菹泽之民闻之，越平而射远，非十钧之弩不能中鹍鸡鹄鸨。彼十钧之弩，不得棐撒不能自正⑤。故三月解钧而弓弩无匡軵者，此何故也？以其家习其所也。"

【注释】①匡軵：弯曲至极。②鹍（kūn）鸡：古书上说的一种形似天鹅的大鸟。鹄（hú）：水鸟，形状像鹅，体较鹅大，亦称"天鹅"。鸨（bǎo）：同"鸨"，鸟名。③式：通"轼"，以手抚轼，为古人表示尊敬的礼节。聘：访问。④钧：古通"医"，用以校正弓箭防止其弯曲。⑤棐撒：用以修正弓箭形状的木器。

【译文】桓公说："我们的弓很多扭曲不好用的。我们向百姓收取重税，养活修缮的工匠，而弓弩却多扭曲不好用，这是什么原因呢？"管仲回答说："鹅、鸭的窝巢很低，鹍鸡鹄鸨则飞行高远。如果有射到鹍鸡鹄鸨的人家，请君上您派人送上玉璧去拜访他们。"桓公说："可以。"过了一年，国家的弓弩供应没有短缺不足，眼前也没有随处奔走的闲人了。三个月后解开钧，弓弩没有弯曲不能用的。桓公召见管仲询问说："这是什么原因呢？"管仲回答说："那些射到鹍鸡鹄鸨的人家，君上您派人送上玉璧去拜访他们。住在水草丰茂地方的百姓们知道以后都去射猎。没有三百斤拉力的硬弓，就不能射中它们。那些具有三百斤拉力的硬弓，如果没有'棐撒'就不能矫正。所以,三个月后解开匣,弓弩没有弯曲不能用的,其原因何在呢?就是因为做弓的人家都熟悉制作弓的方法缘故。"

桓公曰:"寡人欲藉于室屋。"管子对曰:"不可,是毁成也。""欲藉于万民。"管子曰:"不可,是隐情也。""欲藉于六畜。"管子对曰:"不可,是杀生也。""欲藉于树木。"管子对曰:"不可,是伐生也。""然则寡人安藉而可?"管子对曰:"君请藉于鬼神。"桓公忽然作色曰^①:"万民、室屋、六畜、树木且不可得藉:鬼神乃可得而藉夫?"管子对曰:"厌宜乘势^②,事之利得也;计议因权,事之囷大也^③。王者乘势,圣人乘幼^④,与物皆宜。"桓公曰:"行事奈何?"管子对曰:"昔尧之五吏五官无所食^⑤,君请立五厉之祭^⑥,祭尧之五吏,春献兰,秋敛落^⑦;原鱼以为脯,鲵以为殽。若此,则泽鱼之正,伯倍异日^⑧,则无屋粟邦布之藉^⑨。此之谓设之以祈祥,推之以礼义也。然则自足,何求于民也?"

【注释】①忽然:应作"忿然"。一说即"忽兮忽兮"之"忽",迷惘之意。②厌宜:合宜。③囷:侑,促进。④乘幼:谋划精微。幼:幽,幽微。⑤五吏五官:五官疑"衍文",实际指各种官员。⑥五厉:各种有功而得不到后人祭祀的鬼神。⑦秋敛落:秋天给坟墓封土,加固藩篱。⑧伯:百。⑨邦布:人口税的一种。

【译文】桓公说:"我想要征收房屋税。"管仲回答说:"不行,这等于毁坏房屋。"又说:"我想征人口税。"管仲回答说:"不行,这等于让人们抑制情欲减少生育。"又说:"我想要征收牲畜税。"

管仲回答说:"不行,这等于叫人们宰杀幼畜。"又说:"我想征收树木税。"管仲回答说:"不行,这等于叫人们砍伐幼树。""那么,我征收什么税才行呢?"管仲回答说:"请您向鬼神征税。"桓公很不高兴地说:"人口、房屋、牲畜、树木尚且不能征税,还能向鬼神征税么?"管仲回答说:"行事合宜、因势利导,就可以得到好处;做好谋划、根据情况变通,事情可以做的很大。王者善于运用时势,顺势而行;圣人善于谋划精微,使万事各得其宜。"桓公说:"怎么去做呢?"管仲回答说:"从前尧帝的五官,现在无人祭祀,请君上您建立五厉的祭祀制度,让人们来祭祀尧的五官。春天敬献兰花,秋天给坟墓封土,加固藩篱;用高原之鱼做成肉干献祭,用娃娃鱼做成菜肴献祭。这样,国家的渔税收入可以比从前增加百倍,那就无需征收房屋税、田赋、人口税了。这样,举行鬼神祭祀,推行礼义教化。满足了财政需要,何必再向百姓求索呢?"

桓公曰:"天下之国,莫强于越,今寡人欲北举事孤竹、离枝①,恐越人之至,为此有道乎?"管子对曰:"君请遏原流②,大夫立沼池,令以矩游为乐③,则越人安敢至?"桓公曰:"行事奈何?"管子对曰:"请以令隐三川④,立员都⑤,立大舟之都。大身之都有深渊⑥,垒十仞。令曰:'能游者赐千金。'未能用金千,齐民之游水,不避吴越⑦。"桓公终北举事于孤竹、离枝。越人果至,隐曲蔷以水齐⑧。管子有扶身之士五万人⑨,以待战于曲蔷,大败越人。此之谓水豫。

【注释】①离枝:即令支,国名,《小匡》写作"泠支"。②原流:原山之流,即淄水之源。③矩:通"距"。矩游:即跳水游泳。④隐:修筑短墙来阻塞。⑤员：同"圆"。都：同"潴"，水积聚的地方，水池。⑥大身之都：指水面积广大。⑦避：退让，此处指不在越人之下。⑧隐：通"堰"，堵塞。曲蔷：淄水拐弯处。蔷：当为"菑"之误，"菑"通"淄"。水齐：水淹齐都。⑨扶：通"浮"，指习水性善于游泳。

【译文】桓公说："天下各国，没有比越国更强的了。现在我想北伐孤竹、离枝，恐怕越国来袭，有办法解决这个问题么？"管仲回答说："请君在上游源头遏止住原山的水流，让大夫修建游水大池，让百姓跳水游水为乐。这样，越国还敢乘虚而至么？"桓公说："具体做法如何？"管仲回答说："请下令修筑堤坝来阻塞三川、建圆形水池，还要修造能行驶大船的湖。这个行大船的湖应有深渊，深度达七十尺。然后下令说：'能游者赏十金。'还没有用去千金，齐国人的游泳技术就不弱于吴越的人了。"桓公最终北伐孤竹和离枝，越国果然兵到，筑堤堵塞淄水的拐弯处水淹齐国。但管仲有善于游泳的士兵五万人，应战于淄水的拐弯处，大败越军。这叫作水战的预谋。

齐之北泽烧，火光照堂下。管子入贺桓公曰："吾田野辟，农夫必有百倍之利矣。"是岁租税九月而具，粟又美。桓公召管子而问曰："此何故也？"管子对曰："万乘之国、千乘之国，不能无薪而炊。今北泽烧。莫之续，则是农夫得居装而卖其薪荛①，一束十倍。则春有以剚耜②，夏有以决芸。此租税所以九月而具也。"

【注释】①居装：积蓄捆装。薪荛(ráo)：柴草，大的叫薪，小的叫荛。②剚：刺入、插入。剚耜：将耜插入地下，指翻耕土地。

【译文】齐国的北部草泽发生大火，火光照射到齐国的朝堂之下。管仲祝贺桓公说："我国的田地将得到开垦，农民也一定有百倍的财利可得了。"当年的租税果然在九月就交纳完毕，粮食的收成也好。桓公召见管仲询问说："这是什么原因呢？"管仲回答说："无论万乘之国还是千乘之国，做饭都不能没有柴草。现在北部草泽起火，柴草无以为继，这样，农民就储存柴草来卖，一捆柴草价格高了十倍。春天得以耕种土地，夏天得以除草耘苗。这就是租税能在九月交纳完毕的原因。"

桓公忧北郭民之贫、召管子而问曰："北郭者，尽屦缕之甿也^①，以唐园为本利^②，为此有道乎？"管子对曰："请以令：禁百钟之家不得事鞒^③，千钟之家不得为唐园，去市三百步者不得树葵菜，若此，则空闲有以相给资，则北郭之甿有所雠，其手搔之功^④，唐园之利，故有十倍之利。"

【注释】①屦（jù）缕：编草鞋，织蒲席。甿：民。②唐园：菜地。③鞒：草鞋。④搔：通"爪"，古代称织作的技能为"手爪"。

【译文】桓公忧虑北边城郭百姓的贫苦生活，召见管仲询问说："住在北边城郭的都是靠编织草鞋、蒲席为生的贫民，又以种菜为主要收入来源，有办法帮助他们么？"管仲回答说："请您下令：有百钟存粮的富家不得编织草鞋，有千钟存粮的富家不得经营菜园，住在城郊三百步以内的家庭不得自种蔬菜。这样失业的人家就可以得到资助，北郭的贫民就可以贩卖商品，他们的手工作品和菜园的收入，都将有十倍的大利润。"

管子曰："阴王之国有三^①，而齐与在焉。"桓公曰："此若言可得闻乎？"管子对曰："楚有汝、汉之黄金，而齐有渠展之盐，燕有辽东之煮，此阴王之国也。且楚之有黄金，中齐有蕾石也^②。苟有操之不工，用之不善，天下倪而是耳^③。使夷吾得居楚之黄金^④，吾能令农毋耕而食，女毋织而衣。今齐有渠展之盐，请君伐菹薪，煮沸火为盐^⑤，正而积之。"桓公曰："诺。"十月始正，至于正月，成盐三万六千钟。召管子而问曰："安用此盐而可？"管子对曰："孟春既至，农事且起。大夫无得缮冢墓，理宫室，立台榭，筑墙垣。北海之众无得聚庸而煮盐。若此，则盐必坐长而十倍。"桓公曰："善。行事奈何？"管子对曰："请以令粜之梁、赵、宋、卫、濮阳，彼尽馈食之也。国无盐则肿，守圉之国^⑥，用盐独甚。"桓公曰："诺。"乃以令使粜之，得成金万一千余斤。桓公召管子而问曰："安用金而可？"管子对曰："请以令使贺献、出正籍者必以金，金坐长而百倍。运金之重以衡万物，尽归于君。故此所谓用若挹于河海，若输之给马^⑦。此阴王之业。"

【注释】①阴王之国：指齐、楚、燕三国。本书《揆度》："壤箂，阴也。"齐、楚、燕三国各据有他国没有的自然资源，故被称作"阴王"。②蕾石：红白色带黑点的美石。一说"蕾"当作"菑"，菑石是齐国临淄所产美石，质地细润，可为璧。③倪而是：斜着眼睛看，表示轻视看不起。倪：通"睨"，斜眼看。是：当做"视"，看。④居：积。⑤沸：当作"鼎"，沸腾的水声。沸火：烈火。⑥圉：防御。⑦给马：充裕富足的筹码。马：同"码"，筹码。

【译文】管仲说:"自然资源最丰富的国家有三个,齐国就在其中。"桓公说:"这话的涵义能说给我听听么?"管仲回答说:"楚国有汝河、汉水的黄金,齐国有渠展所产的盐,燕国也有辽东所产的煮盐,这些都是自然资源丰富的国家。楚国拥有黄金,相当于齐国拥有蓄石,但如果经营不好,运用不当,天下也不把它当成宝贵的物品。若是让我拥有楚国的黄金,我可以让农民不耕种就有粮食吃,妇女不纺织就有衣服穿。现今齐国拥有渠展产的盐,就请君上您下令砍伐枯草木柴来煮盐,然后由政府征收这些盐积存起来。"桓公说:"好。"从十月开始征集,到次年正月,共征收了成盐三万六千钟。于是齐桓公召见管仲询问说:"这些盐要怎样经营运用?"管仲回答说:"初春到了,农事已经开始,规定各大夫家里不得修缮坟墓、修整房屋、建造台榭和修筑墙垣。同时规定北海沿岸的人们不得召集雇工煮盐。这样,盐价一定要上涨十倍。"桓公说:"好。下一步如何行事?"管仲回答说:"请下令把我们征收囤积的盐卖到梁、赵、宋、卫、濮阳等地。这些地方的都是靠购买外地的食盐过活的。国内无盐,人们不吃盐就会浮肿。所以,守卫自己国家,用盐之策特别重要。"桓公说:"好。"于是下令把盐卖到那几个地方,共得黄金一万一千多斤。桓公又召见管仲询问说:"如何用这些黄金呢?"管仲回答说:"请下令规定,凡朝贺献礼或交纳赋税的都必须使用黄金,金价将上涨百倍。运用黄金的价格,来折算各种物资的价格,天下的财富就全都归于君上了。所以,这就是所谓的财物像从河海中取水一样源源不断,又像不断地送来计算钱数的筹码一般。这就是自然资源丰富国家的管理方法。"

管子曰:"万乘之国必有万金之贾,千乘之国必有千金之贾，百乘之国必有百金之贾，非君之所赖也，君之所与。故为人君而不审其号令，则中一国而二君二王也。"桓公曰："何谓一国而二君二王？"管子对曰："今君之籍取以正，万物之贾轻去其分，皆人于商贾，此中一国而二君二王也。故贾人乘其弊以守民之时，贫者失其财，是重贫也；农夫失其五谷，是重竭也。故为人君而不能谨守其山林、菹泽、草莱，不可以立为天下王。"桓公曰："此若言何谓也？"管子对曰："山林、菹泽、草莱者，薪蒸之所出，牺牲之所起也。故使民求之，使民藉之，因以给之。私爱之于民，若弟之与兄，子之与父也，然后可以通财交殷也^①，故请取君之游财，而邑里布积之。阳春，蚕桑且至，请以给其口食筐曲之强^②。若此，则絓丝之籍去分而敛矣^③。且四方之不至，六时制之：春日剚耕，次日获麦，次日薄芌^④，次日树麻，次日绝菹，次日大雨且至，趣芸壅培。六时制之，臣给至于国都。善者乡因其轻重，守其委庐，故事至而不妄。然后可以立为天下王。"

【注释】①殷：齐人言"殷"声如"依"。交殷：即"交依"，相互支持。②曲：蚕箔，养蚕的器具，多用竹制成，像筛子或席子。亦称"蚕帘"。强：通镪，钱串，引申为成串的钱，后多指银子或银锭。③絓（kuā）：从废茧中抽出的粗丝。絓丝：粗丝和细丝。④薄："播"的借字，播种。芌：同"籽（zǐ）"，在植物根上培土。

【译文】管仲说："万乘之国必定有身价万金的大商人，千乘之国必定有身价千金的大商人，百乘之国必定有身价百金的大商人，他们都不是君主所能依靠的，而是君主所应掌控的对象。所以，为人君而不严格注意号令的运用，那就等于一个国家存在两个君主或两个国王了。"桓公说："何谓一国而存在两个君主或两个国王呢？"管仲回答说："现在国君收税采用直接征收的形式，老百姓手里的产品为交税而急于抛售，往往降价一半，国家财富落入商人手中。这就相当于一国而二君二王了。所以，商人乘民之危来掌控百姓销售产品的时机，使贫者丧失财物，更加的贫困；使农夫失去粮食，财力更加的枯竭。故作为君主而不能严格控制其山林、沼泽和草地，是不能成就天下王业的。"桓公说："这话是什么意思？"管仲回答说："山林、沼泽和草地，是出产柴薪的地方，也是放牧牛羊、出产祭祀牺牲的地方。所以，应当让百姓能从这些地方得到财富，能依靠这些地方的产出缴纳赋税、供给自己的生活。对百姓的爱护，像弟弟爱护兄长，儿子爱护父亲一样，这样国君与百姓就可以互通财利。再请君上拿出一部分余钱，把它分别存放在各个邑里。阳春，养蚕季节一到，就用这笔钱预借给百姓，作为他们买口粮、买养蚕工具的本钱。这样一来，国家对丝的赋税征收也可以减少一半。如果这样做四方百姓还不来归附，那就还要掌握好六个农时：春天翻地，然后春麦丰收，然后播种培土，然后种麻，然后除草，然后大雨季节将临、就锄草培土。抓好这六个时节的农事，他国的大量财物就会流入国都。善治国者，一向是利用轻重之术，掌握充足的财物贮备，所以，事件发生不至于混乱。这样才可以成就天下的王业。"

管子曰："一农不耕，民或为之饥；一女不织，民或为之寒。故事再其本，则无卖其子者；事三其本，则衣食足；事四其本，则正籍给；事五其本，则远近通，死得藏。今事不能再其本，而上之求焉无止，是使奸涂不可独行①，遗财不可包止②。随之以法，则是下艾民③。食三升④，则乡有正食而盗⑤；食二升，则里有正食而盗；食一升，则家有正食而盗。今操不反之事⑥，而食四十倍之粟，而求民之毋失，不可得矣。且君朝令而求夕具，有者出其财，无有者卖其衣屦，农夫粜其五谷，三分贾而去。是君朝令一怒⑦，布帛流越而之天下⑧。君求焉而无止，民无以待之⑨，走亡而栖山阜。持戈之士顾不见亲，家庭失而不分⑩，民走于中而士逃于外。此不待战而内败。"

【注释】①奸涂不可独行：此与《揆度》篇"奸涂不可独遵"意同。奸涂：即奸途。不可独行：指言行奸途者众多。②遗财：多余的财产。③艾(yì)：通"刈"，刈割，斩除。④食三升：粮价上涨三倍。⑤正：当为"丐"字之误。丐：求。⑥不反之事：收获不够成本。⑦怒：气势很盛、不可遏止。⑧之：到……去。⑨待：供给。⑩家庭失而不分：指夫妇失散。

【译文】管仲说："一个农民不耕田，就有人可能因此而挨饿；一个妇女不织布，就有人可能因此而受冻。农事收益能有本钱的两倍，农民就没有卖儿卖女的；三倍，则衣食充足；四倍，则赋税有保证；五倍，则余粮远近流通，死人也得到妥善地安葬。现在农事收益若达不到本钱的两倍，君主又不停地征收苛捐杂税，为非作歹的人就越来越多，家中有余财的也根本守不住。国家如果再用法律镇压那些犯错的人，就等于残害百姓。粮食价格上涨三倍，乡里就会有为果腹而偷盗的；粮食价格上涨两倍，每个里就会有为果腹而偷盗的；粮食价格上涨一倍，每个家庭都会有为果腹而偷盗的了。现在人们辛勤劳作连本钱都收不回来，却吃着涨价四十倍的粮食，还想要他们不流离失所，是办不到的。加上君上早上下令征税，晚上就限令交齐，有钱人家只好把财产拿出来，穷苦人家只好变卖衣物，农民卖粮交税，仅能卖到市价的十分之三。国君的命令一出，势不可挡，财物就流失于天下了。国君对百姓的征敛没有止境，百姓无力应付，就只好逃亡而进入山林。战士见不到自己的亲人，家庭破灭夫妻离散。平民在国内流亡，将士投敌叛国，这样，不用战争就会从内部垮台的。"

管子曰："今为国有地牧民者，务在四时，守在仓廪。国多财则远者来，地辟举则民留处；仓廪实则知礼节，衣食足则知荣辱。今君躬犁垦田，耕发草土，得其谷矣。民人之食，有人若干步亩之数，然而有饿馁于衢间者何也？谷有所藏也。今君铸钱立币，民通移，人有百十之数，然而民有卖子者何也？财有所并也。故为人君不能散积聚，调高下，分并财，君虽强本趣耕，发草立币而无止，民犹若不足也。"

【译文】管仲说："现今治理国家拥有土地管理人民的君主，要注重四时农事，保证粮食贮备。国家财力充足，远方的人们就能自动来归附；荒地开发得好，人民才能安心留住。粮食储备充足，人们就知道礼节；衣食丰足，人们就懂得荣辱。现在君上亲自耕种开垦田地，翻土除草，为全国做表率，我们已经是掌握了粮食生产这件重要的事了。百姓的口粮，每人也有一定数量的土地保证，然而大街小巷为什么还有挨饿受冻的人呢？这是因为有些粮食被人囤积起来了。现在君上铸造钱币，人民用钱币来交易，每人也合有几百几十钱，然而为什么还有卖儿卖女的呢？这是因为有些人的钱财被人兼并了。

所以，作为人君，不能分散囤积的粮食，调节物价的高低，分散兼并的财利，即使他加强农业、督促生产，开发荒地和铸造钱币，人民也还是要贫穷的。"

桓公问于管子曰："今欲调高下，分并财，散积聚。不然，则世且并兼而无止，蓄余藏羡而不息，贫贱鳏寡独老不与得焉。散之有道，分之有数乎？"管子对曰："唯轻重之家为能散之耳，请以令轻重之家。"桓公曰："诺。"东车五乘①，迎癸乙于周下原。桓公问四②，因与癸乙、管子、宁戚相与四坐，桓公曰："请问轻重之数。"癸乙曰："重籍其民者失其下，数欺诸侯者无权与。"管子差肩而问曰③："吾不籍吾民，何以奉车革？不籍吾民，何以待邻国？"癸乙曰："唯好心为可耳④！夫好心则万物通，万物通则万物运，万物运则万物贱，万物贱则万物可因。知万物之可因而不因者，夺于天下。夺于天下者，国之大贼也。"桓公曰："请问好心万物之可因？"癸乙曰："有余富无余乘者，责之卿诸侯；足其所，不赂其游者⑤，责之令大夫。若此则万物通，万物通则万物运，万物运则万物贱，万物贱则万物可因矣。故知三准同策者能为天下⑥，不知三准之同策者不能为天下。故申之以号令，抗之以徐疾也⑦，民乎其归我若流水。此轻重之数也。"

【注释】①东：动。一说应为"束"，束车即驾车。②问四：即"问驷"。桓公远迎，在赐予癸乙的车上与其谈话。③差肩：肩并肩的样子。此处指紧接着。④好心：用心谋划。⑤游：失业的人，无业游民。⑥三准：调高下，分并财，散积聚。⑦抗：举，实施。

【译文】桓公问管仲说："现在我想调节物价高低，分散兼并的财利，散开囤积的粮食。否则社会上将会无休止地兼并，不停息地囤积财物，贫贱鳏寡孤老的人们将生活无着了。那么，散积聚、分并财有什么要遵循的道理和方法吗？"管仲回答说："只有精通轻重之术的人能散积聚，请下令精通轻重之术的人来做这件事。"桓公说："好。"于是驾车五乘，从周下原接来癸乙。桓公于城门处迎接，与癸乙、管仲、宁戚一起，四人坐定。桓公说："请问关于轻重之术？"癸乙说："向人民征税过重，就失掉人民支持；对诸侯屡次失信，就没有盟国追随。"管仲紧接着问他说："我不向人民征税，用什么供养军队？不向人民征税，靠什么抵御邻国入侵？"癸乙说："用心谋划才行。用心谋划，万物可流通，万物流通则万物都运转交易起来，流通交易则物价下跌，物价下跌则万物都可以利用了。懂得万物可以利用而不用，财货就流失到其他国家，流失到其他国家，是本国的大害。"桓公说："请问什么是用心筹谋则万物可以利用。"癸乙回答说："国内财货有余但战车不足，就责成卿大夫和附庸诸侯去解决。自己家财富足但不救济无业的人，就责成令大夫去解决。这样做，财货就可以流通，有财货流通则财货可以交易运转起来，流通交易则物价下跌，物价下跌则万物都可以利用了。所以，懂得调高下、分并财、散积聚这三种调节措施都是轻重之策的人，才能够治理天下，不懂就不能治理天下。所以要用号令来明确这些政策，配合以缓急合宜的实施方法，天下百姓就会像流水般地归附于我们。这就是轻重之术。"

桓公问于管子曰："今刬戟十万，薪菜之靡日虚十里之衍①；顿戟一噪，而靡币之用日去千金之积②。久之，且何以待之？"管子对曰："粟贾平四十③，则金贾四千。粟贾釜四十则钟四百也，十钟四千也，二十钟者为八千也。金贾四千，则二金中八千也。然则一农之事，终岁耕百亩，百亩之收不过二十钟，一农之事乃中二金之财耳。故粟重黄金轻，黄金重而粟轻，两者不衡立，故善者重粟之贾。釜四百，则是钟四千也，十钟四万，二十钟者八万。金贾四千，则是十金四万也，二十金者为八万。故发号出令，曰一农之事有二十金之策。然则地非有广狭，国非有贫富也，通于发号出令，审于轻重之数然。"

【注释】①衍：富饶，在此引申为收益。②靡币：同"靡敝"，耗费。③平：平价。

【译文】桓公问管仲说："现在国家有十万将士，每天烧火做饭的消耗可以用掉十里耕田的收入；一次战争，每天的费用可以用掉千金的积蓄。久而久之，怎样维持下去？"管仲回答说："粮食的平价每釜四十钱，而金价为每斤四千钱。按粮价每釜四十钱计算，每钟四百钱，十钟四千钱，二十钟八千钱。金价按每斤四千计算，两斤就是八千钱。然而，一个农民每年耕地百亩，百亩的收成不过二十钟，一个农民一年的耕作仅合两斤黄金的价值。所以，粮贵黄金就贱，黄金贵粮食就贱，两者涨落刚好相反。所以，善于治国的人就是要提高粮食价格。如每釜提为四百钱，每钟就是四千钱，十钟四万钱，二十钟就是八万钱。金价每斤仍为四千，十斤才是四万，二十斤才八万。所以，君主发出号令，就能使一个农民一年的耕作等于二十斤黄金的收入。由此可见，国土不再广狭，国家不再贫富，关键在于善于发号施令和精通轻重之术。"

管子曰："湩然击鼓^①，士忿怒；枪然击金^②，士帅然^③。策桐鼓从之^④，舆死扶伤，争进而无止。口满用，手满钱，非大父母之仇也^⑤，重禄重赏之所使也。故轩冕立于朝，爵禄不随，臣不为忠；中军行战^⑥，委予之赏不随，士不死其列陈。然则是大臣执于朝^⑦，而列陈之士执于赏也。故使父不得子其子，兄不得弟其弟，妻不得有其夫，唯重禄重赏为然耳。故不远道里而能威绝域之民^⑧，不险山川而能服有侍之国^⑨，发若雷霆，动若风雨，独出独入，莫之能圉。"

【注释】①湩（dòng）然：鼓声。②枪：同"锵"，撞击金属器物的声音。③帅：通"率"，急速的样子。④策：击。桐：通"通"，以竹木贯通鼓可以背负行走。⑤大：看重。⑥中军：古代军队多分为中、左、右三军，或上、中、下三军。中军由主帅亲自率领，是军队的指挥中枢。⑦执：制。⑧道里：指路程。远道里：这里指远征。⑨有侍之国：此指依仗山川险固的城邑国家。

【译文】管仲说："咚咚击鼓，战士就愤怒前进；锵锵鸣金，战士就急速撤退。如果令士兵背上战鼓在冲锋的将士后面擂鼓驱动他们，虽然死伤众多，将士们还是不停地争相前进。将士们粮草足用，军饷丰厚，他们拼死作战并不是看重报父母之仇，而是厚赏重禄使他们这样的。所以君相在朝廷上，如果不授予高官厚禄，臣下就不肯尽忠；将军亲自带领中军作战，如果军饷囤积不发给士卒，士卒就不肯死战。由此看来，朝堂上的大臣受制于爵禄，而军中的将士受制于赏赐。所以，要使作父亲的舍得出自己的儿子，作哥哥的舍得出自己的弟弟，作妻子的舍得出自己的丈夫，唯有重禄重赏才可以做到。所以，不需要远征就能震慑边地的臣民；不用涉险山川就能征服有险可守的国家；发兵像雷霆一样猛烈，动兵像风雨一样迅速，如入无人之境，任何力量都抵挡不住。"

　　桓公曰："四夷不服，恐其逆政游于天下而伤寡人①，寡人之行，为此有道乎？"管子对曰："吴越不朝，珠象而以为币乎？发朝鲜不朝，请文皮、毡服而为币乎②？禺氏不朝，请以白璧为币乎？昆仑之虚不朝，请以璆琳琅玕为币乎③？故夫握而不见于手，含而不见于口，而辟千金者④，珠也；然后，八千里之吴越可得而朝也。一豹之皮，容金而金也⑤；然后，八千里之发、朝鲜可得而朝也。怀而不见于抱，夹而不见于被，而辟千金者，白璧也；然后，八千里之禺氏可得而朝也。簪珥而辟千金者，璆琳、琅玕也；然后，八千里之昆仑之虚可得而朝也。故物无主，事无接，远近无以相因，则四夷不得而朝矣。"

　　【注释】①游：流，流行。②毡（tuò）：古同"毻"，脱毛。③璆（qiú）琳琅玕：泛指美玉。④辟：比，等于。⑤容金：衣袖和衣襟。
　　【译文】桓公说："四夷不肯臣服，我怕他们的逆政会影响天下而伤害到我国，我们有办法解决么？"管仲回答说："吴国和越国不来朝，就用他们所产的珍珠和象牙作为货币。朝鲜不来朝，就用他们的文皮和皮服作为货币。禺氏不来朝拜，就用他们所产的玉璧作为货币。昆仑各部不来朝拜，就用他们所产的良玉美石作为货币。所以，那种拿在手里或含在口里都看不见，而价值千金的东西，是珍珠，用它作货币，八千里外的吴越就会来臣服朝贡。一张豹皮，拿它做衣襟衣袖，衣服价值千金，用它作为货币，八千里外的朝鲜就会来臣服朝贡。揣在怀里或挟在腋下都不显眼而价值千金的，是白璧，用它作货币，八千里外的禺氏就会来臣服朝贡。发簪耳饰之类能价值千金的，是用美玉做的，用它们作为货币，八千里外的昆仑虚就会来臣服朝贡。所以，各国的宝物无人管理，各国之间的事务无人接洽，远近各国都不相互依托互利，四夷也就不会前来朝拜。"

轻重乙第八十一

【题解】此篇全文共分十几段，亦是每段讨论一个问题，段
与段间没有联系。元材先生说，《甲》《乙》等篇不是同一时代同
一个人所作。所以，其中所提的问题，有与其他各篇完全相同的，
也有对其他各篇提出修正意见的，也有和前面的问题一样而结论
不尽相同的。这些现象即可以看出篇与篇之间的相互关系，又可
以看出各篇所反映出的时代精神。就以本篇第三段而论，前半节
与《海王篇》"铁官之数"略同，后半节提出反对山铁国营、主张
山铁民营。这应该是后来时代所做的文章，他们的区别不仅表现
在国营民营的主张，还表现在所列上产工具种类的多寡上。其他
各篇重复之处甚多，但往往由于有一二字之不同，可以作为划分时
代的标准。也不必因为是后人所作而废弃不读。

桓公曰："天下之朝夕可定乎？"管子对曰："终身不定。"
桓公曰："其不定之说，可得闻乎？"管子对曰："地之东西
二万八千里，南北二万六千里。天子中而立，国之四面，面万有
余里。民之入正籍者亦万有余里。故有百倍之力而不至者，有十
倍之力而不至者，有倪而是者。则远者疏，疾怨上。边竟诸侯受

君之怨民，与之为善，缺然不朝，是无子塞其涂。熟谷者去，天下之可得而霸？"桓公曰："行事奈何？"管子对曰："请与之立壤列天下之旁①，天子中立，地方千里，兼霸之壤三百有余里，仳诸侯度百里②，负海子男者度七十里，若此则如胸之使臂，臂之使指也。然则小不能分于民，准徐疾羡不足，虽在下不为君忧。夫海出沸无止③，山生金木无息，草木以时生，器以时靡币，沸水之盐以日消。终则有始，与天壤争④，是谓立壤列也。"

【注释】①壤列：分封土地。旁：通"方"。天下之旁：当为天下四旁，即天下四方。②仳（cǐ）：小，这里指普通诸侯。③沸（jǐ）：戴望云：宋本"沸"作"沸"。元材案：仍当作"沸"。指海水过滤出的盐渣。④天壤：即天地。争：万物虽有毁败消耗之时，然天地仍生生不已。与天壤争：与天地的运动变化并行不止。

【译文】桓公问："天下的物价涨跌可以使之稳定不变吗？"管仲回答说："物价永远不可能稳定不变。"桓公问："物价不能稳定不变的原因，可以讲给我听听么？"管仲回答说："国土的东西距离二万八千里，南北二万六千里。天子定都中央，与国家四面边境的距离，每面距离都有一万多里，百姓缴纳赋税远的也要走一万多里。因此，有用百倍的劳力也送不到的，有用十倍劳力也送不到的，也有转瞬即到的。距离远的和君上的关系也就疏远，对君上也心怀怨恨。边境诸侯收容这些怨民，同他们亲善拉拢，以致不来朝拜，这种情况等于是天子自己阻塞了统治的通道。种植粮食的农民都离开君上，那君上还能称霸天下吗？"桓公问："该怎么办呢？"管仲回答说："请在天下四方设定土地划分制度，天子处在中央，土地方圆千里；较大的诸侯拥有土地三百多里，普通诸侯拥有土地大约百里，靠海的子爵、男爵拥有土地大约七十里。这样就像胸使用臂，臂使用手指一样方便。这样一来，各诸侯的势力就变小了，不能与天子争民；君上注意调节财物供求缓急、盈余及不足，虽财物在民间，君主也不必为此担忧。海水稀出盐卤不止，山不断地出产金矿和木材，草木按时令生长，器物随时间消耗，海盐也会不断的消耗。周而复始，与天地的运动变化并行不止，这就是所谓的设立土地分封制度。"

武王问于癸度曰①："贺献不重，身不亲于君；左右不足，支不善于群臣②。故不欲收稑户籍而给左右之用③，为之有道乎？"癸度对曰："吾国者衢处之国也，远秸之所通、游客蓄商之所道，财物之所遵④。故苟人吾国之粟⑤，因吾国之币，然后，载黄金而出⑥。故君请重重而衡轻轻⑦，运物而相因，则国策可成。故谨毋失其度未与民可治。"武王曰："行事奈何？"癸度曰："金出于汝、汉之右衢，珠出于赤野之末光，玉出于禺氏之旁山⑧。此皆距周七千八百余里，其涂远，其至厄。故先王度用于其重，因以珠玉为上币，黄金为中币，刀布为下币。故先王善高下中币，制下上之用，而天下足矣。"

【注释】①癸度：为假托人名。此段文字，已分见《国蓄》《地数》及《揆度》等篇。上段文字《地数篇》亦有之。然各篇除《国蓄篇》外，其余皆作管子对桓公语。②支：即肢，谓四肢也，与"身"对文。"贺献不重"与"左右不足"亦为对文。"身"指君主自己，"支"指君主左右。③收稑："亩稑"之讹误，这里指粮食赋税。④"通""道""遵"：皆往来经过之意。⑤入：当作"食"。⑥载黄金而出：即《地数篇》"骐骥黄金然后出"之意，指外国商人从其国向吾国输入黄金。⑦重重而衡轻轻：指以黄金之重衡万物之轻而言。此与《轻重甲篇》"金坐长而百倍，运金之重以衡万物，万物尽归於君"，意义全同。⑧旁山：《地数》《揆度》二篇皆作"边山"，"旁""边"意思相同，可以互用。也如禺氏、牛氏的互用。

【译文】周武王曾问癸度说："给天子的献礼不丰厚，天子待我就不亲厚；给天子左右近臣的馈遗不丰厚，天子左右近臣就待我的臣子幕僚不亲厚。如果我不想对田地人口征税，又想能满足我臣子幕僚的需要，该怎么办呢？"癸度回答说："我国是四通八达的国家，交纳赋税的人无论远近都要从这里通过，游客蓄商从这里经过，资财货物从这里转运。因此，只要他们吃我国的粮食，用我国的货币，这样，他们就会用黄金来和我们交换。所以，君上要用黄金来衡准万物的价格，然后再流通万物而互相依托利用，国家的理财政策就成功了。所以，要谨慎对待不要失了分寸，国家就可以治理的很好。"武王说："具体怎么做呢？"癸度说："黄金产在汝河、汉水的右面一带，珍珠产在赤野的末光，玉产在禺氏的边山。这些东西的产地都与周朝中央的国都相距七千八百多里，路途遥远，难以到达。所以先王分别按其贵重程度考虑使用，把珠玉定为上等货币，黄金定为中等货币，刀布作为下等货币。先王就是擅于调整中币的价格高低，用来控制下币刀布和上币珠玉的使用，这就能满足天下需要了。"

桓公曰："衡谓寡人曰：'一农之事必有一耜、一铫、一镰、一鎒、一椎、一铚①，然后成为农。一车必有一斤、一锯、一釭、一钻、一凿、一銶、一轲②，然后成为车。一女必有一刀、一锥、一箴、一鉥③，然后为女。请以令断山木，鼓山铁。是可以毋籍而用足。'"管子对曰:"不可。今发徒隶而作之,则逃亡而不守;发民,则下疾怨上,边竟有兵则怀宿怨而不战。未见山铁之利而内败矣。故善者不如与民,量其重,计其赢,民得其十④,君得其三。有杂之以轻重,守之以高下。若此,则民疾作而为上虏矣。"

【注释】①鎒(nòu):同"耨",古代锄草的农具。铚(zhì):古代一种短的镰刀。②斤:古代砍伐树木的工具,与斧相似,比斧小而刃横。釭:车毂口穿轴用的铁圈。銶:凿子(一说独头斧)之类。轲:车轴。③箴:针。鉥(shù):长针。④十:应为"七"。

【译文】桓公说:"衡对我讲:'一个农夫种地,必须有一把犁、一把大锄、一把镰、一鎒、一椎、一把小镰刀等工具,然后才可以进行农业耕作。一个造车的工匠,必须有斧、锯、铁钉、钻、凿、钵和轴铁等工具,然后才能造车。一个女工,必须有刀、椎、针、长针等工具,然后才能做女工。请下令砍伐树木,鼓炉铸铁,这就可以不征税而保证财用充足。'"管仲回答说:"不可以。如果派罪犯、奴隶去开山冶铁,那他们就会逃亡而无法控制。如果征发百姓,那百姓就会怨恨国君;一旦边境发生战事,则百姓必心怀宿怨而不肯为国出力。开山冶铁未见其利,而国家内部先败落了。所以,善于治理国家的君主,不如把矿山交给民间经营,估算好它的价格,计算赢利,由百姓分利七成,君主分利三成。国君再把轻重之术运用在这个过程,用价格政策加以掌握。这样,百姓就会奋力劳动而甘听君主的操控了。"

桓公曰:"请问壤数。"管子对曰:"河淤①,诸侯亩钟之国也。碛^②，山诸侯之国也。河淤诸侯常不胜山诸侯之国者，豫戒者也^③。"桓公曰："此若言何谓也？"管子对曰："夫河淤诸侯，亩钟之国也，故谷众多而不理，固不得有。至于山诸侯之国，则敛蔬藏菜，此之谓豫戒。"桓公曰："壤数尽于此乎？"管子对曰："未也。昔狄诸侯，亩钟之国也，故粟十钟而锱金，程诸侯，山诸侯之国也，故粟五釜而锱金。故狄诸侯十钟而不得剿戟，程诸侯五釜而得剿戟，十倍而不足，或五分而有余者，通于轻重高下之数。国有十岁之蓄，而民食不足者，皆以其事业望君之禄也。君有山海之财，而民用不足者，皆以其事业交接于上者也。故租籍，君之所宜得也；正籍者，君之所强求也。亡君废其所宜得而敛其所强求，故下怨上而令不行。民夺之则怒，予之则喜。民情固然。先王知其然，故见予之所^④，不见夺之理。故五谷粟米者，民之司命也；黄金刀布者，民之通货也。先王善制其通货以御其司命，故民力可尽也。"

【注释】①淤：沃土。②碛：瘠，指砂石贫瘠之地。③豫戒：预先有所防备。④所：处。

【译文】桓公说："请问土地的经营管理方法。"管仲回答说："靠近河边、土地肥沃的诸侯国，亩产一千钟粮食。拥有贫瘠的砂石之地，是山地的诸侯国。但是，拥有肥沃土地的诸侯国反而常常赶不上山地诸侯国，这就是由于'预先有所准备'。"桓公说："这话是什么意思呢？"管仲回答说："拥有肥沃土地的诸侯国，是亩产高达一千钟的国家，粮多而不加管理，所以不能实际据有这些粮食。至于山地的诸侯国，则是节约米粮，贮藏蔬菜，这个就叫作'预有所备'。"桓公说："土地的经营管理方法就到此为止了么？"管仲回答说："没有。从前有个狄国诸侯，是亩产一千钟粮食的国家，所以十钟粮食卖价才一锱金。另外有个程国诸侯，是山地的诸侯国，所以五釜粮食卖价就是一锱金。问题是狄国诸侯十钟粮食卖价才一锱金，却不能满足军队需要，程国诸侯半钟粮食卖价就是一锱金却能满足军队需要。十倍而不足，五分而有余，原因全在于通晓轻重之术和调控物价高低的理财方法。国家有十年的粮食贮备，而人民的粮食还不够吃，人们就想用自己的劳作来求取君主的俸禄；国家有自然资源带来的财富，而人民的用度还是不充足，人们就想用自己的劳作换取君主的钱财。对田地征税是君主应得的，征收其他的苛捐杂税是君主强求的。亡国之君，废弃他所应得的赋税而取其所强求的，所以百姓怨恨君主，政令无法推行。百姓是予之则喜，夺之则怒，人情无不如此。先王懂得这个道理，所以在给予人民利益时，要求形式鲜明；在夺取人民利益时，则要求不露内情。粮食是人民生命的主宰；黄金、货币是人民交易的手段。先王就是善于利用货币的流通来控制主宰人民生命的粮食，所以就把百姓的力量充分利用起来了。"

管子曰："泉雨五尺^①，其君必辱；食称之国必亡^②，待五谷者众也^③。故树木之胜霜露者不受令于天，家足其所者不从圣人。故夺然后予，高然后下，喜然后怒^④，天下可举。"

【注释】①泉雨五尺：指雨量丰沛，粮食丰收。②食称：指粮食与人口数量相称。③待五谷者众：依赖于粮食的人多。④喜然后怒：指对将士，要先让他们欢喜，然后再激励他们奋勇杀敌。

【译文】管仲说:"风调雨顺、粮食丰收,国君就会受到轻视;粮食足够的国家必然灭亡,这是因为只要好好耕种就能生活富裕的人多。所以,不怕霜露的树木,不受天的摆布,自家能满足需求的人们,不肯服从君主。所以,先夺取而后给予,先提高物价而后降低,先使将士欢喜然后再激励他们,天下事就好办了。"

桓公曰:"强本节用,可以为存乎?"管子对曰,"可以为益愈,而未足以为存也。昔者纪氏之国强本节用者,其五谷丰满而不能理也,四流而归于天下①。若是,则纪氏其强本节用,适足以使其民谷尽而不能理,为天下虏。是以其国亡而身无所处。故可以益愈而不足以为存,故善为国者,天下下,我高;天下轻,我重;天下多,我寡。然后可以朝天下。"

【注释】①四流:四散外流。
【译文】桓公说:"加强农业生产,节约财政用度,就可以使国家长治久安吗?"管仲回答说:"可以使经济情况更好些,但不能保证国家长治久安。从前,纪氏的国家就是加强农业生产节约财政用度的,但粮食丰收而不能经营管理,粮食便四下外流而归于天下各国。这样,纪氏虽加强农业生产节约财政用度,又不管理,恰恰使他的百姓粮食外流净尽而被天下所掠取,他自己也国亡而无处容身。所以说只能使经济情况更好些,而不能保证国家长治久安。所以善于治理国家的,总是在天下各国物价降低时,我则使它提高;各国轻视此种商品时,我则重视;各国市场供过于求时,我则通过囤积使之供不应求。这样就可以让天下臣服来朝拜了。"

桓公曰："寡人欲毋杀一士，毋顿一戟，而辟方都二^①，为之有道乎？"管子对曰："泾水十二空^②，汶渊洙浩满三之于。乃请以令，使九月种麦，日至日获^③，则时雨未下而利农事矣。"桓公曰："诺。"令以九月种麦，日至而获。量其艾^④，一收之积中方都二。故此所谓善因天时，辩于地利，而辟方都之道也。

【注释】①辟：开辟，此处为夺取。方都：大城邑。②泾水：发源于山而流入海的水流。本句郭沫若云：疑"泾水上下控"。③日至：夏至。④艾：通"刈"，收割的数量。

【译文】桓公说："我想要不死一兵一卒，不动一刀一枪就能得到两座大城，有办法做到么？"管仲回答说："从山上流下的小水流按地形高低加以控制，汶、泗、洙等诸多河道的水量会淤积到三倍。然后请下令让百姓九月种下麦子，翌年夏至收割。这样，夏季雨季未到之前，还能收获亦即庄稼。"桓公说："可以。"便下令九月种麦，翌年夏至收割。计算收获的粮食数量，一年收成的积蓄就等于得到两座大城。所以，善用天时，明察地利所获得的财富，就相当于得到大城邑所得到的财富。

管子入复桓公曰："终岁之租金四万二千金，请以一朝素赏军士^①。"桓公曰："诺。"以令至鼓期^②，于泰舟之野期军士^③。桓公乃即坛而立，宁戚、鲍叔、隰朋、易牙、宾胥无皆差肩而立。管子执枹而揖军士曰："谁能陷陈破众者，赐之百金。"三问不对。有一人秉剑而前，问曰："几何人之众也？"管子曰："千人之众。""千人之众，臣能陷之。"赐之百金。管子又曰："兵接弩张，谁能得卒长者，赐之百金。”问曰：“几何人卒之长也？”管子曰：“千人之长。”“千人之长，臣能得之。”赐之百金。管子又曰：“谁能听旌旗之所指，而得执将首者，赐之千金。”言能得者垒千人④，赐之人千金。其余言能外斩首者，赐之人十金。一朝素赏，四万二千金廓然虚。桓公惕然太息曰：“吾曷以识此？”管子对曰：“君勿患。且使外为名于其内，乡为功于其亲，家为德于其妻子。若此，则士必争名报德，无北之意矣⑤。吾举兵而攻，破其军，并其地，则非特四万二千金之利也。”五子曰：“善。”桓公曰：“诺。”乃诫大将曰：“百人之长，必为之朝礼；千人之长，必拜而送之，降两级。其有亲戚者，必遗之酒四石，肉四鼎；其无亲戚者，必遗其妻子酒三石，肉三鼎。”行教半岁，父教其子，兄教其弟，妻谏其夫，曰：“见其若此其厚⑥，而不死列陈，可以反于乡乎？”桓公终举兵攻莱，战于莒必市里。鼓旗未相望，众少未相知，而莱人大遁。故遂破其军，兼其地，而虏其将。故未列地而封，未出金而赏，破莱军，并其地，擒其君。此素赏之计也。

【注释】①素：预先。②至：通“致”。鼓期：当做“鼓旗”，用于指挥的工具。至鼓期：指召集鼓旗。③期：集合。④垒：与“累”同。⑤北：背叛，逃亡。⑥见其：被期待。其：通“期”，期待。

【译文】管仲向桓公报告说：“全年的赋税有四万二千金，请您在一天内把这些金全部预赏给将士。”桓公说：“可以。”便下令准备鼓旗，在泰州之野召集将士。桓公站在坛上，宁戚、鲍叔、隰朋、易牙、宾胥无都依次挨肩而立。管仲拿着鼓槌向将士拱手为礼说："谁能冲锋陷阵攻破敌众，赏百金。"三次发问无人回答。有一战士执剑向前询问说："多少敌众呢？"管仲说："千人之众。""千人之众，我可以攻破。"于是赏给他一百金。然后管仲又发问说："在交战当中，谁能擒获敌军的卒长，赏百金。"下面又有人询问说："是多少人的卒长呢？"管仲说："一千人的卒长。""千人的卒长，我可以擒到。"于是赏给他一百金。管仲又发问说："谁能听旌旗号令，按旌旗所指的方向，取到敌军大将的首级，赏千金。"回答可以得到的累计有千人，每人都赏给一千金。其余凡是自己说能够在外杀敌的，都赏给每人黄金十斤。一早上的"预赏"，四万二千斤黄金都光了。桓公忧惧地叹息说："我不明白这样做的用意呀？"管仲回答说："君上不必忧虑。让战士在外争光，荣显于乡里，在内报功于双亲，在家有德于妻子，这样，将士们必然会争取建功立业，报答君王的恩德，没有败退背叛之心。我们举兵作战，能够攻破敌军，占领敌人土地，那就不只限于四万二千金的利益了。"五位大臣都说："好。"桓公也说："好。"于是又告诫军中大将们说："凡统领百人的军官，一定要按访问的礼节相待；统领千人的军官，一定要下阶两级拜而送之。对于有父母的将士，一定要赏给他酒四石、肉四鼎；对于没有父母的将士，一定要赏给他妻子酒三石，肉三鼎。"这个办法实行半年，百姓中父亲告诉儿子，兄长告诉弟弟，妻子劝告丈夫，说："国家待我们如此优厚，若不死战于前线，还有什么脸面回到乡里来呢？"桓公最后终于举兵攻伐莱国，在莒地的必市里交战。战旗还没有互相看到，兵力多少还没有互相了解，莱国军队就大败而逃。于是击破他们的军队，占领了他们的土地并且俘虏了他们的将领。这样，不用割地分封，不用出资奖赏，便攻破了莱国的军队，吞并了莱国的土地，擒获了他们的国君。这便是预先行赏的计策。

桓公曰："曲防之战，民多假贷而给上事者。寡人欲为之出赂^①，为之奈何？"管子对曰："请以令：令富商蓄贾百符而一马^②，无有者取于公家。若此，则马必坐长而百倍其本矣。是公家之马不离其牧皂^③，而曲防之战略足矣。"

【注释】①赂：赠送的财物，亦泛指财物。出赂：这里指代民偿还贷款。②符：借券。③皂：牛马的食槽。

【译文】桓公说："曲防战役时，很多百姓都是借钱来供给国家军费的，我想替他们出钱偿还，该怎么办呢？"管仲回答说："请您下令：令富商蓄贾凡是握有百张债券的献马一匹，没有马的可以向国家购买。这样，马的市价一定上涨到百倍之多。国家的马匹还没有离开马槽，曲防战役的费用就足够偿还了。"

桓公问于管子曰："崇弟、蒋弟，丁惠之功世，吾岁罔^①，寡人不得籍斗升焉。去菹菜、咸卤、斥泽、山间堫壤不为用之壤^②，寡人不得籍斗升焉。去一列稼缘封十五里之原^③，强耕而自以为落^④，其民，寡人不得籍斗升焉。则是寡人之国，五分而不能操其二，是有万乘之号而无千乘之用也。以是与天子提衡^⑤，争秩于诸侯^⑥，为之有道乎？"管子对曰："唯籍于号令为可耳。"桓公曰："行事奈何？"管于对曰："请以令发师置屯籍农^⑦，十钟之家不行，百钟之家不行，千钟之家不行。行者不能百之一，千之十，而困窭之数皆见于上矣^⑧。君案困窭之数，令之曰：'国贫而用不足，请以平价取之子，皆案困窭而不能挹损焉^⑨。'君直币之轻重以决其数，使无券契之责，则积藏困窭之粟皆归于君矣。故九州无敌，竟上无患。"令曰^⑩："罢师归农，无所用之。"管子曰："天下有兵，则积藏之粟足以备其粮；天下无兵，则以赐贫甿，若此则菹菜、咸卤、斥泽、山间堳埒之壤无不发草。此之谓籍于号令。"

【注释】①冈：无。岁冈：即岁无。②堳（wèi）埒（lěi）：高低不平的山地。③列稼：分布的农田。缘封：沿着边境。原：平地。④强耕：被强人私占开垦耕种。落：此指形成村落。⑤提衡：并肩而立，不相上下。⑥秩：品级次第，一说指积蓄的财务。⑦发师：派遣军队。屯：驻军。⑧囷（qūn）窌（jiào）：谷仓与地窖，泛指粮仓。⑨挹损：减少缩小。⑩令曰：马非百云："'令曰'当作'公曰'。"

【译文】桓公问管仲说："崇弟、蒋弟、丁惠等功臣的后裔，我是全年得不到他们什么东西的，对他们我不能征收一斗一升的赋税。去掉荒草地、盐碱地、盐碱水泽地及高低不平的山地这些没什么用的土地，这些地方我也不能征收到一斗一升。去掉庄稼布满在边境十五里平原上的农田，这些地方被人强行占有耕种而自建村落，对他们我也不能征收到一斗一升。这就是说，我的国家，五分收入我还不能掌握二分，虽然有万乘之国的名，而没有千乘之国的财用。以这样的条件同天子并驾齐驱，同诸侯争夺地位，还有什么办法能做到么？"管仲回答说："只有在号令上想办法才行。"桓公说："怎么做呢？"管仲回答说："请下令派遣军队去边疆屯田务农，但规定家存十钟粮食的可以不去，家存百钟粮食的可以不去，家存千钟粮食的更可以不去。这样，去的人不会有百分之一或千分之十，而各家粮仓的存粮数字则全部被君上知道了。君上再根据各家的存粮数量发令说：'朝廷困难而财用不足，要按照平价向你们征购粮食。你们要按照粮仓的储备数量完全售出，不得增减。'然后，君上按照所值货币的多少来算清钱数付款，使国家没有借贷的券契需要偿还。这就使各家粮仓积藏的存粮全部归于国君了。这样，就可以做到九州无敌，国境安全无患。"桓公说："军队不打仗了，士兵都回家务农，这些粮食岂不没有用处了么？"管仲说："一旦天下发生战争，则贮备的粮食可以作为军粮；天下没有战争，则用来帮助贫困农民生产，这样，荒草地、盐碱地、盐碱水泽以及高低不平的山地，就没有不开辟耕种的了。这些做法叫作'在号令上谋取国家收入'。"

管子曰："滕鲁之粟釜百，则使吾国之粟釜千；滕鲁之粟四流而归我，若下深谷者。非岁凶而民饥也，辟之以号令^①，引之以徐疾，施乎其归我若流水^②。"

【注释】①辟：通"譬"，晓谕，指上级对下级的告知。②施乎：舒展绵延的样子。

【译文】管仲说："滕国和鲁国的粮食每釜一百金，假如把我国粮价提高为每釜一千金，滕、鲁的粮食就将四散流入我国，有如水向深谷里面流一样。这并不是因为我们有灾荒而百姓饥饿，而是用号令来晓谕各国，利用并掌握供求缓急来引导粮食流通，粮食就不断地像流水一样归入我国了。"

桓公曰："吾欲杀正商贾之利而益农夫之事^①，为此有道乎？"管子对曰："粟重而万物轻，粟轻而万物重，两者不衡立。故杀正商贾之利而益农夫之事，则请重粟之价金三百^②。若是则田野大辟，而农夫劝其事矣。"桓公曰："重之有道乎？"管子对曰："请以令与大夫城藏，使卿、诸侯藏千钟，令大夫藏五百钟，列大夫藏百钟③，富商蓄贾藏五十钟，内可以为国委，外可以益农夫之事。"桓公曰："善。"下令卿诸侯令大夫城藏。农夫辟其五谷，三倍其贾。则正商失其事，而农夫有百倍之利矣。

【注释】①杀：减。正商贾：正式的商人，有商籍的商人。②金：当做"釜"。③列大夫：中大夫。

【译文】桓公说："我想削减商人的赢利而帮助农民生产，有什么办法么？"管仲回答说："粮价高，其他物资的价格就低；粮价低，其他物资的价格就高。两者不会同时高或低。所以想要削减商人赢利而帮助农民生产，就请把每釜粮食的价格提高到三百钱。如此则荒地广为开垦，农夫也努力耕种了。"桓公说："提高粮价用什么方法？"管仲回答说："请命令大夫们都在自己管辖的城池中储存粮食，规定卿和附庸诸侯贮藏一千钟，令大夫贮藏五百钟，列大夫贮藏百钟，富商蓄贾贮藏五十钟。对内可以作为国家的贮备，对外可以助益农民的生产。"桓公说："好。"便下令卿诸侯、令大夫等贮藏粮食。农民开垦土地种植五谷，粮提高三倍，专事经商的商人失去收益，而农民得有百倍的赢利。

桓公问于管子曰："衡有数乎？"管子对曰："衡无数也。衡者使物一高一下，不得常固。"桓公曰："然则衡数不可调耶①？"管子对曰："不可调。调则澄②。澄则常，常则高下不贰，高下不贰则万物不可得而使固③。"桓公曰："然则何以守时？"管子对曰："夫岁有四秋④，而分有四时。故曰：农事且作，请以什伍农夫赋耜铁，此之谓春之秋。大夏且至，丝纩之所作⑤，此之谓夏之秋。而大秋成，五谷之所会，此之谓秋之秋。大冬营室中，女事纺织缉缕之所作也，此之谓冬之秋。故岁有四秋，而分有四时。已有四者之序，发号出令，物之轻重相什而相伯。故物不得有常固。故曰衡无数。"

【注释】①调：整齐划一。②澄：静止。③固：当为"用"。④四秋：四个时机。⑤纩（kuàng）：絮衣服的新丝绵。

【译文】桓公问管仲说："平衡供求有定数么？"管仲回答说："平衡供求没有定数。平衡供求，就是要使物价有高有低，不经常固定在一个数字上。"桓公说："那么，平衡供求的数字就不能调整划一了么？"管仲回答说："不能调整划一，调整划一就静止了，静止则没有变化，没有变化则物价升降没有差别，没有差别各种商品都不能被我们掌握利用了。"桓公说："那么，怎样把握物价升降的时机？"管仲回答说："一年有四个时机，分别在春夏秋冬四季。就是说，农事刚开始时，让农民按什、伍编制互相担保，贷款购买铧犁，这是春天的时机。夏将到，是织丝绸做丝絮的时节，这是夏天的时机。而到了秋天粮食丰收，是五谷全部收获的时节，这是秋天的时机。冬天在室内劳动，是妇女纺织、做丝绵的时节，这是冬天的时机。所以，一年有四个时机，恰好分在四季，既然了解这四个时机的顺序，就可以运用国家号令，使物价有十倍、百倍的升降。所以，物价不能经常固定于一点。所以说，不同时期的平衡供求没有定数。"

桓公曰："皮干筋角竹箭羽毛齿革不足，为此有道乎？"管子曰："惟曲衡之数为可耳①。"桓公曰："行事奈何？"管子对曰："请以令为诸侯之商贾立客舍，一乘者有食，三乘者有刍菽^②，五乘者有伍养^③。天下之商贾归齐若流水。"

【注释】①曲衡：使物价有波动而不固定。②刍菽：喂牲口的饲料。③养：做饭的仆役，泛指仆役。伍养：五名仆役。

【译文】桓公说："我国缺少皮、骨、筋、角、竹箭、羽毛、象牙和皮革等物品，有办法解决么？"管仲回答说："只有采取令物价波动的政策才行。"桓公说："具体怎么做呢？"管仲回答说："请下令为各诸侯国的商人建立客栈招待他们，规定拥有一乘车的商人，免费提供饮食；有三乘车的商人，还外加供应牲口草料；有五乘车的商人，还给他配备五个仆役。天下各国的商人就会像流水一样汇聚到齐国来，他们就会带来我们缺少的皮、骨、筋、角等物品。"

轻重丙第八十二
（阙）

轻重丁第八十三

扫码听谦德
君为您导读

【题解】此篇围绕"轻重"问题，讨论了十五个方面的问题，亦是每段讨论一个问题，段与段皆无关联。开始两段各加"右石壁谋""右菁茅谋"子母，但以下各段则无，明显体例不一，足证此二子目绝非原书所本有，乃后之读者见《管子》其他各篇，如《经言》中之《牧民》《立政》《乘马》等篇，皆有子目，故仿其例而以子目标注之。恐妄人不知，遂取入正文耳。实则《牧民》等篇之子 目是否原著书人之意，亦极可疑。观《群书治要》所引《牧民篇》即无子目，与今本异，即其证也。

桓公曰："寡人欲西朝天子而贺献不足，为此有数乎？"管子对曰："请以令城阴里①，使其墙三重而门九袭②。因使玉人刻石而为璧，尺者万泉③，八寸者八千，七寸者七千，珪中四千，瑗中五百④。"璧之数已具，管子西见天子曰："弊邑之君欲率诸侯而朝先王之庙，观于周室。请以令使天下诸侯朝先王之庙，观于周室者，不得不以彤弓石璧⑤。不以彤弓石璧者，不得入朝。"天子许之曰："诺。"号令于天下。天下诸侯载黄金珠玉五谷文采布泉输齐以收石璧。石璧流而之天下，天下财物流而之齐。故国八岁而无籍, 阴里之谋也。

右石璧谋⑥。

【注释】①城: 筑城。阴里: 齐国地名。②九袭: 九重。③泉: 钱币, 泉、钱古时通用。④瑗 (yuàn): 环形玉璧。⑤彤弓: 红色弓, 诸侯所用之弓。⑥右石璧谋: 此是一篇文章的子目, 即小标题。

【译文】桓公说:"我想西行朝拜天子, 但是献礼不足, 该怎么办呢?"管仲回答说:"请您下令在阴里筑城, 要求有三层城墙, 九道城门。让玉匠雕刻原石制成石璧, 直径一尺的定价为一万钱, 八寸的定为八千钱, 七寸的定为七千钱, 珪值四千钱, 瑗值五百钱。"玉璧如数完成后, 管仲就西行朝见天子说:"敝国之君想率领诸侯来朝拜先王宗庙, 敬观周王室的礼仪, 敬请您发布命令, 要求天下诸侯都来朝拜先王宗庙并敬观周王室的礼仪, 凡来朝拜观礼的, 都必须带上彤弓和石璧, 不带彤弓石璧者不准入朝。"周天子答应说:"可以这样做。"便向天下各国发出了号令。天下诸侯都运载着黄金、珠玉、粮食、彩绢和布帛到齐国来购买石璧。齐国的石璧由此流通于天下, 天下的财物归于齐国。所以, 齐国八年没有征收赋税, 都因为这个在阴里雕刻石璧供应天下诸侯的计谋。

以上是石璧之谋。

桓公曰:"天子之养不足, 号令赋于天下则不信诸侯, 为此有道乎?"管子对曰:"江淮之间有一茅而三脊毌至其本①, 名之曰菁茅。请使天子之吏环封而守之。夫天子则封于太山、禅于梁父。号令天下诸侯曰:'诸从天子封于太山、禅于梁父者,必抱菁茅一束以为禅籍^②。不如令者不得从。'”天子下诸侯载其黄金。争秩而走^③,江淮之菁茅坐长而十倍,其贾一束而百金。故天子三日即位^④,天下之金四流而归周若流水。故周天子七年不求贺献者,菁茅之谋也。

右菁茅谋。

【注释】①册:同“贯”。②禅:古代祭祀或会盟用的场地。籍:当作“藉”,衬垫。③秩:礼器爵的等级次第。④即位:就位,未离座位。

【译文】桓公说:“周天子财用不足,下令让各国献贡,都不得诸侯响应,该怎么解决这个问题呢?”管仲回答说:“长江、淮河之间有一种青茅,长着三条脊梗直贯到根部。请让周天子派他的官吏把菁茅产地的四周封禁,并看守起来加以保护。周天子在泰山祭天,在梁父山祭地的时候,可以向天下诸侯下令说:‘凡随从天子在泰山祭天、在梁父山祭地的诸侯,都必须携带一捆菁茅作为祭祀用的垫席。不按照命令行事的不得随从前往封禅。’”天下诸侯为了得到菁茅便都载运着黄金争先恐后地奔走求购。江淮的菁茅价格因此上涨十倍,一捆可以卖到百金。所以仅仅过了三天,周天子在朝中都不用离开座位,天下的黄金就从四面八方像流水一样汇聚而来。因此,周天子七年没有向诸侯索取贡品,就是这个菁茅之谋的作用。

以上是菁茅谋。

桓公曰:“寡人多务,令衡籍吾国之富商蓄贾称贷家,以利吾贫萌、农夫,不失其本事。反此有道乎?”管子对曰:“惟反之以号令为可耳。”桓公曰:“行事奈何?”管子对曰:“请使宾胥无驰而南，隰朋驰而北，宁戚驰而东，鲍叔驰而西。四子之行定，夷吾请号令谓四子曰：'子皆为我君视四方称贷之间，其受息之氓几何千家，以报吾。'"鲍叔驰而西，反报曰："西方之氓者，带济负河，菹泽之萌也。渔猎取薪蒸而为食。其称贷之家多者千钟，少者六、七百钟。其出之，钟也一钟[①]。其受息之萌九百余家。"宾胥无驰而南。反报曰："南方之萌者，山居谷处，登降之萌也。上斫轮轴，下采抒栗[②]，田猎而为食。其称贷之家多者千万，少者六、七百万。其出之，中伯伍也。其受息之萌八百余家。"宁戚驰而东。反报曰："东方之萌，带山负海，苦处[③]，上断福[④]，渔猎之萌也。治葛缕而为食。其称贷之家丁惠、高国，多者五千钟，少者三千钟。其出之，中钟五釜也。其受息之萌八、九百家。"隰朋驰而北。反报曰："北方之萌者，衍处负海[⑤]，煮沛为盐，梁济取鱼之萌也。薪食。其称贷之家多者千万，少者六、七百万。其出之，中伯二十也。受息之氓九百余家。"凡称贷之家出泉叁千万，出粟参数千万钟，受子息民参万家。四子已报，管子曰："不弃我君之有萌中[⑥]，一国而五君之正也，然欲国之无贫，兵之无弱，安可得哉？"桓公曰："为此有道乎？"管子曰："惟反之以号令为可。请以令贺献者皆以镂枝兰鼓[⑦]，则必坐长什倍其本矣，君之栈台之职亦坐长什倍。请以令召称贷之家，君因酧之酒，太宰行觞。桓公举衣而问曰[⑧]：'寡人多务，令衡籍吾国。闻子之假贷吾贫萌，使有以终其上令。寡人有镂枝兰鼓，其贾中纯万泉也。愿以为吾贫萌决其子息之数，使无券契之责。'称贷之家皆齐首而稽颡曰[⑨]：'君之忧萌至于此！请再

拜以献堂下。'桓公曰:'不可。子使吾萌春有以剗耨,夏有以决
芸。寡人之德子无所宠,若此而不受,寡人不得于心。'故称贷
之家曰皆:'再拜受。'所出栈台之职未能参千纯也,而决四方
子息之数,使无券契之责。四方之萌闻之,父教其子,兄教其弟
曰:'夫垦田发务,上之所急,可以无庶乎? 君之忧我至于此! '
此之谓反准。"

【注释】①钟也一钟:指放贷一钟,还贷时加一钟利息。②抒
(zhù)粟:抒属的籽实。③苦:《尔雅·释言》"咸,苦也"。苦处:盐碱
地。④上断福:上山砍伐树木做车辐。福:当为"辐"之误。⑤衍:沼泽
地。⑥不弃:似应为"不意",出乎意料之外。⑦鐻(jù):乐器名,夹置
钟旁,为猛兽形,本为木制,后改用铜铸。鐻枝兰鼓:一种会有钟鼓台架
花纹的美锦名。⑧举衣:抬手而衣服上扬。⑨稽(qǐ)颡(sǎng):以额叩
头的敬礼。

【译文】桓公说:"我事务繁忙,想让税官向我国的富商蓄贾
和高利贷者征收赋税,来帮助贫民和农夫维持农事。除了这样做,
还能有其他办法吗? "管仲回答说:"如果不想这样做,那就只有
运用号令。"桓公说:"具体怎么做呢? "管仲回答说:"请把宾胥
无派到南方,隰朋派到北方,宁戚到东方,鲍叔到西方。四位大臣的
行程定下来后,我就对他们宣布号令说:'你们都是去为国君调查
四方各放贷地区情况的,调查那里负债的人有多少千家,回来向我
报告。'"鲍叔驾车去了西方,回来报告说:"西部的百姓,住在济水
沿岸、背靠黄河、草泽之地。他们以渔猎打柴为生。那里的高利贷
者多的放债有千钟粮食,少的有六、七百钟。他们放债,借出一钟粮
食收利一钟。那里负债的贫民有九百多家。"宾胥无驾车去了南方,

回来报告说："南方的百姓，住在山上、谷中，出门的话每天来回上下。他们以砍伐木材制作车轮轴，采摘橡栗，狩猎为生。那里的高利贷者多的放债有千万钱，少的有六、七百万。他们放债收取百分之五十的利息。那里负债的贫民有八百多家。"宁戚驾车去了东方，回来报告说："东方的百姓，沿着山边居住，背靠大海，居住的地方是盐碱地，他们上山伐木做车辐，并从事渔猎、纺织葛藤粗线为生。那里的高利贷者有丁惠、高国等家，多的放债有五千钟粮食，少的有三千钟。他们放债，是借出一钟粮食，收息五釜。那里借债的贫民有八、九百家。"隰朋驾车到了北方，回来报告说："北方的百姓，住在水泽一带，背靠大海，煮盐或在梁济捕鱼、打柴为生。那里的高利贷者，多的放债有千万钱，少的有六、七百万。他们放债，利息相当于百分之二十。那里借债的贫民有九百多家。"上述所有高利贷者，共放债三千万钱，三千万钟左右的粮食。负债的贫民三万多家。四位大臣报告完毕，管仲说："没想到我们君主统治的百姓，相当于一个国家而有五个国君征税，这样还想国家不穷，军队不弱，怎么可能呢？"

桓公说："有办法解决么？"管仲说："只有运用号令来改变这种情况才行。请命令前来朝拜贺献的，都须献来织有'枝兰鼓'花纹的美锦，美锦的价格就一定上涨十倍。君上在'栈台'所藏的同类美锦，也会涨价十倍。再请下令召见高利贷者，由君上设宴招待，太宰敬酒。然后，桓公站起来，伸开双臂向大家说到：'我事务繁忙，因此委派税官在国内收税。听说诸位曾把钱、粮借给贫民，使他们得以完成纳税任务。我藏有枝兰鼓花纹的美锦，一纯价值万钱，我想用它来为我那些向你们借钱的贫民偿还债务，使他们免除债务负担。'高利贷者都俯首下拜说：'君上如此关怀百姓，请允许我们把债券献于朝堂。'桓公说：'那可不行。诸位使我国贫民春得以耕，夏得以耘，我感谢你们却不能给你们荣宠，这点东西你们都不肯收，我心不安。'因此，高利贷者们都说：'我们再拜接受了。'国家拿出栈台的织锦还不到三千纯，便清偿了四方贫民的本息，免除了他们的债务。四方贫民听到后，父告其子，兄告其弟说：'种田除草，是君主特别重视的，我们还可以不用心么? 国君对我们的如此关怀! '这套办法就叫作'反准'的措施。"

管子曰："昔者癸度居人之国，必四面望于天下，天下高亦高。天下高我独下，必失其国于天下。"桓公曰："此若言曷谓也? "管子对曰："昔莱人善染。练茈之于莱纯锱^①，绀缕之于莱亦纯锱也^②。其周中十金。莱人知之，间纂茈空^③。周且敛马作见于莱人操之，莱有推马。是自莱失纂茈而反准于马也。故可因者因之，乘者乘之，此因天下以制天下。此之谓国准。"

【注释】①茈：紫草。练茈(zǐ)：紫草染的紫色绢。锱：货币单位，六铢为一锱。②绀缕：紫青色绶带。③间：趁机。纂：收集，汇集。

【译文】管仲说："从前癸度居住在别的国家，必会四处打探天下形式，天下各国物价高，本国也应高。如果各国物价高而本国独低，必然被天下各国把本国的财货吞掉。"桓公说："这话是什么意思呢? "管仲回答说："从前莱国人擅长染色工艺，紫草染的绢在莱国一纯的价钱只值一锱，紫青色的绶带也是一锱。而在周地则价值十金。莱国商人知道后，很快把紫绢绶带收购一空。周国却拿出票据作为抵押，从莱国商人手里把紫绢收购起来，莱国商人只握有等于货币的票据。这是莱国自己失掉了收购来的紫绢，而只好用票据收回钱币。因此，可以利用就要利用，可以掌握就要掌握，这就是周人利用天下财务来掌控天下财务的方法。这也叫作国家的平准措施。"

桓公曰:"齐西水潦而民饥,齐东丰庸而粜贱,欲以东之贱被西之贵,为之有道乎?"管子对曰:"今齐西之粟釜百泉,则鏂二十也。齐东之粟釜十泉,则鏂二钱也。请以令籍人三十泉,得以五谷菽粟决其籍。若此,则齐西出三斗而决其籍,齐东出三釜而决其籍。然则釜十之粟皆实于仓廪,西之民饥者得食,寒者得衣;无本者予之陈,无种者予之新。若此,则东西之相被,远近之准平矣。"

【译文】桓公说:"齐国西部发生水灾,百姓忍饥挨饿,齐国东部五谷丰足而粮价低廉。想用东部的低价粮来补助西部的高价粮,有办法么?"管仲回答说:"现在西部的粮价每釜百钱,每鏂就是二十钱。东部的粮食每釜十钱,每鏂只是二钱。请下令向每一口人征税三十钱,并要用粮食来缴纳。这样,齐国西部每人出粮三斗就可以完成赋税缴纳,齐国东部则要拿出三釜。那么,一釜仅卖十钱的齐东粮食就全都进入国家粮仓了。西部的百姓也就可以饥者得食,寒者得衣;没有本钱的国家贷予陈粮,没有种子的国家贷予新粮。这样,东西两地得以相互补助,远近各方的物价也就得到调节了。"

桓公曰:"衡数吾已得闻之矣,请问国准。"管子对曰:"孟春且至,沟渎阮而不遂,溪谷报上之水不安于藏,内毁室屋,坏墙垣,外伤田野,残禾稼。故君谨守泉金之谢物①,且为之举②。大夏,帷盖衣幕之奉不给,谨守泉布之谢物,且为之举。大秋,甲兵求缮，弓弩求弦，谨丝麻之谢物，且为之举。大冬，任甲兵，粮食不给，黄金之赏不足，谨守五谷黄金之谢物，且为之举。已守其谢，富商蓄贾不得如故。此之谓国准。"

【注释】①谢物：指除去旧物。②举：《索隐》引刘氏云"废谓物贵而卖之，举谓物贱而买之。"此处指国家收购下来。

【译文】桓公说："平衡供求的理财方法我已经知道了，请问关于国家的平准措施。"管仲回答说："初春一到，沟渠堵塞不通，溪谷水暴涨，溢出堤坝、泛滥成灾，内则毁坏房屋、墙垣，外则损害田地、庄稼。因此，国家应注意百姓为上交水利费用而抛卖的物资，并把它收购起来。夏季，帷盖衣幕供应不足。国家应注意百姓为上交布帛而抛卖的物资，并把它收购起来。秋季，盔甲兵器要修缮，弓弩要换弦。国家要注意百姓为上交丝麻而抛卖的物资，并把它收购起来。冬季，战事开始发生，粮食供应不足，黄金赏赐不足，国家应注意百姓为上交粮食、黄金而抛卖的物资，并把它收购起来。国家把这些物资掌握起来以后，富商蓄贾就无法囤积货物低买高卖。这就是国家的平准措施。"

龙斗于马谓之阳①，牛山之阴。管子入复于桓公曰："天使使者临君之郊，请使大夫初饬②、左右玄服，天之使者乎！"天下闻之曰："神哉齐桓公，天使使者临其郊。"不待举兵，而朝者八诸侯。此乘天威而动天下之道也。故智者役使鬼神而愚者信之。

【注释】①马谓：水名。阳：山南水北为阳，山北水南为阴。②初饬：身着黑色衣袖的衣服。初："袗"的假借，黑色服装。饬：衣袖。

【译文】龙斗在马谓的南面、牛山的北面。管仲向桓公报告说："上天派使者降临您的郊野，请让您的大夫穿上黑色袖子的衣服，左右大臣也穿上玄色礼服，迎接上天派来的使者！"天下各国听说以后都说："桓公真是神奇啊，上天都派使者来到他的郊野！"不用齐国动兵，来朝贡的就有八国诸侯。这就是利用天威来撼动天下的办法。所以，智者可以役使鬼神而愚者信之。

桓公终神①，管子入复桓公曰："地重②，投之哉兆③，国有恸。风重，投之哉兆。国有枪星④，其君必辱；国有彗星⑤，必有流血。浮丘之战，彗之所出，必服天下之仇。今彗星见于齐之分⑥，请以令朝功臣世家，号令于国中曰：'彗星出，寡人恐服天下之仇。请有五谷菽粟布帛文采者，皆勿敢左右。国且有大事，请以平贾取之。'功臣之家、人民百姓皆献其谷菽粟泉金，归其财物，以佐君之大事。此谓乘天菑而求民邻财之道也⑦。"

【注释】①终神：求神。②地重：地动，地震。③哉：同"灾"，灾难。④枪星：指天枪星，主捕，所以说"国有枪星，其君必辱"。⑤彗星：彗星预示战乱。所以说"国有彗星，必有流血"。⑥分：分野。古代占星家为了凭借星象来观察地面州国的吉凶，所以将天上的星宿分别指配于地上的州国，使其互相对应，即云某星宿为某州国的分野或某地是某星宿的分野。⑦菑：同"甾"，灾害。

【译文】桓公祭神完毕，管仲向桓公报告说："地震是灾兆，国家会发生不幸。风暴也是灾兆。国家若出现枪星，其国君必将受辱；国家若出现慧星，必然有流血之事。比如浮丘战役，慧星就曾出现，因而必须平息天下的怨恨。现在慧星又出现在齐国的分野，请您下令召集功臣世家，并向全国发布号令说：'现在慧星出现，我恐怕又要出兵平息天下的怨恨，存有粮食布帛彩绢的人家，都不得私自买卖，国家将有战事，要按照平价由国家收购这些物资。'功臣之家和居民百姓都把他们的粮食、钱币与黄金献给国君，提供他们的财物来支援国君完成战事。这乃是利用天的灾异求取民财的办法。"

桓公曰："大夫多并其财而不出①，腐朽五谷而不散。"管子对曰："请以令召城阳大夫而请之②。"桓公曰："何哉？"管子对曰："'城阳大夫，嬖宠被绨纮③，鹅鹜含余秣④，齐钟鼓之声，吹笙篪，同姓不入⑤，伯叔父母远近兄弟皆寒而不得衣，饥而不得食。子欲尽忠于寡人，能乎？故子毋复见寡人。'灭其位，杜其门而不出。"功臣之家皆争发其积藏，出其资财，以予其远近兄弟。以为未足，又收国中之贫病孤独老不能自食之萌，皆与得焉。故桓公推仁立义、功臣之家兄弟相戚，骨肉相亲，国无饥民。此之谓缪数⑥。

【注释】①并：通"屏"，隐蔽。②请：降罪。③嬖宠：指受君主宠爱的人。绨纮：精美华贵的服饰。④余秣(yù)：指剩饭。⑤入：纳。⑥缪数：曲线治理的办法。

【译文】桓公说："许多大夫都把他们的财物藏匿起来而不肯拿出来，粮食烂了也不肯散给贫民。"管仲回答说："请您下令召见城阳大夫并向他问罪。"桓公说："怎样向他问罪呢？"管仲回答说："这样讲：'城阳大夫，你的姬妾穿着华贵的衣服，家里的粥吃不完都喂给鸭鹅，每天鸣钟击鼓，吹笙奏籁，同姓的族人却进不了你的家门，伯叔父母远近兄弟也都寒不得衣，饥不得食。你这样的人还能尽忠于我么？你再也不要来见我了。'然后免掉他的爵位，封禁门户不许他外出。"这样一来，功臣之家都争着动用积蓄，拿出财物来救济远近兄弟。这还不够，又收养国内的贫、病、孤、独、老年等不能养活自己的人，使之得以生活。所以，桓公推崇仁义，功臣世家也就兄弟关心，骨肉亲近，国内没有饥饿的人民了。这就叫作"缪数"。

桓公曰："峥丘之战，民多称贷负子息，以给上之急，度上之求。寡人欲复业产，此何以洽①？"管子对曰："惟缪数为可耳。"桓公曰："诺。"令左右州曰："表称贷之家，皆垩白其门而高其闾。"州通之师执折箓曰②："君且使使者。"桓公使八使者式璧而聘之③，以给盐菜之用④。称贷之家皆齐首稽颡而问曰："何以得此也？"使者曰："君令曰：'寡人闻之《诗》曰：恺悌君子⑤，民之父母也。寡人有峥丘之战，吾闻子假贷吾贫萌，使有以给寡人之急，度寡人之求，使吾萌春有以剗耜，夏有以决芸，而给上事，子之力也。是以式璧而聘子，以给盐菜之用。故子中民之父母也。'"称贷之家皆折其券而削其书，发其积藏，出其财物，以赈贫病，分其故赀，故国中大给，峥丘之谋也。此之谓缪数。

【注释】①洽：假借为"给"。供应。②州通之师：州长向师长通报。这里州、师指州、乡的长官。折箓：簿册。③式：用，以。聘：慰问。④盐菜之用：谦虚的说法，极言其微薄。⑤恺悌：和乐平易。

【译文】桓公说:"峥丘之战,许多百姓都借债负息,以此来满足国家的军需,缴纳国家赋税。我想恢复百姓的农业生产,这应当如何解决?"管仲回答说:"只有实行'缪数'才可以。"桓公说:"好。"便命令左右各州说:"那些声称自己放债的人家,把他们的大门一律刷白粉,把他们的里门一律加高。"州长拿着放债人的名册说:"请国君派遣使者前来。"桓公果然派八名使者送来玉璧来慰问放贷的人家,谦说给一点微薄的零用。放债者俯首叩头而询问说:"我们为什么得此厚礼呢?"使者说:"国君有令:'寡人听到《诗经》说,和易近人的君子,是人民的父母。寡人曾进行了峥丘之战。听说你们借款给贫民,让他交上了国家的军需和税赋。使我的人民春能种,夏能耘,有粮食物资缴纳国家赋税,这是你们的功劳。所以用玉璧来慰问你们,作为微薄的零用。你们真是等于百姓的父母了。'"放债的人家都就此毁掉了债券和借债文书,献出他们的积蓄,拿出他们的财物,贩济贫病百姓。分发了他们积累的资财,因此国内财物大大丰足起来,这都是峥丘之谋的作用。这个也叫作"缪数"。

桓公曰:"四郊之民贫,商贾之民富,寡人欲杀商贾之民以益四郊之民,为之奈何?"管子对曰:"请以令决瓘洛之水,通之杭庄之间。"桓公曰:"诺。"行令未能一岁,而郊之民殷然益富,商贾之民廓然益贫。桓公召管子而问曰:"此其故何也?"管子对曰:"决瓘洛之水通之杭庄之间①,则屠酤之汁肥流水,则蠹虻巨雄、翡燕小鸟皆归之②,宜昏饮,此水上之乐也。贾人蓄物而卖为雠③,买为取,市未央毕,而委舍其守列,投蠹虻巨雄;新冠五尺④,请挟弹怀丸游水上,弹翡燕小鸟,被于暮⑤。故贱卖而贵买, 四郊之民卖贱, 何为不富哉? 商贾之人, 何为不贫乎? "桓公曰: "善。"

【注释】①瑗（wò）洛（luò）: 水盛貌, 水多的样子。杭庄: 指通畅的河流。②蟁虻: 即"蚊虻"。下文"蟁蚳"即此。巨雄: 大鸟。③雠: 售, 给价。④新冠: 刚行冠礼的年轻人。五尺: 五尺之童。⑤被: 及。

【译文】桓公说: "四方郊野的人民贫穷, 商人富有, 我想要削减商人财利以增补贫民, 应该怎么办呢? "管仲回答说: "请下令疏通洼地积水, 使它流进通畅的河道。"桓公说: "可以。"这样做了不到一年, 郊野的人民果然逐步富裕起来, 商人果然逐渐贫穷了。桓公召见管仲询问说: "这是什么原因呢? "管仲回答说: "疏通洼地的积水, 使它流进通畅的河道, 屠户和酒馆的污水就都流到水道里来, 蚊虻、大鸟、翡燕、小鸟全都飞集此处, 适合黄昏时在此饮酒, 这是一种水上的享乐。商人带着货物在此买卖, 生意都十分兴隆。街市未散, 卖货的就把东西都收拾好, 提早结束, 离开货摊, 去捕捉大鸟去了。刚成年的青年、未成年的小孩也都争先恐后地拿着弹弓弹丸在水上游玩嬉戏, 打翡翠鸟、燕子一类小鸟, 直到夜幕方休。因此就出现商人贱卖贵买的局面。农民则相应卖贵而买贱, 怎能不富呢? 商人又怎能不穷呢? "桓公说: "好。"

桓公曰: "五衢之民, 衰然多衣弊而屡穿, 寡人欲使帛、布、丝、纩之贾贱, 为之有道乎? "管子曰: "请以令沐途旁之树枝①, 使无尺寸之阴。"桓公曰: "诺。"行令未能一岁, 五衢之民皆多衣帛完屡。桓公召管子而问曰: "此其何故也? "管子对曰: "途旁之树未沐之时, 五衢之民, 男女相好往来之市者, 罢市相睹树下, 谈语终日不归。男女当壮, 扶辇推舆, 相睹树下, 戏笑超距^②, 终日不归。父兄相睹树下, 论议玄语, 终日不归。是以田不发, 五谷不播, 麻桑不种, 茧缕不治。内严一家而三不归^③, 则帛、布、丝、纩之贾安得不贵? "桓公曰: "善。"

【注释】①沐: 砍去树枝。②超距: 跳跃, 这里指男女舞蹈相互游戏。③内严: 从内部来看。严: 通"瞰", 看。

【译文】桓公说: "五方百姓太穷, 多是衣服破了, 鞋都穿漏洞的, 我想让帛、布、丝、絮的价钱降下来, 有办法么? "管仲说: "请下令把路旁树枝都剪去, 让路边没有一点树荫凉。"桓公说: "可以。"行令不到一年, 五方百姓多数是身穿帛衣而鞋子完好。桓公召见管仲询问说: "这是什么原因呢? "管仲回答说: "当路旁树枝未剪时, 五方百姓中, 男女、朋友们往来赶集的人们, 散市后相会于树荫之下, 闲谈而终日不归。壮年男女推车的, 相会于树荫之下, 游戏舞蹈而终日不归。父老兄弟相会于树荫之下, 议论玄虚而终日不归。因此造成土地不开垦, 五谷不播种, 桑麻不种植, 丝线也无人纺织。从内部看, 一个家庭就有此'三个不归'的情况, 帛、布、丝、絮的价钱怎能不贵呢? "桓公说: "好。"

桓公曰: "粜贱, 寡人恐五谷之归于诸侯, 寡人欲为百姓万民藏之, 为此有道乎? "管子曰: "今者夷吾过市, 有新成囷京者二家, 君请式璧而聘之。"桓公曰: "诺。"行令半岁, 万民闻之, 舍其作业而为囷京以藏菽粟五谷者过半。桓公问管于曰: "此其何故也? "管子曰: "成囷京者二家^①, 君式璧而聘之, 名显于国中, 国中莫不闻。是民上则无功显名于百姓也, 功立而名成; 下则实其囷京, 上以给上为君。一举而名实俱在也, 民何为也? ”

【注释】①囷 (qūn) : 圆形的粮仓。京: 方形的粮仓。

【译文】桓公说: “粮价贱, 我怕粮食外流到其他诸侯国去, 我想要让百姓把粮食储藏起来, 有办法么? ”管仲说: “今天我路过集市, 看到有两家新建了粮仓, 请君上分别送上玉璧慰问他们。”桓公说: “可以。”行令半年, 百姓听说以后, 有半数以上的人家都放弃了日常事务而建仓存粮。桓公问管仲说: “这是什么原因呢? ”管仲说: “新建粮仓的两户人家, 君上分别送上玉璧慰问他们, 他们的名声在国内显扬, 国中无人不知。这两家对国君并无功劳而扬名全国, 一下子功立名成; 对个人来说他们储存了粮食, 对国家来说他们也有粮食交纳赋税。一举而名实兼得, 人们何乐而不为呢? ”

桓公问管子曰: “请问王数之守终始, 可得闻乎? ”管子曰: “正月之朝, 谷始也; 日至百日, 黍秋之始也; 九月敛实, 平麦之始也。”

【译文】桓公问管仲说: “请问称王于天下的治国之策需要掌握哪些先机, 可以告诉我么? ”管仲说: “一是正月上旬, 耕种的开始时期; 二是夏至日后百日, 种黍秋的开始时期; 三是九月秋收, 种大麦的开始时期。”

管子问于桓公: “敢问齐方于几何里①? ”桓公曰: “方

五百里。"管子曰:"阴雍长城之地,其于齐国三分之一,非谷之所生也。海庄、龙夏,其于齐国四分之一也;朝夕外之②,所壔齐地者五分之一③,非谷之所生也。然则吾非托食之主耶?"桓公遽然起曰:"然则为之奈何?"管子对曰:"动之以言,溃之以辞④,可以为国基。且君币籍而务,则贾人独操国趣⑤;君谷籍而务,则农人独操国固⑥。君动言操辞,左右之流君独因之,物之始吾已见之矣,物之终吾已见之矣,物之贾吾已见之矣。"管子曰:"长城之阳,鲁也;长城之阴,齐也。三败杀君二重臣定社稷者⑦,吾此皆以孤突之地封者也⑧。故山地者山也,水地者泽也,薪刍之所生者斥也。"公曰:"托食之主及吾地亦有道乎?"管子对曰:"守其三原。"公曰:"何谓三原?"管子对曰:"君守布则籍于麻,十倍其贾,布五十倍其贾。此数也。君以织籍,籍于系⑨。未为系籍,系抚织⑩,再十倍其贾。如此,则云五谷之籍⑪。是故籍于布则抚之系,籍于谷则抚之山,籍于六畜则抚之术⑫。籍于物之终始而善御以言。"公曰:"善。"

【注释】①于(yū):广大。②朝夕:潮汐。外:围绕在外。③壔(dì):遮蔽。④溃:遂,顺应。⑤趣:为"趋"之借字。国趣:国家经济方向,指国家经济计划。⑥国固:国家根本,指粮食。⑦三败:指鲁将曹沫三败于齐。杀君:鲁庄公死后鲁国内乱,太子般、鲁闵公皆被弑。二重臣:指鲁国权臣叔牙、庆父,都是鲁庄公的兄弟。定社稷:指齐派高子率兵攻鲁并立鲁僖公。⑧此句:马非百认为,意指齐虽胜,亦损兵折将,甚至割地,相当于以齐地分封敌国。⑨系:细丝,此指丝茧。⑩抚:控制,握持。⑪云:运。⑫术:通"遂",郊野。

【译文】管仲问桓公说:"请问齐国的国土方圆多少里?"桓公说:"方圆五百里。"管仲说:"阴雍长城之地,占去齐国土地的三分之一,不是产粮的地方。海庄、龙夏一带的山地,占去齐国土地的四分之一;海潮围绕、海水遮盖的土地,有五分之一,也不是产粮的地方。那么,我们不就是一个寄食于别国的国家么?"桓公焦急地站起来说:"那么该怎么办?"管仲回答说:"用言辞号令来操控国家经济,也可以作为治理国家的基本方法。君上若专用货币来收税,富商就会操纵国家的经济动向;君上若专用粮食来收税,地主就会操纵作为国家基础的粮食。但君上运用言辞号令,使左右四方的商品流通由政府掌握。桓公说:"那么,商品的生产我已经知道,商品归属我也知道,商品销售价格我也就了如指掌了。"管仲又接着说:"长城以南是鲁国,长城以北是齐国。在过去两国交战,鲁国多次失败;鲁国内乱、君主被杀,两位重臣叔牙和庆父篡权;而我国在战争中得到的都是孤立的荒山孤野。所以这些地方,山还是未开垦的山,水地还是未开垦的沼泽,满是生长着柴草的地方依旧是盐碱地。"桓公说:"解决'寄食之主'的问题,和还没有开垦的孤山荒野问题,有什么办法么?"管仲回答说:"要掌握三个来源。"桓公说:"何谓三个来源?"管仲回答说:"君上想要控制布匹,那就先在布匹的原料麻上收税,麻价上涨十倍,布价就可能上涨五十倍,这是理财之法。君上想在丝织品上征税,那就对细丝征税。甚至在细丝未成之前就加以控制,利用对丝茧征税而控制丝织成品,丝织成品的价格就上涨二十倍。这样,就不必征收粮食税了。因此,想要在布匹上取得收益就于原料麻上着手,想要在粮食上取得收益就着手于开垦荒山,想要在六畜上取得收益就着手于养殖六畜的郊野。取得收入于财物生产的最开始阶段,再加上善于运用言辞号令就行了。"桓公说:"好。"

管子曰:"以国一籍臣,右守布万两①,而右麻籍四十倍其贾。衍布五十倍其贾②。公以重布决诸侯贾,如此而有二十齐之故。是故轻轶于贾谷制畜者则物轶于四时之辅③。善为国者守其国之财,汤之以高下④,注之以徐疾⑤,一可以为百。未尝籍求于民,而使用若河海,终则有始。此谓守物而御天下也。"公曰:"然则无可以为有乎? 贫可以为富乎?"管子对曰:"物之生未有刑⑥,而王霸立其功焉。是故以人求人,则人重矣;以数求物,则物重矣。"公曰:"此若言何谓也?"管子对曰:"举国而一则无赀⑦,举国而十则有百。然则吾将以徐疾御之,若左之授右,若右之授左,是以外内不蜷⑧,终身无咎。王霸之不求于人而求之终始,四时之高下,令之徐疾而已矣。源泉有竭,鬼神有歇,守物之终始,身不竭。此谓源究。"

【注释】①右:佐助。两:似应为匹,此处阙疑。②衍:方略、方法。又说"衍"应为"衍",额外添加。③轶:散失。制:规模。畜:贮存。辅:相助。④汤:这里指调节物价涨落。⑤注:引导。⑥刑:通"形"。形容,形体。⑦一:此指物价统一。赀:余利。⑧蜷:同"倦"。外内不蜷:内外流通。

【译文】管子说:"请君上派出一位负责征收税赋的大臣,帮助国家掌控布匹万匹,然后再对布匹的原料麻征收赋税,使麻的价格上涨四十倍,采用这种办法,就可使布匹的价格上涨五十倍。国君用涨价后的布匹来和各诸侯国结算,这样,齐国的收益将会达到原来收入的二十倍。所以轻易放弃了对谷价的控制和物资储备，就会失去借助四时变化获得溢价收入的机会。善于治理国家的人能够控制国家的财物，调节物价高低，用号令缓急来引导，所获得的收益一可以变为百。并没有向人民征税，而国家的财用如取之于大河大海，终而复始地供应不绝。这就叫作掌握物资来驾御天下了。"桓公说："那么，无可以变化为有么？贫可以变化为富么？"管仲回答说："万事万物的发生发展没有固定的模式，而王霸之君有能力操控他们来掌控天下。所以，让税官向百姓征收物资，人就成为事情成功与否的重要因素；用轻重之数来驾驭万物，万物就成为事情成功与否的重要因素。"桓公说："这话应如何理解？"管子回答说："全国的物价如果完全一致，则没有财利可图；全国的物价若相差为十，则将有百倍赢利。我们就运用号令的缓急来加以操控物价，就好像左手转到右手，右手再转到左手，外内没有局限，终身没有失误。王霸之君，不直接向人民征税，而是掌控先机，掌握好四时物价的高低与号令缓急而已。泉源有枯竭的时候，鬼神有停歇的时候，唯有掌握万事万物的先机，是终身用之不尽的。这叫作追究事物的本源。"

轻重戊第八十四

【题解】此篇多言"商战"理论。开首一段强调"轻重"治国自古而然。第三段论"三不归",与《轻重丁》重复。其余各段言以经济手段制服他国之术。其说为设想之词,未见当时有哪个国家付诸实施,然而其言以经济制服他国,而不是像当时的列强实际所做的以武力征战相兼并,自有其十分独特之处,是当时统一天下的另一种思路。

桓公问于管子曰:"轻重安施?"管子对曰:"自理国虙戏以来①,未有不以轻重而能成其王者也。"公曰:"何谓?"管子对曰:"虙戏作,造六峜以迎阴阳②,作九九之数以合天道③,而天下化之。神农作,树五谷淇山之阳,九州之民乃知谷食,而天下化之。黄帝作④,钻燧生火,以熟荤臊,民食之无兹胃之病⑤,而天下化之。黄帝之王,童山竭泽。有虞之王,烧曾薮,斩群害,以为民利,封土为社,置木为闾,始民知礼也。当是其时,民无愠恶不服,而天下化之。夏人之王,外凿二十虻⑥,韘十七湛⑦,疏三江,凿五湖,道四泾之水⑧,以商九州之高⑨,以治九薮,民乃知城郭、门闾、室屋之筑,而天下化之。殷人之王,立皂牢,服牛马，以为民利，而天下化之。周人之王，循六筮，合阴阳，而天下化之。"公曰："何谓？"管子对曰："帝王之道备矣，不可加也。公其行义而已矣。"公曰："其行义奈何？"管子对曰："天子幼弱，诸侯亢强，聘享不上。公其弱强继绝，率诸侯以起周室之祀。"公曰："善。"

【注释】①虙(fú)戏：伏羲。②六筮："筮"字历来各家解释分歧，有读为"法"者，有读为"计"者，有读为"六爻"之"爻"者。此处认为六筮即六爻。筮：筮(shì)数卦之象形，古代用蓍草占卦，"筮"即蓍草摆放的形状。③九九：算法名。④黄帝：一说当作"燧人"。⑤兹：玄黑色。兹胃之病：指食物中毒。⑥蛮：应为"亢(huāng)"。亢：古同"荒"，大河。⑦渫(shè)：通"渫"，疏浚。⑧四泾之水：即四经水，指黄河、长江、淮水、济水。经水：指从山间流入海的水流。⑨商：度量。

【译文】桓公问管仲说："轻重之术要怎么施行？"管仲回答说："自从伏羲氏治国以来，没有一个不是靠轻重之术成王业的。"桓公说："这话怎么讲？"管仲回答说："伏羲执政，创造六爻八卦与阴阳相合，发明九九算法来印证天道，从而使天下得以教化。神农氏执政，在棋山南面种植五谷，九州百姓才懂得耕种粮食来食用，从而使天下得以教化。燧人氏当政，钻木取火，用火煮熟荤腥等食物吃，使百姓免除了生食中毒之病，从而使天下得以教化。黄帝执政，砍伐山林、枯竭水泽以开垦耕地。虞舜执政，火烧荒草开垦耕地，驱逐野兽消除群害，为民兴利，把土堆高建立祭祀土地神的社，用木头搭建里巷的大门，教化人民初识礼仪。那个时候，人们没有怨怒不服的，天下百姓都归化了。夏禹王朝时，在外开凿二十条河流，疏浚十七条淤塞的河道，疏通三江，开凿五湖，引导四泾之水流入大海，测量九州的地势高低，治理九片大泽，百姓才开始知晓建造城郭、里巷、房屋，从而使天下得以教化。殷商王朝时，设立祭祀之礼，驯养牛马，以为人民兴利，从而使天下得以教化。周王朝时，遵循六爻八卦与阴阳相合，从而使天下得以教化。"桓公说："那么，当今的王者应当怎样做才好？"管仲回答说："兼用五家的方法，但不可全盘照搬。"桓公说："这怎么讲？"管仲回答说："上述帝王治理天下的方法都已完备了，不可随意添加。您只需遵照仁义来做就好。"桓公说："如何行义？"管仲回答说："现在天子幼弱，诸侯过于强大，不向天子朝拜进贡。您应当削弱强大的诸侯，延续将要灭绝的小国，率领天下诸侯来复兴周天子的王室。"桓公说："好。"

桓公曰："鲁梁之于齐也[①]，千谷也，蜂螯也[②]，齿之有唇也[③]。今吾欲下鲁梁，何行而可？"管子对曰："鲁梁之民俗为绨。公服绨[④]，令左右服之，民从而服之。公因令齐勿敢为，必仰于鲁梁，则是鲁梁释其农事而作绨矣。"桓公曰："诺。"即为服于泰山之阳，十日而服之。管子告鲁梁之贾人曰："子为我致绨千匹，赐子金三百斤；什至而金三十斤[⑤]。"则是鲁梁不赋于民，财用足也。鲁梁之君闻之，则教其民为绨。十三月，而管子令人之鲁梁，鲁梁郭中之民道路扬尘，十步不相见，緤繦而踵相随[⑥]，车毂齺骑连伍而行[⑦]。管子曰："鲁梁可下矣。"公曰，"奈何？"管子对曰："公宜服帛，率民去绨。闭关，毋与鲁梁通使。"公曰："诺。"后十月，管子令人之鲁梁，鲁梁之民饿馁相及，应声之正无以给上。鲁梁之君即令其民去绨修农。谷不可以三月而得，鲁梁之人籴十百，齐籴十钱。二十四月，鲁梁之民归齐者十分之六；三年，鲁梁之君请服。

【注释】①鲁梁：鲁国的南梁。②蜂螫（shì）：蜂尾刺人，比喻毒害。③齿之有唇：此言齐与鲁梁联系紧密。④绨（tí）：光滑厚实的丝织品，厚缯。⑤十：一作"千"，"三千"对上句"三百斤"而言总价十倍。⑥絏：系牲口的缰绳。繏：绔纽，裤子上的裤带或纽扣。比喻拥挤。⑦齱（zōu）：牙齿上下交接，比喻往来交错。连伍：形容车多，连成一队。

【译文】桓公说："鲁国的南梁对于我们齐国，就像一千钟细粮，又像蜂身上的尾螫，但又与齐国有紧密的联系，就像唇齿相依一样。现在我想攻占南梁，怎样做才好？"管仲回答说："南梁的百姓，一直以来都是以织绨为业。您就带头穿绨做的衣服，命令左右近臣也穿，百姓也就会跟着穿。您还要下令齐国人民不准织绨，那人民要穿绨做的衣服就一定要仰赖南梁供给。这样，南梁的百姓就会放弃农耕而去织绨了。"桓公说："可以。"于是就在泰山之南做起绨服。十天后人人都穿上绨做的衣服了。管仲还对南梁的商人说："你们帮我运来一千匹绨，我就赏赐给你们三百斤金；如果运来万匹，就赏赐给你们三千斤金。"这样，南梁地区即使不向百姓征税，财用也充足了。南梁的封君听到这个消息，就下令让他的百姓织绨。十三个月以后，管仲派人到南梁探听。南梁城里的人多的使路上尘土飞扬，十步内都互相看不清楚，走路的时候人挨着人、脚跟着脚，坐车的车轮相碰，骑马的列队而行。管仲说："可以攻下南梁了。"桓公说："该怎么办？"管仲回答说："您应当改穿帛料衣服。带领百姓不再穿绨服。还要封闭关卡，与南梁断绝流通往来。"桓公说："可以。"十个月后，管仲又派人去南梁探听，看到南梁的百姓闹饥荒，以前正常情况下,一征收就能马上缴纳完成的赋税都交不出来了。南梁封君命令百姓停止织绣而务农耕,但粮食却不能仅在三个月内就生产出来,南梁的百姓买粮每石要花上千钱,齐国粮价才每石十钱。两年后,南梁的百姓有十分之六投奔齐国。三年后,南梁的封君也请求臣服于齐国。

桓公问管子曰:"民饥而无食,寒而无衣,应声之正无以给上,室屋漏而不居①,墙垣坏而不筑,为之奈何?"管子对曰:"沐涂树之枝也②。"桓公曰:"诺。"令谓左右伯沐涂树之枝③。左右伯受沐,涂树之枝阔④。其年,民被白布⑤,清中而浊⑥,应声之正有以给上,室屋漏者得居,墙垣坏者得筑。公召管子问曰:"此何故也?"管子对曰:"齐者,夷莱之国也。一树而百乘息其下者,以其不捎也⑦。众鸟居其上,丁壮者胡丸操弹居其下⑧,终日不归。父老枌枝而论⑨,终日不归。归市亦惰倪⑩,终日不归。今吾沐涂树之枝,日中无尺寸之阴,出入者长时,行者疾走,父老归而治生,丁壮者归而薄业⑪。彼臣归其三不归,此以乡不资也。"

【注释】①居:当为"治"。②沐:砍光。③左右伯:指修治道路的司空。④阔:疏。⑤民被白布:指人民都有衣服穿,与上文"寒而无衣"对应。白:"帛"之假借。⑥清:清粥。浊:稠粥。⑦捎:去除。⑧胡:怀藏。⑨枌:通"拊",攀抚。⑩惰倪:疲倦思睡。倪:通"睨"。⑪薄:勉励。

【译文】桓公问管仲说:"百姓饥饿却没有食物,寒冷而没有御寒的衣物,正常赋税也无力交纳,房屋漏雨不肯修,墙垣颓坏不

肯砌，该怎么办呢？"管仲回答说："请剪掉路旁树上的树枝。"桓
公说："可以。"使命令修治道路的官员剪除路旁树枝。官员遵命剪
除后，路旁树上的枝叶稀疏了。过了一年，百姓穿上了帛服，清粥变成
了稠粥，交上了正常赋税，破屋得到修理，坏墙也到到补砌。桓公问
管仲说："这是什么原因呢？"管仲回答说："齐国，原是东夷莱族的
国家。常在一棵大树下休息上百乘的车，是因为树枝不剪可以乘凉。
许多飞鸟在树上，青壮年拿弹弓在树下打鸟，而终日不归。父老们抚
着树枝高谈阔论，也是终日不归。赶集散市的人也懒惰思睡，而终日
不归。现在我把树上的枝叶剪掉，中午没有一寸的树荫，出入的人们
在外面久了都怕晒，过路的人快速赶路，父老回家干活，青壮年也回
家勤于本业了。我之所以要纠正这个'三不归'的问题，正是因为百
姓从前被它弄得衣食不足的缘故。"

桓公问于管子曰："莱、莒与柴田相并①，为之奈何？"管子
对曰："莱、莒之山生柴，君其率白徒之卒铸庄山之金以为币，
重莱之柴贾。"莱君闻之，告左右曰："金币者，人之所重也。柴
者，吾国之奇出也。以吾国之奇出，尽齐之重宝，则齐可并也。"
莱即释其耕农而治柴。管子即令隰朋反农。二年，桓公止柴。
莱、莒之籴三百七十，齐籴十钱，莱、莒之民降齐者十分之七。
二十八月，莱、莒之君请服。

【注释】①与：以，凭借。
【译文】桓公问管仲说："莱、莒两国凭借柴薪与农业并重互
补，我们该怎样征服他们？"管仲回答说："莱、莒两国的山上盛产
柴薪，您可率新征的民兵炼庄山之铜铸币，提高莱国的柴薪价格。"

莱国国君得知此事后，对左右近臣说："钱币，是谁都重视的。柴薪是我国的特产，用我国特产换尽齐国的钱币，就可以吞并齐国。"莱国随即放弃农业生产而专事打柴。管仲则命令隰朋撤回民兵回来种地。过了两年，桓公停止向莱、莒两国采购柴薪。莱、莒的粮价高达每石三百七十钱，齐国才每石十钱，莱、莒两国的百姓十分之七投降齐国。二十八个月后，莱、莒两国的国君也都请降了。

桓公问于管子曰："楚者，山东之强国也[①]，其人民习战斗之道。举兵伐之，恐力不能过。兵弊于楚，功不成于周，为之奈何？"管子对曰："即以战斗之道与之矣。"公曰："何谓也？"管子对曰："公贵买其鹿。"桓公即为百里之城，使人之楚买生鹿。楚生鹿当一而八万。管子即令桓公与民通轻重，藏谷什之六。令左司马伯公将白徒而铸钱于庄山，令中大夫王邑载钱二千万，求生鹿于楚。楚王闻之，告其相曰："彼金钱，人之所重也，国之所以存，明王之所以赏有功。禽兽者群害也，明王之所弃逐也。今齐以其重宝贵买吾群害，则是楚之福也，天且以齐私楚也。子告吾民急求生鹿，以尽齐之宝。"楚民即释其耕农而田鹿。管子告楚之贾人曰："子为我致生鹿二十，赐子金百斤。什至而金千斤也。"则是楚不赋于民而财用足也。楚之男于居外，女子居涂。隰朋教民藏粟五倍，楚以生鹿藏钱五倍。管子曰："楚可下矣。"公曰："奈何？"管子对曰："楚钱五倍，其君且自得而修谷。钱五倍，是楚强也。"桓公曰："诺。"因令人闭关，不与楚通使。楚王果自得而修谷，谷不可三月而得也，楚籴四百，齐因令人载粟处芊之南，楚人降齐者十分之四。三年而楚服。

【注释】①山东: 指崤山以东。

【译文】桓公问管仲说: "楚国, 是崤山以东的强国, 那里的人民熟知战斗之道。兴兵讨伐楚国, 恐怕以我们的实力不能取胜。兵败于楚国, 又不能为周天子建立功业, 怎么办呢? "管仲回答说: "就用战斗之道来对付它。"桓公说: "怎么做呢? "管仲回答说: "您可用高价收购楚国的鹿。"桓公便营建了百里鹿苑, 派人到楚国购买活鹿。楚国的活鹿是一头八万钱。管仲首先让桓公通过民间买卖调整粮食价格, 贮藏了国内十分之六的粮食。其次派左司马伯公率民兵到庄山铸币。然后派中大夫及邑地的王带上二千万钱到楚国收购生鹿。楚王得知后, 跟他的宰相说: "钱币是谁都重视的, 国家靠它维持, 明主靠它赏赐功臣。禽兽, 是人们的祸害, 是明君所弃置驱逐的。现在齐国用金钱重宝高价收购我国的野兽, 真是我们楚国的福分, 上天简直是把齐国送给楚国了。请您通告百姓尽快猎取生鹿, 用他们把齐国的财宝都换回来。"楚国百姓便都放弃农业而都去猎鹿。管仲还对楚国商人说: "您给我贩来生鹿二十头, 给您黄金百斤; 加十倍, 给您黄金千斤。"这样楚国即使不向百姓征税, 财用也充足。楚国的男人为猎鹿而住在野外, 妇女为猎鹿而在路上来回奔波接应。隰朋让齐国百姓增加五倍的粮食贮藏, 楚国则卖出生鹿而使货币储备增加五倍。管仲说: "这回可以攻下楚国了。"桓公说: "怎么做呢? "管仲回答说: "楚国的货币储备增加五倍, 楚王自鸣得意, 也开始经营农业生产。楚国的货币储备增加五倍, 这是楚国的强处。"桓公说: "不错。"于是桓公派人封闭关卡, 不再与楚国通商。楚王果然自鸣得意, 开始经营农业生产, 但粮食不是三个月内就能生产出来的, 楚国粮食高达每石四百钱。齐国便派人运粮到芊地的南部出卖, 楚人十分之四投降齐国。经过三年时间, 楚国就降服了。

桓公问于管子曰:"代国之出^①,何有?"管子对曰:"代之出,狐白之皮^②,公其贵买之。"管子曰:"狐白应阴阳之变,六月而一见^③。公贵买之,代人忘其难得,喜其贵买,必相率而求之。则是齐金钱不必出,代民必去其本而居山林之中^④。离枝闻之,必侵其北。离枝侵其北,代必归于齐。公因令齐载金钱而往。"桓公曰:"诺。"即令中大夫王师北将人徒载金钱之代谷之上,求狐白之皮。代王闻之,即告其相曰:"代之所以弱于离枝者,以无金钱也。今齐乃以金钱求狐白之皮,是代之福也。子急令民求狐白之皮以致齐之币,寡人将以来离枝之民。"代人果去其本,处山林之中,求狐白之皮。二十四月而不得一。离枝闻之,则侵其北。代王闻之,大恐,则将其士卒葆于代谷之上。离枝遂侵其北,王即将其士卒愿以下齐。齐未亡一钱币,修使三年而代服。

【注释】①代国:战国时期的国家,其地在恒山以北,南邻赵国。②狐白之皮:即狐白裘。冬季狐腋下之皮毛色白而温软厚实,用其制成的裘极其贵重难得。③狐白应阴阳之变,六月而一见:狐冬夏都会换毛,狐白只有冬季才有,故有此句。④本:农业生产。

【译文】桓公问管仲说:"代国有什么出产?"管仲回答说:"代国的特产是狐白皮,您可用高价去收购。"管仲又说:"狐白适应寒暑变化,六个月才出现一次。您以高价收购,代国人就会忘了获取它的艰难,只会因为它价高而欢喜,一定会纷纷猎取。这样,齐国还没有到真正出钱购买的时候,代国百姓就一定放弃农业生产而进到深山去猎狐。离枝国听到消息,必然入侵代国北部,离枝国入侵代国北部,代国必将归降于齐国。您因此可以派人带钱去收购狐白皮了。"桓公说:"可以。"便派中大夫王师北带着人拿着钱到代国收购狐白皮。代王听到后,马上对他的宰相说:"代国之所以比离枝国弱,就是因为没有钱。现在齐国出钱收购我们的狐白皮,是代国的福气。您火速命令百姓去猎狐得到狐白皮,以换取齐国的钱币,我将用这笔钱招来离枝国的百姓。"代国人果然因此而放下农业,走进山林,搜求狐白皮。但时过两年也没有凑成一张,离枝国听到以后,就侵入代国的北部。代王知道后,大为恐慌,就率领士卒保卫代谷地区。离枝最终侵占了代国北部领土,代王只好率领士兵自愿归服齐国。齐国没有花去一个钱,仅仅派使臣交往三年,代国就降服了。

桓公问于管子曰:"吾欲制衡山之术,为之奈何?"管子对曰:"公其令人贵买衡山之械器而卖之。燕、代必从公而买之,秦、赵闻之,必与公争之。衡山之械器必倍其贾,天下争之,衡山械器必什倍以上。"公曰:"诺。"因令人之衡山求买械器,不敢辩其贵贾。齐修械器于衡山十月,燕、代闻之,果令人之衡山求买械器,燕、代修三月,秦国闻之,果令人之衡山求买械器。衡山之君告其相曰,"天下争吾械器,令其买再什以上。"衡山之民释其本,修械器之巧。齐即令隰朋漕粟于赵。赵籴十五,隰朋取之石五十。天下闻之,载粟而之齐。齐修械器十七月,修粜五月,即闭关不与衡山通使。燕、代、秦、赵即引其使而归。衡山械器尽,鲁削衡山之南,齐削衡山之北。内自量无械器以应二敌,即奉国而归齐矣。

【译文】桓公问管仲说："我要找一个控制衡山国的办法,该怎么做呢?"管仲回答说:"您可派人出高价收购衡山国的兵器进行转卖。这样,燕国和代国一定跟着您去买,秦国和赵国听说后,必定同您争着买。衡山国兵器必然涨价一倍。若造成天下争购的局面,衡山国兵器必然涨价十倍。"桓公说:"可以。"于是就派人到衡山国大量收购兵器,不同他们付价还价。齐国在衡山国收购兵器十个月以后,燕、代两国听说,果然也派人去买。燕、代两国购买衡山国的兵器三个月以后,秦国听说了,果然也派人去买。衡山国国君告诉他的宰相说:"天下各国都争购我国兵器,可使价钱提高二十倍以上。"衡山国的百姓于是都放弃农业生产,发展制造兵器的工艺。齐国则派隰朋到赵国购运粮食,赵国粮价每石十五钱,隰朋按每石五十钱收购。天下各国知道后,都运粮到齐国来卖。齐国用十七个月的时间收购兵器,用五个月的时间收购粮食,然后就封闭关卡,断绝与衡山国的往来。燕、代、秦、赵四国也从衡山国召回了使者。衡山国的兵器已经卖光,鲁国侵占了他的南部,齐国侵占了他的北部。衡山国自量没有兵器来对付两大敌国,便把国家奉上而归降齐国了。

轻重己第八十五

扫码听谦德
君为您导读

【题解】此篇与其他"轻重"篇不同，专记时令及四时政治与宗教活动，因而学者对其有不同看法。一种看法，如晚清学者何如璋所谓"《轻重己》一篇，专记时令，非轻重也。"即认为此篇非"轻重"类文献，应归为阴阳家一类。也有学者，如当代马非百所说，《管子》有不少篇章表达重视时令，重视按时令生产。因而此篇也应被视为"轻重"一类，只不过更强调万物生产而已。所以此篇是否原本即为"轻重"文字，还需要继续研究。本篇第一段为总论，后一段为总结，章法齐整。

清神生心，心生规，规生矩，矩生方，方生正，正生历，历生四时，四时生万物。圣人因而理之，道遍矣。

【译文】清净的精神产生心，心产生规，规产生矩，矩产生方位，方位产生正中，正中产生时历，时历产生四时，四时产生万物。圣明的君主据此来治理国家，治世之道就能普遍推行了。

以冬日至始，数四十六日，冬尽而春始。天子东出其国四十六里而坛, 服青而絻青①, 搢玉揔②, 带玉监③, 朝诸侯卿大夫列士, 循于百姓, 号曰祭日, 牺牲以鱼。发出令曰:"生而勿杀, 赏而勿罚, 罪狱勿断, 以待期年。"教民樵室钻鐩④, 墐灶泄井⑤, 所以寿民也。耜、耒、耨、怀、铫、铈、乂、欘、权渠、縄绁⑥, 所以御春夏之事也, 必具。教民为酒食, 所以为孝敬也。民生而无父母谓之孤子; 无妻无子, 谓之老鳏; 无夫无子, 谓之老寡。此三人者皆就官⑦, 而众可事者不可事者, 食如言而勿遗。多者为功, 寡者为罪, 是以路无行乞者也。路有行乞者, 则相之罪也。天子之春令也。

【注释】①絻(miǎn): 通"冕", 礼冠。②搢(jìn): 插。揔: 当为"笏"。③监: 礼冠的饰物。④樵: 烟熏。⑤墐(jìn): 用泥涂塞。⑥怀: 当作"欘(zhú)", 锄头。铫: 镰刀。铈(sì): 耒端。乂: 又作"刈", 指割草器具。欘: 锄柄。权渠: 马非百云: 为护渠之误, 指挡雨用的蓑衣。縄(shéng): 同绳。绁: 缰绳。⑦官: 即"馆", 房屋。

【译文】从冬至算起, 数四十六天, 冬令春来, 这日是立春。此时天子向东行, 离开国都四十六里外, 立坛, 穿青衣, 戴青冕, 插玉笏, 带玉鉴, 朝会诸侯卿大夫列士, 巡视百姓, 号称祭日, 祭品用鱼。天子发令说:"此时节应保护万物及令自心生长向上而不应杀戮低迷, 应奖赏鼓励而不应惩罚打击, 罪案不必判决, 等年终再处理。"此时应当教百姓熏烤室屋、钻木取火, 涂修炉灶、掏井换水, 这都是为了使人民健康长寿。备齐耜、耒、耨、欘、铫、铈、欘、权、雨具、绳索等各种农家用具, 都是用于春耕夏耘的, 必须备好。还要教百姓制作酒和各种实物, 用来孝敬尊长。民之无父无母的, 叫作孤子; 无妻无子的, 叫作老鳏; 无夫无子的, 叫作老寡。这三种人, 官府都应该提供馆所收留赡养他们。无论能做事或不能做事，都应按其自报的条件进行供养而不可遗弃。官府多收养的有功，少收养的有罪。所以，路上没有乞食的。如果路上有乞食的，就要归罪于宰相了。这是天子在春天颁布的政令。

以冬日至始，数九十二日，谓之春至。天子东出其国九十二里而坛，朝诸侯卿大夫列士，循于百姓，号曰祭星，十日之内，室无处女，路无行人。苟不树艺者，谓之贼人；下作之地^①，上作之天，谓之不服之民；处里为下陈^②，处师为下通^③，谓之役夫。三不树而主使之。天子之春令也。

【注释】①作：通"诅"。②下陈：后列，末等。③通：列。

【译文】从冬至算起，数九十二天，叫作春分。此时天子向东行，离开国都九十二里外，立坛，朝会诸侯卿大夫列士，巡视百姓，号称祭星。要求十日内全体下田，做到"屋里没有闲居的女子，路上没有闲散的行人。"如果有不去田里耕作劳动的，就被冠以"贼人"的称号；下怨恨地，上怨恨天的人，称之为不服之民；在里中最末等的人，在军中功绩最差的人，称之为役夫。这三种不努力的人都应由主管官吏强制他们服劳役。这是天子在春天颁布的政令。

以春日至始，数四十六日，春尽而夏始。天子服黄而静处，朝诸侯卿大夫列士，循于百姓，发号出令曰："毋聚大众，毋行大火，毋断大木，诛大臣，毋斩大山，毋戮大衍^①。灭三大而国有害也。"天子之夏禁也。

【注释】①衍: 沼泽。

【译文】从春分日起, 数四十六天, 春尽而夏始, 这一日是立夏。天子应当穿黄色衣服, 静坐于宫中, 接见诸侯卿大夫列士来朝, 巡视百姓, 发出号令说:"不可聚集民众, 不可燃烧大火, 不可砍伐粗木, 不可诛杀大臣, 不可开掘大山, 不可毁坏大泽。破坏大木、大山、大泽是于国有害的。"这是天子在夏天颁布的禁令。

以春日至始, 数九十二日, 谓之夏至, 而麦熟。天子祀于太宗, 其盛以麦。麦者, 谷之始也。宗者, 族之始也。同族者人①, 殊族者处②。皆齐大材③, 出祭王母。天子之所以主始而忌讳也④。

【注释】①人: 通"仁", 致敬。②处: 留在原地, 这里指不得进入。③大材: 即珠宝玉石的祭品和木金革羽等乐器。④主始而忌讳: 即《论语》"慎终追远, 民德归厚"之意。忌讳: 先王死日为忌, 名为讳, 此当指先王、祖先。

【译文】从春分日起, 数九十二天, 叫作夏至, 此时新麦成熟。天子此时应在太庙举行祭祀, 用新麦作为祭品。麦是粮食的起始; 祖宗, 是家族的起始。同族者可以入场致祭, 不同族者止步不得进入。但不论同族异族都要备齐祭品乐器, 出宗庙祭祀王母。这是天子重视起始而祭祀祖先的方式。

以夏日至始, 数四十六日, 夏尽而秋始, 而黍熟。天子祀于太祖, 其盛以黍。黍者, 谷之美者也; 祖者, 国之重者也。大功者太祖, 小功者小祖, 无功者无祖。无功者皆称其位而立沃①, 有功者观于外。祖者所以功祭也, 非所以戚祭也。天子之所以异贵贱而赏有功也。

【注释】①无功:当作"有功"。下句"有功"当作"无功"。两句互易。沃:"饫(yù)"的假借。饫:古代立着举行昭明大节的宴礼。

【译文】从夏至日起,数四十六天,夏尽而秋始,这一日是立秋,此时新黍成熟。天于此时应祭祀太庙,用新黍作为祭品。黍,是粮食中最甘美的;祖,是国家中最重要的。立大功的位列太祖庙,立小功的位列小祖庙,没有功劳的不设宗庙祭祀。参祭者有功的皆按其功勋大小顺序站立行宴食礼,无功者观礼于庙外。祭祖是按功勋而祭,不是按亲疏远近而祭。这是天子为了区别贵贱而赏赐有功之臣而进行的。

以夏日至始,数九十二日,谓之秋至。秋至而禾熟。天子祀于太怂①,西出其国百三十八里而坛,服白而絻白,撎玉总,带锡监,吹埙篪之风凿②,动金石之音,朝诸侯卿大夫列士,循于百姓,号曰祭月,牺牲以羲。发号出令:"罚而勿赏,夺而勿予;罪狱诛而勿生,终岁之罪,毋有所赦。作衍牛马之实③,在野者王④。"天子之秋计也。

【注释】①太怂:星宿,古代称为大火,即商星。因其光亮强,古人据其在天空的位置判断时令。②埙篪(chí):皆古代乐器,二者合奏时声音相应和,因常以"埙篪"比喻兄弟亲密和睦。风凿:风孔。③作:开始。衍:繁殖。④王:旺。

【译文】从夏至日起,数九十二天,叫作秋分,而此时新粟成熟。天于此时应祭祀商星,向西离国都一百三十八里而立祭坛,穿白衣,戴白冕,插玉笏,带锡鉴,吹奏埙篪,敲打钟磬,接受诸侯卿大夫列士朝拜,巡视百姓,号称祭月,祭品用猪。发出号令说:"此时节行罚而不行赏,夺取而不赐予,有犯罪的人重罚,犯死罪的就处以死刑,终年之罪犯不宽赦。此时节牛马开始兴旺、繁衍遍布原野。这是天子秋天的大计。

以秋日至始,数四十六日,秋尽而冬始。天子服黑繞黑而静处,朝诸侯卿大夫列士,循于百姓,发号出令曰:"毋行大火,毋斩大山,毋塞大水,毋犯天之隆①。"天子之冬禁也。

【注释】①隆:雷神。
【译文】从秋分日开始,数四十六天,秋结束而冬季开始,这一日是立冬。天子穿黑色衣服戴黑色礼冠静坐于宫中,接受诸侯卿大夫列士朝拜,巡视百姓,发出号令说:"不可引发大火,不可开掘大山,不要堵塞大水,不要触犯天上的雷神。"这是天子在冬天颁布的禁令。

以秋日至始,数九十二日,天子北出九十二里而坛,服黑而繞黑,朝诸侯卿大夫列士,号曰发繇①。趣山人断伐②,具械器;趣泲人薪蕘苇,足蓄积。三月之后,皆以其所有易其所无,谓之大通三月之蓄③。

【注释】①发繇:征派徭役。②趣:督促。③通:流通。
【译文】从秋分日起,数九十二天,是冬至日。天子向北离开国都九十二里而立坛。天子穿黑色衣服戴黑色礼冠静坐于宫中,接受诸侯卿大夫列士朝拜,号称征派徭役。此时节要促使山里的百姓砍伐木材,备足械器;督促菹泽之地的居民收取蓷荦用做柴薪,储备充足。三个月以后,让他们用他们所有的,交易他们需要但是没有的物资,叫做用三个月的时间促进物资流通来方便百姓贮备物资。

凡在趣耕而不耕,民以不令^①,不耕之害也。宜芸而不芸,百草皆存,民以仅存,不芸之害也。宜获而不获,风雨将作,五谷以削,士民零落,不获之害也。宜藏而不藏,雾气阳阳,宜死者生,宜蛰者鸣,不藏之害也。张耜当弩,铫耨当剑戟^②,获渠当胁軶^③,蓑笠当拯橹^④,故耕械具则战械备矣。

【注释】①令:美好。②铫耨:都指锄头。③胁軶:皮革制成保护两胁的铠甲。④拯(yǒng):粤语方言,扔弃之意。橹:本义:大盾牌。

【译文】凡有督促春耕而不进行耕作的地方,百姓的生活就不好,这是不耕种的危害。夏天该除草而不除草,田地里杂草丛生,老百姓仅可勉强维持生活,这是不芸之害。秋天应秋收而不收割,风雨一来,五谷减收,百姓四散飘零,这是不收之害。冬天应进行闭藏而不闭藏,雾气阳阳,应该枯死的反而发芽,应该蛰居(冬眠)的反而鸣叫,这是不藏之害。张耜可以当弓弩,锄头可以当剑戟,蓑衣可以当铠甲,斗笠可以当盾牌。所以说,耕种的器械完备则武器也都完备了。

轻重庚第八十六
（阙）

谦德国学文库丛书

（已出书目）

茶经·续茶经	虞初新志
唐诗三百首	迪吉录
宋词三百首	浮生六记
元曲三百首	文心雕龙
小窗幽记	幽梦影
菜根谭	东京梦华录
围炉夜话	阅微草堂笔记
呻吟语	说苑
人间词话	竹窗随笔
古文观止	国语
黄帝内经	日知录
五种遗规	帝京景物略
一梦漫言	子不语
楚辞	水经注
说文解字	徐霞客游记
资治通鉴	聊斋志异
智囊全集	清代三大尺牍: 小仓山房尺牍
酉阳杂俎	清代三大尺牍: 秋水轩尺牍
商君书	清代三大尺牍: 雪鸿轩尺牍
读书录	孔子家语
战国策	贤母录
吕氏春秋	张岱文集: 陶庵梦忆
淮南子	张岱文集: 西湖梦寻
营造法式	张岱文集: 快园道古
韩诗外传	群书类编故事
长短经	管子